人の法と医の倫理

八十歳の誕生日をお祝いして
唄孝一先生に捧げます

執筆者一同

執筆者一覧（掲載順©2004）

家永　　登	（いえなが　のぼる）	専修大学法学部助教授	1950年生
石井美智子	（いしい　みちこ）	東京都立大学法学部教授	1952年生
佐藤　良雄	（さとう　よしお）	成城大学名誉教授	1935年生
清水　　誠	（しみず　まこと）	東京都立大学名誉教授・神奈川大学特任教授	1930年生
竹下　史郎	（たけした　しろう）	千葉商科大学客員教授	1932年生
水野　紀子	（みずの　のりこ）	東北大学大学院法学研究科教授	1955年生
湯沢　雍彦	（ゆざわ　やすひこ）	お茶の水女子大学名誉教授	1930年生
飯塚　和之	（いいつか　かずゆき）	茨城大学人文学部教授	1947年生
宇都木　伸	（うつぎ　しん）	東海大学法学部教授	1942年生
塚本　泰司	（つかもと　やすし）	上智大学生命科学研究所	1938年生
富田　清美	（とみた　きよみ）	元早稲田大学社会科学部助教授	2004年没
服部　篤美	（はっとり　あつみ）	東京学芸大学社会科学学科助教授	1961年生
丸山　英二	（まるやま　えいじ）	神戸大学大学院法学研究科教授	1951年生
宮下　　毅	（みやした　たけし）	文教大学人間科学部助教授	1960年生
甲斐　克則	（かい　かつのり）	広島大学法学部教授	1954年生
坂上　正道	（さかのうえ　まさみち）	北里大学名誉教授	1926年生
白井　泰子	（しらい　やすこ）	国立精神・神経センター精神保健研究所室長	1944年生
西　　三郎	（にし　さぶろう）	元東京都立大学教授	1927年生
平林　勝政	（ひらばやし　かつまさ）	國學院大學法学部教授	1945年生
福間　誠之	（ふくま　せいし）	老健施設・洛和ヴィライリオス	1934年生
増井　　徹	（ますい　とおる）	国立医薬品食品衛生研究所	1953年生
光石　忠敬	（みついし　ただひろ）	光石法律特許事務所	1943年生
広中　俊雄	（ひろなか　としお）	東北大学名誉教授	1926年生

唄孝一先生　近影

人の法と医の倫理

―唄孝一先生に賀寿と感謝の気持ちを込めて―

湯沢雍彦・宇都木伸 編

信山社

はしがき

ことし（二〇〇四年）三月一八日、唄孝一先生はめでたく満八十歳の誕生日を迎えられます。心身ともにお元気で、さまざまな著作活動を続けておられるほか、各種の研究会へも気軽に出席されて、お若いときと同じように含蓄あるご意見を発言しておられるのは、我々にとってまことに嬉しい限りです。とりわけ、自らが蒐集してこられた〝医療と法と倫理〟に関する資料文献（これを先生は「ＥＬＭの森」と名づけておられる）の整理に、寸暇を惜しんで勤しんでおられる先生の姿に、いまさらながら研究者の厳しさと楽しさを教えられる思いが致します。

このたび先生が八十回目の誕生日を迎えられるにあたって、私たち有志（末尾に五十音順で記載する六名の発起人）が何回か集まり、先生から研究指導を受けた者ないし先生主宰の研究会で学問的刺激を受けた者が家族と医療をめぐる法と倫理にかかわるテーマの範囲でそれぞれ論文を書いて先生に献呈しようとの企画を立てましたところ、多くの方々からご賛同がえられ、ここにこの論文集を上梓する運びとなりました。

皆さんご承知のとおり唄先生はとても気さくで、どんな人とも平気で親しくなれるお人柄の持ち主ですし、また幅広い関心をお持ちですので、お仲間がたいへん多彩なことが、本書への寄稿者の顔触れにもよく表れているようです。

本書の企画の着手が遅れ、寄稿依頼から原稿締切までに短い期間しかなかったにもかかわらず、このように多くの方々の寄稿がありましたことのうちに、唄先生のお人柄の豊かさが窺われる思いが致しました。ただ、原稿締切までの期間が短かったため、ご自身のスケジュールのなかに寄稿を組み入れられなくて心を残しながら辞退なさった方々、またいったん寄稿のお申出を受けましたのに原稿が締切りに間に合わずついに受稿をお断りしなければならなくなってしまった方々に、発起人一同申し訳なく存じております。

さて、このような諸論文を収めた本書を、どのように命名するか、これもまた発起人の楽しい悩みでありました。いろいろと意見交換ののち、結局、「人の法と医の倫理」という書名に決した次第であります。

お寄せいただいた二十二編の論文を、発起人一同さまざまに考えました末、次のように配列致しました。

Ⅰには、家族法ないし人の法との関連がつよい論文七編を収め、

Ⅱには、広い意味の医療に関わるもののうち、

a　医療における人の問題に力点がかかっているものを前半（Ⅱa）にまとめ、

b　医療者の業務と倫理の問題に力点がかかっているものを後半（Ⅱb）にまとめて、

総計十五編を収めました。Ⅰ・Ⅱa・Ⅱbそれぞれの中では、執筆者氏名の五十音順に並べてあります。

ところで、この本の編者として湯沢と宇都木の両名が名前を出しております。それぞれ、先生が東京都立大学で（民法の一部としての）家族法の講義を始められた時と、医事法の研究・演習を始められた時の最初の弟子ということで、両名が編者となったのですが、実は、この本の企画を強く推進されたのは、発起人のひとりに隠れている広中俊雄さんです。広中さんは東大助手のころ二年先輩の唄先生と合同研究室でご一緒の時期がおありだった由で、一九五四年に格別なご面倒を唄先生におかけした思い出もあるということから自ら協力を申し出られ、教え子に当たる他の五名を大いに激励されて、実現にこぎつけられました。他の五

名の発起人から厚くお礼申し上げます。

編集の仕事が終わりに近づいた昨年の文化の日に、慶ばしいことがありました。唄先生が文化功労者の一人に選ばれたのです。授賞理由にあるように、「家族法を発展させ、臓器移植や脳死、尊厳死を扱う医事法学に先駆的な業績をあげ、インフォームド・コンセントの普及に努めた」からであって、医事法学の分野からの最初の受賞者となられました。本書の刊行が、はからずもこの受賞についての、ささやかながらのお祝いともなれば幸いです。

最後に、信山社の袖山貴氏が厳しい出版事情のなかでこの賀寿論文集のために協力を惜しまれなかったことに対し、心から感謝の意を表します。

二〇〇四年一月

唄孝一先生賀寿論文集刊行発起人

石井美智子

宇都木　伸

佐藤　良雄

平林　勝政

広中　俊雄

湯沢　雍彦

右代表　湯沢雍彦・宇都木伸

凡例

一、各論文の形式の統一については、原稿依頼の段階で執筆者に①ないし③のような指針を示すにとどめた。

①　ご論文中の見出しの形式は、順次つぎの順序でお考えいただくことにしたいと存じます。ただし、この種の書物では執筆者の個性やお好みでこの形式が守られないこともあり得ると考えておりますことを申し添えます。

一（見出しの語句をつける）
　1（見出しの語句をつける）
　　(1)（見出しの語句はご自由に）
　　　(a)（見出しの語句はご自由に）
　　　(b)（見出しの語句はご自由に）
　　　(c)（見出しの語句はご自由に）
　　(2)
　2

注は、一の中のものをここにまとめる（本文中の注番号はアラビア数字で行間に入れ、通し番号とします）。

二

三

②　引用される文献の表示方法については執筆者のご自由としますが、ただ、公表年の表示は必ずして下さいますようお願いいたします。

③　ご論文中、年の表示については、外国文献が引用される論文も少なくないであろうという考慮から、西暦による表示をお願いいたします。ただし、元号による表示を括弧書きする方法、あるいは元号による表示を主とし西暦年は括弧書きとする方法も、お好みによりご自由とさせていただきます。

二、論文の配列については、はしがきで説明したように、全体をⅠとⅡとに分けて、後者をａ・ｂに小分けし、それぞれの中では筆者名の五十音順とした（なお、最後に収めたものは、論文として書かれたものではないので、以上とは区別して「附」とした）。

三、各論文には中扉をつけ、ここに論文名・筆者名を表示したほか、右下隅に本書の編者・標題・発行年・発行所を表示した。標題下の「Ⅰ２」とか「Ⅱa４」とか「Ⅱb６」とかは、前項で説明した区分と各区分内の収録順とを示す。

人の法と医の倫理　目次

目　次

人の法と医の倫理

民事法における「死亡」概念《覚え書》

――「死の段階性」論および「死亡概念の相対性」論の擁護――

家　永　　登

湯沢雍彦・宇都木伸 編
『人の法と医の倫理』Ⅰ 1
二〇〇四年三月 信山社刊

一　「α期間」説の提唱

かつて、私は、唄孝一教授の著書『脳死を学ぶ』[1]の索引を作成する仕事を分担したことがあった。索引作成という仕事の性格上、唄教授の脳死ないし死一般に関するいくつかの論考を、その用語法にとくに注意しながら熟読することになったのであるが、その過程で、唄教授が脳死に関して最初に発表された論考「心臓移植への法的提言」[2]で提唱された、いわゆる「α期説」に興味をそそられたのであった。

唄教授によれば、「死」ないし「死亡」という法概念は自然的な事実に即応するものではあるが、たんなる自然的事実の科学的模写ではなく、人為的な評価概念である。[3]そして、自然的事実としての「死」ないし「生命の消滅」は、「一瞬にして一〇〇からゼロに転ずるそれではなくて、各臓器、各組織、各細胞の部分的死の継起過程である」[4]。すなわち、生と死とは連続性をもったものであり[5]、死は「プロセス（連続的過程）」である。[6]従来は自然的事実においても、評価概念においても、生と死とは断絶したもの、非連続的なものであり、死は瞬間的な一点と考えられてきた（「生から死への即時的転換」）。しかし脳死という現象の発見を契機として、自然的事実における死に関しては、「生と死の非連続性」から「生と死の連続性」への転換、「点としての死」から「線としての死」への転換が必要となり、したがって評価概念としての法的な死の概念も、かかる自然的事実としての死に即応するものとして構成することが必要になった。連続的な過程としての「死」に即応して新たに構成された評価概念としての「死」に対しては、「プロセスとしての死」ないし「線としての死」、あるいは「死の段階性」といった標語が与えられる。そして、このような死の自然的事実に密接に即応する作業仮説として提唱されたのが、生と死との中間的な段階としての「α期間」という概念であった。[7]

ちょうどその頃、この索引作成の作業と並行して、私は泉久雄教授と共同で、民法八九六条の注釈を執筆する仕事も進めていた。[8] 泉教授の『相続財産』を土台として、[9] 民法八九六条に関する判例や判例研究などをあれこれと読んでいるうちに、「死は瞬間的な一点ではなく、段階的な概念である」という唄教授の見解は、たんに脳死者からの心臓移植の違法性阻却を説明するうえで有用なだけでなく、すでに民法八九六条関連のいくつかの判例や学説が意識的ないしは無意識的に前提としていることではないかと思うに至った。唄教授の認識とは違って、判例や学説は必ずしも「生から死への即時的転換」、「一〇〇からゼロへの瞬間的転換」、「点としての死」といったことで一貫してはいなかったのではないかと疑問を抱くようになったのである。

ちなみに上述の「α期間」説の要約は私の個人的な解釈であって、唄教授の主観においては、評価概念としての「死の段階性」や「死亡概念の相対性」を主張されたわけではなかったようである。[10] いずれにしても同教授は後に「α期説」を「凍結」されてしまった。[11] その理由として、一つは、この概念が脳死者からの臓器移植のためだけに用いられるのであれば、「所詮、概念の相対化にともなう基本的な欠陥を完全には免れない」こと、二つは、「『生か死か』という二者択一が全価値と零価値との対立として法秩序一般の根底にある以上、それを改変することなくしては、α期間の適用は円滑にゆかない」ということが挙げられた。[12] しかし、私はこの二つ目の理由については納得することができない。本当に法秩序一般の根底には、「生か死か」という二者択一が全価値と零価値との対立として存在しているのかという点について、上述のように疑問をもつからである。さらに一つ目の「概念の相対化にともなう基本的な欠陥」というのも十分には理解できない。

私は、第二章以下に論ずるいくつかの論点に関して、唄教授の提唱された「α期間」説的な思考、すなわち、死は瞬間的な一点ではなく、生から死への転換は段階的なものであり、「死亡」概念は段階性をもつと考えた方が有効であることを論証しようと思う。

さらに、脳死からの心臓移植をめぐって我妻栄教授が提唱された「死亡概念の相対性」という考え方も、「死の段階性」とともに有効であると考える。すなわち我妻教授は、「死を相対的に考えろということですね。どんな目的のために死という瞬間を決めなくちゃならんのか。それによって死の時期を違わしていいんじゃないか」、「死が目的によって相対的だというなら、生のほうもそれに応じて相対的だといえばいいのだろう。生を全体的に考え、死も全体的に考えるから中間を置かなければならない。しかしそんなものはやめてしまって、あくまでも生も死も部分的に相対的なんだといってしまってもいいのじゃないか」と発言された。(13) このような考え方を唄教授は「相対的死亡概念」説ないし「死亡概念の相対性」説と命名して、しかし唄教授自身は死亡概念を統一的な法概念として構成することが必要であるとして（「統一的死亡概念」説）、我妻説を批判された。(14) 私はここでも我妻教授の相対的死亡概念説がすでにいくつかの判例や学説の前提として主張されており、そのほうが妥当な解決を導くものであると考えている。

いまだ十分に構想を練ったとはいえない部分もあるが、ご意見、ご批判をいただければと思いここに「覚え書」として発表する次第である。

二　「死亡」の民事法的効果

1　民法・商法における「死亡」の規定

民法ないし商法において、「死亡」という用語は、法律の条文中にも何度か登場するし、条文にはないものの、権利能力の終期として当然のように登場する。これらの「死亡」は同一の概念ではなく、以下の［A］、

［B］、［C］の三グループに分けるべきものと私は考えている。

［A］代理権の消滅（民一一一条一項）、使用貸借の終了（民五九九条）、委任の終了（民六五三条）、組合からの脱退（民六七九条一号）、合名会社からの退社（商法八五条三号）などの規定中に「死亡」という用語が登場する。さらに、生命侵害による逸失利益の賠償や慰謝料請求権なども、当然に「死亡」を原因として発生する（判例）。

［B］権利能力の終了：「自然人の権利能力は、死亡によってのみ消滅する。」（我妻栄『新訂民法総則』五三頁）。スイス民法などには明文があるが、わが民法には明文規定はない。

［C］相続の開始：「相続は、死亡によって開始する」（民八八二条）。なお、「相続開始の時」に関して、民八八七条二項、同八九六条、同九〇三条一項、九〇四条の二などがある。

2 ［B］および［C］グループの「死亡」概念

(1) 生から死への即時的転換説

一般的には、民法、商法のこれら各規定（［A］、［C］）および権利能力の終期（［B］）で用いられている「死亡」は、同一の概念であり、かつ瞬間的な一点であると考えられている。例えば、山畠正男教授は民法八八二条の注釈において、民法上の「死亡」が同一の概念であることを当然の前提としたうえで、「（相続開始の時期は）相続の開始原因発生の時期、すなわち被相続人の死亡時であるが、（中略）死亡の時期は、自然的死亡・失踪宣告を問わず、瞬間的に確定される。法律関係をある瞬間において決定することは、（中略）相続能力に関する同時存在の原則（中略）の関係上、死亡の先後が権利の存否に影響するところ多大であるため、とくにその瞬間の確定が要求されるのである」と述べて、［C］の「死亡」が瞬間的に確定すべきことを強調している。[15] 柳沢弘士教授も、「医学的には……生命と死亡との間の中間現象が指摘されるが」、「法学的には生存と死亡との間の中間的段階は認められず、一定の時期を確定する必要がある」とされる。[16] このような考え方を、唄教授は、《死亡の統一的概念》説、《生から死への即時的転換》説と命名する。[17]

民法や商法などの実定法上の「死亡」、および学説によって認められる権利能力の終期としての「死亡」が同一の（＝統一的な）概念であって、しかもそれが瞬間的な一点であることは、おそらく通説が当然の前提としているところだと思われるが、民法総則の教科書をみると、これらのことを上述の山畠教授らのように明確に述べたものは意外と少ない。例えば［B］についてみると、我妻教授『新訂民法総則』の「権利能力の終期」に関する部分には、前出のように「自然人の権利能力は、死亡によってのみ消滅する。」とはあるが、「死亡の瞬間」に終了する旨の記述は一切ない。[18] のちに「死亡概念の相対性」を提唱されたことと併せ考えると、我妻教授は、「死亡の瞬間に権利能力が終了する」のは当然のことだとは必ずしも考えていなかったと見られなくもない。

(2)　死亡後の権利能力存続説

我妻教授がどのように考えていたかはひとまず措くとしても、「死亡の瞬間に権利能力が終了する」わけではないことを主張された先学が存在することは、ここで紹介しておきたい。すなわち、於保不二雄教授は、自然人の権利能力が「死亡によってのみ」消滅するとしても、「死亡の瞬間に完全に消滅すると解することは問題である。……死者についても、埋葬……や遺言の執行その他残務の整理に関する限りでは……制限的に人格の存続を考えねばならない」とされる。[19]

さらに古く近藤英吉教授も、「権利の本質上、権利が死者に帰属し得るか否かの一般論は暫く措き、私は、実定法の規定する或る種の法律関係を合理的に、若しくは少くとも率直に説明するためには、或る範囲に於て（事物的、時間的な一定の限界のもとに）、死者の法人格を――仮令擬制的にもせよ――是認すべきではないかと云ふ疑問をもつ者である」と述べている。[20] いずれにしても、人格の平等、個人の尊厳を基調とする近代法のもとで自然人の権利能力が「死亡によってのみ」消滅することに異論はないが[21]、自然人の権利能力が「死亡の瞬間」に消滅しなければならないということを近代法の諸原則から導き出すことはできないであろう。原理的な観点からばかりでなく、技術的な観点からも、小規模な法人などよりはるかに複雑な財産関係をもつ自然人はいくらでもいることを考えれば、解散後も清算の結了までは清算の目的の範囲内で権利能力が存続するとした法人に関する規定（民七三条）を自然人の死亡にも準用するべきであるとされる於保教授の見解を支持すべきである。[22] 近藤教授も於保教授と同じく、法人については清算法人として法人格が存続することを民法、商法が認めていることを根拠の一つとして、自然人も死亡の瞬間に権利能力が消滅するわけではないとされる。ただし、近藤教授が自然人の死亡後も権利能力が存続するとしたほうが合理的であると考えた事項は、相続放棄期間中の遺産の管理、相続人の欠缺、遺言の執行、あるいは親族関係などであって、以下の**3**において私が指摘するような事項は含まれていない。[23] いずれにしても、於保教授にあっては、「権利能力の完全消滅を前提として、相続人又は相続財産（民九五三）が死者の法律関係を継承する」ことになる。[24] すなわち権利能力の「完全」な消滅（＝［A］そして［B］）の後に［C］が到来することになる。

私は現在のところ、自然人の権利能力が死亡ののちも清算目的の範囲で存続するとした場合に、相続との関係がどうなるのかについて明確な結論に至っていないので、少なくとも以下の**3**で述べる範囲（於保教授のいわれる「残務の整理」の範疇に含まれるであろう）では、自然人の死亡後も権利能力が存続することを、いくつかの判例を検討しつつ指摘するにとどめたい。[25]

3 ［A］グループの「死亡」概念

［A］グループの「死亡」に関しても、判例や学説は、死亡による効果が死者本人にいったん帰属したうえで、すなわちその時点では死者はいまだ権利能力を喪失していないことを前提として、その後に相続が開始して、いったんは死者本人に帰属した権利が相続人に相続承継されることを実は認める場合もあったのである。

(1) 組合員の死亡脱退における持分払戻請求権

民法六七九条は、「組合員は左の事由に因りて脱退す」として、同条一号に「死亡」を掲げている。組合契約が組合員の相互信頼を基礎とする性質からして、組合員が死亡した場合に、組合員の相続人が組合員の地位を当然に相続承継することは認められないからである。組合の脱退に際して、組合を脱退した組合員は出資持分の払戻請求権を取得するが（民六八一条）、それでは死亡による脱退の場合、持分払戻請求権はどのようにして相続人に帰属することになるのだろうか。

(一) 組合員の死亡によってはじめから組合員の相続人が持分払戻請求権を原始取得する、(二) 死亡と「同時に」組合員が持分払戻請求権を取得し、かつ死亡と「同時に」これを組合員の相続人が原始取得する、(三) 死亡と「同時に」組合員は払戻請求権を取得し、かつ死亡と「同時に」相続が開始して相続人に相続承継される、(四) 死亡によって組合員が取得した持分払戻請求権は、ひとまず死亡した組合員自身に帰属し（この時点では死亡組合員の権利能力はいまだ消滅していない）、その後に相続財産として死亡組合員の相続人に相続承継される、の四つの説明が考えられるが、(一)は民法六八一条の文言に反することが明らかであるから採用できない。(二)

の立場を採れば、死亡した組合員は死亡後も権利能力を有しており持分払戻請求権を取得することができるという、通説の立場からは認めがたい前提に立つ必要はなくなるが、逆に、それでは一体何を根拠に組合員の相続人が持分払戻請求権を法定相続分に応じて「原始取得」することになるのかを説明することができない。さらに、(二)説および(三)説は「同時に」という用語をきわめて曖昧に用いていると批判することができる。「同時」は民法上の概念であり（民三二条の二）、そこにおいて「同時」とは、二つ（以上）の事実に先後関係をつけることができないという意味で用いられる。同時死亡におけるP、Q両名の死亡には先後関係をつけることはできない。しかし本件において、組合員の死亡による組合からの脱退と、脱退組合員の持分払戻請求権の発生と、その相続承継とは先後関係をつけることができる。この三者は上述した順番で発生することは論理的に明らかである。この三者が「同時に」発生するというのは論理的連関を見ようとしない誤った説明である。もし(二)説や(三)説のように「同時」という言葉を用いることが許されるならば、生命侵害による損害賠償請求権の相続性の問題についても、生命侵害と「同時」に死者本人に損害賠償請求権が発生すると言えば問題は片付いてしまうはずである。

したがって、組合員の死亡による脱退と持分払戻請求権に関する民法の文言（「死亡により脱退する」）、および即時、当然、包括承継という相続法の一般原則に忠実であるならば、(四)説を選択するのがもっとも率直な考え方ということになる。(四)説を採ると、死亡した組合員が権利能力を有することを肯定しなければならないが、このことを主張する先学のあることはすでに述べたとおりであるし、このことを認めたからといって何の弊害も生じないのである。

判例はどのようにいっているだろうか。組合員の死亡脱退による持分払戻請求権の相続が直接の争点となった判例は見当たらないが、解散した組合の組合員が有する残余財産分配請求権が相続されることを、大阪高判昭和二六・五・一七（下民集二巻五号六六二頁）や、最判昭和三三・二・一三（民集一二巻二号二一一頁）が認めており、その傍論において持分払戻請求権についても言及がある。[26]

大阪高判昭和二六・五・一七は、組合員が組合解散後に死亡した事案に関するものであるが、その前提として「組合員が死亡するときは組合より脱退するのであるが、（民法第六七九条）この場合その相続人は、同法第六八一条に基く払戻を請求し得る」と述べている。これがはたして前出(二)説（＝原始取得説）の立場を採用したものか、(四)説（＝相続承継説）を採用したものかは不明であるが、(二)説を採用したものだとすると、死亡した組合員に発生した持分払戻請求権が何を根拠に相続人に帰属することになるのかを説明できないことは前述のとおりである。ちなみに同判決は、本件事案のように組合解散後に組合員が死亡した場合には、「組合員の死亡により、少くとも組合財産そのものに対する関係は、そのまま相続人に『移転する』ものと解する」と述べており（『』は筆者が付した）、解散後死亡の場合の残余財産分配請求権は相続承継されると解したものと見られる。このこととの整合性を考えるならば、組合員が解散前に死亡した場合の持分払戻請求権も（組合財産そのものに対する権利であって業務執行権に関わるものではないから）相続人に「移転する」すなわち相続人が「原始取得」するのではなく、相続により承継取得すると考えるのが順当であろう。

同じく、最判昭和三三・二・一三も、組合解散後に死亡した組合員が有した残余財産分配請求権の相続性が争われた事案である。判決はこれを肯定したが、その判示の過程に、組合員が死亡した場合には、死亡を脱退原因とする持分払戻請求権が死亡した組合員の相続人に承継される趣旨と読むことができるくだりがある。すなわち同判決は、「民法が、組合員の死亡を脱退の原因とした所以のものは、死亡した組合員の相続人をして、当然に組合員たる権利義務を承継せしめることが、組合員相互の信頼関係を破ることとなるのを慮ったものであ」るが、本件は解散後に組合員が死亡した事案であるから「持分の払戻……を認める必要なく」と傍論で述べている。あまり明確ではないが、ここには、死亡した組合員の相続人は組合員の地位を当然に承継（＝相続承継であろう）することにはならないかわりに、持分払戻請求権を（相続承継とも原始取得とも明記していないが）取得することが示されているのである。これを私は上記のように解する。

(2)　合名会社員の死亡退社による持分払戻請求権

商法八五条は「（合名会社の）社員は左の事由に因りて退社す」とし、その三号に「死亡」が掲げられている。退社した合名会社員は持分払戻請求権を取得するが（同法八九条）、死亡による退社の場合に、持分払戻請求権が何を根拠として、誰に帰属することになるかをめぐっては、組合員の死亡脱退の場合と同様の問題を生じる。組合員の死亡脱退に関する判例の場合とは違って、合名会社員の死亡退社に関する判例は、死亡退社員が取得した持分払戻請求権が相続人に承継されることを明言している。

東京高決昭和三七・四・一七（家月一四巻一〇号一二一頁）は、「合名会社の社員は死亡により退社することは商法八五条三号により明らかであるから、右退社を原因とする持分払戻請求権がその（＝死亡退社員の）遺産になる」から、「原審判が右被相続人（死亡会社員A）が死亡に因りB合名会社を退任したことによって同会社に対し有することになった持分払戻請求権を各相続人の法定相続分に応じ分割したことは、相当であり」、「原審判が亡Aの退社による同会社に対する持分払戻請求権を遺産分割の目的としたことは正当である」と判示した。この決定が、死亡により退社する合名会社員は会社に対する持分払戻請求権を取得すること、右請求権は死亡した社員の相続財産に含まれること、そして社員の相続人がこれを法定相続分に応じて相続承継したり、遺産分割の対象とすることを認めたのは明らかである。ちなみに、この判決は、社員の死亡により当該合名会社の社員が一名となったために会社が解散する場合は、社員が死亡→死亡社員が持分払戻請求権を取得→合名会社の解散→残余財産分配請求権の発生が、死亡と同時ないし瞬時に発生するのではなく、上の順番で段階的に発生する旨も述べており、私の《死の段階性》説、すなわち死亡の法的効果は三段階を経て発生するという説の事例としての意義も有している。

神戸地判平成八・三・一二（判タ九二二号二八五頁）も、合名会社員の死亡による退社の際の「持分の払戻請求権（八九条）は、退社社員の有していた財産権であり、帰属上の一身専属権ではないので、相続の対象たる財産であり、遺産分割の対象となる権利であることは明らかである」と述べ、上記の東京高決昭和三七・四・一七よりいっそう明確に死亡退社員の権利能力の存在や、死亡退社による持分払戻請求権の相続承継を肯定している。同判決は、前掲の判示に先立って、「（相続人が取得した）持分払戻請求権はA（死亡した社員、被相続人）の死亡を原因とするものの、死亡により直接相続人に発生した権利であって、被相続人に発生した持分払戻請求権を相続したものではない」とする相続人の主張を否定し、社員の相続人が持分払戻請求権を原始取得するのではないことも明示している。

これら、合名会社員の死亡退社にともなって発生する持分払戻請求権の相続性を肯定する二つの判例の明快さは、前出の組合員の死亡脱退に伴う持分払戻請求権の帰属に関する二判例の曖昧さと比べると際立っており、当該場合に持分払戻請求権が死亡した社員の相続人に相続承継されると理論構成することの率直さを示している。

(3)　被保険者を受取人とする生命保険

被保険者を受取人とする生命保険契約において被保険者が死亡した場合、死亡した被保険者が取得する生命保険金請求権は、どのような根拠で、誰に帰属することになるのだろうか。商法、民法の通説は、右のような場合の保険金請求権は被保険者の相続人が相続承継すると考えている。[27] 古く加藤正治教授は、「死亡スルトモ其者ニ発生スベキ権利ハ同時ニ発生シ、相続人之ヲ承継シ得ルハ勿論トス」という一般論のうえに、被保険者の相続人への相続承継を肯定された。[28] 加藤説に対しては、死亡と「同時に」という点に対して、前述の批判が当てはまるが、率直に相続承継されることを認めた先駆的見解として評価できる。ちなみに同教授は、生命侵害の場合についても「(本人の) 死亡前ニ於テ生命権モ既ニ害セラレタルモノ」というべきであるとして、この考え方を応用している。[29] なお、保険契約者を受取人とする生命保険契約についても、「保険契約者が死亡したときは、その相続人が保険金受取人としての地位を相続する」と説明されている。[30]

ただし、この場合の生命保険金請求権は保険契約の性質上、相続人が原始取得すると解する見解もある。[31] 遠藤浩教授は、相続承継説に立つ通説は「死者に権利は発生するか」という問題を看過していると批判する。[32] そして、同教授自身は「死者に権利が発生することはない」という立場から原始取得説を主張する。死亡の瞬間に被保険者の権利能力は消滅するという考え方を前提にする以上、そのように説明せざるを得ないだろう。通説の側に立つ泉教授は、「純粋理論的にはそうであっても、そのことにあまり固執することはない」として、右の批判をあっさりと退けているが、[33] 私は遠藤教授の通説に対する批判は正しいと思う。そして私見は同教授の批判に対する通説側からの解答のつもりである。

この争点に関する判例はこれまで見当たらなかったが、近年、東京地判平成八・七・三〇 (金法一四六八号四五頁) が出た。この事案の生命保険契約は、もともとは被保険者 (妻子のある男性) の不倫関係の相手方女性を受取人とするものだったが、判決は「本件保険契約中受取人を被告（不倫の相手方）と指定した部分は公序良俗に反し、……無効とすべきであり、したがって受取人は（被保険者）本人と解釈するべきであるから、本件保険金の支払請求権は被保険者の死亡により相続人である原告らが（法定相続分に応じて）権利を有するものと認めるのが相当である」と判示したのである。確かにこの判決は、被保険者を受取人とする生命保険金請求権が被保険者の死亡によって被保険者本人にいったん帰属したのちに、被保険者の相続人に相続承継されるとは明言していない。したがって相続人が原始取得するという前出の少数説を採用したものでないとは断言できない。しかし、そうだとすると、どのような根拠によって相続人は右請求権を法定相続分に応じて「原始取得」するのかを説明できないという批判が、ここにも妥当することになろう。「保険契約の性質上」というのも説明になっているとは思えない。一体どのような「性質」のために、原始取得するというのだろうか。確たる根拠も明示できないまま、相続人が法定相続分に応じて「原始取得」するというくらいならば、死亡した被保険者が右請求権をいったん取得した後に、被保険者の相続財産となったこの権利を相続人が相続承継すると率直に認めるべきであろう。

(4)　生命侵害による損害賠償請求権

生命侵害による逸失利益や慰謝料等の損害賠償請求権の相続性に関しては、判例・学説ともに、生命侵害（＝死亡）によって被害者が権利能力を喪失しているのに、その死者が（生命侵害に対する）損害賠償請求権を取得し、それが相続人に帰属することの説明の困難さを自覚して議論を展開していることは周知のところである。

リーディング・ケースとなった大判大正一五・二・一六（民集五巻一五〇頁）は、踏切警手の過失により遮断機が降りていなかった踏切を横断しようとした被害者が通りかかった汽車に接触して即死した事案である。原告である被害者の相続人は、被告汽車会社の加害行為によって被害者は右会社に対して損害賠償請求権を取得し、原告がこれを相続によって承継したと主張したのに対して、被告会社は「被害者ハ即死シタルモノナルヲ以テ其ノ死亡ト同時ニ人格権消滅シ同人ニ付損害賠償請求権発生スルニ由ナキ」ものであるから、その相続人である原告が「相続ニヨリ損害賠償請求権ヲ承継スル理由」はないと反論したが、原審判決は「即死ノ場合ニアリテモ致命傷ヲ受ケタル時ト生命絶止トノ間ニ観念上時間ノ間隔存在スルモノト解シ生命権侵害ニ基ク損害賠償請求権ハ右（被害者）ニ付テ発生シ（被害者の相続人）ハ其ノ家督相続ニヨリ之ヲ承継シタ」ものとして、原告の請求を認めたのである。

これに対して大審院は、「他人ニ対シ即死ヲ引起スベキ傷害ヲ加エタル場合ニアリテモ其ノ傷害ハ被害者ガ通常生存シ得ベキ期間ニ獲得シ得ベカリシ財産上ノ利益享受ノ途ヲ絶止シ損害ヲ生ゼシムルモノナレバ右傷害ノ瞬時ニ於テ被害者ニ之ガ賠償請求権発生シ其ノ相続人ハ該権利ヲ承継スルモノト解スル」のが相当である、すなわち「傷害ト死亡トノ間ニ時間ノ存スル限リハ其ノ長短ニ拘ラズ死ヲ早メタル傷害ニヨリ被害者ニ蒙ラシメタル損害ニ付被害者ニ之ガ賠償請求権発生シ被害者ノ死亡ニヨリ其ノ相続人ハ之ガ権利ヲ承継シ得ルコトトナル」と判示した。

すなわち、大審院判決は、傷害行為と死亡との間にはごく短いとしても時間の間隔があるので、被害者は「即死を引起すべき傷害」によって発生した損害賠償請求権を取得し、それが受傷の瞬後に発生した死亡によって相続人に承継されると述べたにすぎない。原審判決は、致命傷と生命絶止（＝死亡）との間には時間の間隔が存するので「生命権侵害」による賠償請求権を被害者は生前に取得し、それが死亡によって相続人に承継されるという。原審判決は「生命権侵害」と明示しているのであるから、生命侵害（＝死亡）による損害賠償請求権が死亡した被害者に発生し、被害者の相続人に相続される旨を判示したと解することも可能であるが、大審院判決はそこまでは踏み込んでいない。そのために、本判決などが採用する時間間隔説ないし極限概念説は、「死亡」そのものを原因とする損害を正面から捉えずに、「理論的には、死亡直前までの身体傷害を原因とする」損害賠償によって対処していると評されるのである。[34] 判例は、生命侵害（＝死亡）自体による損害に対する賠償請求権の相続性を認めることは、いわゆる「死前ニ死アリ、若クハ死後ニ死アリ」（大判昭和三・三・一〇民集七巻一五二頁）という矛盾を侵すものであるとの前提に立っているものと思われる。[35]

しかし、私は、いわゆる当然相続説、すなわち生命侵害による損害賠償請求権は生命侵害（＝死亡）によって死者本人に発生し、その後相続人に相続承継されると考えて何ら問題はないと思う。当然相続説を批判する論者は、「死亡それ自体に対する慰藉料請求権については、理論的難点をいかに克服するかを問うことができよう」と論難するが、[36]《死の段階性》説ないし《死亡概念の相対性》説はこれに対する解答となるものである。逆に、かかる批判に対しては、反対論者がおそらく当然の前提としていると思われる、死亡の「瞬間に」死者の権利能力は消滅するということは何を根拠に持ち出されたのか、そして、上述の(1)〜(3)の各論点（(1)死亡組合員、(2)死亡退社合名会社社員の持分払戻請求権、(3)被保険者を受取人とする生命保険金請求権の相続性）についてはどのように説明するのかを逆に質問したい。生命侵害（＝死亡）による損害賠償請求権の相続性の問題に関してだけは、死亡の法律効果が死者本人に帰属することをあくまで否定しようとする態度は、上述した(1)〜(3)の場合には当該権利が相続承継されること、少なくとも相続人に帰属することを比較的容易に認める判例（おそらく通説も同じであろう）の態度とあまりにも整合性を欠くものといわなければならない。

生命侵害による損害賠償請求権の相続性をめぐって活発な議論が交わされたことにより、死亡の法律効果が死者本人に帰属するか否かに関して示唆的な学説が登場したことは事実である。例えば、平野義太郎教授のいわゆる人格存続説は、生命侵害による損害賠償請求権に関しては被害者（＝死者）をなお法律観念上の主体とみなすべきであると主張されるが、これは《死亡概念の相対性》説を採用し、さらに《死の段階性》説によって、生命侵害（＝死亡）による損害賠償請求権については、「死亡」の法律効果がいったん死者本人に帰属したうえで相続人に相続承継されることを認めた先駆的な論考と読むことができる。(37) ただし人格存続説では、被害者の死後も存続した権利能力がいつ消滅することになるかの説明がないが、《死亡概念の相対性》説によれば、生命侵害による損害賠償請求権に関してのみ、かつ右請求権が死者本人に帰属するまでの間に限って権利能力が存続し、《死の段階性》説による死亡の三段階に従って死者の権利能力は消滅することになる。(38)

(5) 代理における本人の死亡

民法一一一条一項は、本人の死亡を代理権消滅事由に掲げているが（同条同項一号）、最判昭和二八・四・二三民集七巻四号三九六頁および最判昭和三一・六・一民集一〇巻六号六一二頁は、本人の死亡後も代理権不消滅の合意を有効とした。(39)

4 小　結

上述の［A］、［B］、［C］の「死亡」を、瞬時かつ同時に発生する同一の事実を表わす統一的な概念（《統一的死亡概念》説、《死の即時性》説）と考える必然性はない。《統一的死亡概念》説に対抗する考え方を、唄教授は《死亡概念の相対性》説ないし《死の段階性》説と呼んだが、私は後説を妥当と考える。ただし私は、自然的事実としての死亡の時間的段階性を主張しているわけではない。また法概念としての死亡の「時間的」段階性を主張するものでもない。ただ、法概念としての「死亡」は、その法的効果に応じて相対的に確定すればたりるものであり、かつ「論理的」な段階性を有するものであると主張しているにすぎない。

《死亡概念の相対性》説を採用し、《死の段階性》説に従って論理的に考えるならば、まず［A］の「死亡」（民一一一条一項、同五九九条、同六五三条、同六七九条一号など）が発生し、次いで［B］の「死亡」が発生し、さらに［C］の「死亡」（同八八二条）が発生することになる（《生から死への段階的転換》説。[40]私見は《死の三段階》説とでも称すべきものである）。すなわち、［A］の「死亡」の効果は、その時点ではまだ権利能力を有する死者本人にいったん帰属し、［A］の死亡の効果がすべて死者本人に帰属した後に、［B］の「死亡」によって死者の権利能力が消滅し、しかる後に［C］の「死亡」により相続が開始して、いったん死者に帰属していた死亡の法的効果も含めて被相続人の財産に属した一切の権利義務が相続人に承継されることになる。このことは、生命侵害による損害賠償請求権の相続性以外の事項については、実は従来からいくつかの判例や学説が認めてきたか、少なくとも暗黙の前提としてきたところだったのである。

三　死者の法主体性の存続について

1　制定法上、死者の法主体性が認められている場合

二では民法、商法における「死亡」概念が実は統一的な概念ではなく、「死亡」概念を相対化し、かつ「死亡」を三段階に段階化して考えた方が具体的な場面で率直かつ簡明な理論構成によって結論に到達できることを論じてきた。本章では、これら以外の場面で死者の法主体性が認められている実例をいくつか紹介する

ことによって、「死亡の瞬間に権利能力が消滅するのではなく、一度目の死亡によってその法的効果が死者に帰属したうえで二度目三度目の死亡が到来する」という理論構成がそれほど唐突な発想ではないことの傍証としたい。

(1) 訴訟当事者の死亡と訴訟の受継

実体法においては死亡によって自然人の権利能力が消滅することに対応して、民事訴訟法においても、明文の規定はないが当事者能力は死亡によって消滅するものとされる。[41] そして、当事者が死亡した場合には、これも明文規定はないが相続人らが当然かつ同時に、[42] 訴訟を承継することになる。そして、これら訴訟を承継した者による訴訟追行が可能になるまで訴訟は中断し、準備が整った時点で上記の者が訴訟を受継することになる（民事訴訟法一二四条一項一号）。訴訟手続の中断・受継は、「新追行者登場の待ち合わせ」と説明される。[43] 当事者の「死亡」によって当事者能力は消滅し、訴訟承継（当然承継）が生じるが、訴訟中断・受継原因（かつ受継時期）としての「死亡」（民訴法一二四条一項一号）は、当事者能力の消滅および訴訟承継原因としての「死亡」より時間的に後れて到来するのである。

ただし、訴訟代理人がある場合には訴訟の中断は生じない（同法同条二項）。この場合、代理人は旧当事者（死亡した者）の名で訴訟を追行する。[44] 八木良一判事によれば、訴訟代理人がある場合にも実務では「受継類似」の取扱いがなされるという。この場合、訴訟代理人が承継者を調査して同人からの委任状を提出するなどした後に、死亡者の請求から承継者の請求へ請求の趣旨を変更し、旧当事者の死亡および承継者がこれを承継した事実を請求原因事実に追加する旨を主張すると、それ以降は調書等に承継者が当事者として記載されることになるとのことである。[45] さらに、例外的な場合ではあるが、裁判所が当事者の死亡を知りながら記録上は死亡者を表示したまま手続を進行させ、判決をして訴訟を終了させてしまうこともあるという。[46] こうなると、もはやたんなる名義上だけの問題とはいえず、死者を当事者と扱ったものとみるべきであろう。

さらに、相続人は相続放棄の熟慮期間中は訴訟を受継することはできないものとされている（同法同条三項）。ここでも「死亡」の民事訴訟法上の効果は明らかに「段階的」なものである。つまり、訴訟当事者の死亡によって訴訟承継は当然に生じるとしても、熟慮期間が経過して相続人として確定することによって相続人ははじめて訴訟を受継することになるのである。民法における相続承継が即時的なものと考えられてきたのとは違った段階的な取扱いといえよう。

訴訟物が一身専属的なものであり相続されない場合には、訴訟は本案については当然に終了し、ただ訴訟費用に関する部分についてのみ相続人がこれを受継するというのが判例・通説の考えである（大判昭和二・一一・一二評論一七巻民法五六頁）。最高裁も、生活保護法による保護受給権や（最大判昭和四二・五・二四民集二一巻五号一〇四三頁〔いわゆる朝日訴訟〕）、ゴルフクラブ会員権について（最判昭和五三・六・一六判時八九七号六二頁）その旨を判示している。これに対して、訴訟物である権利の一身専属性に争いのある場合には、相続人らに不服申立の道を残し、かつ一身専属性の有無を既判力をもって確定させるという相手方の利益を図るためにも、訴訟物が一身専属的であることを理由に訴訟を終了させるべきではないという有力な反対説があり、私もこの有力説に賛成した。[47] もし通説のように、訴訟物が一身専属的なものの場合は本案について訴訟は終了し、ただ訴訟費用に関してのみ相続人らが訴訟を受継すると考えるとしたら、例えばいわゆる朝日訴訟の上告審における訴訟係属はどのように説明するのだろうか。

すなわち、同訴訟の上告審では、生活保護受給権などの一身専属性、したがって原告が死亡した場合の相続人による訴訟受継の可否が争われ、最終的に訴訟物は一身専属権であるから原告の死亡によって訴訟は終了した旨の判決が、原告の死亡から三年以上経過してから死亡した原告を名宛人として言い渡されたのである。このような場合に、原告の死亡から判決言い渡しまでの間の訴訟代理人の訴訟行為は、死亡した原告つまり死者を代理して行なったものと考えるしかないのではないだろうか。(48)

(2)　債務者の死亡と執行手続の不停止

東京高判平成九・三・二六（判時一六〇六号四八頁）は、競売開始後に債務者が死亡し、相続債権者が相続放棄の熟慮期間内に相続人を債務者とする仮差押えの登記をして配当要求したが、その後相続人が相続放棄の申述をして受理されたため初めから相続人にならなかったという事案である。判決は、この場合の仮差押え登記において「債務者とされている者は、将来確定すべき相続人（あるいは相続財産法人）と解することができる」として、この配当要求を有効とした。結論は妥当だが、その理論構成には無理があるのではないだろうか。民事執行法四一条一項は強制執行開始後に債務者が死亡しても執行手続きは停止しないとしているが、これは制定法自体が執行の対象者が死者であることを認めたものと解される。そうだとしたら、本事案においても、当該仮差押え登記における債務者を「将来確定すべき相続人（あるいは相続財産法人）」などと認定する必要はなく、端的に死亡した債務者本人を債務者として構わないのではないだろうか。そのうえで、このような場合にも特別代理人の選任（民執四一条二項）の準用を認めれば足りると思われる。

(3)　死者の人格権

死者の人格権についてはすでに多くの見解が表明されており、死者の法主体性の有無に関してもっとも多くの議論が展開されてきた分野ということができるが、以下では簡単に素描するにとどめる。

(a)　死者に対する名誉毀損による不法行為の成否　わが著作権法は、著作権者死亡後の著作者人格権の侵害を禁止しているが(著作権法六〇条)、一般的な議論としても、死者の人格権を肯定し、これを死者自身の人格権侵害とみるのが日本およびドイツの通説のようである。[49] 斉藤博教授は、「故人はすでに権利能力を有しない」ことを前提としながら、「人格権そのもの」(は)「その主体から分離しうる」として、「たとえ人格権がその担い手を欠いても、人格権そのものは存続する」と考えるドイツの学説を肯定的に紹介している。[50] このような「主体なき権利」[51] というものをわが私法体系と整合的に説明することができるのか、なぜ死者(故人)の権利能力を認めてはいけないのか、「主体なき(=権利能力なき)」死者の権利を認めるといったところで、実質的には人格権に関して死者の権利能力を認めたことと違いがないのではないかとの疑問が生ずる。[52] 五十嵐清教授も、ドイツ法の紹介の形をとってはいるが、死者の「権利能力」を否定するようである。[53] 東京高判昭和五四・三・一四(判時九一八号二一頁、『落日燃ゆ』事件)は、一般論としては死者が名誉権を有することを認めるかのごとき判示をしつつ、結論的には遺族の死者に対する追慕の情という人格的法益の侵害の問題に収斂してしまった。

(b)　死後叙勲　高知地判平成八・一〇・二三(判時一六二四号一二六頁)は、死後叙勲による表彰状と勲章は、生前最後の日が発令日とされ、生前に叙勲されたように擬制されているが、憲法一四条三項にかんがみると、右の表彰状および勲章は「被叙勲者本人のみがこれを保有できるというべきであり、被叙勲者の相続人は……返還を免除されている(保管を許される)に過ぎない」として、死者である被叙勲者だけが勲章を保有することを認めている。つまりこの判決によれば、死後叙勲による勲章を保有する法的権限を死者は有していることになる。

2　解釈上、死者の法主体性を認めうる事項

(1)　相続財産法人の管理人

相続人不存在の場合に関して、わが民法は「相続人のあることが明かでないときは、相続財産は、これを法人とする」と規定する（民九五一条）。しかも、もし「相続人のあることが明かになつたときは、（相続財産）法人は、存立しなかつたものとみなす。」としたうえで（同九五五条本文）、さらにその場合でも、「（相続財産）管理人がその権限内でした行為の効力を妨げない」ことになっている（同条但書）。このような擬制の積み重ねに対しては、起草者の富井政章自身、法人という擬制、相続人の存在がわかった場合には法人の存在が既往に遡って否定され（九五五条）、しかし管理人の行なった行為の効力は失われず（九五五条但書き）、「管理人は未来で極る所有者の代理人」となるという三段の「拵へ事ヲシナケレバナラヌ」のは問題だとしていた。[54]

判例は、相続財産法人の管理人が選任される前でも、相続債権者は相続財産法人に属する債権を代位行使できるとしたり（東京地判平成七・四・二六判タ九二〇号二三〇頁）、訴訟の相手方は相続財産法人の「特別代理人」の選任を家庭裁判所に請求し、同人に訴訟を受継させることができるとするなど（仙台地判平成五・六・三〇判タ八四八号二九九頁）、きわめて融通無碍な運用を行なっている。それならば「未来で極る所有者の代理人」（富井）などと擬制せず、死者の代理人で何ら差し支えないのではないだろうか。

(2)　遺言執行者は誰の代理人か

わが民法は遺言執行者を「相続人の代理人」（民一〇一五条）としているが、起草者の富井は遺言者の代理人とするかどちらかで迷ったという。[55]「その可能なる限度に於て、民法は死者の事務を認むるものであ」るから、「遺言執行者が死者の代理人として取扱はれうるために」死者の法人格が是認されなければならないとの学説

もある。[56] わが国の近時の相続意識の変化、とくに遺言の活用には、被相続人の生前の財産処分の死後への延長化という考えがあるという論者に従うなら、[57] この現象は遺言執行者を死者の代理人とする方向を支持することになるのではないだろうか。

3 その他の事項

(1) 脳死者の身体を含む死体の処分権

この問題は「α期間」説の生誕の地でもあるが、私の《死の三段階》説はあくまで論理上の段階性をいうのであって、必ずしも脳死に対する態度決定によって左右されるものではない。そうはいっても、「死亡」概念と「死体（ないし身体）」との関係は答えるべき問題であるし、わが臓器移植法にいう「遺族が拒まないとき」と「死亡した者が生前に文書で表示した意思」との関係も説明が必要であるが（同法二条一項、六条一項）、いまはその準備はない。

(2) 親族法上の死者の地位

死者にも権利が帰属することを示唆した先駆者の一人である近藤教授は、死者に権利が帰属する例として、親族関係を挙げている。[58] そして身分関係が死亡によって全般的には消滅しないことは、当事者死亡による婚姻や養子縁組の解消と離婚・離縁による解消との効果の違いを比べた場合に明らかであるし、身分関係に関する遺言がなされた場合の死後の身分関係の確定は人の身分関係の清算手続と考えることができるとする。死亡や遺言による身分関係の変動（死亡による婚姻の解消、死後認知、遺言による相続廃除など）は今後に期すこととしたい。[59] わずかに、夫死亡後に夫の残した精子による人工授精を妻が受けて出産した子の法的地位について、《死亡概念の相対性》説に立った見解を示したことがある。[60]

（1）唄孝一『脳死を学ぶ』（日本評論社、一九八九年）五八三頁以下
（2）同前三三頁以下に再録、初出は「朝日ジャーナル」一九六八年一月二一日号
（3）同前七六頁
（4）同前三九頁（なお、同書二五頁、一四一頁以下も参照）
（5）同前五八頁、一〇二頁
（6）同前四八頁、五九頁
（7）同前二五頁以下。なお、唄孝一「『婚姻予約』そして『死亡』――法概念とは何か」上智法学論集四三巻一号一四五頁以下も参照。同教授によればこの中間的な段階は脳死判定時から心臓停止時までの継続的な時間であるから「α期」というよりも「α期間」と呼ぶべきであろう。
（8）泉久雄・家永登「八九六条」島津一郎・久貴忠彦編『新・判例コンメンタール民法⒁巻』（三省堂、一九九二年）
（9）泉久雄『総合判例研究叢書㉖相続財産』（有斐閣、一九六五年）
（10）唄・前掲注（1）一五頁、二五頁、前掲注（10）上智法学論集一四六頁など
（11）唄・前掲注（1）七七頁
（12）同前
（13）我妻栄発言「ジュリストの目――心臓移植をめぐる問題」ジュリ三九七号二一頁。なお、唄・前掲注（1）一三頁以下も参照
（14）唄・前掲注（1）一五頁、七頁
（15）山畠正男「八八二条」中川善之助・泉久雄編『新版注釈民法㉖』（有斐閣、一九九二年）六九頁以下
（16）柳沢弘士「権利能力の終期」判例時報編集部編『民法基本問題一五〇講Ｉ』（一粒社、一九六六年）三七〜八頁
（17）唄・前掲注（1）二四頁以下
（18）我妻栄『新訂民法総則』（岩波書店、一九六五年）五三〜六頁。幾代通『民法総則（第二版）』（青林書院、一九八四年）二九頁、四宮和夫『民法総則（第四版）』（弘文堂、一九八六年）四〇〜一頁や、最近の四宮和夫・能見善久『民法総則（第六版）』（弘文堂、二〇〇二年）二八頁も同様

(19) 於保不二雄『民法総則講義』（有信堂、一九五一年）四四頁。なお、民事訴訟法学者の兼子一教授も、「人が死亡したときも、法律上遺産の清算をする必要のある限りは、法人の解散の場合と同様その法主体性の残映を認めるべきであろう」と述べている（兼子一『新修民事訴訟法体系（増訂版）』（酒井書店、一九六五年）一〇九頁）。

(20) 近藤英吉「死者の権利に就て」『相続法の研究』（弘文堂、一九三二年）一六一頁以下（なお、同「死体に就て」同書一三二頁も同旨）

(21) E・エーアリッヒ／川島武宜・三藤正訳『権利能力論』（岩波書店、一九七五年）六七頁

(22) 於保・前掲注(19)四四〜五頁

(23) 近藤・前掲注(20)一六二〜三頁

(24) 於保・前掲注(19)四五頁

(25) 近藤・前掲注(20)一六二頁は、相続放棄（熟慮）期間中などの遺産管理、限定承認、財産分離、相続人の不存在、遺言の執行などは「死者の財産の清算手続を規定するものと見ること」ができるとする。

(26) 以下の判例はいずれも『判例体系CD－ROM』（第一法規）から引用した。

(27) 泉・前掲注(9)一六九頁など

(28) 加藤正治「契約上ノ請求権ト不法行為ノ請求権トノ競合」法学志林一三巻四七五頁

(29) 加藤正治「旅客死傷の損害賠償」法協三四巻六号六四頁

(30) 西島梅治『保険法（新版）』（悠々社、一九九一年）三三二頁

(31) 遠藤浩「相続財産の範囲」中川教授還暦記念『家族法大系Ⅵ相続(1)』（有斐閣、一九六〇年）一七五〜六頁、右近健男「八九六条ⅩⅨ」谷口知平・久貴忠彦編『新版注釈民法(27)』（有斐閣、一九八九年）一〇一頁

(32) 遠藤・同前一七五頁

(33) 泉・前掲注(9)一六九頁

(34) 山本進一「死亡による損害賠償請求権の相続性」加藤一郎・米倉明編『ジュリ増刊・民法の争点Ⅱ』（有斐閣、一九八五年）一八七頁

(35) 生命侵害による損害賠償請求権の相続性をめぐる学説については、舟橋諄一「生命侵害による損害の賠償と相続」我

妻教授還暦記念『損害賠償責任の研究(上)』(有斐閣、一九五七年)三三一頁、加藤一郎「損害賠償請求権の相続性」同『民法ノート(上)』(有斐閣、一九八四年)二七七頁、三〇〇頁などを参照

(36) 星野英一「慰藉料請求権の相続性を認めた事例」同『民事判例研究二巻(2)』(有斐閣、一九七二年)六一八頁など

(37) 平野義太郎「第一九事件判例評釈」『判例民事法大正一五年度』一〇二頁

(38) なお、(4)について詳しくは、拙論「八九六条」泉久雄・野田愛子編『注解法律学全集(19)』(青林書院、一九九五年)一〇七頁以下を参照。なお、本稿で示した「死亡」概念の相対性、段階性に関する私見は、以前にこの拙稿で簡単に述べたことがあるが、それに対するコメントとして、石井美智子「生と死」ジュリ一一二六号一七頁

(39) 内田貴『民法I』(東大出版会、二〇〇〇年)一四八～九頁はこの結論を支持するようである(死者の代理については、後述第三章第**2**節(1)、(2)も参照)。

(40) 唄・前掲注(1)二四頁以下

(41) 新堂幸司『民事訴訟法(第二版)』(筑摩書房、一九八二年)九三頁など。ただし、死亡による当事者能力の消滅を否定する学説として、兼子・前掲注(19)一〇九頁がある。

(42) 中野貞一郎『民事訴訟法の論点I』(判例タイムズ社、一九九四年)一五一頁

(43) 中野・同前一五二頁、中野貞一郎『民事裁判入門』(有斐閣、二〇〇二年)一一三頁

(44) 兼子・前掲注(19)四二四頁

(45) 八木良一「当事者の死亡による当然承継」民事訴訟雑誌三一号三八頁

(46) 八木・同前三八頁

(47) 辻正美「相続と一身専属権」加藤一郎・谷口知平編『新版判例演習民法(5)』(有斐閣、一九八四年)九二頁。拙稿・前掲注(38)九一頁

(48) なお、同事件最高裁判決には、保護受給権が一身専属権であるということは訴訟の承継を否定する根拠となるものではないとする少数意見(松田二郎、岩田誠、草鹿浅之介の三裁判官)がついている。民事訴訟法学説においては、この少数意見のほうが有力のようである(佐藤鉄男「訴訟承継の可否」民事訴訟法判例百選II三八三頁)。

(49) 五十嵐清「死者の人格権」ジュリ六五三号五五頁、斉藤博「故人に対する名誉毀損」判時八七一号一四七頁など

(50) 斉藤博『人格権法の研究』(一粒社、一九七九年) 二一〇〜一頁
(51) 斉藤・同前二一六頁、同・前掲注(50)一四九頁
(52) 我妻・前掲注(18)四三頁は、(私法関係において)「権利の主体となることのできる地位または資格を権利能力……という」と定義するが、これに従うなら(そして従うべきものと考えるが)、人格権の主体である死者は権利能力を有することになるはずである。
(53) 五十嵐・前掲注(49)五六頁におけるフープマン説の引用
(54) 有地亨『家族法概論』(法律文化社、一九九〇年) 三六五頁より引用。我妻『民法大意〔下〕第二版』(岩波書店、一九七一年) 七二三頁も同条を技巧的にすぎ、「あまり優れた立法技術といえない」という。
(55) 有地・同前二七九頁から引用
(56) 近藤・前掲注(20)一六七頁以下
(57) 有地・前掲注(54)二五二頁を参照
(58) 近藤・前掲注(20)一六二〜三頁
(59) 例えば、死後認知された非嫡出子の父に対する扶養請求権は、父の死亡によっても消滅しないと解さなければ民法七八七条但書は実効性をもたなくなることなどが指摘される(島津一郎「七八七条」中川善之助監修『註解相続法』(法文社、一九五一年) 九二頁)。唄教授が扶養義務の相続性を示唆するのも、この点を考慮してのことであろうか(我妻栄・唄孝一『判例コンメンタール相続法』(日本評論社、一九六一年) 七三頁)。
(60) 拙稿「日本における人工授精の状況」唄孝一・石川稔編『家族と医療』(弘文堂、一九九五年) 四二六〜七頁

新しい親子法

——生殖補助医療を契機に——

石井美智子

湯沢雍彦・宇都木伸編
『人の法と医の倫理』Ⅰ2
二〇〇四年三月　信山社刊

一　はじめに
二　生殖補助医療のあり方
三　生殖補助医療による子の親子関係
四　おわりに

一　はじめに

わが国の親子法は、今、一つの転機を迎えているといえよう。児童虐待事件の増加は、親は子のためを考える存在であるという前提に立つ家族法の再検討を迫るものであり、親に代わって子を保護するシステムとともに親子関係を再生するための手続の構築を必要としている。また離婚の増加によって、一人親家庭の子育て支援と離婚後の親子関係とりわけ非監護親との係わり方の早急な検討の必要が生じている。さらに、現在、法制度が変わろうとしていることもある。一つには、戦後家族法改正の重要な柱であった家庭裁判所が変わろうとしている。家庭裁判所の特徴は少年事件と家庭事件をともに扱うところにある。その少年法が改正された。家庭事件も調停と審判のみ行ってきたのに対し、人事訴訟が家庭裁判所に移管されることになった。それに伴う人事訴訟法改正によって、これまで法的根拠を持たなかった親子関係存否確認訴訟が人事訴訟法に明記された。ただし、その要件、提訴権者等については特に定められず、問題はそのまま残されている。二つには、生殖補助医療によって生まれた子の親子関係を定める立法が検討されていることがある。そこでは、親子とは何か、親子関係を法で定めることの意味が問われている。

家族法は、戦後、全面的に改正され、親子法についても、「家」の廃止と両性の平等の観点からの改正は行われた。けれども、親子関係、養子、親権の内容についてはほとんど改正されず、子のための親子法の改正はなかった。唯一、未成年養子の場合に家事審判所の許可を要件としたことがあるにすぎない。

明治民法における親子法は、「家」の正統な後継者を定めるためのものであった。そこには、家長の血を受け継ぐ者が家産・家督を継承するという考えがあり、血縁が重視されたといえよう。それに対して、現代の親子法は、子の福祉のために定められるべきである。生殖補助医療によって生まれる子の親子関係を考えることは、そのような親子法への転換の契機になりうるのではないだろうか。

封建的な「家」制度を廃止し、自立した個人からなる近代市民社会、特にそれを支える近代家族の実現をめざした戦後家族法改革は、唄家族法研究の原点であり[1]、中でも親子関係取り分けて母子関係は、最も重要な課題であったといえよう。医事法の研究を始められる以前の私法学会の人工授精に関するシンポジウムの冒頭で発言され[2]、一九九〇年には、比較法学会でシンポジウム[3]をもたれる等、「家族と医療」[4]を課題とされている先生にとって、生殖補助医療の問題は、また、重要なテーマでもある。

そこで、本論文では、生殖補助医療を中心に親子法について論じてみたい[5]。生殖補助医療は、生殖に人為的に介入することがどこまで許されるのかをはじめとして、倫理的、社会的、法的に難しい問題を含んではいるが、ここでは、その是非については論じない。生殖補助医療は、子どもを誕生させる行為である。生まれてくる子は、自分で自分を守ることができないので、子の福祉を最優先に考えなければならない。とりわけ、非配偶者間生殖補助医療の場合には、提供者も加わり、複雑な親子関係を生じさせることから、十分な配慮が必要である。

二　生殖補助医療のあり方

(1)　実　態

一〇組に一組の夫婦は不妊ともいわれ、不妊治療患者は、四六万六、九〇〇人と推計されており、わが国は、生殖補助医療の盛んな国である。二〇〇三年三月三一日現在、日本産科婦人科学会に、体外受精を行う施設として、五八四施設が登録されている。[6] 二〇〇一年の一年間に体外受精によって生まれた子は、一万三、一五八人（うち顕微授精によるものが四、八〇二人を占める）で、出生子の一％を超えており、これまでに生まれた体外受精子の総数は、八万四、九六六人（うち顕微授精によるものが二万五、七〇四人を占める）に上る。体外受精は、日本産科婦人科学会の会告によって配偶者間に限られている。けれども、提供精子による人工授精（AID）は、古くから行われており、AIDの第一号子は、一九四九年に生まれ、その後五〇年の間に一万人以上のAID子が生まれたと言われている。日本産科婦人科学会も一九九七年になって会告を出し、一定の条件の下でAIDを行うことを認めた。二〇〇一年には二一施設で五、六九九回のAIDの施術、一五二人のAID子の出生が報告されている（妊娠経過の不明なものが四五件あるという）。

そうした状況から、生殖補助医療技術については広く知られている。二〇〇三年一月に実施された生殖補助医療技術に対する国民の意識調査[7]によれば、七一・六％の人がAIHを知っており、AIDも五八・九％、夫婦間体外受精は六五％の人が知っている。提供卵子も四三・五％、提供胚は少なく二二・二％であるが、代理母については五四・七％の人が、借り腹についても四七・三の人が知っていた。けれども、非配偶者間生殖補助医療を利用したいと思っている人は、必ずしも多くはない。AIDを利用したい人は五・一％、提供卵子は四・〇％、提供胚は三・一％、代理母は三・三％にすぎない。その中では、借り腹については、八・六％の人が利用したいと答え、配偶者が賛成したら利用したいと答えた人は三四・七％と多かった。また、一般論として、一定条件の下で認めてよいとする人は、AIDは四一・三％、提供卵子は三九・八％、提供胚は二八・三％、代理母は三一・三％に対し、借り腹は四六・〇％であった。けれども、子どもを得るために第三者の精子・卵子・受精卵（胚）の提供を受けることを考えた場合、非配偶者間生殖補助医療を受けるとしたら誰から提供を受けたいかという問いに対しては、受けないと答えた者が三三・七％で最も多く（リーフレット使用三六・五％）、血縁者は三〇・八％で、知人の一二・二％よりは多いが、他人とする者の方が三三・三％と多かった（リーフレット使用の場合は血縁者二八・八％に対して他人が三三・二％であった）。一般論として、精子・卵子・受精卵（胚）の提供者として認められる者としては、第三者が最も多かった。精子の場合では、第三者が四〇・一％に対し、父母が二一・三％、兄弟姉妹が三二・四％、その他の血縁者が一四・〇％、友人知人が一三・一％であった。

ここから、不妊夫婦も一般の人々も、子どもに必ずしも血縁を求めてはいないけれども、自分たちの血のつながった子がほしいと考えており、生殖補助医療を、育てる子どもを持つ技術としてよりも、実の子を持つ技術として、認め、利用したいと考えているとみることができそうである。

わが国の場合、十分議論されないまま、生殖補助医療の利用が進み、一九八三年以降、個別の問題ごとに出される日本産科婦人科学会の会告によって自主規制が行われているだけである。その会告による規制は、日本産科婦人科学会の会員のみを対象とし、その会員に対しても強制力がない。一九九八年には、日本産科婦人科学会の会員が会告に違反して、提供卵子による体外受精を行い、子どもが生まれていることが明らかになった。そうした中、同年一〇月、漸く、旧厚生省の厚生科学審議会先端医療技術評価部会の下に「生殖補助医療技術に関する専門委員会」が設けられ、非配偶者間生殖補助医療の問題について検討を始めた。同委員会は、二〇〇〇年末に、「精子・卵子・胚の提供等による生殖補助医療のあり方についての報告書」をまとめ、一定の条件の下に非配偶者間生殖補助医療を認めるとともに、遅くとも三年以内の体制整備を求めた。それを受けて、二〇〇一年から、法務省と厚生労働省に部会が設けられ、立法に向けた検討が始まった。厚生審議会生殖補助医療部会においては、生殖補助医療の実施条件に関する規制の整備が検討され、二〇〇三年四月に報告書がまとめられている。法制審議会「生殖補助医療関連親子法部会」においては、非配偶者間生殖補助医療によって生まれた子の親子関係を規定する立法が審議され、二〇〇三年七月に中間試案が公表された。

(2)「精子・卵子・胚の提供等による生殖補助医療のあり方についての報告書」[8]

まず、現在進められている立法作業の基礎となっている旧厚生省の厚生科学審議会先端医療技術評価部会生殖補助医療技術に関する専門委員会の「精子・卵子・胚の提供等による生殖補助医療のあり方についての報告書」の概要を見ておく。

同報告書は、次の六つの基本的考え方に基づく。

① 生まれてくる子の福祉を優先する。
② 人をもっぱら生殖の手段として扱ってはならない。
③ 安全性に十分配慮する。
④ 優生思想を排除する。
⑤ 商業主義を排除する。
⑥ 人間の尊厳を守る。

上記の考え方に照らして検討した結果、AID、提供精子による体外受精、提供卵子による体外受精、提供胚の移植の四つの生殖補助医療を認め、代理懐胎（代理母・借り腹）は、禁止する。提供胚は、余剰胚を原則とするが、余剰胚が得られない場合には、精子と卵子の提供によって得られた胚の移植も認める。

非配偶者間生殖補助医療を受けられるのは、子を欲しながら不妊症のために子をもつことができない法律上の夫婦に限られる。加齢により妊娠できない夫婦は対象にならない。ただし、卵子の提供を受けなければ妊娠できない夫婦も、卵子の提供を受けることが困難な場合には、提供された余剰胚の移植を受けることができる。

非配偶者間生殖補助医療を受ける夫婦は、当該生殖補助医療に関する専門知識を持つ人によるカウンセリングの機会を与えられ、十分な説明を受けた上で、実施の度ごとに、それぞれ書面で同意する必要がある。

親子関係については、以下のような内容を法律に規定するものとする。

① 非配偶者間生殖補助医療により子を出産した者をその母とする。

② 妻が夫の同意を得て、非配偶者間生殖補助医療により出産した子は、その夫の子とする。

③ 精子・卵子・胚の提供者は、非配偶者間生殖補助医療により生まれた子の父母とされない。

非配偶者間生殖補助医療により生まれた子の出自を知る権利については、次のような限度で認めた。非配偶者間生殖補助医療により生まれた子は、成人後、その子に係わる精子・卵子・胚の提供者の個人情報のうち、提供者を特定できず、かつ、提供者がその子に開示することを承認したものを知ることができる。また、結婚した場合に近親婚とならないことの確認を求めることができる。

規制の実効性を保つため、営利目的での精子・卵子・胚の授受・授受の斡旋、代理懐胎の施術・施術の斡旋、非配偶者間生殖補助医療に関して職務上知り得た秘密の漏洩に対しては、罰則を伴う法律によって規制する。

(3) 「精子・卵子・胚の提供等による生殖補助医療制度の整備に関する報告書(9)」

(a) 概　要　厚生審議会生殖補助医療部会も専門委員会報告書の前記六つの基本的考え方を踏襲し、原則としてその内容に則して、制度整備のための検討を行った。検討課題は、大きく次の三つに分けて審議された。検討課題一、提供された精子・卵子・胚による生殖補助医療の実施及び精子・卵子・胚の提供条件、検討課題二、提供された精子・卵子・胚による生殖補助医療の実施及び精子・卵子・胚の提供までの手続や実施医療施設の施設・設備の基準、検討課題三、提供された精子・卵子・胚による生殖補助医療に係る管理体制である。

本報告書は、以下の四つの重要な事項について、専門委員会の報告書の内容を変更した。

① 胚提供については公的管理運営機関の審査を要件とする。

② 胚提供の場合に、精子・卵子両方の提供を受けて胚を作ることを認めない。

③ 兄弟姉妹等からの提供を当分の間禁止する。

④ 生まれた子の出自を知る権利を認め、提供者を特定できる氏名等の情報の開示を一五歳から請求できることにする。

加えて、全ての症例を倫理委員会の審査に付すこととした。

本報告書の特徴としては、まず、「提供された精子・卵子・胚による生殖補助医療を受けることができる者の条件」等多くの事項について、「具体的な判定は、医師の裁量とする。ただし、実施に当たって医師が考慮すべき基準を国が法律に基づく指針として示す」として、医師の裁量を認めながらも詳細な基準を提示していることがある。

以下に、本稿に関連する主な論点について、その内容を紹介する。

(b)　代理懐胎（代理母・借り腹）　旧厚生省の専門委員会報告書が出された後、本部会の設置までの間に、わが国においても、妹が姉夫婦に代わって子を懐胎出産した借り腹のケースが報告された。それを受けて、委員の中から代理懐胎について再検討を求める意見が出されたが、他に代理懐胎を認めるべきであるとの意見はなく、専門委員会の報告書と同様に禁止となった。代理懐胎を禁止する理由については、報告書は次のように述べている。代理懐胎は、「第三者の人体そのものを妊娠・出産のための道具として利用するものであり、『人を専ら生殖の手段として扱ってはならない』という基本的考え方に真っ向から反する」。また、「生命の危険もある妊娠・出産による多大なリスクを……受容させ続ける代理懐胎は、『安全性に十分配慮する』という基本的考え方に照らしても到底容認できない」。さらに、「代理懐胎を依頼した夫婦と代理懐胎を行った人との間で生まれた子を巡る深刻な争いが起こることが想定され、『生まれてくる子の福祉を優先する』という基本的考え方に照らしても望ましいものとは言えない。」

(c)　精子・卵子・胚の提供に対する対価の授受の禁止　精子・卵子・胚の提供に係わる一切の金銭等の対価を供与することと及び受領することを禁止する。ただし、精子・卵子・胚の提供に係わる実費相当分及び医療費については、この限りでない。「実費相当分」として認められる範囲については、意見が分かれたが、次のようにまとめられた。「実費相当分」として認められるものの具体的範囲は、個々の事例について、実際に提供者が負った負担に応じた額を『実費相当分』として認めることとする。

また、他の夫婦が自己の体外受精のために卵子を採取する際、その採卵の周期に要した医療費の半分以下を負担した上で、採取した卵子の一部の提供を受け、当該卵子を用いて体外受精を受けること（卵子のシェアリング）を認める。卵子のシェアリングは、提供を受ける者の金額的負担や提供する卵子の数などの諸条件について、提供を受ける者と提供者との間で匿名性を担保できる方法で契約を交わし、その契約のもとに行うものとする。

(d) 兄弟姉妹等からの精子・卵子・胚の提供　兄弟姉妹等からの精子・卵子・胚の提供については、専門委員会においても意見は分かれ、長い議論の結果、専門委員会の報告書は次のようにまとめられた。「精子・卵子・胚の提供における匿名性の保持の特例として、精子・卵子・胚を提供する人が兄弟姉妹等以外に存在しない場合には、当該精子・卵子・胚を提供する人及び当該精子・卵子・胚の提供を受ける人に対して、十分な説明・カウンセリングが行われ、かつ、当該精子・卵子・胚の提供が生まれてくる子の福祉や当該精子・卵子・胚を提供する人に対する心理的圧力の観点から問題がないこと及び金銭等の対価の供与が行われていないことを条件として、兄弟姉妹等からの精子・卵子・胚の提供を認める」。兄弟姉妹等からの提供された精子・卵子・胚による生殖補助医療を行う医療施設は、その実施内容、実施理由等を公的管理運営機関に申請し、当該生殖補助医療が上記の要件に則して行われるものであることの事前の審査を受けなければならない」。

部会においても、兄弟姉妹等からの精子・卵子・胚の提供については意見が分かれ、議論が続いたが、最終的に、次のようにまとめられた。

「兄弟姉妹等からの精子・卵子・胚の提供は、当分の間、認めない。精子・卵子・胚を提供する人の匿名性が保持された生殖補助医療が実施されてから一定期間経過後、兄弟姉妹等からの精子・卵子・胚の提供による生殖補助医療の実施の是非について再検討する」。

それに対して、自らの兄弟姉妹や友人知人等を提供者として登録することにより、優先的に提供を受けることができる制度を設けることが提案された。

(e) 出自を知る権利　専門委員会の報告書は、「提供された精子・卵子・胚による生殖補助医療により生まれた子は、成人後、当該提供者に関する個人情報のうち、当該提供者を特定することができないものについて、当該提供者がその子に開示することを承認した範囲内で知ることができる」としていた。それに対して、部会では、「提供された精子・卵子・胚による生殖補助医療により生まれた子の出自を知る権利を認める」点では一致したが、提供者を特定することができる情報を含めるか、提供者の承認を要件とするか否かについて意見が分かれ、なかなかまとまらなかった。結局、以下のように、提供者を特定できる情報の開示を認めるとの結論に至った。

「提供された精子・卵子・胚による生殖補助医療により生まれた者又は自らが提供された精子・卵子・胚による生殖補助医療により生まれたかもしれないと考えている者であって、一五歳以上の者は、精子・卵子・胚の提供者に関する情報のうち、開示を受けたい情報について、氏名、住所等、提供者を特定できる内容を含め、その開示を請求できる。

開示請求に当たり、公的管理運営機関は開示に関する相談に応ずることとし、開示に関する相談があった場合、予想される開示に伴う影響についての説明を行うとともに、開示に係わるカウンセリングの機会が保障されていることを相談者に知らせる。特に、相談者が提供者を特定できる個人情報の開示まで希望した場合は特段の配慮を行う。

開示請求は、書面により、開示範囲を指定して行い、開示も書面により行う」。

それは、次のような考えによる。

（出自を知ることの重要性）生殖補助医療により生まれた子が精子・卵子・胚を提供した人に関する個人情報を知ることはアイデンティティの確立のために重要なものである。

（権利の平等）子の福祉の観点から考えた場合、このような重要な権利が提供者の意思によって左右され、提供者を特定することができる子とできない子が生まれることは適当でない。

（子の意思の尊重）生まれた子が開示請求ができる年齢を超え、かつ、開示に伴って起こりうる様々な問題点について十分な説明を受けた上で、それでもなお、提供者を特定できる個人情報を知りたいと望んだ場合、その意思を尊重する必要がある。

（提供者のプライバシー）提供は提供者の自由意思によって行われるものであり、提供者が特定されることを望まない者は提供者にならないことができる。

（提供数の減少）開示の内容に提供者を特定することができる情報を含めることにより、精子・卵子・胚の提供数が減少するとの意見もあるが、減少するとしても子の福祉の観点からやむを得ない。ただし、国民一般への意識調査の結果からは、提供者を特定することができる情報を含めて生まれる子に開示するとしても、一定の提供者が現れることが期待される。

また、開示ができる年齢については、自己が提供された精子・卵子・胚による生殖補助医療により生まれたこと又は提供者の個人情報を知ることによる影響を十分判断できる年齢であることが必要であるとともに、アイデンティティクライシスへの対応という観点から思春期から開示を認めることが重要である点も考慮して、一五歳とした。

精子・卵子・胚の提供を受けることを希望する夫婦に対しては、「提供された精子・卵子・胚による生殖補助医療により生まれた子が出自を知る権利を行使することができるためには、親が子に対して提供により生まれた子であることを告知することが重要であること」についてインフォームド・コンセントを行うけれども、出自の告知を親に強制することはない。

また、提供された精子・卵子・胚による生殖補助医療により生まれた者又は自らが提供された精子・卵子・胚による生殖補助医療により生まれたかもしれないと考えている者であって、男性は一八歳、女性は一六歳以上の者は、自己が結婚を希望する人と結婚した場合に近親婚とならないことの確認を公的管理運営機関に求めることができる。

確認の請求に当たり、公的管理運営機関は開示に関する相談に応ずることとし、確認に関する相談があった場合、予想される確認に伴う影響についての説明を行うとともに、確認に係わるカウンセリングの機会が保障されていることを相談者に知らせる。

(f) 精子・卵子・胚の提供者と提供を受ける人との属性の一致等の条件　ABO式血液型は、提供を受ける者の希望があり、かつ可能であれば、精子・卵子・胚の提供者と属性を合わせることができる。

それ以外の属性については、希望があっても属性を合わせることは認めない。

提供された精子・卵子・胚の保存期間は一〇年間とする。

ただし、精子・卵子・胚の提供者の死亡が確認されたときには、提供された精子・卵子・胚は廃棄する。

(g) インフォームド・コンセント　提供された精子・卵子・胚による生殖補助医療を行う実施医療施設は、当該生殖補助医療を受ける夫婦が、当該生殖補助医療を受けることに同意する前に、当該夫婦に対し、当該生殖補助医療に関する十分な説明を行わなければならない。

精子・卵子・胚の提供を受ける医療施設は、当該精子・卵子・胚を提供する人及びその配偶者が、当該精子・卵子・胚の提供に同意する前に、当該精子・卵子・胚の提供者及びその配偶者に対し、当該精子・卵子・胚の提供に関する十分な説明を行わなければならない。

提供された精子・卵子・胚による生殖補助医療を行う実施医療施設は、当該生殖補助医療の実施の度ごとに、当該生殖補助医療の実施について、夫婦それぞれの書面による同意を得なければならない。当該生殖補助医療についての説明を行った後、同意までに、三ヶ月の熟慮期間をおかなければならない。同意に当たっては、パスポート、運転免許証等の本人の顔写真のついているもの等により本人確認を行う。また、戸籍謄本により法的な夫婦であることを確認する。

提供された精子・卵子・胚による生殖補助医療を受ける夫婦の同意は、当該同意に係わる生殖補助医療の実施の前であれば撤回することができる。当該生殖補助医療の実施前とは、胚を子宮に移植する前をいう。同意は、同意した夫婦の双方又はいずれか一方によって撤回することができる。同意の撤回は、文書によらなければならない。

精子・卵子・胚の提供を受ける医療施設は、当該精子・卵子・胚を提供する人及びその配偶者から、当該精子・卵子・胚の提供及び生殖補助医療への使用について書面による同意を得なければならない。

(h) 提供された精子・卵子・胚による生殖補助医療におけるカウンセリング等の機会の保障　精子・卵子・胚の提供を受ける夫婦又は提供者及びその配偶者は、インフォームドコンセントの際に、専門団体等による認定等を受けた生殖補助医療に関する専門知識を持つ人によるカウンセリングを当該医療施設以外で受けることができるということ及び精子・卵子・胚の提供を受ける前に一度はカウンセリングを受けることが望ましいことについて十分説明されなければならない。

(i) 精子・卵子・胚の提供により子どもが生まれた後の相談　精子・卵子・胚の提供により子どもが生まれた後、提供された精子・卵子・胚による生殖補助医療によって生まれた子、精子・卵子・胚の提供を受けた夫婦及びその家族、精子・卵子・胚の提供者及びその家族（提供者の子どもを含む）は、当該生まれた子に関して、児童相談所等に相談することができる。児童相談所等は、必要に応じて、公的管理運営機関等と連携をする。公的管理運営機関や実施機関は、生まれた子に関する相談があった場合は、必要に応じて当該相談に応じ、児童相談所等を紹介するなど、当該相談に対する適切な対応を行う。

国は、生まれた子に関する相談のマニュアルの作成やその周知などを通じて、生まれた子に対する相談が適切に行われるよう努める。

(j) 倫理委員会による審査　提供された精子・卵子・胚による生殖補助医療は、厚生労働大臣又は地方自治体の長が指定する施設でなければ実施できないこととする。

全ての提供された精子・卵子・胚による生殖補助医療は、実施医療施設の倫理委員会において審査される。倫理委員会は、次に掲げる事項の審議を行う。

・提供された精子・卵子・胚による生殖補助医療を受けるための医学的理由の妥当性
・適正な手続きの下に精子・卵子・胚が提供されていること
・夫婦が生まれた子どもを安定して養育することができるかどうか

胚提供による生殖補助医療は、倫理委員会の審査によって実施を認められた後、公的管理運営機関により実施に関しての審査が行われる。

(k)　記録の保存　同意書は、公的管理運営機関において保存される。提供された精子・卵子・胚による生殖補助医療を行う実施医療施設は、当該生殖補助医療を受けた人が妊娠していないことを確認できたときを除き、提供を受けた夫婦の同意書を公的管理運営機関に提出しなければならない。精子・卵子・胚の提供を行う医療施設は、提供した精子・卵子・胚による生殖補助医療を受けた人が妊娠していないことを確認できたときを除き、提供者及びその配偶者の同意書を公的管理運営機関に提出しなければならない。

同意書は、当該提供によって子が生まれた場合又は子が生まれたかどうか確認できない場合、実施施設が五年間、公的管理運営機関が八〇年間それぞれ保存する。

親子関係について争いがある場合（調停・訴訟に至っていない場合も含む）、争いとなっている親子関係について同意書に署名することとなる立場にある者、親子関係の争いの当事者となっている子、その他これに準じる者は、公的管理運営機関に対し、同機関が保存している同意書について、同意書の有無、同意書がある場合は同意書の開示を請求することができる。同意を撤回する文書についても同様の対応をする。本事項については、法制審議会生殖補助医療関連親子法制部会からの要請で検討されたが、重要な個人情報の開示に関わる問題であるから、別途精査される必要があるとした。

提供された精子・卵子・胚による生殖補助医療を受けた人が妊娠していないことを確認できたときを除き、提供された精子・卵子・胚による生殖補助医療を行った実施医療施設は、提供を受けた夫婦に係わる以下の個人情報を公的管理運営機関に提出しなければならない。

・精子・卵子・胚の提供が行われた後も当該提供を受けた者と確実に連絡を取ることができるための情報、

具体的には、氏名、住所、電話番号等

公的管理運営機関は、提出された個人情報を八〇年間保存する。

精子・卵子・胚の提供者に係わる個人情報についても同様とする。

実施医療施設は、精子・卵子・胚の提供により生まれた子の個人情報を公的管理運営機関に提出しなければならない。公的管理運営機関が保存する精子・卵子・胚の提供により生まれた子に関する情報は以下のようなものとする。

・精子・卵子・胚の提供により生まれた子を同定できる情報

・生まれた子が将来近親婚を防ぐことができるよう、当該子の遺伝上の親を同定できる情報

・生まれた子に関する医学的情報、具体的には、出生児体重や遺伝性疾患の有無、出生後の健康状態、その後の発育状態等

情報の保存期間は八〇年とする。

(l)　マッチング　　公的管理運営機関は提供医療施設及び実施医療施設からの登録により、精子・卵子・胚の提供数と希望数を把握し、精子・卵子・胚の提供数が希望数よりも少ない場合は、精子・卵子・胚の提供者から提供についての登録があったときに、公的管理運営機関は登録された情報を元にマッチングを行う。マッチングの結果、優先順位が最も高い夫婦は実施医療施設の倫理委員会の審査（胚提供を受ける場合はさらに公的管理運営機関の審査）を経て、提供を受ける。

(m)　規制方法　　営利目的での精子・卵子・胚の授受・授受の斡旋、代理懐胎の施術・施術の斡旋、非配偶者間生殖補助医療に関して職務上知り得た秘密の漏洩に対しては、罰則を伴う法律によって規制する。上

記を除き、法律に基づく指針等実効性を担保できる他の態様によって規制する。

三　生殖補助医療による子の親子関係

1　父

(1)　ＡＩＤ

ＡＩＤによって生まれた子の場合、父は遺伝的につながった精子提供者かＡＩＤに同意した夫かが問題となる。[10] 血縁を重視するならば、精子提供者が父となる。けれども、父となる意思の全くない提供者を父とすることは、適当ではなく、子の保護にも欠ける。現行法の解釈としては、ＡＩＤが夫の同意を得て行われた場合、生まれた子は夫の推定される嫡出子とみるのが多数説といえよう。そのうえで、七七六条の嫡出承認を類推し、あるいは信義則または権利濫用の法理によって夫の否認権を否定する。それに対して、夫が不妊であり、生まれた子が夫の子ではありえないので、推定の及ばない子とみる少数説もある。子が真実の親を知ることができるように推定が及ばないとする意見もある。しかし、推定の及ばない子とした場合には、子どもだけではなく、利害関係のある第三者もいつでも親子関係を否定できることになるので、いかに第三者の権利を制限するかが問題となる。また、ＡＩＤ子は、血縁関係がないにもかかわらず、夫の同意という意思によって、親子関係をつくる点で、養子とみるものもある。特別養子とみる考えもあるけれども、家裁の審判によらなければならないので、無理がある。普通養子と解する場合でも、判例は、いわゆる藁の上からの養子、虚偽の嫡出子出生届による養子縁組を認めないので、この解釈も難しい。

裁判例としては、ＡＩＤ子の親権をめぐる事件で父子関係を直接争った事件ではないが、平成一〇年九月一六日の東京高裁決定[11]がある。高裁は、「夫の同意を得て人工授精が行われた場合には、人工授精子は嫡出推定の及ぶ嫡出子である」と判示した。けれども、同時に、「人工授精子の親権者を定めるについては、未成年者が人工授精子であることを考慮する必要がある」。「夫と未成年者との間に自然的血縁関係がないことは否定することができない事実であり、このことが場合によっては、子の福祉に何らかの影響を与えることがありうると考えられるからである。」とも判示した。

それに対して、平成一〇年一二月一八日の大阪地裁判決[12]は、夫がＡＩＤ子に対して提起した嫡出否認の訴えを認めた。地裁は、夫はＡＩＤには同意していなかったと認定した。この場合、精子提供者に対して認知請求できるかどうかが問題となる。認知請求できない場合には、この子には父がいないことになる。同様の問題は、独身者が人工授精で子を持った場合にも生じる。けれども、アメリカでは、知り合いの男性の精子をもらって、自分たちで人工授精を行って子をもうけたような場合には、精子提供者が父と認められた例がある。

ＡＩＤと同様の問題は、提供精子による体外受精や胚提供の場合にも生じる。

(2)　夫の死後のＡＩＨ

夫の精子を用いるＡＩＨは、ＡＩＤと異なり問題がないと思われていた。ところが、夫が死んだ後で、冷凍保存されていた夫の精子を用いた人工受精によって生まれた子の父子関係が争われる事件が起きた。生まれた子は、遺伝的には亡夫の子であるけれども、法律上、死んだ夫を父とすることができるだろうか。

高松高裁の平成一四年一月二九日決定[13]は、次のような事件であった。Ｘ女とＡ男は、平成九年五月八日に婚姻した。Ａは、骨髄移植を受けるために、精子を冷凍保存したが、平成一一年九月一九日に死亡した。その後、Xは、冷凍保存されていた精子を用いて人工受精を受け、平成一三年五月一〇日にBを出産した。Xは、五月二三日に、Cを嫡出子として、Y市長に出生届を出したが、Y市長は、九月一〇日、「出生子は婚姻解消の日から三〇〇日後に生まれた子であり、嫡出性は推定されない」として、届出を受理しない処分をした。それに対して、Xが不服申立をした。

原審（松山家裁西条支部平成一三年一二月二〇日審判）は、「嫡出子とは婚姻関係にある男女の間に懐胎・出生した子をいうところ、AとBとの間に生物学上の親子関係が存在するとしても、Xの主張によると、BはXとAとの婚姻関係が解消した後に懐胎・出生したというのであるから、BがAの嫡出子であるということができないのは明らかであり、もとより戸籍法においてBにつき嫡出子として出生の届け出を受理する余地がないのは当然である」として、申立を却下した。

高裁は次のように判示して、抗告を認めなかった。「AがXとの婚姻関係を維持したままで死亡した際、冷凍保存したAの精子によってXが懐胎することを希望していたこと、XがAの精子によって懐胎した結果Bが出生したことに関する医師作成の証明書が存在することを考慮しても、Bが民法七七二条による嫡出子としての推定を受けるものとはいえないし、いわゆる推定を受けない嫡出子であるともいえないから、Y市長がBの嫡出子としての出生届出を受理しなかったのは相当である。」

その後、最高裁でも特別抗告を認められなかったためXは、Bの法定代理人として、検察官を相手として認知の訴えを提起した。

問題は、用いられた精子がAのものか、Aは死後に自己の精子を用いて人工授精を行うことに同意していたか、認知は子が父の生存中に懐胎されたことを要件とするかである。

精子保存にあたっての依頼書は次のような箇条を含んでいた。

「五、死亡した場合は、必ず連絡すること。精子は個人に帰する考えより、死亡とともに精子を破棄すること。

六、死亡後の精子を用いた生殖補助操作はしないこと。」

これについて、学説は、三つに分かれる。不存在説は夫の死亡の日から三〇〇日後に生まれた子には嫡出推定は及ばず、懐胎時に存在しない父に対する認知の訴えもできないとする。存在説のうち、嫡出子説は、一つは、人工授精が夫の精子によったことが証明されれば、夫の嫡出子となるとし、あるいは、死亡の相対説に立って、七七二条の関係では夫は死亡していないものとみなす。非嫡出子説は、死後認知により、非嫡出子の可能性があるとする。

本件についてのコメントでは、夫の同意の有無が問題であるとしながらも、生まれた子については、その幸福を最優先すべきとするものもある。

死亡した夫を父とする実益は少ない。「父」と認められたとしても、既に死亡している夫の愛情が受けられないことは勿論、法的にも、監護教育も扶養も受けることはできない。また、相続については、同時存在の原則から、父の死亡時に胎児としても存在しなかった子は、父の財産を相続することはできない。しかし、「父」として戸籍に記載されることの社会的意味は、重要である。また、父の血族との親族関係が発生し、その扶養を受ける可能性があり、代襲相続権は認められることになる。本件においては、「父」の両親、弟、曽祖母等三親等内の親族の同意、祝福を得ている。

アメリカでは、遺族手当を認める前提として、死んだ夫の子であることを認めた判決もある。出生証書に死んだ夫を父と記載することが認められている。[20]

イギリスでは、二〇〇三年九月に、死んだ男性を死後の生殖補助医療で生まれた子の父として登録することを認める法律が成立した。死んだ男性が、書面で、死後に精子が用いられることあるいは胚を移植することと及び父として登録されることに同意している場合に、懐胎した女性が子の出生後四二日以内に書面で当該男性を父と登録することを選択すればよい。生前に作られた胚を死後に移植した場合はもちろん、死後の人工授精の場合、死後に体外受精して胚を作った場合も含まれる。また、婚姻している場合に限られず、男性がともに生殖補助医療を受けていた関係にあればよい。さらに、生前に作られた胚を死後に移植する場合には、死んだ男性自身の精子が用いられなくともよい。ただし、いずれの場合も、死んだ男性が父として登録されることによって、その子には、いかなる法律上の地位も権利も与えられない。[21]

(3) 代理母

妻以外の女性に夫の精子を人工授精して子を産んでもらった場合、代理母が、未婚であれば、夫は認知によって父となることができる。問題は、代理母が婚姻している場合である。前述のＡＩＤと同様にみるならば、妻の人工授精に同意した代理母の夫は、嫡出否認できない。けれども、ＡＩＤに対する夫の同意には、医療行為に対する同意と生まれた子の父となることの承諾という二重の意味がある。代理母の夫には、後者の承諾がないので嫡出否認できると考えられる。逆に、代理母の夫が嫡出否認しなかった場合に、代理母を依頼した夫は認知できるだろうか。また、生まれた子が代理母を依頼した夫に認知の訴えを起こすことも考えられる。[22]

(4) 取り違え

配偶者間生殖補助医療を受けるつもりで、精子が取り違えられた場合どうなるか。そのような事件はわが国でも起きている。イギリスでは、二〇〇三年二月二六日、高等法院女王座部が次のような精子取り違え事件において、遺伝上の父を父とする判決を下して話題となった[23]。

白人のA夫妻と黒人のB夫妻が同一の診療所でともに、妻の卵子と夫の精子を用いる配偶者間顕微授精を受けた。ところが、A妻は、黒人の双子を出産した。A妻は、双子の生物学的母である。DNA鑑定の結果、B夫が双子の生物学的父であることが明らかになった。双子は、A夫妻の子として登録され、A夫妻とともに暮らしている。問題は、法律上の父が誰かである。まず、裁判所はAの申立てについて次のように判示した。

ABは、ともに、妻の治療に自分の精子を用いることにのみ同意し、提供することや、研究のための利用に同意していない。A夫は、第三者の精子を用いて作られた胚の妻への移植に同意してはいないので、HFEA二八条二項は適用されない。また、同条三項が、婚姻関係にある夫妻に適用されるとしても、A夫妻が同項の意味における「一緒に治療を受けた」と解することはできない。また、B夫は、二八条六項の提供者には当てはまらない。法律上の父は、A夫ではなく、B夫である。A夫は、法律上父でないとしても、親責任を持ち、また、養子縁組によって父となることもできるので、ヨーロッパ人権条約八条一項の保障するA夫妻の家族生活の尊重権を侵害しない。

2　母

わが国の民法には、嫡出子の母に関する規定はない。非嫡出子については、民法七七九条に母についても認知の規定があるにもかかわらず、最高裁昭和三七年四月二七日判決は、「母とその非嫡出子との間の親子関係は、原則として、母の認知を俟たず、分娩の事実により当然発生する」とした（民集一六巻七号一二四七頁）。産んだ女性以外に実母がありえなかったからである。ところが、体外受精によって、女性が遺伝的につながらない子を出産するという従来考えられないことが可能になって、母が誰かが問題となってしまった。卵子提供によって生まれた子の場合、母は、一〇ヶ月近く懐胎し続けて出産した女性か、遺伝的につながった卵子提供者かが問題になる。卵子提供の場合は、産んだ女性が母として子育てすることを望んでいるので、従来通り、分娩した女性が母であるとしても問題はない。けれども、借り腹の場合には、産んだ女性ではなく、遺伝的につながった女性が母として子育てすることを望んでいる。

わが国で、姉の卵子を姉の夫の精子で受精させてできた胚を妹に移植して子をもうけたケースでは、産んだ妹を母として届け出た後、姉夫婦の養子としたという。アメリカに行って借り腹で子をもうけたケースでは、アメリカの裁判手続で、借り腹を依頼した女性（遺伝上の母）を母としているようである。ところが、最近、そのような出生届が受理されずに問題となっているケースが明らかになった。[24]日本人夫婦（夫五三歳、妻五五歳）が、夫の精子と米国人女性からの提供卵子による受精卵を別の米国人女性に移植して産んでもらった。二〇〇二年秋、カリフォルニア州で双子の男児が生まれ、裁判所の判決に基づいて、代理出産を依頼した夫妻を父母とする出生証明書が出された。夫妻は、それを添付して、在米日本総領事館に出生届を出したが、母親が高齢な場合には、受理前に出産の事実を確認することになっており、調査の結果、代理出産であったことが分かったため、出生届が受理されないでいるという。一九六二年の最高裁判例が母子関係は出産の事実で発生するとしていることから、米国人女性から生まれた事実がある以上、日本人の妻との母子関係の認定は難しいというのが法務省の考えのようである。子どもたちは、現在日本で代理出産を依頼した日本人夫婦とともに暮らしているが、出生届が受理されないため、日本国籍も取得できず、米国人として外国人登録しているという。このまま、出生届が受理されない場合には、子どもたちには、母がいないことになり、父についても、すぐに認知できるかどうかわからない。本件の場合、たまたま、母親が高齢であったため、法務省は調査したが、妻が三〇代の場合には、出産していない妻を母とする出生届がそのまま受理されているのであろう。そのようなケースでは、二〇年後三〇年後に、母とされている女性が産んでいない事実が明らかにされて母子関係が争われ、それまでの親子関係を否定されるおそれがある。

アメリカでは、借り腹のケースで、頼まれて遺伝的につながらない子を出産した女性が子の引渡しを拒否して争った事件で、子の出生を意図した女性（借り腹を依頼した女性）が母であるとした判決がある。[25] 非営利の代理母、借り腹を認めている英国では、産んだ女性が母であるとした上で、代理懐胎を依頼した夫婦が親となることができる特別な裁判手続（親決定手続き）を定めている。

分娩を母の基準とすることは、客観的な事実で、誰の目にも明らかであるとともに、子が生まれたときに母が定まるので子の福祉にかなうというよさがある。

3　法制審議会生殖補助医療関連親子法部会の要項中間試案

以上のような状況に対して、厚労省の部会報告に対応した親子法について検討した法制審議会生殖補助医療関連親子法部会は、以下のような内容の「精子・卵子・胚の提供等による生殖補助医療により生まれた子の親子関係に関する民法の特例に関する要項中間試案」を公表した。

第一　卵子または胚の提供による生殖補助医療により出生した子の母子関係

女性が自己以外の女性の卵子（その卵子に由来する胚を含む。）を用いた生殖補助医療により子を懐胎し、出産したときは、その出産した女性を子の母とするものとする。
第二　精子または胚の提供による生殖補助医療により出生した子の母子関係
　妻が、夫の同意を得て、夫以外の男性の精子（その精子に由来する胚を含む。以下同じ。）を用いた生殖補助医療により子を懐胎したときは、その夫を子の父とするものとする。
第三　生殖補助医療のため精子が用いられた男性の法的地位
一　(1)　制度枠組みの中で行われる生殖補助医療のための精子を提供した者は、その精子を用いた生殖補助医療により女性が懐胎した子を認知できないものとする。
(2)　民法第七八七条の認知の訴えは、(1)に規定する者に対しては、提起することができないものとする。
二　生殖補助医療により女性が懐胎した場合において、自己の意に反してその精子が当該生殖補助医療に用いられた者についても、一と同様とするものとする。
　要項には、次のような補足説明がある。

　第一については、母子関係の発生を出産という外形的事実により明確に決することができる。自然懐胎による子と同様の要件により決するため、生殖補助医療により出生した子を自然懐胎による子とできるだけ同様に取り扱うことが可能になる。女性が子を懐胎する過程において、出生してくる子に対して母性を育むことが指摘されており、子の福祉の観点から、出産した女性を母とすることに合理性がある。本試案が主として規定する卵子提供型の生殖補助医療においては、当該医療を受けた女性は生まれた子を育てる意思を持っており、卵子を提供する女性にはそのような意思はないから、出産した女性が母として子を監護することが適切であるという。

第二については、本試案にいう夫の同意は、妻が生殖補助医療を受け、それによって懐胎することについての妻に対する同意であり、制度枠組みにおいて必要とされる生殖補助医療実施に対する同意とは概念的に区別される。精子提供型の生殖補助医療は、当該医療を受ける夫婦がその間の子をもうけることを希望するもので、これによる妻の懐胎に同意した夫は出生した子を自らの子として引き受ける意思を有していると考えられるので、同意した夫を父として責任を負わせるのが相当であるという。

規定ぶりについては、「同意した夫は、子が嫡出であることを否認することができない」と手続的に規定する案と「同意した夫をその子の父とする」と実体的に規定する案が考えられる。本部会においては、民法の嫡出推定制度との整合性及び子の法的地位の早期安定化を理由に前者の考えが大勢を占めているとする。

配偶者間型の生殖補助医療に対する同意があるからといって、精子提供型の生殖補助医療に対する同意があると評価することはできない。同意は実施時に存在していることを要し、実施前に撤回した場合は、同意が存在しないことになる。

妻が婚姻中に生殖補助医療により懐胎した子について夫が嫡出否認の訴えを提起した場合、夫が血縁関係の不存在を主張して否認権の発生を根拠づけようとするのに対し、子または母側で、子が第三者の精子・胚提供に関わる生殖補助医療によって生まれた子であること及び当該生殖補助医療について夫の同意があったことを主張立証して、否認権の発生を障害することになる。

第三の二については、配偶者間型の生殖補助医療のための精子を提供したところ、その精子が他人の妻の懐胎に用いられた場合、生殖補助医療に用いる意思なく、たとえば検査目的で精子を提供したところ、その精子が女性の懐胎に用いられた場合をあげる。嫡出父子関係が問題になる場合については、現行法の解釈に委ねるとする。

その他として、夫の死後に凍結精子を用いるなどして生殖補助医療を行った場合について次のように述べる。

規律（認知の訴えを禁止する規定を設けることを）について検討したが、厚生科学審議会においては配偶子等の提供による生殖補助医療についてのみ検討されたので、医療法制の考え方が不明確なまま、親子法制に関して独自の規律を定めることは適当でないと考えられたため、さらなる検討は行わないこととした。

代理懐胎については、有償斡旋等の行為が罰則を伴う法律によって規制される方向であり、代理懐胎契約については、特にこれを無効とする規律をおかなくても、民法上、公序良俗に反して無効となると考えられる。私法上の効力について特段の法的規律をしないとする。

以上のような試案を、八月二九日までを期限として意見照会をし、一七の個人及び団体から意見が寄せられた。反対は少ない。反対意見等として、以下のような意見があった。

第一については、代理懐胎についても適用されることについて反対する。

第二については、内縁関係にも適用すべきとする。

第三については、任意認知の一律禁止に反対し、子が求めた場合には親子関係を認めるべき、事故事例については解釈によるべき、胚提供は、特別養子を参考とした手続きによるべきとする。

また、胚提供の規律は時期尚早であるという。

法制審議会の審議は、九月一六日の一九回で休会となっている。

以上のような法制審の中間報告については、次のような問題がある。

まず、生殖補助医療に同意した夫を父と明確に規定せず、嫡出否認できないと規定する方向である点がある。現在、判例は外観説をとると解されているけれども、推定されない嫡出子（推定の及ばない子）という概念が認められていることから、親子関係の争いになる可能性がある。誰が父であるかも明確にすることが望ましい。

また、生殖補助医療に精子を用いることに同意していない男性は認知できないとしたことも問題である。精子や胚の取り違え事件で夫が嫡出否認した場合でも、遺伝上の父が認知できないことになる。さらに、夫の死後の夫の精子を用いた生殖補助医療については、現に事件が起きていることから、規定を設けて問題を解決すべきであろう。

4 親子法規定

(1) 諸外国の生殖補助医療による子の親子関係規定

法制審議会においては、生殖補助医療に同意した夫を父と規定するか、嫡出否認できないと規定するかその規定ぶりについて意見が分かれたが、諸外国ではどのように規定しているのであろうか。

(a) 英米法　イギリスでは、一九八七年家族法改正法は、二七条で、ＡＩＤによる子について、直訳すれば、「法律上、夫婦の嫡出子として取り扱われる」と規定した。その後、一九九〇年ヒト受精胚研究法の二八条も、夫が「子の父として取り扱われる」また、三〇条の親決定手続は、「法律上夫婦の子として取り扱う」[26]と規定している。父は、あくまで、血縁上の父が父であって、生殖補助医療に同意した夫は、血縁上父ではないけれども法律上は父として取り扱うという規定と見ることもできるだろうか。

アメリカでは、一九七三年統一親子法は、直訳すれば、「夫は、法律上、あたかも懐胎された子の自然の父であるかのように取り扱われる」[27]と規定していた。それに対して、一九八八年生殖補助医療による子の地位に関する統一法は、二条で、分娩した女性が子の母であると定め[28]、三条は、「その夫が生殖補助医療によって生まれた子の父である」と規定した[29]。さらに、二〇〇〇年統一親子法七〇三条は、自己の精子が生殖補助医療に用いられた夫と、妻の生殖補助医療に同意した夫とを同一の規定で「生まれた子の父である」[30]と規定した。

法律上父として取り扱われるのではなく、生殖補助医療に同意した夫こそが父であるという考えに変わったと見ることができるだろうか。その点については、審議経過等を追って検証が必要である。

オーストラリアのヴィクトリア州は、一九八四年子の地位（修正）法で、夫婦の同意で生殖補助医療が行われた場合、全ての目的において、母については、生殖補助医療によって妊娠した妻は、自分の卵子の受精の結果妊娠し、子の母であると推定され、同意した夫は生まれた子の父と推定され、推定は覆せないものとすると規定した。見なし規定といえる。同意は、推定されるが、同意を欠く場合には、父子関係を否定できる。「父である」とはしていない[31]。

(b)　大陸法　ドイツは、母については、一五九一条で、「子の母とは、その子を出産した女子である」と規定した。父については、一九八三年の連邦通常裁判所の判決が、AIDに同意した夫の嫡出否認を認めていたが、二〇〇二年子どもの権利改善法によって追加された一六〇〇条二項は、「子の母及び父と推定される男性の同意のもとに、第三者の提供した精子を用いた生殖補助医療によって子が出生した場合には、父と推定される男性及び母は、父と推定される男性が出生した子の父であることを否定することができない」と規定した[32]。

フランスは、三一条の二〇が「人工生殖について与えられた承諾がある場合は、子が人工生殖によって生まれたのではないことまたは承諾が効力を失ったことを主張する場合を除き、親子関係を争う訴えは、すべて禁止する」と規定し、誰が親であるという規定はない(33)。

このように見てくると、ＡＩＤに同意した夫を父と明記する条文は少ない。やはり、血縁のない者を親ということはできないという考え方があるのだろうか。けれども、アメリカの統一親子法は、父母と明記するように改められた。それは、今後の方向を示すものとはいえないだろうか。

(2) わが国

(a) 旧法　わが国の親子法規定の変遷も見ておこう。

旧民法人事編九一条は、「婚姻中に懐胎したる子は夫の子とす」と規定していた。それに対し、民法（第四編）旧規定八二〇条は、現行法と同様に「推定する」と規定した。その理由を、富井政章は「母の方は有形の事実によって証明することができます。しかし母の証明ができただけでは嫡出子にはならない。父の証明もできて嫡出子となるにはどうしても推定によるより仕方がない」と説明している(34)。また、否認権者の制限理由についても（富井提案理由説明）、「夫戸主は真に直接の関係者であって又はその推定の当たっているおらぬということの判断できる地位にある者は夫だけである」。子又はその直系卑属からの否認の主張は「許す方が公平と思」うが「弊害も起こる」「母の姦通を証明しなければならぬ」と説明している。

立法者は、血縁をもって親とする考え方であったと思われる。その後もそのような考え方は維持されているのではないだろうか。

一九三九年民法改正臨時委員会「人事法」は、九五条二項は、「婚姻中に懐胎せられたる子は夫の子と推定す」と規定したが、四項に、「前項の規定は、子の出生前二〇〇日乃至三〇〇日の間妻が夫の子を懐胎することあたわざる事情ある場合にはこれを適用せず」と定めることとした。[35]

(b)　改正案　一九五九年法制審議会身分法小委員会「仮決定及び留保事項（その二）」は、七七四条について、次の三案を示した。[36]

「甲案　現行の嫡出否認の訴の提起権者の範囲を拡張し、提起期間に関する制限を緩和又は撤廃する。

乙案　さらに、夫の子の懐胎を不可能とする顕著な事情があるときは、右の訴えによることを要しないものとする

丙案　事実上の父子関係の存否によって決定する」

しかし、その後、実親子法の改正は審議されず、今日まで、改正は行われていない。

(c)　推定の及ばない子　最高裁は、一九六九年の判決[37]において、嫡出推定期間内に出生している場合であっても、事実上の離婚状態で夫婦関係が断絶している場合には、「実質的には民法七七二条の推定を受けない」とし、嫡出否認の訴えによらずに、父子関係を否定できることを明らかにした。事案は、嫡出推定期間内に生まれた子が、夫以外の男性に対して認知の訴えを提起することを認めたものであった。最高裁判決は、外観説をとると解されている。その後、血縁がなく、すでに家庭が破綻している場合には、推定が及ばず、親子関係不存在確認の訴えによって父子関係を否定できるとする家庭破綻説も有力に主張され、下級審判決には、それによるものも現れた。そうした中、一九九八年に最高裁が二つの判決を下した。一つは、[38]夫からの父子関係不存在確認の訴えを否定した。別居九ヶ月後に生まれ、夫が出生後一年以内に嫡出否認の調停を提起したにもかかわらず、不成立の後、所定の期間内に訴えを提起しなかった事件であった。一審は、親子

関係不存在を認め、二審は親子関係不存在確認の訴えは認めなかったが、妻の不貞を理由とする夫の損害賠償請求を認める理由中で、父子関係がないとしていた。夫が父ではない可能性が高いにもかかわらず、訴えが認められなかったといわれるが、血縁がないことが認定されてはいない。また、血縁がない場合には、ともに暮したこともなく、父であることを否定している前夫を父とし、血縁上の父を父とする可能性を子から奪ったことになる。

もう一つは、[39]夫が出征から帰国後二六週目に出生した子に対して、夫の死後に、その養子が相続を巡って、父子関係不存在を請求した訴えが認められた。子どもは、出生直後に実の父の養子となっている事件であり、結果的には妥当とも見える。しかし、第三者の訴えを認めている点、五〇年余の後に親子関係が覆されている点は問題である。また、本件では、亡夫は、あえて嫡出拒否しなかったにもかかわらず、養子が母の不貞を暴露したとみることもできる。普通養子の場合、実親子関係は切れないので、たとえ、生まれた直後に養子となった場合でも、相続権が認められるので、親子の実態がなかったから相続権が認められないということはできない。

さらに、二〇〇〇年の最高裁判決[40]は、次のように判示して、家庭破綻説を否定し、外観説を再確認したといわれる。「夫と妻との婚姻関係が終了してその家庭が破綻しているとの事情があっても、子の身分関係の法的安定を保持する必要が当然になくなるものではないから、右の事情が存在することの一事をもって、嫡出否認の訴えを提起しうる期間の経過後に、親子関係不存在確認の訴えをもって夫と子との間の父子関係の存在を争うことはできない」。「もっとも、妻が右子を懐胎すべき時期に、既に夫婦が事実上の離婚をして夫婦の実態が失われ、又は遠隔地に居住して、夫婦間に性的関係を持つ機会がなかったことが明らかであるなどの事情が存在する場合には、右子は実質的には民法七七二条の推定を受けない嫡出子に当たるということができるから、同法七七四条以下の規定にかかわらず、夫は右子との間の父子関係の存否を争うことができる」。一九六九年の最高裁判決は、子からの訴えを認めたものであり、血縁を重視したというよりも、子の福祉を考慮したと見ることもできる。それに対して、一九九八年の最高裁判決は、第三者からの訴えを父の死亡後に認めたものである。事案を離れて一般論として見た場合は、子の福祉の観点から問題がある。本来、推定の及ばない子という概念は、わが国の民法が、夫のみに嫡出否認権を認めていることに問題があり、その不合理を回避するために考え出されたものといえ、嫡出推定制度の改正が必要である。現実には、調停と二三条審判で解決されている場合が多いという。二〇〇一年の親子関係不存在確認の調停新受件数は二、八七五件あり、二三条審判は一、七八五件あった。(41) 新しい人権法には、親子関係存否確認訴訟が明記された。それは、単に現状を追認したにすぎないともいえるが、法的根拠が与えられたことが訴えの拡大等、何らかの影響をもたらす可能性も考えられる。

四　おわりに

新しい生殖医療技術は、新たな親子関係の問題を生じさせた。けれども、それは、生殖医療の場合に限られる問題でも新しい問題でもない。従来からあった、親子とは何か、血縁か、意思か養育の事実かという問題でもある。親とは、父とは、母とは、何であるのかがあらためて問われている。近い将来、生殖補助医療を規制する法律とともに、生まれた子の親子関係を確定する法律も制定される可能性がある。しかし、立法によって、すべての問題が解決するわけではない。法律で禁止されたことも行われる可能性はある。その結果、子どもが生まれた場合には、親子関係は確定しなければならない。さらに、技術は急速に進んでおり、予想もしない問題が起きる可能性もある。その場合にも、子の福祉の観点から、問題が解決されなければならない。これを機会に、議論が深められ目前の問題処理のためだけではなく、将来を見通した親子法全体の見直しに向かうことを期待したい。

わが国の親子法は、一九八八年の特別養子法の制定によって、それまで切れなかった実親子関係が切れることになり、大きく変化した。しかし、特別養子の場合も、例外的な場合であっても離縁を認めることによって、実親子関係の絶対的な切断とはしなかった。さらに、年に四〇〇組余という特別養子縁組の数の少ない現状は、血縁へのこだわりとみることもでき、血縁によらない親子関係の承認の難しさを示しているとも言える。

けれども、親子関係を確定するのは、「家」の正統な跡継ぎを決めるためではなく、子の第一の保護者を確定するためであれば、子の福祉の観点から、親子関係は決められるべきである。もちろん、血縁は、最後の拠り所であり、まず、それが基礎となる。しかし、血縁がないことをもって親子関係を否定されるべきではない。生物学的父母は誰にも必ずいるので、まず、それによって父母は決定されるべきである。その上で養育関係や意思の存在によって修正される。

ＡＩＤに同意した夫は、信義則によって嫡出否認できないから法律上父になるのではなく、その人こそが父であると社会が認め、それ故に法律上も父とすべきなのである。

近時の最高裁判決によっても、親子関係不存在確認訴訟を巡る問題は解決していない。生殖補助医療による子の問題に限定せず、これを機会に、嫡出否認制度、認知制度の改正を考えるべきである。

また、子の虐待も深刻な問題となっている。親権制度を含めた親子法の再検討を行い、子の福祉のための親子法を立法する必要がある。戦後改革の残された課題である「子のための親子法」を確立すべき時がきている。

(1) 唄孝一『戦後改革と家族法』(一九九二年・日本評論社)
(2) 『人工授精の諸問題』(一九六〇年・慶應義塾大学學会)
(3) 比較法研究五三号(一九九一年)
(4) 「家族と医療・序説」『家族と医療』(弘文堂・一九九五年)
(5) 二〇〇二年の私法学会において生殖補助医療をめぐるシンポジウムがもたれた。私法六五号(二〇〇三年)
(6) 「平成13・14年度倫理委員会報告」日産婦誌五五巻一〇号一二七頁二〇〇三年。一九八六年以来、会告に基づく登録・報告制度を実施している。
(7) 山縣然太朗「生殖補助医療技術についての意識調査2003」平成一四年度厚生労働科学研究(男女八、〇〇〇名郵送五、八四〇名回答　回収率六〇%)
(8) ジュリスト一二〇四号九六頁(二〇〇一年)
(9) 石井美智子「非配偶者間生殖補助医療のあり方」ジュリスト一二四三号一九頁(二〇〇三年)
(10) 石井美智子「人工生殖の法律問題」別冊法学セミナー一七三号、一二二頁、二〇〇一年、岩志和一郎「AIDによって生まれてきた子の身分関係」判タ七〇九号四九頁、深谷松男「人工生殖に関する家族法上の問題」家族〈社会と法〉一五号一三一頁、澤田省三「生殖補助医療(人工生殖)をめぐる親子法的課題覚書」戸籍七一四号五頁、七一五号一頁
(11) 家裁月報五一巻三号一六五頁
(12) 家裁月報五一巻九号七一頁
(13) 村重慶一「夫の死後夫の精子で出生した子は嫡出子となるか」戸籍時報五四三号(二〇〇三年)
(14) 松川正毅「フランスにおける人工生殖と法(二)」民商一〇五巻三号三五頁、人見康子・ジュリスト八二八号四四頁、小野幸二「人工生殖における親子関係」大東法学七巻一号一六頁

（15） 野村豊弘「人工生殖と親子の決定」石川等編『家族法改正の課題』一九九三年三一五頁

（16） 家永登「日本における人工受精の状況」『家庭と医療』（一九九五年・弘文堂）

（17） 唄孝一『人事法I』（一九八〇年）一四〇頁

（18） 中川淳・二〇〇二年六月二五日毎日新聞夕刊、光石忠敬・二〇〇二年六月二五日読売新聞夕刊

（19） 松山地裁は、二〇〇三年一一月一二日に、認知請求を棄却した。

「父」は、純粋に生物学的ないし遺伝的見地から決定されるものではなく、社会通念に照らして、判断されるものとし、具体的には、子の福祉を確保し、親族・相続法秩序との調和をはかる観点のみならず、用いられた生殖補助医療と自然的な生殖との類似性や、その生殖補助医療が社会一般に受容されているか否かなどを、いわば総合的に検討するとした。そのうえで、監護、養育、扶養を受けることが考えられない者との間で、法律上の父子関係を認めることが、当然に、子の福祉にかなうことであるとも言い切れない。生まれてきた子を精子提供者（死者）の子と認めることについて、肯定的に考える意見が多く見られるといった状況にはない。本件認知請求を認めるだけの社会的な理解は、未だ十分に広がっていないという。

（20） Lawrewoodward v. Commissioner of Social Security, 760 N.E.2d 257 (Mass.2002：久保野恵美子「最近の判例」アメリカ法二〇〇三—二二一頁

（21） Human Fertilisation and Embryology (Deceased Fathers) Act 2003, Human Fertilisation and Embryology (Deceased Fathers) Act 2003 Explanatory Notes

（22） 最判昭四四年五月二九日民集二三巻六号一〇六四頁

（23） The Leeds Teaching Hospitals NHS Trust v. Mr A [2003] EWHO 259 (QB)

（24） 二〇〇三年一〇月二三日付日本経済新聞、朝日新聞、その後、法務省が父子関係については、胎児認知を認める考えを示しているという。

（25） 中村恵「人工生殖と親子関係」上智法学四一巻四号二六七頁

（26） Human Fertilisation and Embryology Act 1990 "the child shall be treated in law as the child of the parties to that marriage"

"The other party shall be treated as the father of the child."
"Child to be treated in law as the child of the parties to a marriage."

（27） Uniform parentage Act 1973 "The husband is treated in law as if he were the natural father of a child there by conceived."

（28） Uniform Status of children of Assisted conception Act 1988 "A woman who gives birth to a child is the child 's mother."

（29） "The husband of a woman who bears a child through assisted conception is the father of the child."

（30） Uniform Parentage Act 2000, §201(a) The mother-child relationship is established between a woman and a child by (1) the woman's having given birth to the child [except as otherwise provided in Article 8]

§702 A donor is not a parent of a child conceived by means of assisted reproduction.

§703 If a husband provides sperm for, or consents to assisted reproductuon by his wife as provided in section704, he is the father of a resulting child.

（31） Status of Children (Amendment) Act 1984

10c(2)(a) the husband shall be presumed, for all purposes, to have caused the pregnancy and to be the father of any child born as a result of the pregnancy; and

(3) A presumption of law that arises by virture of sub-section (2)-

(a) is irrebuttable;and

(b) prevails over any conflicting presumption that arises by virture of section 8 or 10.

（32） BGB §160 (2)

（33） 大村美由紀「人体の尊重に関する一九九四年七月二九日法律第九四―六五三号」外国の立法三三巻二号（一九九四年）

（34） 法典調査会議事速記録六巻四八八頁

（35） 我妻栄『親族法』（一九九一年）二二六頁

（36） 法務省民事局「民法親族編の改正について」ジュリスト一八五号（一九五九年）

(37) 最判昭四四年五月二九日民集二三巻六号一〇六四頁
(38) 最判平一〇年八月三一日家裁月報五一巻四号三三頁
(39) 最判平一〇年八月三一日家裁月報五一巻四号七五頁
(40) 最判平一二年三月一四日家裁月報五二巻九号八四頁
(41) 平成一三年司法統計年報家事編

〔お詫び〕 唄先生が、お健やかに傘寿を迎えられるとともに、文化功労者に選ばれましたことを心よりお祝い申し上げます。そのお祝いに、このような拙い論文しか献呈できませんことをお詫び致します。現代家族法の構築は、年来の夢であり、その一章を成す親子法の序説を「新しい親子法」と題して提示したいと考えましたが、己の力量をわきまえない暴挙でした。ちょうど、都立大学の「改革」問題が深刻化する中で、研究も手に付かない状況が続いたことを理由にあげるのは卑怯かもしれません。結局、都立大学を去ることになり、先生の御意志を継ぐことが出来なくなってしまいましたことも、あわせてお詫び申し上げます。

日本後宮史抄

佐藤良雄

湯沢雍彦・宇都木伸 編
『人の法と医の倫理』Ｉ３
二〇〇四年三月 信山社刊

はしがき

一 記・紀の時代

二 中古期

三 中世

四 近世

はしがき

律令において、天皇の后妃は、皇后（一人）、妃（ひ、二人）、夫人（ぶにん、三人）、嬪（ひん、四人）と定められていた。律令以前の記・紀の時代における天皇の后妃の名称は明らかでないが、大后（おおきさき）と后に分れていたとも言われている。日本書紀では、皇后と妃等に分けているが、これは後に律令に準じて付したものであると見られている。

律令における右の后妃制度は、暫くは守られていたが、中古期（奈良・平安時代）になって、皇后のほかに、中宮という皇后に相当する后妃の地位が生じ（中宮に対して従来の皇后を皇后宮と称する）、さらに女御・更衣という新しい后妃の地位が生じた。これと共に、妃・夫人・嬪という地位は消滅していった。次に後宮の女官である尚侍（ないしのかみ）、典侍（ないしのすけ）、掌侍（ないしのじょう）などが、后妃の役割を果たすようになった。また、右のような地位を有さない側妻も、多数存在してきた。

本稿では、右の后妃がどのような氏族ないし貴族から迎えられてきたかという、后妃の出自の問題について概観する。歴代天皇の后妃について、その内容を概観することも重要であるが、紙幅の関係から、本稿ではこの問題については割愛する。

ところで、天皇の后妃は近親の皇族から迎えられたことが多く、近親と言えないまでも、天皇と后妃の間に血族関係が存在したことは少なくなかった。また、記・紀の時代においては、姉妹を共に后妃に迎える姉妹婚の例もかなり見受けられる。先天皇の后妃を自らの后妃に迎えるいわゆる逆縁婚の事例は、必ずしも多くないが、若干は見受けられる。右のような特殊問題についても、本稿では同じ理由から割愛する。

一　記・紀の時代

古事記および日本書紀に扱われている天皇の后妃を、その出自を中心に検討すると、その第一は皇族出身の后妃であり、第二はその他の非皇族氏族出身の后妃である。皇族出身の后妃は数多い。次に若干の例を挙げる。

第十六代仁徳天皇の継室たる皇后八田皇女（やたのひめみこ）は第十五代応神天皇と妃宮主宅媛（みやぬしやかひめ）の子であり、仁徳天皇の異母姉妹に当たる。また、仁徳天皇の妃菟道稚郎姫皇女（うじのわきいらつめのひめみこ）は応神天皇と妃小甂媛（こなべひめ）の子なので、仁徳天皇には異母姉妹に当たる。

第二十九代欽明天皇は第二十八代宣化天皇と皇后橘仲皇女（たちばなのなかつひめみこ）の娘達三人（異母系の姪達）を后妃とした。皇后石姫皇女（いしひめのひめみこ）、妃倉稚綾姫皇女（くらのわかあやひめのひめみこ）、妃日景皇女（ひかげのひめみこ）の三人がその姉妹である。

第四十代天武天皇の皇后鸕野皇女（うののひめみこ、後の持統天皇）と妃大田皇女（おおたのひめみこ）は姉妹であり、共に第三十八代天智天皇と嬪蘇我遠智娘（そがのおちのいらつめ）の子である。天智天皇と天武天皇は共に第三十四代舒明天皇と皇后宝皇女の子であるから、天武天皇と皇后鸕野皇女および妃大田皇女は同母系の伯（叔）父と姪の関係にある。また、天武天皇の妃大江皇女（おおえのひめみこ）も天智天皇と側妻色夫古娘（しこふこのいらつめ）の子であって、天武天皇にとっては姪にあたる。

第二十一代雄略天皇の皇后草香幡梭姫皇女（くさかのはたびひめのみこと）は第十六代仁徳天皇と妃日向髪長媛（ひむかのかみながひめ）の子である。雄略天皇は仁徳天皇の孫であり、皇后は仁徳天皇の子であるから、雄略天皇は異母系の伯（叔）母を皇后としたことになる。

第二十八代宣化天皇の皇后橘仲皇女（たちばなのなかつひめみこ）は、第二十四代仁賢天皇と皇后春日大郎女皇女（かすがのおおいらつめのひめみこ）の子である。この天皇は継体天皇と妃目子媛の子である。継体天皇は仁賢天皇と皇后春日大郎女皇女の子手白香皇女（たしらかのひめみこ）を皇后とした。したがって、宣化天皇は、継母の同母姉妹たる伯（叔）母を皇后としたことになる。

第十九代允恭天皇の皇后忍坂大中姫命（おしさかのおおなかつひめのみこと）および妃弟姫（おとひめ、衣通郎姫、そとおしのいらつめ）は姉妹であり、共に第十五代応神天皇と弟媛（または息長真若中比賣、おきながまわかなかつひめ）の皇子たる稚淳毛二派皇子（わかぬけふたまたのみこ）の女である。允恭天皇も応神天皇の孫であるから、この皇后と妃は允恭天皇にとって異母系の従姉妹である。

第二十代安康天皇の皇后中帯姫命（なかしひめのみこと）は第十七代履中天皇と妃草香幡梭皇女（くさかのはたびのひめみこ）の子であり、安康天皇は履中天皇の兄弟たる允恭天皇の子であるから、安康天皇と皇后中帯姫命は同母系の従兄弟姉妹の関係にあった。

次にこの時代に后妃を出した非皇親氏族について見ておこう。記・紀の時代を初期と中期と後期に分けると、初期において多くの后妃を出した氏族は磯城（しき）氏と葛城（かずらき）氏である。磯城氏は六人の后妃を出し、葛城氏は五人の后妃を出している。中期において多くの后妃を出した氏族は和珥（わに）氏であり、九人の后妃を出している。中期にはほかにも三人程度の后妃を出した氏族がかなり見られる。吉備（きび）氏、三尾（みお）氏、阿部（あべ）氏、息長（おきなが、気長）氏、日向・諸県（ひゅうが・もろがた）氏などが夫々三人の后妃を出している。これに対して後期においては蘇我（そが）氏が圧倒的に多くの后妃を出しており、その数は一四人に達している。

ほかにも二人ないし三人の后妃を出した氏族があり、それは次の如くである。三輪（みわ）氏、尾張（おわり）氏、十市（といち）氏、物部（もののべ）氏、春日（かすが）氏、巨勢（こせ、許勢）氏、中臣（なかとみ）氏。さらに一人の后妃を出した氏族をみると、次のようになっている。阿多（あた）氏、羽田（はた、波多）氏、大宅（おおや）氏、茨田（まんた）氏、大河内（おおしかわち、凡河内）氏、大鹿（おおか）氏、大伴（おおとも）氏、栗田（あわた）氏、宍人（ししひと）氏。

磯城氏から出たとされる后妃は、次の如くである。第二代綏靖天皇の皇后川派媛（かわまたひめ）、第三代安寧天皇の皇后川津媛（かわつひめ）、第四代懿徳天皇の皇后泉媛（いずみひめ）、第五代孝昭天皇の皇后渟名城津媛（ぬなきつひめ）、第六代孝安天皇の皇后長媛（ながひめ）。

葛城氏から出た后妃は次の如くである。第九代開化天皇の妃鸇媛（わしひめ）、第十六代仁徳天皇の皇后磐之媛（いわのひめ）、第十七代履中天皇の妃黒媛（くろひめ）、第二十一代雄略天皇の妃韓媛（からひめ）、第三十一代用明天皇の嬪廣子（ひろこ）。

和珥氏から出た后妃は次の如くである。第十五代応神天皇の妃宮主宅媛（みやぬしやかひめ）、同天皇の妃小甂媛（こなべひめ）、第十八代反正天皇の夫人津野媛（つのひめ）、同天皇の夫人弟媛（おとひめ）、第二十一代雄略天皇の妃童女君（おみなぎみ）、第二十四代仁賢天皇の妃糠君娘（あらきみのいらつめ）、第二十六代継体天皇の妃荑媛（はえひめ）、第二十九代欽明天皇の妃糠子（あらこ）、第三十代敏達天皇の夫人老女子（おみなこ）。

蘇我氏から出た后妃は次の如くである。第二十九代欽明天皇の妃蘇我堅塩媛（そがのきたしひめ）、同天皇の妃蘇我小姉君（そがのこあねのきみ）、第三十代敏達天皇の皇后額田部皇女（ぬかたべのひめみこ）、第三十一代用明天皇の皇后穴穂部間人皇女（あなほべのはしひとのひめみこ）、同天皇の嬪石寸名（いしきな）、第三十二代崇峻天皇の嬪河上娘（かわかみひめ）、第三十四代舒明天皇の夫人法提郎媛（ほてのいらつめ）、同天皇の夫人手坏娘（てはいのいらつめ）、第三十六代孝徳天皇の妃乳娘（ちのいらつめ）、第三十八代天智天皇の嬪遠智娘（おちのいらつめ）、同天皇の嬪姪娘（めいのいらつめ）、同天皇の嬪常陸娘（ひたちのいらつめ）、第四十代天武天皇の皇后鸕野皇女（うののひめみこ、持統天皇）、同天皇の妃大田皇女（おおたのひめみこ）、同天皇の夫人大蕤娘（おおぬのひめみこ）。

二　中　古　期

奈良・平安時代の天皇は、第四十二代文武天皇ないし第八十二代後鳥羽天皇である。この時代にも、皇族から后妃が出ており、ここでも、近親婚あるいは血族婚を含む多妻婚が行われている。この時代には、桓武天皇、嵯峨天皇を始めとして、多くの天皇によって、皇子や皇女に対して平氏や源氏の氏姓が与えられ、臣籍降下がおこなわれており、皇族たる平氏や源氏の子女が天皇の后妃となっている。ほかにも、橘氏、多治比氏、高階氏などのような、本来皇族である氏族も后妃を出している。皇族でない諸氏族も多くの后妃を出している。その諸氏族は多岐に亘るが、とくに多くの后妃を出したのは、言うまでもなく藤原氏であり、紀氏、百済氏、大原氏、滋野氏、菅原氏などが、それに続いている。

皇族から出た后妃は、皇后八人、妃七人、女御一〇人、更衣二人、后妃一人、側妻八人（計三六人）である。源氏から出た后妃ほ、女御八人、更衣一〇人、側妻九人（計二七人）である。平氏が出した后妃は、皇后一人、女御三人、更衣一人、側妻三人（計八人）である。橘氏は、皇后一人、女御六人、側妻四人（計一一人）。多治

比氏は、妃一人、夫人一人、側妻一人（計三人）。高階氏は、側妻三人（計三人）。

藤原氏から出た后妃は皇后二四人、夫人七人、女御四四人、更衣一七人、后妃一人、側妻三五人（計一二八人）である。紀氏から出た后妃は、夫人一人、嬪一人、女御一人、更衣二人、側妻五人（計一〇人）。百済氏は、女御二人、側妻六人（計八人）。大原氏は、女御一人、側妻三人（計四人）。滋野氏は、更衣一人、側妻三人（計四人）。菅原氏は、女御一人、側妻一人（計二人）。

皇族から出た皇后は次の如くである。第四十九代光仁天皇皇后井上（いのうえ）内親王（聖武天皇皇女）、第五十三代淳和天皇皇后正子（まさこ）内親王（嵯峨天皇皇女）、第六十三代冷泉天皇皇后昌子（まさこ）内親王（朱雀天皇皇女）、第六十九代後朱雀天皇皇后禎子（さだこ）内親王（三條天皇皇女）、第七十代後冷泉天皇皇后章子（あきこ）内親王（後一條天皇皇女）、第七十一代後三條天皇皇后馨子（かおるこ）内親王（後一條天皇皇女）、第七十三代堀河天皇皇后篤子（あつこ）内親王（後三條天皇皇女）、第七十八代二條天皇皇后妹子（いもこ）内親王（鳥羽天皇皇女）、第七十三代堀河天皇皇后媞子（やすこ）内親王（白河天皇皇女）、第七十四代鳥羽天皇皇后令子（よしこ）内親王（白河天皇皇女）、第七十八代二條天皇皇后統子（むねこ）内親王（鳥羽天皇皇女）、第八十一代安徳天皇皇后亮子（さやこ）内親王（後白河天皇皇女）。なお、右のうち媞子内親王、令子内親王、統子内親王、亮子内親王は天皇と配偶関係がなかったとされている。

皇族から出た妃は次の如くである。第五十代桓武天皇妃酒人（さこうと）内親王（光仁天皇皇女）、第五十一代平城天皇妃朝原（あさはら）内親王（桓武天皇皇女）、同天皇妃大宅（おおやけ）内親王（桓武天皇皇女）、第五十二代嵯峨天皇妃高津（たかつ）内親王（桓武天皇皇女）、第五十三代淳和天皇妃高志（こし）内親王（桓武天皇皇女）、同天皇妃緒継（おつぐ）女王（父祖不詳）、第六十代醍醐天皇妃為子（ためこ）内親王（光孝天皇皇女）。

皇族から出た女御は次の如くである。第五十五代文徳天皇女御東子（ひがしこ）女王（父祖不詳）、第五十六代清和天皇女御嘉子（よしこ）女王（父祖不詳）、同天皇女御隆子（たかこ）女王（父祖不詳）、同天皇女御兼子（かねこ）女王（仁明天皇皇女）、同天皇女御忠子（ただこ）女王（父祖不詳）、第五十八代光孝天皇女御班子（はんし）女王（仲野親王・桓武皇子王女）、第六十一代朱雀天皇女御熙子（ひろこ）女王（保明親王・醍醐皇子王女）、第六十二代村上天皇女御徽子（よしこ）女王（重明親王・醍醐皇子王女）、同天皇女御荘子（たかこ）女王（代明親王・醍醐皇子王女）、第六十五代花山天皇女御婉子（つやこ）女王（為平親王・村上皇子王女）。

皇族から出た更衣は次の如くである。第五十九代宇多天皇更衣恒姫女王（父祖不詳）、第六十代醍醐天皇更衣満子（みつこ）女王（相輔王王女）。

皇族から他に八人程の側妻が出ている。

源氏からは皇后が出ていない。次に女御を記す。第五十六代清和天皇女御源済子（なりこ、文徳天皇皇女）、同天皇女御源貞子（さだこ、父祖不詳）、同天皇女御源厳子（いづこ、源能有・文徳皇子女）、同天皇女御源喧子（はるこ、父祖不詳）、同天皇女御源宜子（よしこ、父祖不詳）、第六十代醍醐天皇女御源和子（かずこ、光孝天皇皇女）、第六十二代村上天皇女御源計子（かずこ、源庶明・宇多皇孫女）、第七十一代後三條天皇女御源基子（もとこ、源基平・三條皇孫女）。

源氏から出た更衣は、次の如くである。第五十九代宇多天皇更衣源貞子（さだこ、源昇・嵯峨皇孫女）、同天皇更衣源久子（ひさこ、父祖不詳）、第六十代醍醐天皇更衣源疋子（ひきこ、父祖不詳）、同天皇更衣源柔子（じゅうし、父祖不詳）、同天皇更衣源周子（ちかこ、源唱・嵯峨皇孫女）、同天皇更衣源貞子（父祖不詳）、同天皇更衣源光子（父祖不詳）、同天皇更衣源清子（父祖不詳）、同天皇更衣源暖子（父祖不詳）、同天皇更衣源浚子（父祖不詳)。

源氏から、他に九人程の側妻が出ている。

平氏から出た皇后は、第八十代高倉天皇皇后平徳子(とくこ、平清盛女)。

平氏から出た女御は、第五十六代清和天皇女御平寛子(ひろこ、父祖不詳)、第五十七代陽成天皇女御平等子(ひとしこ、父祖不詳)、第七十七代後白河天皇女御平滋子(しげこ、平時信女)。

平氏から出た更衣は、第六十代醍醐天皇更衣平光子(みつこ、父祖不詳)。

平氏から、他に三人程の側妻が出ている。

橘氏から出た皇后は、第五十二代嵯峨天皇皇后橘嘉智子(かちこ、橘清友女)。

橘氏から出た女御は次の如くである。第五十代桓武天皇女御橘御井子(みいこ、橘入居女)、同天皇女御橘田村子(たむらこ、橘入居女)、第五十三代淳和天皇女御橘氏子(うじこ、橘永名女)、第五十五代文徳天皇女御橘房子(ふさこ、橘氏公女)、第五十九代宇多天皇女御橘義子(よしこ、橘廣相女)、同天皇女御橘房子(ふさこ、文徳天皇のときの房子とは別、父祖不詳)。

橘氏から、他に四人程の側妻が出ている。

多治比氏からは、第五十二代嵯峨天皇の妃多治比高子(たかこ、多治比氏守女)、第五十代桓武天皇の夫人多治比眞宗(まむね、多治比長野女)が出ている。ほかに、側妻が一人出ている。

藤原氏から出た后妃は数多い。皇后は次の如くである。第四十五代聖武天皇皇后藤原光明子(こうみょうし、藤原不比等女)、第五十代桓武天皇皇后藤原乙牟漏(おとむろ、藤原良継女、式家)、第六十代醍醐天皇皇后藤原穏子(おだいこ、藤原基経女、北家)、第六十二代村上天皇皇后藤原安子(やすこ、藤原師輔女、北家)、第六十四代圓融天皇皇后藤原媓子（こうし、藤原兼通女、北家）、同天皇皇后藤原遵子（じゅんし、藤原頼忠女、北家）、第六十六代一條天皇皇后藤原定子（さだこ、藤原道隆女、北家）、同天皇皇后藤原彰子（あきこ、藤原道長女、北家）、第六十七代三條天皇皇后藤原娍子（よしこ、藤原済時女、北家）、同天皇皇后藤原妍子（よしこ、藤原道長女、北家）、第六十八代後一條天皇皇后藤原威子（たけこ、藤原道長女、北家）、第六十九代後朱雀天皇皇后藤原嫄子（もとこ、藤原頼通女、北家、敦康親王王女）、第七十代後冷泉天皇皇后藤原寛子（ひろこ、藤原頼通女、北家）、同天皇皇后藤原歓子（よしこ、藤原教通女、北家）、第七十二代白河天皇皇后藤原賢子（かたこ、藤原師實女、北家）、第七十四代鳥羽天皇皇后藤原泰子（やすこ、藤原忠實女、北家）、同天皇皇后藤原得子（とくこ、藤原長實女、北家、魚名流）、同天皇皇后藤原璋子（たまこ、藤原公實女、北家、公季流）、第七十五代崇徳天皇皇后藤原聖子（ひでこ、藤原忠通女、北家）、第七十六代近衛天皇皇后藤原多子（まさるこ、藤原頼長女、北家）、同天皇皇后藤原呈子（たいらこ、藤原頼通女、北家）、第七十七代後白河天皇皇后藤原忻子（あきらこ、藤原公能女、北家、公季流）、第七十八代二條天皇皇后藤原育子（いくこ、藤原忠通女、北家）、第八十二代後鳥羽天皇皇后藤原任子（たえこ、藤原兼實女、北家）。

夫人の地位に在ったのは、以下の后妃である。第四十二代文武天皇夫人藤原宮子（みやこ、藤原不比等女）、第四十九代光仁天皇夫人藤原曹子（司）（そうし、藤原永手女、北家）、第五十代桓武天皇夫人藤原吉子（よしこ、藤原是公女、南家）、同天皇夫人藤原小屎（おくそ、藤原鷲取女、北家、魚名流）、同天皇夫人藤原旅子（たびこ、藤原百川女、式家）、第五十二代嵯峨天皇夫人藤原産子（なりこ、父祖不詳）、同天皇夫人藤原緒夏（おなつ、藤原内麻呂女、北家）。

藤原氏から出た女御は、次の如くである。第五十代桓武天皇女御藤原仲子（なかこ、藤原家依女、北家）、第五十四代仁明天皇女御藤原貞子（さだこ、藤原三守女、南家）、同天皇女御藤原澤子（さわこ、藤原総継女、北家、魚名流）、同天皇女御藤原順子（じゅんし、藤原冬嗣女、北家）、同天皇女御藤原息子（父祖不詳）、第五十五代文徳天皇女御藤原古子（ふるこ、藤原冬嗣女、北家）、同天皇女御藤原年子（としこ、父祖不詳）、同天皇女御藤原年子（としこ、父祖不詳）、同天皇女御藤原多賀幾子（たかきこ、藤原良相女、北家）、同天皇女御藤原是子（これこ、父祖不詳）、同天皇女御藤原明子（あきらけいこ、藤原良房女、北家）、第五十六代清和天皇女御藤原高子（たかこ、藤原長良女、北家）、同天皇女御藤原多美子（たみこ、藤原長良女、北家）、同天皇女御藤原頼子（よりこ、藤原基経女、北家）、同天皇女御藤原佳珠子（かずこ、藤原基経女、北家）、第五十八代光孝天皇女御藤原佳美子（かみこ、父祖不詳）、同天皇女御藤原元善（もとよし、藤原山蔭女、北家、魚名流）、第五十九代宇多天皇女御藤原温子（はるこ、藤原基経女、北家）、同天皇女御藤原胤子（たねこ、藤原高藤女、北家、良門流）、第六十代醍醐天皇女御藤原善子（よしこ、仁善子・ひとよしこ、父祖不詳）、同天皇女御藤原能子（よしこ、藤原定方女、北家、良門流）、同天皇女御藤原和香子（わかこ、藤原定国女、北家、良門流）、第六十一代朱雀天皇女御藤原慶子（よしこ、藤原實頼女、北家）、第六十二代村上天皇女御藤原述子（のぶこ、藤原實頼女、北家）、同天皇女御藤原芳子（よしこ、藤原師尹女、北家）、第六十三代冷泉天皇女御藤原怤子（よしこ、藤原師輔女、北家）、同天皇女御藤原懐子（かねこ、藤原伊尹女、北家）、同天皇女御藤原超子（とおこ、藤原兼家女、北家）、第六十四代円融天皇女御藤原詮子（かねこ、藤原兼家女、北家）、第六十五代花山天皇女御藤原忯子（よしこ、藤原為光女、北家）、同天皇女御藤原姚子（とおこ、藤原朝光女、北家）、同天皇女御藤原諟子（まさこ、藤原頼忠女、北家）、第六十六代一條天皇女御藤原義子（よしこ、藤原公季女、北家、公季流）、同天皇女御藤原元子（もとこ、藤原顕光女、北家）、同天皇女御藤原尊子（たかこ、藤原道兼女、北家）、第六十七代三條天皇女御藤原原子（藤原道隆女、北家）、第六十八代後一條天皇女御藤原綏子（やすこ、藤原兼家女、北家）、第六十九代後朱雀天皇女御藤原嬉子（よしこ、藤原道長女、北家）、同天皇女御藤原生子（なりこ、藤原教通女、北家）、同天皇女御藤原延子（のぶこ、藤原頼宗女、北家）、第七十一代後三條天皇女御藤原昭子（あきこ、藤原頼宗女、北家）、第七十二代白河天皇女御藤原道子（みちこ、藤原能長女、北家）、第七十三代堀河天皇女御藤原苡子（いし、茨子、藤原實季女、北家、公季流）、第七十七代後白河天皇女御藤原懿子（よしこ、藤原経實女、北家）、同天皇女御藤原琮子（むねこ、藤原公教女、北家、公季流）。

藤原氏から出た更衣は、次の如くである。第五十三代淳和天皇更衣藤原潔子（きよこ、父祖不詳）、第五十六代清和天皇更衣藤原氏（藤原良近女、式家）、同天皇更衣藤原氏（藤原真宗女、南家）、第五十九代宇多天皇更衣藤原静子（父祖不詳）、第六十代醍醐天皇更衣藤原淑姫（よしひめ、藤原菅根女、南家）、同天皇更衣藤原鮮子（きよこ、藤原連永女、北家、魚名流）、同天皇更衣藤原桑子（くわこ、藤原兼輔女、北家、良門流）、同天皇更衣藤原封子（かねこ、父祖不詳）、同天皇更衣藤原同子（父祖不詳）、第六十二代村上天皇更衣藤原祐姫（すけひめ、藤原元方女、南家）、同天皇更衣藤原正妃（まさひめ、藤原在衡女、北家、魚名流）、同天皇更衣藤原脩子（藤原朝成女、北家、長門流）、同天皇更衣藤原有序（父祖不詳）、第七十四代鳥羽天皇更衣藤原氏（藤原家政女）、第七十五代崇徳天皇更衣藤原氏（藤原信縁女）。

紀氏から出た夫人、嬪、女御は次の如くである。第四十九代光仁天皇の夫人紀宮子（みやこ、紀介稲子または紀種子女）、第四十二代文武天皇嬪紀竃門娘（かまどのいらつめ、父祖不詳）、第五十代桓武天皇女御紀乙魚（おとな、父祖不詳）。更衣は、第五十五代文徳天皇更衣紀静子（しづこ、紀名虎女）、第七十四代鳥羽天皇更衣紀氏（紀光清女）。

百済氏から出た女御は、第五十代桓武天皇女御百済教法（きょうほう、父祖不詳）、第五十二代嵯峨天皇女御百済貴命（きみょう、百済俊哲女）である。大原氏から出た女御は、第五十二代嵯峨天皇女御大原浄子（きよこ、大原家継女）。滋野氏は、更衣と側妻を出したが女御は出していない。更衣は第六十代醍醐天皇更衣滋野幸子（さちこ、滋野貞主女）。菅原氏は、第五十九代宇多天皇女御菅原衍子（のぶこ、菅原道真女）を出している。

その他の諸氏から出た夫人、嬪、女御、更衣などをみておこう。

夫人としては次のようなものがある。第四十五代聖武天皇夫人県犬養廣刀自（あがたのいぬかいひろとじ、県犬養唐・から女）、同天皇夫人廣岡（旧、橘）古那可智（こなかち、橘宿禰佐為女）、第四十九代光仁天皇夫人高野（旧、和）新笠（たかのの・やまとのにいかさ、和乙継女）。嬪としては、第四十二代文武天皇嬪石川刀子娘（いしかわのとすのいらつめ、父祖不詳）。地位不詳であるが、第四十七代淳仁天皇の后妃粟田諸姉（あわたのもろえ、父祖不詳）。女御には該当例がない。更衣は次の如くである。第五十二代嵯峨天皇更衣山田近子（ちかこ、父祖不詳）、第五十六代清和天皇更衣佐伯氏（佐伯子房女）、第五十二代嵯峨天皇更衣秋篠高子（たかこ、父祖不詳）、同天皇更衣飯高宅刀自（いいだかのやかとじ、父祖不詳）、第五十四代仁明天皇更衣三国氏（父祖不詳）、第五十八代光孝天皇更衣讃岐氏（讃岐永直女）。

三　中　世

中世の天皇は、第八十三代土御門天皇から第百七代後陽成天皇までと、北朝第一代光厳天皇から北朝第五代後円融天皇までである。この時代に、皇族は、一四人の后妃を出している。その内訳は、皇后八人（ただし、本来の皇后は一人、その余は天皇と配偶関係のない皇后）、妃二人、側妻四人である。皇親氏族についてみると、源氏からは后妃一五人が出ているが、すべて側妻である。平氏からも五人の后妃が出ているが、それらもすべて側妻である。その他の皇親氏族として、橘氏が一人、高階氏が二人の后妃を出している。しかしいずれも側妻である。ただし、以上の側妻には、局と呼ばれる一般の側妻のほか、内侍、尚侍、典侍、掌侍のような官職を有する側妻を含んでおり、この時代には、このような官職の側妻が、主要な后妃としての地位を占めるに至ったので注意を要する。

非皇親氏族にして圧倒的に多くの后妃を出したのは、ここでも藤原氏である。藤原氏からは、皇后一二人、女御八人、側妻九〇人（計一一〇人）が出ている。中古期と相違して、この時代においては、藤原氏以外で后妃を出した氏族の数が極めて少ない。大中臣民、三善氏、菅原氏、小槻氏、古市氏等が、夫々僅かの后妃を出しているに過ぎない。

皇族から出た皇后は、次の如くである。第八十三代土御門天皇皇后範子（のりこ）内親王（高倉天皇皇女）、同天皇皇后昇子（のぼるこ）内親王（後鳥羽天皇皇女）、第八十六代後堀河天皇皇后邦子（くにこ）内親王（後高倉院・高倉天皇皇子守貞親王王女）、第八十七代四條天皇皇后利子（としこ）内親王（後高倉院王女）、第八十九代後深草天皇皇后曦子（てるこ）内親王（土御門天皇皇女）、第九十一代後宇多天皇皇后姈子（よしこ）内親王（後深草天皇皇女）、第九十六代後醍醐天皇皇后珣子（じゅんし）内親王（後伏見天皇皇女）、同天皇皇后奨子（すけこ）内親王。ただし、右八人の皇后のうち、本来の皇后は、後醍醐天皇皇后珣子内親王だけであり、その余は天皇と配偶関係のない皇后である。

皇族から出た妃は、北朝第一代光厳天皇妃寿子（ひさこ）内親王（花園天皇皇女）、同天皇妃懽子（かんし）内親王（後醍醐天皇皇女）。

源氏から出たのは側妻のみであるが、そのうち、典侍、掌侍などを紹介しておく。第八十三代土御門天皇典侍源通子（源通宗・村上皇子孫女、村上源氏、久我家）、同天皇掌侍源氏（源貞光・出自不詳女、家名不詳）、北朝第三代崇光天皇典侍源資子（源重資・宇多皇子孫女、宇多源氏、庭田家）、第百三代後土御門天皇典侍源朝子（源長賢・重賢・宇多皇子孫女、宇多源氏、庭田家）、第百四代後柏原天皇典侍源源子（源雅行・宇多皇子孫、宇多源氏、庭田家）、第百七代後陽成天皇典侍源具子（源重道・宇多皇子孫女、宇多源氏、庭田家）。

平氏から出たのも側妻のみであるが、そのうち、内侍、典侍などを紹介しておく。第八十八代後嵯峨天皇典侍平棟子（平棟基女）、第九十代亀山天皇典侍平氏（平時仲女）、第九十四代後二條天皇内侍平氏（平棟俊女）、第百七代後陽成天皇内侍平（西洞院）晴子（平時慶女）。

藤原氏から出た皇后は次の如くである。第八十三代土御門天皇皇后藤原麗子（かずこ、藤原頼實女、大炊御門家）、第八十四代順徳天皇皇后藤原立子（たつこ、藤原良経女、九條家）、第八十六代後堀河天皇皇后藤原有子（ありこ、藤原公房女、三條家）、同天皇皇后藤原長子（ながこ、藤原家實女、近衛家）、同天皇皇后藤原竴子（しゅんし、藤原道家女、九條家）、第八十八代後嵯峨天皇皇后藤原姞子（よしこ、藤原實氏女、西園寺家）、第九十代亀山天皇皇后藤原佶子（よしこ、藤原實雄女、深草天皇皇后藤原公子（きみこ、藤原實氏女、西園寺家）、第九十二代伏見天皇皇后藤原洞院家）、同天皇皇后藤原嬉子（よしこ、瑄子、たまこ、藤原公相女、西園寺家）、第八十九代後鏱子（しょうし、藤原實兼女、西園寺家）、第九十四代後二條天皇皇后藤原忻子（あきらこ、藤原公孝女、徳大寺家）、第九十六代後醍醐天皇皇后藤原禧子（よしこ、藤原實兼女、西園寺家）。

藤原氏から出た女御は次の如くである。第八十七代四條天皇女御藤原彦子（ひここ、藤原教實女、九條家）、第九十代亀山天皇女御藤原位子（たかこ、藤原基平女、近衛家）、同天皇女御藤原瑛子（えいこ、藤原實兼女、西園寺家）、第九十三代後伏見天皇女御藤原寧子（やすこ、藤原公衡女、西園寺家）、第九十六代後醍醐天皇女御藤原栄子（えいこ、藤原通平女、二條家）、第九十七代後村上天皇女御藤原勝子（かつこ、藤原経忠女、近衛家）、北朝第三代崇光天皇女御藤原氏（藤原公賢女、洞院家）、第百七代後陽成天皇女御藤原前子（さきこ・ちかこ、藤原前久女、近衛家）。

藤原氏から出た側妻は数多い。そのうち、内侍、尚侍、典侍などを紹介しておく。第八十六代後堀河天皇別当典侍藤原氏（藤原家行女、持明院家）、同天皇典侍藤原氏（藤原兼良女、九條家）、第八十七代四條天皇尚侍藤原全子（藤原道家女、九條家）、第八十九代後深草天皇別当典侍藤原氏（藤原茂通女、北家頼宗流、中御門家庶流、高倉流）、第九十代亀山天皇典侍（三條局）藤原氏（藤原実平女、三條家）、同天皇中納言典侍藤原雅子（藤原雅平女、北家師通流、室町家庶流、法性寺家）、第九十一代後宇多天皇中納言典侍藤原忠子（藤原忠継女、北家師実流、花山院家庶流、五辻流）、同天皇尚侍藤原頊子（出自不詳）、第九十二代伏見天皇典侍藤原経子（藤原経氏女、北家師実流、花山院家庶流、五辻家）、第九十四代後二條天皇尚侍藤原頊子（藤原實経女、一條家）、同天皇典侍藤原宗子（藤原宗親女、北家師実流、花山院家庶流、五辻流、一條家）、第九十五代花園天皇典侍藤原實子（藤原實明女、正親町家）、同天皇別当典侍藤原氏（藤原頼任女、葉室家）、第九十六代後醍醐天皇内侍藤原廉子（藤原公廉女、阿野家）、同天皇少納言内侍藤原氏（藤原隆資女、四條家嫡流）、同天皇中納言典侍藤原親子（藤原宗親女、北家師實流、花山院家庶流、五辻流）、北朝第一代光厳天皇典侍（三條局）藤原秀子（藤原公秀女、正親町三條家）、北朝第四代後光厳天皇中納言典侍藤原仲子（藤原兼綱女、廣橋家）、第百代後小松天皇典侍藤原資子（藤原資國女、日野西家）、第百三代後土御門天皇新大納言典侍藤原房子（藤原教秀女、勧修寺家）、第百四代後柏原天皇新大納言典侍藤原藤子（藤原教秀女、勧修寺家）、同天皇掌侍藤原継子（藤原永継女、北家長良流、高倉家）、第百五代後奈良天皇典侍藤原量子（藤原永家女、北家長良流、高倉家）、第百六代正親町天皇新大典侍藤原房子（藤原秀房女、万里小路家）、同天皇大典侍藤原氏（藤原賢房女、万里小路家）、同天皇目々典侍藤原氏（藤原雅綱女、飛鳥井家）、第百七代後陽成天皇大典侍藤原輝子（藤原輝資女、日野家）、同天皇大典侍藤原親子（藤原親綱女、中山家）、同天皇勾当内侍藤原孝子（藤原基孝女、持明院家）、同天皇目々内侍藤原氏（藤原頼宣女、葉室家）。

他に内侍、尚侍、典侍等の地位を有さない一般の側妻が六〇人程あるが、その紹介は割愛する。

藤原氏以外の非皇親氏族から出た后妃には、次のようなものがある。第百七代後陽成天皇側妻（土佐局）大中臣某女（大中臣時廣女）、第八十九代後深草天皇側妻三善忠子（三善康衡女）、第九十六代後醍醐天皇内侍（少将内侍）菅原氏（菅原在仲女）、第百五代後奈良天皇側妻（伊予局）小槻某女（小槻雅久女）、第百七代後陽成天皇側妻（三位局）古市某女（古市胤栄女）。

四　近　世

近世の天皇として、第百八代後水尾天皇から第百二十二代明治天皇までを取り上げる。この時代に、皇族から、皇后二人、女御一人（計三人）の后妃が出ている。皇親氏族としては、源氏から、典侍等七人、側妻一人（計八人）が出ており、平氏から、典侍一人、側妻一人（計二人）が出ている。非皇親氏族として最も多くの后妃を出したのは、この時代においても藤原氏である。藤原氏は、皇后二人、女御七人、典侍等三三人、側妻一一人（計五三人）を出した。その他の非皇親氏族としては、菅原氏が内侍・典侍四人、側妻一人（計五人）、安部氏が側妻一人、松室氏が側妻二人、秦氏が側妻一人、丹波氏が側妻一人を出し、さらに、徳川（源）氏が皇后（中宮）一人を出している。

皇族から出た皇后は、第百十三代東山天皇皇后（中宮）幸子（ゆきこ）女王（承秋門院、有栖川宮幸仁親王・後西天皇皇子王女）、第百十九代光格天皇皇后（中宮）欣子（よしこ）内親王（新清和院、後桃園天皇皇女）。

皇族から出た女御は、第百十一代後西天皇女御明子女王（好仁親王・後陽成天皇皇子王女）。

源氏から出た典侍等は、次の如くである。第百十代後光明天皇典侍源秀子（ひでこ、小一條局、源重秀女、庭田家）、第百十一代後西天皇典侍源氏（源具起女、岩倉家）、第百十二代霊元天皇内侍源氏（源通福女、愛宕家）、第百十四代中御門天皇内侍源氏（源通夏女、久世家）、第百二十代仁孝天皇典侍源嗣子（源重能女、庭田家）、第百二十二代明治天皇典侍源任子（ことこ、源有任女、千種家）、同天皇典侍源務子（父祖不詳、植松家）。

平氏から出た典侍は、第百二十二代明治天皇典侍平成子（父祖不詳、西洞院家）。

藤原氏から出た皇后は、第百十二代霊元天皇皇后（中宮）藤原房子（ふさこ、藤原教平女、鷹司家）、第百二十二代明治天皇皇后（中宮、皇后宮）藤原美子（はるこ、藤原忠香女、一條家）。

藤原氏から出た女御は、次の如くである。第百十四代中御門天皇女御藤原尚子（ひさこ、新中和門院、藤原家熙女、近衛家）、第百十五代櫻町天皇女御藤原舎子（いえこ、青綺門院、藤原吉忠女、二條家）、第百十六代桃園天皇女御藤原富子（とみこ、恭礼門院、藤原兼香女、一條家）、第百十八代後桃園天皇女御藤原維子（これこ、盛化門院、藤原内前女、近衛家）、第百二十代仁孝天皇女御藤原繫子（つなこ、新皇嘉門院、藤原政熙女、鷹司家）、同天皇女御藤原祺子（やすこ、新朔平門院、藤原政熙女、鷹司家、藤原繫子の実妹）、第百二十一代孝明天皇女御藤原夙子（あさこ、藤原尚忠女、九條家）。

藤原氏から出た側妻のうち、内侍・典侍等の地位を有するものを挙げる。第百八代後水尾天皇典侍（新中納言典侍）藤原国子（くにこ、新廣義門院、藤原基音女、園家）、同天皇典侍御與津御料人（藤原公遠女、四辻家）、

同天皇典侍（権中納言典侍）藤原氏（藤原季継女、四辻家）、第百十一代後西天皇典侍（中納言典侍）藤原共子（ともこ、藤原共綱女、清閑寺家）、同天皇内侍（中内侍局）藤原氏（藤原頼直女、富小路家）、第百十二代霊元天皇典侍（大納言典侍）藤原宗子（むねこ、敬法門院、藤原宗條女、中御門・松木家）、同天皇典侍（中納言典侍）藤原氏（藤原實起女、小倉家）、同天皇典侍（大典侍）藤原氏（藤原俊廣女、坊城・小川坊城家）、第百十三代東山天皇典侍藤原賀子（よしこ、藤原隆賀女、櫛笥家）、同天皇内侍（藤内侍）藤原氏（藤原方長女、甘露寺家）、第百十四代中御門天皇典侍（宰相典侍）藤原氏（父祖不詳）、同天皇典侍（権典侍局、民部卿典侍）藤原右子（藤原実業女、清水谷家）、同天皇典侍（新典侍）藤原氏（藤原基勝女、園家）、第百十五代櫻町天皇典侍藤原定子（さだこ、開明門院、藤原實武女、姉小路家）、第百十九代光格天皇典侍（宰相典侍局）藤原婧子（ただこ、東京極院、藤原経逸女、勧修寺家）、同天皇典侍（新典侍）藤原頼子（よりこ、藤原頼熙女、葉室家）、同天皇典侍（督典侍）藤原正子（藤原基理女、園家）、同天皇典侍（新典侍）藤原聡子（さとこ、藤原公聡女、姉小路家）、同天皇掌侍（右衛門掌侍）藤原明子（てるこ、藤原貞直女、富小路家）、第百二十代仁孝天皇典侍（権典侍）藤原雅子（なおこ、新待賢門院、藤原実光女、正親町家）、同天皇典侍（按察吏典侍）藤原妍子（きよこ、藤原國長女、甘露寺家）、同天皇典侍（新典侍）藤原経子（つねこ、藤原實久女、橋本家）、同天皇掌侍（馬掌侍）藤原婿子（藤原定成女、今城家）、同天皇典侍藤原績子（いさこ、藤原愛親女、中山家）、同天皇典侍（新大納言典侍）藤原徳子（藤原経逸女、勧修寺家）、同天皇典侍藤原継子（父祖不詳）。第百二十一代孝明天皇典侍藤原慶子（よしこ、藤原忠能女、中山家）、第百二十二代明治天皇典侍藤原光子（みつこ、藤原長順女、葉室家）、同天皇典侍藤原夏子（なつこ、藤原實麗女、橋本家）、同天皇典侍藤原愛子（なるこ、藤原光愛女、柳原家）、同天皇典侍藤原文子（父祖不詳、小倉家）、同天皇典侍藤原祥子（さちこ、藤原基祥女、園家）、同天皇典侍藤原良子（父祖不詳、姉小路家）。

藤原氏には、内侍・典侍等の地位を有さない側妻が、ほかに一一人程あるが、その紹介は割愛する。

藤原氏以外の非皇親氏族から出た后妃を見て置く。菅原氏からは、次のような后妃が出た。第百十二代霊元天皇内侍菅原庸子（つねこ、菅原為庸女、五條家）、第百十三代東山天皇内侍（菅内侍）菅原氏（菅原長量女、高辻家）、第百十四代中御門天皇典侍（別当典侍）菅原寛子（菅原為範女、五條家）、第百十九代光格天皇内侍（新内侍）菅原和子（菅原益長女、東坊城家）、第百十一代後西天皇側妻（按察使局）菅原氏（菅原豊永女、高辻家）。安部氏から出た后妃は、第百十二代霊元天皇側妻（中将局）安部氏（安部泰貞女、倉橋家）。松室氏から出た后妃は、第百十二代霊元天皇側妻（右兵衛佐局）松室氏（松室重篤女）、同天皇側妻（少納言局）松室氏（松室重仲女）。秦氏から出た后妃は、第百十二代霊元天皇側妻（小少将局）秦敦子（あつこ、秦相忠女）。丹波氏から出た后妃は、第百十四代中御門天皇側妻（町局）丹波氏（丹波頼庸女、錦小路家）。徳川（源）氏から出た后妃は、第百八代後水尾天皇皇后（中宮）徳川（源）和子（かずこ、東福門院、徳川秀忠女）。

市民社会における市民登録制度に関する覚書

清水誠

湯沢雍彦・宇都木伸 編
『人の法と医の倫理』Ⅰ 4
二〇〇四年三月 信山社刊

おことわり

一　日本の戸籍制度の歴史

1　一八七四年戸籍法による戸籍——壬申戸籍

2　一八九八年戸籍法による戸籍——明治三一年式戸籍

3　一九一四年戸籍法による戸籍——大正三年式戸籍（旧戸籍）

4　一九四七年戸籍法による戸籍——現行戸籍

5　ま と め

二　現行戸籍をめぐる議論

三　市民登録制度のあり方についての私見

む す び

おことわり

唄さんの賀寿を記念する論文集にはぜひとも寄稿したいと思ったが、テーマが「家族法・医事法」に限定されており、私の研究してきた領域とはいえないために、大いに迷い、悩み、躊躇した。その末、初学以来関心だけは持ちつづけた戸籍制度に関連する拙見を書き記して、責めをふさがせていただこうと考えた。出来上がったものは、ご覧のとおり、専門の研究者からみるときわめてお粗末といわざるをえないものとなった。それをなおかつ寄稿させていただくことにしたのは、ひとつには、唄さんの学恩に感謝したいというやむにやまれぬ気持からであるのだが、もうひとつには、つぎのような考えからである。

私は、かねがね自分なりの市民法論について考えをまとめたいと思っているが、まだそのための試行錯誤中で、完成をみていない[1]。しかし、その過程で、家族一般についての考察は能力外だが、市民登録制度（日本では戸籍制度）のあり方については、私の市民法論からすればそのあるべき姿はどのようなものであるかがつねに関心事であった。それについての愚考を、この機会に唄さんに聞いていただこうと考えたのである。そのような私的な心情による行動について、唄さんおよび関係者、読者の皆さんのご海容をお願いしたいと思う。

冒頭でおことわりしておいた方がよいと思われることをいくつか付け加えたい。

題目に、「市民登録制度」という聞き慣れない用語を用いた。身分登録制度というのが、従来の用例でもあり、自然であるかもしれないが、「身分」・「身分関係」という言葉に若干抵抗を覚えて、この用語を選んだのである（ただし、「家」制度に関連する記述では、この言葉も用いる）。他に、「人籍」という用語も考えてみた[2]。

これは、私が他方で関心をもっている地籍（および不動産登記）と対応させて、市民法を構成する主体面の客観的把握を意味するものとして考えたのである。しかし、「籍」という言葉には、「籍を入れる」とか「籍を抜く」といった用法があるので、避けることにした。後出の「市民名簿」（二(1)①）という言葉も大いに魅力があるが、これは具体的な提案のひとつであるので、一般的名称としては適しないと考えた。

そこで、市民登録制度とは、本稿では、近代市民社会を構成する個々の市民（自然人）に関して、その一身に関する基本的な事項（personal status: Personenstand）を一定の方法によって公的に記録して公証する制度をいうこととする。(3)

人に関する記録の制度は、――近代市民概念確立以前におけるもの、いわば人身登録制度ともいうべきものも含めて――歴史上もさまざまなものがある。また国により、社会によりさまざまな要因に規定されつつ形成された諸種のものがある。本稿は、そのようなもののひとつとして、近代市民社会においては、どのような制度が設けられるのが望ましいかを純粋に理念的に、したがって抽象的に考察してみようとするものである。

とはいえ、この問題を日本社会に身をおいて考えるためには、日本において現実に存在する――歴史的に形成されてきた――制度、すなわち日本的市民登録制度としての戸籍制度とそれをめぐる論議を度外視するわけにはいかない。そこで、まず、それについての未熟ではあるが、自分なりの理解を示したうえで、私見を開陳することとしたい。

最後に、故福島正夫先生と唄さんの業績についておことわりしたいことがある。福島先生は戸籍制度の研究の第一人者であり、唄さんも「家」と氏と戸籍に関しては質量ともに優れた研究を発表されている。しかし、お二人とも、戸籍制度と個人登録制度のいずれを採るかについては明言をされていない。福島先生については、実証的な歴史研究者としての態度からだと思われるし、唄さんについていえば、その周到かつ綿密な考察態度から安易な結論を好まれないことによると思われる。そこで、お二人については、二で取り上げる諸見解のなかには含めなかった。私としては、お二人の論説からすれば、ご見解は明らかだと愚考しているが、その点は原論文に読者が直接当って読み取っていただきたいと考える。(4)

（1）　これまでの試論としては、清水『時代に挑む法律学』（日本評論社、一九九一年）、『法と法律家をめぐる思索』（日本評論社、一九九五年）を参照されたい。なお、「『市民法論序説』執筆の夢」（神奈川大学法学研究所研究年報一五号、一九九六年）という拙文もある。

（2）　この用語は、鈴木禄弥「各国の身分登録制度」（『家族問題と家族法』（酒井書店、一九五七年）第Ⅱ巻所収）二七四頁にドイツの Personenstand の訳としてみえる。なお、同論文をはじめとして、諸外国における市民登録制度を紹介する研究は多い。本稿では、これらを参考にしての比較法的考察は断念していることをおことわりしたい。

（3）　この制度のもつ効果を公証力（公証的効力）と呼ぶことができよう。この公証力についての理論的解明は大きな課題である。

後述する論議の過程で、推定力、公示力、公信力などの言葉が用いられている例に出会うが、この種の概念の安易な使用は疑問である。なお、来栖三郎「戸籍法と親族相続法」（一九四〇年）（『来栖三郎著作集』第三巻（二〇〇四年、信山社）所収）は、大正三年式戸籍を前提としてではあるが、戸籍を「人の身分関係を公示する制度」として捉える。しかし、同論文は、身分関係の実体と戸籍記載の不一致における、戸籍の記載を信頼した善意の第三者の保護について論じ、その根拠についての納得のいく構成はできないと帰結されている。その分析は緻密を極め、感服させるものがある。安易な公信力論に対する戒めになる。

（4）　唄さんの戸籍に関連する業績としては、『唄孝一・家族法著作選集』第一巻（一九九二年、日本評論社）に収められた諸論文および「自著解題」七、のほか、「選択的夫婦別氏制――その前史と周辺」(1)〜(3)、ジュリスト一一二七号〜一一二九号、一九九八年二月一日〜三月一日、「書斎からみた戸籍法（戦後）外史」㈡注（1）所掲の『現行戸籍制度五〇年の歩みと展望』所収）参照。

一　日本の戸籍制度の歴史

徳川時代における宗門人別帳がその後の戸籍制度と密接な関連を有することはいうまでもないが、それに触れる余裕はない。[1] 一八六八年（戊辰変革）以後に形成されたいわゆる戸籍制度の歩みを追うこととする。[2]

1　一八七一年戸籍法による戸籍――壬申戸籍

一八七一年（明治四年）四月四日の太政官布告一七〇号「戸籍法」（法令全書明治四年一一四頁）に基づく戸籍である。同法の定めにより翌一八七二年に作成されたので、その年（明治五年）の干支により、「壬申戸籍」と通称される。明治四年式戸籍とも呼ぶことができよう。

(1)　当初の壬申戸籍

(a)　趣旨と内容　全三三則からなる一八七一年戸籍法の趣旨は、「脱籍流浪ノ者復籍ノ措置」（戸籍法に先行する前年の太政官布告一六号の言葉）を講じることをはじめとする、新政府による全国統一後の全国統一的な「臣民」把握のための手段であった。のちの言葉でいう国勢調査の意味をもつとともに、諸種の行政のための手段であった。当初は、六年毎に戸籍簿全体が改製されるものとしていたが（第四則）、これは明らかに戸口調査的発想である。しかし、一八七三年にこの改製は行わないことに改められた。宗門改めに代わる国民の社寺を通じての統制をめざす「氏神」などの記載も最初は採り入れられていたが、これもその後廃された。

なお、顕在的になるのはあとからだが、徴兵・徴税・警察による人民管理などのための利用が意識されていたことは間違いない。(3)

戸籍簿の作成者は、従来の数村を一つにした最末端行政単位である小区の戸長であり、戸長がその責任で区内の戸を把握し、屋敷ないし家屋単位に記録し、複写を上部へ提出する。戸の把握は、徹底して現況把握主義による。すなわち、区内に「住居ノ地」を有する戸が記載され、戸を代表する戸主が定められ、戸を構成するのは、共同に居住する戸主の妻子だけでなく、きょうだい、子や孫の妻子などを含む大家族および血縁のない同居者（附籍と称される）まで含む。記載の順序については、戸主のあと、「高祖父母・曾祖父母・祖父母・父・母・妻・子・婦・孫・曾孫・玄孫・兄弟・姉妹・大伯叔父母・伯叔父母・甥姪・従弟・従弟違・又従弟・兄弟姉妹夫妻・大伯叔父母・伯叔父母夫妻・従弟以下夫妻」とされている（「戸籍同戸列次ノ順」いわゆる続柄であり、この序列観念は一九四七年の新戸籍によって廃されるまで引き継がれる。続柄概念は、なんと現行戸籍にまで残されている）。戸主に代替わりがあれば、改製されるが、壬申戸籍では作り直しではなく、張紙によって行われた。戸主は、構成員の出生・婚姻・死亡その他すべてについての届出義務者であった（規定はないが）。これは、見方を変えれば、戸主が届出権利者であったことにもなる。

(b)　評　価　私は、この壬申戸籍は、新政府の行政に奉仕するという要素がその目的のほぼすべてであり、それが市民登録としてもった意義はゼロに近いと考える。それをみれば親族関係が分かる、というのは付随的効果であって、この制度が家族関係の公証を意図したものとは考えられない。

一八七五年一二月九日の太政官達二〇九号（法令全書明治八年七八五頁）により、婚姻・養子女・離縁などは、「戸籍ニ登記セサル内ハ其効ナキ者」とするとされた。これが法律婚主義を意味するものかについては争いがあるが、私は、これも上からの人民把握の意味をもっただけのものと考える。
なお、「臣民一般」として華族・士族・卒・祠官・僧侶・平民を統一的に捉えるといっている（第一則）。その限りで、到来せんとしている資本主義の市民平等の要請に対して、「一君万民」の観念をもって対応しようとしているといえるが、右の各身分や職業を記載し、皇族や「平民ニアラサル者」（当時のいわゆる賤民）を差別する内容を残し[4]、真の近代市民社会の平等を目指しているのではない。

留意する必要があるのは、ほぼ同時に、廃藩置県、地租改正が進行していること、また、刑事立法であるが、一八七〇年の新律綱領に盛られている五等親図の尊属・直系・男子優先の家族観が背景にあることである。この五等親図が当時の支配者の家族観であり、いわば上から与えられた家族実体法であったのであり、それは、一八八九年の皇室典範を通して、今日の皇室典範にまで生き残っている。

(c) 改正のための動き　この壬申戸籍については、その仕組みの不完全（とくに現状把握主義による矛盾）や戸長のレベルの担当者の能力不足などのために耐え難い混乱状態（陸軍卿の言葉では、「混淆錯雑……殆ンド反故ノ如シ」）を生じ、主として制度を管掌する地方行政官や徴兵に関心をもつ陸軍関係者からの強硬な改善要求が寄せられた。

一八八二年には、二つの改正案が登場している。その一は、元老院による議決まで経た「戸籍法案」（当初の名称は「戸籍規則案」）であり（この審議過程において身分証書を主張する箕作麟祥とこれに反対する渡辺清の論争がある）[5]、その二は、内務省登記法取調掛で作成された「登記条例案」（その名称にもかかわらず、その内容は身分登記条例案）である。

とくに興味深いのは、後者であって、大隈重信・伊藤博文両参議の建議「登記法取調ノ議」により発案され、土地と人民の両面において登記制度を設け、登記税の収入を図るという制度を考案したものである。「身分登記」という用語は、この動きのなかから生まれたものとも考えられる。

この二つの改正案の相互の関係は不明であるが、いずれも成立に至らなかった。

この間の過程において、基本的に、戸籍制度を存置し、これに手を加えようとする流れと、これに対して、戸籍制度は終了させて、個人登録に改めようとする流れがあったことに注目する必要がある。

後者は、当時の、フランス民法にならって民法を制定しようとする大きな流れに属し、当然のこととして、同法の定める「身分証書」の制度にならったものの導入が企図された。一八七一年の民法決議、一八七二年の皇国民法仮規則、一八七五年の内務省の戸籍証書規則、一九七八年の民法草案などがそれである。ボアソナードの手になるとされる一八八〇年の「身上証書法案」もある。前述の一八八二年の身分登記規則案も、内容的には身分証書制度を定めている。

この身分証書制度の流れは、いわゆる旧民法の家族法部分（この部分はボアソナードによるものではない）の成立過程においていったん消滅し、戸籍制度維持の流れが定着する（ただし、明治三一年式戸籍における身分登記制度については後述する）。このことの意味は大きなものがあると考えられる。とりわけ、これによって日本特有の届出婚主義が定着し、民事婚主義（私の言葉では市民婚主義）の実現が阻まれたという指摘[6]は、重要である。

(2)　明治一九年式戸籍

(a)　趣旨と内容　一八八六年（明治一九年）一〇月一六日の内務省令二二号「戸籍取扱手続」（法令全書明治一九年省令七九七頁）、同日の内務省訓令二〇号「戸籍登記書式」（同訓令一一六頁）により、戸籍の書式が大

幅に改められた。内容的には新戸籍法といってもよいような大きな変更であり、壬申戸籍は全面的に改製された。

この変更の趣旨は、前述のように、壬申の年に作成された当初の戸籍が錯雑を極めて、その改善を求める声が大きくなったことに応えて、制度的な整備を図るというものであった。

その内容の要点は、つぎのとおりである。①戸長の戸籍事務に関する府県庁の厳格な監督を定め、副本を郡役所に納めるなど、事務手続を整備統一した。②登記目録（加籍・除籍・異動の三目録）を設け、届出があったときにはまずこれに記入することとした。③除籍簿の制度を設けた。戸主の交替があると、新しい戸籍が作成される。④戸籍簿への記載様式を整備した。各戸は、地番により編綴され、戸毎に族称、前戸主の記載のあと、戸主以下の構成員が列記され、各人の上段に事項欄が設けられ、登録の事由・年月日が記載される。この形式は現在までの基本型となった（各戸の一頁目には、戸主と家族三名の四名分が記載された）。⑤寄留制度が整備された。⑥戸主の届出義務が明記され、出生などの報告的事項について一定期間内の届出がないときの罰則が定められた。

(b)　評　価　　この変更により、同年制定の登記法（いわゆる旧登記法）に対応して[7]、戸籍についても、公簿としての整備が行われたことになる。のちの戸籍簿の基本的な骨格もこれによって形成されたといってよい。なお、新設された登記目録の制度は、一八九八年戸籍法で身分登記制度に代わるまで存続するが、その評価については、後述するが、微妙である。

この制度整備によって、戸籍の身分公証制度としての性格が大きく強められたことは確かである。それにより、相対的には、行政目的に直接に奉仕する要素は減少したといえるかもしれない。しかし、見逃してはならないのは、それによって、のちの「家」制度の形成への制度的基盤が構築されたということである。そのことが直接的に国家目的に奉仕するとはいえないが、日本社会に「家」の観念を——国民の戸籍意識の醸成を通じて——植え付け、その後の天皇を中心とする家族国家観の形成に大きな役割を果たしたという側面を重視しなければいけないと考える。(8)

(c)　旧民法との関係　この時期に、家族に関する実体法としての旧民法人事編の制定作業が進行していたことに注目する必要がある。

人事編については、ボアソナードみずからは担当しなかったが、一八八八年一〇月の人事編第一草案は、まだボアソナードの指導を受けていたので、かなり革新的なものであった。戸籍制度についても、しばらくはこれを存置するが、さらに簡単な方法に移るものとされていた。これが、再調査案においては、保守派の主張によって大きく修正され、元老院と枢密院の議を経て、さらに大きく後退させられて、一八九〇年一〇月七日に民法人事編として公布された。これに伴い、戸籍法案（明治一九年式戸籍を承継し、これを新しい民法の実体規定とマッチさせたもの）も作成され、帝国議会で審議されたが、民法そのものを流産させた法典論争のあおりを受けて否決された。

この経過のなかで、前述した個人登記への流れは、この明治一九年式戸籍のなかでも「登記目録」の制度として命脈を保つ。それが後述する明治三一年式戸籍における「身分登記制度」に引き継がれたが、それは、もはやフランス民法におけるそれのような生命力をもったものではなかった。(9)

2　一八九八年戸籍法による戸籍——明治三一年式戸籍

一八九八年（明治三一年）六月二一日に民法（法律九号）の付属法令として同時に制定され、やはりこれと同日の七月一六日に施行された法律一二号「戸籍法」(法令全書明治三一年号外)に基づく戸籍である。これを、便宜上「明治三一年式戸籍」と呼ぶことにする。

(a)　趣旨と内容　一八九八年戸籍法全二二三条は、その形だけをみるかぎりにおいては、画期的ともいってよい内容をもっている。というのは、いわば、身分登記制度と戸籍制度の二本立てともいってよい構造から成り立っているからである。その章建てをみると、

第一章　戸籍吏及ヒ戸籍役場（一条～六条）

第二章　身分登記簿（七条～一四条）

第三章　登記手続（一五条～四一条）

第四章　身分ニ関スル届出（四二条～一六九条）

第五章　戸籍簿（一七〇条～一七四条）

第六章　戸籍ノ記載手続（一七五条～一九四条）

第七章　戸籍ニ関スル届出（一九五条～二〇二条）

第八章　抗告（二〇三条～二〇九条）

第九章　罰則（二一〇条～二一五条）

附則（二一六条～二二三条）

からなる。このうちの第二章～第四章のなんと一六三か条の条文が、戸籍制度の条文に先行して、身分登記制度を定めているのである。

身分登記制度は、西欧の身分証書にならったもので、第四章に掲げられた、出生・嫡出子否認・私生児認知・養子縁組・養子離縁・婚姻・離婚・後見・隠居・失踪・死亡・家督相続・推定家督相続人の廃除・家督相続人の指定・入籍・離籍及び復籍拒絶・廃家及び絶家・分家及び廃絶家再興・国籍の得喪・氏名及び族称の変更・身分登記の変更の二一項目の届出事件の区別にしたがい別冊を作成して、これに届出事項を記載し、その上で戸籍簿への記入がされる(第五章、第六章)。これは、明治一九年戸籍に定められ、一八九〇年の戸籍法案にも盛られた「登記目録」を前身とするものであるが、単なる受附帳とみるべきものではない[10]。まさに

身分行為の「登記」の原簿であって、戸籍簿こそが索引のための便宜上のものとも捉えうるものであった（第七章の届出は、第四章の届出と違い、単なる転籍・就籍・除籍などについてのものである）。起草委員であった穂積陳重の発想によるものと考えられるが、穂積はいずれは戸籍簿の方を廃止することを構想していたともいわれる。すなわち、この身分登記制度の規定は、上述した個人登録への流れに進む最後の可能性を示すものであったのである。しかし、この規定は、実際にはほとんど重視されることなく、一九一四年の改正によって姿を消し、わずか一六年のはかない存在に終わった。そのせいもあってか、この一八九八年戸籍法に関する検討は従来十分ではなかったように思われ、今後の研究が必要である。(11)

右の点以外での一八九八年戸籍法の特徴としては、第一に、事務管掌者を戸籍吏とし、市町村長・区長が戸籍吏になるという形をとり、監督管轄については、これを内務省から司法省（その下にあった裁判所）に移したことがある。これは、身分登記制度を設けるに当たり、身分の公証は裁判所の任務と考えて、同じく不動産登記を裁判所の管轄とした不動産登記法（一八九九年）とも符節を合わせたものと考えられる。

第二に、構成員の身分事項に関する届出が、戸主の義務ではなく、各個人のものとされたことである。これも、身分登記制度と関連があるといえよう。

第三に、戸籍制度のあり方については、明治一九年式戸籍に対して本質的な変更はない。戸主を中心とする「家」を一戸として戸籍を編成し、その戸の構成員は依然として大家族（場合によっては、壬申戸籍よりも広いもの）となっている。戸籍簿については、一頁目には戸主とあと二名が記載されるものとなったほか、各家族の記載欄が大きくなるなど、体裁が改良された。

そのほか、民法における「家」制度の形成に対応して、それを戸籍面において裏付けるための改正が行われている。

(b) 評　価　一八九八年戸籍法の評価には、難しいものがある。

まず、身分登記制度である。これには西欧型の身分登記制度への流れの最後の試みがみられることは確かであるが、一六年だけ存続したいわば法文上のはかない存在であったことからすると、そこに強い生命力を認めることはできないと思われる。その意味で、この流れの命脈はすでに一八八〇年代において絶えていたとみるのが正しいのかもしれないが[12]、少なくとも、形の上ではあれ、結婚・離婚などの身分行為は、まず身分登記簿に登記されるという手順が一九一五年まで存在していたということには大いに注目を要すると考えられる。制定に当たっての穂積陳重の主張にも着目しての研究が必要である[13]。

つぎに、近代的民法における制度的整備という観点からみると、この時期にこの戸籍法（形の上だけではあれ、身分登記制度という市民登録の制度を備えたもの）と不動産登記制度（成立は翌年だが）の両者が成立したということの意味は大きいということができる。この制度整備という意味では、戸籍制度の身分公証制度としての（行政目的からの）純化ということも、この戸籍法によってほぼ達成されたということもできるであろう。

しかし、内容からみると、この戸籍法は、民法の親族編・相続編とまさに平仄を合わせたものとして、「家」制度の本格的形成に寄与するものであった。「家」制度は、言葉を変えれば、戸主制度である。戸主が、構成員（民法のいう「家族」）に対して、その結婚や分家に対する同意権などの強大な戸主権をもち（ただし、前述のように、構成員の身分行為についての届出義務者が各個人になったことの意味は大きいことを見逃していけない）、また、社会における財産の主要な帰属主体として保障され、家督相続によって戸主権および財産を単独で継承していく、というのが「家」制度の骨子である。このような「家」制度を、一八九八年戸籍法は、身分公証制度として純化したとされる戸籍制度を通して完全に裏づける機能を担ったのである。「家」制度は、戸主制度であり、同時に戸籍制度なのである。そして、「家」意識はまた戸主意識であり、同時に戸籍意識でもあったことを考えると、以上の点の意味は大きい。

こうして、明治三一年式戸籍は、「家」制度のいわば全面的制覇を準備し、その達成に寄与するものであったというのが、私の結論である。

3　一九一四年戸籍法による戸籍――大正三年式戸籍（旧戸籍）

一九一四年（大正三年）三月三一日法律二六号により戸籍法が全面的に改正された（法令全書大正三年法律五五頁）。これにより編成された戸籍を大正三年式戸籍と呼ぶことにする。編成が行われた年により大正四年式戸籍と呼ばれることもある。本稿では、**4**の新戸籍との対比で、旧戸籍と呼ぶこともある。なお、同時に「寄留法」が制定された。

その後、一九二一年、一九二四年、一九四一年に改正があるが、省略する。

(a)　趣旨と内容　一九一四年戸籍法は、形式的にみれば、一八九八年戸籍法を全くといってよいほどに変容させるものであった。それは、後者の主要な内容であった身分登記制度を全廃したからである。しかし、この形の上での変化は、じつは、すでにほぼ生命力を失っていた身分登記制度を形の上でも削除したということにすぎないといっても、誤りではないであろう。[14] その新しい内容は、

第一章戸籍事務ノ管掌（一条～八条）
第二章戸籍簿（九条～一七条）
第三章戸籍ノ記載手続（一八条～四二条）
第五章　戸籍ノ訂正（一六四条～一六八条）
第六章　抗告（一六九条～一七五条）
第七章　罰則（一七六条～一八〇条）

第四章届出（一九節からなる。四三条～一六三条）　附則（一八一条～一八六条）である。身分登記制度に関する部分は、完全に除去され、戸籍制度に一本化され、戸籍簿については、事項欄の記載が拡充されて（一頁目には、戸主一名が記載される）、制度的整備が行われた。

その他の点としては、戸籍事務の管掌者を市町村長と規定したこと（管轄は従来どおり司法省＝裁判所）、平民という族称の記載は行わないことにしたこと、戸籍の記載と家族の現状との不一致の増加により、いわゆる戸籍の観念化が進行したことに対応するための工夫として寄留法が制定されたこと、などが挙げられる。

(b)　評　価　まず、なによりも、大正三年式戸籍においては、身分登記制度を退場させ、戸籍制度に一本化し、それによって「家」制度の完全制覇が確認されたという意義が大きい。これにより、婚姻などの身分行為は、まず登記されるのではなくて、戸籍への届出のみがされることになった。これによって日本的な届出婚主義が確立したといってよい[15]。死児の齢を数える感はあるが、もし身分登記制度がその後も余命を保っていたなら、一九四五年後の家族法の変革において、別の展開もありえたかもしれないと考えられて、残念である。

身分登記制度の廃止の理由としては、「行政整理ノ一端」として「重複ノ手続」をやめ、「事務簡捷」をはかるための諸改正であるが、「ソレハ小サイコト」というのが政府側（小山温司法次官）の説明である。これに対して、高木益太郎・島田俊雄議員らから、一〇年余で簡単に廃止してもよいものかという疑問が投げかけられ、論議が行われた。審議過程では、社会の進歩は個人の重視に向うとする身分登記制度の存続論も主張されたが（島田委員）、「家」制度支持者による、戸籍制度があれば、身分登記制度は余計な存在であるとし、また、永久保存の身分登記簿が東京地方裁判所の一年分だけで五三間に及び、謄本などの請求は戸籍簿については多数だが、身分登記簿については少数であるなどという事務的観点からする廃止論が圧倒的な勝利を収めたのである。これまで裁判所で行われた身分登記が町村役場で行われることになって、それでもよいかという問題提起も行われたが（大口喜六委員）、議論は深まらなかった。(16)

以上のことは、同時に、「家」制度がもっていた矛盾にせよ、問題性にせよ、そのすべてを大正三年式戸籍が同じように包蔵していたということを意味する。すなわち、「家」制度に対する批判は、すべてこの戸籍にも向けることができるのである。

その矛盾のひとつであるが、民法の「家」についても、戸籍制度上の「戸」についても、日本における資本主義の進展につれて、必然的に観念化（現実との遊離）するという問題が生じてくる。これにどう対処するかは、資本主義の維持に腐心する国家権力としても放置できない課題になる。寄留は、壬申戸籍の時期からも存在した問題であるが、寄留法の制定は、「家」と戸の観念化が、本格化してきたことを意味している。

以上のことからすると、一八九八年法により戸籍制度が身分公証制度として純化したと上述したが、これを近代的な市民登録制度としての純化とはとうていいえないことを確認しておきたい。

ともあれ、この状況において、日本は、一九四五年の敗戦を迎えることになる。

4　一九四七年戸籍法による戸籍——現行戸籍

一九四七年一二月一二日の法律二二四号によって、新しい戸籍法が制定された。これによって、新しい記入があるごとに、旧戸籍は漸次的に諸法による戸籍に改められたが、一九五八年から一九六六年にかけて八年の歳月を費やしてすべてが新法に基づく新しい戸籍簿へと改製された。(17) これを、便宜上新戸籍または現行戸籍と呼ぶことにする。

(a)　趣旨と内容　新しい戸籍法は、いうまでもなく、国民の意志によって新しく制定された日本国憲法（一九四六年一一月三日公布、一九四七年五月三日施行）とそれ（とくに、第二四条）に基づく新しい家族法（一九四七年法律二二二号により全面改正された民法第四編親族・第五編相続）に沿って戸籍制度を全面的に改めるものである（施行は一九四八年一月一日）。基本は、民法の旧規定の「家」制度と旧戸籍法の「戸主制度」を廃止するということにある。

この戸籍法は現行法であるので、詳述は避け、要約的に述べる。

改正の特徴をひとことでいえば、個人籍の採用は見送り、家族＝戸ごとの集団籍である戸籍制度を維持し、その戸の構成については、大家族構成は認めず、夫婦とその子という小家族による構成を採ったということである。[18]新戸籍の原則として挙げられる三つの原則のうち、一夫婦一戸籍（用紙）の原則、三代戸籍禁止の原則がそれを表わしている。これに新家族法において大きな問題性を有する氏に関する同氏同籍の原則が加わる。この氏（民法七五〇条・七九〇条ほか）をキーコンセプトとして用いていることから、さまざまな問題と混乱を生じている。[19]氏は単なる「個人の称呼」であり、決して「家」の名ではないとか、「戸籍筆頭者」（「戸籍の筆頭に記載された者」）は、単なる索引の機能をもつもので、戸主とは異なるという説明が行われているが、その説明だけでは割り切れないものがある。[20]これらの問題が多発して、厖大な行政通達が出されている。

なお、戸籍事務の管掌は、従来通り市町村長である。これは、従来から国からの機関委任事務とされてきたが、二〇〇〇年に始まる地方分権推進のための改革により「法定受託事務」（地方自治法第二条第九項第一号）となった。ただし、都道府県知事の関与はなく、法務大臣・法務局・地方法務局の指導（基準の設定・報告要求・助言・勧告・指示など）に従う。所轄の官庁（監督官庁といわれていたが、分権化により管轄官庁と呼ばれる）

は、戦後に裁判所が分離されたあとの法務省とされて、今日に至っている。

(b) 評　価　民法の新家族法規定について、そのプラスとマイナスの側面をめぐって論議があることは周知のとおりである。そして、その論議において主要な論点を氏の問題、したがってまた新戸籍の問題が占めている。

私には、この論議に参入する能力はないが、いちおうの見解を示しておくことは必要であろう。私は、現行戸籍が「家」制度と戸主制度の廃止という前進的側面をもち、それが日本社会において大きな意義をもったことを評価する。ただ、それが「家」制度と戸主制度の古い要素を温存し、あるいは、その残滓を含んでいるという妥協的側面をもっていたことを否定することはできないと考える。それにつけても、もし、一八九八年戸籍法の身分登記制度がともあれ継続されて終戦にまで及んでいたら、戸籍法の再検討においても、別の展開がありえたのではないであろうか。GHQとの折衝についても伝えられているが[21]、なぜ戸籍制度が維持されたかという肝心な点については、まだ未解明といわざるをえない。

そして、重要なのは、この種の妥協的な処置による解決においては、そのあとのフォローが重要であって、新しい市民登録制度が本来目指すべきであった方向はなんであったかをつねに再思再考して、その将来を展望することが必要だと考える。本稿は、そのような意味におけるささやかな寄与を目指すものである。

5 まとめ

以上の概観に基づいて、私が指摘したいことをまとめると、つぎのとおりである。

明治以来の戸籍制度は、前代の封建遺制を継承しつつ、当初は新政府の行政需要に奉仕するという要素を濃厚に具えつつ、現実に居住する大家族単位の登録制度としてスタートし、その後、行政的要素を減少し、身分公証制度としての性格を増しつつ、しだいに整備され、一八九八年の戸籍法においてほぼその形を確定した。

その間において、個人単位の市民登録制度を志向する動きは、旧民法の制定にいたる過程、および一八九八年の民法に伴って成立した戸籍法において看取されるところである。このことを強調していえば、日本の市民登録制度として戸籍制度の道を続けるか、個人登録制度への道へ進むかという岐路は再三存在したのである。ところが、国民に対して強く吹きこまれた戸籍意識を根拠として、つねに前者への道が選択された。後者への道に決定的な絶縁を告げたのは、一九一四年戸籍法であった[22]。

一九四五年の敗戦と民主化を経ても、日本の立法は戸籍制度を維持する選択を下し、それが現在まで続いている。

（1）大石慎三郎「江戸時代における戸籍について——その成立と性格の検討」（福島正夫編『戸籍制度と「家」制度』（東京大学出版会、一九五九年）所収）、石井良助『家と戸籍の研究』（創文社、一九八一年）第六　江戸の人別帳、など参照

（2）明治以後の戸籍制度の歴史については、福島正夫「明治初年の土地所有と家族制度」（一九五〇年）、「明治初年における戸籍の研究——地方法令を通して」（一九五二年）、「明治前期における戸籍制度の発展」（利谷信義と共著、一九五九年）、「明治一五年の身分登記条例草案」（一九七五年）、「民法と戸籍法——穂積陳重の立法事業にふれて——」（一九八〇年）、「明治四年戸籍法とその展開」（一九八一年）、（いずれも、福島正夫著作集（勁草書房、一九九六年）第二巻所収）。なお、他に、「明治以後の戸籍制度の発達」（利谷信義と共著、『家族問題と家族法』（酒井書店、一九五七年）第Ⅲ巻所収）がある。また、石井良助・前掲書　第七　明治初年の戸籍法令、利谷信義「戸籍制度の役割と問題点」、ジュリスト一〇五九号、一九九五年一月一日＝一五日、二宮周平「近代戸籍制度の確立と家族の役割」『戸籍と身分登録』（早稲田大学出版部、一九九六年）所収、久武綾子『氏と戸籍の女性史』（世界思想社、一九八八年）などを参照

本文における評価にわたる記述でこれらの文献と異なることがあるが、これは本稿の視点からする主観的見解であって、

実証的研究に基づく専門的学説に対する異見を述べるものでないことをおことわりしておきたい。

（3） 福島正夫『日本資本主義と「家」制度』（東京大学出版会、一九六七年）、第三部第五章徴兵令および戸長制と「家」制度（初出は一九五六年）、利谷信義「明治前期の身分法と徴兵制度」福島正夫編『戸籍制度と「家」制度』（東京大学出版会、一九五九年）所収参照

（4） 和田献一「部落差別と戸籍制度」自由と正義三七巻五号（一九八六年五月号）参照

（5） 福島正夫編『「家」制度の研究・資料編二』（東京大学出版会、一九六二年）一六〇頁以下

（6） 私は、この点に関する西村信雄『戦後日本家族法の民主化』上下巻（法律文化社、一九七八年、一九九一年）、第二部婚姻法の民主化　第二章わが民法の届出婚主義（上巻）、第三章近代欧州的強制民事婚主義（下巻）の所論に触れないわけにはいかないと考える。事柄は、家族法の根幹である婚姻に関するが、それと市民登録の問題が不可分的に結合して、根底的ともいうべき問題を蔵しているからである。

同書によれば、役所への一片の届出で効力を生じる届出婚主義は、法律婚主義と称しうるようなものではない。それは、わが国独特の戸籍制度と緊密に結びついており、多分に「家」制度的な性格をもっている。そして、同書が提案するのは強制民事婚である（私の言葉では、これを市民婚と呼びたい）。それは、婚姻を欲する一組の市民が市民の共同体の代表（市町村長またはその代理）と他の市民の面前で結婚することを約する行為をすることによって婚姻が成立するとするものである。著者は、熱心に西欧諸国における民事婚の実況を見聞し、報告している。そして、明治初年以来、日本においてもこの民事婚を導入する可能性が模索されたことを、本文でも述べた「民法決議」、「皇国民法仮規則」「左院民法草案」「明治一一年民法草案」、「旧民法人事編第一草案」という流れのなかで証明してみせる。そして、それが挫折したことの反面で日本的な届出婚主義が成立していった過程、そしてそれが現在まで存在していることの意味を戦後の新民法国会審議にまで及んで解明するのである。この西村論文を紹介することは、内容的にはじつは本稿の最大の眼目である。なお、二注（10）所掲の星野論文も民事婚と呼んでこのことを論じている。

（7） 不動産登記制度の歴史については、福島正夫「登記法の制定とその意義」（一九四〇年）、「日本における不動産登記制度の歴史」（一九五二年）、「わが国における登記制度の変遷」（一九七四年（いずれも、福島正夫著作集（勁草書房、一九九三年）第四巻所収）、清水「わが国における登記制度の歩み——素描と試論——」『不動産登記制度の歴史と展望』（有斐

閣、一九八六年）所収を参照。

(8) 戸籍意識の問題性については、川島武宜『日本社会の家族的構成』（学生書房、一九四八年）、第二家族制度における規範意識、七一頁以下、利谷信義「戸籍の思想」思想の科学一二〇号（一九七二年）同『家族と国家』（筑摩書房、一九八七年）所収参照。

(9) 西村・前掲書上巻二六七頁は、一八八八年の旧民法人事編第一草案をもって、強制的民事婚主義は姿を消すとしている。その意味では、その後の戸籍制度論議における身分証書ないし身分登記をめぐる論議は、もはや生命を失ったものというべきかもしれないのである。

(10) 平賀健太・二(1)⑤の論文三〇二頁の指摘。注(2)所掲の福島著作集四八頁は、むしろ真の身分登記ではないと評している。

(11) 板垣不二男・岡村司『戸籍法釈義』（明治大学出版部、一八九八年）など参照。同書は、本法の位置づけに関連して、「我ガ邦今日ノ状態ハ恰モ個人制度家族制度混合ノ時期ニ在リト謂フヘシ」としている（五頁）。同書のほか、島田鉄吉『戸籍法』（法政大学、一九〇八年）、自治館編輯局編『戸籍辞典』（自治館、一九一一年）、大槻源一『戸籍法実例詳解』（清水書院、一九一二年）など。

(12) 注(6)・(9)所掲の西村論文参照

(13) 注(2)所掲の福島「明治四年戸籍とその展開」（著作集第二巻）九〇頁、二四五頁参照

(14) 法律新聞社編『戸籍法改正寄留法制定理由』（法律新聞社、一九一四年）参照

(15) 注(6)所掲の西村論文参照

(16) 注(14)所掲書参照（大口発言は同三七頁）

(17) この改製作業については、唄孝一「戸籍の改製とその周辺」（『唄孝一・家族法著作選集』第一巻（日本評論社、一九九二年）所収参照。

(18) 小家族とはいっても、親およびこれと「氏を同じくする子」とあるので、子は、婚姻するまでは何歳になっても親と同籍である。成年になれば、当然に新戸籍になるというものではない。氏による係累は、成年になってもいろいろとつきまとうのである。

(19) 離婚に伴う復氏復籍という問題が批判される最大の問題点である。復氏して元の籍に戻るか、新戸籍を作るか、婚氏を維持して新戸籍を作るか（一九七六年の改正で認められた）、の選択肢があるが、合理的とはいえない。子（C）のあるAと子（D）のあるBが結婚した場合の子たちの氏、そのAとBが離婚した場合の子たちの氏など、氏の問題が惹起する問題は数多い。

(20) 戸籍簿によってある市民を検索するためには、その者の本籍とその者が属する戸籍筆頭者を知らねばならない。しかし、その本籍は、自由に選んだ市町村の地番におかれるので、たとえばその筆頭者の好みで富士山頂を本籍にすることもできる。

また、筆頭者がつねに安定した検索の見出しになるとはいえない。夫婦A・Bのうち、筆頭者Aが死亡した場合、その死亡者Aが依然として検索の見出しであり続ける。Bが死亡した場合、AがCと婚姻してCの氏を称すると、Cの戸籍に入るか、新戸籍を編成する。Bの子が元の戸籍に残っていると、その子にとっての戸籍筆頭者はどういう意味をもつことになるのだろうか。

(21) 戸籍四五八号所掲の「現行戸籍法立法関係資料Ⅲ」

(22) 福島正夫編『日本近代法体制の形成』下（日本評論社、一九八二年）所収の第一二章民法典の編纂（向井健）は、戸籍制度への目配りが周到で、参考になる。

二　現行戸籍をめぐる議論

(1)　諸　見　解

新しい民法による「家」制度の廃止に関連して、そこにもなお「家」制度の温存・残滓があるのではないかをめぐり、氏の問題、戸籍の問題が論じられてきたことは、前記かつ周知のとおりである。ここでは、その重要かつ大規模な論議に触れることはしない。戸籍制度のあり方をめぐって、戸籍を維持するか、個人籍（その意味については、三(4)を参照）を採用すべきかについて論じる論考に限って、私の触れることができたものを取り上げることとする。見落としがあったら、お許しを乞いたい。

以下には、ほぼ発表時期順に掲げるが、見解としては、おおよそ、つぎの三つに分類できると考える。

(a) 戸籍制度を積極的に維持すべきとするもので、②、⑤、⑥、⑫、⑬、⑭、⑳がこれに属する。

(b) 当面戸籍制度を維持すべきだが、そこにおける妥協的性格を批判し、その変更すべき点を指摘して、いわば戸籍制度を消極的に肯定するもので、③、④などがこれに属する。

(c) 戸籍制度を廃止して、個人単位の登録制度に移行すべきとするもので、①、⑦、⑧、⑨、⑩、⑪、⑮、⑯、⑰、⑱、⑲がこれに属する。

一見すると、(c)の見解の方が多いように思えるが、実際には、戸籍の実際の担当者などのなかでは、(a)が圧倒的に多数意見であり[1]、総体としては、(a)が支配的意見であるといえよう。

① 民法改正案研究会「民法改正案に対する意見書」(一八四七年)[2]

政府が国会に提出した民法改正案に対して、磯田進、内田力蔵、川島武宜、熊倉武、来栖三郎、杉之原舜一、立石芳枝、野田良之、野村平爾、山之内一郎、渡辺美恵子の一一名が一九四七年七月号の「法律時報」に発表したものである。三〇歳・四〇歳台の新進学者によるもので、いま読んでも清新の気にあふれた論述には強い感銘を受ける。内容は家族法の全体にわたる長文のものであるが、その戸籍に関する部分だけはほぼ全文を引用しておきたい。

「民法の改正に伴って戸籍法の改正も亦当然要求されるところであり、戸籍法中改正法律案は従来の「家」単位の編成を廃止しようとしている。しかしこの改正案はいまだ純然たる個人単位のものではなくして、夫婦親子を原則として同一の「戸籍」に記載すべきものとしている(一戸一用紙主義)。しかしこのような方法では依然として、婚姻・養子縁組・離婚・離縁等については「入籍」や「復籍」の問題が起り、ある個人についての身分上の変動のあるたびにその人だけでなくてその人の属する家族全体の記載されている戸籍面が変動するという形をとることになる。このような結果は民法改正案が強く意図しているはずの家族制度の廃止ということを有名無実にする虞がある。上にも述べたように民法学者の中にも今次民法の改正は家族制度そのものの廃止ではなくして、民法典の「家」の制度が実情に適しなくなったので現実の事態と合致させるだけのものであるというように理解しているものもあるようであるが、憲法がうたっている「個人の尊厳」とか「両性の平等」とかいう思想は各人が独立の市民であることの自覚をもつべきことをいい現したものにほかならない。従って法律はこのような自覚をもつことを促進するような規定をなすべきで、自分の個人的変動が常に家族全体の戸籍の変動として現れるというようなやり方では従来の家族的観念にまだつよく捉われている一般民衆の市民的自覚を促すことは出来ないどころか、かえってこれを阻害する原因となるであろう。それ故われわれはむしろ徹底した個人単位の身分登録制度の採用を提案する。

（中略——フランス法に関する記述）

以上の考察から、われわれはフランスで提案されているような個人単位でしかも一人一用紙主義の身分登録制度の採用が望ましいと考えると共に、「戸籍」という観念は「家」単位を表わす用語であるから、戸籍法の内容を改正するのに伴ってその名称をも改正すべきものと考える。フランスで提案されている新制度の名称は「市民名簿」(casier civil) である。」

② 中川善之助「『民法改正案意見書』異見」（一九四八年）[3]

① に共通した考えはもつが、集団的記録方法にも便利な点があり、「家族制度的拘束を事実上存続せしめる基礎となる」などと開きなおるほどのことはない、「戸」籍ではなく、「家族」籍と考えればよいとする。

③ 於保不二雄「氏と戸籍」（一九五〇年）[4]

新家族法による家族制度の変革を評価しつつも、古い家族制度・観念が残存し、改正法の革新的方向が戸籍の面から崩壊する危険があると指摘する。即時に個人制度に移行するのは飛躍で、現実との妥協は必要だが、復氏復籍のあり方や、成年であっても未婚の子も親の戸籍に属することなどの根本的再検討を要請している。

④ 我妻栄「家と氏と戸籍」（一九五三年）[5]

新家族法立案の中心となり、「家」制度存置論者との対抗に苦心した著者は、『改正親族・相続法解説』（日本評論社、一九四九年）などでも、また本論文でも、新戸籍法の妥協的性格を肯定し、現状ではこれを妥当とする。しかし、新しい氏と戸籍のもつ矛盾を厳しく批判し、改革がこれで止まってよいとは決して考えていない。この論文の末尾では、将来における「建設的意見」を予告していた。そのことは、「戸籍制度創設百周年にあたって」（一九七二年）[6]において実現し、将来の方向として個人の身分登録カード化を提案している。制度を身分公証制度として純粋化するべきだとし、「戸籍にむやみに変な意味を持たせ」ることに反対するその論旨は明快である。コンピューターの利用も視野に入れているが、その点の検討は熟していない。

⑤ 平賀健太「戸籍制度について」（一九五三年）[7]

戸籍制度の評価は、もっぱら純粋に技術的合理性によって判断すればよいとして、身分関係を明らかにする戸籍制度がもっている「系譜的構造」と「索引的機能」を優れていて合理的であると評価する。身分登記制度による簡易化も考えられるが、そのためには戸籍制度を廃止するしかない、として戸籍制度を支持する。この筆者は独特の「家」制度観――明治民法の家族制度は観念的なもので、いわば死産児であり、その復活を主張するのも、それを批判するのも、どちらも歴史に則しない観念論とする——を前提としていることに注意を要する。それからすると、新戸籍が小家族主義によって「細分化」されたのも残念である、氏の問題は純粋に技術的な見地から、民法ではなく、戸籍法で規定すればよい、という意見にもなる。

本論文の検討は重厚であって、それだけに、戸籍制度維持論者にとって有力な拠り所になっていると考えられる。

なお、「戸籍と国籍」（注(1)所掲の『現行戸籍制度五〇年の歩みと展望』所収）でも同じ趣旨が再度強調されている。

⑥ 成毛鐵二『戸籍実務から見た民法及び戸籍法の再検討』（法務研究報告書第四三集第五号）、法務研修所、一九五六年

戸籍制度を「世界にもその類例をみない優れた立派な制度」とし、これを「一人一戸籍にしてしまうということは、過去八〇年の長い間我々実務家が血と涙をもって努力精進し、辛苦研鑽して完備した制度」を破壊する暴論であるとする（同書一九〇、一九一頁）。

⑦ 西村信雄『戦後日本家族法の民主化』上巻（法律文化社、一九七八年[8]）

その第二章「家」制度廃止の不徹底、において、「民法改正の際、従来の戸籍制度を全廃し、その代りにカード式の個人登録の制度を採用し、かつ、夫婦の氏を自由に創作し得ることにしたならば、今日なお根強く残存している「家」意識も、ひじょうにうすらいでいたことであろうと考えられる。」と述べている（同書八四頁）。

⑧ 島野穹子「戸籍制度の現状と将来」（一九八六年[9]）

戸籍制度の現状とその問題点についての優れた紹介をしている。とくに、国際化の時代における国籍と外国人の問題、プライバシーの問題の分析が興味深い。その上で、将来について、「日本の戸籍は余りにも従来の伝統的な様式にとらわれすぎ、日本人にしか通用しないのではないか」「種々の理由で現行の戸籍は、身分登録簿としては不完全なものになってしまった」「筆者はむしろ、身分登録は個人単位にし、一人の個人のデータや親や子のデータが記入され、必要に応じて、夫婦や親子のデータをとり出し、夫婦関係、親子関係が証明されるようにすればよいと考える。」と述べている。

⑼ 星野澄子『夫婦別姓時代』（青木書店、一九八七年）

一九八〇年代に表舞台に登場した夫婦別姓問題のパイオニアで第一人者といってよい著者による別姓問題に焦点を合わせた氏・戸籍論が展開されている。なかでも、「入籍」についての分析には教えられるところが多い。戸籍制度の将来については、個人別の身分証書制度を展望していることは明らかであり（同書九五頁）、また、近稿「現代社会の夫婦別姓制と名前[10]」でさらに考察が深められている。

⑽ 山田卓生「結婚による改姓強制」（一九八九年[11]）

「究極的には個人単位の身分登録にとってかわられるべきであろう」とする（八八頁）。

⑾ 床谷文雄「夫婦別氏制と戸籍制度の再検討」(2)（一九八九年[12]）

「個人登録簿制は将来の方向としては十分検討されるべきものではあるが、……夫婦別氏制の実現とあわせて導入するのは、やはり多少無理である」とする。

⑿ 澤田省三『夫婦別氏論と戸籍』（ぎょうせい、一九九〇年）

現行戸籍制度のもっている優れた公示公証制度（信頼性・一覧性・索引性を挙げる）を維持しつつ、旧戸籍のイメージを極力排除するということを提案する。「戸籍」という用語と訣別して、「家族登録」とし、戸籍簿を家族登録簿、本籍を登録地とすることなどを提案する。用語は別として、その内容は集団登録であり、戸籍制度維持論以外のなにものでもない。

⑬ 大森政輔「夫婦別姓選択制私案」（一九九二年）[13]

夫婦親子の関係を一覧的に把握できることと、入除籍相互の戸籍の表示により検索機能を有することにより、「我が戸籍制度は、世界の身分登録制度の中でも、最も優れた制度ということができる。」とする。同じ著者が「戸籍の信頼保持策について」（一九八六年）（注（1）所掲の『家族法と戸籍』所収）の中で述べられた、戸籍制度は「世界に冠たる」もので、「ジャパンアズナンバーワンを代表する制度のひとつ」という言葉は多くの人によって引用されている。

⑭ 大岡嘉造「民法七五〇条改正論と戸籍実務（9）」（一九九二年）[14]

夫婦別氏の問題に関連して、「夫婦を別戸籍で編成するということは、我国の戸籍制度は世界でも類例を見ない立派な優れた機能を持つ身分登録制度であるが、その優秀性を低下減殺することを意味する。」と述べている。

⑮ 三浦正勝「戸籍制度のあゆみと次世代戸籍」（一九九二年）[15]

「次世代戸籍」のあるべき姿を検討し、「これまでは、曲りなりにも「家族」で相対してきたが、改正後は生まれた時から死ぬまで「個人」として扱う。つまり出生届の時点でその子の戸籍（個籍）を編製し、その後の身分の変更は記載するにとどめ、原則として生涯戸籍の変動は行わない。」という「一人一戸籍の原則」を提唱している。

⑯　榊原富士子「夫婦別姓と戸籍」（一九九二年[16]）

⑨と同じく、夫婦別姓問題に則しての戸籍のあり方を検討している。そして、「戸籍制度から個人別登録制度へ変更しないと、「家」という亡霊を消せないことは、戦後から今日までの約五〇年の歴史がすでに論証したといえるのではないか。」と述べる。ただ、その変更に時間を要するなら、別姓実現のために夫婦別戸籍案を支持すると論じる。これは、現行戸籍の前述の三原則のうちの夫婦同一戸籍の原則を外せばよいまでのことである。著者は、この論文の末尾で「個人別登録試案」を提示しており、注目される。

著者は、この論文のあと、別著[17]で、さらに現行戸籍の問題点を網羅的に検証しているが、右の「個人別登録案」を若干手直ししているので、これが最新の案と思われる。私は、おおむねこの案に賛成であるが、私の意見で多少修正させていただいたものを付表で掲げたいと思う。

⑰　水野紀子「戸籍制度」（一九九二年[18]）

戸籍制度の現状の問題点を、⑧とは違う視角から突っ込んで分析している。そして、将来については、「そもそも　家制度が廃止された以上、氏ごとの編成には、根本的に無理があることを認識しなければならない。最終的な解決は、個人別の戸籍にすることである。」とする。そして、「むしろ除籍と転籍の連続によって過去の除籍簿をいくつも遡らなければ本人の身分関係が判明せず、『民法上の氏と呼称上の氏』の『理論』を駆使して同籍者を割り振る現在の戸籍実務と比較すれば、個人別の戸籍にすることによって戸籍実務がより簡素化されるとさえいえるであろう。」と述べている。

⑱　二宮周平「これからの家族法と戸籍制度」（一九九三年[19]）

日本の「家」制度と結合した戸籍制度そのものに、治安政策と社会保障政策の代替機能が求められており、単なる身分登録以上の意味を持たされていたと指摘し、その戸籍制度が維持されたことで戦前の家意識が温存されるのは当然のことであるとする。その上で、「個人別登録の必然性」を説く。純粋な身分登録・公証制度としての機能は、個人単位の登録制度で十分に果たすことができるという指摘は重要である。なお、『家族法改正を考える』、日本評論社、一九九三年、のII 4「戸籍のあり方――家族単位登録から個人単位登録へ――」、および「身分登録、公証制度としての戸籍の検討」(『ゼミナール婚姻法改正』、日本評論社、一九九五年)でも同旨が述べられている。

⑲ 利谷信義「戸籍制度の役割と問題点」(一九九五年)[20]

この論文は、一九九四年から施行された戸籍のコンピューター化に関連して、戸籍の将来像を論じ、「個人籍がもっとも素直な選択」としている。同旨は、『家族の法』(有斐閣、一九九六年、一七七頁)でも述べられている。

⑳ 田代有嗣「戸籍とは何か、なぜ外国には戸籍がないのか」(二〇〇二年)[21]

日本の戸籍制度が優れているとし、「もし法律のノーベル賞があったら、戸籍制度はこれに当たる」という。「国民『全体』の関係になると、日本はすぐれているということがあります。その象徴が戸籍制度であり、それは日本国民『全部』が築き上げてきたもの……それは大きな日本文化であります。」とまでいう。こうまでいわれると、戸籍制度に対して日本の文化によかれと思って個人登録制度を主張する者としては、困惑を覚える。

(2) 私　見　　私は、戸籍制度はできるだけ早く終了させ、市民個人単位の登録制度を採用すべきものと考える。その具体案については**三**で述べることとして、以上に眺めた論議のなかから浮かび上がった論点を取り上げて、意見を述べておくことにする。

(a)　「家」への未練　現行戸籍制度が「家」制度の残滓を内包し、あるいはそれへの未練を表現していることについては、ほとんどすべての論者——戸籍制度肯定論・否定論のいずれからも——により語られている。私は、これを完全に清算することが将来における家族を展望する上に大切なことだと考える。家族関係における真の親和的関係は、各個人が尊重されるという前提の上で純粋な愛情により結ばれることによってはじめて実現するものであると考えるからである。

(b)　系譜的一覧性　親族関係が系譜的に示され、いわゆる一覧性に優れていることが日本の戸籍制度の大きなメリットとして語られることが多い[22]。これをも指摘する論者は多いが、じつは、この意味における優位性は幻想に近くなりつつある。皮肉にいえば、壬申戸籍が整備されれば、この意味の利点は増大するかもしれないが、変動の多い現在の家族関係においては、小家族単位の記載では、一覧性のメリットはすでに大きく失われている。いくつもの除籍簿を収集しないと、家族関係が明らかにならないことは多くの人によって問題として指摘されているのである[23]。個人単位の名簿であってはじめて複雑な家族の諸関係をクリアすることができるのではないかと思う。いわれるところの系譜的構造は、個人の趣味によって、個人の資料を集めて「系図」を作成すればよいのであって、これを公簿によって公証する必要はまったくない。

(c)　索引・検索性　(b)とも関連して、索引的機能が問題とされることがある[24]。一見すると、戸籍には複数の人が記載されていて、索引に便宜なように思われるかもしれないが、これもいわば錯覚となりつつある[25]。相互索引的機能を工夫すれば、——かつてはかなり困難性があったかもしれないが——コンピューターを利用することによって、必要十分な検索は容易に可能である。そして、集団登録制はこの検索機能にとっては障害となるのであって、個人単位の登録の方がはるかに能率がよいのである。このことは金融機関の名寄せや旅券（パスポート）の管理などをみても明らかである。

(d)　虚偽記載の問題　　深刻な問題として、戸籍への虚偽記載の問題が登場している。[26]このことは集団登録か個人登録かという問題とは直接には関わらないが、私は、日本の戸籍制度が一片の届出で事を処理しているということがこれと深い関わりをもっていると考える。個人登録にして、たとえば婚姻について市民婚の考えを確立するなどのことによって、虚偽届出、虚偽戸籍の問題は抜本的に解決されなければならないと考える。

（1）　戸籍制度の歴史を記念する論集が活発に刊行されており、それを列挙すると、『身分法と戸籍』戸籍制度八十周年記念論文集（帝国判例法規出版社、一九五三年）、『身分法の現在及び将来』戸籍誌第百号記念論文集（帝国判例法規出版社、一九五八年）、『家族法と戸籍の諸問題』戸籍時報一〇〇号記念（日本加除出版株式会社、一九六六年）、『日本戸籍の特色』戸籍制度創設百周年記念論文集（帝国判例法規出版社、一九七二年）、『家族法と戸籍――その現在及び将来――』戸籍誌第五百号記念論文集（テイハン、一九八六年）、『現行戸籍制度五〇年の歩みと展望』現行戸籍制度五〇周年記念論文集（日本加除出版株式会社、一九九九年）などである。これらは、基本的には、現行戸籍制度を肯定する立場で編集されており、なかには、現行の日本の戸籍制度を「その制度の仕組みと内容の正確性において、いまや世界にも類例の少ないすぐれた国民登録制度」と評価するものもある（前掲『日本戸籍の特色』の川島一郎民事局長による序文）。その他、戸籍制度に関する解説書・実務書は、おおむね肯定的見地から叙述しているものが多い。

（2）　法律時報一九巻八号（一九四七年七月号）

（3）　法律タイムズ一巻六、七合併号（一九四七年一〇月）

（4）　法曹時報二巻九号（一九五〇年）

（5）　注(1)所掲の『身分法と戸籍』所収（我妻『民法研究Ⅶ―2』、有斐閣、一九六九年に再録）

（6）　注(1)所掲の『日本戸籍の特色』所収

（7）　注(1)所掲の『身分法と戸籍』所収

(8) 該当部分の初出は、一九六一・一九六二年である。
(9) 自由と正義三七巻五号(一九八六年五月号)
(10) 歴史評論六三六号、二〇〇三年四月号。なお、星野澄子「結婚・家族と戸籍」『いま、日本の法は』(日本評論社、二〇〇一年、所収)、同「戸籍制度とジェンダー」(神奈川大学人文研究一四五集、二〇〇二年、所収)参照
(11) 法律時報六一巻五号(一九八九年四月号)
(12) 民商法雑誌一〇一巻三号(一九八九年一二月)
(13) 判例タイムズ七七二号(一九九二年二月一五日)
(14) 戸籍時報四一五号(一九九二年九月号)三六頁
(15) 戸籍時報四一五号(一九九二年九月号)五九頁
(16) ジュリスト一〇〇四号(一九九二年七月一日)
(17) 榊原富士子『女性と戸籍―夫婦別姓時代に向けて』(明石書房、一九九二年)
(18) ジュリスト一〇〇〇号(一九九二年五月一日=一五日号)
(19) 法律時報六五巻一二号(一九九三年一一月号)
(20) ジュリスト一〇五九号(一九九五年一月一日=一五日号)
(21) 戸籍七三四号(二〇〇二年九月号)二三頁
(22) 二(1)⑫一五四頁、⑬六五頁など
(23) 二(1)⑯六九頁、⑰一六四頁、注(17)所掲書二三二頁など
(24) 二(1)⑫一五四頁、⑬六五頁など
(25) 二(1)⑯六九頁、⑰一七〇頁、注(17)所掲書二三三頁など
(26) 二(1)⑫に掲げた大森政輔「戸籍の信頼保持策について」参照。最近の新聞報道の例として、「戸籍偽造に役所苦悩――手続き簡単、事件続発」(朝日新聞二〇〇二年五月一八日朝刊)、「知らぬ間に養子、架空の七五人、一億円借金、戸籍法のスキ突く」(朝日新聞二〇〇三年三月一七日朝刊)。二〇〇三年三月一八日には、法務省が届出人の本人確認についての通達を出したと報じられている。

三　市民登録制度のあり方についての私見

以上の検討を踏まえて、私は、市民登録制度としては、個人単位の登録簿を設けるべきであると考える。以下、考えたままの論点を述べるが、実務の知識・経験をまったく欠く者の議論であるので、多くの方の叱正を乞いたい。

(1)　出発点としての市民法論

私が思考の出発点とするのは、市民法論である。市民法論は、近代市民法についての理論である。近代市民法とは、近代市民社会の法である。近代市民社会については、私は、その社会が、それを構成するすべての人の自由、平等が保障されるという建前を有する社会をいうと定義する。(1)

ここで肝心な点は、第一に、「すべての人」である。古代ギリシャ・ローマその他の市民社会が語られることがあるが、社会を構成する一部の人間のみを市民と認める社会はここで考える近代市民社会ではない。

第二に、「自由、平等」は、自分のための自由平等ではなく、他の市民の自由、平等を保障するということである。自分たちだけが市民で、他者は市民ではないとする主張は、ここでいう市民法論ではない。

第三に、「友愛」とは、互いに自由、平等な市民同士が友愛の精神をもって共同して社会を構成しなければいけないということを意味する。この精神は、その後、連帯、協同、共同などの思想によってさらにその内容が豊かなものとなっている。

第四に、この意味における近代市民社会は、いまだに地球上のどこでも現実的存在とはなっていない。いわば、それは理念上の存在である。この理念の成立によって、資本主義経済が可能になっている。しかし、資本主義社会の現実においては、この、自己を成立させている理念を踏みにじっている。この矛盾の時代――近代――にわれわれは生存している。この矛盾の克服に二一世紀末までに到達するかどうかは、この世にサダム・フセインやジョージ・ブッシュのような人物がいる限り、まったく未知数である。

(2) 権力装置としての国家と市民社会の共同事務

近代市民社会が存立するためには、共同社会を組成するための工夫が必要不可欠である。すなわち、その共同社会を維持するために、一定の組織・機構を作って、共同事務を行う必要がある。共同費用を集めたり、共同労働を行ったりである。この共同事務はすべての構成員が交替しながら平等な立場で行うべきものである。この共同事務が行われるための共同目的のことを「真の公共性」と呼ぶことができる。

社会を組織化するための工夫の中で最も重要なのは国家である。国家は、なんらかの権力――強制力により人の意思を抑圧することをいう――を行使するための装置を備える必要がある。国家の用いる権力を公権力という。

共同社会を維持するための最小限の権力を行使する国家を市民国家ということができる。しかし、この市民国家が十全な形で実現している社会はまだ存在しない。ほとんどの国家は、専制国家であったり、財界支配国家であったり、軍人支配国家であったり、世襲国家であったりする。これらの国家の国家目的を公共性と称することが多いが、これは「擬似的公共性」または「公共性の偽称」であることが多い。資本主義を維持することはこれらの国家にとっても必要であるので、市民国家的な体裁をとることが多いが、これはいわば擬似的市民国家である。その社会も擬似的市民社会であることが多い。第二次大戦前の日本の国家と社会はまさにこれに当たる。

さて、右の捉え方に基づいて、国家による国民管理と市民社会における共同事務との二つを理念的に仕分けることが根本的に必要であると考える。たとえば、税にしても、武装にしても、ほとんどの場合この両者の性質を兼ね備えている。どちらの性質を主とするか、あるいは、どちらの性質をより濃厚に備えているか、を考察することが重要である。市民登録制度に関しても、まさにこの考察方法が妥当し、かつ必要であると考えられる。[2] 以下においては、市民共同事務としての市民登録制度はいかにあるべきかを、純粋に理念的に考察してみたいと考える。

(3)　登 録 対 象

市民登録簿に登録する対象となる市民は、原理的に、その社会を構成する人（自然人）のすべてである。その社会の規模・単位は地理・歴史などによって定まり、一様にはいえないが、日本の場合には、日本の国土を指すと考えてよい。

この登録対象は、民法一条の三が規定する権利能力を有する人と同じといってよい。同条は理念的には世界中の人を含むといってもよいが、実際には日本民法の適用を受ける可能性をもった人で、まずは日本国籍を有する人が問題になる。

少々問題になるのは、天皇および皇族である。これらの人を市民から除外する思考もあるが、私はやはり市民に属するとして登録の対象とするのが正しいと考える。憲法上「国民統合の象徴」――君主ではなく――という職務を与えられた地位と関係しているが、そのような地位をもつ市民と考えるべきだと思う。

問題は外国人である。日本に定住する外国人は登録対象とすべきだと考える。定住しているかどうかの形式的確定は必要なので、居住権の認定などの手続によることになろう。外国人についての登録事項については、(6)で触れる。

(4) 登録単位

一定の集団を集団単位で登録する方法（集団登録主義）と個人別で登録する方法（個人登録主義）が考えられる。前者は、たとえば共同居住集団であるが、日本の戦前の戸籍制度は大家族単位であり、現行戸籍は小家族単位である。これに対して、個人単位で登録する方法は、「個人籍」という言葉で論議されることが多いが、籍という言葉は避けたいと思う。

夫婦とその夫婦の子で、未成年かつ未婚の子という単位で登録する方法も一案ではあるが、複雑化するので、私は現在では個人単位登録が正しく、かつ効率的であると考える。

(5) 登録地

世界には、出生・結婚・死亡などの事件地別に登録する方法（事件地主義）がかなり多く存在する。この方法によれば、登録簿に要する手間は大幅に縮減できる。しかし、そのためには、出生及びその土地、婚姻およびその土地に関して、市民の自己責任による個人的記憶、私的記録、公的表明（婚姻している、またはいないに関する）に全面的に信頼するという決断が必要である。

私には、その決断をする勇気がないので、個人単位の登録を一定の基準地で登録する方法（基準地主義）を採用するのが妥当であると考える。(3) この基準地を「本籍」と呼んで論じられることが多いが、やはりこの言葉は避けたいと思う。

基準地としては、出生地（の自治体）で一生固定する方法（出生地主義）もある。これに対して、基準地を任意に選択できるとする方法もある。たとえばその人の自由意思で富士山頂を基準地にすることもできるというように（自由選択主義）。しかし、私は、この任意選択には一定の限定をするのが妥当ではないかと考える。すなわち、まず最初に出生地とするが、その後に、①婚姻地、②親、子、配偶者などと同じ市区町村、③住所（民法二一条）を置いた市区町村、など縁故のある市区町村への変更のみを認めるという方法である（限定選択主義）。

なお、この基準地としては、市区町村のみを定めればよく、それ以下の町名地番は必要ない。

(6)　登録事項

まず、人の同一性（いわゆるアイデンティティ）の確定について、姓名（「よみ」を含む）・出生年月日・登録地の三者によって確定できると考える。百万人に一人はこの三者を同一とする別人が存在することがあるかもしれないが、その場合の措置は別に考えればよい。姓名に「よみ」を必要とするのは日本になかった慣習であるが、これは今後必要になると考える（旅券や預金その他を考えればよい）。

登録事項は、Ⅰ本人、Ⅱ結婚、Ⅲ子の三部分に分かれる。その項目の案は、榊原論文（二（1）⑯）をヒントとして、私が考えたものを末尾に掲げる。

姓名は、出生姓名（いわゆる birth name, Geburtsname あるいは、生得姓名?）を一生の間の基本姓名（あるいは基準姓名）とすれば、登録事項は一挙に簡素になる。[4] しかし、現行法で認められている諸種の「氏の変更」・「名の変更」を否定できない以上、これについての工夫が必要になる。付表のⅠ(1)・(4)において括弧内で示した「出生姓名」、「その後取得した姓名」という用語はかなりの決断をもって提案したものである。登録地も、たとえば出生地主義により変更を認めなければ、登録事項も手続も簡略化できる。しかし、本稿はこの点の根本的検討を回避している。

重要なのは、結婚・離婚・養子縁組・離縁・認知などの家族関係変更行為であるが、これに慎重な意思確認手続（結婚でいえば、市民婚）が必要であることを改めて確認しておきたい（一注(6)、二注(8)）。

市民登録簿に記載された外国人については、国籍との関係で記載事項はごく限定されることになると考える。その例を後に揚げる。

(7) 利用形態

市民登録簿は非公開とすべきである。他人のプライバシーを他の市民が覗き見ることを認める必要はさらさらない。

市民登録簿の存在意義は、親族関係の公証にあるが、それに必要な限りで、本人および一定の資格者に一定の理由がある場合にのみ登録事項の証明の取得を認める（ウソをつくことは市民社会のモラルが認めない）。国家による、あるいは共同社会による公共性に基づく利用については、厳格な検討を要する。

(8) 相互検索とコンピューター利用

ある人について、その親、子と検索していくことは必要である。

そのために、各市区町村において整理のための番号を付して検索機能を高めること、そのためにコンピューターを活用することも考えられてよい。これと、例の一九九九年に立法され、二〇〇三年から実施されることとされている国民総背番号制（住民基本台帳ネット）とは、まったく似て非なるものである。

(9)成年後見登記との関係

二〇〇〇年から民法改正により新しい成年後見制度が作られたのに合わせて、成年後見登記制度が設けられた。私は、新しい成年後見制度によって、問題は親族法の領域を離れて、民法第一編の「人」の問題に移行したと考えるが、[5]まだその認識は十分に行きわたっていないと思う。後掲の案では、成年後見登記の関係についてはまったく考慮していないが、将来的にはこれも市民登録制度のなかに組み入れるべきものと思う。

(10)　国籍・住民登録・印鑑登録証明などとの関係

国籍については、国家主権の相互尊重という現段階の世界においては、検討すべき多くの問題がある。住民登録制度や印鑑登録証明制度[6]との関連もじつは重要な問題であって、これらの解明がなければ、本稿は完成とはいえないが、とてもその検討の準備は整っていないので、本稿では触れない。

（1）　おことわり注(1)所掲の『時代に挑む法律学』五頁以下、『法と法律家をめぐる思索』二一五頁以下参照

（2）　福島正夫『日本資本主義と「家」制度』（東大出版会、一九六七年）、第三部国家機構と「家」制度、が重要である。なお、石川利夫「身分登録制度としての戸籍――戸籍制度の比較法的考察」自由と正義三七巻五号（一九八六年五月号）は、本文の観点からする興味ある分析を含んでいる。また、佐藤文明『戸籍がつくる差別』（一九八四年、現代書院）、『戸籍うらがえ史考』（一九八八年、明石書店）、「管理システムとしての戸籍」自由と正義三七巻五号（一九八六年五月号）などからも教えられることが多い。

（3）　この案によれば、一定の帳簿に個人に関する重要な事項をまとめて記録することになる。平賀健太「戸籍と国籍」（二(1)⑤で引用）によれば、このような制度は、「私は寡聞にして他にその実例があることを知らない。」と述べている。本稿における私の提案は、このような制度を戸籍制度によらずに実現しようとするチャレンジにほかならない。

（4）　二注(10)所掲の星野論文を参照

（5）　広中俊雄「成年後見制度の改革と民法の体系・下」ジュリスト一一八五号（二〇〇〇年九月一五日）九九頁以下は、鋭い指摘である。なお、我妻・有泉・清水『コンメンタール民法総則』（第三版）（日本評論社、二〇〇二年）六九頁参照。

（6）　印鑑登録証明制度の問題性については、清水「印鑑登録証明制度に関する考察」東京都立大学法学会雑誌三四巻二号（一九九三年一二月）参照。

むすび

以上、市民法論からする市民登録制度の理念型を提示してみた。

あまりにも奇矯な、机上の空論といわれることは覚悟しているが、意外と実現は簡単ではないかと思われる節もある。現行戸籍を活かしながら、一〇年ぐらいをかけて、新しい市民登録簿を作り、これが完成したときに、現行戸籍簿を歴史文書館に収納すればよい。門外漢が考えたものだが、ひょっとすると岡目八目ということもあるかもしれないということで、ご勘弁を願いたい。

中村吉三郎『明治法制史』(一九五五年)が発掘した大井憲太郎の「ナマビラケ」という言葉がある。第二次大戦後の諸現象のひとつとして戸籍制度の存続とその後の経過をみていると、この戦後も、大井や中村にいわせると、ふたたびナマビラケが行われているのではないか、明治のそれを繰り返す、二度目のナマビラケ、ナマビラケの再演ではないかという気がしてならない。

中村が尊敬してやまない小野梓の『民法の骨』(一八八三年)をみると、[1]「幸にして維新以来随時布く所の法令は能く戸主の制を廃するの意を実行し、特に明治五年第二百七十五号布告、八年第百五十三号布告の出づるに及んで戸主の制半ば其基を失却し、纔に其余喘を存するに過ぎず[2]」と述べるくだりがある。彼がなんと戸主制度が間もなく廃滅されると予想していたことに驚かされる。フエビアン流の漸進主義に見られる楽観性のせいかなとも思われるが、この生真面目さを一笑にふしてきたわれわれの方がじつは責任があるのかもしれない。

今日、わが社会は「改革」の言葉のみがかまびすしいムードのなかで、じつはオールドおよびニュールックの混ざった骨がらみの保守主義がわが物顔という状況にある。本稿はこれに反発してのゴマメノハギシリと思っていただきたい。

（1）小野梓全集二巻三〇二頁。小野の家族観については、福島正夫「小野梓の家族観」『家族――政策と法』7巻（一九七六年、東京大学出版会）所収。―注(2)所掲の『福島正夫著作集』第二巻所収。

（2）この文章に出てくる明治五年の太政官布告二七五号は、家族の債務はその者限りで、戸主は当然には保証の責めを負わないとするものであり、明治八年の太政官布告一五三号は、隠居や贈遺（ママ）があっても、不動産については、地券の書換えがないと、所有権を認めないとし、死亡家督（ママ）の場合は、地券の書換えが六か月過ぎると、費用を五倍とするものである。いずれも、新しい取引秩序のなかで家ないし戸主の特別扱いを認めないというものではあるが、このようないわばささやかな法令を小野が重く見ていたということであろうか。

市民登録簿個人票

登録地歴

	市区町村	期　間	事務整理番号
①		～	
②		～	
③		～	
④		～	
⑤		～	

編成　　年　月　日（編成理由：　　　　　　　　）
改製　　年　月　日（改製の理由は改製前票に記載する）
除去　　年　月　日（除去理由：　　　　　　　　）

<table>
<tr><td rowspan="12">I
本
人</td><td rowspan="2">(1)姓 名
（出生姓名）</td><td></td><td>姓</td><td>名</td><td rowspan="2">(2)
性
別</td><td rowspan="2"></td><td rowspan="2">(3)
国
籍</td><td>日本国籍</td></tr>
<tr><td>よみ
姓名</td><td></td><td></td><td>併有する外国籍</td></tr>
<tr><td rowspan="6">(4)
姓名の変更

（その後取得した姓名）</td><td>よみ
姓名</td><td></td><td></td><td colspan="4">変更の原因</td></tr>
<tr><td>よみ
姓名</td><td></td><td></td><td colspan="4"></td></tr>
<tr><td>よみ
姓名</td><td></td><td></td><td colspan="4"></td></tr>
<tr><td>よみ
姓名</td><td></td><td></td><td colspan="4"></td></tr>
<tr><td>よみ
姓名</td><td></td><td></td><td colspan="4"></td></tr>
<tr><td>よみ
姓名</td><td></td><td></td><td colspan="4"></td></tr>
<tr><td rowspan="2">(5)出　生</td><td colspan="3">出生年月日</td><td colspan="4">出生登録地</td></tr>
<tr><td colspan="3"></td><td colspan="4"></td></tr>
<tr><td rowspan="2">(6)
登録地変更</td><td colspan="2">市区町村名</td><td colspan="5">変更登録年月日と理由</td></tr>
<tr><td colspan="2"></td><td colspan="5"></td></tr>
</table>

	(7) 父母		父	母	
		よみ 姓名 出生年月日 本人出生時の登録地 （外国籍の場合はその表示）			
		認知関係			
	(8)養親関係				
	(9)相続関係				
	(10)死　亡		死亡年月日	死亡地	
II 婚姻	配偶者		婚姻前の姓	婚姻後の姓	名
		よみ (1)姓名			
		(2)出生	出生年月日	出生登録地	
		(3)登録地	婚姻時の登録地	登録年月日	
	婚姻関係	(4)婚姻登録	婚姻登録年月日	登録年月日	
		(5)婚　姻 関係の変更			
III 子	子		姓	名	(2)性別
		よみ (1)姓名			
		(3)出生	出生年月日	出生登録地	
	(4)子の父母		父	母	
		よみ 姓名			
		出生 年月日			
		(5)認知 関係			

養子についての項目案

<table>
<tr><td rowspan="9">III－2

子</td><td rowspan="9">子</td><td colspan="2"></td><td>姓</td><td>名</td><td rowspan="2">(2)性別</td></tr>
<tr><td colspan="2">(1)姓　名《よみ》</td><td></td><td></td></tr>
<tr><td rowspan="2">(3)出生</td><td colspan="2">出生年月日</td><td colspan="2">出生登録地</td></tr>
<tr><td colspan="2"></td><td colspan="2"></td></tr>
<tr><td rowspan="2">(4)父母</td><td></td><td colspan="2">父</td><td>母</td></tr>
<tr><td>姓　名《よみ》
出生年月日
本人出生時の登録地</td><td colspan="2"></td><td></td></tr>
<tr><td rowspan="2">(5)養父母</td><td></td><td colspan="2">養父</td><td>養母</td></tr>
<tr><td>姓　名《よみ》
出生年月日
縁組時の登録地</td><td colspan="2"></td><td></td></tr>
<tr><td>(6)
養子縁組</td><td colspan="4"></td></tr>
</table>

市民登録簿個人票（外国籍）

登録地歴

	市区町村	期　間	事務整理番号
①		～	
②		～	
③		～	
④		～	
⑤		～	

編成　　　　年　　月　　日（編成理由：　　　　　　　　　　）
改製　　　　年　　月　　日（改製の理由は改製前票に記載する）
除去　　　　年　　月　　日（除去理由：　　　　　　　　　　）

<table>
<tr><td rowspan="18">Ｉ
本
人</td><td rowspan="2">(1)姓　名
（出生姓名）</td><td></td><td>姓</td><td>名</td><td rowspan="2">(2)性別</td><td rowspan="2"></td><td rowspan="2">(3)国籍</td><td rowspan="2"></td></tr>
<tr><td>よみ
姓名</td><td></td><td></td></tr>
<tr><td rowspan="6">(4)
姓名の変更

（その後取得した姓名）</td><td>よみ
姓名</td><td></td><td></td><td colspan="4">変更の原因</td></tr>
<tr><td>よみ
姓名</td><td></td><td></td><td colspan="4"></td></tr>
<tr><td>よみ
姓名</td><td></td><td></td><td colspan="4"></td></tr>
<tr><td>よみ
姓名</td><td></td><td></td><td colspan="4"></td></tr>
<tr><td>よみ
姓名</td><td></td><td></td><td colspan="4"></td></tr>
<tr><td>よみ
姓名</td><td></td><td></td><td colspan="4"></td></tr>
<tr><td rowspan="2">(5)出　生</td><td colspan="3">出生年月日</td><td colspan="4">出生登録地</td></tr>
<tr><td colspan="3"></td><td colspan="4"></td></tr>
<tr><td rowspan="2">(6)
登録地変更</td><td colspan="2">市区町村名</td><td colspan="5">変更登録年月日と理由</td></tr>
<tr><td colspan="2"></td><td colspan="5"></td></tr>
</table>

<table>
<tr><td rowspan="3">(7)
父 母</td><td></td><td>父</td><td>母</td></tr>
<tr><td>よみ
姓　名
出生年月日
本人出生時の
登録地
（外国籍の場合は
その表示）</td><td></td><td></td></tr>
<tr><td>認知関係</td><td></td><td></td></tr>
<tr><td rowspan="2">(8)死　亡</td><td colspan="2">死亡年月日</td><td>死 亡 地</td></tr>
<tr><td colspan="2"></td><td></td></tr>
</table>

市民登録簿様式案（付表）説明

＊ 榊原富士子『女性と戸籍』（二注(17)）の二三九頁所掲の案をヒントとさせていただいて作成した。

＊ 案として、まず日本国籍の者についてのI本人、II婚姻、III子の三項目を掲げる。外国籍の者についてはIのみが必要と思われるが、その後に掲げる。

＊ II、IIIの欄は当初は一名分づつ必要であるが（それが空欄なら、結婚していないこと、子がいないことを意味する）、二人目からの分は、II—2、III—2というように記して末尾に追加（必要なら用紙を補綴。以下同じ）することになろう。

＊ 念を押していえば、配偶者や子の記載は、「入籍」という意味をもつものではまったくない。配偶者や子のそれぞれ一人一人について、個人票が別に存在している。

＊ 登録地変更の場合に、新登録地に原票をそのまま移動させるか、それとも原票は旧登録地に保存して、新登録地では原票をそのまま複製したものを新しく作成するかは、実行の便宜を考えて検討する必要がある。登録地変更において原票が移動された場合、旧登録地には、その本人に関するI(1)〜(6)までを記載した記録を残しておいて、その後の検索に備える必要がある。

＊ 個人票の編成は、出生届、「就籍」、国籍取得などにより行われる。

＊ 個人票の改製は、特別養子、国籍喪失→外国籍登録などにおいて行われる。改製前票はその改製を行った市区町村において保存される。

＊ 個人票の除去は、死亡、失踪宣告、国籍喪失などにより行われる。除去票はその除去を行った市区町村で保存される。

＊ 登録地歴における事務整理番号は、それぞれの市区町村の工夫、便宜に応じて利用されるものである。

＊　Ｉ(4)の姓名の変更の原因には、年月日と、たとえば家裁の許可による氏・名の変更（戸籍筆頭者はなくなるから、全く個人の問題に変質する）、婚姻、離婚、配偶者死亡による復氏などの原因を記載する。根拠条文も示すのがよいか？

＊　Ｉ(7)、Ⅲ(4)の「認知関係」は、任意認知、裁判による認知などについて記載する。民法七七九条〜七八七条、戸籍法六〇条〜六五条参照。

＊　養親子に関する記載は複雑である。

普通養子においては、本人が他人の養子になった場合については、Ｉ(8)にその縁組の年月日と養親の姓名を記載したうえで、追加ないし補綴によって養父母について記載することになるか？　本人が他人を普通養子にした場合については、Ⅲについての別の様式を考える必要があるので、案を後に示した。特別養子については、出生による個人票を改製して、従来のものを改製前票とし、養親を父母とする新しい個人票を作成することになると考えられる。特別養親においても、従来の普通養子を特別養子にした場合は改製が必要になるか？

＊　Ｉ(9)の「相続関係」は、廃除・廃除の取消しについて記載する。本人を被相続人とする指定相続人に対する廃除、および本人を推定相続人とする被相続人による廃除についてであって、もちろん本人の父母による廃除に限るものではない。民法八九二条〜八九五条、戸籍法九七条参照。

＊　本人からみて、父母の登録簿を検索することにより祖父母、兄弟姉妹、甥姪などを、子の登録簿を検索することにより孫、曾孫などを、配偶者の登録簿を検索することにより姻族関係を、それぞれ簡潔かつ的確に追うことができるように工夫してみた。

新たな遺言執行者像の考察

竹下史郎

湯沢雍彦・宇都木伸 編
『人の法と医の倫理』Ｉ５
二〇〇四年三月 信山社刊

一　はじめに

遺言執行者は、遺言に対する関心の高まりとともに、弁護士が遺言執行者を引受けるほか、信託銀行も遺言執行者となることを「遺言信託」としてとりあげ、[1] 公正証書遺言では公証人が遺言執行者の指定を勧めることとあいまって、社会的に少なからず認識されるようになってきた。そのような背景のもとで、遺言執行者が一定の役割を果たしてきたことにより遺言執行者に対する期待が次第に社会的に共通したものとなってきているように思われる。[2]

それでは、遺言執行者に期待される役割ないしは機能とは何であろうか。[3] まず第一に、遺言者の遺言の目的と密接に関係するが、遺言者の遺産を遺言の内容に従い確実に遺言の受益者(受遺者および受益の相続人をいう。以下同じ)に移転させることである。遺言の目的(動機)には、遺言者が遺産の処分に関わる考えを実現したいとするものがあり、また遺産分割に際し相続人間の紛争を回避ないしは穏やかに済ませたいという願いがある。このために、遺言執行者は、遺言の目的を実現させるために、遺産を確保し、遺産を明らかにし、管理し、そして遺産の移転を完成させることが求められる。第二に、権利の移転に関する事務手続には、遺産を調査し、登記・登録などの名義変更手続、債権者・債務者に対する通知の手続等がある。これらは不慣れの者には煩わしいものであり、その相続人の負担を軽減させたいことから、それを専門家である遺言執行者に行って欲しいという期待がある。第三に、これは法的な職務ではなく事実上の役割であるが、遺言では遺産の総てについては帰属が決まらず、遺産分割の伴うことが少なくない。また遺留分減殺権の行使があって、その後の処理について受益者と相続人との間で協議する場合が起りうる。それらの場合に、専門家としての遺言執行者に調整の役割が期待される。これらの調整には法的な根拠がないとはいえ、当事者間に第三者が入ることで協議の潤滑油的な役割の果たされることが期待されるであろう。第四には、遺産の帰属について相続人間で、または相続人と第三者との間で争いがある場合には、問題の整理や解決の道筋について何らかの形を示すことが求められることがあろう。

遺言執行者には、このような遺言者から期待された機能の他に、遺言執行の過程で遺産の管理が行われ、その結果として遺産共有という複雑な権利関係下において取引の円滑化が図られるということになり、また、遺産の最終的な帰属を早期に確定することが出来れば、受益者や相続人が遺産を第三者と取引する場合の取引の円滑化にも役立つという社会的な機能もあるであろう。このような期待や機能は社会的に共通した認識になっており、更には社会的要請となってきているといってもよいであろう。(4)

ところが、民法の規定はといえば、遺言執行者について詳細な規定を設けているにもかかわらず、身分上の遺言は別として、財産上の遺言についての執行は、原則的には、相続人がいれば相続人が行えることから、更には遺言の効力発生により原則として権利の移転は実現することから、特別の場合を除き特に遺言の執行を要するものはないとする捉え方があり、存在感に欠ける嫌いが無くはなかったように思われる。加えて、昨今の遺言は、少なくとも公正証書遺言では、「相続させる」旨の遺言が多くなっているようであるが、(5)このような遺言についての登記実務では、遺言執行者に登記申請権限を認めていないことがあって、遺言執行者の存在感を軽くさせることになってはいないかとの危惧の念を抱かせる。一方、判例をみても、「相続させる」旨の遺言における遺言執行者の職務権限が、ようやく最近、最判平成一一年一二月一六日民集五三巻九号一九八九頁（判時一七〇二号六一頁）で認められたが、それまでは否定的な見方をする流れが出来上がってきたかのような印象を与えるものであった。

そこで、本稿では社会的に存在し期待されている遺言執行者像と民法の解釈論上で捉えられている遺言執行者像の接近を図ることを目的に、事実行為を含めた事務を処理するものとして民法上の遺言執行者を捉え直し、社会的ニーズに対応できるような新たな遺言執行者像の構築を試みることとしたい。そしてそれにより、現在問題となっている遺言執行者の登記申請権限などの職務権限の問題、現在明確にされていない遺留分減殺請求権が行使された場合の遺言執行者の職務権限や役割の問題、そしてこのような権限の不明確に原因するとみられる遺言執行者の訴訟適格の問題、これらの問題の解決について一定の方向を示すこととしたい。

二　遺言執行者の職務権限に関する理論の変遷と現状

立法者は遺言執行者像をどのように描き、それがどのような変遷をたどったかについて、立法過程と判例の流れを簡単に要約し、最近の判例に焦点を当てて現状を紹介することとする[6]。

民法において遺言執行の手順・手続などがかなり詳細に規定されていること（民一〇〇四〜一〇二一）、そしてその立法の過程や審議の過程から見ると、立法者は遺言執行の通常の形態（理想型）としては、遺言執行者の管理の対象は遺産の全部に及ぶことを想定していたように思われる。そして、遺言執行者の職務権限の範囲についても、「相続財産の管理その他遺言の執行に必要な一切の行為をする権利義務を有する。」と規定し（民一〇一二①）、その範囲をかなり広く捉えていたように思われる。もっともこの条文で、「遺言の執行に必要な」と権限を限定する文言があり、また、一〇一四条では、「遺言が特定財産に関する場合には、その財産についてのみこれを適用する。」と対象財産を限定する文言がみられるが、これは審議の過程で加えられたものである。その後の判例を見ても、遺言執行者の職務権限を、限定的文言が入ったとはいえ、「一切の行為」という文言を重要視して、広く観念していたことがわかる。(7)

ところが、遺言執行者の出番はといえば、必ずしも多くはなかったといってよいであろう。それは遺言そのものが必ずしも多くなかったことにもよるが、その他に、ドイツ法では遺言執行者が遺産の清算を行う任務と権限を持つのに対し、わが国では原則としてそれを持たず、相続は家督相続が中心であったことから、遺産の全部を対象とした遺言が、立法者が想定したほどには多くなかったことによるものと思われる。とはいえ、遺言執行者は不動産の権利移転手続に登場してその存在を示し、また遺言執行者が存在するときには相続人による遺産処分を禁止した規定に違反した行為が絶対無効と解されて（民一〇一三）、遺言執行者の存在は、受遺者の利益保護に貢献してきた（遺言の効力を強めた）といってよいであろう。また、遺言執行者に、包括遺贈の前提としてではあるが、遺言執行者に遺産の清算を認めた大判昭和五年六月一六日民集九巻五五〇頁も遺言執行者の権限を当初想定した姿に近づけた判例とみてよいであろう。

さて、戦後民法の改正により家督相続が廃止され、男女平等の均分相続制度となり、遺言についての環境が一変した。その後、高度経済成長を経て高齢化が進み、人々の価値観や家族観も変化した。そうした中で、個人の財産形成が進んだこともあり、相続人の遺産に対する権利意識も高まり、遺産分割が紛糾し長期化する傾向が出てきた。その一方で、被相続人についても遺産に対する個人財産意識が高まり、遺言により遺産を自分の意思にしたがって処分したい（相続人間の実質的公平に配慮するという観点からのものが多いことと思われるが）、そしてそれによって相続人間の遺産分割による紛争を回避したいという指向が高まり、遺言が世間の注目を集めるようになった。

遺贈における遺言執行者の職務権限については、判例は曲折を経ながらも、登記申請権限及び相続人による遺産の処分権の喪失との関係を中心に、その大枠は一九七〇年頃までに概ね固まったようにみられる。「遺贈する」という文言は必ずしもすべての遺言において使われていたわけではなかったが、他の文言が使われていても、遺言の執行に関しては、当然に遺贈として、遺贈を念頭において築かれてきた理論が適用されてきたようである。しかしながら、「相続させる」旨の遺言が登場して、それが登記実務のうえで問題視されるようになって、[8] 遺言執行者の職務権限に新たな問題が投げかけられることとなった。

いわゆる「相続させる」旨の遺言は、公証人が公正証書遺言を作成する際に、遺贈と比べて登録免許税が節減できること、対象財産が農地の場合には許可か不要である等の理由から、このような文言が奨められてきたものであるが、[9] 当該相続人に権利が確定するには遺産分割手続を要するか否か、そのことが登記実務とも関係して、この遺言の性質と権利の帰属時期をめぐって学説が対立した。すなわち、学説をみると、[10] ①遺産分割方法指定説（当該相続人に確定的に権利が帰属するためには遺産分割手続が必要であるとするもの）、②遺贈説（当該遺言を遺贈と同視するもので、遺産分割手続を要せず当該相続人に権利が確定するというもの）がある。この対立に、公証人の立場から③民法九六四条に基づく処分説（遺産分割方法の指定でもなく、遺贈でもない第三の処分とする説）が加わった。これは相続のメリットと遺産分割を要しないとするメリットの両者を取り入れたものである。更に、これらに④物権的効果をもつ遺産分割方法指定説（遺言の性質は遺産分割方法の指定であり、権利の帰属については遺言の発効時期であって遺産分割を要しないとする説）が登場した。裁判例は当初①の説に従うものが多数を占めていたようであるが、その後動揺を重ねた。この動揺に対し、最判平成三年四月一九日民集四五巻四号四七七頁（判時一三八四号二四頁）は④の説をとり、この遺言の性質は遺産分割方法の指定であり、権利の帰属時期については、「当該遺言において相続による承継を当該相続人の受託の意思表示にかからせたなどの特段の事情のない限り、何らの行為を要せずして、被相続人の死亡の時（遺言の効力の生じた時）に直ちに当該遺産が当該相続人に相続により承継されたものと解すべきである」と判示して、この問題に一応の決着をつけた。その後この判断は実務で定着をみており、本稿もその判断を前提にして以下の議論を進めることとする。

この最高裁判決は、「相続させる」旨の遺言の性質と権利の移転時期について判断を示したが、そのような場合における遺言執行者の関与の余地についてはまったく触れていなかったので、そのことについては未解決の問題として残された。遺言の執行とは、遺言の内容を実現するための行為であるが、[11]これを狭く解し、「相続させる」旨の遺言では、遺言の効力が生じたと同時に権利の帰属が決まる以上、もはや遺言執行の余地はないとする見解[12]と、次のようにその余地を認める見解とが対立する。その余地を認める見解には、引渡し・登記など対抗要件を備えてはじめて権利の移転が完成するので、引渡し・登記を必要とするものについてはそれは遺言執行者の職務であるとする見解、および、さらに広く解して対抗要件を備えることは勿論のこと、遺言の内容を妨害するものがあればそれを排除すること、遺言の実現のために必要な様々な法律上・事実上の行為、その他権利の承継に伴う様々な事務を含むとする見解がある。[13]裁判例は関与の余地を認めるものと否定するものとに分かれた。[14]

こうしたなかで最高裁の判断が示されるのが待たれた。最高裁は、最判平成七年一月二四日（判時一五二三号八一頁、判タ八七四号一三〇頁）の判決において、この事案は「相続させる」旨の遺言における遺言執行者が職務上の登記義務を怠ったことにより受益者が損害を蒙ったとして、受益者が遺言執行者に対し不法行為に基づく損害賠償を請求したものであるが、「特定の不動産を特定の相続人甲に相続させる旨の遺言により、甲が被相続人の死亡とともに相続により当該不動産の所有権を取得した場合には、甲が単独でその旨の所有権移転登記手続きをすることができ、遺言執行者は、遺言の執行としては右の登記手続きをする義務を負うものではない。」と判示した。登記実務では、後述するように、この場合遺言執行者には登記申請の権限を認めていないので、遺言執行者の義務違反の責任を追及することはできないはずであるから当然の結論というべきであるが、学説や下級審判決の一部には、この判決の射程を広く解し、相続させる旨の遺言がなされた場合に、遺言執行者が登記手続に関与する権限を一般的に否定したもの、ないしはそれのみならず、遺言執行者の権限を一般に否定したものとみるむきもみられた[15]。

また、最判平成一〇年二月二七日民集五二巻一号二九九頁は、相続させる旨の遺言の対象である不動産について賃借人が賃借権確認請求訴訟を遺言執行者を相手に提起した事案で、遺言執行者の被告適格を否定した。すなわち、「遺言によって特定の相続人に相続させるものとされた特定の不動産についての賃借権確認請求訴訟の被告適格を有する者は、遺言執行者があるときであっても、遺言書に当該不動産の管理及び相続人への引渡しを遺言執行者の職務とする旨の記載があるなどの特段の事情のない限り、遺言執行者ではなく、右の相続人である。」と判示した。この判決については遺言書に不動産の管理や引渡しを遺言執行者の職務とすることが明記されているなどの特段の事情がない限り、被告適格を有する者は相続人であるとされたことから、これを不動産に関する遺言執行者の職務権限一般に拡大して、不動産に関しては遺言執行者の職務権限に属さないことを示したものであるとして、遺言執行者が遺言執行に関与する余地が極めて少なくなったと評された[16]。これに対し、私はこの判決を賃借権確認請求訴訟において遺言執行者の被告適格が認められなかった一事例と位置付け、判例の射程を狭く解するのが適当であるとする見解をとったが[17]、このような判決が重なって、遺言執行者の職務権限を狭く解するような流れが出来上がったかのようにみえた。

然るに、最近、冒頭にも述べたように最判平成一一年一二月一六日民集五三巻九号一九八九頁は、受益相続人の権利が侵害されていない場合には、遺言執行者の登記申請権限は潜在的であるとしながらも、権利が侵害されているこの事案については遺言執行者の登記申請権限を認めて、遺言執行者の権限を狭く解するこれまでの流れを、一八〇度転換したともみられるような判断を示した。とはいえ、遺言執行者の職務権限・責任や当事者適格について争われた裁判例や判例は少なくないが、それらは対症療法的な判断が示されるにとどまり、目下のところ、遺言執行者像や遺言執行者の位置づけがなかなか見えてこない。したがって、この判決を、真に一八〇度転換したものと理解してよいのか、これまでの判例の流れの中でどのように位置づけて理解するかが問題となろう。

本稿の目的は、冒頭に述べたように、社会的ニーズに対応出来るような新たな法的遺言執行者像を捉えることにあるが、そのためには、まず社会的な遺言執行者像を捉えることが必要となる。そこで次に、遺言執行者の実態、すなわち、遺言執行者が現実にどのようなことをしているか、そしてどのように社会的ニーズに応えようとしているかについてみることとしたい。

三　遺言執行者の意義と職務内容

1　遺言執行者の意義

私の遺言執行者の捉え方を、はじめに結論的に述べると次のようになる。すなわち、遺言執行者とは遺言を執行する者であるが、遺言の執行とは遺言の内容を実現することであり、遺言に基づく権利の移転の実現とそれに関連して必要となる事務を行うこと（事実行為を含む）である。具体的に何を行うかは個々の遺言の内容によって決まるが、遺言が発効したときの状況によって決まるものもある。

ところで、遺言の内容は「特定物甲をAに与える。」といった単純なものばかりではなく、例えば、遺贈する（あるいは「相続させる」）ための金銭の調達を指示したり、債務の清算を指示したりするものがある。このように、遺言には事務の委任的要素があり、遺言執行者の職務の伸縮性を大きくしている。ことに、いわゆる「遺言信託」では遺言者と遺言執行者（正確には就職受託予定者）との間で、生前に執行の範囲や執行の方法などの執行内容につき交渉があり、遺言執行の引受けについて予諾契約（信託銀行が業務として行っている遺言信託では、必ずしもすべてに執行予約があるとは限らないから、執行予約の有る遺言信託についてはこれを識別する趣旨から、「執行付き遺言信託」といわれている）がなされるから、執行の内容は伸縮性のあるものとなっている。もっとも、予諾契約による事務の実行は遺言の執行ではなく、そのような契約の履行であるといえなくはないが、遺言を前提としているものであり、遺言の一部とまではいえないにしても、遺言の細部を定めている面があり、また、遺言を解釈する資料を提供している面もあるので、ここでは一応、遺言と一体的に考えておくこととする。なお、遺言は法定事項に限られるといわれてきているが、事務手続上のことに関しては清算の指示が認められているように[18]、また遺言の解釈基準も遺言しうることが判例でみてとれるし[19]、文字通りの厳格性はなくなってきているように思われる。

このように、遺言執行者の職務を広く考えなければならなくなってきたのはなぜか。それは遺言をめぐる社会環境が複雑化してきており、事務手続や折衝・調整といった事実行為が重要になってきていることにほかならないが、これらのことから、遺言者が遺言の実現を特に遺言執行者に託そうとする期待が強まり、それが社会的要請にまで高まってきたことによるものといえるのではなかろうか。

2 遺言執行者の職務内容について

遺言執行者の具体的な職務内容は遺言によって決まる。そしてまた、遺言執行の範囲や方法を決めた遺言執行予諾契約などがあれば、その契約によっても決まることになる。

これらを理想型的に捉えると、まず第一に、遺産の現状把握、すなわち財産目録の調製。第二に、遺言の対象財産が不特定物であるときは、財産を特定しそれにより権利を移転させること。目的財産が遺言にない場合にはそれを調達すること。第三に、財産の引渡し、名義の書換え、移転登記手続などを行う事務。そして第四に、その間に必要となる財産を保管する事務がある。また、これらの他に、当然の職務内容とはいえないが、相続人間で遺産分割が必要となったり、遺留分減殺請求がなされたり、あるいは遺産の帰属について争いがある場合には、事後処理が必要となることがあり、そのような問題の解決についてアドヴァイスすることやその間の調整役が期待されることがある。

このような職務内容について次に説明を加える。なお、これらの職務内容についての法的評価・位置づけや問題点については、この後に項目を改めて述べることとする。

(1) 遺産の把握について　昨今の遺言は、遺言者が遺産を自分の意思で自由に処分したいとする観念が基礎にあり、また相続人たちが遺産分割の紛争に陥ることのないようにと遺産分割を回避するために遺産の全部についてその帰属をきめ、その遺言に基づき遺産の円滑な移転を遺言執行者に託していることが少なくない。このような希望に対し、遺言執行者がまず手がけるべき職務は、遺産を把握し財産目録を調製することである（民一〇一一）。遺言の内容を実現するうえで遺産の現状を把握することがなににも増して重要である。「遺言信託」においても財産目録を作成することが原則とされている。仮に遺言の目的物が遺産の一部であるにしても、法はその場合財産目録の調整はその財産についてのみ適用する（民一〇一四）としているが、遺産の全部を把握することは重要である。なぜならば、後にその残余財産について遺産分割がなされる場合に、対象とされる遺産が財産目録で捉えられていれば遺産分割手続がより円滑に進められるし、また遺留分減殺請求権が行使された場合に、その後の処理についても財産目録が役立つことになるからである。また、財産目録を調製することは、権利関係の現状を把握することにもなり、もしも目的の財産について権利を主張する者のあることが分かれば、対応が即刻とりやすくなるからである。それのみならず、遺言の目的物が遺産の一部の場合であってもその中に不特定物が含まれていれば、全遺産からその不特定物を調達することが必要となり、そのために全遺産の把握が必要になるからである。したがって、そのような場合には原則として財産目録の調製が必須の職務になるといえるであろう。

(2)　遺言の目的財産の特定またはその調達　　遺言の目的財産が、金銭、有価証券、銀行預金のような不特定物や債権の場合には、目的財産を特定しない限り当該財産は受益者に移転しないのが普通であるから、遺言執行者は目的財産を特定することが必要になる。また、このような財産については、現実に遺産の中に存在しなくても、遺言は無効とはならず、調達して提供すべきものとされているから（民九九六但、九九七）、遺言執行者は他の財産を処分して目的財産を調達することが必要となる。その財産の特定の方法については、引渡しないしは名義変更など関係者に明示する形によって行われることとなる。このことは次の(3)で述べる名義変更等と関係する。また目的財産が調達できるまでの間、遺言執行者は目的財産及び目的財産を調達するに必要な財産の管理・保管が必要になるが、このことに関しては後に(4)で述べる。

(3) 登記・登録などの名義変更等　わが国では物権変動に意思主義をとっているから、原則として遺言の効力の発生と同時に権利は移転する。しかし、観念的・抽象的には権利の移転があっても、対抗要件が具備されるまでは安定した権利が実現されたとはいえない。後に述べるように、遺贈や相続による権利移転に対抗要件の具備を要するか否かについては問題のあるところであるが、遺言者の遺言執行者に対する期待は、権利の移転を確実に、現実的に実現させることにあり、また受益者が負う移転事務負担を軽減させることにあることから、登記・登録など名義変更等の事務は遺言執行者の職務に含まれるものと考えられる。そこで、遺言執行者はそのような事務を遂行することが必要になり、「遺言信託」においてもそのような事務が原則として予定されている。

不動産の登記名義を変更するに際し、遺贈の場合には登記実務は遺言執行者の登記申請権限を認めているから登記手続を義務と考えて問題ないが、「相続させる」旨の遺言の場合にはその権限を認めていないので、それを義務と考えるについては問題がある。その場合遺言執行者には登記申請の義務がないようにも見えるが、登記をそのまま放置しておいてよいというものではなく、取次ぐ等の方法による対応はなすべきであろう[20]。相続分の指定のような割合的に「相続させる」旨の遺言の場合には、実質的状況から直ちに登記することが必ずしも適当でないようなことがあろう。そのようなときには、遺言者に相続登記免除の意思表示があったものとみる余地があるであろうし、相続人全員が相続登記省略を希望する意思表示があれば遺言執行者は登記手続を免除されたものとみてよいであろう。

動産については対抗要件の具備は引渡し、債権については通知または承諾であるが、有価証券、銀行預金等の場合には、名義書換えの手続が必要となり、その際、証書・証券・通帳などの提出、印鑑届等の手続が必要となる。この間の遺産の管理・保管の範囲が問題となるが、これについては次の(4)で述べる。

(4) 遺産の管理・保管　遺言執行者が遺言の目的財産を特定し、もしくはそれを調達する過程で、または登記・登録の名義変更等の事務手続の過程で、現実的に遺産を管理・保管することが必要となる場合が少なくない。(21) 遺言者が死亡したとき、遺産が放置され散逸の危険が生じる場合には、遺言執行者は就職と同時に、現実的に遺産の保全を図らなければならないが、普通の場合、遺産は遺言者の相続人、成年後見人、面倒見をしていた者などが占有しているから、遺言執行者が特別に遺産を管理・保管を図らなければならないことはない。ただし、現金、貴金属等価値の高いもの、有価証券銀行預金等、後日名義書換等の手続が必要となるものについては預金先である銀行に支払いの停止を要請したり、預金通帳・有価証券等を現実に保管することが必要となる(「遺言信託」では遺言執行者名義で銀行の貸金庫を借りてその中に保管しているようである)。遺言の対象財産を占有している者が、その財産について権利を主張する場合には、権利の実現が妨害されているわけであるから、その妨害を排除するための処置(管理の現実化)が必要になる。不動産の場合には、受益の相続人その他の相続人が事実上管理している場合には、占有・引渡しの必要はないが、相続人を含め占有者が権利を主張する場合には、遺言の執行として、引渡しに向けた権利の実現が必要になる。当該不動産が賃貸されている場合には、占有者(賃借人)に対し地代・家賃の支払先を指示するなどの措置が必要となろう。

遺言で清算が指示された場合には、このような管理・保管に遺言執行者による財産の処分と債権者への弁済が加わる。そして弁済後の残余財産は遺言に基づいて受益者に引き渡され、更なる残余財産は相続人に引き渡されることになる。

四　遺言執行者の職務権限をめぐる法的問題点

以上述べてきたように、遺言執行者の職務には、法律行為の他に様々な事務を含む事実行為がある。これらが事実上何も争われずに行われている場合には問題ないが、これが争われる場合には遺言執行者の職務権限が法律上の問題として表面化する。遺言執行者の職務権限についての法律上の根拠となるのは民法一〇一二条一項である。

遺言執行者の職務権限に関し法的問題としてここで取り上げたいのは、①の遺言執行者の登記申請権限、とりわけ『相続させる』旨の遺言の場合のそれ、②これまでほとんど議論されていないが、相続財産の現実的な保管・管理の問題にかかわる遺言執行者の権限と責任、および③私が独自の考え方をもつ、遺留分減殺請求権の行使後の遺言執行者の職務権限についてである。これらについて次にそれぞれ項目を設けて述べる。

なお、これらの問題が裁判上争われる場合には、遺言執行者の権限に当事者適格の問題が裏腹の関係で出てくる。そして、遺言執行者に権限がない場合には、当事者適格はないという処理の仕方がなされる。このように、遺言執行者の当事者適格は、遺言執行者の職務権限と裏腹の関係として捉えることが当然のように採られてきているが、遺言執行者の職務権限について判例は十分に明らかにしておらず、学説も分かれている現状では遺言執行者の職務権限をめぐり当事者適格が争われることが少なくなく、そのことによって訴訟経済上の問題を引き起こしていることが少なくない。そこで、ここでは両者の関係を切り離して考察することとし、遺言執行者の当事者適格の問題は五で取り上げる。

このように両者の関係を切り離して考察するとはいうものの、両者は密接に関係するので、権限の議論と当事者適格の議論とは絡み易い。可能な限り絡みを避けて議論をすっきりさせるために、まず遺言執行者の職務権限を取り上げ、当事者適格が職務権限と絡んで出てくる問題についてはそこで処理することとする。そして、当事者適格の議論では実体法とは離れた、訴訟法固有の問題に絞って取り上げることとし、特に訴訟経済の問題に焦点を集中して述べることとする。

1 遺言執行者の登記申請権限

(1) 不動産登記実務の取扱い　不動産登記実務における不動産登記申請の基本的枠組みは、遺贈の場合と相続の場合に分けて、「遺贈」を原因とする権利の移転登記の場合は登記義務者としての相続人（遺言執行者が指定されていれば遺言執行者）と登記権利者としての受遺者とが共同申請により行い（不登法二六）、「相続」を原因とする権利の移転登記の場合には、相続人による単独でよいとされている（不登法二七）。遺言に基づく申請が、「遺贈」か「相続」かのどちらになるかは形式により判断するものとされている。[22]

不動産登記法が遺贈と相続とで登記の申請形式を区別しているのは、遺言の効力が発生すると遺贈された財産は遺産から分離されるが、それを実現するものとして相続人に遺贈義務を負わせた。そして遺言執行者がいる場合には、遺言の執行に必要な限度で、遺言執行者が遺産に対する管理・処分権を有し、相続人は遺言の執行を妨げる行為はできないことから（民一〇一二①、一〇一三）、遺言執行者に登記申請させるのを妥当とし、不動産登記法との関係では遺言執行者を相続人の代理人（民一〇一五）とみて[23]遺贈義務者の地位にあるものとして、遺言執行者に登記申請権限を認めた。これに対し、相続の場合には、被相続人の死亡により被相続人の財産は、当然に相続人に帰属するから、登記権利者・登記義務者の関係にはないとして、相続人が自分で登記申請できるとしたのであろう。そして「相続させる」旨の遺言の場合には、遺言により財産の帰属が決まっても、相続により取得したものであるから、この登記の申請は受益の相続人が独自に単独でできるから、遺言執行者に登記申請権限を認める必要はないとし、また遺言執行者は受益の相続人の代理行為をするものではないとして、遺言執行者の関与を排除したものと思われる。[24]しかし、このように相続人は遺贈義務者としての地位にあり、遺言執行者はその相続人の代理人として（一〇一五）、登記申請権限を有するとすることについては議論がある。[25]遺言執行者は相続人と利害が対立する場合があるので、相続人の法定代理人と位置付けるには疑問があり、後述するように、訴訟法上も、法定代理人ではなく、法定訴訟担当と解するのが通説・判例である。このことについては後に**五**(1)で述べる。

(2)　遺贈における遺言執行者の登記申請権限　　遺贈を原因とする所有権移転登記をする場合に、名義が被相続人にあるという正常の場合であれば、登記申請権利者である受遺者が、登記義務者である遺言執行者と共同して登記申請することになる。遺贈における遺言執行者の登記申請権限については概ね問題はないが、もし相続人が遺言を無視して相続登記を経由した時に、受遺者はどのようにして、権利の回復を図るかの問題がある。遺言執行者が遺言執行するという立場からみると、自分が執行を行うべき目的不動産の登記名義が侵害されて、遺言の執行が妨害されているわけであるから、相続人の登記名義を抹消して、遺言に即して登記名義を受遺者に移転することが遺言執行者の職務になる。したがって、遺言執行者は相続人を相手に登記移転の訴訟を提起することは遺言執行者の職務権限に含まれ、相続人を相手に訴訟を提起することができる（原告適格を有する）。そのような事態で、遺言執行者がそのような適切な遺言執行しない場合に、受遺者は権利の回復を図るについて自ら訴訟を提起することはできないか。受遺者は遺贈によって取得した権利が侵害されているわけであるから、遺言執行者がいても、自ら直接に、自らの権利の回復を図ることは可能であろう。問題となるのは、その場合に受遺者は誰を相手とするかである。最判昭和四三年五月三一日民集二二巻五号一一三七頁は遺言執行者が存在する場合には、遺言執行者に限るとした。しかし、受遺者が遺言執行者に勝訴しても、それのみでは相続人から受遺者に移転登記ができないから、遺言執行者は改めて相続人に対して抹消登記を求める訴訟を提起しなければならないことになる。これは迂遠な解決方法である[26]。しからば、受遺者が相続人を相手に移転登記を求めることはどうか。遺言執行者の職務権限を飛び越すことになるが、遺言執行者の執行と同一の行為だから、遺言の執行を妨害したことにはならないので、よさそうにもみえる。しかし、勝訴すればよいが、もし敗訴したら、結果的には遺言執行者の執行を妨害したことになるから、訴訟において遺言執行者を除外することは適当でないということになる。遺言執行者が執行を懈怠している場合に、受遺者は権利の回復のために、どのような方法があるかについては問題を残したが、いずれにせよ遺言執行者は登記申請権限を有していることについては問題がない。

(3)　「相続させる」旨の遺言における遺言執行者の登記申請権限　「相続させる」旨の遺言で遺言執行者があるときに、遺言執行者に登記申請権限があるか否かが問題となるが、現在の登記実務ではこれを認めていない。このことについては次のような経緯がある[27]。当初、登記実務では「相続させる」旨の遺言に基づく登記に相続人による単独申請を認め[28]、これに続き「遺産分割方法を指定」した遺言に基づく相続登記についても同様とした。[29]その後、相続分の指定の遺言について、指定を受けた相続人に代わり、遺言執行者に相続登記を申請する権限を認め、[30]さらに特定の不動産を特定の相続人に相続させる旨の遺言についても、遺言執行者に同様の権限を認めた。[31]ところが、最判平成三年四月一九日民集四五巻四号四七七頁が出されたのを契機に、そのような遺言では、遺言の効力発生により直ちに当該物件が当該相続人に相続により承継されるので、遺言執行者は相続を原因として所有権移転の登記申請をするについての代理権はないとして、[32]遺言執行者の登記権限を否定し、登記実務の取扱いを変えた。この判決は、「相続させる」旨の遺言の法的性質については原則として遺産分割方法の指定であるとし、当該相続人への権利の帰属については、遺言の効力発生の時であるとの判断を示したものの、遺言執行者の登記権限については何も判断を示さず問題を残した。

その後の裁判例をみると、遺言執行者の登記申請懈怠の責任が問われたケースで、登記実務を前提に遺言執行者の義務違反を否定したものが次々と出されている。[33]そして、最判平成七年一月二四日判時一五二三号八一頁は、「甲が単独でその旨の所有権移転登記手続をすることができ、遺言執行者は、遺言の執行として右の登記手続をする義務を負うものではない」と判示した。その結果として登記実務をそのまま認め、遺言執行者の登記申請権限を否定し、更には遺言執行者の権限そのものを否定する見解が現れるようになった。しかし、このような見解や裁判例には批判が少なくなく、それらの出された時期については相前後するが、現時点で整理すると次のようになる。[34]すなわち、①「相続させる」旨の遺言の場合にも、遺贈と同様に、第三者に対抗するためには登記が必要であるから、受益の相続人が確定的に権利を取得するには登記が必要である。したがって、登記手続は遺言執行者の権限に含まれる。②遺言執行者が存在すれば民法一〇一三条により遺言に違反する相続人の処分は無効であるから、遺言執行者に登記申請権限を認め遺言執行者の指定を有効とすることの意味は大きい。③「相続人が自らすることができる」ということは、当然に遺言執行者の関与を否定したことにはならない。特定遺贈においては、相続人の違法な処分に対して、遺言執行者が登記の抹消を求めることができるのは当然のことであるが、受遺者にも所有権に基づく妨害排除請求として登記の抹消を請求できるとされている。[35] ④遺言者の意思を確実に実現し、遺産承継手続を円滑に行う観点から、遺言執行者の関与を認めるのが妥当である、[36] とするものである。

これらの根拠のうち、①対抗要件を根拠とするものは法的問題として重要である。すなわち、遺贈の場合には受遺者が遺贈による不動産の取得を第三者に対抗するためには特定遺贈の場合は勿論、包括遺贈の場合にも登記が必要となるから、[37] 所有権の移転登記申請は遺言執行者の職務となり、登記申請権限が認められる。そこで「相続させる」旨の遺言についても権利移転を第三者に対抗するに登記が必要であれば、これは決め手といえる有力な根拠となろう。この対抗要件の問題に関しては議論が重ねられたが、最判平成一四年六月一〇日家月五五巻一号七七頁は、「相続させる」旨の遺言により受益した相続人は登記なくして第三者に対抗できるとの判断を示し、一応の決着をつけたように思われる。そこで、ここではその問題に立ち入らず議論を先へ進めることとする。このように対抗要件を要しないという結論に立った場合に、それならば「相続させる」旨の遺言で登記申請は、遺言執行者の職務権限とは言えないという結論になるのであろうか。いや、そうではなかろう。遺言執行者の職務権限を実体権の実現（権利の移転）と捉えると、対抗要件の有無が決め手となって、権利が実現されていれば遺言執行すべきものはないということになるが、遺言執行者像を先に述べたように描き、遺言の内容から見て、遺言による権利の移転と、それに伴う必要な事務があればそれらを行うことが遺言の執行であると捉えれば、このような最高裁の対抗要件を不要とする判断が出ても、遺言執行者の権限は、それにはいささかも影響を受けることがないということができよう。先の最判平成一一年一二月一六日民集五三巻九号一九八九頁は、「相続させる」旨の遺言の性質と権利の移転時期については先の最高裁平成三年の判決を踏襲することを述べて、「しかしながら、相続させる遺言が右のような即時の権利移転の効力を有するからといって、当該遺言の内容を具体的に実現するための執行行為が当然に不要になるというものではない。」すなわち、遺言執行は権利の移転があれば執行が不要になるというものではないとする。そのうえで、「不動産取引における登記の重要性にかんがみると、相続させる遺言による権利移転について対抗要件を必要とすると解すると否とを問わず、甲に当該不動産の所有権移転登記を取得させることは民法一〇一二条一項にいう『遺言の執行に必要な行為』に当たり、遺言執行者の職務に属するものと解するのが相当である」と説示した。つまり、この遺言による権利移転に対抗要件を必要とするか否かに関係なく、登記事務は「遺言の執行に必要な行為」であるとして、遺言執行者の職務権限に含まれることを明らかにした。

もっともこの判決は、遺言執行者の登記申請権限を必ずしも全面的に認めたわけではなく、登記申請を遺言執行者の職務権限と認めながらも、遺言の実現が妨害されていなければ、この権限は顕在化しないとして、次のように説示している。すなわち、「登記実務上、相続させる遺言については不動産登記法二七条により甲［受益の相続人］が単独で登記申請をすることができるとされているから、当該不動産が被相続人名義である限りは、遺言執行者の職務は顕在化せず、遺言執行者は登記手続をすべき権利も義務も有しない（最高裁平成三年(オ)第一〇五七号同七年一月二四日第三小法廷判決・裁判集民事一七四号六七頁参照）。しかし、本件のように、甲への所有権移転登記がされる前に、他の相続人が当該不動産につき自己名義の所有権移転登記を経由したため、遺言の実現が妨害される状態が出現したような場合には、遺言執行者は、遺言執行の一環として、右の妨害を排除するため、右所有権移転登記の抹消登記手続を求めることができ、さらには、甲への真正な登記名義の回復を原因とする所有権移転登記手続を求めることもできると解するのが相当である。」と。このことは、この判決で、遺言執行者の登記申請義務を否定した最高裁平成七年一月二四日の判決を引用しているところをみると、その判決との整合性に配慮したものと窺えるが、それとの整合性をとるために、登記名義が被相続人であれば、遺言執行者の登記申請権限は潜在化しており、遺言の実現が妨害されたときには顕在化するという理論を作り上げたものと思われる。[38] しかし平成七年の判決は登記実務を前提として、遺言執行者の登記申請懈怠による責任を排除したもので、至極当然なことを言っただけのことであり、遺言執行者の登記申請権限を真正面から取り上げたものではないから、場面が異なる本事案において整合性に配慮する必要はなかったように思われる。すなわち、最高裁平成一一年の事件は最高裁平成七年の判決の射程外であったとみるべきものと考えられる。[39]

平成一一年の判決でもうひとつ注目すべきことは、遺言の執行の妨害を排除し、真正な登記名義の回復を求める登記申請手続について、「甲において自ら当該不動産の所有権に基づき同様の登記手続請求をすることができるが、このことは遺言執行者の右職務権限に影響を及ぼすものではない。」と述べて受益の相続人と遺言執行者の権限の競合を是認していることである。ところが、妨害されていないときは受益の相続人のみが表面化し、妨害されたときにはじめて遺言執行者が前面に出てくるというものであるから、両者の管理権は本来的には互いに排斥する関係にあるとみているのであろうか。しかし、そのように両者の権限が排斥的関係にあるとみて、妨害されたときに、競合的に存することを認めるのであれば、妨害されていない場合には受益の相続人ではなく遺言執行者の権限を顕在的に認め、妨害されたときに受益の相続人の権利が物権的請求権に基づき表面化するとして競合すると考えた方が分かりやすいのではなかろうか。しかも判決が示したように、遺言執行者の権限が顕在化するのは受益者の権利が侵害されたときだけとすると、このことを遺言執行者の職務権限一般に拡大するならば、遺言執行者は受益者の権利が妨害されないと出番がないということになり、遺言執行者の機能が阻害されることになる。遺言執行者の活動をしやすくするためには、その権限を顕在的に認めるべきであろう。

さて、その場合に不動産登記法の枠組みの中でこれをどのように位置づけて登記申請権限を認めるかを考えてみる。遺贈の場合には、遺言執行者は遺贈義務者である相続人を代理して（民一〇一五）登記義務者の地位に立つことにしているが、「相続させる」旨の遺言は、遺言の性質としては相続とはいえ、被相続人の意思による遺産の一種の処分とみられるところから、遺贈に準ずるという考え方もありうるから、遺贈に準じて遺言執行者の登記申請権限を認めるという考え方も採りうるであろう。[40] しかし、判例がその遺言の性質は遺産分割方法の指定であるとし、その判断が定着をみていることを前提に考えれば、受益の相続人は遺贈ないしは遺贈に準ずるものによって取得したとするのは適当ではなく、遺言の発効により権利は当然に受益の相続人に帰属したとはいえ、遺産分割によって取得したものとして考える方が適当であろう。通常の遺産分割の場合には、特定の不動産を取得した相続人は単独で登記申請できるが、相続人全員で登記申請すれば、登記実務でそこまでは要求していないにしても、それはなお丁寧な申請方法といえるであろう。そのように考えれば、遺言執行者は、相続人全員を代理して、遺言の趣旨に従った遺産分割の内容に即し、受益の相続人のために登記申請する地位にあると考えられなくはない。そうであれば、遺言執行者は受益の相続人の代理人としてではなく相続人全員の代理人としての地位にあるとして、遺産分割の内容について遺言を根拠に単独で登記申請することが認められていいように思われる。[41][42] そのように登記実務の取扱いを改めるのが適当であろう。

なお、対抗要件の問題に関係して、「相続させる」旨の遺言で対抗要件を必要とするか否かについて議論が分かれたが、遺言執行者が存在すれば、遺言の執行を妨げる相続人の行為は無効であるから、登記なく第三者に対抗できるので、対抗要件を必要とするといっても、対抗要件を必要としないことと結論的には一致するとの議論がある。[43] 尤ものように思われるが、遺言執行者が指定されても、権限がなければその遺言執行者の執行行為を妨げたとは言えないから、まずは遺言執行者に登記権限を認めることが必要となろう。

2　相続財産の管理・保管と遺言執行者の職務権限

これまで繰り返し述べているように、遺言執行者は遺言の執行に必要な限度で相続財産について管理処分権を有する（民一〇一二①）。然らば、遺言の目的財産が遺産の全部に及ぶ場合に、遺産の全部について遺言執行者がそれらを現実に占有し管理しなければならないであろうか。また遺言の目的財産が遺産の一部に限られる場合であるならば、遺言執行者は管理権の及ぶ範囲内ですべての財産について、現実に占有し、遺言の目的財産を受益者に引渡ししなければならないのであろうか。遺言者の明示・黙示の意思表示、相続財産の存在する状態、現実に管理・保管されている状況等によって、遺言執行者が相続財産を現実に占有し管理・保管することが必要となる場合もあろうが、一般的には必ずしもそのようなことを行わなくても、管理責任は果たせるといってよいであろう。すなわち、通常、遺産は相続人等によって占有・管理されているから、遺言執行の目的物が特定の動産の場合、もし、その物を受益者が占有していれば、わざわざ一旦遺言執行者が占有して、改めて引渡しすることはないであろう。受益者以外の者が占有している場合に、占有者がその目的物に権利を主張するのでなければ、占有改定があったものとみてよく、その引渡しを占有者に委ねてよいであろう。

一方、遺言執行者は現実的・直接的に相続財産を占有し管理・保管しなくても、遺言の執行に必要な限度で目的財産について管理権を有していることについて、なんら影響を受けるものではない。すなわち、遺言執行者が現実に占有し管理しなくても遺言執行者の管理に服する相続財産であればそれについて相続人が処分すれば、それは絶対無効とされる（民一〇一三）[44] ことには変わりはない。このことは遺産の保全に役立つし[45]、遺産の管理を円滑に行うことにも役に立つ[46]。そのことについて両者の間に矛盾はないであろう。

遺言執行者は遺言の対象財産を必ずしも現実に占有し管理するものではないといっても、遺言執行者は本権（所有権）の形式的移転だけを行いしさえすればよいかというと、そういうものでもなかろう。例えば、遺言の目的財産が他人に占有されていれば、それがその権原に基づくか否かについて、遺言の執行の過程でそれを明らかにしていくことが当然に必要となる。したがって、このような事務も遺言執行者の職務内容に含まれるとみるべきであろう。

この種の遺言執行者による事務について、最高裁は最近、遺産の管理・引渡しの問題として一定の判断を示した。すなわち、先の最判平成一〇年二月二七日民集五二巻一号二九九頁は「遺言によって特定の相続人に相続させるものとされた特定の不動産についての賃借権確認請求訴訟の被告適格を有する者は、遺言執行者があるときであっても、遺言書に当該不動産の管理および相続人への引渡しを遺言執行者の職務とする旨の記載があるなどの特段の事情のない限り、遺言執行者ではなく、右の相続人である。」（判決要旨）と判示した。野山宏判事は、本判決の意義について、「受遺者または受益相続人への移転登記は不動産の『特定遺贈』や『相続させる遺言』の実現にとっては不可欠であるのに対し、不動産の『特定遺贈』や『相続させる遺言』がなされても、受遺者又は受益相続人への引渡しが遺言の実現にとって不可欠かどうかは、事案により異なるのである。例えば、現に占有する者を適法な賃借人と認めて賃借人の地位を承継させるという意思で遺言がなされた場合もあれば、現に占有する者を占有権原を有しないものと考えて遺言がなされた場合もあるであろう。そして、問題は、遺言自体には、いずれの場合に当たるのかが記載されていないことが多いことである。このような場合に、遺言の執行として引渡しが必要なのかどうか（不法占拠者を退去させて受遺者または受益相続人に引渡すこと（不法占拠者に対する明渡訴訟を提起して勝訴判決に基づき明渡の強制執行をすること）が遺言の執行として必要かどうか）を遺言執行者に判断させ、判断を誤って引渡しを怠り若しくは遅滞した場合には遺言執行者が受益者または受益相続人に対して損害賠償責任を負うというのは、遺言執行者に過重な負担を負わせるとともに、いつ遺言執行者の任務が終了したといえるのかについての判断も困難となり、適切でないであろう。また、賃借人の債務不履行により賃貸借契約を解除したと主張して被相続人による明渡訴訟が係属中の不動産について『特定遺贈』または『相続させる遺言』の効力が生じた場合に、訴訟を承継するのが遺言執行者であって、訴訟が確定するまでは遺言の執行が終了しないというのも、必ずしも適当ではないであろう。」と述べている。(47)要すれば、野山判事は、遺言執行者の職務の実体が多様であることから、遺言執行者の職務に含まれるか否かの判断が困難になること、遺言執行者の職務を広く解してその任務を負わせると過重な負担となることから、これら負担から開放し責任を軽くさせた方がよいと判断して、遺産の管理・引渡しはその職務ではないとする判決を支持したものと思われる。

しかし、遺言者が目的財産につき権利を主張する者が存在することを知って、あるいは知らずに遺言をしたかはともかくとして、目的財産につき権利を主張するものが出てくることは遺言執行には予想されうることである。それについて管理・引渡しは遺言執行者の職務ではないとすると遺言執行者の職務はきわめて限定されたものになろう。この判決でも述べているように、「遺言書に当該不動産の管理及び相続人への引渡しを遺言執行者の職務とする旨の記載があるなどの特段の事情のない限り、遺言執行者は、当該不動産の管理する義務や、これを相続人に引き渡す義務を負わないと解される。」としているのであって、一般的にそのような義務がないとしているわけではない。事情によっては、野山判事の言うように、「現に占有するものを適法な賃借人と認めて賃借人の地位を承継させるという意思で遺言がされた場合もあれば、現に占有するものを占有権原を有しないものと考えて遺言がなされた場合もあるであろう[48]」。また、天涯孤独の遺言者のような場合には、現に管理するものがなければ遺言執行者が現実に管理・引渡しをする必要が生じるであろう[49]。遺言書には遺言執行者にこのような管理・引渡しを依頼するということは書いてないことが普通であろうから[50]、遺言書に明示がなくても、「特段の事情」を状況から判断して遺言執行者の現実の管理・引渡しの職務権限を認めることが必要となる場合もあろう。遺言執行者としての最小限の職務は所有権の移転事務を遂行することにあるが、その過程で、所有権が争われる場合には、それについては当然に当事者として訴訟に臨まなければならないし、またその所有権に付着する権利について争われる場合にも、遺言執行者が一応は利害関係者の主張を整理し調整することはその職務に入ると考えるのが適当であろう。場合によっては、遺言執行者は関係者の権利関係の主張について判断がつき兼ねることもあろう。しかし、その場合でも遺言執行者は受益者や相続人のために、少なくとも解決の道筋をつけることが必要になるであろう。そのような事情から訴訟に関与することになれば、それは遺言に直接基づいて遺産の現実的な管理・引渡しの職務権限を有する結果であることもあるし、遺言に直接的に明示されなくても、遺言執行に関わった結果、訴訟に関与することが必要となる場合もあろう。そのことは、遺言執行者に遺産の現実的管理・引渡しの職務権限があるか否かによってのみ決せられるものではなく、遺言が発効した状況の下で遺言執行の過程で生じた権利関係に関する紛争の解決への関与の結果として生じたものと考えられる。したがって、そのような状況の下では、このような行為もそれ自体として遺言執行者の職務権限に含まれると考えるのが妥当であろう。このような意味から、遺産の現実的な管理・引渡しの職務権限および責任は一律に決められるものではなく、また訴訟遂行についても、それが認められる、認められないに関係なく、訴訟が必要となれば、遺言執行者に関与させるべきものと考えられる。この判決がこのような問題を遺言執行者の遺産の管理・引渡し権限一般の問題として捉え、管理・引渡し権限を否定し、それによって遺言執行者は遺産に付着する賃貸借に関する訴訟適格を有しないと判示したことは妥当ではないように思われる。

なお、この最高裁判決の射程について、遺言執行者の管理・引渡しについての職務権限は不動産についてはなく、残されているのは動産と債権についてのみであるという捉え方をする向きもあるが[51]、職務権限を類型的に捉えるのはよいとしても、それを機械的に一律にそのように当て嵌めるのは、以上みてきたことから、適当でないというべきであろう。

さて、次に遺産の管理・保管の範囲について一言付け加えておこう。遺言の目的物が金銭、有価証券、銀行預金のように不特定物の場合には、遺言の内容に従い特定され、名義変更等の手続がなされるまでは遺言執行者の管理下におかれる。遺言で指定された金額、種類、数量が現存する遺産の範囲内にあれば、特定することはそれほど困難ではなく、管理財産の範囲はそれらの財産に限定される。ところが、遺言の目的物である指定された金銭が、現金・預金の範囲を超える場合には、遺言執行者はその金銭を調達することが必要となるので、全遺産が遺言執行者の管理範囲に入ることになる。[52]この場合の管理はどのようになるのであろうか。遺産に関する財産権は未だ受益者には移転しておらず、浮動的な共有の状態にあるものと考えられるが、現実に遺産を占有する相続人や受益者等の管理権については遺言執行者から委任を受けたものと考えられる。その範囲と権限については財産目録の調製段階で明らかにされ、調製された財産目録で確認されることになるといってよいであろう。なお、前述のように、貴金属等重要物については必要により遺言執行者が保管することになろう。

前述のように、野山判事から遺言執行はいつ終了したとみるのか分かりにくいという指摘がある。遺言執行は個々の財産ごとに行われるから、個々の財産ごとに執行が終了し、それにより遺言執行者のそれぞれの財産についての管理権も消滅するものと考えられる。問題なのは、遺言の目的物が不特定物の場合で、目的物の調達が必要となるときである。目的物が調達されれば、遺言執行者の管理権は消滅し、相続人の管理処分権が復活すると考えられる。ただ、それがいつかが相続人等関係者にはわかりにくいきらいはある。だが、それは最終的には遺言執行顛末書により確認されることになろう。

3　遺留分減殺請求権行使と遺言執行者の職務権限

遺言があれば、その遺言を快く思わない者が出てくるのはやむをえない。それが昂じて紛争となる場合、争いの態様に、遺留分減殺請求権の行使による権利関係の確認とその後の処理をめぐる争いがある。その場合、遺言執行者の関わり方（職務権限）はどのようになるかが問題となる。なお、遺言執行者が遺留分減殺請求権の行使に関わり合いを持つのは、遺言執行者が遺言執行を履行しないうちに減殺請求がなされた場合であり、遺言執行が履行された後では、遺言執行者は遺産に対し管理権を有しないから、この問題は発生しないとされている。(53)

遺留分減殺請求権行使後の遺言執行者の権限がどのようになるかの問題に入る前に、遺言執行者の遺留分減殺請求の受領権限について一言触れておくこととする。判例は、遺言執行者は相続人の代理人とみなされ（民一〇一五）、また包括受遺者は相続人と同一の地位に立つことから（民九九〇）、遺言執行者は受遺者の代理人とみることができるという理由でその受領権限を肯定するが（大判・昭一三・二・二六民集一七・二七五）、学説は、遺言執行者が受領権限を有するのは目的財産に対し管理権を有しているからであるとし、包括遺贈のみならず特定遺贈についても認められるとする。(54)受遺者に対しても減殺請求権の行使が可能なことは、受遺者が実体権の帰属者であることからいうまでもないことである。(55)

さて、遺留分減殺請求権の行使を受けた場合に、遺言執行者の職務権限はどのような影響を受けるであろうか。次のような三つの考え方がありうる。すなわち、第一の考え方としては、遺言の効力が遺留分を侵害した限度で失効するから、遺言の内容そのものではもはや遺言執行できないので、遺言執行は中止ないしは終了するという考え方である。第二は、遺留分減殺請求により遺言の効力が失効しない限度で遺言執行を認めるとする考え方である。第三の考え方としては、遺留分減殺請求権の行使があっても、遺言執行者は遺言の内容に沿って、すなわち、遺留分減殺請求権の行使前の状態で遺言執行すべきものとする考え方である。(56)これら三つの考え方について次に検討を加えることとする。

まず第一の考え方であるが、中止というのは、遺留分減殺請求によって共有となった遺産がどのように分割されるかを見極め、その結果をみて、それが遺言の内容に沿うものであれば執行するというものであり、したがってその間は中止するというものである。しかし、このような考え方に立つと、共有物分割の結果、当該物件が当該受益者に帰属したとしても、理論的には遺留分減殺請求によって遺言の効力が失われた限度で一旦は遺産から逸脱したもの、すなわち、遺言の執行対象財産からは逸脱したものと考えられるから、遺言執行の根拠は失われたと言わざるをえないであろう。遺言があれば遺留分減殺請求を受ける可能性は決して低くはないから、遺留分減殺請求権の行使があると遺言執行は終了するという考え方はもとより、中止するという考え方をとる場合でも、遺言執行の機能が失われることになるので、遺言執行者の存在価値が低められることになろう。したがって、このような考え方は採れない。次に第二の考え方であるが、判例はこの考え方に立っている。これは、遺言の個々の対象財産について、遺留分割合を除いた部分について、割合的に遺言執行を認めるというものである。しかし現実的には遺留分割合は特別受益の持ち戻し、その免除の意思表示の有無、債務等考慮すべき複雑な要因があるから遺留分権利者の遺留分割合が裁判で確認され、判決に基づいて遺言執行者が例えば登記申請するのであれば、それは可能であるが、そうではなく、遺留分減殺請求権の行使があったからといって、裁判外で遺言執行者が残余の割合を自ら計算し、それに基づいて登記申請などの遺言執行することはかなり困難なことのように思われる。遺留分減殺請求する立場からは法定相続分にしたがって計算して減殺請求権の行使をすれば、とりあえずはその限度で遺言の効力を失わせられるので、一応の目的は達せられようが、遺産を把握し管理・執行する立場にある遺言執行者としては、遺留分減殺請求を受けた後に、前述のような考え方にしたがって、遺言執行することはかなり困難を伴うのではなかろうか。すなわち、遺言の内容、特別受益や債務の有無などにより、どの範囲で遺留分を侵害しているかについて遺言執行者が適切に判断することが困難な場合が少なくなく、執行される相手方としても利害が対立するわけであるから、遺言執行者の判断を素直に認めることが困難とされる場合が少なくなく、結局は遺言執行を停止せざるを得ないということになるのではなかろうか。このように、遺言の効力が失われた範囲で遺言執行者の権限も失われるとする考え方に立つと、そのことは登記申請権限に止まらず、遺言執行者の機能そのものにもかなり支障をきたすことになるように思われる。遺留分減殺請求を受けた場合に、遺言執行者が求められることはむしろ、債務を含め遺産の状況について調査し、遺留分侵害の額、減殺の順序などについての方向を示すことではなかろうか。判例がとるような考え方は理論的には尤もであり、裁判上このような考え方を採るのは不適当とは言い難い。しかし、遺言執行者の現実の執行活動にこのような考え方を持ち込むのは遺言執行者の機能に過度の制限を加えることになり適当ではないように思われる。最後に第三の考え方であるが、私はこの考え方をとりたい。遺留分減殺請求権の行使によって遺言の効力が確かに減殺はされたが、それは理論的には遺言の効力発生により一旦は受益者に権利が移転し、その結果遺留分の侵害が起り、そこで遺留分権利者が減殺請求を行ったものである。したがって、遺言執行者に遺言執行を認めるということは、この筋道を明らかにするものであり、遺言執行者が遺言の内容に沿って遺言の執行を行ったとしても、遺留分権利者の権利がそのことによって特別に侵害されたことになるわけではないであろう。遺留分減殺請求権が行使された結果、共有関係が生じても、それは観念的なものであり、その段階でその割合が具体的に把握されるものではない。また、この共有関係を遺産共有ではなく、物権的共有と解しても[57]、実際的には暫定的なものであり、次には共有物の分割手続が必要になる。そして、遺留分減殺請求権行使の目的は財産的利益の取り戻しにあって、遺産の現物そのものではないと考えられるから、そのためにも遺産が明確に把握されることが必要になる。そこで、減殺請求権が実現される上からも、むしろ、事前に遺言執行が行われることが望ましいとさえ言いうるのではなかろうか[58]。

しかし、このように解して、遺留分減殺請求権が行使されても遺言執行者はそれに構わず遺言執行して遺言執行者の職務を終了するとなると、当事者間ではその後の処理である共有物の分割という難題が残されるので、遺言執行者がそれを避けたのでは遺言執行者の意味がなくなるとか、遺言執行者の権限を広く捉えようと意図しながら、逆に遺言執行者の活動範囲を制約する結果になり矛盾するのではないかとの批判が出されるかもしれない。しかしながら、減殺請求がなされたにもかかわらず、遺言執行者が遺言執行することは、遺留分減殺請求権行使後の処理に対しては、その前提問題を処理しているわけだから、その機能を果たしていないとの批判は当たらない。のみならず、遺言執行者は事後処理について事実上の調整役として機能する余地は十分にあり、その役割が関係者から期待されるならば、それに応えることも十分ありうるのではなかろうか。すなわち、減殺請求権の行使によって割合的に取り戻された財産を分割するについて、それが紛争になった場合に、それをどのような裁判手続により解決しようとするにせよ、裁判所の手続に入るまえに当事者間で、遺留分権利者の遺産に対する割合的権利の確認と、価格による弁償（民一〇四一）の方法を含めて、その分割処理について協議が行われることになるであろう。その場合に、遺言執行者が事実上の調整役として、遺留分権利者である相続人と受益者との間を調整することが期待されれば、それに応じてそうした役割を果たすことが適当と考えられる。しかし、そのような役割をはじめから期待されない場合、あるいは、それが不調に終った場合には、遺言執行者は遺言の内容にしたがった遺言の執行をもって遺言執行は終了とし、遺留分減殺請求権行使後の処理の問題からは手を引くのはやむを得ない。その後の処理は、遺言執行とは別の問題として処理されるべきものであろう。ただ、実際の処理の過程では、遺留分減殺請求権行使後の処理は、遺産分割では対立点が多岐に渉るのに対し、対立点は計算上の問題に集約されることから、この段階での遺言執行者による調整は関係者間の調整にはなじみやすく、関係者に対し、家裁の調停ないしは地裁の裁判に持ち込むよりは、この段階で決着をつけるべしとするような動機付けがより強く働くものと思われる。

五　遺言執行者の当事者適格

(1)　遺言執行者の当事者適格の基本的枠組みと問題点

財産に関する遺言の執行は原則的には相続人が行い、遺言執行者がいれば遺言執行者が行うこととされている。遺言執行者がいる場合には、遺言の執行に必要な限度で相続財産の管理処分権が遺言執行者に専属し、相続人は目的財産の処分やその他遺言の執行を妨げる行為ができなくなる（民一〇一二、一〇一三）。このような権利関係の当然の帰結として、遺言の目的とする財産の権利関係の争いについて、あるいは遺言の執行をめぐる争いについて裁判上争われるときは、遺言執行者はその管理処分権に基づき、訴えを提起することができ、または訴えられるべき地位に立つとして当事者適格が認められてきた[59]。この遺言執行者の訴訟上の地位について、（実体法上で）民法が遺言執行者は相続人の代理人とみなすと規定していることから（民一〇一五）、相続人の代理人とみられなくはないが、遺言執行者が遺産の帰属ないしは遺言の効力をめぐり相続人と対立することがあることから、判例は、訴訟法上では遺言執行者は受遺者や相続人の代理人としてではなく、自らの名で訴訟の当事者となる訴訟担当（法定訴訟担当）であるとする立場を一貫して採っており、学説の大勢もそのような見解を採っている。[60] そこで個々の訴訟で遺言執行者が当事者適格を有するか否かについては、訴訟の目的が遺言執行の対象となっているか否か、すなわち、当該争われている財産が遺言執行者の管理に服しているものか否か、遺言執行者が行おうとしている行為が遺言執行者としての職務権限に含まれるか否かで決まるとされ、そして、遺言執行が終了すれば遺言執行者は当事者適格を有しないとされてきた。[61]

ところが、遺言執行者の職務権限の範囲は、これまで述べてきたように必ずしも論者の一致をみているわけではない。そこには基本的に遺言執行者像の捉え方に相違のあることが原因しているが、その他にも、さきに**四 1** (1)で触れたように、例えば最判昭和四三年五月三一日民集二二巻五号一一三七頁は、特定の不動産の遺贈を受けた受遺者が、遺贈を無視して相続登記を経由した相続人に対し、移転登記を求める場合に訴えの相手とするのは登記を経由した相続人ではなく遺言執行者であるとしているように、[62] 登記実務における登記申請権利者・義務者の枠組みにおける遺言執行者の関わりと訴訟理論とが交錯するという事情がある。また、以上のような基本的枠組みは、遺贈について構築されてきたものであるが、「相続させる」旨の遺言がなされるようになって、それが「相続させる」旨の遺言にも同じように適用されるか否かの問題が加わり、登記申請手続では登記実務が遺贈と相続とで取扱いを異にしていることなどがあって問題を複雑にしている。[63] なお、遺言執行の終期の捉え方についても議論は分かれるところである。[64]

遺言執行者が当事者適格を有するか否かを分かりやすく捉える方法として、普通一般に遺言を類型化し、それぞれについて遺言執行者の職務権限の有無を判断し、職務権限がある場合に当事者適格を認めるという方法がとられてきているが、[65] 遺言が多様性をもっていることから、そのような捉え方は遺言執行者の職務権限を捉える目安にはなろうが、それで十分とは必ずしもいえないようになっている。のみならず、それでは逆に遺言執行者の機能の多様性を見落とす虞もある。

昨今、遺言をめぐる争いは多発しており、その争いの内容も多様化しているが、個々の訴訟において遺言執行者の職務権限の有無を判断することは決して容易でないことから、訴訟の場面で実体法上の争いに加えて、遺言執行者の訴訟適格が争われることになる。そこで遺言執行者の職務権限が実体的に審理され、職務権限が認められれば、そのまま当事者適格が認められるが、そうでないと当事者適格が否定されることになる。その結果、審理の過程で実体的判断を経て、遺言執行者に職務権限があると判断され、当事者適格を有することを前提に下された判決が、後に上級審で当事者適格が否定されると、それまでの審理が水泡に帰するということが起こりうる。例えば、最判平成一一年一二月一六日民集五三巻九号一九八九頁の事案でも、遺言執行者の当事者適格が争われ、控訴審では遺言執行者の原告適格が否定され、一審判決が不適法として却下された。しかし、上告審では逆に、遺言執行者の当事者適格が認められ、控訴審が却下したことにより審理を尽くせなかった部分については、これを破棄し原審に差し戻す結果となっている。これとは全く異なり、例えば、遺産ついて相続人を相手に特定の不動産について権利関係の確認を求めて訴訟を提起した原告が、実体上の判断を経て勝訴した後に、控訴審においてはじめて相手方から、目的不動産が遺言の目的となっており遺言執行者が選任されていると主張された場合のように、遺言執行者が当事者とならずに訴訟手続が進められて下された判決が、後に上級審で遺言執行者の存在することが分かり、当事者適格を理由に覆されるということも起こりうる。(66) 最判昭和四三年五月三一日民集二二巻五号一一三七頁は上告審が職権で当事者適格を調査し、被告適格者として遺言執行者がいると窺われるからとして、遺言執行者の存否について審理を尽くさせるため破棄差戻しているが、これはその例である。このようなことは訴訟経済上決して好ましいこととはいい難い。

この問題は、遺言の多様性、遺言執行の多機能性、訴訟の多面性、に由来するとも考えられるので、個々具体的ケースにおいて遺言執行者の当事者適格を的確に判断することは必ずしも容易なことではなく、これを容易にするには、なお理論的な究明と判例の積み重ねを必要とするが、遺言執行者をめぐる訴訟が頻発する昨今、早急な解決を図る必要があるように思われる。そこで、これまでの遺言執行者の当事者適格を捉える際の基準としてきた、遺言執行者の遺産に対する管理処分権限の有無に根拠を求める方法から離れて、別の角度からの方法を考えてみることとしたい。すなわち、訴訟の場面では対立構造をとらなければならないから、遺言執行者は原告または被告として当事者となるのは勿論のことであるが、遺言執行者の実際的機能に着目し、遺言執行者を紛争の実質的当事者である実体権者間の紛争を解決するための繋ぎ役・調整役として捉え、遺言執行者に広く当事者適格を認め、遺言をめぐる争いには遺言執行者を原則として訴訟に参加させて円滑に訴訟手続を進め、権利関係の早期決着を図らせることを考えてみたい。

(2) 遺言執行者の機能と訴えの利益

遺言執行者の当事者適格を、将来の方向として、実体権者間の紛争を解決するための繋ぎ役・調整役として捉え、これにより紛争の早期決着を図らせるものと考えるならば、現行の枠組みの中でそれをどのように位置付けるかについて次に考えてみることとする。高橋宏志教授は当事者適格について、「当事者適格とは、訴訟物たる特定の権利または法律関係について当事者として訴訟追行し本案判決を求めることのできる資格を言う。[67]別の角度から言うと、ある紛争を有効・適切に解決するには、誰と誰との間で訴訟をさせるのがよいかを考え、当該紛争の解決にふさわしいとして選別される者を当事者適格を持つとするのである[68]」とされる。そして、この「当事者適格の判断基準は、必ずしも統一的明快なものがあるわけではない。」としつつも、「一般の給付訴訟の場合には権利義務の主体だと主張すればよいと説明し（確認訴訟も含めると、勝訴判決によって保障されるべき実体的利益の帰属主体だと主張するもの・主張されるものと定式化されるが[69]、これは法的な利益による当事者適格の説明だとされる）、第三者の訴訟担当や固有必要的共同訴訟では管理処分権で説明するという二元的な説明が主流である。究極的には、誰と誰を当事者として本案判決をするのが紛争解決の見地から有効・適切かということなのであるが、ブレイクダウンした中間の概念として法的利益と管理処分権が用いられるのである。」と説明される[70]。この説明によれば、遺言執行者の当事者適格は結局のところは管理処分権がかぶさってくるので、「遺言の執行はどこまでか」、「遺言執行者の職務権限とは何か」を基礎にして判断しなければならないことになる。そうなると、遺言執行者像の捉え方が必ずしも一致をみているとはいえない状況のもとでは、遺言執行者の当事者適格についての判断の揺れを克服するのに、これを直接援用することをもってするのは困難である。とはいうもののこの説明は大変に弾力的で、当面の問題解決に対し示唆に富むように思われるので、これを足がかりとして問題解決に向けて考えを進めたい。

高橋教授は、そのように当事者適格は紛争の有効・適切な解決のために、誰と誰との間で訴訟をさせるのがよいかを考え、それにふさわしい者が当事者適格をもつとするが、「ふさわしい」ということからすれば、訴訟担当である遺言執行者についても、「管理処分権」の代わりに、「訴えの利益」を導入して、遺言執行者に「訴えの利益」が認められる場合には、遺言執行者に当事者適格を認めて訴訟を担当させるのがふさわしいとしてよいのではなかろうか。すなわち、遺言執行者は遺言執行につき義務と権限があり、遺言をめぐる争いが生じた場合には、遺言執行者にはそれを処理する責任があることから、その訴訟について関与する利益、すなわち「訴えの利益」あるいは「訴えられる利益」があるといえるので、遺言執行者があれば原則として遺言執行者に当事者適格を認めるべきであると考えてみたい。このような考え方が採れれば、遺言執行者の当事者適格者を判断するうえで分かりやすく当面の問題を解決に繋がるし、遺言執行者に訴訟上当事者適格を広く認めることにより、遺言執行者の役割や機能をより実際の社会生活面に生かすことができるように思われる。

(3) 遺言執行者の「訴えの利益」と当事者適格

遺言執行者が原告となる場合は、遺言執行者が遺言執行するに当たり訴訟を提起することが、何らかの理由で必要と判断するわけであるから、そこに訴えの利益を認め、原告適格を認めることについてはさほど問題はないであろう。遺言執行者を被告とする場合はどうか。原告である相手方は、遺言が執行されると不利益となるので、その執行を進める遺言執行者に対し訴えを提起することには利益があり、それに対し遺言執行者は、原告である相手方の主張が認められれば、遺言執行に影響を受けることから、遺言執行者には訴えられる利益があるとみて被告適格を認めてよいのではなかろうか。このような考え方は既に判例にもみられなくはない。最判昭三一・九・一八民集一〇巻九号一一六〇頁は、遺言の無効を前提に自己の権利の確認を求める事案であるが、原告が勝訴すれば遺言執行者は要なきものとなるが、敗訴すればその効果として目的財産は受遺者に帰属し遺言執行されることになるので、原告は遺言執行者を被告とする利益があるとして、遺言執行者の被告適格を認め、そして判決の効果は相続人に及ぶとした。[71] この事案をよくみると、遺言の無効を前提に権利関係を争う訴訟では、原告が勝てば、被告である遺言執行者は遺言執行者ではなくなるわけであるから、原告が遺言の無効を前提としながら遺言執行者を相手に訴訟することを認めるのは矛盾しているようにみえるが、敗訴したときには、遺言執行者が遺言執行を行い、その結果が原告に及ぶことになるから遺言執行者に被告適格が認められている。こうしてみると、遺言執行者の当事者適格は管理処分権に必ずしも直接的な根拠をもつものではなく、争われていること自体に根拠をもつことが分かる。このことは更に次のような場合からもみてとれる。すなわち、遺言執行者が、自分が遺言執行者と指定されたその遺言を無効と判断した場合に、自らその遺言無効訴訟の原告となることができるか（原告適格）について、判例は、もしもそれを相続人が行えば、そのことは相続人が遺言執行者の遺言執行を妨げることになり、それができないからとして（民一〇一三）遺言執行者の原告適格を認めている（大決昭二・九・一七民集六・一〇・五〇一）。相続人が無効を主張したら遺言の執行を妨げるといっても、無効のものは無効であるから妨げにはならないともいえるから、そのような理論づけに疑問がなくはない。他方、遺言執行者は、遺言が無効という前提に立てば遺言執行者と指定されても管理処分権はないのであるから、遺言執行者としての根拠を失うことになり、そこに原告適格を認めることは矛盾しているといえなくはない。しかし、遺言執行者に原告適格を認めたということは、やはりそこには遺言をめぐる争いがあり、遺言執行者にはそれを解決する役割があることから、遺言執行者に訴えの利益があるとして原告適格を認めたものと理解してよいであろう。

(4)　いわゆる遺言無効確認訴訟と遺言執行者

以上のことは、いわゆる遺言無効確認訴訟の取扱いをみると、一層明確にみてとれる。このいわゆる遺言無効確認訴訟は、遺言の無効そのものを確認訴訟の対象とする訴訟であり、判例は従来、確認訴訟の対象は現在の法律関係でなければならず、過去の法律関係はその対象とならないとし、法律関係の原因である法律行為は確認の対象として不適法であるとされてきた。[72]しかし、最判昭四七年二月一五日民集二六巻一号三〇頁は、その「遺言が有効であるとすれば、そこから生ずべき現在の特定の法律関係が存在しないことの確認を求めるものと解される場合で、原告がかかる確認を求めるにつき法律上の利益を有するとき」は適法と解するのが相当であるとした。[73]そしてその理由として、「けだし、右の如き場合には、請求の趣旨を、あえて遺言から生ずべき現在の個別的法律関係に還元して表現するまでもなく、いかなる権利関係につき審理判断するかについて明確さを欠くことはなく、また、判決において、端的に、当事者間の紛争の直接的な対象である基本的法律行為たる遺言の無効の当否を判示することによって、確認訴訟のもつ紛争解決機能が果たされることが明らかだからである。」とする。この場合の訴訟では、原則的には相続人が当事者となるわけであるが、複数の相続人が存在する場合は、固有必要共同訴訟に当らないとするのが判例である（最判昭五六・九・一一民集三五・六・一〇一三）。それは、固有必要共同訴訟とすると相続人全員の参加が必要となり、相続人に無用の負担をかけることになり、また効率的とはいえないからとされている。[74]しかし、遺言無効確認訴訟は、実際上合一確定しないと不都合なことが生じることがありうるから、その不都合を回避するには遺言執行者に訴訟を担当させればよいのではなかろうか。そうすれば遺言執行者の行った訴訟の効果は相続人に及ぶので、一挙的解決が図れることになるからである。

遺言無効確認訴訟については、更にその前段階である、遺言の効力が問題とされている場合に、関係者から遺言執行者の選任の申立てがあったときの家庭裁判所の取扱いが注目される。これについて次のような裁判例がある。すなわち、家庭裁判所は遺言の無効が形式上一見して明らかな場合には選任の申立てを却下することは妨げないが、遺言の効力が実体的審理を待ってはじめて決せられるような場合には、家庭裁判所は遺言執行者選任の許否を決するのは相当でなく、遺言執行者をひとまず選任して、その遺言執行者に訴訟を担当させて、遺言の有効・無効の判断を通常裁判所の訴訟手続に委ねるべきである、とする（東京高決昭二七・五・二六高民集五・五・二〇二）。そして、家裁実務では実際このような運用がなされているとされる。[75] このことは、遺言の効力の争いを複数の相続人に個々に争わせると複数の権利関係が錯綜し複雑化するので、それを回避させるために、遺言が存在する以上は、遺言が有効か無効かにかかわらず、そして、それに基づく遺言の執行を要する行為があるかなしかにかかわらず、遺言執行者を選任して遺言執行者に遺言の効力について争わせて、紛争を一挙に解決させようとする意図がみてとれるのではなかろうか。[76]

このように、遺言無効訴訟において遺言執行者に当事者適格が認められることをみてきたが、これが認められるのであれば、この理論を遺言執行者の当事者適格一般に拡大して差し支えないように思われる。[77] すなわち、遺言執行者は遺言に基づき遺言を執行することを職務として、そしてそれを遂行する義務を負う。そこで、遺言の執行をめぐり法律関係が争われたときには、その結果は遺言の執行に影響が及ぶことから、遺言執行者は、その訴訟に関与する利益をもつといえる。そして、遺言に関係して生じる紛争については、それが一見して遺言執行者の職務権限とはいえないことが明らかで、遺言執行者に当事者適格を認めることが適当でないということが明らかな場合を除き、原則として遺言執行者に当事者適格を認めることが適当と結論できるのではなかろうか。

⑸　訴訟の効率化と相続人の権利保障など

遺言執行者のような訴訟担当の場合、担当者（遺言執行者）の得た判決は、被担当者（相続人）に及ぶが（民訴法一一五条一項二号）、被担当者（相続人）が訴訟の結果に不満をもつ場合には、後に控訴審で、被担当者に当事者適格がなかったことを主張立証して、自己に判決効が及ぶのを阻止することができるとされている。[78]

しかし、これを容易に認めると、訴訟が不効率となり訴訟担当の意味がなくなる。それが認められるのは訴訟担当者である遺言執行者に当事者適格がなかった場合のことであるから、遺言執行者に広く訴訟適格を認めれば、そのような形で後に覆る虞の発生を排除することが出来るものと思われる。

このようにして、訴訟効率はよくなったとしても、逆にその相続人は遺言執行者の訴訟追行について不満をもっても発言の機会が許されず、また相続人はその訴訟の結果について不満をもっても遺言執行者に当事者適格がないとする主張が封じられると、相続人には不利益となるから、相続人にはなんらかの権利保障が考えられなくてはならない。そのためには、訴訟の行方に関心をもち、その過程で何らかの主張をしたいとする相続人に対し訴訟に関与させる道を開いておくことが必要になる。その方法としては訴訟の係属を相続人に知らせて、何らかの主張をしたいとする者に参加の機会を与える方法が妥当であろう。(79)

さて、受益の第三者が、一審で相続人を相手方として提起した訴訟において勝訴したところ、敗訴した相続人が、一審の審理の過程で遺言執行者の存在には一言も触れなかったが、控訴審で目的不動産の執行について遺言執行者が選任されているとして(遺言執行者の指定は遺産の処分と同一の遺言書でなければならないというわけではないから、このようなことはありえないわけではない)、原審は被告適格を誤ったもので不適法な判決であると主張した場合、これをどのように取り扱うかが問題となる。(80) このような場合、これまでの訴訟理論によれば、当事者適格は相続人か遺言執行者か、いずれか一方でなければならないとするから、遺言執行者の存在を審理し遺言執行者の存在することが確認できれば、遺言執行者を相手としない訴えの適否を判断し、不適法であれば、原判決取消・訴え却下の判断をしなければならないことになろう。(81) それでは、訴訟経済上好ましくないことから、奈良判事は、そのような場合を含め、遺言執行者を相手とするべきところ、誤って相続人を相手方として訴えを提起したときに、訴えを却下すべきではなく、何らかの救済を図るべきであるとする。[82] 奈良判事は、遺言執行者の当事者適格を狭く解釈することによって訴訟の非効率性の解決を図ろうとするものであるが[83]、私のように遺言執行者の当事者適格を広く解しても、この事例のような問題は同様に起こりうる。そして、救済の方法として奈良説は、最善の方法として相続人と遺言執行者の被告適格を併立させる方法を挙げる。すなわち、遺言執行者は相続人に補助参加をし、または、独立当事者参加の申立をして自己の権利を守ればよいとする。[84] しかし、この方法はわが国においては学説上多数説となっていないことから、次善の方法として、任意的当事者変更の許容および受継の申立て（民訴法二一六条）または訴訟引受（同七四条）の活用が考えられるとする。[85][86] 奈良説は、相続人に被告適格を認めることにこだわりがあるのか、併立を優先的に考えるのであるが、私の立場からすれば、まず、遺言執行者への当事者変更または遺言執行者の訴訟引受を行わせ、その上で相続人の補助参加により自己の権利を守らせるのが適当であると考えられる。

(6)　遺言執行者と弁護士資格について

このように遺言執行者の当事者適格を広く認める提案に対しては、遺言執行者は弁護士資格を資格要件としていないことから、遺言執行者に広く訴訟適格を認めることについては疑問をもたれるかもしれない。もちろん、遺言執行者が必ずしも弁護士資格を有するとは限らないであろう。しかし、遺言執行者が弁護士資格を有せず、自ら訴訟を担当することができない場合には弁護士に訴訟を委任すればよい。弁護士を遺言執行者に指定しても訴訟になればコストはかかるわけで、遺言執行者に弁護士資格がないからといって、そのためにコストが増加するということはないように思われる。したがって、遺言執行者が必ずしも弁護士資格を有する者ではないことは当事者適格を広く考えるか、狭く考えるかの問題とは別の問題と思われる。

六　おわりに

社会的に存在している遺言執行者像は事実行為を含む事務を広く多く処理するものと捉えられるのに対し、法的遺言執行者像は学説・判例が必ずしもその像を明確にしているわけではないが、処理する事務の範囲がより狭く捉えられ、その権限についてもより小さく捉えられており、両者の間にズレがみられた。そのような捉え方にズレがあると、そのことは遺言執行者の活動の障害になりかねない。遺言執行者には遺言者から期待されるものがあり、また社会的にその機能が認識され期待されている実情にあることから、遺言執行者の活動の余地を広く認めるために法的遺言執行者像の社会的遺言執行者像への接近が必要となる。そこで私は、まず社会的に存在する遺言執行者像を明らかにし、そのうえで、そのような像に近づける法的遺言執行者像を私なりに描いてみた。その骨子とするところは、遺言執行者の事実行為である事務手続についてもできるだけ遺言執行者の権限と認めること、認めた権限については、即それが必ずしも遺言執行者に責任を負わせるというものではないこと、そして「相続させる」旨の遺言についての遺言執行者の権限を遺贈のそれと同様の機能を認めること、である。このことを念頭に置いて、遺言執行者を巡り法的処理について当面問題となっている点について、またそのように考えたら問題になると思われる点を取り上げ、将来への方向性を論じてみた。すなわち、登記申請権限は、「相続させる」旨の遺言について遺言執行者に遺贈と同様の権限を与えて、遺言執行者の活動を阻害している要因を除去しようとするものであり、遺産の管理・引渡しでは、遺言執行者が行う事実行為に法的評価を加えたものである。また遺留分減殺請求権行使後の遺言執行者の権限については、現状の解釈よりは狭く解釈してみたが、活動の余地を必ずしも制限したわけではなく、解釈を明確にすることにより、むしろ逆に遺言執行者の機能する余地を示そうとしたものである。そして、遺言執行者の当事者適格では、遺言執行者の職務権限の解釈が分かれることにより、訴訟の効率性に問題のあるところから、この解決の方向として、遺言執行者には訴訟の場に積極的に参加させ活動の道を開いて訴訟の効率化を目指したものである。遺言執行者の職務権限について考えると、この問題を避けて通ることは出来ず、門外漢の身ではあるがあえて提案を試みた次第である。

このように遺言執行者の権限を広く解すると、遺言執行者の負担が過重になるのではないかという問題がある。遺言の時点と執行の時点とのズレ、遺言内容と実際の状態とのズレがあることも無視できない。そこで、遺言執行者の権限を広く捉えることの可能性を用意しつつ、一方でそれを制限することもあっていいのではないかと考える。その内容を制限するものは何か。それは報酬と相続人との契約であろう。そのようなズレがあると、遺言の内容によって当然に執行事務が決まるという部分のほかに、「どこまでやるか」、「どこまでやらねばならないか」、という部分が残るものと思われる。それは相続人との協議によって、つまり契約によって処理されることになろう。その場合の報酬はどのようになるのであろうか。ことに遺言で報酬を定めている場合が問題となろう。

報酬については、本稿で全く取り上げられなかったが、報酬は遺産財産にリンクして決められるのが普通であり、事務の種類、多少、難度などは必ずしも加味されていないようである。相続によって取得された財産から支払われるものだからといっても、その決め方は大まかなものであってよいというわけではないであろう。さりとて遺言執行報酬は単に事務手数料というものではないから、その根拠を事務の性質・種類・分量に分解出来るものとは思わないが、報酬金額の透明性、公正・妥当性は確保されて然るべきものであろう。

そうであれば、もう少しきめの細かな報酬体系が用意される必要があるように思われる。そのように報酬体系が詰められれば、遺言執行者に期待される活動範囲もより具体的になってくるように思われる。そのようなことが可能になれば、遺言執行に入った場合、遺言の段階で想定されたものと変わってくれば、それをどのように扱うか相続人との相談が可能であれば相談することになろうが、その結果は相続人との契約になるであろう。ただその場合に、相続人等が遺言で指定された遺言執行者の意向を無視して遺言の執行を拒否することは原則的には出来ないであろう。なぜなら、遺言執行者は遺言者の意思により指定されたものだからであるし、それが業務として行われている場合には遺言執行者の利益保障が考慮されなければならないからである。特に「遺言信託」のように遺言者への生前におけるサーヴィスもその報酬の中に含まれていると思われるからである。いずれにしても遺言執行者の活動分野が広がれば、活動の実態に即した報酬体系の確立が必要になるであろう。このあたりについては今後の研究に譲りたい。

なお、蛇足ながら遺言執行がビジネスとして採り上げられるのは社会のニーズに応えるものとして結構なことであるが、報酬の取扱いもさることながら、執行に当たり容易なところ、メリットのあるところだけを行い、かえって相続人に苦労を残すというようなことのないよう、遺言執行者としての個人的・社会的な役割・責務を十分認識した遺言執行の遂行を望みたい。

(1) 信託銀行が「遺言信託」として取り扱っている業務は、遺言によって設定された信託（信託法二）ではなく遺言・相続に関連する業務のことで、具体的には、遺言執行引受業務、遺言書保管業務、遺産整理業務である。このうち信託銀行が遺言執行者となるのは遺言執行引受業務である。「遺言信託」の仕組みについては、竹下史郎「遺言信託」梶村・雨宮編『現代裁判法体系⑫［相続・遺言］』二三八頁（新日本法規出版、一九九八）、宇都正和「遺言信託の現状と概要・手続きの流れ」信託二〇九号（二〇〇二）三〇頁を参照されたい。

(2) 最近、信託銀行が行っている遺言業務が新聞で紹介されることが少なくない。例えば、各信託銀行が行う相続セミナーは活況を呈しているという（朝日二〇〇三・九・二二）。
(3) 私は先に、「『相続させる』旨の遺言の最高裁判決は遺言執行者の関与を排除したものか」判タ八二三号三二頁そのほかで、遺言執行者に期待される役割ないしは機能について述べたが、「遺言信託」を取り扱う実務家からの間で指摘されている最近の文献としては、伊藤茂昭ほか座談会「遺言関連業務を展望する」信託二〇九号（二〇〇二）六頁がある。
(4) 私は先の論文、「遺言執行者の遺産管理者としての地位」信研九号（一九八五）九九頁以下は、相続人による遺産管理が複雑なことから、これを円滑化するものとして遺言執行者を位置づけてみたものである。参照されたい。
(5) 平成三年一月から平成五年末までの三年間に、大阪法務局管内の公証役場で作成された合計一八九件の遺言公正証書では、「相続させる」旨の遺言は財産処分の遺言の六五・四％を占めている（中川臣朗「公正証書遺言――公証業務を通して」家族〈社会と法〉一一号（一九九五）七九頁
(6) 民法一〇一二条の立法経過および判例の流れについては、川淳一教授の研究がある。川教授の総括は、起草者は遺言執行者像を明確に提示せず、判例はひとつには、遺言執行者に遺言から生じる権利義務関係を処理するセンター的役割を支える側面と、もうひとつは、その補助的な役割を与えたにすぎないとする側面の二つの側面で捉え、両者は逆の方向を指向し遺言執行者像を提示していないとする（広中俊雄ほか編『民法典の百年Ⅳ個別的観察(3)親族編・相続編』三三〇頁〔川淳一執筆〕有斐閣、一九九八）。私の総括とは、見方をやや異にするが、遺言執行者像が単純明快でないことについては一致している。
(7) 大判明三六・二・二五民録九・一九〇、大決昭二・九・一七民集六・五〇一など
(8) 東京公証人会の研究会で取上げられ、法務省への照会とそれについての回答があって注目を集めた。この経緯については後に**四1(3)**で述べる。
(9) 水野謙「『相続させる』旨の遺言に関する一視点」法時六二巻七号七八頁のほか多くの文献があるが、ここで一つ一つ取り上げるのは割愛させていただく。なお、最近のものとしては、北野俊光「『相続させる』旨の遺言の実務上の問題点」久貴忠彦編集代表『遺言と遺留分第1巻遺言』一三四頁（日本評論社、二〇〇一）がある。
(10) このことに関する学説・判例を整理したものは少なくないが、そのうちからいくつかのものをあげると、島津一郎「分

割方法指定遺言の性質と効力――いわゆる『相続させる遺言』について」判時一三七四号三頁、青野洋士「『相続させる』趣旨の遺言と遺産分割」梶村・雨宮編『現代裁判法体系⑪〔遺産分割〕』一八九頁（新日本法規出版、一九九八）、北野・前注（9）「相続させる」一三五頁など。

（11） 遺言執行者の定義的な捉え方に関し、遺言執行者の職務権限を法律行為に限るか、事実行為をも含むかとも関係して、決定的な表現は確定していないように思われるが、基準的なものは、「遺言の内容を、法的に、実現する手段である。」（中川・泉『相続法〔第四版〕』・法律学全集二四』六〇七・有斐閣、二〇〇〇）であるように思われる。

（12） 揖斐潔「相続・遺贈に関する若干の問題について」公証九九号六八頁、西口元「『相続させる』遺言の効力をめぐる諸問題」判タ八二二号四八頁

（13） 蕪山巌ほか編『遺言法体系』三七一頁〔横山長執筆〕西神田編集室、一九九五など

（14） 遺言執行者の関与を否定する裁判例として、東京地判平四・四・一四家月四五巻四号一一二頁、判タ八〇三号二四三頁、東京地判平五・八・三一判タ八三五号二二八頁など、遺言執行者の関与を肯定する裁判例として、東京高判平五・五・三一家月四七巻四号三二頁がある。

（15） 例えば、森野俊彦判事は、不動産が対象の場合には、遺言執行といえるものは何もないとする（「遺言――相続させる旨の遺言について」判タ九九六号一四一頁）。

（16） 福永有利「遺言執行者がある場合に遺言で特定の相続人に相続させるとした不動産についての賃借権確認訴訟の被告適格」私法判例リマークス一九九九〈下〉七九頁。野山宏判事は「本判決が述べるところは特定不動産について遺言がなされた場合に限られるものであって、動産や債権についての特定遺贈や相続させる遺言についての遺言執行者の職務は、本判決の射程外である」として射程を限定するが、不動産に関する管理や引渡しは一般的には遺言執行者の職務権限ではないとする（「判批」ジュリ一一三六号一〇七頁）。

（17） 竹下史郎「判批」判タ一〇〇五号（一〇〇五）一七二頁

（18） 大判昭五・六・一六民集九・五五〇は清算型の包括遺贈を認めた。遺贈の前提として、遺言で清算の指示ができることについて学説上異論はない（我妻栄・唄孝一『判例コンメンタールⅧ相続法』コンメンタール刊行会（一九六六）二九四頁、中川善之助ほか編『新版注釈民法(28)相続(3)』三二〇頁〔泉久雄執筆〕一九八八、有斐閣）。

(19) 判例が「特段の事情がない限り」とする文言をあげているのはこのことを意味するものと思われる（最判平成三年四月一九日など）。
(20) 実際の登記手続では受益の相続人が登記申請するについては、司法書士に委任するわけであるから、遺言執行者としては、登記申請権限はなくても、受益の相続人から司法書士への取次ぎくらいはすべきであろう。現に「遺言信託」ではそのようになされている。
(21) 野山宏判事は、遺言執行者の職務権限・当事者適格に関する一般論と各論的法律実務との間にギャップのあることを指摘し、実務を踏まえた活発な議論が展開されることを期待している（法曹会編『最高裁判所判例解説民事編平成一〇年〔上〕』二二七頁以下〔野山宏執筆〕二〇〇一、法曹会）。法律論については後に四で述べる。
(22) 登記官は登記申請の処理に対し、実質的権利関係は審査せず、いわゆる形式審査権しか有していないので（幾代通・浦野雄幸編『判例先例コンメンタール・不動産登記法Ⅰ』二八四頁〔石田喜久夫・大内和直執筆〕、三省堂、一九八二）、形式文言によって判断される。
(23) 不登法二六条一項の適用上は、遺言執行者は「代理人」の範疇として取り扱われている（内田恒久『判例による相続・遺言の諸問題』二四三頁注(5)、新日本法規出版、二〇〇二）。
(24) 内田元公証人は、登記実務の変遷について、「相続させる」旨の遺言における遺言執行者の関与は、遺贈の場合における「代理」でなされたものではなく、大らかさによる取扱いであったが、遺言執行者には「代理権はないもの」として次第に排除するようになり、これは遺言執行者の法的地位の純化が相続登記手続の場で浸透したものというべきであろう、という（内田・前掲注(23)『相続・遺言』二八〇頁注(30)）。
(25) 遺言執行者の法的性質については、周知のように多くの議論があるところであるが（中川ほか・前掲注(18)『相続(3)』三三七頁以下を参照されたい）、論点を集中させるためここで取り上げることは割愛した。
(26) 高橋宏志『重点講義民事訴訟法（新版）』二三八頁（有斐閣、二〇〇〇）
(27) この経緯については、竹下史郎・前掲注(4)「管理者」一一七頁、竹下史郎・前掲注(3)「相続させる」三六頁注二五、竹下史郎・前掲注(1)「遺言信託」二四二頁、内田・前掲注(23)『相続・遺言』二七九頁（注30）を参照されたい。
(28) 昭四七・四・一七民甲一四四二法民長通達・民月二七巻五号一六五頁

(29) 昭四七・八・二一民甲三五六五法民長回答・登記関係先例集追加編Ⅴ七・五三

(30) 「質疑応答五四八九」登研三六五号七七頁

(31) 「質疑応答六二二〇」登研四二四号二二一頁

(32) 「質疑応答七二〇〇」登研五二三号一四〇頁、揖斐潔「相続・遺贈に関する若干の問題について」登解三五九号三三頁

(33) 東京地判平四・四・一四判タ八〇三号二四三頁、東京地判平五・八・三一判タ八三五号二二八頁など

(34) 消極説・積極説を要領よく整理したものとして、法曹会編『最高裁判所判例解説民事編平成一一年度（下）』一〇二一頁〔河邉義典執筆〕（法曹会、二〇〇二）がある。本文における整理はこれに従った。

(35) 中川ほか・前掲注(18)『相続(3)』〔泉執筆〕三二二頁

(36) 竹下史郎・前掲注(3)「相続させる」三二頁、房村精一「公正証書遺言と登記をめぐる若干の問題点について」民情一〇七号五三頁、小林久起「遺言の執行と不動産登記をめぐる諸問題」民情一三三号五八頁、松尾知子「判批」判タ九〇一号八一頁など

(37) 包括遺贈の場合にも、登記がなければ第三者に対抗できないとするのが多数説である（鈴木禄弥・唄孝一『人事法Ⅱ相続法』一三六頁（有斐閣、一九七五）、中川ほか・前掲・注(18)『相続法(3)』二〇七頁〔阿部徹執筆〕）。判例は、かつては登記不要説をとったものがあるが（大判昭九・九・二九評論二四巻民法一五〇頁）、戦後の下級審は登記必要説の立場に立っている（東京高判昭三四・一〇・二七判タ九八号四八頁他）（松原正明『判例先例相続法Ⅱ－遺言』四七五頁、日本加除出版、一九九六）。

(38) 遺言執行者の登記申請権限を認めたこの判決の射程について、河邉義典判事は、「不動産登記法二七条により受益の相続人が単独で相続登記を申請することのできる場合に限られるであろう。本判決は、理由説示の過程で右第三小法廷判決〔平成七年一月二四日〕を引用することにより、その判例としての位置付けを明確にしたものである。」と述べている（法曹会・前掲注(34)『判解』一〇一二頁〔河邉義典執筆〕）。

(39) 平成七年の判決の射程を限定的に解する説として、田尾桃二「評釈」NBL五九四号六七頁、松尾知子「評釈」判タ九〇一号八二頁、梶村太市「遺言執行者の選任と職務権限」梶村ほか・前掲注(1)『裁判法体系⑫』三七三頁などがある。

(40) 前掲注(13)「遺言法体系」三八一頁〔横山長執筆〕は、「『遺贈』と『協議による遺産分割』と『遺言による遺産分割

の指定』とで、結論を異にする実質的理由はないように思われる。」とする。松原・前掲注(37)『相続法Ⅱ』四九五頁はこれを支持する。

(41) 先に私は、「『遺贈』と同視して、遺言執行者を相続人の代理人とみて（民一〇一五）受益相続人と共同申請の形態をとるのが妥当であろう」と述べたが（「『相続させる』旨の遺言における遺言執行者の職務権限および当事者適格について―最高裁判決平成一一年一二月一六日を踏まえて」千葉商大紀要三八巻二・三号合併号二〇四頁、二〇〇〇）、本文のように説を改める。

(42) ある司法書士会の研究会に参加させていただいた機会に司法書士の方からうかがった話であるが、登記申請の代理を依頼される司法書士の立場としては、遺言に基づき受益の相続人から単独で登記申請を受け付けることには不安を感じ、相続人全員に一応、事実の確認をとるという。その場合、遺言執行者だと他人だから不安に思う度合いは少なくなるという。

(43) 「判批」判時一七九一号六一頁

(44) 一〇一三条に違反する処分行為は絶対無効とするのが判例であり、学説の大勢も、現行法の解釈としてはやむをえないとする方向にある（中川ほか・前掲注(18)『相続(3)』三二八頁〔泉久雄執筆〕）。

(45) このことは、遺言執行者を指定することの防衛的機能といわれる（吉野衛「遺言執行者の権限―『相続させる』旨の遺言を中心として」登研五七六号一七頁）。

(46) 遺言執行者の存在を遺産管理の円滑化の側面に注目した論文（竹下史郎・前掲注(4)「遺産管理者」）を参照されたい。

(47) 法曹会・前掲注(21)『判解』〔野山宏執筆〕二三二頁

(48) 同前

(49) 独り暮らしの老人の財産管理については、その実例を紹介した。唄孝一・石川稔編『家族と医療―その法的考察』三九頁以下〔竹下史郎執筆〕（弘文堂、一九九五）を参照されたい。

(50) 法曹会編・前掲注(21)『判解』〔野山宏執筆〕二三二頁

(51) 「判批」判タ九七〇号一九頁

(52) 我妻・唄・前掲注(18)『相続法』二九七頁、鈴木・唄・前掲注(37)『人事法Ⅱ』二五頁

(53) 判例は、いったん執行行為として受遺者に移転登記がされた後に、相続人が争うときは、受遺者を被告とすべきである、とする(最判昭五一・七・一九民集三〇・七・七〇六)。学説もこれを支持している(中川ほか・前掲注(18)『相続法(3)』三一五頁〔泉久雄執筆〕)

(54) 中川・泉・前掲注(11)『相続法』五八七頁。反対、松原・前掲注(37)『相続法II』六二六頁

(55) 我妻・唄・前掲注(18)『相続法』三二〇頁、中川・泉・前掲注(11)『相続法』五八七頁

(56) 第一東京弁護士会司法研究委員会編『遺言執行の法律と実務』二二六頁〔熊谷秀紀執筆〕(ぎょうせい、一九八九)は、遺留分減殺請求があると、遺贈の場合には遺言執行できないが、『相続させる』旨の遺言の場合には、これを相続分の指定と遺産分割実行の指定と解すると、減殺請求があっても遺産は特定された相続人に帰属するので遺言執行は可能であるとする。

(57) 遺留分減殺請求権行使後の権利関係について判例は、贈与または遺贈に対して遺留分減殺請求権が行使されると、当該贈与または遺贈は遺留分を侵害した限度で効力を失い、受贈者・受遺者が取得した権利はその限度で効力を失い、当然に遺留分権利者に帰属すると解している(最判昭四一・七・一四民集二〇・六・一一八三)。その結果、減殺によって取り戻された財産(取戻財産)は、相続財産に戻されて遺産分割の対象になる(審判説)のか、それは遺留分権利者と物権法上の共有となりその解消のためには共有物分割手続(民二五八条以下)による(訴訟説)かが争われてきた(この点に関する最近の文献としては、沼部愛一郎ほか編『現代家事調停マニュアル』三四五頁〔森野俊彦執筆〕(一粒社、二〇〇〇)がある)。最高裁は、相続人の一人に対する全部的包括遺贈に対し他の相続人が遺留分減殺請求権を行使した事案について、「減殺請求権行使の結果遺留分権利者に帰属する権利は、遺産分割の対象となる相続財産の性質を有しない」と判示し(最判平成八・一・二六民集五〇・一・一三二)、訴訟説を採用した。

(58) 竹下・前掲注(1)「遺言信託」二四九頁で結論的には既に述べたが、今回さらに詳述した。

(59) 蕪山ほか・前掲注(13)『遺言法体系』四三六頁〔横山長執筆〕、松原・前掲注(37)『相続法II』五五二頁、奈良次郎「相続財産に関する訴訟と遺言執行者―主として被告適格と関連して」司研五九号司法研修所創立三〇周年記念特集号四二頁、梶村太市「遺言執行者の選任」梶村ほか・前掲注(1)『体系⑫』三六六頁

(60) 高橋・前掲注(26)『重点』二三八頁、蕪山ほか・前掲注(13)『遺言法体系』四三七頁〔横山長執筆〕、法曹会・前掲注

（34）『判解』一〇〇四頁〔河邉義典執筆〕

(61) 判例としては、最判昭和五一年七月一九日民集三〇巻七号七〇六頁がある。

(62) 高橋宏志教授は、この判決には疑問が生じないではないとし、遺言執行者だけを被告とする訴訟で原告が満足しているのならそれでよいが、そうでないのであれば、登記名義人にも被告適格があるとする方向で考えるべきことになろうとする。なお、この他の解決策に関する議論を整理して紹介している（高橋・前掲注(26)『重点』二三八頁）。

(63) 上記の事例についていうと、それが遺贈ではなく、「相続させる」旨の遺言であったとしたら、受益の相続人が違法に登記を経由した相続人に対し移転登記を求める場合に、現在の登記実務からいうと、遺言執行者を訴えの相手とすることはできないであろう。

(64) 前掲注(61)に挙げた、最判昭和五一年七月一九日には、学説は概ねこれを支持している（中川ほか・前掲注(18)『相続法(3)』三一五頁〔泉久雄執筆〕、高橋・前掲注(26)『重点』二三九頁）。これに対し、平井宜雄「評釈」法協九五巻四号七一八頁（一九七八）の反対がある。なお、伊藤昌司「判例批評」判評二二三号＝判時八五六号一三九頁は、仮登記を本登記に直すのは遺言執行者の職務であり、仮登記だけでは遺言執行者の職務は終了していないとする。

(65) 最近のものとしては、野山宏判事の研究がある（法曹会・前掲注(21)『判解』二一八頁以下〔野山宏執筆〕）。

(66) 奈良・前掲注(59)「相続財産」三六頁

(67) 新堂幸司『新民事訴訟法』二四六頁（弘文堂、一九九八）

(68) 高橋・前掲注(26)『重点』二〇六頁

(69) 新堂・前掲注(67)『新民事訴訟法』二五一頁

(70) 高橋・前掲注(26)『重点』二一四頁

(71) この判決については、遺言の無効を主張する相続人は、遺言執行者を被告として、遺言無効確認の訴えを提起できるとした趣旨であるとして肯定に解する見解（山木戸克己「判例批評」民商法七七巻六号八八六頁（一九七八年）、「遺言無効確認を求めたとしても遺言執行者の被告適格を認めたことであろう。」とする見解（小山昇「遺言執行者の地位」谷口知平ほか編『現代家族法大系(5)』三三七頁注(82)、有斐閣、一九七九）がある。

(72) 最近のものとしては、最判昭三一・一〇・四民集一〇・一〇・一二二九がある。この判決は、遺言無効の訴えそのものについてはそれを不適法としたが、現在の権利関係である包括遺贈の争いについては遺言執行者の被告適格を認めた。

(73) 学説も、確認訴訟の対象は現在の法律関係の存否に限るとするのが、従来の通説であったが（兼子一『民事訴訟法体系』一五五頁・一九五四、酒井書店、斉藤秀夫編『注解民事訴訟法(4)』四一頁〔斉藤秀夫執筆〕、一九七五、第一法規出版）、近年は判例を支持する学説が有力に主張されている（石川明「過去の法律関係と確認訴訟」法研三一巻一二号一〇八〇頁一九五八、三ケ月章『民事訴訟法補正版』七四頁（一九八一、弘文堂）、斉藤秀夫ほか編『第二版注解民事訴訟法(6)』一一二頁〔斉藤秀夫＝加茂紀久男執筆〕（一九九三、第一法規出版）など）。

(74) 三ケ月章『民事訴訟法』二六九頁（弘文堂、一九七九）、森野俊彦「遺言無効確認訴訟」梶村ほか編・前掲注(1)『体系⑫』二八八頁

(75) 梶村・前掲注(59)「選任」三六五頁

(76) 法曹会編『最高裁判所判例解説民事編昭五一年度』二八三頁〔田尾桃二執筆〕（法曹会、一九七八）は、実務的に見ると、一つの遺言には多くの関係者、多くの物件が関係するので、個別に訴えを提起する煩わしさ、判決相互間の抵触のおそれを考えると、相続人から遺言執行者を相手どる遺言無効確認の訴えを認めて一挙に抜本的に遺言の有効無効を決め得るとすることは便宜であり有意義である、とする。

(77) 高橋・前掲注(26)『重点』二四五頁は、東京地判昭四九・七・二六が遺言執行者のみを被告適格があるとし、他の相続人を相手に所有権確認を求めた訴えを却下した事件について、最判昭三一・九・一八の判決の延長として捉えているとする。

(78) 新堂・前掲注(67)『新民事訴訟法』二六四頁、高橋・前掲注(26)『重点』二一二頁

(79) 新堂・前掲注(67)『新民事訴訟法』二六〇頁は、参加の道が与えられていれば、実際に参加しなかったときにも、その者に不利益に判決の効力を及ぼすことが正当化される可能性が出てくる、とする。

(80) この問題は、奈良・前掲注(59)「相続財産」において冒頭に提起された問題である。

(81) 奈良・前掲注(59)「相続財産」五八頁

(82) 奈良・前掲注(59)「相続財産」六三頁

(83) 奈良・前掲注(59)「相続財産」六〇頁

(84) 奈良・前掲注(59)「相続財産」五九頁
(85) 奈良・前掲注(59)「相続財産」六三頁
(86) 高橋・前掲注(26)『重点』二四七頁は、検討すべき提言であると評価する。

人工生殖における民法と子どもの権利

水野紀子

湯沢雍彦・宇都木伸 編
『人の法と医の倫理』Ｉ6
二〇〇四年三月 信山社刊

一　生命倫理における法の論じられ方
二　人工生殖の規制
三　子どもの権利

一　生命倫理における法の論じられ方

医療水準の急速な発展に伴って、臓器移植・脳死・遺伝子治療・人工生殖等の是非と限界について、生命倫理領域の難問は多岐にわたり、また続々と発生する。これらの問題を扱う論文は、法学の立場からのみならず、哲学・倫理学・社会学・フェミニズムなどの立場まで、百花繚乱の議論状況である。外国の議論状況についてはもちろんのこと、日本語文献ですら、その全体像を視野に入れることは、たやすくない。

このような議論の状況は、当然のことながら日本だけに限られない。フランスの生命倫理法をめぐる議論は、一九九四年の生命倫理法の立法以前から質量ともに大部の紹介業績がすでにある(1)が、生命倫理法立法後も、議論の量は減じていない。たとえば、季刊民法雑誌（Revue trimestrielle de droit civil）は、フランス民法学の代表的な定期刊行物であるが、生命倫理領域の論文が占める量が多くなっている。二〇〇二年の春号に掲載された Gérard Mémeteau の「季刊民法雑誌における医事法の展開 La présentation du droit médical dans la RTD civ.」と題された論文は、最初の書き出しを「季刊民法雑誌は医事法の、そして副次的に生命倫理の雑誌であるのか?-La Revue trimestrielle de droit civil est-elle une revue de droit médical et, par accessoire, de bioéthique ?」という疑問文で始めている(2)。あまりにも急速に進む医療技術は、従来の規範が前提としていた諸事実を覆すものであり、しかも人間存在の根底にかかわる問題であるため、早急な規制が必要なことはいうまでもないから、これに関する論文が多く書かれるのは当然のことなのであろう。一九九四年に、比較的短期間に立案されたにもかかわらず包括的で内容豊かな生命倫理法によって、すばやく立法的な対応をしたフランス法であっても、それで問題が解決したわけではなく、法学界をあげての議論が続いている。

ひるがえって日本の議論状況を眺めると、とりわけ法学における議論の蓄積が足りないように思われる。そして生命倫理という領域は、アメリカの議論の影響が強い。そもそも生命倫理という言葉そのものもアメリカで作り出された概念であり、日本にもアメリカの生命倫理をめぐる議論は早くから詳しく紹介されてきた。前述したようにフランス法の紹介も行われていたとはいえ、相対的に多量なアメリカ文献の翻訳業績は、この領域における議論を主導してきた観がある。(3) そして私がわずかに管見したフランス法の議論と比較すると、紹介されるアメリカ法の議論は、一貫して自由と自己決定が至上の地位を保障される前提のもとで、それを制約する倫理が論じられるときも、法的な体系化の努力と無縁のまま、種々の倫理や政策的配慮が相互矛盾をむきだしにして論じられるように見える。(4) 医療の進展によって生じた未知の領域の問題だからといって、これまで人間社会の調和をはかってきた法的な思考の蓄積が役に立たないことはないはずであるのに、従来の法体系に知恵を求めることはあまりなされない。自己決定という概念を絶対視することには限界がある。人間は自分を取り巻く社会に考えさせられるように考えるのだから、厳密な意味での自己決定とははなはだ危ういものであり、自己決定をどこまでも追い求めていくことは、ときとしてタマネギの皮むきのような虚しい努力になりはしまいか。また、自由の伝統をもつアメリカ社会と異なり、女性の地位が低く共同体の抑圧も大きい日本社会においては、自由と自己決定の尊重は、もちろん今後とも強調されるべき価値ではあるが、その反面、自己決定が万能の口実となることの危険性も大きいように思われる。(5) たとえば経済的にも肉体的にも負担の大きい不妊治療を受け続け、ドナーとの生殖医療によっても子を持つことを求める日本人女性の自己決定は、はたして産まない自由を真に保障された上での自己決定だろうか。

前記の季刊民法雑誌の同じ号には、民法学の大家、François Terré の「法律家も気の毒に！- Pitié pour les juristes !」と題した論文が収録されている[6]。この論文は、Monique Canto-Sperber の近著『道徳的不安と人間の生命 L'inquiétude morale et la vie humaine』PUF, 2001 を批判したもので、とりわけこの本が倫理と社会学と法を分断して分析した点を論難するものである。法は多様で豊かな内容をもつ存在であって、「法から法の内容である価値を奪って、法を損なってはならない。これらの価値のかかえる還元できないアンビバレンスを考えれば、これらの価値こそ、法に調和を保つように強いているものである。その調和とは、知の要求するもので満たされた豊かなあらゆる内容と、自由との共存という調和である[7]」のだから、と Terré は言う。フランス法における議論の仕方の主流は、この Terré の表現に象徴されるもののように私には思われる。すなわち自由や自己決定を尊重してそれと調和をはかる規制を作り上げることは当然のことではあるが、それを絶対視するものではなく、また法が従来成し遂げてきた諸利益・諸価値の調和を前提として、これまでの法を参照し、法体系に整合的に、新たな規制を考える姿勢である。そして人間の諸利益調整の基本法として、民法は、絶えず参照され、議論と規制の基礎となる。一九九四年法の基本的理念は、民法の改正として、法体系に組み込まれた。人体の尊厳と不可侵性を格調高くうたいあげたフランス民法一六条以下の原則的な規定が民法の位置づけを象徴する。

このような民法のとらえ方は、日本においても、民法学者の間では、おそらくある程度の合意が得られるように思う。判例に現れた新しい課題を、従来の法体系のなかにいかに組み込むかという、民法学者が日々行っている解釈の仕事は、まさにそういうもの、つまりこれまでの諸利益・諸価値の調和を達成している法を参照し、法体系に整合的に、新たな規制を考える作業であるからである。総論としても、たとえば、近時刊行された原島重義著『法的判断とは何か』[8]は、このような存在としての民法の貴重さを描き出した名著のように、私には思われる。[9]この意味において、従来、わが国の民法学においては、概念法学の積極的な意味が十分には共有されてこなかったように思われてならない。悪口としての概念法学は了解されていても、概念法学が意味する貴重な内容が、十分には消化されていなかったのではあるまいか。概念法学と対立して主張された自由法論がわが国に受容されたときに、「逆説が逆説として作用せず、アンチテーゼがテーゼとして受け取られ愛玩される」[10]（丸山眞男）、おきまりのパターンをたどったのかもしれない。ましてこの場合には、広範な裁量権を有する裁判官が上位の第三者として大岡裁きをするという土着の裁判意識にも合致するものだった。

しかしかつてリストが「法学が体系的であるためには実用的であらねばならず、真に実用的たらんとするためには体系的たるように努めねばならない」といったように、「社会の中に生起する多様な事実からさまざまな法概念が抽象される。概念は彫琢され、相互に法命題の形で結び付けられ、複数の法命題は上下関係をつけられ、整序され、やがて網羅的で完結した体系へと組み立てられていく。そして、こうしたまぎれもなく『概念法学』的な装置が完成度を高めれば高めるほどに、社会の中に生じてくる数限りない事実に対して適切な対応ができるようになる」（海老原明夫「リストの刑法学方法論」[11]）。法は、事実とのフィードバックを通じて不断に変容するが、同時に総体としての同一性も一貫して保つ、いわば複雑系の存在である。あたかも人間存在そのものがそうであるように。

Philippe Jestaz が「美しき法 Le beau droit」という論文で描いた法の美学も、このような法学の姿の考察であるように思われる。[12]構成の芸・技術として、伝達の芸・技術として、法の美しさが必要とされる。法の科学と法技術とが合流するときに、構成の美しさがもたらされ、知を伝える独特の調和のとれた様式が生まれる。もちろんあまりに耽美的になりすぎると弊害も生じるけれど、たとえば概念法学が硬直化しすぎて現実と整合しなくなることも起こりうるけれども、良き法は、やはり同時に美しい。

家族法の領域では、このような民法のとらえ方から議論がなされることは、財産法におけるよりも少なかった。ひとつの理由としては、従来の家族法学が、「家」制度との対決に追われたため、諸価値の調整をはかる法体系としてよりも、直接的な世界観や哲学の対決の場面として機能しがちであったことがあげられるだろう。現在でも、たとえば内縁準婚理論をめぐる議論は、民法の解釈論としてよりも、事実婚に対する価値評価やリベラリズムに対する態度として論じられるために、議論がかみ合わないきらいがある(13)。しかし本来、家族法も、アンビバレントな諸価値を内包しつつ、自由との両立を図る、調和の体系であったはずである。親子法の体系もそのようなものであったのなら、新たな医療技術の進展によって生じた人工生殖による親子関係法の立法にあたっても、従来の民法の枠組みが議論の前提として活用されるのが自然であろう。フランスの立法は、そのように行われたが、日本における議論では、民法の枠組みにそった発想はあまりみられないように思われる。それどころかむしろ、民法典の制度趣旨を理解しないまま立法される特別法が、その弊害の意味を自覚せずに、民法典の意義を変更して損ねてしまうことが危惧されている(14)。

二　人工生殖の規制

人工生殖については、本稿執筆現在、立法の最終段階に入っている。厚生労働省の管轄する厚生科学審議会生殖補助医療部会が行為規制法の立案を報告書にまとめ、親子関係法を立法する任に当たる法務省が法制審議会生殖補助医療関連親子法制部会において立案作業中である[15]。この間の議論において、私は、生存配偶者間の不妊治療を越えて、ドナーによる卵子や胚の提供を認めるべきではないとする立場をとってきた[16]。またドナーを介さない夫の死後の人工生殖にも反対である。人間は肉体的にも精神的にも壊れやすい存在であり、とりわけ子を育てる環境は、子の心理的・物質的安定をできるだけ確保しなくてはいけない。人工生殖は、すでに生まれた子の処遇を考える問題ではなく、親のために医療という第三者が関与して子を創作する問題なのであるから、もっとも考えなければならないのは、不妊治療に通う患者の希望ではなく、生まれてくる子の福祉であると考えるからである。しかしこのように子の福祉だけを根拠に論じると、議論の争点はあまりに単純化された不毛なものになってしまう危険がある。

たとえば、人工生殖の規制問題について、最新の論考、渕史彦「生殖補助医療と『子の福祉』[17]」は、次のような歯切れのいい文章で、人工生殖に消極的な立場に対して批判的な検討をしている[18]。その所論は、明晰ではあるが、アメリカ法の発想の影響を受けた、ある種の典型的な議論であるように思われる。しかし十分に説得力のある検討として反対説と議論がかみ合っているかというと疑問である。その論旨を追ってみよう。

「そもそも生殖補助医療の施術対象を限定する理由として『子の福祉』を持ち出すこと自体が不当ないし少なくとも不用意ではないだろうか。……不妊症に悩む事実婚カップルの中には、簡単には法律婚に移行できない事情をかかえたカップルも少なくない。そうしたカップルに対して『子の福祉の観点から』生殖補助医療を受けてはならないと宣告するのは、当該カップルが生殖補助医療を受けたならば生まれてくるであろう子について『むしろ生まれてこない方がその子のためである』と評価していることにほかならないのである。そのような考え方は個人の尊重の原理（憲法一三条）に反し、容認しがたい」、と。ここには、自然に出生した子の命が、どのような境遇にあれ――非嫡出子として生まれようと、あるいは障害をもって生まれようと――、あらゆる差別を受けずに等しく尊重されるべきであるという誰にも否定できないテーゼと、医師が関与して親の希望で子の命を創る人工生殖の是非の問題をあえて混同した議論がある。子にとって出生とはいつでもいわばこの世への強引な拉致であるけれども、生きている両親が自分たちの生殖子によって新しい命を創りだすことが、その拉致を正当化するのに必要な条件ではないのだろうか。人工生殖は、病気の治療を越えた医師の関与による生命の創造であり、それは親の意思や希望だけでは、正当化されえない。

また「『子の福祉』は本来、ちょうど不動産所有権の二重譲渡における『登記の先後』と同じように、法的地位の優先劣後を決定するための基準・ものさしにすぎず、それ自体は法的権利ではない。また『子の福祉』を優先するということが当然に他者の権利の否定を意味するわけでもない」という叙述は、人工生殖を受ける親の「権利」を所与の前提としているように読めるが、そもそもそれがはたして「権利」といえるかが、ここで問われている問題なのである。

最後に、「生殖補助医療の行為規制を考える上で『子の福祉』を最優先するということは、子をめぐる既存の法律関係や、関係者の有する法的諸利益を分析しなくてよいということでは決してない。今後は生殖補助医療をめぐる法律関係の分析をさらに進め、それに基づいて個々の行為規制の趣旨・原理・射程を考えていく必要がある」という結語は、そのとおりだとしても、どのように法的諸利益を分析するかが問題である。既存の法律関係の制度趣旨は簡単に判明するものとは限らず（時効制度の制度趣旨をめぐって、どれほどの研究と議論がなされたことか）、かといっていきなり諸利益をぶつけてよいとは思われない。たとえば事実婚のカップルに認めない理由を父子関係の不安定性だけによるものとし、「要するに、法律婚の場合も事実婚の場合も、父子関係を安定させるための立法的手当が必要かつ可能であるという点において条件は同じなのであり、法律上の夫婦に対しては第三者の精子提供による生殖補助医療を受けることを認めながら、事実婚カップルに対して父子関係の不安定性を理由にそれを認めないというのは、筋が通らない」とする論旨は、父子関係の安定性以外の要素が理由である可能性が考慮されていない。実際に事実婚カップルに認めているフランス法も、その事実婚カップルの二年以上の安定性を要求する点で、子を育てる両親の環境の安定性が考慮されている一要素であることがわかる。子の心理的・物質的安定のために、安定的な家族が必要であることが、おそらく最大の理由なのではないだろうか。したがって日本より事実婚カップルが社会的に安定した存在となっているフランス社会での事実婚カップルと、安定的な関係を期しているカップルがほとんど圧倒的に法律婚カップルである日本での事実婚カップルを同列に考えられるかという判断も入ってくるだろう。

人工生殖の規制は、優生主義や商業主義をコントロールをするだけではなく、将来の予測不可能な不幸に備えなければいけない。アメリカ法の規制は、極端な方針を実験的に採用して失敗すると揺れ戻しをすることによってバランスをとることが多いが、この問題には不適切である。禁酒法の実験はありえても、新しい命が生まれ出る人工生殖には、実験は許されない。多くの利害や法益の調整をとった民法の枠組みを利用して、その知恵を前提に新しい事態に対応することが、まだ間違いの比較的少ない方法であると思われる。

実際にフランス法における議論では、既存の民法の親子法が絶えず参照される。[19] とくに人工生殖を認める場合の設計は、完全養子縁組と類似して議論される。たとえば子は両親を持つ資格を有し、そのことの要請は、親が子を持つ要求よりも優位にある、というように。胚の受け入れは一種の養子縁組（préadoption）と位置づけられ、裁判官は受け入れの条件を審査して認める決定をする。親希望者は、永続的に親となる確固とした意思をもち、継続的で安定的なカップルでなければならないとされる。人工生殖を受けることへの同意についても、民法の親子関係についての意思と対比して、議論される。同意については、同様に要式行為である認知と対比され、同意の撤回については、養子縁組の同意の撤回についての民法三四八条の三と対比される。そして生殖子提供者との関係については、子の受胎前にあらかじめなされる遺棄として、民法三四一条の一の匿名出産や完全養子縁組の前提となる遺棄と対比して論じられる。[20] 匿名出産は、もともとは子殺しを防ぐ目的で伝統となっていた制度であるが、一九九三年に民法に立法化されるにあたっては、養親希望者たちの「ロビー活動」の成果と説明されるほどであり、[21] 生まれた子に家族を与える養子縁組と親になる要求に応える人工生殖とは本来の目的がまったく異なるとはいえ、両者の位置はそれほど離れてはいない。

このように既存の法制度と対比することで、そこで生じていた問題や論じられてきた難点を、人工生殖においてもパラレルに考えることができる。完全養子縁組において基礎とされてきた、子が両親をもつ法益は親が子を持つ要求より優位にあるという従来の考え方[22]は、単身者の人工生殖や夫の死後の人工授精を禁じる根拠となる。民法の体系は、子の福祉を重視しつつも、親のプライバシー権や親の意思などの諸利益を同時に配慮して、それらの諸法益の調整をつけてきた体系であるから、それらの対立する諸法益の調整を白紙から論じるよりも、民法に依拠した議論をしたほうが、はるかに安定性をもった議論ができると思われる。

実親子関係ですら思春期には親子の人間関係の困難をかかえるものであり、養子縁組には養親のよほどの覚悟とそれを乗り越えられる資質が要求される。しかも通常の養子縁組はすでに出生し存在する子のための制度であるが、人工生殖はこれから生まれる子のための制度設計である。フランス法は胚の受け入れを許容したが、日本も認めるべきだろうか。胚の受け入れには、キリスト教文化のもとで、受精の瞬間に生命が誕生するという観念の支配が感じられる。宗教やイデオロギーの面で、ニュートラルな日本社会や日本文化には、このような観念の呪縛はない。生命倫理に関する社会的な合意形成にあたっては、より柔軟な判断が可能である。私は日本においては、両親と血のつながらない胚の受け入れは、許容すべきではないと考える。いずれにせよ、その合意形成が速やかに行われないと、自由の名の下に、親の希望を叶えるために長期的な視野を欠いた人工生殖が行われることが危惧される。不妊患者の診療に当たる医師は、患者の強い希望に左右されがちであろうが、いわば超長期的予後の問題を考えなくてはならない。日本だけで規制しても、人工生殖の可能な外国で目的を達するであろうから、規制の意味がないという主張があるが、世界のどこか他国で違法にならなければ自国で規制する意味がないという主張は、理由にならないだろう(23)。

行為規制の問題ばかりではなく、親子関係の法的規制についても、難題がある。人工生殖によって親となった者たちは、もちろん実の親子とすることを望むから、最初にその身分を与えるのは簡単である。むしろ人工生殖によって生まれた子であることを記録することの方がはるかに難しい。両親はおそらくできる限りその事実を隠蔽しようとするはずであるから、仮に医療機関が両親と子の特定を正確に把握してその記録を残すことができたとしても(両親は可能であれば医療機関すら欺罔して、偽名で施術を受けようとするだろう)、身分登録機関を含む第三者が人工生殖の事実を把握することは至難である。そして人工生殖によって生まれた子であることは秘匿されているから、それが争われたときには、どのように子の身分を守るかが問題になる。両親が人工生殖の事実を明らかにしない限り、裁判官にはそれはわからないから、両親が一致して子の身分を覆そうとしたら、鑑定は親子関係がないことを示すために、子の身分は危うくなってしまう。両親が離婚したとたんに、母と夫とが一致して偽造された父子関係を覆したいと望む「理由はそれこそ何千もある」

(Françoise Dekeuwer-Défossez) のであり、血縁関係を封印できて子の身分が揺るがないのは、法律上の関係が現実の愛情関係と一致しているあいだだけなので、フランスの立法者はこの不安定さを避けようとできるだけ努力してきた[24]。

しかし、フランス法は実親子法自体に血縁と異なる親子関係が一定の割合で含まれることを前提としながら、身分占有などの技術を駆使して、血縁と異なってもその親子関係を守ることができる条文構造になっている。生命倫理法は、人工生殖の場合の親子関係について、ドナーと子との間にはいかなる親子関係を認めることも許されないとする民法三一一条の一九と人工生殖に同意した者が親子関係を争うことを禁じる三一一条の二〇を立法したが、これらの条文が働く場合はごく限定されている。それでも立法論的には、批判もある[25]。この条文を根拠にフランス法も日本のような血縁主義をとると理解してはならない[26]。フランス法は従来の親子法で人工生殖の親子関係を守ることができるのであり、人工生殖子の法的な身分を守ることができるのは、本来それに依るしかないのである。親子関係が争われるときは、出生当初にあった愛情の関係が失われて法的な関係と不一致を来した場合であり、法が子の身分を守らなくてはならないのは、まさにその不一致が生じた段階である。しかし鑑定によって血縁関係がないことを立証する容易さと人工生殖の事実を立証することの至難とは、比較にならない。人工生殖の事実を裁判所が知ることは難しいし、かりに問い合わせればわかるような完全な記録を作り上げようとしても、完全を期した戸籍制度がそれ故に虚偽出生届によるわらの上からの養子の慣行を形成して、成人してから身分を奪われる子の悲劇を生んだように、同様の脱法行為が繰り返されるだろう。さらに子は自分の法律上の身分を守るためには、人工生殖子であることを明らかにして戦わざるをえないが、人工生殖によって生まれた子であるという事実を知らされてしまう子の被害も無視できない。

制度設計に当たっては、そもそも身分の登録・開示システムにおいて、西欧諸外国と日本には非常に大きな差があることを、考慮に入れなくてはならない。戸籍制度は、身分の公開について、身分証書とは、基本的に大きな差がある。非嫡出子の相続分差別や続柄記載について、わが国でこれほどに当事者の被差別感が強いのは、戸籍制度の存在に大きな理由があるだろう。まず制度的なアクセスの容易さの違いである。個人の出生地と出生場所の情報を入手してその場所に保管された出生証書にアクセスしなくてはならない身分証書の国と、住所さえ判明すれば住民票は戸籍と職権で連絡記載がされているから、ただちに戸籍情報にアクセスできる日本では、アクセスの困難さの違いが大きい。次に実子や養子の身分記載についても、記載方法がまったく異なっている。非嫡出子の出生について、日本では実母の戸籍に必ず記載することを要求するが、フランスでは、子の出生証書に自然子の父母の名を記載しなくてもよい。子の出生状況は、両親の私生活に属するものとされ、プライバシーが尊重されるからである。

養子法においても、彼我の差は大きい。日本法の養子縁組は、特別養子縁組でさえ、実親との関係を戸籍上に明示するものであって、西欧諸外国法の完全養子縁組とは大きく異なる。フランスの完全養子縁組では、もとの出生証書は無効とされ、判決謄本にも実親の記載はされない。つまり完全養子縁組では、養親は、その子の出生の事実を本人に告げるかどうかの自由を有する。自分が完全養子であることを知った子が児童社会援助局に問い合わせして、実親が秘密厳守を要求していなかったら、情報を入手できる。日本の特別養子縁組では、その子が特別養子であることは、戸籍上から一目瞭然であるから、法律上の両親にそのような自由はなく、子に限らず、除籍情報にアクセスできる者であれば、誰でも実親を知ることができる。日本の特別養子制度は、子のプライバシー権について配慮を欠いた、問題の多い立法であった。[27]

従来の日本の親子法は、血縁に基づく親子と養子縁組による親子とに二分類し、その間を峻別し、実親子関係を争うことを極力可能にするとともに、もしその結果、衡平上、親子関係を認める必要がある場合には、それを養子縁組に擬制して、親子関係の効力を認めようとする単純で画一的な発想が強固であった。人工生殖の議論においても、その発想は依然として多くの議論に見られる。[28] そのほうが単純でわかりやすい議論であるということもあるのだろう。しかしその議論の基礎にあるのは、親子の対立する法益を調整して必要な場合に子の身分を守る民法の知恵を継受しきれなかった限界と、すべての血縁関係を戸籍上に掲示させて国家管理しようとする明治政府以来の強力な管理の発想である。

結局、この戸籍制度が体現してきた管理の発想とその制度的意味を悟れず抵抗しきれないまま血縁主義に流れてきた民法学が、日本の実親子関係法をいびつにしてきたのだろう。戸籍では母の戸籍に付属する形でしか出生届が受けつけられず、母が婚姻していると（婚姻解消後三〇〇日間も含む）、夫の子としての出生届しか受けつけられず（婚姻初期二〇〇日間を除く）、夫ではない真の父の認知届も受けつけられない。すなわち出生の段階で当事者の希望する真実を表す出生届ができない。フランス法は、嫡出推定を崩す際に、これらの自由な出生届や認知届によって嫡出推定の効力を奪うことを可能にしてきたが、わが国では事実上の離婚が先行した「死んだ婚姻」から生まれた子すら、一律に夫の子としてしか受けつけられない。戸籍の届出の段階では当事者の意思を排除した硬直なシステムを構築しながら、いざそれが争われると、生物学的真実と異なる記載を誰でもいつでも覆せるものとして民法は空洞化され、そこでも極端な実務が行われてきた。私は民法の実親子法は存在しないかのような従来の血縁主義的解釈を批判する立場に立つが、立法論としてはともかく、このような戸籍実務を前提とした民法の解釈論には限界があることはたしかである。当面は、当事者の合意による家事審判法二三条審判を活用して崩すべきところは崩すとともに、親子関係を守りたいとする当事者がいるときは嫡出推定条文解釈論の外観説の限りで法的な親子関係を維持して、立法的根拠なく無制限に広げられてきた親子関係存否確認訴訟に提訴当事者や生活実態や権利濫用という面から解釈論的制限を施し、子のプライバシー中のプライバシーである血縁鑑定は厳に慎む、という解釈でしのぐしかないであろう。

フランス法においては、すでに完全養子制度において、実親子関係は封印されており、出自を知る権利は認められてこなかった。親子関係の争い方においても、子の身分を不当に奪うことがないように、諸利益を考慮して複雑に規定されていた。子の身分の設計においても開示についても、慎重に配慮されてきた。人工生殖による親子関係を立法するにあたって、わが国が今直面しているような難しさがなかったのは、その「美しき法」の存在という前提があったからでもある。

人工生殖にかかわる諸法益の調整を、それらの対立をむき出しで議論するのではなく、既存の民法体系に照らして設計しようとしても、つまるところ、わが国の実親子法がそれに値する存在ではなかった、つまり「美しき法」といえるほどの法益調整の機能をもつものでなかったという問題に戻ってくる。財産法におけるような継受法の努力が、家族法には足りなかったのだろう。しかし最高裁はまだ最近の判例でも、外観説を崩さずに、血縁主義には踏み切っていない(29)。今後の実親子法の展開を考えると、民法の実親子法そのものを「美しき法」に作り上げていく可能性は十分ある。しかし人工生殖立法を機会に、逆の方向に進んでしまう危険も強い。たとえば嫡出推定制度が親子関係不存在確認訴訟によって空洞化してきた現状を前提に、血縁関係のない子でも人工生殖子の場合には人工生殖を利用した者を親とするという定義規定を置くことは、解釈上、人工生殖に依らない子は血縁によって親子関係が成立するという血縁主義的解釈を、立法的にも決定的にしてしまうおそれがある。日本法は、出生時に未婚の母をサポートして育児を支える支援もなく、結果として生じた脱法行為の被害者であるわらの上からの養子の相続権を不当に奪ってきた。その子たちのうちには、ときには実の親をさがすすべもない子もいたであろう。人工生殖子の登録を頼りにする立法は、同じ歴史を繰り返す可能性がある。遺伝的に誰の子であるかという情報は、子の人生のもっとも中核にあるプライバシーである。実親子法は、それに極力触れることなく、子の身分を設計しなくてはならない。他のすべての子が守れる枠組みと共通の枠組みで、はじめて、人工生殖子の身分を本当に守ることができるだろう。

人工生殖立法はどうなるのだろうか。生まれた子の人生の重さを十分に配慮した立法になるのだろうか。それとも逆に、たとえば少子化対策の一助となるというような乱暴で短絡的な政治的判断と、自己決定と自由の論理が競合脱線して、人工生殖を幅広く認める立法がなされるのだろうか。自由が抑圧された日本社会に対する、本来はアンチテーゼの議論であるはずの自己決定と自由の論理が、結論においては、保守的で頑迷な勢力の論理と、一致してしまうことが、家族法においては少なくない(30)。今回も、その一例となるのだろうか。

三　子どもの権利

最後にふたたび渕論文に戻って、「子の福祉」について考えてみたい。「子の福祉」や「子どもの権利」という概念が、それ自体としては誰にも否定できない価値や正義を意味するために、その言葉を用いることが、思考停止を招き、建設的な議論を封じてしまう傾向があるという問題意識は、私も共有する。しかし前述したように、渕論文は、人工生殖に対する親の「権利」を所与の前提として論じており、「子の福祉」自体は権利ではないために権利に劣後するものとされる。つまりこの枠組みではまだ生まれてこない子の「権利」は、主体がないために当然のことながら無視される。

アメリカ法の枠組みでは、「権利」になると、強力な力を持つ。そして法的な議論は、権利同士の調整になるように思われる。生まれた子の権利は「権利」として強力に主張される。児童の権利条約は、このようなアングロサクソン流の議論が先導して締結された条約であった。

Alain Finkielkraut は、児童の権利条約にフランスが批准するに当たって、次のように議論していた。「現実と条約のずれには、なにか胸の悪くなるものがある。そこには、同時に二つの無視がある。ひとつは現実の悲惨を天使のように無視することである。つまり、非難するわけではなく、なんの効果も持たないことを知りながら、敬虔な意図で覆ってしまう。もう一つの無視は、法の無視である。法は、権力に限界を画し、欲望に限界を画することを目的とする。法とは、限界の表明である。ここでは、法を限界として考えるかわりに、欲望を現実と考えることを《法=権利 droit》と呼んでいると考えられる。言い換えると、現実の原則によって欲望や感情に画されたすべての制限をなくしてしまうことである」[31]、と。そしてこの Alain Finkielkraut の危惧は、子どもの権利を論じる場合に、共感を持って引用される。[32]

しかしもちろん児童の権利条約は、フランス法にも大きな影響を及ぼしている。たとえば最近の立法でも、児童の保護者（Défenseur des enfants）の設置に関する二〇〇〇年三月六日の法律第一九六号が、共和国斡旋員の特別バージョンとして児童の保護者を創設したのは、この条約の影響を否定できない。[33]しかしこの制度を見ても、フランス法の子どもを守る法的な体系はすでに整っており、児童の保護者という新設の制度がその保護の体系を覆すものではないことがわかる。児童の保護者はいわゆるオンブズマンであるが、司法の育成扶助に対しては非介入原則がとられ、県行政の社会扶助について県議会長への通知権限が児童の保護者に認められているにすぎない。要するに、既存の法制度において、それぞれの場面で子どもの保護について考えて実質的に保障する制度ができているのであり、それを前提としたオンブズマン制度である。

ひるがえってわが国の態勢を見ると、離婚法においても[34]、親権行使においても、公権力が介入して子どもの保護をはかる実効的な制度が不十分である。日本民法の親権法は、フランス法を参考に立法されたのに、育成扶助としてその後発展してきたフランス法の成果が取り入れられることもなく、児童虐待から子を有効に救うことも長らくできなかった。親権をいくら権利ではなく義務であると解釈しても、それだけでは子を有効に保護することはできない。国家権力との関係では、子を育てる権利はあくまでも親にあり(その意味で、親権は基本的に権利であり続けると私は考える)、ただしその権利は子の健全な育成という目的のためだけに認められるのだから、親がその権利を濫用していたら、子を救うべく公的な介入が必要となる。そして法は、その調節を行う。すなわち親が子を虐待するなどの親権濫用をしたときには親権を制限して介入し、かつ国家が親権を過度に侵害しないようにその介入を制限する。ここで必要なのは、親の権利と介入する国家権力との調整であり、法はここで双方の限界を画する役割を果たす。必要とされるのは実際的で実効的で困難な調整であり、なんらかの権利や原則を至上のものとして唱えることではない。

離婚の場面においても、両親間の子の奪い合いがもたらす紛争は児童虐待に近い事態を招来するが、ここでも自力救済を防いで両親が協力して子育てができるように[35]、また経済力のない当事者への養育費が確実に履行されるように、公権力の介入が必要である。しかしわが国の状況は、それにはほど遠いまま推移してきた。この場面で必要なことは、それらの基本的な保護を整備することであって、子の奪い合いの場面で子どもの意見表明権を適用して子に親を選ばせるようなことではない。Alain Finkielkraut は、子どもの意見表明権という概念を離婚事件に適用して、子どもに両親のどちらかを選ばせることを「残虐なソロモンの裁き cet atroce jugement de Salomon」と喩えて非難する。「絶対的に恐ろしく、大衆迎合の欺瞞的ですさまじい、両親の競り des surenchères absolument terribles entre les parents, de formidables surenchères démagogiques」が現実化してしまうと表現する。(36) このような残酷な選択は、ハーグ子奪取条約の実務でも極力避けるようである。(37)

フランス人が法の無視を危惧する「子どもの権利」の主張も、アメリカ社会においては、人工生殖の問題をのぞけば、親のプライバシー権や自己決定権がきわめて強力に働く対抗原理として機能するから、それなりの安全弁があるのだろう。また児童虐待やＤＶへの対応についても、アメリカ社会は費用を投下して実行に移す機動性と実際性をもっているように思われる。実際には自由も自己決定も抑圧され、法の機能や整備もまだ不十分で国民のものとなっていない日本社会でこそ、単純な言葉によるスローガンの危険性がもっとも高いのかもしれない。児童虐待や児童による犯罪が報道されるたびに、マスコミの集中砲火が行われ、時代錯誤の厳罰化が政治家の口から語られて喝采を浴びる。村社会の規範意識が、共同体の崩壊したのちも、幻想として維持されるときに、もっとも人権が脅かされる。しかしその悲劇に対抗するものとして、たとえ善意からであっても、単純な権利を主張することは、ときとして逆にスケープゴートを血祭りに上げるだけで、本当の解決にはならない。

小熊英二『「民主」と「愛国」』が描き出している戦時中の日本の姿の描写、崇高な理念が表面的に賛美されていたのと裏腹に、内実においては物欲、名誉欲、虚栄心が跋扈して、虚偽と無責任が国を覆った悲劇の描写は、圧倒的である。[38] 野田良之博士がポルタリス『民法典序論』を訳して、「砂上楼閣でない基礎工事が一歩でも進められ〈人類の革命〉が少しでも現実となってくれれば良い」と書いたのは、そのような時代の直後であった。[39] 戦後日本社会は、それに代わる「公」と「私」の関係を築き上げることができたのだろうか。戦前の我が国の悲劇的様相をもたらし、それを有効に是正することもできなかった文化が、いまだにわが国には残っているように思われる。スローガンではなく、明確な規範の集積がもたらす調整と安定こそが必要である。その基礎になるのは、紛争を宿命とする人類がそれを解決するための英知を蓄積してきた民法のような法規範を、真に国民のものにすることだろう。[40]

（1） 初期の代表的な業績である大村敦志「フランスにおける人工生殖論議」法協一〇九巻四号（一九九二年）をはじめ、フランスの人工生殖についての紹介業績は、少なくない。ここでは、とりあえずマロリ・ビュゲ＝コルディエ、箱井崇史・杉原丈史・馬場圭太訳「フランス家族法および相続法における現代生殖医療」公証法学二六号（一九九七年）、松川正毅「フランスにおける人工生殖の実施基準」潮見佳男他編『民法学の軌跡と展望』（日本評論社、二〇〇二年）だけをあげておく。

（2） RTDciv.Avril/Juin 2002 p.253.

（3） H.T.エンゲルハートほか著・加藤尚武・飯田亘之編『バイオエシックスの基礎』（東海大学出版会、一九八八年）、ディヴィッド・ロスマン著・酒井忠昭監訳『医療倫理の夜明け』（昭文社、二〇〇〇年）、グレゴリー・E・ペンス著・宮坂道夫・長岡成夫訳『医療倫理一』『同・二』（みすず書房、二〇〇〇年）など、翻訳書も多い。民法学者によるアメリカ法についての業績としては、吉田邦彦「アメリカ法における『所有権法の理論』と代理母問題」『民法解釈と揺れ動く所有権論』（有斐閣、二〇〇〇年）（初出は、星野古稀『日本民法学の形成と課題・下』（有斐閣、一九九六年）、山畠＝五十嵐＝藪古稀『民法学と比較法学の諸相Ⅰ』（信山社、一九九六年）を特筆すべきだろう。吉田論文の紹介によると、アメリカではきらびやかな理論がめくるめくように論じられているが、はたして法に収束するのだろうか。

二〇〇三年一月二三日にパリ第一二大学で行われたPhilippe Jestazの法の認識論についてのコンフェランスに出席する機会を得た。その報告内容は、活字になっているものを発見できずにいるが、アメリカ法に対する批判が興味深かった。彼によると、法学者は科学者でもなく文学者でもない、相対的真実を追究する存在であり、法学は、理論的体系的な説明可能性を追求し、現実に適用する科学であるという。理論的でありかつ実際的であることが法学のダイナミズムをうむ。しかしアメリカ法学は、経済学や社会学を多用するけれど、法理論というよりも、むしろ文学である、とアメリカ法学の特殊性を批判する。吉田論文に描かれたアメリカ法学の現状には、この批判が当たっているように思われる。

なお、法学文献ではないが、地球規模の資本主義の嵐が環境と人間にもたらしている弊害を描くミシェル・ボー『大反転する世界』（藤原書店、二〇〇二年）も、フランス人がアメリカの論理と哲学に対して抱く危惧を端的に表す書として、注目される。

（4） 同様の指摘をする論者も多い。わが国の議論が、一九六〇年代以降米国で優勢になった、オートノミーを過度に強調する自由の概念を無批判に受容していること等を批判する、秋葉悦子「出生前の人の尊厳と生きる権利――母体保護法改正に向けての提言」ホセ・ヨンパルト古稀『人間の尊厳と現代法理論』（成文堂、二〇〇〇年）、「とくに遺伝子研究・遺伝子治療の在り方で、日本がアメリカばかりをモデルにしていていいのだろうか」とする中村雄二郎「遺伝子研究・遺伝子治療の問題点」加藤一郎他編『遺伝子をめぐる諸問題』（日本評論社、一九九六年）など。

（5） 老人介護問題でも、自己決定の概念は危険である。当初、周囲から要請される義務感や肉親の情で、老親を引き取ることを決断した扶養義務者は、やがてとほうもない介護労働負担を負うことになる。それが自己決定で正当化されるだろうか。わが国の扶養法の従来の議論は、望まない者に強制できないということと、自分で望んでする分には問題はないということとでは、一致していて、そこから思考が発展していないように思われる。両親に無条件に対価なく義務づけてよい子の養育とは異なり、老親の介護の場合には、介護労働の対価をどのように保障するかという観点から、従来の私的扶養法の議論を整理する必要がある。水野紀子「『相続させる』旨の遺言の功罪」久貴忠彦編集代表『遺言と遺留分・第一巻遺言』（日本評論社、二〇〇一年）を参照。

（6） Francois Terré, 'Pitié pour les juristes !', RTDciv.Avril/Juin 2002 p.247 et suiv.

（7） Françis Terré, op. cit., p249.

（8） 原島重義『法的判断とは何か』（創文社、二〇〇二年）

（9） 原島重義教授の学説の位置づけについて、たとえば笹倉秀夫『法哲学講義』（東京大学出版会、二〇〇二年）一五八頁以下のように、自己決定権を推進させる立場とそうでない立場に二分し、原島教授を山本敬三教授らとひとくくりにして前者の立場に置き、後者に対置する理解には、疑問を感じる。原島教授の学説は、たしかに利益考量論を便宜主義と批判して体系を重視する立場ではあるが、自己決定に帰着させる立場というよりは、民法にはるかに豊かな内容をもたせているように、私には思われる。

（10） 丸山眞男『日本の思想』（岩波新書、一九六一年）一七頁

（11） 海老原明夫「リストの刑法学方法論」西川洋一他編『罪と罰の法文化史』（東京大学出版会、一九九五年）二三八頁。この論文は、リストの刑法学を論じつつ、概念法学の積極的な意味を確認する。本文に引用したリストの発言も同二二七頁による。

（12） Philippe Jestaz, 'Le beau droit', Arch.phil.droit 40 (1995), pp.14-24.

（13） 内縁準婚理論に否定的な立場をとる私の見解（水野紀子「事実婚の法的保護」石川稔・中川淳・米倉明編『家族法改正への課題』（日本加除出版、一九九三年）、同「団体としての家族」ジュリスト一一二六号（一九九八年）参照）に、近時、家族法学者のみならず、憲法学者や法哲学者からも批判が加えられている。野崎綾子「正義論における家族の位置」国家学会雑誌一一三巻一一＝一二号（二〇〇〇年）八〇頁、安念潤司「『人間の尊厳』と家族のあり方——『契約的家族観』再論」ジュリスト一二二二号二三頁（二〇〇二年）など。それぞれの専門によって用語が異なり、専門外領域への私の蓄積や理解能力が乏しいこともあって、これらの批判を十分に理解できているかどうか心許ないが、どうも議論がかみあっておらず、ねじれの位置ですれ違っているように思われる。自由主義の立場からする安念教授の批判についていえば、むしろ内縁準婚理論はあらゆる自由主義の立場と衝突する内容をもち、「そもそも、不平等あるいは非対称な関係を内包した婚姻関係でもよいと考える当事者（つまりは女性）がいるとすれば、そうした当事者が取り結ぶ結婚契約に、なぜ政府が介入しなければならないのであろうか」（安念・前掲二八頁）という主張は、内縁準婚理論に反対する私の立場とこそ整合的である。

もちろん家族法・家族像の変化とそれに民法がどこまで対応すべきかという議論は、西欧社会でもさかんに、むしろ厳格なキリスト教文化のもとでの西欧民法であったから日本におけるよりもある意味では強力に、論じられている。また婚姻観や家族観のような基本的な価値観にかかわる問題については、それぞれの主張は、客観的な記述を志したとしても、各自のかかえる傾向によってニュアンスの異なりがどうしても現れるであろうから、そのニュアンスをとらえた批判はありうるであろう。しかし少なくとも内縁準婚理論批判についていえば、私の主張は、もっと基本的なごく単純な論理のものである。婚姻家族のみを正統化して離婚を制限し非嫡出子を差別していたかつての西欧法は、次第に変容して法律婚と事実婚の中立化を採用するにいたった。内縁準婚理論の立場をとる者は、この西欧法の変容の経緯を論拠にあげるが、疑問である。私はこのような動きを否定するものではなく、またそれに対して批判的な立場をとるものでもない。なぜなら内縁準婚理論は、法律婚と事実婚の中立化と同意義ではないからである。

法がどのような家族を守るべきかという判断は、どのように守れるかという国家に可能な手段の判断と密接に結びついている。婚姻という民法に用意された枠組みに入ることを選んだカップルには、婚姻の効果を強制してその関係を守ることができるが、それを拒絶した事実婚カップルには、その間にできた子への民法上の責任を問うことで、関与するしかない。いいかえれば、法律婚夫婦は婚姻の瞬間から民法上の「家族」となるが、事実婚夫婦は子の誕生によって「家族」となるともいえるだろう。事実婚の「契約」という構成についても、民法の観点からは慎重に考えなくてはならない。いくら事実婚を契約と構成しても、財産を共有とするような財産的合意についてはともかく、その契約に基づいて裁判所が同居義務や貞操義務などの婚姻と同様の債務履行を強制するわけにはいかず、契約としてどこまで有効と評価できるかは微妙である。しかし民法上のこのような位置づけは、法律婚と事実婚に価値的序列をつけることと、同意義ではない。すなわち、内縁準婚理論の是非は、法律婚と事実婚を同価値に評価するかどうかという問題そのものではない。法律婚と事実婚を価値的に同等であると評価することは、論理的には、内縁準婚理論を採ることに直結しない。なぜなら内縁準婚理論は、法律婚を望まなかった当事者に、裁判所が、すなわち国家権力が、法律婚の効果を強制する理論だからである。裁判所も国家権力のひとつにほかならない。

内縁準婚理論は、事実婚配偶者に民法の法律婚の法的効果を準用して適用するという、西欧諸外国に類を見ない解釈論である。中川善之助教授の提唱にかかるこの理論は、リベラリズムとはおよそ対極にある、中川教授の中にあったある種の儒教的国家観とでもいうべき発想、中国文化圏にあるわが国の文化的遺伝子ともいえる発想がもたらしたもののように思われる。婚姻成立の基礎には婚姻意思があるが、婚姻意思を重視しない伝統をもつ中国文化圏では、「事実上の婚姻関係存在確認訴訟」によって一方当事者に法律上の婚姻を強制する韓国法や、売買婚や略奪婚による婚姻成立も認める中国法などがあり、内縁準婚理論は、それらの法理とむしろ親近性をもつものであって、個人の意思による自律と自由、国家権力の法による制限を原則とする、西欧近代法とは相容れない。私は、少なくとも、そのような国家権力の干渉を拒絶したいと考える程度には、リベラリストである。そしてこのような文化的遺伝子に規定されるところの多いわが国独特の家族法学を、近代民法の家族法学に脱皮させたいという問題意識をもっている。私の主張する内縁準婚理論否定説の眼目は、実はそこにある。

日本とフランスの状況の対比について、水野紀子「カップルの選択」ジュリスト一二〇五号（二〇〇一年）参照。

(14) 大村敦志「生殖補助医療と家族法――立法準備作業の現場をふまえて」ジュリスト一二四三号（二〇〇三年）は、民法典の制度趣旨からこの問題について論じる数少ない貴重な論文である。「本稿が述べた見方が唯一の見方というわけではない」と断りつつ、「何が問題なのかを的確に認識する必要があるという認識自体についての理解が得られれば、本稿の目的は達成されたことになる」との結語には、フランスとは民法学の地位が異なるわが国での代表的民法学者の苦渋がしのばれる。**Pitié pour Monsieur le professeur Omura !**

(15) 二〇〇二年度の私法学会においても、人工生殖をテーマにシンポジウムが行われ、シンポジウム資料はＮＢＬ七四二号・七四三号（二〇〇二年）に公表されている。

(16) 水野紀子「人工生殖と家族と法」神奈川大学評論三二号（一九九九年）、同「人工生殖子の家族法上の身分――出自を知る権利はあるか」産婦人科の世界二〇〇〇春季増刊号・Bioethics 医学の進歩と医の倫理（二〇〇〇年）、同「不妊症治療に関連した親子関係の法律」ペリネイタルケア二〇〇一年新春増刊号（二〇〇一年）、NIRA 国際シンポジウム「二一世紀日本のあり方」特別セッション「生命科学の発展と法――生命倫理法試案」におけるコメンテーター発言・総合開発研究機構（ＮＩＲＡ）編『「生命倫理法試案」に関するシンポジウム議事録』（二〇〇一年）などがあるが、どれも短いものでまとまった論文ではない。

(17) 渕史彦「生殖補助医療と『子の福祉』」ジュリスト一二四七号一二六頁（二〇〇三年）

(18) 棚村政行「生殖補助医療をめぐる契約と同意」NBL七四二号二八頁(二〇〇二年)もカウンセリングや十分な情報提供と証明責任を果たすことで、配偶子提供契約を正当化できるとする立場に立つ。しかしここでのカウンセリングの内容は、どのようなものになるのか、ブラックボックスである。カウンセラーは、子の将来の人生の重さを説明するのだろうか。この種の「契約」は、意思決定によって正当化できない無効な契約であると私は考える。

(19) これらの議論のされ方は、たとえばビュゲ＝コルディエ・前掲注(1)などのフランス法紹介にもあきらかである。

(20) ただし、Dominique Youf, Penser les droits de l'enfant, Questions d'éthique, PUF, 2002, p.91は、子の出自を知る権利との関係で、この両者を対比した上で、遺棄と生殖子提供者との地位は異なっている、とする。子の懐胎を可能にするための好意による提供とすでに生まれた子の遺棄は別物だから、提供者の匿名権は正当な利益である、出自を知る権利という正当な利益と、どちらも正当な利益同士が衝突する場面だから難しい、と述べる。Dominique Youf は次注に引用するように、出自を知る権利に好意的で、従来のフランス法に批判的な立場をとる論者であるが、提供者の匿名権については、慎重な態度であるのが注目される。

(21) Dominique Youf, op.cit., p.67.匿名出産をめぐっては、子の出自を知る権利を根拠にした国際的な圧力や国内での成人した養子からの要求などが強くなって、現在のフランスでは立法論的な廃止論が論じられている。コンセイユ・デタは、「血縁上の親は、個人の自由の名において、私生活のもっとも基礎的な要素のひとつ、つまり自己の父性や母性を黙秘することを尊重される権利を持つ」として現行法を正当化している。国連児童の権利委員会のフランス代表(M.Fonrojet)は、個人の自由、とくに父性や母性を黙秘する私生活の権利を根拠に、匿名出産を正当化した。結局、子どもの権利も他人、つまり大人の権利に優越するわけではない、というわけである。Dominique Youf, op. cit., pp.68-69.しかしこのような議論の前提状況が、日本法とはまったく異なっていることに注意しなければならない。日本の戸籍の出生届は、母の戸籍に入籍する形式で行われるが、この制度を作った明治政府の見解は、「婦女ニ戒慎ノ心ヲ生セシメ以テ弊源ヲ防カレン」というふしだらな女性に制裁を加える意図であったのだから。水野紀子「親子関係存否確認訴訟の生成と戸籍訂正(二)」名大法政論集一三六号(一九九一年)一二六頁参照。

(22) Cornu, La famille, Montchrestien, Domat, 7e éd., 2001, p.399 など

(23) 国家ごとの規制を越えて、「人権と生物医学に関するヨーロッパ条約」などをはじめ、国際的なルール調整の努力も行

われている。なお、このような国際化の努力と同時に、それと両立するものとして、フランスでは「法は国家意思である」という原則も根強い。現在のフランス民法学界では、フランス民法に関してのヨーロッパ人権裁判所の一連の判決について、批判的な議論が活発化している。

(24) Françoise Dekeuwer-Défossez, La filiation en question, Françoise Dekeuwer-Défossez, Philippe Jeammet, Norbert Rouland, Albert Donval, 'Inventons la famille !', Bayard, 2001, p. 51.

(25) Catherine Labrusse-riou, filiation, Rép.civ.Dalloz, pp.43 et suiv. 1995.「危険は、普通の子と人工生殖子を区別すること、そして人工生殖子の中で合法な子と非合法な子とを区別する中にある。」同 n. 245, p.466

(26) 伊藤昌司「親子法学一〇〇年の誤解と躓きの石」西原古稀『現代民事法学の理論・下巻』(信山社、二〇〇二年)四六七頁は、「身分占有には生物学的真実をねじ伏せて『法律上の親子関係』を尊重させる力があるというのなら、夫も同意したAID人工授精子に対する父子関係を争う訴えが身分占有を理由に不受理とはされなかったは何故か、説明が付かない。私が、身分占有についてのわが国の議論が本当かどうか調べ直す気になったのは、この疑問からであった」とし、フランス民法三一一条の二〇によって「解決する他はなかったのである」とする。たしかに夫が嫡出否認を出訴期間内に提起したときにそれを封じるためには、この条文は必要であった。しかしそれは身分占有の議論とは関係ない。身分占有によって嫡出子身分を守る民法三二二条は、夫の嫡出否認権を規定した本来の条文ではなく、解釈によって嫡出否認権を拡大するときに便法として用いられた条文である。条文解釈としては、条文上本来認められている夫の嫡出否認権を三二二条の身分占有を根拠に否定することは、解釈論的には難しい。したがって三一一条の二〇が立法的に必要となったのである。しかしそのことが三二二条の身分占有が子の身分を守る機能を持たないという理由にはならない。

なおこの論文は、私の実親子法に関する見解についての厳しい批判を主唱するものである。本来であれば、私も枚数を使って本格的な反論を展開するべきであるが、本稿は実親子法を対象とするものではないので、その余裕がないため他日を期すこととし、基本的なことを簡単に反論しておきたい。伊藤教授の批判は、「成立」という言葉の問題についての総論としては私見と激しく対立するようであるが、結論的にはそれほど遠くないように思われる。「生物学的事実に反すれば、そこには親子関係が存在しないと考えるべきであり、ただ、存在しないという主張を許さない場合を個別に限定的に設けていけばよいことである」(同・四七一頁)とする結論は、その前段に力点を置くかどうかという相違はあるにせよ、後半の設計が必要なことについては、私にも異論はないからである。親子関係訴訟の法理の重要な点は、まさにその設計をどうするかにつきる。伊藤教授は、親子関係の「成立」ではなく「証明」というべきであるとして私見を批判されるが、フランス法の理解においても、親子関係の存在が認められる要件（身分証書、嫡出推定、認知、身分占有、判決など）と、そうして認められている親子関係の否定が許されない場合の要件をはっきり認識できていれば、親子関係の存在が認められる要件を「証明」と呼ぼうと「成立要件」と呼ぼうと、言葉にこだわる必要はない。ただその言葉が喚起するイメージを根拠に、母法の実態を不正確にイメージさせて、日本人的な誤解を助長することが危惧されるだけである。たとえば成年後見法の議論において、ドイツ法の「個人的な世話」概念のイメージを根拠に、日本人的な誤解を招いた例のように（水野紀子「成年後見人の身上監護義務」判例タイムズ一〇三〇号（二〇〇〇年））。

そしてたしかにフランスにおいても、従来の親の意思に依存した親子関係の設定方法について、批判的な立場が強くなっており、その立場は、たとえば認知は親子関係を「作る」のではなく、生物学的な親子関係の存在の「証拠」であるといういい方をすべきだとする。しかしその立場も親の意思次第で子の身分が揺らぐことをもっとも危惧しており、身分占有だけでは子を守れないと嘆くのである。たとえば、Dominique Youf, op. cit., pp.73-74など。それぞれの国の制度の批判派は、従来の制度の欠点がよく見えるからこそ、その制度の基礎をなしてきた考え方に批判的になるのだろう。私が日本の血縁主義的傾向を批判する場合も、その傾向はあるのかもしれない。しかし比較法的な研究においては、その考え方の部分を拡大して、単純化した議論をすることの危険は大きい。国によって制度的前提が異なるからである。親の意思に依存したフランス親子法の設計をもっとも強く批判するフランスの学者であっても、日本法の親子関係不存在確認訴訟の実態を説明されると、それではいきすぎであると驚くのではないだろうか。そして依然として「フランス法は生物学上の関係よりも愛情関係の永続と身分占有に重要性を認めている」と総括をするフランスの学説も存在する。Boulanger, Droit civil de la famille, Aspects comparés et internationaux. Série études et recherches, Economica 1994, p.117など。

嫡出否認制度についての私の立場も伊藤教授が強く批判するところである（同・四五六頁以下）。しかしここでも伊藤教授の批判には異論がある。伊藤教授は夫だけが否認できる点でこの制度を批判するが、私は嫡出推定＝否認制度の意義をそこにはおいていないからである。すでに夫だけの否認権は、諸外国でも日本でも失われている。「妻と妻の子の運命が夫の一存にかかってもよい」制度であるという評価は、最初は夫婦の子としての身分を与えて育てておきながら、妻との仲がうまくいかなくなったら、「夫の一存」で子の身分を奪うことを許す、日本の血縁説や家庭破綻説にむしろあてはまるのではないか。嫡出推定制度は「照明の暗い一九世紀の闇に跳梁したケチな小悪魔」（同・四五七頁）として一蹴すべきものではなく、その制度的是正は必要であるけれども、存在意義については慎重に考えたい制度である。嫡出推定制度には夫に妻の子を育てさせる義務を課している側面があり、私の関心は、子の福祉に必要な場合に子の身分が安定することにある。

フランス親子法は、モザイク状の多面的なもので、そのどの面を照射するかによって、アバウトにはさまざまな評価をすることが可能であろう。しかしドイツ法と比較して、血縁関係よりも意思や生活事実を重視して設計していることは、たしかである。トビアス・ヘルムス著、野澤紀雅・遠藤隆幸訳『生物学的出自と親子法』（中央大学出版部、二〇〇二年）参照（外国法の一面を自己の説に都合よく引用する業績よりも、このような労多い翻訳業績こそが、学界に益するところ、外国法の理解に資するところが大きいように思われる。ただしこの本のはしがきでは、日本法はドイツ法とフランス法の中間だとされているが、ドイツ法の請求権の手続き的な制限も知らず、フランス法の身分占有を駆使した制限も知らず、素朴な血縁信仰が強い日本法は、とても中間とはいえない）。提訴期間や提訴権者の制限のない親子関係不存在確認訴訟を活用してきた日本法は、それらの制限をもつドイツ法よりもずっと血縁関係を絶対視してきた。日本法になくてフランス法にある提訴期間の制限や認知無効の制限などの立法的な制限はとりあえずおくとして、伊藤教授がフランスの判例が法律上の親子関係と生物的関係の「二つの関係の距離を、水野に較べてはもとより私よりも、ずっと近いところに取っている」ことの根拠にあげるフランス法の嫡出推定の「隠退」も、二三条審判などを合わせて考えれば、そのような評価には異論がある。なぜならフランスの判例は、子が夫の子ではないという事実のみによって嫡出推定を退けるものではないからである。生物学上の父との父子関係が成立することによって（成立という表現がいけないのであれば、認知によって立証、といいかえてもかまわない）、子の出生証書に夫の名が記載されないことによって、また子と夫との身分占有が否定されることによって、はじめて退けられるのである。たしかに身分占有という概念は曖昧であり、二三条審判のような便法のないフランスでは、子が請求して夫も同意しているケースも裁判所に登場するから、事案によってはかなり寛大に嫡出推定を覆すケースもある。しかしフランスの裁判所では、日本の下級審判例に見られるように、たとえば妻の浮気による子であることを知った夫が、生物学上の父との父子関係を探しようのない状況でも法律的な父子関係を否定して子との関係を絶つことを認められたり（母が出産二ヶ月後に自殺した神戸地裁平成三年一一月二六日判決判時一四二五号一一一頁のケースが典型的である）、また数十年も嫡出子として生きた子が相続争いの場面で父子関係を否定されて相続権を奪われたりすることは、ありえない。フランス法の親子関係法は、鑑定によって決定されるのではなく、裁判所が決定するものである。日本でも裁判所において決定されるが、現状では鑑定結果を確認するだけとなっている裁判が多く、それでは裁判所による決定とはいえない。たしかに一九七二年法以前の厳格な親子関係法と比較すると、フランス法は生物学上の親子関係が法律学上の親子関係と一致するように法改正と判例法が進展してきたけれども、それはあくまでも裁判所の決定を柔軟にできるように改正されてきた。フランスの裁判所は、法律上の親子関係を奪う場合は、身分占有などの技術を駆使して、子の身分が不当に奪われないようにつねに配慮してきたのであり、現在もそれが可能な法制度となっている。

(27) 戸籍制度の存在を前提とすると、特別養子のプライバシー権保護に限界はあったとして、実父母の監護不適当さという要件を明示した民法八一七条の七が特別養子身分のスティグマとなってしまうこと、施設に預けきりで育てる意思のない実親の親権行使濫用の段階で介入することなく、そのような実親との断絶手続を養子縁組手続と別立てにしなかったこと等が、立法的欠陥として挙げられる。特別養子制度に対する批判的評価については、水野紀子「認知無効について（二）──血縁上の親子関係と法律上の親子関係の不一致──」法学六四巻一号三九頁以下（二〇〇〇年）参照。

(28) 深谷松男「人工生殖に関する家族法上の問題」家族〈社会と法〉一五号（一九九九年）など。同・一三五頁は、「生物学的に血縁関係にない者同士を実親子とすることは、法に許された制度創設の限界を超えるもので、法的擬制ではなくて、虚偽ではないか」とする。

(29) 水野紀子・最高裁平成一二年三月一四日〔判決評釈〕ジュリスト臨時増刊・平成一二年度重要判例解説（二〇〇一年）

(30) 星野英一『家族法』（放送大学出版会、一九九四年）はしがき参照

(31) Alain Finkielkraut, La mystification des droits de l'enfant, Les droits de l'enfant : actes du colloque européen, 8-9 et 10 novembre 1990, Amiens / sous le patronage du Ministére de la solidarite et de la protection sociale et de Madame Lalumiére.: CRDP Amiens, Centre national de documentation pédagogique : Conseil général de la Somme, 1991. pp.66-67.

(32) Eléonore Lacroix, Les droits de l'enfant, Ellipses, 2001, p.25 は、Alain Finkielkraut が条約を欺瞞 mystification と

呼んだことについて、「この言葉は重い」と引用している。

(33) この法律の内容については、パリ第一二大学に留学中の高山奈美枝氏に日仏法学二三号に掲載予定の原稿を見せていただいた。記して感謝する。

(34) 離婚法についての私の見解は、瀬木比呂志判事との対談「離婚訴訟、離婚に関する法的規整の現状と問題点」判例タイムズ一〇八七号(二〇〇二年)参照

(35) 日本社会〈家族と法〉学会のシンポジウム記録「子の奪い合いの法的解決をめざして」家族〈社会と法〉一八号(二〇〇二年)参照

(36) Alain Finkielkraut, op. cit., p.69.

(37) 前掲・家族〈社会と法〉一八号一八〇―一八一頁

(38) 小熊英二『〈民主〉と〈愛国〉』(新曜社、二〇〇二年)「第一章モラルの焦土」

(39) ポルタリス『民法典序論』(野田良之訳、日本評論社、一九四七年)はしがき

(40) 水野紀子「中川理論――身分法学の体系と身分行為理論――に関する一考察」山畠=五十嵐=藪古稀『民法学と比較法学の諸相Ⅲ』(信山社、一九九八年)参照

家庭裁判所創設期の家事調停事件
――『転換期における家事資料の研究』をもととして――

湯沢雍彦

湯沢雍彦・宇都木伸 編
『人の法と医の倫理』Ｉ７
二〇〇四年三月 信山社刊

一　まえがき

本書に寄せる論文のテーマ選択にはだいぶ迷ってしまったが、唄孝一先生と共同で行った仕事のうち、結末がはっきりつけられなかった標記の問題を取り上げてまとめることが最善と判断した。具体的には、家事資料研究会報告書・第一輯『転換期における家事資料の研究――昭和二三年・二四年』(タイプ刷り) B5判四一〇頁、昭和三八年四月二〇日、家事資料研究会発行の紹介と検討である。私は、この作業の一部の調査と執筆、それに原稿の調整や印刷業者との打ち合わせなどを担当したが、当時は体調をこわして元気がなく、唄先生に励まされながらも、十分な働きをすることができなかった。同書は、一応書籍の体裁はとっているが、低質なワラ半紙にタイプ刷りというお粗末なもので、僅か数百部 (三〇〇位か) しか印刷されていない。しかし、昭和二三・二四年の家事調停事件について具体的なケースと統計を取り上げて分析した研究はその後もなくて貴重であり、同書の存在を知る人も少ないようである。今では一種の希書となってきた同書の内容を振り返ることも、家裁創設後半世紀を過ぎた現在、少なからぬ意義があることと思われる。

なお、本稿の目的は、同書の内容を論評するのではなく、当時の事件の内容と処理状況をなるべくそのままの形で伝えることにある。

(注)　同書は平成三 (一九九一) 年に、クレス出版より『家族研究論文資料集成』戦後篇の一巻として、二〇〇部だけ復刻されている。私はこれの解説も担当したが、スペースが僅かだったので十分な表現ができなかった。
なお、家事資料研究会の発足事情については、我妻栄「家事資料研究会の誕生」ジュリスト一七八号、昭和三四 (一九五九) 年五月に紹介されており、会の組織と記録保存の意義との関係では、唄孝一「家事事件記録と家事資料研究会」ジュリスト一〇七八号、平成七 (一九九五) 年一一月が大変詳細である。

二　研究の枠組

1　研究会の目標

家事資料研究会の目的としたものは、比較的明確である。

昭和二二（一九四七）年に大改正された民法親族編・相続編、戸籍法等が家事審判法を伴って二三年一月一日から施行されて、戦前とはかなり異なった家族問題が裁判所に係属するようになった。昭和二三年一月一日に開設された家事審判所は翌二四年一月一日から新設の家庭裁判所に移行して、少年関係以外の家裁係属事件は「家事事件」と総称されて現在に至っている。

我妻栄氏の「はしがき」にあるように、「この制度の発足当時、ことに昭和二三、二四の両年については、転換期にあったわが国の社会事情から見て、極めて重要なものを含んでいると推測されるにもかかわらず、統計も作られていなかったし、制度の運用も全国各地でまちまちであった。しかも、その記録は審判は五年、調停は一〇年で廃棄されることになっている。」

つまり、第一には、特殊に重要なこの期間の資料を検討することであり、第二には、記録保存期間の制約があるものの、価値ある検討が終わるまでは、その廃棄を延期することを最高裁判所事務総局に申請しようということであった。

2　目的・方法・参加者

来栖三郎・立石芳枝・加藤一郎・唄孝一各教授の連名による「呼びかけ文」に応じて参加した研究者は当初一四〇名に及び、東京都立大学の唄孝一教授の研究室に中央事務局が置かれた。最高裁判所家庭局長・訟廷部長より特定を受けた家庭裁判所は、支部を含めて四八庁に上ったが、そこへ登録された研究者がおもむいて実際の調査に当たったのは、昭和三四年七月から三八年三月の期間であった。

〔第一段階〕として、各研究者の近くにあって特定された家庭裁判所（支部・出張所でも可）へ赴き、中央事務局が作成した共通の調査表（A・B）へ重要度に応じて各事件記録を、a＝特別保存、b＝一定期間保存、c＝二年後に廃棄、に分けてチェックする作業をすることから始められた。しかし、実際に実施してみるとこの区分は予想以上に困難であり、はっきりとした成果をあげることができなかった。

〔第二段階〕の目標は、全国共通の統計表を作ることであった。最小限度のものでも、統一した整理表がいると考えたからである。そこで中央事務局が、統計表の型・項目・記入要領を作成し、各裁判所ごとの結果表を求めたのである。しかし、これも事件の種類や件名が多様であり、事件記録からだけでは記入できない項目も多く、苦労の割には総合ができなかった。

しかし今思えば、この作業はあまり必要なかったのである。この作業を着想したのは昭和三四年初めであったが、その時までに入手できた『司法統計年報・家事編』の昭和三一年版までは、昭和二三年から二六年までの統計がなく(同年報は昭和二七年版から刊行され始めた)、昭和二三年から二六年までの家事事件統計は存在しないのだ、と思いこんでこれを企画したのであった。ところが最近になって調べ直してみると、昭和三二年版には、家事事件創設一〇年目に当たるからとして、二三年と二四年の総覧表が掲載されていた(以後の各年版も同様)。あの混乱の時期によくぞとっていたと驚くほどの細かさで、事件種別ごとの全国統計があったのである。ただし、裁判所別の数字と、細別表と呼ばれている事件ごとの細かい分類表は（おそらくとっていないので）出ていない（この全国統計とその意義については本稿**四**を参照）。

［第三段階］の目標は、各裁判所ごとのモノグラフィーを書くことに置かれた。本来、これは各地担当者の任意であったが、結果的には、これが一番まとまった形になって昭和三七年末までに、一四名の手によって一三カ所の裁判所（支部も一つとして）の分が本部に送付された。

本報告書はこれを中心として編集され、前後に、我妻栄「はしがき」と唄孝一「あとがき」が付されている。これが同会報告集の第一分冊と名付けられているが、第二分冊以下はついに刊行されることがなかった。

この報告書に原稿を寄せられた諸氏の氏名と担当裁判所ならびに対象事件種別は、次のとおりである（掲載順）。

谷口知平……関西支部通覧（京都家裁、神戸家裁の調停、高知家裁の審判）
田村精一……神戸家裁の統計表
武井正臣……松江家裁木次支部の調停
中田・楠……高知家裁の審判事件統計表
山本正憲……岡山家裁の調停事件統計表
神谷　力……名古屋家裁岡崎支部における「名」の変更事件
品川孝次……札幌家裁における甲類審判、養子縁組
石川恒夫……同・氏名変更
遠田新一……広島家裁における調停事件
湯沢雍彦……水戸家裁下妻支部における調停事件その一、扶養、遺産分割、親子関係存否確認
佐藤良雄……同・その二、婚姻関係、婚姻外男女関係
服部秀一　林　千衛……岐阜家裁大垣支部、同・高山支部の調停事件

三　各家裁ごとの調停事件の特性

1　対象地の特定

結局同書は、七カ所の家庭裁判所または支部の家事調停事件と四ヵ所の家庭裁判所または支部の甲類審判事件（五種類）を内容とする報告書である。

調査対象となった裁判所は、意図的に選んだものではない。協力者となった研究者が任意に特定された近くの裁判所に当たり、二三・二四年度の調停または審判事件の記録が廃棄されずに保存されており、かつまた当局側の同意協力が得られた所が上記の一一カ所であったということである。全国の代表的サンプルとはとても言えないが、一応地域としては、西日本から北海道まで拡がり、大都市の家裁から郡部の支部まで含まれていることは喜ばしい。

本稿では、紙数の制約もあるので、七カ所の調停事件の報告に限定して、要約的に紹介しつつ検討することとしたい。同書の掲載順に取り上げることにする。

2　京都家庭裁判所

京都家裁ならびに神戸家裁については、全記録を通覧した谷口知平氏がメモを書き留め、それをまとめて法律上の疑問点を付した報告「関西支部通覧」がまことに要を得て適切なので、「取り下げ」と「不調」に関する記述を除いて、全文を転載させて頂くこととする。

(a)　二三年度事件　親族間の財産引渡等の紛争が多く目につく。内縁には入った娘より実父に対する配給通帳引渡の請求や、引揚証明書の交付請求などは、戦後の配給制度の当時を特色づけるもので、離婚に際してもこれを押えて返還しないための紛争などが多い。孫より戦死した父が祖父のために作った財産の引渡請求は戦争の影響ともいえるが、法的には親族財産の帰属不明瞭ながら実質的衡平による請求として特に調停に適し、法律構成に興味ある問題を提供するものと思う。

「慰藉料全額支払済となるときは離婚届をすること」「扶養料を支払わぬときは離婚をすること」という調停条項の効力は問題である。協議離婚が一方的偽造届によるもので無効であるとの調停申立は今日におけると同じく、多数目につく。併し八件とも何れも追認して有効を追認するとし、結局、離婚、親権者指定、財産分与で終っている。これは一五年を経た今日でも余り変っていないように推測される。内縁の妻が届出を欲しないのに夫が無断で届出をし、又無断で離婚届をした場合について「婚姻届及び協議離婚届の無効を確認し、無効に伴う戸籍訂正に関する一切の手続を行うこと」という調停が成立したものがある。併し、二三条審判がないようである。この調停で訂正が直ちに行われうるものか疑問である。

「長男の氏を変更しないこと」、「遺妻へ亡夫の父は嫁入道具を返還し、復氏に異議を述べないこと」「申立人（遺妻）は婚姻前の氏に復すること、相手方は五万円支払うこと」（扶養料請求）などの調停条項は、氏と家、家産、扶養・相続の密接な関連意識を示すものであろう。「相手方は申立人の戸籍より分籍して完全に別居すること」「申立人（離婚した妻）は相手方（夫）より、何月何日限り退去すること」というのは、同戸籍と同居・扶養との結合意識に満足を与えるためであろう。なお、「申立人は相手方夫婦所有の衣服箪笥を相手方に引渡すこと、相手方は、現住所より転居し、妻と子を連れ、毎月一回申立人方を訪ねること」という調停は、親と、子夫婦との紛争で、別居によるその解決を志したものであるが、月一回の訪問義務を定めたところに興味がある。なお継母より継子への扶養請求で、「相手方（継子と実子）は申立人に孝養を尽し、当事者等は家庭の幸福の為に互に協力すること」という民法七三〇条に関するといえるものが注目される。

(b) 二四年度事件　二四年度においても、偽造協議離婚の有効性を確認する調停が多い。併し無効であることを確認するのみで、二三条審判のないものがあり、その後如何に処置したかは疑問である。注目すべきものは、「相手方は財産分与を請求しない」という条項を附した離婚。「申立人・相手方共に昭和二四年度中は再婚しない」とか、「申立人・相手方共に双方の名誉のために過去の言動につき一切口外しない」という調停の効力は問題である。又、「子が出生した場合には相手方が直ちに引取り親権者となる」という調停がある。これは今日においても折々見るところであるが、親権者の協議の予約が有効にできるものか、私は多少疑を有する。「子を申立人の籍に入れること」とか、「母の氏に子の氏を変更するについて父は同意を与えること」「継母は分籍手続きをすること」という調停条項の拘束力、或いは意義も問題であろう。

3 神戸家庭裁判所

ここも同様に、谷口知平氏の報告書を、そのまま転載する。

(a) 二三年度事件　神戸においては予期に反せず、渉外的に興味あるものがあった。申立人相手方共に外国人で、まず調停委員選任の合意がなされており、調停条項は「申立人は相手方との間の長女の唯一の監護者親権者となることを合意確定する。相手方は毎月一回終日又は二回半日その欲する場所で長女と面会することができる。終日とは午前八時より午後七時まで、半日とは午前八時より一二時又は、一二時より午後七時までをいう。面会日は二日以前に予告協議するものとする」というのである。子に対する面会権は外国では離婚や別居の場合にかなり重要な問題となっているのであるが、わが国では余り問題とされたことを聞かない。注目すべきものを挙げて見よう。

「相手方は申立人（女子）が二三年七月二二日現在妊娠している胎児を婚姻中の子なることを認め、親権者を相手方とする。胎児出生のときは相手方は速かに引取ること。引取らぬときは、出生より引取りまで月千円の養育料を支払うこと。」この種の調停は、今日においてもしばしば行われるようである。関連する疑問は胎児の認知請求権が認められないので、二三条の認知審判は許されないのではないか。出生子の親権者を予め協議することができるか。この種の調停を成立せしめることによって調停離婚成立後三〇〇日以内の出生子は嫡出の推定を受ける嫡出子となるか。父は嫡出子の承認をしたことになり否認権を失うかなどである。

「相手方は申立人との内縁を解消し、現在家屋を退去し申立人の性病治療費を申立人が再婚するまで請求書を示し相手方が承認したときは支払う」「夫（申立人）において徳島市に住所を定め就職したとき電報で相手方（妻）に通知し、相手方は子と共に夫の父母の承諾を得て寝具生活用品を以て同棲する。」

「申立人（妻）は相手方（夫）と婚姻を継続し、相手方は不動産を申立人に移転登記し、未命名の子が相手方の子であることを認め、双方協議の上届出をすること」——婚姻中の贈与契約は取消されるべきものではないか。調停を経たときは、取消されえないものと解すべきか問題を含んでいる。

「申立人と相手方は別居し、相手方は二三年八月三〇日迄に神戸市内に居所を選定して転出すること、申立人及び利害関係人は連帯して相手方の転居の日より一日米五合宛、野菜、調味料、薪炭、生活費千円持参支払うこと」。これは戦後の住居生活窮迫を如実に示すものといえよう。

「子を養子にやるなど身分上の変動には申立人は相手方と協議すること」——養子代諾権は親権者にあるわけであるけれども、親権のない父又は母の利害感情にも重大な関係があり、私は縁組の許可について家庭裁判所は充分に親権なき実父母の意見を考慮すべきだと考えているが、この種の調停条項はその法律上の効力はさておき、興味深いものがある。

認知権及び認知請求権の放棄を含むような条項で調停の成立しているものがある。「申立人（内縁の夫）と相手方との子（昭和二二年一二月五日生）に対する認知を申立人においてなさず、又相手方は申立人に対し子の認知請求をしないこと」。

なお、偽造の協議離婚届を有効と認めるとして成立した調停が相当数見出されること。また調停離婚にせずに、協議離婚届を何日までに提出することという調停形式を採るものが、京都においても、亦、一五年後の今日においても相当多いことは注目されてよい。調停離婚の記載が戸籍になされることを嫌忌する感情——その裡にひそむ裁判所を通じての紛争、権利主張を排斥する意識——これが封建制といえるか、礼譲を尚ぶ儒教道徳に通ずるものかは問題であるが、近代的な個人主義意識とは異なるといえよう——の強いことを知ることができるであろう。

(b)　二四年度事件　　昭和二四年度調停で注目すべきものを摘記する。「子が一五歳となり自由意思を以て氏変更の申立をしたときは異議を述べず。但し氏を変更したときは養育料は終期とする」——これは、氏と家と扶養とを関連せしめる旧意識の残存を示す。

二女の持参道具を二女の夫の死亡後、父より返還請求した申立の理由書の中に結婚後日浅く、子なきときは本人が死亡すれば嫁入持参荷物はその実家に返還するのが当然だとの記載がある。これは、結婚後相当年月を経たときは、荷物は夫の家の物になるという意識を前提とするものといえ、今日でも一般に濃厚と思われるものである。

外交官であったロシヤ人の内縁の妻の子が、その妻の父母の第八女として届け出られ、その母と縁組をしている場合に、母子関係存在確認の審判、単に「相手方は申立人を扶養せよ」というだけの審判は少し特異のものと思う。

4　松江家裁木次支部

武井正臣氏の報告にかかる松江家裁木次支部とは、島根県出雲地方の南部三郡を管轄する支部で、農業・山林業が多数を占める山村地帯であり、生活面で旧慣行をかなり強く残している地域である。

対象とした二三・二四年の全調停事件四二件中、離婚が二〇件で最多であることはふつうとして、次に養子離縁一〇件が多いことが目立つ。

以下、武井氏の報告をやや短縮してそのまま転載する。

(a)　離婚事件　①一般に試婚性が強く、労働力確保の意味を併せもつ。②家族制度的身分関係が強く残存し、姑又は夫による〝追い出し離婚〟が殆どである。③右の特色から更に次のような事項が現われる。

(イ)協議離婚届を妻に無断で提出する例が多い。……但、妻に離婚意思の有る場合と無い場合がある（離婚無効確認の請求）。(ロ)妻の固有財産（嫁入道具等）、配給通帳等を不当に引渡さぬ例がある。(ハ)離婚の前段階としての事実上の別居（里帰り＝嫁の実家、又は里に戻されている状態）の期間中に妊娠が発見され、又は出生した場合の子の処置が争われる例が多い。

(b)　内縁事件　①離婚であげた諸点は内縁事件についても、ほぼ該当する。②内縁離婚事件は婚姻成立の試婚性が最も明瞭に現われる場面である。民法改正前においては、試婚性が婚姻慣行として社会的に承認されていたので、慰謝料請求意識も低かったが、民法改正後は、かなり高揚し且つ一般化して来た。③恋愛結婚が家族の承認を得なかった例が一つある。

(c)　養子離縁事件　①実態においては「家の為の養子」が支配的である。養子は家の跡つぎの為、親の老後の扶養者を得る為、労働力を確保する為、という考え方が強くでている。②従って成年養子が多数を占めている。③右の目的が満足されないことを原因とする離縁が殆どである。

(d)　相続事件　①名目上の家督相続人と事実上の「家のあととり」が併存する場合の紛争が多い。②扶養（先祖の祭祀）と相続の交換条件的意識が強い。

(e)　その他の特色　①戦争の影響。応召、在外勤務よりの引揚、戦争未亡人等の戦争の影響が家族制度的旧慣行の弊害と結合、激化して現れた例が一〇例（二三年七例、二四年三例）ある。②農地解放の影響が養子離縁と結合して現れているが、養子名義で買受けた解放農地の所有権を取戻したいという例が出ている。③当地方に残存する部落常会（古くは戸主会、戦時中は隣組）的な村落構造と関連して、家族内の紛争に対する部落会の斡旋活動の行われた例があり、さらに調停委員会に対して上申書を提出した例がある。（部落会員が連署して解決方針を調停委員に上申する文書が添付されている記録があった。）④司法書士の問題。調停申立書は殆ど司法書士によって作成されており、従って申立書に現れた事実の叙述も司法書士流的表現で多少なりとも変形されているものと考えられる。なお司法書士は此の場合、相談・指導にも応じていると推察される例が多い。⑤調停申立→（当事者間の和解による）取下→当事者間の和解〝不履行に基づく再調停申立→取下〟という例が一例あるが、これは当事者間だけでは紛争が解決できないが、最後まで調停手続で争う（或いは解決する）ことは好まない考え方の現れと思われる。いわば、当事者間の私的和解と調停手続との中間的形態と考えてよいのではないか。この様な意識のあることは、当事者間の和解成立を理由とする取下件数が多いことからも推測される（両年度を通じて九例）。

5　広島家庭裁判所

昭和二三年度の調停事件については、申立書部分が全部廃棄されていたので二四年度の調停事件のみ約三〇〇件が調査されたが、担当者の関心が被爆問題にあったため、原爆に関係した二八ケースが直接分析の対象とされた。そのため報告書の副題に「原爆投下前後における被爆者の家事紛争の実態」と付記されている。

この二八件については、一件ずつ報告者遠田新一氏によるかなり詳細な紹介と所見（ご本人の言葉によれば「判例批評ともケース研究ともつかない、また厳密な法解釈論や家事調停論でもない……妙な所見」がつけられているが、なにぶん膨大な量に上るので全文を引用できない。

そこで、まことに残念なことだが、「最も印象的」とされる〈長男の妻をめぐる事件〉のみの一部を取り上げる。これだけでも九件あるが、その中の六件を取り上げる。以下、遠田氏の報告をそのまま転載する。

(a)　離婚調停事件　①［1］号ケース。両親と五人の子供をかかえ、原爆で夫（長男）を失った長男の妻と、二人の子供のある三男とが、家族制度的因習の中に、農家経営のあととりの必要から、合意で結ばれる事実上の逆縁婚に対し、三男の妻が夫の不貞を理由に離婚を請求。三男の妻が犠牲となるケース。（調停成立）②［16］号ケース。長男が召集で兵役に行ってしまい、結婚後間もない長男の妻は、子供をかかえ、長男の両親や妹達と同居し、直接間接に軋轢を生じている状況下で、原爆のため長男の妹は死亡。長男復員後、長男より親不孝を理由に妻に対する離婚を請求するが、妻が承諾しない。長男の同居親族との不和が原因となり、家の制度の制約の下に長男の妻は事実上阻害されている状態にある。本件は長男が原爆で死亡した事件ではない。（調停不成立）

(b)　遺産分割調停事件　①［8］号ケース。長男夫婦が原爆投下前から不和になり、原爆投下五日前に、幸か不幸か妻は実家に帰ってしまった。やがて原爆により長男及び長男の父は死亡してしまった。二人の死後母は長男の妻と二人で共同出資し事業を営もうとするが、長男の妻が応ぜず、離籍してしまう。そのため父及び長男名義の遺産を母と長男の妻二人で、ほぼ均分に分割した事件（母宅地八九六坪及び山林、長男の妻宅地八〇四坪）。本件では、長男の家がまれにみる資産家であったのと、長男名義の財産も多かったため、結婚後僅か一年四ヶ月で長男の妻の権利が十分に認められている。もしこれが長男が死亡せず離婚事件であればこれほどまでには認められなかったと思われる。（調停成立）②［9］号ケース。長男が原爆で死亡後、長男の妻は、長男の母や妹及び子供をかかえ生活に困窮したため、諒解を得て再婚し後夫と同居したところ、長男の妹とはうまく行くが母とトラブルを起こし、長男の妻から長男の遺産を母や妹にも分割し別居しようと調停を求める。結果、長男の母に居住権を認めること等で成立。本件は長男の子が家督相続人として財産を相続したためか長男の妻に有利。ただし長男の母の生活保障がどの程度与えられているか不明。（調停成立）③［20］号ケース。長男が原爆で死亡した後、四人の子供を抱えた妻が、長男の両親及び長男の妹夫婦等と同居して暮らすが、これらの者と軋轢を生じる。そのため、長男の妻は、長男の子が将来祖父の遺産を相続できる分け前のいくらかの前金でもらい別居しようとして調停を申し立てる。結局、長男の妻が子供二人（長男・二女）を長男の父母にあずけ、あとの二人（長女・三女）をつれて別居することに話し合いがつき取下げとなる。親との不和が原因のための止むを得ない妥協的解決方法であろうが、何かしら家の制度の因習下に、長男の妻は、二人の子供（長男・二女）とも分かれなければならない矛盾を感じさせる。（調停取下げ）

(c)　親子関係不存在確認事件　［22］号ケース。長男夫婦が婚姻後未だ届出もなく内縁関係にある中、長男は軍属として応召し、原爆のために死亡した。その後長男の妻は子供を出生したが、長男の父は長男の子

（孫）を自分たち（祖父母）の四男として届出た。離籍して実家に帰り子供を養育している長男の妻から、親子関係不存在確認の調停審判を申し立てる。一回で取下げに終る。これも考えれば止むを得ない妥協的な解決であるが、長男の妻が長男の父母とも別居し子供を連れて実家へ帰っている限りは妻の希望通り、戸籍上も妻子及び死んだ父とも親子関係を確認してやれないものかと思われる。長男の子に対する家的制約と長男の妻に対する他人意識とから、事実上一緒に暮らしている長男の妻子が、戸籍上別々にされなければならない妥協的矛盾である。（調停取下げ）

結局、長男の嫁は、因習的な家族制度の下に、家や親のための付属物であり、長男死亡後はそのために生活の保障もなく一層犠牲を強要される傾向が強い。その点は離婚の場合のように、慰謝料も財産分与もとれず一層みじめである。ただ、夫である長男名義の財産があったり、長男の子が家の財産を相続している場合のみ、例外的に長男の妻の立場はかなりみとめられ、離婚の場合よりも有利となっている。

6　水戸家裁下妻支部・その一

(a)　その一は、筆者（湯沢）が調査に当り執筆したものである。

下妻支部は水戸家裁六支部の中の一つで甲号支部である。その管轄地域は茨城県西南部にあって典型的な東関東平野農業地帯である。当時の同庁には、すべての年度の全事件記録が保存されており、原本との分離もされていなかったので、当調査にはすこぶる好都合であった。調停の全受理件数は、二三年度二五三件、二四年度二四一件あって、後の三〇年代よりも二倍近く多い。二〇年代には、若い家族が多くいたためと思われる。

乙類と二三条の調停事件、すなわち、扶養・遺産分割・親子関係不存在確認の三種の事件を湯沢雍彦が分析し、それを「その一」として報告している。本稿はその中から、処理手続き面（他稿より詳しいので）を中心に、扶養事件の内容を紹介する。

(b) 事件の処理過程　① 申立書記載者　申立人に弁護士がついている場合と、司法書士が依頼された事例の大部分については、当地方では記載者の記名がされているので判然とされた。両年度全件を通しては、両者が一七％と七二％を占めて非常に多く、この専門家以外による記載は約一割しか存在しなかった。しかもそれも、申立人本人が記載したかどうかは疑わしく、比較的法律知識に明るい役場吏員などの知人に依頼して書いて貰ったのではないか、と推察されるような事例が多い。

なお、年度による差異は少ないが、遺産分割事件よりも扶養関係事件や存否確認事件に司法書士依頼率が高く、特に存否確認事件では素人の記載による事件は一件もみられない。

また、規則三条で創設された口頭申立てにより裁判所書記官が申立書に当る調書を作製した例は一件もない。ようやく後の昭和三〇年頃に至って、貧困者についてのみ、相談の際調査官が申立書を下書きする「準口頭受理」と呼ぶ方法が行われるようになったが、三七年現在でも殆どの申立人は三人いる司法書士の所に直行して依頼している。

② 開会回数・審理期間　調停委員会開会回数は、〇回からいろいろに分布するが、最多のものでも一〇回であって、事件種別に平均をとれば、扶養関係事件二・〇回、遺産分割事件に二・九回、存否確認事件一・七回とかなり少ない回数で済んでいる。もっともこれには、申立後直ちに取下げされるなど、一回も期日を開かぬうちに事件が終了してしまう事例が一八％もあることが大きく影響している。

審理期間も、三日より幅広く分布するが、存否確認事件をのぞけば、七〜八割の事件が三カ月以内で終了している。もっと詳しく実日数で計算してみると、扶養事件六四日、遺産事件七〇日、存否確認事件一二二日であることがわかる。この三種全体としては、二三年度七六日で、二四年度の方が幾分処理が早くなったことになる。

③　弁護士代理　弁護士がどの程度代理人としてついているか。

申立人側・相手方側の双方に弁護士がついた事例は、全体を通じて七%しかなく、七九%まではどちらにも弁護士がついていない。残り一四%中一〇%は申立人側のみに、四%が相手方側のみについたものである。これは、一〇〇人の当事者がいるとき、その中四人には弁護士がついているということになるが、この依頼度は、三五年の東京本庁のそれの二倍に当り、特に二三年の依頼率(一〇〇人中二四人)は高い。それが二四年になると激減しているのだが(一〇〇人中五人)、その原因は分からない。

弁護士がつくことによって、成功的結果(調停成立・二三条審判・示談成立による取下)がえられる率が高いことは確かにうかがわれるが、少ない回数で早く終結できるかということでは反対で、弁護士がつかない事件の方が少ない回数で早く済んでいる。

④　現地調停　処理過程上注目されることに出張調停がある。

つまり、事件当事者、特に相手方の住所地の町村役場や公民館あるいは簡易裁判所(下館・古川に限られるが)へ審判官・調停委員・書記官が出張してそこへ当事者を呼出し調停委員会を開くものである。「現地調停」と称されているようだが、東京本庁などの例のように当事者の自宅や勤務先へ出張する方法とは異なってい て、一種の巡回裁判所のような印象を与える珍しい方向である。

二三〜二四年当時はかなり頻繁に行われていたが、三五〜三六年でも月二回程度は行われるとのことである。

当事者が病人や老齢者である場合ばかりでなく、乗物には酔うので裁判所までは出頭できないと申出る者が多いためだそうである。

(c) 老齢者を要扶養者とする事件の内容 ① 五五歳以上の者を一応老齢者とすると、両年度を通じて一四件がこれに該当する。いわゆる親族扶養事件に当るものが、全部で一七件であるから、この約八割が老人扶養の問題で占められていることになる。

この基本的な型としては、老齢者本人から実子を相手として扶養料や生活必需物資ないしは居住個所を請求する事件であって、半数を占めるが(Ⅰ型)、そのほとんどは相当の紛争を併うもので(Ⅰa型)、紛争を併わないもの(Ⅰb型)は少ない。子がいない場合は請求の対象が兄弟や継子に向うが、この場合も大部分が紛争を併い(Ⅱa型)、紛争性がないのは(Ⅱb型)一件にすぎない。この他、老齢者本人を当事者に含まず、兄弟だけで話をつけようとするもの(Ⅲ型)、子の方から老齢者を相手方とするもの(Ⅳ型)が変わった形として各一件ずつみられる。

全体として調停成立となる率が高いが、取下げとなった四件は、いずれも紛争性が高かったものばかりである。

② たとえば、Ⅰa型の事例としては、「Xは夫A生存中は長男等と同居して円満に生活していたが、Aが数年前死亡するやYは母親であるXに対し乱暴の行為をし、一緒に居ることができないのでXは不本意ながら二男Bの所に厄介になっている。そのYは長男にしてA死亡により相続したるものにして、母たるXを扶養する義務あるに拘らず扶養せず、乱暴し一緒に居られない始末で、家財道具や夜具布団を持って行くこと

も聞きいれない。」［事例四］であるとか、Y女（亡二男の長女）とその婿Aは、段々Xを虐待するようになり、二三年七月上旬のごときは老齢八三歳の女を蹴飛ばす等の乱暴をして怪我させ、Xは今でも痛む有様なので残念で堪らないから死ぬほかないと申せば、かえって面白がり、俺が縄をかけてやるから何処ででも死ね、といったことを云い虐待を繰返すので別居してしまいたい。」［事例五］といったケースで、紛争性が高いためかいずれも「都合により取下げ」（不円満取下）となっている。

同じ紛争を持つケースでも、女子のみを相手とする事例は調停が成立しやすい。といっても事例五に近似する別件では一〇〇〇円の一時金支払いをみただけであり、同居（同室）扶養ないし相当額の扶養料を請求した例においても、炊事をしてもらうことだけの調停成立であった。

7　水戸家裁下妻支部・その二

同支部の、婚姻関係調停事件と婚姻外男女調停事件について、佐藤良雄氏が調査を担当し執筆した報告に基づく。ただし、分量が一〇〇の表を含めて一八〇頁にも及ぶ本報告書全体の四割を占めるほど厖大な上に分類が細かいので、要約はきわめて困難である。そこで、概要と結果を中心に取り上げるにとどめる。

(a)　婚姻関係事件　　二三年＝七二件、二四年＝七件を対象とする。夫妻とも二〇〜三四歳の若年夫婦の事件が多く、婚姻期間も三年以内という短期結婚が多い。

①　婚姻破綻の態様　　夫婦の一方が、継続ないし離婚の申立をしたとき、すでに、当該の夫婦は別居していることが多い。

別居するにいたったのは、一方が家を出た結果によるものが多く、そのほか、帰来を拒絶したり、たまたま別居したままになっている事例もあるが、比較的少ない。

妻が家を出る場合は、主として、夫が殴打・暴行したためとか、夫が働かず、あるいは浪費するため生活できなくなったためである場合が多く、そのほか、夫の尊属等が妻を虐待したためという事例もかなりある。夫が家を出る場合は、主として、その夫に情婦ないし妾があって、妻を捨てた事例である。

相手の暴行・虐待なども、非常に激しい場合はともかくとして、それだけでは破綻にいたらず、相手方尊属等も相手方と一緒になって申立人を虐待するとか、相手方の賭けごと、飲酒酒乱等による浪費などを伴ってくると紛争の激化をもたらす。なお、この時代には、結婚後、夫が出征し、終戦後復員して、妻に暴行・虐待する事件がかなりある。

尊属との不和や他の親族との不和の存する事例がかなり多い。「離婚申立理由」のうちに、二三年には、「尊属との不和」九件、「他の親族との不和」七件、二四年には「尊属との不和」一二件、「他の親族との不和」二件が含まれている。

② 請求の趣旨　「離婚」を求める例は両年合計で七八％だが、「婚姻の継続」を求めるものが一四％とかなり多い。これに、「継続を望むがだめなら離婚」を加えると二二％となる。

「妻としては婚姻関係を継続したい。離婚の理由もない。が、若し離婚しようというならば、相当の慰藉料を請求する」「夫は関係する女と手を切らぬなら、離婚し、離婚の際は資産の半分を贈与し、且生れる子を引取らないよう」「夫は父母と別居して、妻Xと夫Yが同居すること。若しそれが出来なければ、婚姻関係を如何にするか、子供の措置を何うするか、又相当額の慰藉料を支払って貰うか、に付御調停を御願する」

③ 調停の経過　調停の回数は一～二回で終るものが六割を超える。一回も開かれないうちに取下げて終るものも一割を超える。五回以上かかる例は少ないので、全体として難しい事件は少ないといえる。

弁護士代理がついた例は、両年で申立人のみ一五、相手方のみ五、双方七であって、少ない地域とはいえない。

④　結果　両年合計して、「取下げ」が四八％、「成立」が四二％、「不成立」一〇％であった。成立の中では離婚が多く、継続請求のケースでは取下げが非常に多い。

「慰謝料」の請求は五～一〇万円が多いが、決定では一～五万円のレベルが多くなる。「財産分与」は、請求も少なく、決定はさらに少ない。財産分与の請求をして決定をみたのは一件、慰謝料と合わせて決定したのは三件である。

⑤　未成年子の親権者・監護者　親権者が、夫に決まったもの二〇件、妻になったもの一二件、双方三件であり、夫側がまだまだ多い。監護者については、養育者、教育者、引取者などとの記載もあって、調停条項の表現はまちまちである。これらを全部合算したのを監護者とすると、夫＝三二対妻＝二六で親権者の場合よりも差は縮まる。

なお、二三年度にはとくに、協議離婚を内容とする調書の効力にやや疑問を残すものがある。

(b)　婚姻外男女事件　①　婚姻外男女といってもその態様は多様だが対象とした両年度計一三〇件のうち、性関係が皆無もしくは一時的なものは「婚約不履行事件」に近いと思われるが六件にすぎない。非同棲で継続的性関係のケースは、婚約不履行か愛人関係と思われ（二〇件）、同棲ありのケース一〇一件は、一応内縁関係のもつれと推測される（この中の五三件は挙式している）。なお、男女いずれかに法的配偶者があるケースは七件のみである。

子の有無については、不明のケースが多いが、分かる限りでは、「子あり」二七よりも「子なし」五五の方がずっと多い。ただし、「胎児のみ」のケースが一八例とかなり多く、このことが大きな原因であることを予想させる。

内縁関係の「解消を求める理由」としては、暴力問題が目立つ。相手方の「精神的虐待」一五、「暴力」一四などで、それに次ぐものは、「尊属との不和」一三、「他の親族との不和」五、「生活難」六、「相手方の不貞」五、などである。

② 男女以外の当事者　事件の当事者欄に、当該男女以外の者の名前がある例が多いのが注目される。男女以外の者としては、男・女の父母が多く、（三五件中の三一件）、そのなかには、男・女の一方が当事者とならず、その父母が当事者となっている事例すらもある（二件）。そして、男の父母が当事者となる（二六件）ことが多く、女の父母が当事者となることは比較的少ない（一二件）。

そのほかの当事者としては、男・女の兄弟姉妹、男・女の子などである。

当事者としての父母の果たす機能を検討する。二つの点を指摘しておく。

当事者たる父母の機能が、女のそれと男のそれとで異なる。

すなわち、男の父母が当事者となるのは、男とその父母が相手方となる場合（二六件中二四件）が大部分である。これに対して、女の父母が当事者となるのは、女とその父母が申立人となる場合（一二件中六件）と相手方となる場合（一二件中六件）とがある。

この事実は、男の父母と、女の父母とでは当事者として果す役割が異なる面がある（同一の面もある）ことを意味する。すなわち男の父母（父が多い）は、金品等の支払者と目されて相手方とされがちである。女の父母は、支払人と目されることもあるが、女を援けて、調停当事者となることもあり、両者相半ばすると云えよう。

③　調停の経過　大別して、男女関係の「維持」を前提とするもの＝三三件、「維持できなければ破棄」を求めるもの＝一一件、「破棄」を前提とするもの＝四七件となる。(その他は不明)

維持の場合は、婚姻届出を求めるもの、内縁の継続を願うものがあるが、認知を伴う例が多い。「残念であきらめきれないから婚姻(内縁)を継続、子の認知をせよ」「結婚の予約を履行して、長男を認知せよ」など。

破棄で解消のみを求めるものは、相手方に生活能力がない、働かない、暴力が激しいなどが目立つ。そしてほとんどが、慰謝料等の金品の授与と子の処置を求めている。慰謝料は、三万ないし二〇万円以下の請求が多いが、一〜三回の期日で約六〇％が調停成立している。決定額は〇・五ないし三万円未満のところが普通である。

④　結果　①　全体についてみると、二三年では、総数六六件のうち、調停成立五六％、取下げ三三％、調停不成立六％であり、二四年では、総数六四件のうち調停成立六四％、取下げ二五％、調停不成立九％である。

婚姻関係事件の結果に比して、調停成立の率がかなり高く、取下の率がかなり低い。

②　維持を前提とする(届出・継続・不明)請求事件は、とくに二三年において、成立の率が低い。すなわち二三年一六件のうち、成立六件(三八％)である。二四年では、ほぼ全体の比率に近くなっている(成立六四％)

③　破棄を前提とする(解消と共にと解消と共にでない)請求事件の全体としては、二三年が成立六八％であり、二四年も成立六八％である。二三年の成立の割合が、同年の全体のそれよりやや高いが、おおむね全体における成立の割合と一致している。

④　ところが、破棄を前提とする請求事件のうちの、解消とともに金品、子の処置を請求する事件と、解消

ともにでなく金品、子の処置を請求する事件の各々についてみると、成立の割合は、必ずしも一定していない。すなわち二三年の解消とともに請求する事件の成立七九％、解消とともにでなく請求する事件の者成立は五八％であり、二四年の解消とともに請求する事件の成立の五七％、解消とともにでなく請求する事件の成立は八五％である。

8　岐阜家裁大垣支部・高山支部

服部秀一氏・林千衛氏の報告の中から、結論の部分のみを一部省略して転載する。

① 申立書を司法書士が作成しているのが明らかなものは五三％強であるが、然りと推測されるもの（不明とあるものの大部分）を加えると約六五％であって、やはりかなりの率ではあるまいか。② 記録は申立書と調停条項以外には実質的なものは殆ど何もない。離婚事件でも、戸籍謄本さえ大垣の分は殆ど添付されていない。③ 旧法的な国民の意識の反映しているもの（例えば、配偶者の尊属との不和を原因とする離婚申立）は、案外に少なかった。しかし、山間部を控える高山は、平担部の大垣よりかかる事例がやはり多い（右の如き申立は、大垣は約一〇％なのに、高山は二五％ある）。④ 戦争の直接の影響があると思われるものはごくわずかのようである。⑤ 調停条項に法的に疑問なものは殆どない。⑥ 審理期間（成立分）は大垣に比し、高山がはるかに短い。すなわち大垣は一カ月以内約三七％なるに、高山は七三％である。高山地方では大垣地方に比し、当事者が調停委員あるいは裁判官の勧告・説得に容易に聴従するからであろう。

四　昭和二三・二四年度の全国統計

これは、報告書にはないことであるが、参考までに、その後判明した二三・二四年度の調停事件の全国統計分を、最近の平成一二年度分と比較して実数と割合を表1、表2として掲出しておく（その年に新たに受け付けた新受件数のものである）。

半世紀ののちとなる平成一二（二〇〇〇）年分とは総件数が大違いなので、全体の中の構成比を示す表2であらわれ方を比較してみる。

昭和二四年には乙類事件が全体で二一％しかなかったのに、平成一二年には三六％もある。これは大きな違いである。二四年にはかなりあった「同居・協力扶助」「財産分与」「扶養」が五分の一以下に減った半面、「子の監護」「親権者指定」「遺産分割」「婚姻費用分担」が増え、とくに前二者が一〇倍以上も増えたことが乙類事件を激増させた。離婚紛争の増加に伴って子の引取り問題が多くなったこともあるが、前には扶養に含まれていた養育費関係が子の監護に含まれるようになった、という司法行政上の変化の方が大きい。

その反対に、「乙類以外の調停事件」（「一般調停事件」とも通称される）の存在比は、七九％から六四％へとかなり縮小した。離婚を中心とした「婚姻中の夫婦間の事件」は飛躍的に増えているのになぜか。

一つには、二三・二四年には「その他」が多かったが、それには家族・親族間の争いにはやや遠い紛争まで取り込んでいた。これは三七年度以降整理されて減少した。そして、三七年度から「親族間の紛争」「関係解消に基づく慰謝料」という項目を新設して、「その他」の一部がこれに移った。

二つ目として、「婚姻外の男女間の事件」が大きく減少したことがあげられる。婚約不履行があまり争われなくなり、内縁関係や妾関係も少なくなってきていることの表れであろう。逆に言えば、二三・二四年当時には、内縁や妾関係が多く、「離縁」（養子縁組解消）に伴うトラブルも、現在よりも多くあった時代だということになろう。

表 1　家事調停事件新受件数の比較（全国）

	昭和23年 1948	昭和24年 1949	平成12年 2000
調停事件総数	32,384	39,229	114,822
乙類調停事件	7,392	8,160	41,187
夫婦の同居・協力扶助	1,598	2,166	173
夫婦の財産管理者変更・共有財産の分割	156	108	…
婚姻費用分担	71	114	4,751
子の監護者の指定その他の処分	438	510	15,041
財産の分与に関する処分	2,239	1,946	1,097
祭祀の承継者の指定	67	12	134
離縁後の親権者の指定	…	…	3
親権者の指定又は変更	222	314	9,055
扶養に関する処分	1,716	1,970	890
推定相続人の廃除及びその取消し	140	152	95
寄与分を定める処分	…	…	786
遺産の分割に関する処分	629	853	9,162
生活保護法77条2項の事件	…	…	…
破産法68条の事件	…	…	…
家事審判法附則に掲げる事項	116	15	…
民法の附則に掲げる事項	…	…	…
その他の乙類事件	…	…	…
乙類以外の調停事件	24,992	31,069	73,635
婚姻中の夫婦間の事件	9,024	11,818	55,560
婚姻外の男女間の事件	4,105	4,902	1,151
離婚その他男女関係解消に基づく慰謝料	…	…	2,675
親族間の紛争	…	…	3,425
家審法23条に掲げる事項	1,356	2,515	4,829
離縁	1,281	1,348	1,218
その他	9,226	10,486	4,777

表 2　家事調停事件新受件数の事件種別割合（全国）

	昭和23年 1948	昭和24年 1949	平成12年 2000
調停事件総数	100.0	100.0	100.0
乙類調停事件	22.8	20.8	35.9
夫婦の同居・協力扶助	4.9	5.5	0.2
夫婦の財産管理者変更・共有財産の分割	0.5	0.3	…
婚姻費用分担	0.2	0.3	4.1
子の監護者の指定その他の処分	1.4	1.3	13.1
財産の分与に関する処分	6.9	5.0	1.0
祭祀の承継者の指定	0.2	0.0	0.1
離縁後の親権者の指定	…	…	0.0
親権者の指定又は変更	0.7	0.8	7.9
扶養に関する処分	5.3	5.0	0.8
推定相続人の廃除及びその取消し	0.4	0.4	0.1
寄与分を定める処分	…	…	0.7
遺産の分割に関する処分	1.9	2.2	8.0
生活保護法77条2項の事件	…	…	…
破産法68条の事件	…	…	…
家事審判法附則に掲げる事項	0.4	0.0	…
民法の附則に掲げる事項	…	…	…
その他の乙類事件	…	…	…
乙類以外の調停事件	77.2	79.2	64.1
婚姻中の夫婦間の事件	27.9	30.1	48.4
婚姻外の男女間の事件	12.7	12.5	1.0
離婚その他男女関係解消に基づく慰謝料	…	…	2.3
親族間の紛争	…	…	3.0
家審法23条に掲げる事項	4.2	6.4	4.2
離縁	4.0	3.4	1.1
その他	28.5	26.7	4.2

五　総　括

1　時代の特性

以上が『転換期における家事資料の研究』にあらわれた昭和二三・二四年度の家事調停事件の概要である。原著は多数の筆者により、さまざまな形態で表現されているので、それを約一割しかないスペースに縮小・再現することはきわめて困難であったが、一応のまとめとしてお許し願いたい。

今から振り返ると、昭和二三・二四（一九四八〜四九）年という年は、戦後の混乱が治まりきれず、衣料も物資も設備もなく、各種の法律と司法制度は大改正した直後で、戸惑うことも多く、二重・三重の困難で覆われていた時代だったと思われている。たしかに、戦災で焼き尽くされた大中都市では、焼けトタンで覆ったひと間きりの掘っ立て小屋で、すいとんを常食とする人々が多かった。紛争が起こっても、書きとめる紙すら乏しかった。新しい制度ができたといっても、それを実現する施設も乏しかった。二三年の東京家事審判所の調停は、部屋がないので第一東京弁護士会三階大講堂を借用し、つい立てで仕切っただけなので互いに隣からの声が入り乱れ、時に怒声、罵声、号泣さえ聞こえてよくない影響を与えざるをえなかった、といわれる（『東京家庭裁判所参調会五十年史』二二頁）。紙も不足し、複写機などは皆無の頃だから、新しい法規集を用意することも大変なことだったろう。二三年には書記官も存在せず、二四年には調査官も医務室技官も制度化されていなかったのである。

その中で、二三年には全国で三二、三八四件の調停事件が受理されて二六、二八七件を処理し、二四年には三九、二二九件が受理されて三八、九九八件が処理されていった。これは、なかなかにたいしたことだったのである。

2　内容の収穫と問題点

そのごくごく一部の事件の内容が、この報告書に顔を出している。おかげで、数字だけではどうにも分からない当時の人々の感情が、苦しみや憎しみを伴って、そしてそれに懸命に立ち向かった調停委員会の苦労のあとを、どうにか読み取ることができる。これが、貴重な記録でなくて何であろう。広島家裁での被爆者の事件はもとより、戦死した長男の未亡人が逆縁婚してのトラブルが各地で起こっていたりする一方、木次支部（島根県）や高山支部（岐阜県）や下妻支部（茨城県）のような農村部では、戦前を思わせるような因習や暴力・虐待がまだまだ幅をきかせていた。しかし、下妻その二の第九・一〇表には、「家制度の影響あり」「戦争の影響あり」の欄が用意されているが、それに該当した事件は合計しても二三年二〇件（二八％）、二四年三件（四％）しかなかった。これらの地域でも、家制度や戦争とは無関係の純粋に夫婦間だけのトラブルのほうがよほど多かったのである（大垣支部・高山支部でも同様な指摘がある）。このことも、少なからぬ収穫であった。

小さな問題点は、各地の報告でたくさん触れられている（たとえば過去の扶養料を命じても将来の分を命じていない）ので繰り返さない。大きな点だけを二つ触れておこう。

司法書士の介在が注目される。後に最高裁判所家庭局は、住所・氏名のほかは丸やチェックだけで済むような簡便な申立書を作成して、各受付窓口で無料で入手できるようにして「家事調停の簡易性」の実現をはかったが、二三・二四年度にはこれがなかった。そこで申立人は、昔ながらに代書屋さんの名で親しまれた司法書士の店を訪ね、申立書を代筆して貰った者が六割以上に及んでいた。当事者の経済的負担もさることながら、申立書の記載がかなり形にはまったものになっていたと思われたのはこのせいである。

事件の実質と事件名の表記とが一致していない、との指摘が各地で見られた。これにはいろいろな問題がからむ。まず、申立書が明確でないことが多いが、それは当事者（申立人）の意思が不明確である上に、多様である（それが家事事件の特徴でもあるのだが）ことを反映している。そして、裁判所側も、例えば養育費を中心とする事件を、「扶養」としたり「離婚」としたりなど、扱いに揺れが大きく、裁判所ごとの扱いも一定していない。これこそが、開始早々の大きな悩みごとの一つであったに違いない。それらが半世紀の間に徐々に整えられていって、今日見るような家事調停の姿にまとまってきたのである。

患者の自己決定権と司法判断
――近時の最高裁・説明義務判決をめぐって――

飯塚和之

湯沢雍彦・宇都木伸 編
『人の法と医の倫理』IIa 1
二〇〇四年三月 信山社刊

一　はじめに

二　「エホバの証人」輸血拒否事件

（最判平成一二年二月二九日、民集五四巻二号五八二頁、判時一七一〇号九七頁、判タ一〇三一号一五八頁）

1　事実の概要

2　判　旨

3　検　討

三　乳房温存療法事件

（最判平成一三年一一月二七日、民集五五巻六号一一五四頁、判時一七六九号五六頁、判タ一〇七九号一九八頁）

1　事実の概要

2　判　旨

3　検　討

四　末期がん告知事件

（最判平成一四年九月二四日、判時一八〇三号二八頁、判タ一一〇六号八七頁）

1　事実の概要

2　判　旨

3　検　討

五　おわりに

一　はじめに

約四十年前、唄先生は、「治療行為における患者の意思と医師の説明——西ドイツにおける判例・学説[1]」を著わし、今日いうところのインフォームド・コンセント論に先鞭をつけられた。先生は、この主題に関する当時の西ドイツにおける判例・学説を渉猟され、「医事法の底にあるもの[2]」を明らかにしようとされた。先生の取り上げられた資料は、戦前のライヒス・ゲリヒト、戦後のブンデス・ゲリヒトの諸判例および戦後の主要な学説であった。先生のこの著作を再読してみると、今日、インフォームド・コンセント論として論じられているほとんどの論点が包含されていることが分かる。そして、先生が明らかにされた西ドイツの状況は、約半世紀後の日本の判例の行く末を指し示していたように思われる。

近時、わが最高裁判所は、医療訴訟の分野で注目すべき判決を次々と下している。医師を中心とする医療側の損害賠償責任は、医療技術上の過誤（技術過誤）を理由とするものと、説明義務違反を理由とするものとの二つに大きく分けることができるとするのが一般的理解であるが[3]、それぞれの分野において重要な判断を加えている。とりわけ、説明義務違反の領域では、患者の自己決定権に踏み込む判断を加えている。本稿は、説明義務違反領域における近時の最高裁判所の三つの判決を紹介し、患者の自己決定権に対する司法判断の到達点を確認しようとするものである。唄先生は、先の著作の冒頭で、「根本命題」として、「医師の治療ärzliche Behandlung なかんずく肉体への侵襲行為 Eingriff in den Körper には、原則として患者の承諾 Einwilligung を必要とする——このことについては、医師も法律家も一致している」との文言を掲げている。そして、その註において、この命題の意味するところをシュミットをして語らせ、次のように述べている。

「しかし裁判所が、そもそもこの意味で患者の自己決定権を力強く保護しようと務めることは、根本的には全く正しい思想である。患者の自己決定権に対する尊重は、医師の黙秘義務とともに、医師と患者との間の人間的＝道義的関係の中の本質的契機の一つであり、それなくしては信頼関係は存続しえない。患者は、手術を受けるかどうか、そして（何にもまして）誰に手術を受けようとするかについて、自ら決定しなければならない。医師と患者との間で意見が異なる場合には、エンギッシュが正しく指摘したように、正しい医学的見解の合理性が、医学に素人なものの不合理性をおしのけて貫徹することが肝要だなどとは単純にはいえない。患者をして手術を拒否させ、その際彼の生命を著しく短縮することをも甘受せしめる的確な理由はあり得る。何よりも彼が身を委す執刀者を決することができるのでなければならない。この場合にそれと異なる決定をする者は、まさに医倫理の観点によっても全く耐えられない責任を医師に課すことになる」（E. Schmidt, Ärztliche Rechtskunde, bei: Ponsold, Lehrbuch der gerichtlichen Medizin, 2. Aufl., 1957, S. 37)[4]。ここに示された根本命題とその意味するところを明らかにしたシュミットの説明こそ、唄先生が、わが国においても採用されるべきものとして目指されたものであったように思われる。それは、先生の次の言葉から推測することができる。「本稿が究極的には日本の医療制度万般を考察するために、きわめて迂遠ながらごく端緒的な一里塚たりうるとすれば、それもまた右の命題の重さの実感（その是非は保留するとしても）から発せられねばならぬ。」[5] 果たして、先生が示された根本命題が、今日、わが国の医療界において、また、そこに対して、法的統制を加えるわが最高裁判所によって十全に咀嚼され、血肉化されているであろうか。

（1）　唄孝一「治療行為における患者の意思と医師の説明——西ドイツにおける判例・学説」『契約法大系Ⅶ補巻』六六頁（一九六五年）

（2） 前掲注(1)を収録された『医事法学への歩み』（一九七〇年）の第一章のタイトルである。
（3） 手嶋豊「医師の責任」『新・現代損害賠償法講座③』三一一頁（一九九七年）。稲垣喬『医師責任訴訟の構造』（二〇〇二年）も医師の賠償義務の根拠を「医師の診療上の注意義務」と「医師の説明義務」に分けている。
（4） 唄・前掲注(1)六七―六八頁
（5） 唄・前掲注(1)六七頁

二 「エホバの証人」輸血拒否事件（最判平成一二年二月二九日、民集五四巻二号五八二頁、判時一七一〇号九七頁、判タ一〇三一号一五八頁）

わが最高裁判所が、説明義務と自己決定権の問題に本格的に取り組んだ事件は、この「エホバの証人」輸血拒否事件と言ってよいであろう。

1 事実の概要

(1) 患者Aは、「エホバの証人」の信者であり、宗教上の信念からいかなる場合にも輸血を受けることは拒否するとの固い意思を有していた。Aの夫であるX_1は、「エホバの証人」の信者ではないが、Aの意思を尊重しており、Aの長男であるX_2は、その信者である。(2) Yが設置し、運営している東京大学医科学研究所附属病院（以下「医科研」という。）に医師として勤務していたBは、「エホバの証人」の信者に協力的な医師を紹介するなどの活動をしている「エホバの証人」の医療機関連絡委員会のメンバーの間で、輸血を伴わない手術をした例を有することで知られていた。しかし、医科研においては、外科手術を受ける患者が「エホバの証人」の信者である場合、右信者が輸血を受けるのを拒否することを尊重し、できる限り輸血をしないことにするが、輸血以外には救命手段がない事態に至ったときは、患者およびその家族の諾否にかかわらず輸血する、という方針を採用していた。(3) Aは、当初T病院に入院し、悪性の肝臓血管腫との診断を受けたが、同病院の医師から、輸血をしないで手術することはできないと言われたことから、輸血なしで手術を受けられる可能性のあると知らされた医科研に入院し、肝臓の腫瘍を摘出する手術（以下、「本件手術」という。）を受けた。その間、同人、X_1、X_2は、B医師ならびに医科研に医師として勤務していたCおよびD（以下、右三人の医師を「B医師ら」という。）に対し、Aは輸血を受けることができない旨を伝えた。X_2は、手術の二日前に、B医師に対し、AおよびX_1が連署した免責証書を手渡したが、右証書には、Aは輸血を受けることができないことおよび輸血をしなかったために生じた損傷に関して医師および病院職員等の責任を問わない旨が記載されていた。(4) B医師らは、手術当日、輸血を必要とする事態が生ずる可能性があったことから、その準備をした上で本件手術を施行した。患部の腫瘍を摘出した段階で出血量が約二二四五ミリリットルに達するなどの状態になったので、B医師らは、輸血をしない限りAを救うことができない可能性が高いと判断して輸血をした。本件は、Aが原告となり、Y（国）および手術に携わった医師らを被告として損害賠償訴訟訴を提起したが、原審係属中に死亡したため、Xらが訴訟を承継した。Xらは、① AがYとの間で診療契約を締結した際、手術中いかなる事態になっても輸血をしない旨の合意（絶対的無輸血の合意）をしたにもかかわらず、Yの履行補助者であるB医師らがAに対して本件輸血をしたのは債務不履行である。② B医師らは手術に際し輸血をしたことによってAの自己決定権および信教上の良心を侵害したものであり、B医師らは民法七〇九条に基づき、Yは同七一五条に基づき損害賠償責任を負う、と主張した。

第一審（東京地判平成九年三月一二日判タ九六四号八二頁）は、① 絶対的無輸血の特約は公序良俗に反して無効、② B医師らが輸血を受け入れられないとのAの意思に従うかのように振る舞って本件手術を受け入れさせたことが違法であるとはいえないし、本件輸血は社会的に正当な行為として違法性がない、としてAの請求を棄却。A控訴。Xら訴訟承継。

第二審（東京高判平成一〇年二月九日判時一六二九号三四頁、判タ九六五号八三頁）は、①絶対的無輸血の特約は成立していないが、仮に成立していたとすれば、その特約は有効、②「輸血以外に救命手段がない事態になれば輸血する」との治療方針であることを説明しなかったことは説明義務違反として違法、③救命のため輸血が必要であったことをもって違法性が阻却されることはない、④Aの被った精神的苦痛を慰謝するには五〇万円をもってするのが相当である、としてXらの請求を認容。Y上告。Xらも損害賠償額の不服等を理由に附帯上告（なお、B医師らも上告し、Xらが附帯上告したが、これについても、本判決と同日に同旨の理由で、上告および附帯上告いずれも棄却されている）。

2 判 旨 上告・附帯上告をそれぞれ棄却

(1) Yの上告につき 「本件において、B医師らが、Aの肝臓の腫瘍を摘出するために、医療水準に従った相当な手術をしようとすることは、人の生命及び健康を管理すべき業務に従事する者として当然のことであるということができる。しかし、患者が輸血を受けることは自己の宗教上の信念に反するとして、輸血を伴う医療行為を拒否するとの明確な意思を有している場合、このような意思決定をする権利は、人格権の一内容として尊重されなければならない。そして、Aが、宗教上の信念からいかなる場合にも輸血を受けることは拒否するとの固い意思を有しており、輸血を伴わない手術を受けることができると期待して医科研に入院したことは、B医師らが知っていたなど本件の事実関係の下では、B医師らは、手術の際に輸血以外には救命手段がない事態が生ずる可能性を否定し難いと判断した場合には、Aに対し、医科研としてはそのような事態に至ったときには輸血するとの方針を採っていることを説明して、医科研への入院を継続した上、B

医師らの下で本件手術を受けるか否かをA自身の意思決定にゆだねるべきであったと解するのが相当である。

ところがB医師らは、本件手術に至るまでの約一か月の間に、手術の際に輸血を必要とする事態が生ずる可能性があることを認識したにもかかわらず、Aに対して医科研が採用していた右方針を説明せず、同人及びXらに対して輸血する可能性があることを告げないまま本件手術を施行し、右方針に従って輸血をしたのである。そうすると、本件においては、B医師らは、右説明を怠ったことにより、Aが輸血を伴う可能性のあった本件手術を受けるか否かについて意思決定をする権利を奪ったものといわざるを得ず、この点において同人の人格権を侵害したものとして、同人がこれによって被った精神的苦痛を慰謝すべき責任を負うものというべきである。そして、また、YはB医師らの使用者として、Aに対し民法七一五条に基づく不法行為責任を負うものといわなければならない。」

(2) Xらの附帯上告につき「所論の点に関する原審の認定判断は、原判決挙示の証拠関係に照らし、正当として是認することができ、その過程に所論の違法はない。」

3 検討

(1) 本判決の意義　本判決の意義は、第一に、医療の場面における患者の自己決定権（意思決定をする権利という文言で）を承認したこと、第二に、この自己決定権を人格権の一内容と見たこと、第三に、説明義務の判断基準として二重基準説を採用したこと、第四に、自己決定権自体の侵害を理由とする慰謝料請求を認容したことである。特に、自己決定権を最高裁として、はじめて明言したことは、画期的であった。樋口教授も、「時代の変化を象徴する判決」として高く評価している。(6)

(2) 説明義務と自己決定権　説明義務の種類をどのように分類するかについては、学説が分かれているが、今日では、① 患者の有効な承諾の前提としての説明義務、② 療養指導方法としての説明義務、③ 転医勧告としての説明義務、④ 顛末報告としての説明義務があるとされている。[7] 本件で問題となったのは、①の説明義務であった。そして、医科研は、手術の前提としての自らの方針を説明し、患者の承諾を得るという手続を履践することなく輸血を実施し、患者の自己決定権を侵害したことになる。

ところで、自己決定権の概念は多義的であるが、樋口教授によれば、① 生命及び身体の処分に関わる自己決定権、② 家族の形成・維持に関わる自己決定権、③ リプロダクションに関わる自己決定権、④ ライフスタイルに関わる自己決定権に分類される。[8] 本件原審は、「各個人が有する自己の人生のあり方（ライフスタイル）は自らが決定することができるという自己決定権」と述べており、右④説を採用した。これに対して、最高裁は、自己決定権を人格権の一つであるとした。その意図するところが探求されなければならないが、従来から慣れ親しまれた人格権と性質決定することで、自己決定権侵害の損害算定を容易にするという意図があったのではないかと思われる。

(3) 説明義務の判断基準　説明義務の判断基準については、四つの見解が見られる。[9] ① 善良なる管理者としての医師または合理的な医師ならば説明するであろう情報が説明されるべきであるとする合理的医師説、② 平均的または合理的な患者ならば重要視するであろう情報が説明されるべきであるとする合理的患者説、③ 個別具体的な患者が重要視する情報が説明されるべきであるとする具体的患者説、④ 具体的患者が重要視し、かつそのことを合理的医師ならば認識できたであろう情報が説明されるべきであるとする二重基準説または複合基準説の四つである。医師の裁量権を重視する立場からは①説が支持され、患者の自己決定権を重視する立場からは、その他の説が主張される。最高裁は、頭蓋骨陥没骨折事件（最判昭和五六年六月一九日判時一〇一一号五四頁）で、①合理的医師説を採用したと評価されていたが[10]、本件では、④説を採用した。すなわち、患者が宗教上の信念からいかなる場合にも輸血を拒否するという固い意思を有しており、輸血を伴わない手術を受けることができると期待して医科研に入院したことをBらが知っていたなど本件事実関係の下では、医師らは、輸血以外に救命手段がない事態と判断した場合には、輸血をするとの治療方針を採っていることを説明しなければならないとしているからである[11]。これは、重要である。自己決定する主体は、患者であり、それも、抽象的・一般的患者ではなく、まさに、生身の当該患者自身である。具体的患者が重要視した情報を説明するのでなければ、自己決定の十全な保障とはなりえない。また、説明をする医師に関しては、当該具体的医師の水準や知識を前提にすることは、医療プロフェッションに対する患者の期待という観点から見て問題があろう。その意味で、二重基準説が望ましく、最高裁が、これを採用したことは高く評価することができる。

(4)　自己決定権の侵害と損害額の算定　　自己決定権が侵害された場合の損害の算定については、従来、次の四つの立場が可能とされている[12]。①自己決定権は自己決定の機会を保障するものであり、説明義務違反によって自己決定の機会を奪われたことそれ自体で損害がありとするもの。この場合、機会を奪われたという精神的損害に対する慰謝料請求が認められる。②自己決定権の侵害があるというためには、自己決定の機会が奪われただけではなく、適切な説明があれば、実際に行われた治療に同意しなかったであろうということを立証する必要があるとするもの。この場合、自己決定権は、実際の治療とは異なる治療を選択する権利を保護していることになり、少なくともその権利侵害に対する慰謝料請求が認められる。③、②の立場と同じであるが、異なる決定の機会を奪われた以上、実際の治療によって引き起こされた被害に対する損害賠償責任をすべて、医師に負わせるとするもの。この場合の損害賠償の内容は、人身損害に対する賠償であり、逸失利益も含まれ、単なる慰謝料に止まらない。④ 自己決定権は適切な治療がなされるための手段であるとして、実際の治療と異なる決定がなされたであろうという立証だけでなく、実際の治療によって生じた被害を被らなかったであろうとの立証をもとめるもの。この場合、立証に成功すれば、③と同様、賠償の内容は、逸失利益に及ぶ。本判決は、このうち、①を採用した。「B医師らは、右説明を怠ったことにより、Aが輸血を伴う可能性のあった本件手術を受けるか否かについて意思決定をする権利を奪ったものといわざるを得ず、この点において同人の人格権を侵害したものとして、同人がこれによって被った精神的苦痛を慰謝すべき責任を負うものというべきである。」としたからである。これは、すでに述べたように自己決定権（人格権）侵害それ自体による損害賠償（慰謝料）請求を認めたことになる。なお、本判決が是認した五〇万円の慰藉料額については、同種事件が再発することを抑止するための役割を果たさないとの見解が示されていたが[13]、私も自己決定権の侵害として違法性が強く、患者の信頼を裏切っていることなどから低額に過ぎると考える[14]。

(5) 小　括　　最高裁は、「意思決定をする権利」なる文言を採用し、原審が用いた「自己決定権」という言い方を避けている。これはどのように理解すべきであろうか。一つの理解は、自己決定権概念が多義的であり、個別事件に即して判断をしなければならない裁判所としては、慎重な態度をとらざるをえない、というものである。もう一つの理解は、一般的に言って、最高裁判所には、新たな概念に依拠した判断を回避する傾向が見られるが、本件でも、下級審の積み重ねた概念である自己決定権概念を積極的には採用せず、宗教上の信念に基づく輸血拒否という意思決定をする権利に限定して認めるという方式を採用したというものである。そこから、本判決の射程が議論された。樋口教授は、宗教と無関係に患者が意思決定する場合にも、その射程が及ぶとし、[15] 潮見教授は、医療の場に限定され、かつ、宗教的人格権が問題となる局面に限定された射程を持つに過ぎないとしている。[16] 最高裁は、宗教上の意思決定が問題となった本件の事実に則して判断しており、宗教以外の信念に基づいた場合には、本判決の射程は及ばないと考えたい。もっとも、こう言ったからといって、最高裁が、医療上の理由その他に基づく輸血拒否の自己決定権を否定したという趣旨ではないであろう。残された課題と言うことができる。さらには、輸血拒否以外のいかなる医療行為について、いかなる内容の自己決定権を認めるかも残された課題と言える。とまれ、わが最高裁判所も、シュミットが述べた「患者をして手術を拒否させ、その際彼の生命を著しく短縮することをも甘受せしめる的確な理由はあり得る。」ことを認めるに至ったことを確認してよいであろう。

（6） 樋口範雄「『エホバの証人』最高裁判決」法学教室二三九号四一頁、四二頁（二〇〇〇年）

（7） 金川教授は、①、②、③の三分類説を主張し、近時、中村裁判官は、さらに、詳細な分類をしている。それによれば、①診療・治療行為によって患者の身体が侵襲されるため、その侵襲について患者からの承諾を得るため、②病気およびそれによる予後などが患者の人生にとって大きな転機をもたらす可能性が高く、患者の自己の人生への自己決定権を確保するため、③患者に生じる危険性のある死亡などの悪しき結果を避けるため、具体的には、転医など患者に対して適切な診療・治療を受けさせるため、また、患者に適切で、的確な療養状況を確保するため、④患者に対し、それまで行ってきた診療・治療を理解、納得させるため、⑤それまで行ってきた診療・治療経過の報告（てん末の報告）をするための五つが、説明の目的とされている（金川琢雄「医療における説明と承諾の問題状況」日本医事医事法学会編『医事紛争・医療過誤』二二五頁以下（一九八六年）、中村 哲「医師の説明義務とその範囲」大田幸夫編『新・裁判実務大系①医療過誤訴訟法』六九頁以下（二〇〇〇年）参照のこと）。

（8） 樋口範雄「患者の自己決定権」『岩波講座・現代の法一四巻』六三頁（一九九八年）

（9） 新美育文「医師の説明義務と患者の同意」民法の争点Ⅱ二三〇頁以下（一九八五年）、稲田龍樹「説明義務(1)」根本久

編『裁判実務大系⑰医療過誤訴訟法』一八八頁、一九六頁（一九九〇年）、中村・前掲注（7）七一頁など

（10）新美育文・判批・医療過誤判例百選［第二版］一〇頁（一九九六年）、中村・前掲注（7）七二頁など

（11）同旨、新美育文・判批・法学教室二四八号一一頁（二〇〇一年）、野口勇・判批・法学セミナー五四九号六五頁（二〇〇一年）

（12）樋口・前掲注（8）七八頁以下

（13）樋口範雄・判批・法学教室二一五号一〇八頁（一九九八年）、原審に対する評価である。

（14）飯塚和之・判批・NBL七三六号六六頁（二〇〇二年）

（15）樋口・前掲注（6）四四頁

（16）潮見佳男・判批・ジュリスト一二〇二号（平成12年度重要判例解説）六六頁、六八頁（二〇〇一年）

三　乳房温存療法事件（最判平成一三年一一月二七日、民集五五巻六号一一五四頁、判時一七六九号五六頁、判タ一〇七九号一九八頁）

本件は、乳がんの手術に当たり当時医療水準として未確立だった乳房温存療法を患者に説明する診療契約上の義務が医師にあるとされた事例である。説明義務の範囲やその意味についての一般論を述べているだけでなく、なによりも、医療水準としては未確立の療法についても、一定の要件の下で、説明義務があるとしており、「エホバの証人」輸血拒否事件をさらに一歩進めて説明義務論を深化させるに至った。また、患者の治療方法選択権を認めたことで、自己決定権の内実を豊富化した。

1　事実の概要

Yは、開業医で、複数の診療科目のほかに、乳腺特殊外来を併記して、乳がんの手術を手がけていた（乳がんの専門病院ないし専門医からなる乳癌研究会の正会員であった）。Yは、本件手術の前に、乳がんか否かの限界事例について乳房温存療法を一例実施した経験がある。X（昭和二三年生）は、平成三年一月二八日以降Yの

診察を受け、同年二月一四日までに乳がんと診断された。Yは、Xの乳がんについて、胸筋温存乳房切除術適応と判断し、平成三年二月一六日、Xに次の説明を行っている。「入院して手術する必要があること、手術生検を行ったので手術は早く実施した方がよく、手術日は同月二八日が都合がよいこと、乳房を残す方法も行われているが、この方法については、現在までに正確には分かっておらず、放射線で黒くなったり、再手術を行わなければならないこともあること」また、同月二〇日、Xに乳房を全部切除するが、筋肉は残す旨説明した。

Xは平成三年二月一五日、乳房を失うのが当然とされてきた乳がんの治療が乳房を可能な限り残す方向へと変ってきたとの新聞の紹介記事に接しており、同記事は乳房温存療法に触れていた。Xは、同月二六日、入院し、Yの診察をうけた際に、Xの心情をつづった手紙をYに交付したが、それは、乳がんと診断され、生命の希求と乳房切除のはざまにあって揺れ動く女性の心情の機微を書きつづったものであった。Yは、平成三年二月二八日、Xに対し、胸筋温存乳房切除術（「本件手術」）を行った。

Xは、Yに対して、① 乳房温存療法を実施すべき義務の違反、② Yにおいて同療法を実施しない場合には、それを実施している他の医療機関へXを転医させるべき義務（転送義務）の違反、③ 本件手術を実施するに当たって説明すべき義務の違反などを主張して、診療契約上の債務不履行又は不法行為に基づく損害賠償を請求した。

第一審（大阪地判平成八年五月二九日判時一五九四号一二五頁）は、①、②の各義務違反については、そのような義務はないとしたが、③の義務違反については、乳がん手術が患者自身のクオリティオブライフに関わるものであることから、他に選択可能な療法として、一般医師に広く知れ渡って有効性、安全性が確立しているもののみならず、専門医の間で一応の有効性、安全性が確認させつつあるもので、当該医師において知り得た術式も説明義務の対象に含まれるとし、乳房温存療法についての説明義務違反を認定し、慰謝料二〇〇万円（弁護士費用五〇万円）の賠償を認容した。Y控訴。

第二審（大阪高判平成九年九月一九日判時一六三五号六九頁）は、①、②については、一審の判断を受け容れ、③についてはYは説明義務を尽くしたとして、Xの請求を棄却すべきものとした。これに対してX上告。Yが本件手術を実施するに当たって説明すべき義務を尽くしたか否かについて最高裁の判断が求められたのが、本件乳房温存療法事件である。結局、争点は、「実施予定の手術のほかに、医療水準として未確立の療法（術式）についても医師に説明義務があるか。あるとして、どの程度にまで説明することが要求されるか。」ということになる。

2 判旨 原判決破棄・差戻し

「(1)医師は、患者の疾患の治療のために手術を実施するに当たっては、診療契約に基づき、特別の事情のない限り、患者に対し、当該疾患の診断（病名と病状）、実施予定の手術の内容、手術に付随する危険性、他に選択可能な治療方法があれば、その内容と利害得失、予後などについて説明すべき義務があると解される。本件で問題となっている乳がん手術についてみれば、疾患が乳がんであること、その進行程度、乳がんの性質、実施予定の手術内容のほか、もし他に選択可能な治療方法があれば、その内容と利害得失、予後などが説明義務の対象となる。本件においては、実施予定の手術である胸筋温存乳房切除術についてYが説明義務を負うことはいうまでもないが、それと並んで、当時としては未確立な療法（術式）とされていた乳房温存療法についてまで、選択可能な他の療法（術式）としてYに説明義務があったか否か、あるとしてどの程度にまで説明することが要求されるのかが問題となっている。」

「(2)一般的にいうならば、実施予定の療法（術式）は医療水準として確立したものであるが、他の療法（術式）が医療水準として未確立のものである場合には、医師は後者について常に説明義務を負うと解することはできない。とはいえ、このような未確立な療法（術式）ではあっても、医師が説明義務を負うと解される場合があることも否定できない。少なくとも、当該療法（術式）が少なからぬ医療機関において実施されており、相当数の実施例があり、これを実施した医師の間で積極的な評価もされているものについては、患者が当該療法（術式）の適応である可能性があり、かつ、患者が当該療法（術式）の自己への適応の有無、実施可能性について強い関心を有していることを医師が知った場合などにおいては、たとえ医師自身が当該療法（術式）について消極的な評価をしており、自らはそれを実施する意思を有していないときであっても、なお、患者に対して、医師の知っている範囲で、当該療法（術式）の内容、適応可能性やそれを受けた場合の利害得失、当該療法（術式）を実施している医療機関の名称や所在などを説明すべき義務があるというべきである。そして、乳がん手術は、体幹表面にあって女性を象徴する乳房に対する手術であり、手術により乳房を失わせることは、患者に対し、身体的障害を来すのみならず、外観上の変ぼうによる精神面・心理面への著しい影響ももたらすものであって、患者自身の生き方や人生の根幹に関係する生活の質にもかかわるものであるから、胸筋温存乳房切除術を行う場合には、選択可能な他の療法（術式）として乳房温存療法について説明すべき要請は、このような性質を有しない他の一般の手術を行う場合に比し、一層強まるものといわなければならない。」

本件については、Yは本件手紙の交付を受けた後において、Xに対してXの乳がんについて乳房温存療法の適応可能性のあること及び乳房温存療法を実施している医療機関の名称や所在を説明しなかった点で、診療契約上の説明義務を尽くしたとはいい難い。

3 検討

(1) 本判決の意義　本判決の意義は、第一に、説明義務の範囲を明言していること、第二に、医療水準上未確立の療法についても一定の要件が備わることを条件に説明義務が発生することを明らかにしたこと、第三に、説明義務の根拠として、患者のライフスタイルへの影響を重視し、患者の選択権を掲げていることである。この点で、本判決は、診療契約違反構成を採ったため、判文上は自己決定権に言及してはいないが、実質的には自己決定権を認めたことになる。なお、「エホバの証人」輸血拒否事件は、法律構成としては不法行為構成を採用したが、本件は、債務不履行構成を採用した。これは、説明義務違反事件も、技術過誤事件と同様、両構成が可能であることを示している。

(2) 説明義務の範囲[17]　最高裁として、説明義務の範囲に言及した判決に頭蓋骨陥没骨折事件（最判昭和五六年六月一九日判時一〇一一号五四頁、判タ四四七号七八頁）がある。同判決は、緊急時における患者の開頭手術に関して、医師には、右手術の内容及びこれに伴う危険性を患者又はその法定代理人に対して説明する義務があるが、「患者の現症状とその原因、手術による改善の程度、手術をしない場合の具体的予後内容、危険性についての不確定要素がある場合にはその基礎となる症状把握の程度、その要素が発現した場合の対処の準備状況等についてまで説明する義務はない」として、いわば消極的な形で、説明義務の範囲を限定していた。これに対して、本判決は、最高裁として初めて積極的に説明義務の範囲を明らかにした。「医師は、患者の疾患の治療のために手術を実施するに当たっては、診療契約に基づき、特別の事情のない限り、患者に対し、当該疾患の診断（病名と病状）、実施予定の手術の内容、手術に付随する危険性、他に選択可能な治療方法があれば、その内容と利害得失、予後などについて説明すべき義務があると解される。」との説示がそれである。

説明義務の範囲については、医療行為の種類に応じて様々なものが考えられ、裁判例に分析を加えた多数の研究が公にされているが[18]、最高裁が、手術の場合に限定してではあるが、右の各項目を提示したことには意味がある。二〇〇三年九月一二日、厚生労働省は、かねてから検討を重ねていた「診療情報の提供等に関する指針」を最終決定し、各方面に通知した。同指針の項目六は、「診療中の診療情報の提供」となっているが、次の各事項を説明の内容としている。① 現在の症状及び診断病名、② 予後、③ 処置及び治療の方針、④ 処方する薬剤について、薬剤名、服用方法、効能及び特に注意を要する副作用、⑤ 代替的治療法がある場合には、その内容及び利害得失（患者が負担すべき費用が大きくなる場合には、それぞれの場合の費用を含む）、⑥ 手術や侵襲的な検査を行う場合には、その概要（執刀者及び助手の氏名を含む）、危険性、実施しない場合の危険性及び合併症の有無、⑦ 治療目的以外に、臨床試験や研究などの他の目的も有する場合には、その旨及び目的の内容。ここには、本判決も含めて判例あるいは学説が指摘してきた項目が掲げられている。これは、指針に留まっているが、早急な法制化が望まれるところである。

(3) 医療水準と未確立医療行為の説明義務

最高裁は、一連の技術過誤事件において、医師の注意義務を明らかにしている。まず、輸血梅毒事件で、「その業務の性質に照らし、危険防止のために実験上必要とされる最善の注意義務を要求される」ことを明らかにし（最判昭和三六年二月一六日民集一五巻二号二四四頁）、ついで、その注意義務の基準となるべきものは、診療当時のいわゆる臨床医学の実践における医療水準であるとし（最判昭和五七年三月三〇日判時一〇三九号六六頁）、さらに、医療水準は当該医療機関の性質、地域の医療環境の特性等の諸般の事情を考慮して決められるとしている（最判平成七年六月九日民集四九巻六号一四九九頁）。また、説明義務事件で、医療水準としては確立していなかった光凝固法に関して眼底検査結果の説明義務を負わないとしていたが（最判昭和六一年五月三〇日判時一一九六号一〇七頁）、本件判決は、医療水準として未確立の療法（術式）については原則として説明義務を負わないことを確認しつつ、一定の場合に、説明義務が生ずるとした。ここに本判決の要諦がある。判決は、五つの要件を掲げ、その説明の内容を示した。すなわち、要件は、① 当該療法（術式）が少なからぬ医療機関において実施されていること、② 相当数の実施例があること、③ これを実施した医師の間で積極的な評価がされていること、④ 患者が当該療法（術式）の適応である可能性があること、⑤ 患者が当該療法（術式）の自己への適応の有無、実施可能性について強い関心を有していることを医師が知ったことであり、説明の内容は、「患者に対して、医師の知っている範囲で、当該療法（術式）の内容、適応可能性やそれを受けた場合の利害得失、当該療法（術式）を実施している医療機関の名称や所在などを説明す」ることである。これは、自己決定のための説明義務も、医療水準の設定枠組みから自由ではないが、一定の場合、これを超えて説明義務の範囲が広がりうることを示した点で、新規性を有すると評されている[19]。本判決が提示した五要件は、本件で問題となっている乳房温存療法の場合の説明義務を導き出すために意識的に作り出された要件ではあるが、必ずしも、同療法に限定されない適用可能性を孕んだ要件と言えよう。手嶋教授は、本判決が、女性のライフスタイルの選択を問題としている点に着目し、乳がんに関するものに限定する必要はないであろうとしているが[20]、現代医学の長足な進歩は、男女や疾患の種類を問わず、患者の肉体的・精神的負担を軽減する新規の治療法の開発を可能としており、それらの療法にも本判決の射程は及ぶと考えられる[21]。

(4) 治療方法選択権（広く医療機関選択権）と説明義務　本判決は、未確立の療法（術式）の内容や適応可能性、受けた場合の利害得失だけでなく、当該療法を実施している医療機関の名称や住所などを説明する義務があるとした。これが、治療方法の選択の権利を認めたことは言うまでもないが、広く言えば、医療機関選択の自由を保障するための説明義務を課したと言うこともできる。

ロバート・B・レフラー教授は、一九九六年に書いた「日本におけるインフォームドコンセントと患者の権利[22]」という論文を、十分な説明も受けずに乳房を切除されてしまった女性が、担当医と病院を相手に訴訟を起した事実から書きはじめている。そして、この訴訟の提起が、日本の医療をゆさぶる根本的問題を提起している、と述べている。レフラー教授によれば、それは次のような意味を有するのである。「この女性が訴訟にふみきったという事実は、日本人に、ばくぜんとではあるが、患者としての権利意識が根づきつつあることを示唆している。また、マスコミがとりあげたために社会的な影響力が加わり、医者患者関係の適正なあり方をめぐる議論に火を点けた。さらに、最も注目すべきは、この訴訟が『患者による治療方法の選択』(issue of choice) という問題まで提起したことである。すなわち、原告は、日本人女性で、しかもおそらくがんであったことからすると、これまでであればなにひとついわず医師に従っていたと思われる、そんな患者であった。その彼女が、すべて個人は自分の身体に関して自律的に決定しうることを根拠に、患者には治療方法を選ぶ機会が保障されていると主張するに至ったのである。[23]」

レフラー教授の指摘した根本問題『患者による治療方法の選択』は、本件最高裁判決によって確認されたことになる。「エホバの証人」輸血拒否事件と並んで、本件乳房温存療法事件は、患者の自己決定権確立の道程に貴重な一歩を加えたと評することができる。

(17) 唄先生の「説明すべきは何々か」(唄・前掲注(1)八七頁)という問題である。

(18) 金川琢雄『診療における説明と承諾の法理と実情』(一九八八年)、菅野耕毅『医療過誤責任の理論〔増補新版〕』(二〇〇一年)、中村哲『医療訴訟の実務的課題――患者と医師のあるべき姿を求めて』(二〇〇一年) など

(19) 手嶋豊・判批・民商一二六巻六号一四八頁、一五七頁 (二〇〇二年)

(20) 手嶋・前掲注(19)一五八頁

(21) 水野謙・判批・法教二六三号一九六頁 (二〇〇二年) は、この五つの要件の組み合わせの適用関係を検討している。また、医療水準と説明義務に関する判例の到達点を整理するものに、山口斉昭「新規治療法の『確立』と医療上の注意義務――医療水準論をめぐる最近の動き」民事法情報一八八号七六頁 (二〇〇二年) がある。

(22) Robert B Leflar, Informed Consent and Patients' Right in Japan, 33 Houston Law Review 1(1996), 同論文に書き下ろしの論文を加えたものが、ロバート・B・レフラー著、長澤道行訳『日本の医療と法 インフォームドコンセント・ルネッサンス』(二〇〇二年) である。

(23) レフラー・前掲注(22)四〜五頁。この事件は、原告女性が一審で勝訴 (京都地判平成九年四月一七日判タ九六五号二〇六頁)、二審で敗訴 (大阪高判平成一〇年七月二三日判例集未登載)、最高裁で、上告棄却となり、敗訴が確定している (最決平成一一年七月一六日判例集未登載)。

四 末期がん告知事件 (最判平成一四年九月二四日、判時一八〇三号二八頁、判タ一一〇六号八七頁)

説明義務の範囲に、「当該疾患の診断 (病名と病状)」が含まれることは、右にみた乳房温存療法事件判決が指摘する通りである。そうすると、それが末期がんであっても、説明義務の対象となることは疑いのない事実であろう。しかし、わが国の医療実務は、そのようにはなっていない。先のレフラー教授も、日本では、「医師は、むしろ患者の家族に伝えることで責任を果たすのである」[24]と述べている。最高裁は、家族に対するがん告知を義務とすることによって、このわが国の文化的伝統を追認するという判決を下した。

1 事実の概要

亡A（死亡当時七七歳）は、三人の子が独立した後、妻と二人で暮し、心臓疾患等治療のためY病院に通院していた。Aは健康保険においては長男の扶養家族となっていた。平成二年一一月、Y病院の診察において、Aが肺の進行性末期がんに罹患していることが判明したが、その時点では治癒・延命可能性はなく、とう痛に対する対症療法を行うしかない状態であった。Y病院の担当医であったM医師は、A本人にその旨を告知することは相当でないと判断し、家族への告知を考え、通院してきたAに家族の同行を求めたが、Aがこれを拒んだことから、同医師もそれ以上家族関係について尋ねたりすることもなかった。その後も、平成三年三月のAの最終通院時まで、同医師やAの担当を引き継いだ他の医師は、とう痛療法を施すのみで、家族への連絡を試みることはなかった。AはY病院で治療を受けても胸部痛が治まらないことから、平成三年三月になって他の病院で受診したところ、その二週間後には、同病院の医師からAの長男に対し、Aが末期がんである旨の説明がなされた。Aは、自分が末期がんに罹患していることを知らされることなく、平成三年一〇月に死亡した。

本件は、Xら（X_1（Aの妻）およびX_2、X_3、X_4（Aの3人の子））が、Y病院に対して、①亡Aの癌の発見が遅れたこと、②適切な治療を怠ったこと、③亡Aあるいは同人の家族であるXらに対して病状の説明を怠ったことを理由に、診療契約上の債務不履行ないし不法行為に基づく損害賠償を請求した事案である。

第一審（秋田地判平成八年三月二二日判時一五九五号一二三頁）は、①、②、③それぞれについて診療契約上の債務不履行あるいは不法行為を否定した。第二審（仙台高秋田支判平成一〇年三月九日判時一六七九号四〇頁、判タ一〇二四号二五三頁）は、①、②については、原審の判断を維持し、③のうち患者本人に対する不告知については、医師としての裁量の範囲内の行為であり、債務不履行にも不法行為にも当たらないとしたが、家族に対する不告知については、がん告知適否検討義務を怠ったとした。また、損害に関しては、Xらは、A自身の期待権侵害に基づく慰謝料請求権を相続したとして、一二〇万円の賠償を認めた。Y上告。

2　判　旨　　上告棄却

「(1)医師は、診療契約上の義務として、患者に対し診断結果、治療方針等の説明義務を負担する。そして、患者が末期的疾患にり患し余命が限られている旨の診断をした医師が患者本人にはその旨を告知すべきではないと判断した場合には、患者本人やその家族にとってのその診断結果の重大性に照らすと、当該医師は、診療契約に付随する義務として、少なくとも、患者の家族等のうち連絡が容易な者に対しては接触し、同人又は同人を介して更に接触できた家族等に対する告知の適否を検討し、告知が適当であると判断できたときには、その診断結果等を説明すべき義務を負うものといわなければならない。なぜならば、このようにして告知を受けた家族等の側では、医師側の治療方針を理解した上で、物心両面において患者の治療を支え、また、患者の余命がより安らかで充実したものとなるように家族等としてのできる限りの手厚い配慮をすることができることになり、適時の告知によって行われるであろうこのような家族等の協力と配慮は、患者本人にとって法的保護に値する利益であるというべきであるからである。」

「本件病院の医師らは、Aの家族等と連絡を取らず、Aの家族等への告知の適否を検討しなかったものであるところ、X_2及びX_4については告知を受けることにつき格別障害となるべき事情はなかったものであるから、本件病院の医師らは、連絡の容易な家族として、又は連絡の容易な家族を介して、少なくともX_2・X_4らと接触し、X_2・X_4らに対する告知の適否を検討すれば、X_2・X_4らが告知に適するものであることが判断でき、X_2・

X_4らに対してAの病状等について告知することができたものということができる。そうすると、本件病院の医師らの上記のような対応は、余命が限られていると診断された末期がんにり患している患者に対するものとして不十分なもであり、同医師らには、患者の家族等と連絡を取るなどして接触を図り、告知するに適した家族等に対して患者の病状等を告知すべき義務の違反があったといわざるを得ない。」（上田豊三裁判官の反対意見がある。）

3 検討

(1) 本判決の意義　本判決の意義は、第一に、家族に対するがん告知についての最高裁としての初めての判断であり、社会的な意味が大きいこと、第二に、家族に対する告知適否検討義務、診断結果説明義務が診療契約に付随する義務であるとしたことである。がん告知問題は、今日、告知の是非を巡る論争の段階から、告知の内容・方法のあり方の段階へと進んでいる。本件は、一九九〇年当時の事件であり、今日とは問題状況は異なる。上田裁判官が、反対意見で、当時のがん告知に関する医療水準を問題にしているのはこのためであろう。それにもかかわらず、現在の時点で、最高裁が、家族告知について、右のような義務を打ち出したことの社会的影響は小さくないであろう。本件では、患者本人への告知（以下「本人告知」という。）がなかったことの是非は、上告理由とされておらず、最高裁も判断していない。そこで、ここでは家族への告知（以下「家族告知」という）を中心に検討を加えることにしたい。

(2) 家族告知と付随義務　家族に対する告知について、最高裁は、すでに、確定診断前のがんの疑いを本人および家族に説明しなかったことが問題となった事件（最判平成七年四月二五日民集四九巻四号一一六三頁）で、「（患者）に対して真実と異なる病名を告げた（医師）としては、（患者）が治療に協力するための配慮として、その家族に対して真実の病名を告げるべきかどうかも検討する必要がある」と述べており、本件判決は、その趣旨を受け継いでいる。本判決の特徴は、それが医療側の義務であると断言したことにある。すなわち、「当該医師は、診療契約に付随する義務として、少なくとも、患者の家族等のうち連絡が容易な者に対しては接触し、同人又は同人を介して更に接触できた家族等に対する告知の適否を検討し、告知が適当であると判断できたときには、その診断結果等を説明すべき義務を負うものといわなければならない。」とした。そして、患者本人に対する義務ではあるが、説明の相手方が家族等であることを考慮し、診療契約上の本来的義務ではなく付随的義務としたものであろうか。いずれにせよ、最高裁は、家族告知は義務である、と断言したことには間違いがない。また、家族告知の法的根拠を付随義務に求めたことになる。それでは、本人告知についてはどうであろうか。判決は、「患者本人にはその旨を告知すべきでないと判断した場合には」、家族告知の適否検討義務が生じるとしており、本人告知を原則、家族告知を補充的なものと見ていると理解することもできる。しかし、この部分は、傍論であり、残された課題とも言えよう。

(3)　家族告知の必要性　　家族告知の必要性について、その根拠を、本判決は、「告知を受けた家族等の側では、医師側の治療方針を理解した上で、物心両面において患者の治療を支え、また、患者の余命がより安らかで充実したものとなるように家族等としてのできる限りの手厚い配慮をすることができること」に求めている。そして、「適時の告知によって行われるであろうこのような家族等の協力と配慮は、患者本人にとって法的保護に値する利益である」とする。このような最高裁の判断は、「家族の一員に関する事柄について決定がなされるさい、その人個人ではなく、家族じたいが決定主体となる文化的傾向が、これを許しているのである」とするレフラー教授の指摘を裏付けるものとなっている。(25)

(4) 小　括　周到にも、唄先生は、がんの告知についても説き及んでいる。[26] そこでは、説明することを原則とするとしても、その法的意味については未解決の問題があるとされ、診断の説明そのことが必ずしも固有の法的義務と断じられているわけではない、としている。もっとも、そこで紹介されている判決は、いずれも本人告知に関するものであり家族への告知がいかなる意味を持つかについては検討されていない。その後のドイツの状況を紹介された河原教授によれば、「患者の家族に癌の診断説明をすることによっては、患者自身が自己決定権を十分行使できるようにはしていないと考えられる。」とのことである。[27] また、近時、この主題に入念な検討を加えた小西助教授は、「家族であっても病名告知を媒介として他人の『私』への介入が、しかも本人の与り知らないところで無原則的になされてよいはずはないだけでなく、そもそも家族が患者本人に代わって病名告知を受けるべき根拠が不明確である。[28]」と述べている。いうまでもなく、判決は、個別具体的な事件に対する裁判所の判断である。本件判決も、その拘束から免れるものではない。最高裁は、家族に対する説明懈怠を義務違反と考えた患者家族（遺族）の訴えを受けて、医療側に義務違反ありとの判断を下したにすぎない。しかし、その判断内容は、患者の自己決定権の保障に親和的ではない。別稿で指摘したことであるが、本人告知を原則とすべきがん告知の問題が、本判決によって、家族告知に傾斜することをおそれるものである。[29]

（24）　レフラー・前掲注(22)二三頁
（25）　レフラー・前掲注(22)二八頁
（26）　唄・前掲注(1)一一五頁以下
（27）　河原　格『医師の説明と患者の同意』二八頁（一九九八年）
（28）　小西知世「癌患者本人への医師の病名告知義務(3)」明治大学大学院法学研究論集一五号一三三頁、一四六頁（二〇〇

一年）
（29）　飯塚和之〔判批〕NBL七六一号七一頁（二〇〇三年）。なお、本件には、伊澤純〔判批〕成城法学六九号三一一頁（二〇〇二年）、河原格〔判批〕法学教室二七一号一一四頁（二〇〇三年）、岡林信幸〔判批〕判例評論五三四号一五頁（判時一八二一号一七七頁）（二〇〇三年）、寺沢知子〔判批〕年報医事法学一八号一五三頁（二〇〇三年）の各評釈がある。本稿のために生かせなかったことを遺憾とする。

五　おわりに

唄先生が示された根本命題が、今日、十全に咀嚼され、血肉化されているであろうか、という本稿の当初の問いには、どのように答えるべきであろうか。四十数年前に、唄先生が問題提起された説明義務論が、わが最高裁判所によって、二一世紀に入ってようやく受け入れられつつあることは疑いのないところである。とりわけ、「エホバの証人」輸血拒否事件と乳房温存療法事件は、患者の自己決定権の確立に大きな貢献をしている。立法府による「患者の権利」の法制化が立ち遅れているわが国の現状にあって、最高裁判所が、個別事案に対する判断という制約の中で、患者の権利の内実を形成しつつあることはきわめて注目すべき事実である。他方、がん告知事件に見られるように、時代的・事件的制約があるとはいえ、依然として自己決定権に制約を加える判断をしていることも確かである。歴史の発展は、直線的ではなく、裁判所の判断は、その時代の思潮を反映する。わが最高裁判所もその例外ではない、と言うことができよう。

診療情報の利用とconfidentiality

宇都木 伸

湯沢雍彦・宇都木伸 編
『人の法と医の倫理』IIa 2
二〇〇四年三月 信山社刊

一 はじめに

医療においては古くから、患者に関する情報を漏らすことが強く戒められてきた。ヒポクラテスの誓いはいう。「治療の機会に見聞きしたことや、治療と関係なくても他人の私生活についての漏らすべきでないことは、他言してはならないとの信念をもって、沈黙を守ります。[1]」また、近代の医の倫理のプロトタイプを形づくったといわれるパーシバルはいう。「病院の大きな病室においては、患者の訴えに関する質問は、他の者によって立ち聞きされないような声の調子で、なされるべきである。秘密もまた、その特有の状況によって要求される場合には、厳格に守られるべきである。……このような考慮事項は、強力に、繰り返し、病院実習生たち（hospital pupils）に強く教授（urged）されるべきである[2]」我が国の刑法典も、特に医療関係者と法職者と宗教者とを列挙して、それらの者による業務上の秘密漏示を罪と定めている。そして、プライバシーが高唱され、個人情報保護が特別法の制定にまで至っている現代においては、とりわけて患者情報の保護が重大視されることはいうまでもない。

他方、患者の身体に関する情報がきわめて貴重な資料として、医学研究にまた教育に用いられるということもまた古くからの実態であった。医学研究が積極的に人体に侵襲を加える場合にはさすがに医師も患者も意識するところとなり、基本的には禁止され、治療的効果を持つ場合にも厳しい規制が加えられるところとなったことは周知のことである。[3]これに反して、診療の過程で得られる情報は、それはいわゆるカルテに満載されているわけであるが、医療者・医学研究者たちが自由に利用しうる貴重な資料として活用されてきた。

実は、医学研究という営為は長い間、医療者すなわち研究者という同一人物の手によって為されてきたために、医療そのものとの機能の相違が必ずしも明確ではなく、また用いられる情報が医療者の手の外に出るということもなかった。ところが（医学）研究者が独立してくるに及んで、この二つの相違は担手の相違として露になり、かつその間に情報が移転する必然性が明らかになった。

特に現代において新技術の開発が進み、大量生産された医薬品が多数不特定の患者に用いられるようになり、また疫学的手法が定着し、さらには証拠に基づいた医療（Evidence Based Medicine）の主張という展開の中で医療情報の大量な利用が求められることになる。(4)

この二つの要請がぶつかり合う状況の一側面を、イギリスの判決を通して検討することが本稿の目的である。裁判例のやや詳しい紹介（二）をした後に、若干の問題点の指摘（三）をし、現在進行中の動きを紹介してまとめに代える（四）こととする。

confidentiality全体に対する考察を欠き、文字通りの管見的考察に終わってしまった。

（1） ヒポクラテス・小川政恭訳『古い医術について』（岩波文庫、一九六三年）一九三頁

（2） T. Percival; Medical Ethics; or A code of Institutes and Precepts, adapted to the professional conduct of physicians and surgeons, 1802, Chapter 1, at pp. 72, 3.
Samuels, A.; Patient Confidentiality, MLJ 70 (191) (2003).
Smith, R.; Is There a Right to Privacy? Human Rights & UKP 3.1 (11) (2002).
Turner, G.; Confidentiality, ITLT 8.1 (2) (2000).

（3） 宇都木伸・塚本泰司編著『現代医療のスペクトル』（尚学社、二〇〇一年）一六九頁以下

（4） 宇都木伸他（座談会）「人由来物質の医学研究利用のために」ジュリスト一二四七号（二〇〇三年六月一五日号）六頁以下

二　医・患者間の信任義務をめぐる訴訟例

R v. Department of Health ex parte Source Informatics Ltd.
QBD 28 May 1999 [1999] 4 All ER 185, [1999] 7 Lloyd's L. R. 264.
CA 21 December 1999 [2000] 1 All ER 786, [2000] 2 WLR 940, 52 BMLR 65.

「医師・薬剤師と患者との間のduty of confidenceが法廷に持ち出された最初の事例」(1)といわれるものを少し丁寧に紹介する。

1　事案の大略

(1)　事件はおおよそ次のようであった。

宣言的判決の申し立てをしたのはSource Informatics Ltd.（以下S社と称する）という情報企業（data collecting company）で、アメリカ企業IMS Healthのイギリス子会社（subsidiary）であるという。

(a)　英国の薬剤師一般には、その職務遂行のために処方箋のうちから一般医(General Practitioner)の氏名、患者の氏名、処方日、処方薬剤名、処方量を、その薬剤の特性と調剤日とともにコンピュータに入れている。(2) S社は全国の薬剤師に対し、それら処方箋情報を、患者名を匿名にしたうえで、特有のソフトを用いて週ごとに会社に送ることを依頼した。(3) これによって得られたデータベースによって医師の処方習慣（prescribing habits）が伺い知れるので、製薬企業が自己の製品に関する宣伝資料や連絡書（promotions and communications）の的をより適確に絞ることができることになる。したがってこのデータベースは商品としての価値があるということである。さらに、処方パターンをモニターすることに興味ある研究者などには有用なデータになる、ということも主張されている。協力した薬剤師には年額一五〇ポンドが支払われ、また協力した医師の名で一五ポンドが慈善団体に寄付される。

個々の医師の処方習慣がこのデータベースの本来の目的であるから、むろん医師は顕名であり、その承諾は得られている。しかし、患者については匿名化されており統計的数値のみを調べるということであり、承諾はいっさい得られておらず、またそのような調査が行われていることも公表されていなかった。

(b) ところでちょうどS社が上述のような依頼を一般医や薬剤師にしていた頃の一九九七年七月二四日に、保健省（Department of Health 以下 DoH と称する）は全国の保健当局にあてて、次のような政策文書（policy document）を発出していた。S社ではない「ある情報企業が一般医および薬剤師に対して、その患者の治療に関するある種の情報を得ることについて承諾を求める、ということが起こり、これに対してこの政策文書が出された」とのことである。[4]

「ご承知のように、当省は「患者情報の保護と利用」というガイダンスを一九九六年三月付けで公表している。[5] 同ガイダンスが明らかにしているように、コモンローの上でもデータ保護法（Data Protection Act 1984. その後一九九八年にあたらしい同名の法が創られたことは後に述べるとおりである）の原理の上でも、一般的ルールは：信任のうちに（in confidence）[6]提供された情報はその情報の提供者の承諾なしには開示されてはならない、というものである。そして本件の場合、患者と一般医の双方を問題のデータの提供者と見ることができる。

本件データ会社から医師宛に出された手紙によると、患者情報も診断の詳細も集められることはないこととされてはいる。匿名化（anonymisation）は（集積されるか否かにかかわらず）、我々の見解では、データの主体である患者に対する信任義務を免ずるものではない。匿名化したとしても個人が特定されてしまうリスクがあるという理由だけでなく、患者はその情報を、データ会社に提供されるために一般医や薬剤師に委託(entrust)したのではなかったからである。情報がデータ会社に提供されるということを患者は知っていなかったし、承諾もしておらず、自分に対するケアと治療、またその他のNHS目的のためにそれを与えたのであった。データの匿名化は(集積されるか否かにかかわらず)信任違反の成立を妨げるものではない。

データ会社の文書においては、患者の詳細を処方者および処方箋詳細と分離することについて責任ある者が誰であるのかはっきりしない。もしそれがデータ会社であるとしたら、薬剤師あるいは医師は、データ会社が情報にアクセスすることを許したという点において、患者に対する信任義務違反となることになろう。

信任の義務は、場合によっては開示することに対する社会の利益(public interest)によって凌駕されることはある。しかしながら、本件における一般医や薬剤師による処方情報のデータ会社への開示を社会の利益であるとすることには、強い疑念を覚える。それどころか、もしそのデータ会社が医師の処方習慣に関する情報を製薬企業に売るとするならば、むしろ社会の利益の反対であるといいうるかもしれない。

複雑な法的、政策的問題であるので、これについては今夏NHSに対してガイダンスを提供したいと考えている(筆者はこれを見ることができなかった)。そこに至るまでの間に、本状で言っておきたいことは、そのような処方や調剤の情報を開示する一般医や薬剤師は法的危険を冒すことになるであろう、ということである。政策的配慮から、われわれはそのような開示を強く戒めたい（discourage)。むろん、本状は単に情報として提供されるものに過ぎないから、情報開示を本当に考えている一般医や薬剤師は、この見解に依存しないで、自ら法律家に相談するべきである。」

このＮＨＳの文書が配られた結果、ほとんどの一般医と薬剤師はＳ社の申し出を拒んでしまったようである。そこでＳ社はDoHにこのガイダンスを変更してくれるように頼んだが聞き入れられなかった。また、稀少薬や稀少薬組み合わせをこのシステムの対象から除外することに同意するなどして、DoHが指摘したような患者特定の危険性を減らすように務めてきたようである。

(c)　Ｓ社が裁判所に求めた救済は次の二点である。

①一九九七年七月二四日付のDoHにより発出された政策文書に含まれているガイダンスは法的に誤りである、との宣言。

②匿名情報、つまり患者が特定され得ないような情報を、一般医あるいは薬剤師が第三者に開示することは、信任の違反に当たらない、との宣言。

Ｓ社側の挙げる理由は次のようであった。(1)たしかに処方箋の内容は、一部は一般医の、一部は患者の信任的情報であろう。①患者に関していえば、彼が服薬していたことがわかるし、使用している薬剤の性格から彼の精神・身体状況が分かってしまうであろう。しかし一旦、その資料が抽象化され（abstracted）てしまえば、そこには信任性情報は存在しないことになる。情報は純粋に統計化されており、個人性・私性（personal or private nature）を失っている。②また、一般医についていえば、Ｓ社の申し出に合意したのであるから、その情報の使用の承諾を与えたことになる。したがってそこには、信任違反は存在しない。③また、信任違反の訴えにとっては、訴える者が害（detriment）を被っていることが条件であるが、匿名性が守られている限り、患者に害は生じえない。(2)また情報をS社のために抽象化する過程には、薬剤師による情報の不正使用（misuse）はない。情報から患者の氏名を排除するように情報を選び出す（sorting）過程自体は情報の使用には当たらず、また、S社に情報がわたり使用されるときにはすでに個人情報は付いていないのである。(3)さらにこの種の統計的な情報は健康サービスや患者のために、また医学研究のために日常的に集められている。原告は明らかに商業目的のための使用を望んでいるわけではあるが、研究その他の中立的な機関からもこの計画が実現すれば有益な研究資料となり、また行政上有益な手がかり（administrative tool）になるであろうと期待されている。

(d) これに対してまたDoH側は次のような理由から、政策文書を法的に正しいと主張をしていた。(1)①処方箋に含まれる情報は、その提供目的つまり当該薬剤の調剤にのみ用いられるべきであり、他目的使用は承諾のない限り不正使用（misuse）に当たる。②その情報が信任されたものであることには争いはないから、その不正使用自体が信任義務違反になる。(2)不正使用は、薬剤師の商業的利益のために、その情報をいじること（manipulation）と移転する（transmission）こととからなる。(3)①信任違反の成立のためには信任者が何らかの害（detriment）を被る必要はない。②仮にその必要があるとしても、患者たちは信任情報の不正使用により害を被るであろう。

2　一審判旨　QBD 28 May 1999 [1999] 4 All ER 185, [1999] 7 Lloyd's L R 264.

(1) 判旨のはじめにあたってLatham判事は示唆深い指摘をしている。「不思議なことに、この問題はこれまで法廷に出てくることはなかった。医師と患者関係においてのみならず、同様な信任義務が生ずるような関係においても。私が不思議だというのは、患者記録から拾い集められた資料が医学文献や研究のために、また関連統計をうるために日常的に使用されている、ということは皆が知っていること(common knowledge)であるからである」(at 189d)と。つまり、これまで特に争われることなく、日常的に為されてきた事柄が今ことさらに争われている、という事態をいかに捉えるか、が問われているわけである。「請求人(S社側)は、論争が生じてこなかったということ自体が、匿名が保証される形で情報が集められる限りは、信任義務違反になるとは誰も考えてこなかったことを示す有力な証拠である、と主張している」(at189e)というわけである。

Latham 判事は、この原告主張を結論的には否定することになるわけであるが、そこに至る論理過程は必ずしも単明でない。すこし丁寧に見ておくことにしよう。

(2) 先ず、S社側に有利な論旨の文献、つまり匿名化された患者情報の(承諾なしの)目的外使用は、信任違反とならないとする Toulson & Phipps の著作の引用から始める。[7] この著者は、まず①W v Egdell 判決[8]の次のような傍論を引用する。「本件の状況が Egdell 博士にW氏に対する信任義務を課している、ということについて争いはない。博士がその診断書の内容を新聞に売ることは合法であり得ないし……また学者仲間での議論の中でも、あるいは回顧録や友人との会話の中でこの事例について話すことは、法にも、また職業倫理にも違反することになる。W氏の個人特定性を隠す適切な処置をしない限りは」(at 189h)と。いうまでもなく、この著者はこの文章の最後の箇所を反対解釈すれば、匿名化されている限りは医学研究のためなどに本人の承諾なしで用いることができると考えたわけである。②さらに著者は少し先に進んだ考え方を医師中央評議会(General Medical Council)の booklet[9] から引用する。「医学研究目的のためには、効果的には匿名化し得ないような情報を開示する必要がある場合があるが、そういう場合には関係する患者、あるいは彼らに代わって適正に許可を与えうる人々に説明をするためのあらゆる合理的な努力がなされなくてはならない。」(at 190a)と。そしてその上でさらに、③著者は次のステップに進んで、自らの意見として次のように述べていた。「違反がきわめて技術的なものであって、なんら損害(damage)を与えず、かつ法的にはエクイティー上のいかなる救済をも与えるに適していないと考えられるような状況があり得る。たとえば、研究者が診療録を利用する場合には、研究者たちは患者の個人情報には何ら興味なく、個人が特定される形で情報を公開する意図もない。しかもその資料から患者名を削除することは不可能ではないとしてもきわめて難しいかもしれない。そのような場合には、開示は患者に対する害(detriment)を何ら含んでいないから、訴えの原因となるべきものは全くないであろう。」(at 190b-d)

このようにして著者らの主張は、匿名化された情報の利用から匿名化されない情報の研究利用にまで及んでしまっており、結果として研究者等の外へ個人情報が洩れるのではない限り、情報を利用すること自体には法的救済を与える必要がない、ということになる。

(3) これに対してLatham判事は「いま法廷が救済を迫られているような、信任違反成立の条件については、より注意深い分析が求められていると私は思う」(at 190e)として、別の文献によりつつ次のような論旨を展開している。

この文献[10]はその冒頭で、「信任違反」の訴えが成立するために必要であると、これまでの判決が繰り返し述べてきた三要素を挙げている。①信任者が告げ(impart)た情報が信任性のある情報であり、社会にとってアクセスし得ないものであること。②それが告げ(disclose)られた時の状況が、信受者に情報の信任性を尊重する義務を課するような状況であり、特別の限定された目的のために告げられたものであること、③「そして最後に、信任を強行するために法廷の助けを必要とする理由を示さなくてはならない。……信受者がその情報を取得した時の当初の目的とは別の目的のために使用するという権限なき使用（unauthorized use）をしたことを立証することにより、この条件は充足される。」（at 190j）と。ところがこの第三の要件のところにこの著者は次のような note つけていた。すなわち「しばしば指摘されていることであるが、権限なき使用あるいは開示について訴訟原因が認められるためには、それが信任者を害（detriment）するまでに至っていなければならない、と。しかしながらこの害というものは、訴訟原因を確立するために立証されなければならない要素としてではなく、信任違反に対して認められる救済（remedy）に影響を与える要素として扱われるべきものである。」（at 191b）と。つまり責任の存否にではなく、責任のとり方程度に影響を与える要素として扱われるべきものである、というわけである。

本件の場合、処方箋情報が confidential な性格であること、またその情報が薬剤師に伝えられたのは、信任義務を発生させるような状況であったことについては争いはないので、争点は専ら第三の点に絞られることになるわけであるが、Latham 判事は上述の note の部分をとくに問題とし、この第三点についてはじめて明瞭に論じたと言われる Coco 事件(11)における Megarry 判事の次のような判文を引用している。「この原理について語る先判決のうちのあるものは detriment について触れていないが、他のものはこれを含めている。一見したところ、エクイティーの介入が導入されるためには、detriment がなければならないように思われる。しかしながら、ケースによっては、原告がエクイティーの助けを求める十分な動機（substantial motive）を持ってはいるが、公正に見て、彼にとって detriment と言いうるようなものは生じていない、ということがあると私は思う。たとえば、その信任情報自体はむしろ彼にとっては好ましいものではあるのだが、彼が大切に護りたいと思っている友人関係のようなものを重大に傷つけることになるような場合である。」(at 191f, g) ただし同判事は続けて、「そのような点は本件では生じてはいない。本件では原告に害のあることは明らかであるから」として、傍論であることを明らかにしていた。

(4) 以上の背景をふまえて、判決は本件の判断に入る。

(a) 原告側(S社側)弁護人は、信任義務違反の成立要件である権限なき使用には、本件の処方箋の利用はあたらない、ということを次のような二様の方法で説明していたが、裁判所の容れるところとならなかった。まず、原告側は「信任義務違反に当たるとされるのは、信任情報を公にしたり、伝播したり(publication or dissemination)する場合に限られる。」「処方箋中の薬に関する情報を匿名化して統計的目的に用いることは、開示(disclosure)とは言い得ない。」という。そして次に代替的に「薬剤師がする匿名化(anonymisation)という行為そのものは、情報の使用(use)にはあたらない。そして情報が使用されるのは、それが原告(つまりS社)に渡された後のことであるが、その時にはその情報はすでに(匿名化されているから)信任的性格を失っている。」と主張した。

これに対して判事は「私は、S社側弁護人の主張、processを二つの段階に分けるという詭弁(sophistry)には組みしない。私の判断では、本件で提案されていることは、患者の承諾のない限り、明らかに信任違反にあたるであろう」(at 192j)と結論しているが、その過程では次のように論理づけている。

「DoHの側の主張するところでは、この信任情報は薬剤を得る目的のために提供されたものであるから、それ以外の目的での使用が適法とされるのは本人の明示もしくは推定的承諾のある場合に限られる。しかし本件の場合、推定的承諾があったと解することができる、という点については主張もなされていない。……この（推定的承諾という）ことは、医師やNHS自身が匿名化された資料を研究、医学の発達あるいはサービス管理の目的で用いる場合の言い分としてはありうるかもしれない。しかしこの主張は、私が（この審理の過程では——宇都木）充分な証拠を見ることも論述を訊いてもいない事柄であり、私は何ら結論を出すことはできないし、する必要もない。」（at 192e-j）

(b) このようにして、本件の行為は患者の明示の承諾もなく、推定的承諾もない目的外使用となるわけであるから、「ある意味では、本訴訟において提起されている問題に答えるためには、これで十分である。」つまりLatham判事はS社の提案しているデータの匿名化は信任義務を免ずるものではない、という判断に達したわけであった。ところが続けて「政策文書の真意とするところは、S社の提案に従った薬剤師が信任違反の訴訟に負ける危険がある、というところにあった、と私には思われる。」として、信任違反訴訟の不可欠(?)な要素といわれる「害」が患者に生じうるかどうかの検討にはいる。

ここでの「本当の問題は、信任違反に対する訴訟原因のなかで、detriment はいかなる役割を演ずるかである」。

S社側の主張は「匿名性が保証されるのであれば、患者には、信任義務違反訴訟の要件である detrimet は生じない。」というものであった。そして DoH は、この問題を正面から取り上げることになった Guardian 新聞事件という貴族院判決[12]を有力な手がかりにして訴訟を展開している。そこにおける第一意見を書いた Keith of Kinkel 卿は次のように述べていた。「信任違反を差し止め命令で規制しようとする訴えにおいて、信任者への detriment が要素であるか否かは検討に値することである。」「原告の職員や元職員による信任違反やその虞のある場合や、原告のビジネスに関する情報が、誰かに信任のうちに与えられ、その者が自分の利益のためにそれを利用するというケースが多い。このような場合には、信任者にとってのdetrimentは明らかである。しかし他の場合には、信任違反が個人格的プライバシー(personal privacy)の侵害でしかない場合には財産的害(financial detriment)は存在しないかもしれない。」しかし「個人格的プライバシーの権利は、法が保護するべきものであることは明らかである。もし個人の私生活の詳細についてその信任違反の曝露がなされ、それによって収益があがった場合にはその収益は本人に計上されるべきであろう」。

「さらに、一般ルールとしていいうることは、信任関係というもの(confidences)が尊重されるべきことは社会の利益に(public interest)かなうことであり、そのような尊重を奨励することは信任の義務を認め、これを実効あらしめるための充分な理由になる。たとえ信任者が、何ら自分にとっての特定の害を摘示できなかった場合でも。……非常に価値のあることのために巨額の寄付を匿名で為す人が、決して不名誉ではないような理由でもって、匿名のままで居たいと望むことはある。……その信頼のうちに打ち明けた情報が、知られたくない人に開示されたとすれば、それは充分なdetrimentであると私は考えたい。たとえその開示が、何か積極的な意味で有害(harmfull)ではないとしても。⒀」(at 193c-j)

(5) Latham判事は、ここからやや大胆な議論を展開することになる。「Guardian新聞事件の貴族院における判事は信任的な情報の権限なき使用は、明示的ではないが、暗黙の裡に有害な結果(detrimental consequence)をもちうるものだ、という点で一致していた、」……「(合議に加わっていた)三人ともが認めるところでは、法廷が救済を認めるためには、保護を受ける権利があると考えられるような何らかの影響(effect)が、その者になければならない、ということであった、と私には思われる。」(at 194g)(Guardian新聞判決の中ではこの effect というような言葉が用いられているわけではない――宇都木）。

「困難さは、この影響を構成するものは何か、ということについて先験的かつ仮説的な基礎（a priority and hypothetical basis）を形づくるところにある」（at 194j）

「この訴訟が護ろうとしているものが、請求者の privacy であるとする見地から問題にアプローチするならば、しっかりと匿名化された情報の使用からは何らかの影響が生ずると考えることは難しいであろう」。それはもはや個人情報ではなく、本人がアクセスできるようなものではないからである。しかしながら、被告（DoH）側弁護人は匿名性が守られていても充分な損害（sufficient harm）が生じうると主張し、先述の Keith 卿の意見に依りつつ、「その情報は大変に親密な個人的（intimate and personal）なものであるので、それがそもそも取得された時の目的以外の用途での使用は、信任者に detriment を与えるものであり、それ自体で権限なき使用に対する規制を正当化するものである、と主張していた。この主張は、次のような二つの主張と結びつく。一つは、何人かの患者は、きわめて個人的な情報が承諾なしで、薬剤師の、そしてS社の経済的利益のために使用されることに対して、憤りを覚えているかも知れないということ、二つは、その情報が商業的価値をもつとすれば、その商業的価値を自ら実らせる機会を奪われたと感じるかもしれない、ということである。」（at 195f-h）

「患者の大多数（majority）は、匿名化が保証されるのであれば、自分たちのプライバシーは侵害されないと考え、また処方箋の商業的使用価値にしても個々に直してみれば、ごく僅かであろうと考え、彼らの処方箋から得られた統計的情報がそのような方法で使われることに、無関心であろうと私も思う。」「しかしながら何人かの者（some）にとっては、その情報のセンシティビティーは、承諾なしにそれを使用することを良心的でない（unconscionable）と感じられるような性格のものであるかもしれない。いいかえると、彼らが薬剤師においた信任（trust）を侵すものであろう。」（at 195j）

「私の結論はこうである。被告（DoH）側弁護人が、本件の状況を、信任が護られることを確保することのなかに社会の利益があるような場合である、としたことは正しい。医療的援助を必要とする人が、それを求めまた得ることを妨げられるべきでない、ということは重要なことである。すでに述べたように、薬剤師が処方箋から得た情報を患者の承諾なしに（第三者に）与えるべきではないと、非常に強く感ずる人々がいるかもしれないと私は信じている。この（本法廷の）判断によって（言い換えると、患者の承諾が必要であるとすることによって──宇都木）、それらの人は自分の情報が使用されることを許すか否かの決定をなしうることになる。」（at 196a,b）

このようにして一審Latham判事は、信任義務違反が成立するための要件である〝権限なき使用により害が生ずるに到る〟のうちの害（detriment）が、財産上の損害（damages）である必要はなく、本人のpersonal privacyへのいわゆるharmである必要もなく、さらに何らかの影響（effect）を本人に与えることで足りるとするところから、更に進んでconfider本人への個人的影響のみでなく、あるべき患者・薬剤師の信頼関係を破壊するという社会的利益（public interest）を失わせることまで含む、と解することによって、S社の提案に従って行動した薬剤師は、信任義務違反に問われる可能性がある、と判断したわけである。

そして最後に、これまでのところでは、匿名化したならば個人の特定はできないということを前提として話を進めてきたが、実はある種の情報はremote riskを完全にぬぐい去ることはできない。とすると「このようなリスクについて自ら決心する機会を奪われてよいものであろうか？」という問題が生ずる。また「S社にとって、彼らが自分たちの利益のために患者の信任を破ることが認められるのは、その信任違反そのものが社会の利益なのである、と言いうる場合のみであると私には思われる。」しかし本件では問題になっているような情報の開示が社会の利益であるとの説得的な説明はなかった。

（実はDoH側弁護人は、さらに進んで、X v. Yという判決を援用しつつ、害（detriment）の発生ということは、守秘義務違反の成立要件ではない、という主張をしていたが、判決文の上からいっても無理が大きく、Latham判事も容れるところでなかったので、ここでは省略する。）

(6) この（一審）判決は、「処方箋および関連の医療データのコレクションに甚大な不安定さを来たし、長い間貯められてきた、そしてABPIのメンバーによって使用されてきた沢山のデータベース（あるものは三十余年もの間使用されてきた）を停止状態におくことになった。」（一審判決 at 799f）このため、控訴審には英国製薬工業協会（ABPI）、全国薬剤師協会（NPA）、中央医師評議会（GMC）、医学研究評議会（CMRC）という四団体が参加することになった。いずれもが匿名化された患者情報の使用に強い関心をもつ者である。ABPIは言う「一審判決の薬事産業に与えた影響は、単に市場問題に限らず、医学研究に、規制義務の遂行に、政府統計の集計に、需給変化への対応策に、副作用モニター・製品回収作業に、深い影響を与えた。」（一審判決 at 799g）NPAは薬剤師が患者の安全のために電算機内の患者記録を使うことに、薬剤使用情報の作成に、ストック管理目的に、情報技術システムの発展に判決の影響があると主張する、といった風であった。

さらに製薬産業界をこえて、他の領域、とりわけ金融サービス産業への影響の大きいとの指摘もなされていた。(14)

3 二審判決 CA 21 December 1999 [2000] 1 All ER 786, [2000] 2 WLR 940, 52 BMLR 65.

ところが、この判決は控訴院において破棄されてしまう。そこで次に控訴院の一九九九年一二月二一日のSimon Brown判事の意見を紹介しよう。

(1) Brown判事も本論に入る前に「まず最初に気がつくことは、本件の中心的問題である点、つまり信任情報の匿名化とその形での使用に関する先判決の少なさである。このことは、おそらくはS社弁護人がいうように、かかる種類の行為に対して異議を申し立てることができない、ということを示すものというべきではないであろう?」と、だいぶ消極的ではあるが、一応は審理の意義のあるところを認めてはいる。(15)

Brown判事は控訴理由を三つに絞っている。①「情報が信任的であるのは、それにより個人が特定できる場合のみである。」②S社への薬剤師によるダウンロードは信任情報の匿名化を含むが、それ自身は情報の不正使用には当たらない。③「いずれにせよdetrimentが必要なのだが、本件では誰も害を被っていない。」第一審判決ではそれぞれ否定された点であるが、控訴判決では第一点が肯定されたために、第二、第三点はごく簡単に片づけられてしまうことになる。

(2) 情報の匿名化とその形での使用に関連する数少ない判決として、X v. Y判決とEgdell判決とを検討する。このうち、Egdell判決は先述(8)のように、事件自体は顕名情報をめぐる争いであったが、傍論の中で、個人特定性を適正に隠すのでないかぎり、論文などに患者の情報を用いることはできない、と言ったものであり、「S社側の主張によると、この傍論の中には、信任者の特定性を隠すステップが適切に含まれている限り、その情報全体を好きなように利用することができる、ということが含まれている。」というものであった。

これに対して明らかに匿名情報が問題となったのがX v. Y事件であった。この事件は、二名のＨＩＶ陽性の一般医が開業を継続しているという情報を、保健当局の職員が明らかに意図的に新聞記者に売ったという事件であり、それを匿名化して使用しようとする新聞社に対する差し止めが求められた事件であった。この事件の判事は「個人が特定されてしまうリスクは、信任情報の使用が許されるか否かを判断する上での一つの要因にすぎない。私の判断では、(匿名化するなどの)規制された形で公表することを許すとすれば、被告に信任違反を保証しておいた上で、その使い方を選ばせるようなものに思われる。これは信任性に対する法の保護を笑いものにする(mockery)ことというべきであろう。[16]」(Rose J)と述べていた。この判旨は、前記のEgdell事件の傍論についてのS社側の解釈、すなわち情報は匿名化すれば自由に使用しうる、という解釈を否定するもの、と解してよいように思われる(DoHは現にそのように主張した)。しかし、S社側は、「この事件の判旨は、毒の木からの果実として、その使用を禁じたにすぎない」と主張したようである。本件における争点は、薬剤師の行為の違法性いかんであったから、たしかに匿名化されている情報の利用ないし公表の適法性、本件でいえばS社の行為の適法性を争ったというべきX v. Yとは、論点を異にしている。そこで、結局のところ、X v. Y判決も、Egdell判決も、本件の先判決として依りえないと判断したBrown判事は、信受者の義務の範囲を明らかにするために、むしろ他の領域の信任義務に関する判決を検討する。

(3) 上記二判決はともに、本件と同種の個人的信任関係(personal confidence)に関するものであり、しかも医療に関わるものであった。Brown判事は、他の先判決を探すべく、F. Gurryの論著作に依りつつ、伝統的に保護されてきた情報の四大領域として、商業上の秘密(trade secret)、個人的信任(personal confidence)、政府事項(government issue)、文学・芸術的信任(artistic and lieral confidence)をあげている。

そして以下では、訴訟事例の多い企業秘密をめぐる判決のうちに、信任違反における法の考えかたを探ろうとするわけである。

Brown 判事は、信任義務の発生について広義説を採り情報の性格のみでなく当該情報が告げられた状況が信任的な状況であったか否かを問題とすべきこと、信任的状況の中であったか否かの判断は、reasonable man の判断によるべきこと、さらに信任の義務の範囲という問題について考える際に大切なことは、秘密を尊重する義務の基盤（basis）を見失わないことであり、それは、その情報が伝えられ、取得された状況から発生する良心の義務（obligation of conscience）の観念の中にあることを、オーストラリアの判決[17]をひきつつ判示する。英国の判決からは Seager 事件における Denning 判事の言を引用している。「この主題に関する法は、エクイティーの広い原理に依存している。即ち信任のうちに情報を受けた者は、それを不公正に利用してはならない（shall not take unfair advantage）」（at 793j）と。さらに同種の他の領域の判決を渉猟した後、Brown 判決は信任義務の性格論に関する結論に到達する。「全ての諸判決（authorities）から現れてくる明確かつ一貫したテーマは次のようなものであると私には思われる。つまり、信受者は信任者に対する信義誠実の義務（duty of good faith）の下におかれている。そして、その信受者の義務の範囲を判断し、それが成就されたか違反されたかを判断するための基準（touchstone）は、彼自身の良心であり、それ以上でもそれ以下でもない。それゆえ、本件の事実に即して尋ねるべきことは、〝合理的な薬剤師の良心は、S社の提案した患者処方箋の使用方法によって困惑させられるか（troubled）否か〟である。薬剤師はS社のスキームに入ることによって、顧客の信頼を破ると考えるだろうか、情報の非良心的使用をしていると考えるだろうか、ということである。」（at 796f）そして、先述のように製薬工業協会も薬剤師会もこぞって本件スキームを支持していることがここで強調されることになる。

(4)　この問いに対して、たしかに非良心的使用であると主張する DoH 側は、第二の控訴理由に触れてくることになる。即ち「患者が処方箋を手渡す唯一の目的は、薬剤師が調剤するためである。匿名化することによって、薬剤師は信任義務のもとに置かれていなくなるわけではない。それどころか、匿名化は情報をいじること（manipulation）を含んでいるから、それ自体問題とされるべきことである（objectionable）。」（at 796g）

Brown 判事はこの承諾なしの匿名化作業の問題性を次のように論じて否定する。「私からみれば、この議論は説得的でないし、全く unreal である。」（at 796j）「いかなる利益を法が護ろうとしているのかを問わなくてはならない。私の判断は単明である。ここにおける法の関心事は、信頼者の個人格的プライバシー（personal privacy）を保護することである。それが、それのみが本件において問題となる権利である。患者は処方箋用紙に対して財産権を持つわけではないし、またそこに含まれる情報に対しても然りである。もちろん患者は行きつけの店（custom）を自由に選ぶことができるのに対し、薬剤師にはそのような権利はない。薬剤師は法によって拘束され、処方箋を提出する人には誰にでも調剤しなければならない。しかしこのことは患者に情報に対する何ら財産権（property）を与えるものではなく、プライバシーが危険に瀕するのでない限りは何ら管理する権利（right to control）を与えるものでもない。先に私は、政府側弁護人から出された患者の自律性（patient's autonomy）尊重の主張を引用した。一見したところ、この主張はもっともらしさを持っている。しかし、私は患者の自律性がどのようにしてS社スキームによって危険にさらされるのか理解に苦しむ。私が結論づけたように、もし患者の唯一の正当利益はプライバシーの保護であるなら、そしてもしそれが保護されているのであるなら、彼の意思が歪められたり、彼の人格的統一性が犯されたりするとは私には思えない。」（at 797b-d）

このようにして、控訴理由の①と②とを一緒にして論じた上で、「私は、本件は害（detriment）が問題になるような事例ではないと考える。」として、この論点を全く論じないことになる。

(5) 最後に一点、法制裁の限界について先判決から引用するところを聴いておく必要がある。「エクイティー上の義務の違反があるとされるには、託された信任が濫用され (abuse) あるいはその情報が非良心的に (unconscientious) 用いられた、と裁判所が判断する必要がある。さらに付け加えるならば、われわれの見解ではエクイティー法上の裁判権を行使する裁判所は、エクイティー法上の信任義務を限界的な事例にまで当てはめることを安易にするべきではない。かなりの人 (many) が不賛成であるかもしれないような方法で信任情報を使用するということと、違法な使用との間には区別がある。」(at 794b) この指摘が、一方で先述の「法の関心事は個人的プライバシーを護ることにある」という断定につながっており、他方でまた一審判決が様々に展開して見せた detriment の評価を全く無視している、という点に連なっていくようである。

このあと判決は、「むしろ私は多くの細かい議論を避けて、単純にS社の提案計画に協力することによって薬剤師の良心が煩わされるべきではない、と判断する。患者のプライバシーは侵害されることなく、保護されるであろう。薬剤師の信任義務は破られないであろう。」(at 797f)

控訴審の特徴は、宣言的な判決を下すというエクイティー法の本来的に例外的な性格を強調して、介入すべき領域を厳しく限定した点にある。多くの人が不賛成なことと、違反 illegal と言われることとは異なり、限界的 (marginal) 事象に多く見られる前者は措き、後者のみを法介入の対象としたわけである。

最後に、Brown 判事は「もし、保健省がなおこのような計画が社会の利益に反する作用をするという見解であるのなら、もうすでに重い規制を負わされているこの分野ではあるが、なおそのような効果を規制し、限界づけるような権限を得なければなるまい。この目的のために信任法がゆがめられてはならない。」(at

801c）として、立法による政策的配慮への道を残していた。

（1） G. Turner ; Confidentiality, ITLT 8.1(2)(2000) p6.

（2） イギリスの General Practitioner は、住民一人一人からの登録を年ごと受け、かかりつけ医として機能する、いわゆる開業医であり、薬剤は原則としてすべて処方による。

（3） いつ頃から始められたものか判文からは不明であるが、used to という言葉が使われているところを見ると、少なくともすでに訴訟当時には実施されていたと思われる。

（4） Turner, op.cit., p.6.

（5） The Protection and Use of Patient Information-Guidance from the Department of Health, 7 March, 1996. 宇都木伸「イギリスにおける医学研究倫理委員会(3)」東海法学一八号（一九九七）二一六頁以下に全訳と若干の解説がある。

（6） confidence は通例は「秘密」と訳されることが多いが、いわゆる secret として打ち明けられるわけのものではなく、特別の信頼関係の中で生ずる義務であるので、本稿では言葉の元の意味をとって信任という未熟な訳語を当てた。本文中で後に論ずるように、trust において用いられる fiduciary duty と同種の義務といわれる。これにあわせて、confide は打ち明ける、ないし信任するという訳語を、さらに confider は信任者、confidant は信受者、confidentiality は信任性、confidential は信任的、duty of confidence は信任義務と訳出してある。

（7） RG Toulson and CM Phipps; Confidnetiality, 1996. 残念ながら筆者は現物を見ることができなかった。

（8） W v. Egdell and others [1989] 1All ER 1089, W v. Egdell and others [1990] 1 All ER 835.

〔事件の大要〕 W氏は近所の人五名を射殺し、二名の者に重傷を負わせたり、爆発物を投じたりしたが、妄想性統合失調症（paranoid schisophrenia）と診断され、限定責任（diminished responsibility）に基づく故殺が認められ有罪とされ、精神保健法下の命令により、保護病院（secure hospital）に無期拘禁中であった。

一〇年ほど経過した一九八七年にW氏は内務大臣に対して、拘禁を解き地方保護施設（regional secure unit）へ移送することを請求したが拒否された。そこで、精神保健審査会（mental health review tribunal）に対し、条件付きの退院を請求した。同審査会に提出された内務省の意見書（statement）は「申請者の銃器に関する興味がより詳細に検討され説明されるならば、最大限の保障という（現在の）条件の解除について、よりつよい確信を持ち得よう。」と述べていた。そこで

W氏は法律扶助を受けて、独立の精神科顧問医Dr Eに診断を依頼した。

Dr Eは七月二九日に提出した報告書の中で、W氏の火器に関する長きにわたる興味という新事実を詳細に記述し、原告の疾病は妄想性統合失調症というより妄想性精神病であろうから薬がより効きにくいとの判断を示し、さらに他人の意見を聴かない精神病質的異常人格（psychopathic deviant personality）をもっているかもしれないということを特に注意した。ただし、「私はこの時点で（W氏が）精神病質人格を患っていると言うことには躊躇を感じる。というのは、私の彼とのコンタクトはほんの一時間のインタビューでしかなく、臨床心理士Mr. R. Tullochの一九八六年四月一六日のレポートもあるからである。Tulloch氏の認定と、私がいくつかの資料からかき集めた印象とは、重大な齟齬を来していると思われる。W氏の（病院からの）解放に関する決定をする前に、この齟齬を解くことが重要であると考える。」（判事はこの文章をとりわけ重要であると考えたようである。）

Dr Eは、そうすれば審査会に提出されることになるであろうと考えて、W氏の弁護士にこの報告書を送付したところ、弁護士はその内容に鑑みて先の申請を取り下げてしまった。八月一八日にこの通知を審査会から受けたDr Eは、W氏の担当医官と診断が大きくくずれていることを知っていたので、院長に電話した。Dr Eの宣誓供述書によると、「院長は、自院の患者に関して情報が加わることは有用なことであり歓迎すると述べ、弁護士とコンタクトをとり、七月二九日の報告書を院長に開示することを承諾するかどうかを、礼儀として尋ねて欲しいと依頼した。ところが、弁護士はこれを拒絶した。」

そこでDr Eは、八月二五日「以下の報告書は、八月二四日の貴下の公式の口頭による要請により提出いたします。」という頭書を付けて、W氏側の承諾のないまま病院に報告書を送付してしまった。さらにDr Eは、その報告書が内務省にも送付されるべきであると主張し、一一月末にW氏の担当医官より「貴下の報告書は内務省に送付され、かつわれわれのケース記録にもいれられました。」という通知を受けた。保健省も同日（誰が送付したのかわからないが）報告書を受け取っている。そして、内務省は一九八三年精神保健法七一条の定めによって、この報告書を精神保健審査会に送付した。

一二月になって、審査会は審査にかかっている旨をW氏および病院に通知した。担当医務官はさっそくに弁護士にその旨を伝えたが、報告書のコピーがすでに内務省に送られていることは言わなかった。弁護士は直ちにDr Eを相手取って、①その報告書の内容を他者に伝達することを禁ずる差し止め命令、②全コピーの引き渡し請求、および③損害賠償の訴えを提起した。High Court のO'Donoghue判事は同日この一方当事者の申し立てによる差し止め命令（ex parte injunction）

を認め、この命令は（Dr E の承諾を得た上で）今日に至るまで効力をもっている。

その後写しが各所にすでに送付されていることを知ったW氏は、一九八八年六月になって第二の訴状を提出し、内務大臣、病院理事会を相手取り上記同旨の、保健大臣および審査会に対しては②、③のみの訴えを提起した。裁判所の判断によって第一と第二の訴えが合同審理されることになったのが本件であった。

一審 Scott 判事の棄却理由「本件の問題は、Dr E が信任義務を負っているか否かではない。彼が負っていることは明白である。問題は、その義務の範囲である。」

「確かに Dr E はW氏と契約を結んだものであり、Wの選定した医師である。そうではあるが、Dr E の義務はW氏に対する義務だけに止まらない、と私は考える。W氏は社会の通常のメンバーではない。彼はその犯した殺人の故に保護病院に入れられ、その将来に関する決定は公当局たる内務大臣ないし審査会によってなされるという体制の下におかれていたのである。W氏の個人的利害は唯一の判断基準ではなかったし、主たる基準でもなかった。社会の安全が主たる基準であった。」

「W氏の弁護人は、凌駕する公共の利益は、医師が情報を他の者に漏らすという恐れなしに患者が完全な正直な開示を医師に対してなしうるということの中にある公共の利益であると主張する。」(at 1104e)「しかし私の見るところ、W氏の弁護人が主張する信任義務によって守られる利益はW氏の私的利益であり、より広い公共の利益ではない。W氏の私的利益と、報告書を病院長や内務省に開示することにより保護される公共の利益とを比較するならば、公共の利益が優先すると私は考える。」(at 1105b)

このようにして、「W氏のような位置にいる患者が、独立の精神科医の報告書を委嘱する場合には、その報告書を作成する医師には信任の義務があることは確かであるが、その報告書が患者の治療とケアに関わると判断した場合には、その医師はその報告書を患者のケアの責任を負っている病院に開示することは妨げられないし、またその患者に関する内務大臣の裁量権の行使にその報告書が関わると判断したときは、それを内務大臣に開示することを妨げられない。」(at 1105d)

控訴審における Sir Stephen Brown 司教も Bingham LJ も〝私的〟利益性を否定した上で、原判決を肯認した。

Bingham, L.J. の意見が、より明晰であるのでここから引用してみよう。

「一審判事は誤っていたと私は考える。確かにW氏は自由を再び獲得するという強い個人的利益をもっており、Dr E の報告書はこれを妨げるものと見られていた。それゆえ彼はこの報告書が回されるのを防ぐことに個人的利益をもっていた。しかし、これらの私的考慮が専門職が信任を守るという公共の利益を曇らせてしまってはならない。Dr Eが独立の精神科医師として、一九八三年の精神保健法七六条の下に拘束を受けている患者であるW氏に関して検査し、報告したということは、W氏から信任に関する通常の権利を奪うものではない。そのような権利は、公共の利益によって補強されているものなのである。」（at 849e）

このようにして、「両当事者ともに認めるところであると私は考えるが、本件の決定的問題点は、本件の特殊な状況の中で、専門職の信任を確保することの中にある公共的利益と、ふるわれるかもしれない暴力から社会を守ることの中にある公共の利益とのバランスをいかにとるべきか、というところにある。」（a t851b）

そして両当事者の主張を比べた後 Bingham, L.J. はこう述べる。「私の判断するところでは公共の利益のバランスを決定的に開示有利に傾かせる一つの考慮事項があり、一審判事も同意見であった。簡明に述べよう。一人の人が重度の精神的疾病の下で複数の殺人を犯した場合、その人の病院からの開放に至るような決定は、責任ある当局が、再犯の恐れが容認できるほど非常に少ないということを、十分な情報を得て判断することができるのでない限り、なされるべきではない、ということである。」（at 852j）

（9） イギリスの医師の登録制度を司る公法上の機関であって、医学会および医学校の代表者と、全国の医師による投票によって選出された者とからなる。登録の取消や業務の停止を命ずる権限を持ち、その判断をするために特有の制度を一五〇年の歴史をかけて形成してきている。不文法（言い換えると判例法）の国のことであるので、この懲戒の制度についても抽象的な規範を定立することなく、事件が発生するごとにカズイスティックに判断を下すこととされているが、その事例をいくつかに分類し、それらごとに共通するおよそのルールを提示して見せたものが、ここにいうbookletである（宇都木伸「医師のself-respect」唄孝一編『医療と法と倫理』一四九頁（岩波書店、一九八三年）にその成立過程が詳しい）。ただし、ごく近年にいたり社会の要求に応え、ガイドラインという形で行動基準を定立する試みが見られる（宇都木伸「日常医療の倫理をいかに保つか」日本医師会雑誌一二八巻三号付録『医の倫理』（二〇〇二年）二四頁参照）。

（10） F. Gurry ; Breach of Confidence, Clarendon Press, 1984.

（11） Coco v. AN Clark (Engineers) Ltd. [1969] RPC 41 at 48, [1968] FSR 415.

原告M. P. Coco氏はMoped engine（モーター付き自転車のための2ストロークのエンジンらしい）なるものをデザインし、被告A N Clark社と共同して製品化しようと考えた。一九六七年Coco氏は自分のデザインと製品化の提案の詳細をC社に打ち明け、三月の討議の結果提携は不調に終わったが、C社は自社のエンジンをScamp moped engineとして売り出した。Coco氏は、自分のデザインを無料で使う目的で、S社は故意に話を壊したのであり、joint ventureの目的でのみ信任のうちに打ち明けた情報を不正に使用することをしてはならないという中間差し止め命令（interlocutory injunction）を求めるというものであった（訴え提起時一九六八年五月にはCoco mopedは生産すらされていないのに、Scamp mopedは週二〇〇台のペースで販売されていたようである）。

C社側は、「原告は信任情報に対する権利を持つこと、またこの権利を被告が侵害したということを強力に疎明（establish a strong prima facie case）し得ない場合には、訴訟を継続するべきでない」と主張したため、本件において請求人が開示した情報が信任情報であったか否かが正面から争われることとなった（結論的には、情報の性格、不正使用という二点につき立証なしとして、訴えは棄却された）。

のちの各判決の中で繰り返し引用されることになるMr Justice Megarryの判示部分は次のようであった。「Saltman事件から見てきわめて明らかであることは、信任の義務は本件のように当事者間に全く契約関係のない場合にも存在しうるということである。契約の場合には最初の問題は疑いもなく契約の解釈であり、そこに含まれている用語解釈である。しかし、契約が存在しない場合には、問題は義務を存在させるに至るに充分なものは何か、である。その上で、その義務の違反となるものは何か、が問題になる。」として、Megarry判事は三条件を挙げる。三条件を少し詳しく説明している部分を摘訳しておく（web-siteで読んだため、引用箇所を明記しえない）。

まずconfidential nature : public property, public knowledge, common knowledgeであるものには成立しない。「ただし、この考えを過度に貫徹してはならない（too far）。公の領域に属する材料だけから構成されるものであっても、信任性の必要的性格を持つことになることもある。というのは、技術の適用と人間の頭脳の発明とによって、新しく信任的なことが生まれることがあるからである。新規性は全体としてのもの（the thing itself）によるのであって、それを構成する部分の質によるのではない。」この事件の争点であった工業製品を念頭においた言葉であるが、患者の特定できる情報に関しても示唆するところが大きい。

次にcircumstances：「私の見るところでは、情報の受け手の立場に立ったreasonableな者であれば誰も、その情報が信任のうちに与えられたものであることを認識するであろうような状況であったなら、その状況はエクイティー上の信任の義務を課するに充分であろう。」この点の判示が結局、本文で取り扱っているSource Infomatics事件の控訴審を支えることになる。

そして第三のunauthorised use to the detriment of the personについては、本文に引用したとおりである。

(12) Attorney General v. Guardian Newspapers (No2) HL 1 October 1988 [1988] 3 All E 545 at 639, 640.

(13) 個人的detrimentについては、同判決中のGriffith判事はもう少し明瞭に論じていた。「夫婦間の訴訟において、夫が友人の悪口をいっていた場合、その情報自体は夫を傷つける（harm）ものではないが、夫に対する訴訟において妻がこのことを公にすることを裁判所が抑止することはあり得る。……私は、信任が破られて夫が害を受けることがないとは思わない。夫は友を失うことになりそうである。友人というものは高価なものである。私は、個人が裁判所の救済を受ける権利があるといいうるための要素として、detrimentあるいはその可能性を立証しなければならないと思う。裁判所の救済は信任者を守ろうとするものであり、信受者を罰しようとするものではないのであり、保護を必要としない信任者にまで及ぼす必要はないのだ。」(at 194a-b)

(14) G. Turner ; Confidentiality, IT Law Today 8.1(2) (2000).

(15) 裁判所は、本論の前に三つの点について触れている。

(1) 匿名化した場合にも特定してしまうリスクについては、それが実務上存在しないということを当事者達に納得させることはS社の側に求められる。

(2) 本件では、S社側からは推定的承諾があるという主張もなされていないし、また開示を正当化するような社会的利益があるという主張もなされていない。

(3) S社のような情報企業のビジネスは、むしろ社会の利益の正反対になりうるかどうか。「DoHの側の関心は、S社やその顧客達がねらっていた標的市場化を妨げるところにある。なぜならDoHの算定では、そのような市場化は一般医の処方習慣に影響を与えて、薬剤請求書が膨大なものになりうる。」というものであったが、ABPIはむしろ「この政府の公共利益違反という異議申立てに反論している。彼らは、標的市場化はむしろ焦点を集めさせ、より濫費が防げることになる、と主張していた。」判決は、賢明にもこの問題を解くべき立場にないと言明して、結論を避けている。

(16) X v. Y and others〔1988〕2 All ER 648 at 661f.

(1) 事件の概要　原告は一保健当局（X）であり、被告はニュースレポーター（Y_1）、その雇用主である新聞のオーナー（Y_2）である。

一九八七年二月、Xの被用者（単数か複数か不明）が、医療記録から得た情報としてY_1に、二名の医師がＡＩＤＳ（判決のママ）に罹患していながら一般開業を続けている、という情報を提供し一〇〇ポンドを得た。当局がどのようにしてその漏泄事実を知ったか不明であるが、レポーターは一名の医師のところに出かけていった節もある。

原告保健当局はY_2に対して、①信任情報をいかなる形でも公表、開示することを禁ずる差し止め命令と、②その信任情報をもらした情報源の開示を求める、訴えを提起した。

二月二八日、XはI Kennedy判事によって、訴えのうち仮差し止めの命令を認められた。

三月六日高等法院Oddie判事はこの命令の変更を拒否した。

三月一三日控訴院は（Parker判事とStocker判事）A v. Bという判決名の下に、この拒否を肯認した。

ところが三月一五日になって、Y_2はY_1の筆になる「ＡＩＤＳにかかっている医師達のスキャンダル」という記事を公表し、続編では医師の名前も公表する意思のあることを告げた。

そこでXは、①二人の医師の名前を公表することを禁ずる差し止め命令、②情報源の開示、③三月一五日の記事は二月二八日の命令を侮辱するから被告を陪審審理に付することの三点を裁判所に求めたのが、本件である。

女王座部裁判所は、(1)ＡＩＤＳ患者を特定している病院記録の信任性を守る公益は、情報を公開する言論の自由という公益に優先するから、Yらがいかなる形にせよその情報を公表することを禁ずる恒久的差し止め命令をみとめる、(2)Yらは、情報源の開示を強制されない、(3)三月一五日の記事は法廷侮辱に当たるから、Y_2に一万ポンドの罰金を課する、という判決を下した。

この審理は、国際的に有名な臨床医、ＤＨＳＳの首席医官（Acheson）、ＡＩＤＳに特に詳しい臨床ウイルス学者（Jeffries）、ＡＩＤＳにとくに詳しい疫学者（Adler）、米国の指導的なＡＩＤＳに詳しい神経医（Levy）という豪華メンバーに、さらに臨床歴六年という若い血液学者（Kay）を専門家証人として、非公開のうちに行われたが、判決は公開されることを予定して書かれている。

〔一審判示〕 (1) 判決は、ＡＩＤＳの診療にとっても予防にとってもいかに信任が重要であるかを論証した後、臨床医の証言から、新聞記者がいかにあくどく患者を困らせているか、そのためにいかに病院が信任性の保持に苦心しているかを詳細に記している。「私は患者達を外部者の覗き見趣味から守るために、膨大な時間を割かなければなりません。信任性はしばしば、そして乱暴に、主に新聞によって（必ずしも新聞だけではありませんが）危険にさらされています。」診療のはじめに患者と信任性の保持について話し合い、「医師、看護者はむろんのことポーターから検査技師まで全員が信任性を尊重する契約によって拘束されていることを説明し、このティーム以外の者には患者の明示の承諾のある場合にしか情報が伝えられないことを……確約しています」(at 652j)「ＡＩＤＳ患者には偽名が使われていますが、残念ながらこれは今日の状況では仕方のないことであります。長い目で見れば、信任性の保持が公衆の健康を守る唯一の道です。そうでなければ、医師は信頼を失います。もし医師が患者の信任情報を漏らすようなことがあれば、将来患者は現れて来なくなるでしょう。したがって、信任性の保持こそ、公衆のまた個人の健康を守るために決定的なことなのです。」(at 653b)

ただひとり、Kay博士はＨＩＶは体外でも生存しえ、唾液からも感染が起こりうるから、現在の任意を基本とした規制は十分でなく、これを届け出伝染病に指定し、感染者を医療関係職から除外するべきことを主張したようである。判事は「彼女の意見の多くは、最もよく言って支持者は全くなく、悪く言えば特異的なものでしかない」といって、受け入れなかった。「現在の医学上の通説が必ず正しいなどといっているわけではない。」が。

そして、事実として、現在の法制度（一九七四年ＮＨＳ（性病）規則）の下で、医師は患者の特定しうる情報を医師以外の者に漏洩しない義務を負っていること、ＡＩＤＳ対策における信任の重要性、本件のＨＩＶに感染している二名の医師が、しっかりとカウセリングを受けており、これによって患者に感染させるリスクは実際的に除かれていることを認定した上で、法的判断にはいる。

(2) 第一点、この信任情報の公表は公益性の点から正当とされるか？

予定していた公表記事にはいくつもの版があり、公表内容に違いが見られたようであるが、最後の版の記事は、医師の特定や信任の漏洩には至らなかったとしておこう。また、「差し止め命令を認めるためには原告に損害（detriment）が必要とは思わないが……本件では、契約が破られ、信任が破られて原告の記録が新聞社に漏れたということ自体が、公表がなされないとしても損害である。……もし（病院を特定することによって）漏洩源が社会に示されたら、原告は更に損害を受けるであろう。」(at 657h-658a)

では、差し止め命令を認めるだけの公益性があるか？

結局「一方では、言論の自由と情報に通じた公開討論をなしうる公益と、他方では現在および将来のＡＩＤＳに病む人が暴かれる恐れなしに病院に頼り得べきであること、職業上に信任義務を負う者は忠実であるべきであり、信任事項を開示するべきでないこと、また医療記録から信任義務に違反して引き出された情報を用いるべきでないこと、という公益」(at 660j) とが対置されることになる。

本件では契約違反も問題になっており、契約上の権利に対する不法侵害が立証されたならば、正当性の立証負担は被告側にあると認定した上で、すでにＡＩＤＳに関する公開討論は十分に行われており、この情報の重要性は乏しいとして、判決は原告に恒久的差し止め命令を認めた。

第二点は、情報源の開示請求であった。

一九八一年の法廷侮辱罪法によれば、「開示が、正義または国家の安全のために、あるいは無秩序または犯罪の防止のために必要であることを、法廷が納得するまで立証された場合」でない限り、情報源の開示は要求されないこととされている（§10）が、ここに言う「正義のために」(in the interest of justice) は、その後の判決で「訴訟手続き過程における司法上という技術的意味」であることが確定している。本件では、情報源の開示は差し止め命令の処理に必要という意味での「正義のために」必要とは言えない。

では犯罪の防止のために必要か？「その必要性については明確な証拠がなければならない」にもかかわらず、この件について警察に通報がなされていなかったし、安全保持のためにとられていた手続きについて、また院内において情報源を探すためにどのような探索がなされたかについての証拠も挙げられていない状況であるから、「本件において情報源の開示が犯罪の防止にとって必要であるとの証拠が不十分である」、として情報源の開示は認められなかった。ただし判決はこう付言している。「金銭のために、病院当局や患者から自分に課されている信頼を裏切った人は、今回は探索を免れはしたが、二度目にはそのような幸運はあり得ず、おそらく投獄されるであろう、ということをはっきり知っておきたまえ。」

第三点は、法廷侮辱罪の成否である。

三月一五日の記事は、保健省首席医務官であるAcheson博士に、① 全国的規模で見て、AIDS罹患医師が職務に就いているということがあるか？ ② 産科医師についても診療を続けてよいと思うか？③ホモ関係からAIDSに罹患した医師がいるか？という三点について質問をするという形を取っていた。これが、二月二八日のKennedy判事の差し止め命令の「原告の所有物であるすべての信任情報をいかなる形であれ用いること」に当たるかどうかが問われた。新聞編集者が、副編集者に命じて作らせたこの三点の質問事項を、訴訟の詳細を知らなかった記者に質問させたものであったらしい。編集者はむろん仮差し止め命令を十分に承知していた。

判事は「私の判断では、新聞の編集者はこの質問事項を作成する中で、情報を用いたことは明らかである。宣誓陳述書の中でそうでないとは述べていないことは重要である。」(at 660e)「ただし、この（裁判所の命令に対する）不服従が、反抗的である (contumacious) とまでは言えないように思う。……私の判断では、差し止め命令に違反することなしでぎりぎりの線でできることをしようとした、のだと推測する。」(at 660g) そして、相対的に軽微な罰金とこの点についての原告訴訟費用の負担を命じた。

(17) Smith Kline & French Laboratories (Austraria) Ltd & Others v. Secretary, Department of Community Services and Health and Another (NG298 of 1990) (1991) 99 ALK 679, Aust Fed Ct, [1990] FSR 617. 臨床試験薬に関する情報を薬剤評価局の役職員が、他剤の評価の比較のために使用したことを争った事例。

三 医療情報をめぐる争点

患者特定情報のついている情報を本来の診療（関連）目的以外の目的に用いることは、特別に理由（患者の承諾や公共の利益など）のない限り信任違反になるわけであるが、一審判決は、その個人特定情報をはずすという操作の段階からこれにあたる、と判示し、先述のように製薬関係者のみならず、医学関係団体からも強い反対を受けた。これをうけた控訴審は一審判決を覆し、原情報を保持している薬剤師自身によって匿名化された情報は信任法（confidentiality）の対象外であると判示して、疫学研究や統計の作成に大きく道を開いたわけであった。しかし、一審判決との対比からも推察されるとおり、控訴審判決自体には内在する問題があるばかりでなく、判例法の一部としての信任法の体系の外側に新しく形作られつつある個人情報保護法体系との関係、そして何よりも個人を特定できる情報を必要とするような医学研究の適法性という課題が残されている。以下これらの点を検討する。

1　控訴審判決に内在する問題

(1)　trade secret との相違

控訴審判決は、confidentiality に関する先判決として、本件と同種の医療情報に関わる personal privacy 関連領域の判決から検討してゆくが、それらが数少なく有益でないとして、trade secret の領域の判決に依存しつつ判断するところとなり、その結果として信任義務の範囲の判断は情報保有者の良心に依るとし、その判断基準を同業者（本件の場合は薬剤師）の職業的良心に委ねたわけであった。しかし、この判断枠組みに問題はなかったであろうか。というのは、confidentiality 問題として一括されてはいるが、先述の四領域には原理的と言っていいほどに大きな違いがあると思われるからである。

まず、先に引用した Coco 判決の事案が示しているように、また Denning 判事の言葉から窺えるように、trade secret における第一の問題は、その打ち明けられた情報を利用して相手に対して優位な立場に立つことの抑止であった。これは跳躍板法理（Spring Board doctrine）と言われ、基本的には競争関係にある当事者間で適用される法理である。[1] 本件においては薬剤師はたしかに、一方的に情報を得る立場にあり、それを利用して対価を得ることになってはいたが、決して患者と競争関係にあったわけではなく、相手に対して経済的優位にたつという事柄では全くなかった。

また、trade secret の場合には、当事者双方が企業人であり、いわば互換性があり、かつ広い意味での同一の共同体の中に身を置いているわけであるから、そこに共通する規範に双方が拘束されると考えることに理のないことではないであろう。しかし、ここで問題となっている世界の両当事者は、専門家と素人、また業務者と顧客という違った世界の住人であり、互換性はなく同一の規範の中に身を置いている者同士ではない。そしてなにより、ここで問題となっている事柄は、privacy という一義的に相手の側の感覚に関わるところの大きいものである。これらのことを考慮すると、許容範囲をむしろ情報提供者の側で設定するべきものであったのではあるまいか。それは、個別の患者の感覚に依存すべきではないにしても、少なくとも社会一般の基準（合理的患者基準、さらに具体的には裁判所の独自の判断）に委ねられるべきものではなかったのか？

イギリスにおいては医療過誤による通常の身体侵害に対する損害賠償請求事件においては、問題になった処置行為が同業者の一つの責任ある団体が支持するものがある限り、法的には誤りとはいえない、とするボラム基準（Bolam test）という考え方が通説であり、現実の判決を支配している。これはいわば裁量権を専門家集団（profession）に認めるという考え方であり、本控訴審の考え方に通ずるものといえよう。しかし、一般の身体障害を来した事件の場合と異なり、患者に対する説明の十分さという問題については、このボラム法理の例外とするべきであるという見解が有力であり、(2) 判決も動きつつあるといわれる。(3) 治療行為という正に専門的な行為と違い、説明にあってはそれを理解するのは素人であるのだから、判断基準はその人たちを基準にするべきである、という考えからである。本件の行為も、薬剤師の本来的業務の外に出る行為であるから、この専門職の自律性という法理が十全に働く場面ではあるまい。

情報、そしてプライバシーという目に見えない、とりわけ現代において重視されるようになった事象を巡っては、価値判断に差異が大きいだけに、判断基準をどこに置くかによって結論は大きく違ってくることは明らかであった。

(2) 害は個人格的プライバシーのみか

二審判決は、信任性の法理が保護しようとするところは個人格的プライバシーであると断定し、そこから論理必然的に、特定不能な(unidentifiable)情報は信任性の法理の対象外となると結論していた。この考えはBeyleveldによると狭義の信任義務(narrow duty of confidence)と言われる考え方であり、「それは、個人の情報(personal information)は開示されてはならない、というもので、従って匿名化はこれに対する十分な保護になる。[4]」と説明される。信任義務の発生要因のうちの、その情報の性格に重点をおいた考え方といえよう。

これに対して、一審判決のとった広義の信任義務(broad duty of confidence)という考え方は「私的な情報(private information)を開示してはならない」というものであり、従って匿名化された情報であっても、私的性格の情報については信任義務違反があり得る、ということになる。信任義務違反の発生の三要件のうち、打ち明けられた状況に重点をおいた考え方であり、その個人に特有のものであるか否かは問わず、私的な情報についての支配権が及ぶ、と考えるとすると、自己情報コントロール権に近い考え方といえよう。ここにおいては自律性(autonomy)や人格的統一性(integrity)という観点からは、匿名化情報といえども信任義務違反が成立する余地はあるということになる。

先述のように二審判決は、信任主義の範囲の定め方については広義説をとるものであった。しかしその定め方に従って判断権を委ねられた信受者の職業的良心は、当該情報が個人格的性格をもつ場合にのみ義務が発生すると考えており、結果的には情報の性格を決定要因とする狭義の考え方に至ってしまった。

これに反して、一審判決も広義説に立っていたが、ここでは判断が信任者の側に重点がおかれることになっているから、結果としても信任・信受の関係が基準となることになったわけであった。ただし、Beyleveld のいうように一審 Latham 卿は基本的にはこの広義説に立ちながらもときどき混同し、「必ずしも自分の立場に clear であったわけではない」ようであり、判決がわかりにくくなっている。そして、二審判決は、明らかにこの立場を否定していた。

広義説に立つとしても、個人特定情報が匿されていることにより一番大きな危険性は除かれはするわけだが、これですべてが解決できるわけではない。残されている権利侵害は結局のところ公共の利益との比較のうちに処理されるしかないであろう。それだけに一審判決は、害論を丁寧に論ずる必要があった。

このうち〝個人に関わる〟害については、一審判決も性格的にも頻度的にも稀なものと認めており、むしろ「一審判決は信任関係が守られるということ自体のうちに、public interest があった」[5]と評価しているわけである。[6]一般的個人情報保護と異る、特別の信頼関係の中でとくに生まれた情報について生ずる confidentiality の性格が最も強く表れるところであろう。

(3) 法と倫理

二審判事は、その判断が「信任違反に関する法（law）の考え方」であることを繰り返し述べていた。したがって先の判決紹介の末尾に示唆されていたように、本件のS社の提案のような医学情報の取扱が医療者・患者の信任関係に重大な害を与えると行政庁が判断するのであれば、law すなわち判例法の考え方を、制定法をもって新しい考え方に代えることはあり得ることである（その言い方から推測するに、あまり乗り気ではないようであるが）。後述のように、その後イギリスでは制定法をもって、個人の特定できる医療情報を患者の承諾なしで使用しうる道を限定的にではあるが開き、そのうちに匿名化する行為を含めたと見ることもできる。

しかし、今後の医療情報の利用という点から見た場合により大切なことは「付言しておきたいのであるが、エクイティー上の権限を行使する裁判所は、限界的な事例にまでエクイティー上の信任の義務を容易に適用することがあってはならない、と考えている。多くの人（many）が容認しないかもしれないような信任情報の使用と、違法な使用との間には相違があるのだ。」（傍線宇都木）という控訴審判決の文言であろう。法が強制権限を持って介入しなければならない領域と、社会的に望ましくはない領域とを違ったものとして捉えていることである。一審判決も明言はしてはいないが、一般的にこの相違を否定したわけではないから、違法な使用の範囲についての意見が相違したと見ることもできる。

たしかにこれまで争われることもなく踏襲されてきた状況を、ある日突然に裁判所が違法であると断ずることは多くの混乱と多くの業務の停止を来すかもしれない。しかも特定個人の権利侵害が顕著に生ずることはない本件のような問題は、すぐに業務を停止してでも守らねばならないような具体的権利救済の訴訟に至ることは稀であろう。とすると、ここでは現状を変更しないという二審判決は賢明であったと評価することができるかもしれない。

しかし、二審判決の論理を敷衍すると、医療機関が特定情報を外し患者を特定し得ないようにする限りは、医療情報はいかようにも使用しうることになる。この判決の考え方に従って現実を処してゆくことには、大きな危険が伴うと思わざるを得ない。

一つには、個々のデータからはいわゆる個人特定情報を外しても、そのデータの特殊性、そのデータの出所の特殊性・地域性・時期などが特定されると、結局その個人ないしその個人の所属するグループが特定されてしまう可能性は低くない。とりわけ遺伝情報については同種の指摘は多い。

二つには、この種の情報が経済的利益を生むという点である。むろん大量数値化されてこそ意味のあるものになるのであるから、個々の情報はとるにたりない（negligible）価値でしかないとも言いうる。しかし、むろん全体としてはとるにたりる価値となっていることは疑いもない。この間の懸隔をそのまま放置しておいてよいものであろうか。

三つには、先述のような私的な情報に対する権利ないし関心に意味をみとめる立場からすれば、仮に法的非難にまでは至らないとしても、社会的非難には相当するものと言える。とくに制定法をもって新しく導入された個人情報保護法制が自己情報コントロール権に近い考え方をとっていることから、この問題は次節に見ることとする。

四つには、以上の諸事情が積み重なった状況において、全体として処方箋システムに対し、ひいては医療者（組織）全体に対する不信感が醸成されるおそれは強い。それは診療にとっての本質的な要素といわれる医療者・患者間の信頼関係に障碍をもたらすおそれは、DoH の主張にあった通りである。

「ある個人の行為が、他人の有する法定の権利を侵害するという程度には至らないにしても、それが他の人々にとって有害であり、あるいは他人の幸福に対する当然な配慮を欠いている、という場合はあり得る。このような場合には、その反則者を法律によって処罰することは正当でないとしても、世論によって処罰することは正当であろう。(7)」（ミル自由論）ミル自身がこの著作全体で強調しているように、「世論による処罰」はしばしば非合理であり、法的処罰より遥かに重大な意味を持ちうるものである。一審判決が強調するように少数者とはいえ薬剤師の行為を非良心的であると非常に強く感ずる人が居るとすれば、その社会的反応は小さくはないと思われる。

そのようにして患者国民の側に医療者に対する不信が生み出されるとしたならば、医療自体にとってまことに不幸なことであり、ひいては「医療情報の有用性」そのものが減殺されてゆくことにならないであろうか？

とりわけこの不信感が大きな影響をもつと考えられるのは医学研究についてであろう。というのは本稿冒頭にも述べた通り、医学研究とりわけ現代の医学研究にとっては国民の多量な医療情報および人由来物質が不可欠の要素であるからである。積極的な国民の協力なくしてはこれからの医学研究はあり得ない。

2　DPAの考え方と判決の関係

二審判決は、先述のように情報に対する自己情報コントロール権という考え方を否定していた。賢明にも二審判決は新しく導入されたばかりの制定法規定との関係については詳論することを避け、エクイティーという旧来の法理の及ぶ範囲、また法廷が国家権力をもって介入する領域の確定という観点から、自制をしている姿がそこあった。

以上に検討してきた信任性の法理とは別に、情報保護法制度が立法という過程を通して形づくられてきたことは今さらいうまでもない。後者は基本的に自己情報コントロール権という考え方に立ち、情報主体である本人が他人の手中にある自己情報に対して権利を持ち続けているとするものと考えてよいであろう。(8) この考え方に忠実であるならば、二審判決のいう財産的権利（proprietary right）、少なくとも情報コントロール権が本人に残ることになり、いわゆる privacy 侵害にあたらないような場合であっても、本人の権利侵害ということはあり得ることになる。ただし、そのアクセスの権利が具体的に個人によって行使されうるためには、個人が特定していることが必要である。そしてたしかに、法はその対象を「個人を特定しうる情報」に限定しており、匿名化された情報は法の対象外とされたわけであった。では、個人特定情報を外す行為については、情報保護法上は本人は何らかの権利を持つのであろうか？

(a) 一九九八年のイギリスの情報保護法（Data Protection Act 1998. 本稿ではＤＰＡと略す）は、一九八四年同名法の全面改定であるが、とりわけ、① その対象である個人データの定義において、「特定可能な生きている個人に関わるデータ」とした上で、その「可能」について、「その情報管理者が現に所持している、あるいは所持することになりそうな他の情報」によって特定可能であれば、ここに含まれると規定している(§1(1))。このかっこ内は九八年法においてはじめて挿入されたものであり、連結可能匿名化されている（linked anonymised とか pseudomised などと言われる）情報がここに含まれるばかりではなく、通常は特定不能匿名化（unlinked anonymous）と言われるような操作をしてあっても、地域や施設、また疾病の種類によっては、実質的に個人が特定できてしまうような場合もここに含まれることになったわけである。とすれば、九八年法はその守備範囲を拡大したものと考えることができる。

② また、情報の処理（processing）ということについては、八四年法が「修正、集積、削除、再構成、抜粋」と制限列挙的な定義をおいていたのに対して、九八年法は「取得、保存などあらゆる操作をふくむ」として広くとらえており、「データをめぐる行動であって、この定義によってカバーされないようなものを想定することは難しい……プロセスがなされたというためには、データ管理者は何ら積極的な変化をもたらす必要はない：単にそれを保存すること（storing）で、プロセスしたことになろう。[9]」

そうであるとするとＳ社の提案したような薬剤師の行為はＤＰＡ法下ではどのような評価を受けることに

なろうか。もし処方箋から個人特定情報をはずすという行為が「処理」の中に含まれるとすれば、それは fair and lawful になされなければならないということになる。その具体的範囲は健康情報のようなセンシティブな情報については特に厳しく別表三に特定されているが、そこでは患者の明示の承諾のある場合か、あるいは特別の必要性のある場合以外は、目的外使用は禁じられている。[10] また、もし個人特定情報の取り外しが「処理」のうちに含まれるとすれば、個別的に患者に認められるべき権利、すなわち知らせられる権利、問い合わせる権利（§7）、取扱いを拒む権利（§§10, 11）などを行使することができるように、処方箋がこのような扱いを受けていることを患者に知らせておく必要があることになる。

匿名化という操作にこの規制がかかるか否かは、同種の不特定化された情報を利用する他領域に大きな影響を持つこと、一審判決に対する各界の反応に見た通りである。

(b)　「匿名化する行為」は、ＤＰＡにいうプロセスに含まれるという説と、ここには含まれないとする説がある。この点について詳論した Walden の論ずるところを紹介しておく。[11]

本件の控訴審は、傍論ではあったが、一九九五年のＥＣの個人情報保護に関する指令のいう process の概念について触れ、匿名化作業がここに含まれるとする保健省側の解釈を common knowledge と justice という観点から斥け、プロセスのうちには含まれないというＧＭＣ側の説を採用した。ところが、情報コミショナー（the Information Commissioner、これはＤＰＡによって新しく設置された行政官職）は、九八年法にいう process の解釈として、これを含むものとするガイダンスノートを公にしている。「データを匿名化する行為の中で、データコントロール者はプロセスしているのであり、そのプロセスに関しても、法の規定に従う必要がある」[12] と。Walden によると、このように司法の考え方と行政庁の考え方が食い違った場合には、ＥＣの人権裁判所に裁定を委ねる道が残されている。

「〝個人情報の処理〟は、個人でデータの上になされるなんらかの操作あるいは一連の操作を意味するものとする。」というＥＣ指令の定義を文字通りとれば、匿名化する行為は情報の処理に含まれると解されるといえよう（字義論的解釈とWaldenは命名する）。しかし、目的論的解釈論者にいわせれば、字義論的解釈は、この指令の本来の目的に反する、ということになる。ＥＣ指令の第一条は「構成国は個人データの処理にあたっては、この指令に従って、自然人の基本的権利と自由、とりわけプライバシーの権利を保護するものとする。」とうたっているわけであり、これに即する解釈がなされるべきであるからである。そうであるとすると静謐のプライバシー権が危殆に瀕しない限りは、匿名化作業はできる限り自由に解さるべきであることになる。「データ保護ルールに厳格に従うことは、匿名化のようなプライバシーを助成するような手続きを挫くことになりかねず、それは立法者や行政者やプライバシー擁護者たちが長い間保持してきた政策目標に違背することになる」[13]からである。そして、とWaldenはいう、ＥＣ人権裁判所は伝統的に目的論解釈をしてきた、と。

ところで、ＤＰＡは、そのデータ保護原理の第二で、「個人データは一つもしくは複数の特定された適法な目的のためにのみ取得されるものであり、その目的に則さないようなものであってはならないものとする。」（別表一―一）と定めている。その上で、第四章が目的外使用（secondary use）の許容条件を明定している。そのうち法三三条は研究目的（ここにいう研究には、統計的、歴史的目的も含まれる）に関して、「データ保護第二原理の目的のためには、相応な条件に従って研究目的のためにのみなされたその後のデータ処理は、その目的に則さないものとはみなされないものとする」として、その相応な条件としては、「① 当該個人に関する測定ないし判断を支える目的で処理されたものでなく、かつ② データ主体に対して重大な損害あるいは重大な害を与える、または与えそうであるような方法で処理されるのでないこと。」が挙げられている。とすると、この条文のうちに、個人特定情報の削除を承諾を得ないでする行為が、とりわけ商業的目的でのそれが、含まれるかどうか、ということになる。Walden 教授は、他国の制定法上の文言などを振り返った後に結論として、この「目的に則さない (incompatible)」を「当初の目的に否定的結果をもたらさないもの」という風にとらえて、「一般的ルールとしては、匿名化のプロセスは、この原理に反するものと考えられるべきではない」と結論づけている。ただし、そのすぐ後に、「しかしながら、英国の informed consent は、最近この原理に対する厳しい解釈を示しており、『データ取得の当初に目的とした範囲』に限定していることを付言した上で、この点についてはより明確にする必要のあることであり、しかもヨーロパにおける扱いと』調和しているべきである。』と述べている。[14]

(c) この何らかの明確化を必要としている点について、Walden 教授は何らかの明示的方法によって該行為を法の保護対象から外すことが望ましいとして、いくつかの案を挙げている。制定法による場合、国の行政機関の正式の声明による場合、ECの委員会の声明による場合、あるいは判決による解決などを挙げた上で、立法による解決が最も明快であり、かつ安定性があるとして、次のような四つの法律案を示している。

1 匿名化の過程を、保護法の対象から外してしまう方式（一般除外）
2 匿名化を〃処理〃のうちには含まれないものとする方式（処理除外）
3 匿名化作業を承諾義務の適用から除外する方式（遵守除外）
4 匿名化作業を特定的に積極的に認める方式（認許処理）

これらの差異は、研究目的の範囲をいかにとらえるかにより、また推定的承諾を考えるか承諾不要と考えるかにより、本人の知る権利、拒否する権利との関わりでバリエーションを生ずることが予想される。

（1） F. Gurry; Breach Of Confidence, Clarendon Press, 1984, pp.245 ff.
（2） 宇都木伸「インフォームド・コンセント再論――イギリス」年報医事法学八号三八頁
（3） I. Kennedy & A. Grubb; Medical Law 3rd, Butterworths, 2000, pp.708 ff.
（4） D. Beyleveld & E. Hised; Case Commentary-- Anonymisation is not exoneration, Med L International, 1999, Vol. 4, pp.69-80.
（5） Turner, op cit, p.7.
（6） ごく最近になって、医療従事者が自己の感染症罹患を当局に申し出るという公共の利益を害することを防ぐという理由で、差し止め命令を認めた判決がでているので紹介しておく。

H (a healthcare worker) v. Associated Newspapers Ltd., CA 27 Feb. 2002, on web.

N保健当局の管轄下で医療従事者として働いていたH氏が不幸にもHIV陽性と診断された。H氏はすぐに実務に就くことをやめ、Nに通知をした。この当時に有効であったNHSのガイダンス（HSC1998/226）によると、一定程度の感染の危険を含むと思われる医療処置（曝露蓋然処置 exposure prone procedures）を受けた患者には、HIV陽性の医療従事者が診療にあたっていたことを通知し（この通知は見直（look back）と称せられていたようである）、検査と助言を提供すべきことになっていた。N当局は本件がその程度に達していると判断して、H氏に対して患者（NHS患者および私費患者）に関する詳細と医療記録を提出するように求めた。

H氏は、自分の患者はlookbackを受けるほどの危険にないと考え、法律家からNHSのガイダンスは不適切であるとの助言を得たうえで、Nに対しては契約上そうする義務があると考え、NHS患者の詳細のみを提出した。しかし、私費患者については、一九九八年の情報保護法の保護下にあるとして提出を拒否した。また提出した情報についても、裁判所の命令のない限り利用することを認めないと告げた。数ヶ月後H氏はNを相手取って、次のような宣言的判決と仮の差し止め命令を求める訴えを起こした。

A、宣言：(1) lookbackは、原告と患者との間の臨床的信頼関係に違背する故に違法である。(2) 原告がこの目的のために信任的な患者記録を開示することは適法でない。

B、差し止め命令：裁判所が判断を下すまでの間は、lookback のため、あるいはこれに関連してH氏がすでに開示した患者記録を用いることをNに対して禁じ、また直接的にせよ間接的にせよ、原告の個人特定性を明らかにしてしまうようなステップをとることを禁ずる命令。

Associated Newspaper Ltd.（以下ANLと称する）の所有になる Mail on Sunday という週刊誌がこの訴訟を知り、調査をして記事にしたいと思った（同社は未だH氏を特定するところまでは調べがついていないらしく、なお情報を探索し続けることへの差し止め命令もなされているが、ここでは省略する）。H氏は二〇〇一年一一月一九日に Baker 判事より次のような内容の仮の差し止め命令を得た。⑴ 原告およびその患者の住所や、直接的にせよ間接的にせよ個人が特定されるような開示に至る情報の調査および公表を禁ずる。⑵ とりわけ原告の専門性（医療者であるということ以上の）、彼がいつHIV陽性と診断され、職を離れたかの詳細の公表を禁ずる。

ところがその一日前の一一月一八日に Mail on Sunday 誌は〝判事、エイズ患者の恐怖に猿ぐつわ〟という一面記事を公表した。そこにはH氏の専門に関する手がかりがあり、Baker 判事の命令に反するおそれがあった。ANLは、この Baker 判事の命令の変更を求める訴えを提起し、H氏の名前あるいはその特定に至ってしまう情報の公表を禁じる命令の適正さは認めたが、保健当局の名前と、H氏の専門性と、H氏がHIV陽性と診断された日を明らかにすることを認めるように求めた。

一審の Gross 判事の聴聞の始まった後になって、DoH のガイドラインが変更されて、lookback は、ケイス・バイ・ケイスになされることとされた。またH氏については、lookback は延期されることとなった。一二月三日 Gross 判事は前命令を次のような命令をもって代えた。ANL社にはH氏の所在、専門性、いつHIV陽性となったか、いつ離職したかなどを公表することを禁ずるが、最初の行動がとられてから数ヶ月を経たこと、lookback が開始されるとしても、陽性発見より少なくとも一年は経ているであろうこと、そして地域の名称を報ずることは許される。

これに対して、H氏もANL社もともに控訴をした。H氏は、Nの名称の公表を許した点と、ANLがなおH氏を特定するために探索することを認めた点を争い、ANL社側は、N地区を特定することか、あるいはH氏の専門性とHIV陽性とされたおおよその日付かの、いずれかを選ぶことを許すべきである、として争った。

控訴審は次のように判じて、ANLの主張を退けた。

(1) 本件にはＡＩＤＳの犠牲者、とりわけ自分が陽性であることを報告をした医療従事者の信任を護る、という明らかな社会の利益がある。医療従事者がＨＩＶ陽性であることを報告することをためらわせるべきではない、とするならば、その報告の信任性を護るために、可能な限りの手立てが尽くされるべきである。Ｈ氏の患者の信任性およびその記録に関しても、法廷は考慮するべきである。もし現在の状況下で、言い換えると現行のガイドラインの下で、Ｎ当局の特定性が開示されると、結局はＨ氏の特定にいたってしまうであろう。それ故Ｈ氏およびＮ当局は特定されるべきではない、という命令は存続されるべきである。ただし、他の安全策があるならば、Ｈ氏の専門性の開示には、これを禁ずることを正当化するほどの危険性は乏しい。(2) 新しいガイドラインが発せられたならば、Ｈ氏は評価のために必要とされるような患者記録を提出することを命ずる。ただし、Ｈ氏もしくは裁判所の許可なくしてはＮ当局はこの記録を開示したり、これに基づいて何らかの行動を起こさない、という条件を付けて記録はＮ当局に提出されるべきである。

なお全員一致で次のように付言している。「情報を伝えることが行政的な問題を提起し、資源を多量に費やすということのみを理由として、表現の自由を規制する差し止め命令を認めるように法廷の権限を行使することには、われわれは憂慮するところである。そのような結果は、デモクラシー社会においては表現の自由のために時に応じて支払わなくてはならない対価なのである。」

(7) Ｊ・Ｓ・ミル著／塩尻公明・木村健康訳『自由論』（岩波文庫、一九七一年）一五二頁

(8) 一九九五年のＥＣ指令は、その目的としてプライバシー権の保護をうたう（§1）わけであるが、その解釈は必ずしも一義的でなく、自己情報管理権の宣言と見る解釈と、静謐のプライバシー侵害を防ぐところに目的があるから、他の事柄はそれに即するように解されるべきである、とする説とに分かれているようである。I Walden; Anonymising Personal Data, IJL& IT,2002 10(224).

(9) The Data Protection Act Explained, The Stationery Office, 1999.

(10) 九八年データ保護法別表三は、ほぼ次のような内容の詳しい規定を置く。
§10 によると別表第二に掲げる理由があれば、拒否不可能となる。① 承諾、② 必要性（契約のため、管理者の法的義務の遂行のため、本人の決定的利益を保護するため）、あるいは大臣の命令による、の三点である。

(11) Walden, op. cit., web によったので頁明記しえず。

（12） Personal Data-Definition, 14 Dec. 2000 as cited in Walden n.6.
（13） Walden, op. cit.
（14） secondary use は本人が承諾を与えていない操作をすることになるわけであるから、デンマークでは、一定種類の secondary use については、はっきりした監視システムを置いているとのことである（Walden, op. cit.）。

四　まとめに代えて

1　以上、医療上の信任的な情報の扱いに関するエクイティー法上の判決を通し、① 信任義務の範囲を定めるべき者は誰か、② 信任義務の違反によって発生する害とは何か、③ 匿名化作業は情報処理に含まれるものか否か、などについて検討した。新しい情報保護法の成立した現在でもむろん、患者情報に関する医療関係者の「信任義務」は存続しており、その意味で医療者の診療情報の取り扱いは、刑罰や差し止め命令や損害賠償の対象であり得るし、上に検討した事項はなお解ききれない問題として残りつづけている。

しかし、実質的により大きな問題は、いまや情報保護法によって新しく規制されるようになった「医療情報の目的外利用」に関する規制の内容の確定とその遵守状況の確保であろう。

冒頭に述べたように、医学研究における情報利用とりわけ実質的に個人特定情報の利用の必要は急増しつつある。またそうであればますます、個人情報の保護の必要性が高まる。

この二つながらの、相互に矛盾しかねない要請を何とか両立させるために、イギリスにおいて最近設けられた二つの医療情報特有の制度を簡単に紹介して、まとめに代えることとする。すでに多くの未解決の問題を抱え、今後次々に立ち現れてくるであろう情報をめぐる問題に立ち向かわなくてはならないとすると、いまわれわれが取り組まなくてはならないことは、解決のための原理的問題と並んで、解決のための制度の整備であろう、と思われるからである。

(a) 施設内における日常的な情報管理体制の確保——Caldicott Guardian

一九九六年にオックスフォード大学のFiana Caldicott教授を委員長として「患者が特定できる情報の非臨床的目的での使用」検討委員会が設けられ、一九九七年に報告書を公にした。(1) 報告書によると、これは「直接的ケアや医学研究という目的や制定法による要請がある場合以外の場合で、当該NHSや他のNHS又それ以外の組織体へ、患者の特定できる情報が移転されるすべての場合を検討し、現行の実務が保健省のガイドラインを遵守していることを確認するために首席医務官が設置した」ものであった（実際に取り扱った事象はこれより広い事柄であった）。報告書はCaldicott Guardian（以下C保護官と称する）の制度の導入とその取り扱いの内容に関する一六の勧告を含んでいた。

この勧告を実施するために設置されたCaldicott実施運営班（Caldicott Implementation Steering Committee）は、一九九八年五月に「C保護官と情報処理・技術安全管理者の任命に関する諮問文書」を公にし、意見公募を経て、ガイダンス案を作成し、これが一九九九年一月二二日保健サービス回状（HSC1999/0122）という形で全NHS機関に送付された。(2)

これによると、まず各NHS機関は必ずC保護官を設置しなければならない。彼は必ず組織体の運営委員会のメンバーであり、上級医療者のうちより選任され、その組織体の中で臨床管理の推進に責任を持つ者でなければならない。この組織はNHS情報戦略の頭石と位置づけられ、情報管理技術安全官（IM&T Security Officers）やデータ保護官（Data Protection Officers）はこれに協力しなければならない。注目すべきことはC

保護官のネットワークがつくられ、一九九九年三月から各Region毎のトレーニングセミナーの責任をもつことになっている。

C保護官の任務は、「NHSにおける患者情報の取り扱いのための最高の実践的水準を確立すること」であり、具体的には、①スタッフによる情報保護と利用に関する内部プロトコルの作成、②また組織体の外へ開示される場合のプロトコルの作成、③理事会において信任問題について代表し安全性向上、信任ポリシーなどに関して責任を持ち、④その他の具体的事項についての相談を受け、適切な部署（たとえば、苦情処理機関、倫理委員会、情報委員会）に回付すること、などが挙げられている（患者等への周知方や匿名化作業の責任を負うことになろう）。地方行政、教育とりわけ福祉サービス提供の必要性のゆえに利用される患者の医療情報の適正管理の責任をもつ機関である。

なお、一九九九年三月に「患者情報を保護し使用すること」と銘打ったC保護官のための詳細・大部なManual がNHS管理者宛に公にされている。(3)

(b) 医療情報を特別の必要性の故に用いる場合の条件整備——二〇〇一年医療法六〇条規則

「二〇〇一年法六〇条は、個人を特定できる患者情報がNHSの基本的活動を支えるために用いられることを要求する権限を保健大臣に与えるものである。現在の法の下では、これを実現するには当該患者の承諾以外に方法はなく、しかもこの承諾は現在のところ実際に得られないものでしかないのである。」DoH, Health & Social Care Act 2001 Section 60, Support for the use of Patient Identifiable Information, Application Pack., Introduction.

規制のうちの本稿主題にとって重要と思われる部分を直訳の形で示しておく（これはいわゆる癌登録を適法

とする法規定であり、すでにこの規定による規則は公にされている（ここでは、法規定のみの紹介にとどめる）。

医療的、社会的ケア法 二〇〇一

二〇〇一年法第一五号（二〇〇一年五月一一日成立）

§六〇 患者情報の管理権

(1) 大臣は、(a) 患者のケアを向上するために、あるいは(b) 社会の利益のために必要あるいは便宜であると考えるならば、規則 (regulation) をもって、所定の患者情報を医療目的で取り扱うことを要請あるいは規制するための規定 (provision) を、作ることが出来る。

(2) 第一項にもとづく規則には、とりわけ次の規定を置く。

(c) 所定の患者情報が、その規則に則して、ある人によって取り扱われる場合には、その取り扱いにあたってその人のなしたことは、彼がそれについて何らかの信任義務を負っていたとしても、合法的になされたものと解されるものとすることを、確保するための規定。

(3) 第一項にもとづく規則は、次のような場合には、ある目的のために信任的な患者情報を取り扱うことを求める規定を作ることができない。その場合というのは、その目的を達成するためのコストや技術を考慮に入れた合理的な実務の上で、その規則に従う以外の方法によっても、その目的を達成しうるような場合である。

(4) 第一項にもとづく規則が、所定の信任患者情報の取り扱いを要請する規定を作った場合、大臣は、(a) その規則の作成ののち一年を経過した最後の月のうちに、その規定が第三項に矛盾することなく、その時に作られている諸規則に含まれ得るものであるか否かを審査するものとする。

(b) もしその規定を、そこに含まれ得ないものであると決定した場合には、大臣はさらに規則を作り、第一項に基づいて作られた規則を必要に応じて、第一項に遵うように変更し、あるいは廃止するものとする。

(6) 本条にもとづく規則は所定の患者情報の取り扱いに関する規定を、一九九八年個人情報保護法に基づいて作られる規定と矛盾するような方法で、つくってはならない。ただし、第二項C号にもとづいて作られる規定の運用を妨げることはない。

(7) 本条にもとづいて規則をつくる前に、大臣は六一条の要請に照らして適切と思われる範囲で、その規則によって影響を受けることになるような者の利益を代表すると思われる団体に諮問をするものとする。

(8) 本条の目的のためには、患者情報とは以下の二つの条件を備えた「信任的患者情報」である。

(a) 当該個人の同一性が次のいずれかにより確定できる場合

(1) その情報自体から、あるいは

(2) その情報と、その情報を取り扱う者が保持している。あるいは保持することになりそうな情報とから、かつ

(b) 諸情報よりして当該個人に対して信任義務を負う者によってその情報が得られ、もしくは創られる場合

§六一　患者情報助言グループ

(1) 第二項および第三項の目的のために、大臣は、本法成立後可能な限り速やかに、規則をもって患者情報助言グループ（Patient Information Advisory Group, 以下本法では助言グループと称する）と称する委員会を設置するものとする。

(2) 第六〇条第一項にもとづく規則をふくむような、あるいは第六〇条第四項(b)に従った規則をつくるような、制定法文書の草案を議会に提出する前に、大臣はその規則案に関して、その助言グループの意見をきき、これに配慮を払うものとする。

(3) 大臣は、患者情報また、大臣が適宜と考えるような医療サービスの提供の過程で取得され、あるいは創り出されたような患者情報およびその他の（患者情報以外の）情報の取扱いに関連するその他の事柄に関して、助言グループの意見を求めることができる。

（1）The Caldicott Committee ; Report on the review of patient-identifiable information, Dec. 1997.

（2）HSC1990/012 : Caldicott Guardians.

（3）NHS Executive ; Protecting And Using Patient Information-A Manual for Caldicott Guardians, NHS Executive, Mar. 1999.

インフォームド・コンセント法理・再考

塚本泰司

湯沢雍彦・宇都木伸 編
『人の法と医の倫理』 IIa 3
二〇〇四年三月 信山社刊

一　はじめに

医療決定上のインフォームド・コンセントに基づく説明義務違反の問題は、近年の医療過誤訴訟の中心的課題として、日本でも判例法理として定着してきている。また、日常の医療現場においても、インフォームド・コンセントは医師＝患者間の信頼関係のキー・ワードとして――それが訴訟対策の一環として認識されてきた一面はあるものの――認識され、浸透しているといえよう。

筆者は、医事訴訟の被告としての経験(1)などから医事法に興味をもち、いまから二〇年前に「医療訴訟におけるインフォームド・コンセント法理」なる文を法学部の卒業論文として作成した。(2)これは主に、インフォームド・コンセント法理を完成させたといわれるカンタベリー事件(3)の詳読と、この法理に関する米国の州法のMeizelらによる解析論文(4)をまとめたものであるが、当時現役の脳神経外科医でもあった私は、医師の告知義務としていわゆる患者基準を用いるカンタベリー事件判決に危機感を持ったのもその執筆動機のひとつであった。当時、英国においてもカンタベリー型のインフォームド・コンセント法理の浸透がdefensive medicineを招く可能性があるとの論文(5)があり、これに同意を表する形で引用したところ、当時審査にあたっていただいた唄教授から批判的なご意見を頂いた。

その後、日本においても、日本医師会生命倫理懇談会の「説明と同意」、さらに厚生（労働）省の諮問機関から「インフォームド・コンセントのあり方に関する検討会報告書」として「元気のでるインフォームド・コンセント」なる報告書がだされ、今日の医療現場では、手術時などの患者への一つの重要なステップとしてインフォームド・コンセントが認識され、患者の自己決定の促進に重要な役割を果たしてきたことは紛れもない事実であろう。判例法としても、説明義務違反の名のもとに、インフォームド・コンセントの欠如が過失責任として認められてきている。[6]

筆者も法学部卒業後、日本における説明義務に関する判例、法学者の論文などを読みそれなりに勉強して来、理解も深まったつもりであるが、医療場面におけるインフォームド・コンセントの貫徹においてはいまだに戸惑いが多い。時にはインフォームド・コンセントの重要性につき医療者の卒後教育の場面などで話をしたりする機会があるのであるが、法的義務としてのインフォームド・コンセント法理に関しては、医療者にかなりのアレルギーがあり、その反応は、法学者における反応との間にかなりの温度差がある。その原因が何処にあるのか、この論文では少しでも解明でき、双方の理解に役立つことができたら、と考えている。[7]

通常の医療行為において長い間、倫理規範として信奉されてきたヒポクラテス宣誓などに代表されるいわゆるパターナリズムが反省され、ミルの自由論に象徴される自律ないし自己決定の思想のもとに、二〇世紀に入り欧米における医療訴訟の場で医療における同意原則[8]が確立した。さらに医的侵襲に対する情報を受けた上でのインフォームド・コンセントの確保が米国の私法の場で主張され[9]、それが患者の法的権利として確立[10]し、法理として認められてから三〇年が経つ。日本においてもその思想は確実に浸透してきているが、臨床現場では癌の告知問題に典型的にみられるように、インフォームド・コンセントの貫徹については必ずしも行われておらず戸惑いもある。

一九九〇年代になると、法学者においても米国のシュナイダー[11]が、自己決定の強制への疑問を唱えるなど、インフォームド・コンセントの目的が自己決定の貫徹だけでよいのか、との反省がみられるようになってきた。さらに法社会学的視野から一九九四年、Schuck の'Rethinking Informed Consent'[12]なる論文がだされ、日本の吉田邦彦氏も主に医療資源の分配などの観点から「近時のインフォームド・コンセント論への一疑問」[13]なる論文を発表している。

ここでは主にこれらの論文および、唄教授の近年の論説[14]を手掛かりにしながら私なりにインフォームド・コンセントに基づく法的規範としての説明義務について、医療者の立場を踏まえながら考えてみたい。

最近では、インフォームド・コンセントなる用語は、いわゆる日常の医療における治療法の決定の場以外にも、遺伝子解析、臓器移植などの場面で、自己決定の担保目的で用いられることが多い。そのような各々の場面でのインフォームド・コンセントは、その趣旨は同一といえようが、実行の手続など配慮すべき項目は異なってくる。[15]本論では、筆者は臨床医でもあることから、この中で治療行為におけるインフォームド・コンセントに限定して論じたいと思う。

二　インフォームド・コンセントと患者の自己決定

インフォームド・コンセントの趣旨は「医師の治療なかんずく肉体への侵襲行為には原則として患者の承諾」を要しその承諾に際しては、「その侵襲の本質、意味、射程範囲、副作用およびその代替手段などにつき、説明を受けて知っていた限り有効[16]」である、というものである。すなわち、インフォームすべき内容としては医師側が行おうとする治療法およびそれに付随する危険などであり、当初のインフォームド・コンセントの趣旨は、医師より提示された治療法を情報を受けた上で、患者が受け入れるか否かの問題（承諾原則）であった。しかし近年その内容は、患者の自己決定の立場から徐々に変容してきている。即ち、一九八〇年後半より言われ出したinformed choice[17]では「医師の持つ複数の治療法から患者が選択を行う」の趣旨であり、

informed decision[18]は「情報開示の上で患者が決定する」ということであり、患者の選択権の拡張という形で自己決定権の拡大がみられている。さらに、「最近では、インフォームド・コンセント論議に含まれる主張はこれ（承諾、選択、筆者挿入）に止まらないようである[19]」。例えば、時にインフォームド・コンセントの議論の中で出てくるエホバの証人の輸血拒否問題では、「死の危険があっても輸血なしで手術を行う」という、元来、医師の手の内のオープションにはない手技を、患者側から要求するところまで自己決定が拡張しており、承諾原則を超えているという意味でも、もともとのインフォームド・コンセントからはかなりの定離がある（私はこれをinformed requestと名づけてみた）[20]。その意味でエホバの証人輸血拒否に関する東大医科学研究所判決[21]は、患者の自己決定権に関するleading caseではあるが、インフォームド・コンセントに関するleading caseであるとする論者[22]がいるのは適切でない、と私は考えている。

このように、患者の自己決定権は徐々に拡張してきており司法上も評価されてきているが、個人の自己決定は「他人に害を与えない限り[23]」保証さるべきものであり、無制限には認容できないものである事は、限りある医療資源の問題を考えても明らかであろう。

法規範としてのインフォームド・コンセント法理は、患者の自己決定推進原理として発達してきた。しかし日常の臨床現場におけるインフォームド・コンセントにおいては、医師は患者の自己決定だけでなく、公共の利益、医療資源の分配、患者のwell-being[24]など複数の利益を念頭におきながら医療の説明、選択を行わざるをえない。このギャップが、臨床家のインフォームド・コンセント法理に対する戸惑いとして根本にあるのではないか、と考えている。

この点につき法学者の吉田[25]は臨床現場におけるインフォームド・コンセントを考えるときは、①自己決定権、②医師の裁量権、③医療資源の分配という三極構造を考えるべきである、としているが同趣旨であろう。吉田は主にこのなかの③医療資源の分配に関する法政策の問題を論じているが、筆者は臨床家として医師の裁量も含めてこれらの問題をより具体的に考えてみたい。

三　患者の自己決定権に対峙するもの

それでは、インフォームド・コンセントにおける説明の場面において、医師が考慮せざるをえない自己決定に対峙する価値とは具体的に何であろうか。唄教授は先の論説のなかで、「患者の自己決定権に対峙するもの」として①公共的利益（compelling interest）、②医・プロフェッションの自由と責任、をあげている。(26) ②の「医・プロフェッションの自由と責任」はかなり抽象的な言葉であるが、医師の裁量権に近いものであろう。私は、ここでは患者の自己決定権に対峙するものを、①公共的利益の保護、（医療資源の分配、病院経済、医療保険など）、②医師の医療上の裁量（パターナリズム、説得義務、癌の告知）、③医療者の倫理的統合性、の三項目に分け、各々につきより具体的に考え、自己決定権を基本とするインフォームド・コンセント原理とこれらをどのように調整を図るべきか、模索してみたいと思う。

1　公共的利益の保護（compelling state interest）

患者が、自分にとって最大の利益を追求する自己決定を最大限尊重してもらいたい、というのは当然であるが、医師はそれだけを考えているわけにはいかない。

(1)　医療資源の分配

まず、よく言われる医療資源の分配の問題がある。例えば医療機器の不足である。日本では人工透析器の絶対数が足りないということはそれほど聞かないが、ニュージーランドでは、七六才の男性が、高齢の上に心臓の冠動脈障害、前立腺癌を合併しているという理由で、機器の有効利用の観点から人工透析器の使用を公的病院で拒否された例がある。[27] このような場合には高齢者の透析を受け生き延びたいという自己決定は、医療資源の有効利用原理から否定されていることになる。

日本でも、冬季に肺炎が多発した場合には、我々の病院でも人工呼吸器の不足を来たし、いくら患者が使用を希望する場合でも、医療効率の観点から使用する患者を選択せざるを得ない状況になることがある。

日本では、「三時間待って三分医療」ということがいわれるが、これも医療資源の分配の問題ともいえる。実際、日本では医療現場においても薄利多売という経済原理が入り込まざるを得ず、三時間の間に三〇人の患者を見なければ採算の合わないといった状況も多々ある（ちなみに、現在の医療保険では再診料は六八点（六八〇円）であり、これは診察時間の長短にかかわりない）。[28] この場合、単純計算では一人六分が持ち時間となり、ある患者に三〇分かければ他の人の診察時間を縮めざるを得ない。人的資源の分配の問題とも言えよう。手術の説明など重要で時間をとる事柄は、日常の仕事が終わった夜、勤務時間外に行わざるを得ないが、このような説明に対する医療保険上の査定はない。患者への説明といった採算に合いにくい行為に忙しさのしわ寄せが集まっているのが現状である。

吉田ものべるようにこれは医療政策の問題であり、大きくいえば国民医療費がＧＮＰの七％（米国では一四・五％、一九九三年）に止まると言う事態をどう考えるか、という問題に連なってこよう。米国では、インフォームド・コンセント形成時に information の交換をどのレベルまで行うことが、医療効率に寄与するかを検討しているユニークな論文もある。[29]

(2) 医療経済・医療保険制度

医療といえども採算の問題は避けて通れない。病院の収益といったものも考慮にせざるを得ないのである。最近は倒産に追い込まれる病院が多いことはご存知であろう。近年、人口の高齢化による慢性疾患の増大、抗がん剤といった高額医療の増加に伴い、医療費は増大を続け、国はその削減に躍起となっている。たとえば、入院が長引けば一日の入院費を下げ、長期入院を阻止しようとしている。われわれもよく遭遇するのであるが、慢性期に入り、まだ病状に多少不安があり患者は退院を希望しない場合でも、なるべく早期に退院ないし転院してもらわないとベットの回転率が悪化し、採算のよい急性期患者の入院が制限され病院経済に負担となる(今日の医療保険では、入院基本料は当初は一二〇九点であるが、二九日を過ぎると九七四点となり、入院加算料は一四日毎に急激に減少する)[30]。もう少し入院していたいという患者の自己決定を貫徹することは病院経済に負担となることがしばしばある。

また、最近ではEBM(Evidence Based Medicine)という言葉がよく言われる。これは医療は、医師のカン(感)などに頼らず、統計といった科学的根拠に基づいて行うべきである、という趣旨である。しかし個々の患者においてこのEBMを貫徹するには、現在の医療保険制度がネックになることがある。

手術など侵襲のある医行為のインフォームド・コンセントにおいて、その危険性を告知することは、基本的な事柄である。危険の告知はEvidenceに基づくべきであり、そのEvidenceは、統計的な数字や、検査にもとづいて明らかにされていることが要求される。しかしそれはそれほど容易なことではない。

例えば、脳の手術において、失語症の合併は重大(material)な危険でありその告知は必須と考えられよう。言語中枢は優位半球にある。生来右利きの患者では左脳が優位半球であり、左半球を触らなければ、教科書的には失語を来すことはない。左利きの患者の場合は、優位半球が右にある者と左にある者とが相半ばする。従って、通常は左利きの患者に対しては失語を合併する可能性を話し、時間的、経済的に可能であれば、dynamic MRI、SPECT などの検査で優位半球を確かめ、失語の危険性を告知するのが通例である。しかし右利きの患者で、劣位半球とされる右脳を手術する場合には、教科書的に失語については危険はない、と話すのが一般的である。しかし非常に稀に（私は三〇年の臨床経験で一例の経験があるだけであるので〇・一％以下であろう）右利き患者で右脳に優位半球があり、右脳の手術で失語を来すことがある。この事実は告知が必要であり、またできれば検査で優位半球の検査を行うべきであろう。しかし、千分の一以下の確率のものに、dynamicMRI, SPECT といった高価な検査を施行することは、医療費の効率的使用からいって問題があり、現在の保険医療ではこのように非常に稀な危険に対する高額検査は認められていない。

ＥＢＭに基づいたインフォームド・コンセントを目指して Evidence の精度を高めるには、それなりに、経済的負担を増すことになる。自己決定の基本から理想的に言えば、患者の希望する検査はすべて行なければならないことになるが、医療費の功率的利用を考えるとき、何処まで検査を行うかは、やはり医師の裁量で決定せざるを得ない。患者の自己決定はさる事ながら、日本の医療保険制度では、保険の支払いをカットするという方法で、効率の悪い医療に制限が加えられているのである。患者が自分で費用を払うから稀な危険の検査を行ってくれ、といっても保険医療と私費医療を同時に行う混合医療[31]は、いまのところ認められていないのである。

自己決定の対峙するものとしての公共的利益については、この他にも、多くの尊厳死判例にみるごとく、自殺の防止といった生命の維持の問題がある。[32] 本項ではこの問題は取り上げず、次項の医療者の倫理的統合性の項で扱いたいと思う。

2　医師の医療上の裁量（discretion）

(1)　パターナリズム（paternalism）

患者の自己決定を貫徹するには、患者は自分の身体に対する決定については最終的決定者たることは当然であろう。しかし、元来、人間は弱いものである。患者は、肉体的、精神的に参っている、というだけでなく、自分の体に関する事柄であっても自律した考えを持ち自分で危険のある手術などについての決定を貫徹できる人間はそれほど多いものではない。多民族社会であり、個人の独立心の強い人間の多い米国のスタンダードを、日本の現状にそのまま取り入れることにはどうしても無理があり、インフォームド・コンセントの「日本化」が行われる[33]との指摘がある所以である。欧米においても歯科の治療における自己決定の強制に疑問を呈したシュナイダーの論文があるが[34]、特に日本においては心底から「先生におまかせします」という患者は多いのである。私も医師でありながら、もし自分の専門外である心臓の手術が自分に必要になった場合には、いくら話を聞いても理解できない場面があると思われ、最終的には信用する心臓外科の医師に判断を任せるより仕方ないのでないかと考えている。訴訟の場ではいざしらず、一般の人間は、法規範の要求するほど強い人間ではないのである[35]。

米国の哲学者 G.Dworkin は「自律に関する理論と実践[36]」の中で「選択の対象となったことによって生じる選択についての責任——たとえば、羊水診断により胎児に障害があるかどうかが事前に診断できるようになったのに伴い、障害をもって生れてくるかもしれない子供を生むかどうかの選択につき、親は以前にはなかった責任を負うことになる」として、あらゆる決定をその当人に委ねてしまうことへの疑問を唱えている。

羊水検査に限らず、本人からの積極的な説明の要求がある場合は格別、そうでない場合に明らかに混乱を招くと思われる情報をすべて告知するのが倫理的に最善であるのか、私はやはり医療の現場では、説明においても最低限のパターナリズムは不可欠であると考えている。

(2) 説得義務

日本の説明義務に関する判例のなかには、患者に対する説得を義務づけるものがある。医師と患者ではその医学知識、情報量において圧倒的な偏りがあることから、患者の well-being にとって極端に不利と思われる選択肢を患者が選んだ場合には、医師が勧める選択肢を取るよう医師は説得すべきである、というものである。代表的な判例として、患者が悪性脳腫瘍に対し丸山ワクチンの使用を希望したのに対し、医師がこれをピシバニールに変更した判例において「医師による説得は、本来専門技術的立場から患者の生命身体の保全を十全ならしめるために行われるのであるから、医師がその専門的立場から正当と信じる治療法を患者が受け入れるよう説得することは、むしろ専門家としての責務である」とした判決がよく取り上げられる。[37]平林[38]はこれを「説得義務」としている。この説得義務は、「自らの生命・身体に影響を与える医療行為に関する最終的判断は患者自身がおこなうべきだとする自己決定権の考え方に立脚」するインフォームド・コンセント[39]とはその根本において相反する性格を有することは、異論がなかろう。

平林は「インフォームド・コンセントの法理は、患者の自己決定権を尊重し、最終的には患者の意思が優先することを認めるものであるとしても、そのことが専門的医学的判断に関する医師のプロフェションとしての責任を免れせしむるものでない」ことを強調する。[40]しかし、臨床実務においてこの「自己決定権の尊重」と「専門家としての説得」のバランスをとることはそう簡単なことではなく、説得義務を法的義務とすることには慎重でなければならない。前記判例に出てくる丸山ワクチンの場合のように、その有効性が薬事法上も、学会においても確認されていない療法を患者が選択した場合には判断も容易であるが、選択肢の優劣が拮抗する場合には医師は困難な立場におかれる。

例えば、学会でも意見の分れるような二つの選択肢のある場合である。医師は一方を個人としては優れていると考えるが、学会においては相拮抗すると評価されている治療法があり、医師がこの療法の可能性をも提示し、患者側が後者をチョイスした場合などである。実際、医師が自分が勧める方法でなく患者の選択を優先しその方法を行ったところ、不幸な結果が現実化し訴訟となった判例がある。この判例では、医師は医師自身が優れていると考える選択肢を最初は勧めていたのであるから、もっと強く勧めるべきであったとし、損害賠償が認められている。私は、このケースでは、患者のinformed choiceを受け入れた医師は正当である、と考える。しかしこの判例では、いざ悪い結果がでた場合には賠償責任を負わす、という結果無価値判断が行われており医師を混乱させる判決である。

この判例は破裂脳動脈瘤に対するクリッピング手術に関するものである[41]。

眼動脈に発生した動脈瘤破裂によるクモ膜下出血を来した患者が運ばれて来た。一般にこのような動脈瘤を放置すると再破裂し死亡に至る場合が多く（破裂脳動脈瘤の予後は、三〇―五〇％近くが死亡）、治療法としては、多くの場合動脈瘤をクリップし再破裂を予防する開頭手術を（最近では血管内手術も開発されつつあるが）行うのであるが、その際、選択肢として、急性期に行う早期手術と二週間ほどして行う待機手術の二つの選択肢がある。出血後の急性期の早期手術では、脳の腫脹が強く手術に困難を伴うが手術に成功すれば再破裂を早期から予防することができる。それに対し待機手術では脳の腫脹がとれ、比較的手術は容易になるが、二週間の待機中に再出血し死亡する危険がある。どちらを取るかは世界の脳神経外科の学会でも統一見解はない。[42] このケースでは医師は最初早期手術を勧めたが、他の選択肢として待機手術もあることを話したところ、患者側は待機手術を選択した。不幸にして、患者は待機中に再破裂による出血を起し死亡し訴訟となったのであるが、医師は早期手術をもっとすすめ説得すべきであった、との判決が出された。

医学には不確定要素が多くあることは再々言われるが、破裂脳動脈瘤がいつ再破裂するかは、医師にも予測がつかない。この判例のように、結果が悪かった場合にはもっと説得すべきであったとの事後的判断が「説得義務」の下になされ、逆に、もし説得に成功して早期手術を行い、脳の腫脹の為に手術に困難が伴い、結果が悪ければやはり患者の「インフォームド・チョイス」を無視したとして責任を取らされる可能性が高かろう。このような結果論による判決が出ると、医師は狼狽せざるを得ない。自己決定が重要視されてきている今日では、医学的に功利性の拮抗する選択肢のある場合には、患者の決定に従い、それで結果が悪くてもそれは仕方がない、それは患者の自己責任である、というのが、自己決定原理からしても当然であろう。

説得義務は基本的に、自己決定の徹底を趣旨とするインフォームド・コンセントとは対立する概念である。何処まで、患者の自己決定を尊重するのか、説得をすべきなのか、結局は医師の裁量の問題とならざるをえないが、今日では社会は自己決定の尊重を重視する方向にあり、法的な説得義務の肯定は、患者の選択が明らかに不合理な場合に限るべきであろう。脳外科医である私としては、先の判決は選択の不合理度の判断を誤っていると考える。[43] 患者の選択の方向で行われたプラクティスが結果が悪かったというだけで法的に非難されるとなると、医師としてはインフォームド・コンセントの施行に躊躇を持たざるを得ない。このような判例が存在することも、医療者側に法規範としてのインフォームド・コンセントに対して拒否反応を起させる原因であろう。

医師の裁量権の問題でよく取り上げられるものに、癌の告知がある。最高裁まで争われ名古屋の胆のう癌告知裁判では、医師の裁量が認められる形に終わったが[44]、この判決については、自己決定権推進の立場から法学者の異論も多いようである[45]。

(3) 癌の告知

自己決定の観点からは、末期癌といえども本人に告知すべきであろうが、告知後の患者のフォローについて、日本の現状は誠にお寒い状況である。欧米では、神父が病棟に専属におり患者のコンサルトに当っている病院があるが、そのような人材の確保には、さきの医療資源、医療費の問題が絡んでおり、医療保険下の日本では不可能であろう。現在の人的状況では医療者はそこまで手が回らない、というのが実情である[46]。日本では不治の癌については、その後のフォローの主役は、結局家族に頼らざるを得ないことからも、まず家族への代理告知を行うことがいまだに一般的である。

一九九九年の「文芸春秋」に載った江藤淳夫妻のケース——肺がんの脳転移の妻につき評論家で夫である江藤氏がまず告知をうけ、江藤氏の方針で患者である妻には最後まで告知をせず、江藤氏が献身的な看護を行った、というもの[47]——が好例である。この例では、患者の自己決定に基づく人権論からいえば、医師のプラクティスとして①医師が最初に患者本人でなく夫に告知したこと、②本人にも告知すべく、医師が夫に働きかけなかったこと、は問題であろう。

しかし、この夫の手記が美談として社会に受け入れられるのが日本社会の現状である。米国の Annas らは、米、英、日のインフォームド・コンセントの実状を分析した論文の中で、日本の社会は、個人主義は共同体の要求や理想に服従する社会であり、共同体や家族の重要性が特色である、[48]としているのは大方当っており、日本の医療はそのような現状の中で行われているのである。最近の高齢癌患者に対する告知が問題となった判例でも、本人への告知の有無は医師の裁量であることを認め、しかしその場合には親戚などに告知すべきであり、その努力が不十分であった、としその点を問題にし、医師の有責性を認めた判決がでている。[49]理想論はともあれ、日本の現状では、不治の癌患者では本人へ告知するか否か、家族へまず告知し相談の上、医師の裁量で決断せざるを得ない。

3　医療者の倫理的統合性（professional integrity）

医療者の本務は、患者の病気の治療、救済、生命の維持にあることは、今日でも異論はなかろう。それに加えヒポクラテス宣誓にもある如く、患者の安寧、well-being の維持もその大きな役割であろう。しかし生命の維持という医療者の基本的な倫理は、時に患者の希望、自己決定と相容れないことがある。

一つの局面に、末期患者における尊厳死、安楽死、の問題がある。

主に医療のさし控えが問題とされる消極的安楽死、尊厳死はさておき、最近は患者の要請の下に、薬物投与といった方法で患者に積極的な死をもたらす行為を認容する法規範が、オランダ、ベルギーなどで作られている。[50]日本でも東海大学の安楽死事件における判旨でも積極的安楽死を認容する四つの条件が示されている。その正当性については議論の多いところであるが、[51]私が問題にしたいのは「そのような行為は医師が行うことに限られる」とする要件の含まれる点である。医師は患者を安楽に死なせるテクニックを有することから、安楽死行為は、医師が行うことは当然であると考えられているようであるが、医師の生命維持という倫理規範から考えると、積極的安楽死行為は、医師としては、また医師であるからこそ、一番倫理に悖る行為なのである。

実際の判例としては、尊厳死に関するもので宗教的信念ともからんだものに、アメリカのレクエナ事件がある。[52] ＡＬＳ患者の女性が、呼吸筋が侵されたため人工呼吸器に繋がれ、嚥下がままならず胃チューブの挿入を医師から勧められた。患者は人工的な栄養で生き延びるよりも死を選ぶとした。

この病院はカソリック系の病院であり、プロ・ライフ指向が強く、胃チューブといった患者に負担とならない通常（ordinary）な医療を施さず死を早めることは、医療者の信念から行うことはできない、とし、一七マイルはなれたこのような手技を認容する他の病院への転院を勧告した。患者は転院を拒否し、司法の判断が求められた。一審では医療者の良心的拒否を認め、他院への転送が認められたが、上位裁判所では患者の自己決定は病院の宗教的信念を凌駕するものとして、患者を勝訴させている。

筆者は生命維持という医療の本旨に反する安楽死といった行為については、堕胎行為などと同様、医療者の良心的拒否は認められるべきである、と考えこの判例の上位裁判所の判決には同調しかねている。

同様なことは、エホバの証人の輸血拒否問題にも言えよう。先に述べた東大医科学研究所におけるエホバの証人に対する輸血判決[53]では、患者に無断で輸血し事後的にも告知しなかった、ということは非難されてしかるべきと思うが、そのような要求をする患者に対し医師が診療を良心的に拒否することの正当性は医師に担保されるべきでろう。

四　考　察

日本の医療現場においては、欧米に比べ歴史的にも患者の自己決定が軽視されてきたことは事実であり、[54]

その中でインフォームド・コンセントおよびそれに基づく説明義務違反を問う裁判規範が自己決定権という価値の確保に果たした役割は十分評価されなければならないであろう。しかし、日常の臨床における医師は、以上述べてきたような、「患者の自己決定に対峙する価値」という制約のなかで、実際の医療を行わざるをえない、という実情にも目を向けてもらいたいと思う。

1 臨床現場とインフォームド・コンセント法理の定離

「はじめに」で書いたように、説明義務違反判例などについて医療者に話すときには、かなりのアレルギー反応が起こる。そのとき多く出される意見には、「日常の医療において、患者は必ずしも自律しておらず、医師の裁量を期待するものである」というものがある。また米国の法学者も、「ほぼ半数の患者が、患者の参加なしに、医学上知られた知識を利用して、医師に治療の決定をしてもらいたいと望んだ」としている（許容的自己決定[55]）。

患者の自己決定と医師の裁量の問題は、古くから論じられているが難しい問題である。唄教授は、インフォームド・コンセントの性格を、自己決定を目的とする第一性格と、well-being を目的とする第二性格とに分け、第一性格は裁判規範になじむが、第二性格は倫理規範に留まる、とされている。医療にとって困難なことは、教授も言われるように第一と第二の性格は「矛盾する要素を内在」していることである[56]。医師は第一性格の自己決定を尊重しつつ、第二性格たる well-being の確保のために医療をおこなうのであるが、well-being を目指す医師の専門的判断と、患者の自己決定が異なる場合には、二つのバランスを取りながら医療を行わなければならない。先に述べた「説得義務」判例などはインフォームド・コンセントに「内在する矛盾」が顕在化した典型的な例であろう。

日常の医療現場は、多くの場合、患者の well-being を第一の目的として行われ、医療の決定においても、患者は「必ずしも自律しておらず、医師の裁量を期待する」ことが多い。自分の身体について重大な決定を、自身で決定できる自律した人格はそれほど多いものではない。そのことから臨床現場における決定は医師主導で実務が行われ、患者もそれを希望することが多い。

しかし一旦訴訟になると、裁判規範になじむ第一性格が前面に出て強調され、インフォームド・コンセント法理の下に判断が行われることが多い。

法学者の星野英一氏は、「私法における人間」のなかで、「法的人格」と「具体的人間」とのギャップについて述べている[57]。すなわち、法の期待する「法的人格」は「強く、賢い」「その責任を自覚している存在」であるが、「具体的人間」は「弱い、愚かな」人間であるとされる。

私は、医療過誤訴訟の場でインフォームド・コンセント法理に対する医師のアレルギーは、主にこのギャップにあると思う。即ち、患者は訴訟の場での「法的人格」としては「強く、賢い」人間であるが、実際の医療現場においては「具体的人間」であり、多くの場合「弱い、愚かな」ものである。患者の well-being を考えるとき医師は「強く、賢い」人格としては患者を扱えない、というギャップが医師らに法的説明義務に対するアレルギーをきたしていると考えている。

米国の法学者 Schuck[58]も同様なことを述べている。すなわち彼は、条文上、訴訟上で発達してきた観念を law in book とよび、それに対し、臨床家の行っているものは、law in action であり、その間のギャップを問題にする。医師が law in book を念頭に置くときには、患者を法的人格、即ち、賢い、強い人間として医療現場でも扱うことになる。その場合には「患者の自己決定や判断を真剣に考えるなら、患者の責任を医師に転嫁するのを認めてはならないし、患者は自己の医療に関する決定につき主たる責任を負うべきだと主張しなければならない」というJonesの言葉[59]を医師達は主張し自己決定を迫ることになろう。それは信頼という医師＝患者関係の基本を危うくすることになりかねない。

2　インフォームド・コンセント法理における医師基準、患者基準

唄教授は、インフォームド・コンセント法理における過失判断基準として「インフォームド・コンセントの性格を徹底するためには、具体的な患者が重要視するであろう情報が説明されるべきだとする具体的患者説が適当と思われる」とされ、法的強制としては合理的患者説に止まる可能性はあるが、倫理的には具体的患者説であるべき、とされる[60]。米国でもこのような考えの倫理学者が多いようである[61]。

唄教授の言われるように、インフォームド・コンセントの第一性格が強調する自己決定の徹底という意味では具体的患者説が理想であろう。しかし、今まで述べてきた「自己決定に対峙するもの」を考えるとき、また「プロが素人さんにすべての場合分けをして説明することは限られた時間の中では、至難の技だ」[62]という現在の医療事情では「具体的患者基準」を貫徹することは実務上困難であろう。

説明義務に関する法的な基準として、米国においても半数以上（二六州、一九九三年現在[63]）の州では合理的医師基準を取っており、日本の判例もほとんどが合理的医師基準をとっている[64]のは、実際の医療実務状況を配慮すれば現実上に即している、と私は考えざるを得ない。

勿論、問題になる症例ごとにその説明の態様、状況は異なるのであり、説明が法的に適切（adequate）[65]であったか、の判断は各々のケースで裁判所に任されようが、つきつめて考えると、患者の自己決定およびそれに対峙するものを考慮したうえで、医師の説明した内容が「reasonable」であったのか、が法的に問われるべ

きであり、それは「合理的医師基準」で判断される、というのが筋ではなかろうか。それが本当に「reasonable」な医師の行為として評価できるか否かが、司法により判断されるべきであろう。

勿論、日本の医療現場においては、「reasonable」でない説明がかなりまかり通ってきたことも事実であり、医療者は十分反省すべきであろう。また医療訴訟における鑑定医も「暗黙の共謀（conspiracy of silence）」[66]と非難されるような鑑定をおこなってはならないのは当然である。しかし本稿で論じてきたような患者の自己決定に対峙するファクターを考えるとき、現実の臨床現場におけるインフォームド・コンセントにおいては、すべて自己決定の原理で行われるわけにはいかないのである。

今日の医療事情下の law in action としては、「説得義務」に見る如く、医師による裁量は不可避なのである。理想的には、今まで述べてきたような自己決定に対峙する内容もすべて患者に話し、その上で同意をとることにより具体的患者基準まっとうすることも可能であろうが、それを可能にするには医療者の時間、効率の問題はさておき、患者側の自律性の問題が解決されねばならない。

もちろん、日本において説明義務判例の基準として合理的医師基準が用いられているからといって、医療者はそれに甘えることなく、この合理的医師基準を具体的患者基準に近づけるべく努力をするべきであろう。「具体的患者が重要視し、かつ、合理的医師ならば認識できたであろう情報」を説明すべき、とする複合的ないし二重基準説[67]の提案は、まさしく合理的医師基準を具体的患基準に近づける、という意味で有効であろう。

唄教授はまた、医師にとっては、患者は one of them であるのに対し、患者は one of one である、と強調されている[68]。即ち、医師にとって患者は大勢のなかの一人であり、統計的、確率的な思考をするが、患者は自分への結果がすべてである、というものである。教授の趣旨は、「医療としての根本要請たる one of one の徹底に努める」ことを医師に求めたものであろうが、教授も言われるようにその努力には限度がある。

患者側も患者を one of them として取り扱わざるを得ない医師に対して、積極的に自分の状況を医師に説明し、また質問を行うことにより、one of one であることを主張すべきであろう。勿論、医師側がそれを聞く耳をもち説明を行うことが不可欠である。

法的にはともあれ、実務上は患者基準と合理的医師基準における説明内容は接近してきているとの見解もあり[69]、そうあるべきであろう。

（1） 東京地判昭和五九・三・二三判時一一三一号一〇四頁

（2） 塚本泰司「医療訴訟におけるインフォームド・コンセント法理」『医療と法』（尚学社、二〇〇〇）、三一—六二頁

（3） Canterbury v. Spence. 484 F. 2d: 772, (D.C.Cir. 1972).

（4） Meizel, A. & L.D. Kabnick, *Informed Consent to Medical Treatment; An Analysis of Recent Legislation*, 41 Univ. Pitt. L.Rev. 407(1980)

（5） Robertson, G. *Informed Consent to Medical Treatment*, 97 L.Q.R. 1 (1981) 102.-126.

（6） 東大脳動静脈奇形（AVM）手術事件、東京地判平成四・八・三一判時一四六三号一〇二頁など

（7） 同趣旨の法学者による発言としては、吉田邦彦「近時のインフォームド・コンセント論への一疑問（一）」民商'94（一一〇—二—五八）（一九九四）二五四—二七二頁

（8） Schloendorf v. Society of New York Hosp., 211 N.Y. 125, 105 N.E. 92, 1914.

（9） Salgo v. Leland Stanford Univ. 317 P. 2d 170 (1957)

（10） 前出注(3) Canterbury 事件

（11） カール・シュナイダー／樋口範雄訳「アメリカ医事法における患者の自己決定権——その勝利と危機」ジュリスト一〇六四号（一九九五）八六—九三頁

（12） Schuck, H., *Rethinking Informed Consent*, 103 Yale L.J., Vol., No.4, (1994) 899.

(13) 吉田邦彦・前出注(7)及び、近時のIC論への疑問(二)、民商(一一〇—三—一)(一九九四)三九九—四二八頁
(14) 唄孝一「インフォームド・コンセントと医事法学」第一回日本医学会特別シンポジウム『医と法』(日本医学会)(一九九四)一八—二九頁。これは一九九三年八月に仙台国際センターで行われたシンポジウムにおける唄教授の特別講演に基づく。
(15) 唄教授はインフォームド・コンセント(IC)の種類として、①治療行為におけるIC、②実験(治験)についてのIC、③臓器摘出についてのIC、④予防衛生に関連するICの四種を挙げられ、各々について別個の考察が必要とされている(唄孝一・前出注(14)二五頁)。
(16) 唄孝一・前出注(14)二〇頁
(17) Shultz, M.M., *From informed consent to Patient choice:a new protected interest.* 95 Yale L. J. No2 (1985). 219
(18) 石崎泰雄「インフォームド・ディシジョン——諸外国における情報開示による意思決定」早稲田法学、七二巻三号(一九九七)二九一—三九九頁
(19) 宇都木伸「医事法学から見た患者の主体性」保健医療社会学論集八巻(一九九七)一八—二二頁、一八頁
(20) 塚本泰司「手術とインフォームド・コンセント」第二五回日本医学会総会会誌(一九九九)Ⅲ、三九九頁
(21) 東大医科研エホバの証人輸血事件　最判(第三小法廷)平成一二・二・二九民集五四巻二号五八二頁。なお、原審、東京地判平成九・三・一二判タ九六四号八二頁。控訴審、東京高判平成一〇・二・九判タ九六五号八三頁
(22) 野口勇「専断的輸血医療訴訟における最高裁判決の意義」年報医事法学一六号(二〇〇一)一四二—一四六頁など
(23) Mill, J.S., On Liberty (1859), 塩尻・木村訳『自由論』(岩波文庫)二四頁
(24) 唄孝一・前出注(14)二五頁
(25) 吉田邦彦・前出注(13)四〇九頁
(26) 唄孝一・前出注(14)二八頁
(27) Feek, C.M., W.McKeen & Henneveld, *Experience with Rationing Health Care in New Zealand*, 318 BMJ (1999) 1346.

結局、年齢による医療の排斥基準は合法でない、との判断がなされ、透析が行われたが、一八ヶ月後に患者は他の原因で死亡している。高齢者に対する医療の制限については、資源の分配問題だけでなく個人の尊厳問題も絡み、ことは単純でない。この問題については、Callahan, d.; Setting Limits——Medical Goals in an Aging Society. (Simn & Schuster. 1987) など。ほかに、Morris, G.P., *Enforcing a duty to care; The kidney patient & NHS.* 80 LSZ (1983) 3156 (Mc Smith et al: Law & Medial Ethics, 6 th ed. (2003), 378 より引用)。

(28) 医科診療報酬点数表　社会保険研究所（二〇〇二）二三八頁

(29) Fajfar, M.; *An economic analysis of informed consent to medical care,* 80 Georgetown L. J. (1992) 1941.

(30) 前出注(28) 二八頁

(31) 『混合医療ってなに?』日本医師会雑誌一三〇巻四号（二〇〇三）付録

(32) 尊厳死に関する州の利益としての「生命の維持」「自殺の防止」などの米国判例における解析については、塚本泰司「尊厳死」『医療と法』前出注(2)二一七—二五四頁、二二六頁

(33) 菅原勝伴「加、英のインフォームド・コンセント法論」北海学園大学法学部三〇周年記念論文集『転換期の法学、政治学』（一九九六）一一三—一三七頁、一一四頁

(34) Schneider, C. 前出注(11)

(35) 星野英一「私法における人間」基本法学1（民法論集六巻（一九八六）一—五一頁、一六—三八頁）

(36) Dworkin, G.; The Theory and Practice of Autonomy (Cambridge Univ. Press, 1998).
(服部高弘「自律概念とパターナリズム」岡山大学法学会雑誌第三・四号（二〇〇〇）三四五—三八九頁、三七七—三七八頁より引用)

(37) 丸山ワクチン事件・東京地判昭和六三・一〇・三一判時一二九六号七七頁

(38) 平林勝政「インフォームド・コンセント（再論）各国の状況——日本」年報医事法学八号（一九九三）五八—七七頁、七四頁

(39) 浦川道太郎「インフォームド・コンセント（再論）いくつかの論点をめぐって——日本法をめぐって」年報医事法学八号（一九九三）七八—九一頁、八一頁

(40) 平林勝政・前出注(38)七四頁

(41) 宮崎地判平成六・九・一二判タ八八〇号二五八頁。控訴審も同趣旨である。

(42) Kassel, N.F., et al.: *The International Cooperative Study on the Timing of Aneurismal Surgery*, 73 J. Neurosurg. (1990) 18-47.

(43) 本例では、再破裂後の緊急手術がたまたまうまくいったことから、早期手術を選択すれば、再破裂が防げたはずであり、待機手術を選択した患者のchoiceは「明らかに不合理」と認定されたようであるが、これは全く結果論であり医療における過失認定としては私は是認できない。塚本泰司「脳動脈手術判例」年報医事法学一一号（一九九六）一二一—一二六頁

(44) 胆のう癌無告知事件・最判平成七・四・二五民集四九巻四号一、一六三頁

(45) 樋口範雄「ガンの告知」別冊ジュリスト一四〇号『医療過誤判例百選』（一九九六）二八—二九頁など

(46) 単純比較は難しいが、入院患者一人に対する医療者の人数は、日本の病院一に対し米国は四倍である（高岡善人「日本の医療の現状」『研修医ノート』（一九九六、診断と治療社）三六頁）。

(47) 江藤淳「妻と私——愛妻への鎮魂記」文芸春秋平成一一年五月号九四—一三三頁

(48) Annas, G. J. & Miller: *The Empire of Death: How Culture and Economics affect Informed Consent in the U.S., the U.K., and Japan.* International Library of Medicine, Ethics and Law, Ed. F.H. Miller Ashgate, Rights and resources (Dartmouth 2003) 25-61, at p.31 &47.

(49) 最判第三小法廷平成一三年・九・二四。この控訴審判決（仙台高判平成一〇・三・九）の評釈としては、小西知世「癌患者本人への医師の病名告知義務（一）」法学研究論集一三号（二〇〇〇）六九—八六頁、七八—八一頁。

(50) 山下邦也「要請に基づいた生命終結と自殺援助に関する審査法」年報医事法学一六号（二〇〇一）三〇九頁

(51) 東海大学安楽死事件、横浜地判平成七・三・二八判時一五三〇号二八頁
議論については、内藤謙　他、座談会「安楽死——東海大学事件をめぐって」ジュリスト一〇七二号（一九九五）八一—一〇五頁など。

(52) *In re* Requena, 213 N.J. Super. 475, 517 A. 2d 869 (Super. Ct. App. div.) 1986.
解説として、塚本泰司「患者の自己決定権と医療者の良心的拒否」前出注(2)二〇八―二〇一六頁
(53) 前出注(21)
(54) Leflar, R.B.; *Informed Consent and Patient's Rights in Japan*, 33 Houston Law Review, Spring 1996, 1-112. 日本語訳としてロバート・B・レフラー、長沢道行訳『日本の医療と法』(勁草書房、二〇〇二)
(55) カール・シュナイダー・前出注(11)九一頁
(56) 唄孝一・前出注(14)二五頁
(57) 星野英一・前出注(35)一六―三八頁。星野氏は、主に社会生活における経済的な契約上の保護について述べられているので多少論旨を異にする。
(58) Schuck, P.H.：前出注(12)九〇三
(59) Jones, C.J., *Autonomy and Informed Consent in Medical Decision-making: Towards a New Self-fulfilling Prophesy.* 47 Wash. & Lee L. Rev. (1990) 379.
(60) 唄孝一・前出注(14)二七頁
訳文は、前出注(11)引用の樋口訳を用いた。
(61) Beauchamp, T.L. & F. Childress: Principles of Biomedical Ethics, 5 th Ed., Oxford Univ. Press (2000) 83など。
(62) 浅井登美彦：座談会「今日の医療過誤と法的責任」医療'90六巻三号(一九九〇)二三頁
(63) 丸山英二：シンポジウム「インフォームド・コンセント(再論)各国の法状況――アメリカ」年報医事法学八号(一九九三)一一―一三頁、一六頁
なお、米国の患者基準を採用する州といえども必ずしも患者の自己決定を最上の価値としているわけではない。たとえば、negligence 訴訟においては患者が勝訴するには、自己決定、dignity の侵害だけでは不十分であり、身体的な侵害を証明しなければならない。Drorkin, R.B., *Medical law & Ethics in the Post-Autonomy Age*, 48 Indiana L. J. (1993) 727-742 at 729.
(64) 新美育文「頭蓋骨陥没骨折開頭手術と説明義務」『医療過誤判例百選』(別冊ジュリスト一四〇号、一九九六)一一頁。

平林勝政・前出注(32) 七一頁など

(65) Brazier, M.: Medicine, patients & the Law, (Penguin books, 1992) 83-89.

(66) 新美育文「医師と患者の関係」加藤(一郎)＝森嶋編『医療と人権』(一九八四) 一三一頁

(67) 新美育文・前出注(64) 一〇頁

(68) 唄孝一・前出注(14) 二八—二九頁

(69) Mason, J.K., McCall Smith & Laurie, G.T.: *Law and Medical Ethics*, 6 th. Ed. (2002, Butterworths) 363.

アメリカにおける医師による自殺幇助（遺稿）

富田清美

湯沢雍彦・宇都木伸 編
『人の法と医の倫理』IIa 4
二〇〇四年三月 信山社刊

一　はじめに

最近欧米において、患者が医師の助けを借りて死ぬ権利を認めるか否かをめぐって、法律上活発な議論がなされている。このような権利があると主張する人たちは、立法をつくるあるいは改正する試みをしたり、自殺幇助を犯罪とする規定の違憲性を主張したり、あるいは実際に患者の自殺を助けたりしている。

アメリカでは、原告らが末期患者には医師に処方された薬によって死ぬ権利があると主張した二つの事件において、一九九七年に合衆国最高裁判所は九対ゼロで原告らの主張を斥け、自殺幇助を犯罪としている州法が合憲であるという判決を下したのである。

ところがこれらの判決は、個々の州が医師による自殺幇助を合法とすることを禁止するものではなかった。なかでもSouter判事は、「他方、立法部は、ここでの議論について判断するために必要な事実を得ることに対してよりよい機会をもっている。立法部は司法部よりも事実認定に対してより柔軟なメカニズムをもっているだけではなく、事実がその法域内で発生するのにともない、実験、前進または後退をする権限を含むメカニズムをもっているのである。(1)」と述べ、医師による自殺幇助の問題解決を積極的に議会に任せたのである。

こうして、自殺幇助を禁止するか否かが州にゆだねられた結果、多くの州では自殺幇助を犯罪としている。(2)しかし、唯一オレゴン州では、一般に自殺幇助を犯罪としている（Ore. Rev. Stat. § 163.125 (1)(b) (2001)）ものの、特定の場合に限り、死を望む末期患者に対して医師が致死薬を処方することを認めている。これに対して、もともと自殺幇助罪の規定のなかったミシガン州において、多くの自殺幇助が行われ、その後自殺幇助を犯罪としたものの、自殺幇助の実行をなかなか止めることができなかったのである。

このように、アメリカにおいては、医師による自殺幇助についての対応が異なっている。そこで、以下では、アメリカのいくつかの州法における自殺幇助罪の規定の合憲性をめぐる訴訟、医師による自殺幇助を合法化しているオレゴン州における今までのいきさつおよび現状、そして、ミシガン州における自殺幇助の実行とこれを阻止しようとする動き、について概観する。

二　自殺幇助罪の合憲性をめぐる訴訟

1　ワシントン州およびニューヨーク州における訴訟(3)

ワシントン州において、医師に処方してもらった薬によって死ぬことの合法性を主張して、四人の医師（合衆国地裁判決では五人）、三人の末期患者（一九九五年の控訴審判決までに全員死亡）、および非営利団体であるCompassion in Dying(4)が、自殺幇助を罪とするワシントン州法（Wash. Rev. Code Ann. §9A.36.060 (West 1988)）は違憲であるという宣言的判決、並びに同法の執行に対する差止命令による救済を求めた(5)。

合衆国地方裁判所は、州法が合衆国憲法第一四修正のデュー・プロセス条項にも平等保護条項にも違反するために違憲であると判示した（Compassion in Dying v. Washingon, 850F. Supp. 1454 (W.D. Wash. 1994)）。これに対して、第九巡回区合衆国控訴裁判所は二対一で地裁判決を支持できないとした（49 F.3d 586 (9th Cir. 1995)）。しかし本件は、第九巡回区が採用している一一人の裁判官による限定的大法廷（limited en banc）(9th Cir. R.35-3) において再審理されることになり（62 F.3d 299 (9th Cir. 1995)）、限定的大法廷は八対三で、州法がデュー・プロセス条項に違反するという理由で違憲であると判断した（79F.3d 790 (9th Cir. 1996)）。さらに、第九巡回区控訴裁判所において全裁判官による大法廷での再審理の要求が出されたが、この要求は拒絶された（85 F.3d 1440（9th Cir. 1996)）。

このようなワシントン州法に関する裁判と同様に、ニュー・ヨーク州においても、三人の医師と三人の末期患者（地裁判決までに全員死亡）が、自殺幇助を罪とするニュー・ヨーク州法（N.Y. Penal Law §§ 125.15(3), 120.30（McKinney 1987)）は違憲であると主張した。

合衆国地方裁判所は、州法がデュー・プロセス条項にも平等保護条項にも違反しておらず合憲であると判断した（Quill v. Koppell, 870 F. Supp. 78（S.D.N.Y. 1994)）。これに対して、第二巡回区合衆国控訴裁判所は三対〇で、州法が平等保護条項に違反⑹するので違憲であるとした（Quill v. Vacco, 80 F.3d 716（2d Cir. 1996)）。第二巡回区においても大法廷での再審理の要求が出されたが、合衆国最高裁判所がワシントンのケースともに（Washington v.Glucksberg, 518 U.S. 1057, 117 S. Ct. 37, 135 L. Ed. 2d 1128 (1996)）本件の裁量上訴を受理した（Vacco v. Quill, 518 U.S. 1055, 117 S. Ct. 36,135 L. Ed. 2d 1127（1996)）ので、再審理の要求は撤回された（Quill v. Vacco, 97 F.3d 708（2d Cir. 1996)）。

ワシントン州のケースに関して、合衆国最高裁判所は九対ゼロで、自殺幇助を禁止する州法がデュー・プロセス条項に違反しないと判断して、州法を違憲とした控訴審判決を破棄差戻しとした。まず Rehnquist 首席判事による法廷意見は、自殺をする際に助けを借りる権利を含む自殺をする権利というものは、たとえ末期の病気にかかっている精神的能力のある成年者に対してであっても、ずっと否定されてきたし今日でも明示的に否定され続けていることから、自殺をする際に助けを借りる権利はデュー・プロセス条項によって保護される基本的自由の利益（fundamental liberty interest）ではない、という結論を導いた。さらに法廷意見は、州の利益として、⑴生命の保持、⑵自殺の防止、⑶医プロフェッションの高潔性および倫理の保護、⑷傷つきやすい者たちの虐待、放任、誤解からの保護、(5) slippery slope のおそれを挙げ、これらの利益は確かに重要かつ正当であり、ワシントン州における自殺幇助の禁止はそれらの利益の促進および保護に少なくとも合理的に関連しているので、州法は第一四修正に違反しないと判示したのである（Washington v. Glucksberg, 521 U.S. 702,117 S. Ct. 2258, 138 L. Ed. 2d 772 (1997)）。

このような法廷意見に対して、いくつかの同意意見が出された。まず、Ginsburg 判事が同調している O'Connor 判事の意見は、能力のない人、死に瀕していない人、自発的に決定しなかった人を保護する州の利益は、自殺幇助の禁止を正当化するのに十分であるので、憲法上の権利の有無を議論する必要はないというものである。次に、Stevens 判事は、州の利益には根拠がないとはいえないとした上で、ある患者または医師がより特定された訴えにおいて勝訴する可能性を留保した。また、Souter 判事は、ここで主張されている個人の利益の重要性を否定することはできないとしつつも、州の利益が十分に重要であることを根拠に、個人の利益が基本的であるとみなされるか否かの結論は下さず、州の主張を認めた。そして、Breyer 判事は、O'Connor 判事に同調した上で、死の危険があっても、苦痛をコントロールするのに十分な薬を患者に与えることは禁止されていないので、州法は正当であると判断したのである（Washington v. Glucksberg, 521 U.S. 702, 117 S. Ct. 2302, 138 L.Ed. 2d 772 (1997)）。

この最高裁判決に従って、第九巡回区合衆国控訴裁判所は本件を破棄差戻しとした（Compassion in Dying v. Washington, 122 F.3d 1262 (9th Cir. 1997)）。

さらに、ニュー・ヨーク州のケースに関しても合衆国最高裁判所は、州法が平等保護条項に違反しないと判断し、九対ゼロで、州法を違憲とした控訴審判決を破棄した。まず、原告が、能力者はたとえ死ぬことになるとしても治療を拒否することができ、このような治療拒否は医師のアドバイスを得た自殺幇助と本質的に同じであるのにも関わらず、一方は犯罪で他方はそうではないというのは平等保護条項に違反する、という主張をしたことに対して、Rehnquist 首席判事による法廷意見は、自殺幇助と生命維持治療の中止との区別は医プロフェッションにおいても我々の法伝統においても支持されており、かつこれは基本的な法原則である因果関係および意図にもとづく区別であるとした。というのは、生命維持治療を拒否する場合、患者は病気によって死ぬのだが、医師によって処方された致死薬を摂取する場合は、患者はその薬に殺されるというのである。また、生命維持治療を中止するまたは開始しない医師は、患者の希望を尊重しかつ無益で無駄なことあるいは患者の品位を落とすことをやめるという意図をもっているのであろうが、医師の助けを借りて自殺する患者は、自分自身の生命を終わらせるという特定の意図をもっているのだというのである。このように二つの行為は異なっているので、ニュー・ヨーク州は憲法に合致してこれらを異なって扱っているのだと判示した。これに対して、O'Connor、Gingsburg、Breyer 判事は、ワシントン州のケースの意見でもって法廷意見に同意した。また、Stevens 判事は、自殺幇助と生命維持治療の中止との双方に、同じ意図と因果関係が存在する場合があるかもしれないとしながらも、法廷意見に同意した。そして、Souter 判事は、ワシントン州のケースにおいて自殺幇助の禁止が恣意的ではないという判断に導いた根拠が、自殺幇助は禁止されているが、人工的生命維持の中止や死を早める鎮痛薬の使用は許されているという区別を支持するとした(Vacco v. Quill, 521 U.S. 793, 117 S. Ct. 2293, 138 L. Ed. 2d 834 (1997). Washington v. Glucksberg, 521 U.S. 702, 117 S. Ct. 2302 (1997))。

2　他州における訴訟

このような最高裁判決の前後に、他の州においても同じように、自殺幇助を犯罪とする州法が合衆国あるいは州憲法に違反すると主張する訴訟が提起された。

まず、ミシガン州で多くの人の死を助けたKevorkianは、死にゆく際に医師の助けを得ることを希望する一人の末期患者とともに、カリフォルニア州で自殺幇助を犯罪とする州法の規定（Cal. Penal Code § 401 (West 1988)）の合憲性を争った。合衆国地方裁判所はまず、カリフォルニア州で医療行為をする免許のないKevorkianには原告適格がないと判断した。そして、合衆国地裁は、州最高裁が判断をしていないことから、州憲法上のプライヴァシー権には助けを借りて自殺をする権利は含まれていない、そして、州法は正当な州の目的に理性的に関連しているので、州憲法上の平等保護の権利を侵害していない、とした。しかし、本判決が前述の合衆国最高裁判決前であったために、合衆国地裁は、カリフォルニアと同じ第九巡回区であるワシントンのケースにおける控訴審の限定的大法廷判決を踏襲して、合衆国憲法の平等保護条項についての判断はせず、州法が合衆国憲法のデュー・プロセス条項に違反すると判示した（Kevorkian v. Arnett, 939 F. Supp. 725 (C.D. Cal. 1996)）。しかし、合衆国最高裁判決の後、この地裁判決は第9巡回区合衆国控訴裁判所によって取り消されたのである（136 F.3d 1360 (9th Cir. 1998)）。

次に、フロリダ州において、三人の患者（うち二人は事実審理の前に死亡）と一人の医師が、自殺幇助を犯罪とするフロリダ州法（Fla. Stat. Ann. § 782.08 (West 1992)）が州憲法のプライヴァシー条項および合衆国憲法のデュー・プロセス条項および平等保護条項に違反するという宣言的判決を州裁判所に求めた。一審は、州法がプライヴァシー条項および平等保護条項に違反するが、助けを借りて自殺するというデュー・プロセス条項によって保障される自由の利益は存在しない、と判断した。これに対して、フロリダ州最高裁は、合衆国最高裁がすでに平等保護条項について判断を下しているので州憲法のプライヴァシー条項についてのみ判断し、法廷意見は、州が(1)生命の保持、(2)自殺の防止、(3)医プロフェッションの高潔性の維持、という、やむにやまれない利益をもっていることなどを根拠として、五対一で州法が合憲であるという判決を下した(Krischer v. McIver, 697 So.2d 97 (Fla. 1997))。

そして、合衆国最高裁判決以降も同様の訴訟は続いた。まず、コロラド州では、社会保障上の利益を求める訴訟において、原告は、自殺幇助を禁止する州および連邦法からの免責を求めた。しかし、第一〇巡回区合衆国控訴裁判所は、まず、そのような連邦法を見つけることができなかったこと、そして、合衆国憲法第一修正の表現の自由を根拠とする原告の主張については、原告が救済を主張しなかったこと、さらに、合衆国憲法の基本的自由の利益および平等保護条項の主張については、合衆国最高裁判決を引用することによって、原告の申立てを否定した(Calon v. Apfel, No. 98-3190, 1999 U.S. App. LEXIS 7955 (10th Cir. Apr.26, 1999))。

次に、アラスカ州において、二人の末期患者（二人とも係争中に死亡）が、死を早めるために自己摂取する処方薬を受け取ることを妨げているアラスカ州法（Alaska Stat. §11.41.120(a)(2)(2003)）はアラスカ州憲法に違反すると主張したが、州上位裁判所はこれを否定した。アラスカ州最高裁判所も、医師の助けを借りて自殺するという権利は、州憲法の自由およびプライヴァシー条項の本文、文脈、および歴史のなかに含まれておらず、かつ州は傷つきやすい者を不当な影響から保護するという強い利益をもっているので、医師の助けを借りて自殺するという基本的に保護された憲法上の権利は存在せず、さらに、医師による自殺幇助と治療中止という患者の要請を尊重するということとの間には、作為と不作為という違いがあることから、州憲法が保障する平等保護の権利を侵害していない、と判断した（Sampson v. State, 31 P.3d 88（Alaska 2001））。

さらに、ミシガン州において、2人の医師が、精神的に能力がありかつ緩和不可能で耐えられない苦痛を被っている患者の自殺を助ける場合、医師は州の自殺幇助罪（Mich. Comp.Laws Ann. § 750.329a（West 2003））から免責されることを求めた。合衆国地方裁判所は、州法が合衆国憲法第一四修正の実質的デュー・プロセス条項に違反していないと判断した。これに対して、第六巡回区合衆国控訴裁判所は、二人の原告のうち一人は引退しており、もう一人は他州に移っていることから、本件は争訟性を喪失しており、かつ、医師の助けを必要としている具体的な患者が存在しないことから、事件が成熟していないという理由で、原告の主張を斥けたのである（Cooley v. Granholm, 291 F.3d 880（6th Cir. 2002））。

このように、さまざまな憲法上の根拠から自殺幇助罪の違憲性を主張し、医師による自殺幇助を裁判所において認めさせようとする努力が続いたか、いずれもかなわなかった。しかし、すべての州において自殺幇助が認められていないわけではなく、医師による自殺幇助が合法とされているオレゴン州および自殺幇助罪のなかったミシガン州では、死を希望する患者に対する自殺幇助が行われたのである。

三　オレゴン尊厳死法

1　尊厳死法の成立

オレゴン州においては、医師による自殺幇助、すなわち医師が致死量の薬を処方することを認める州民発案（Measure 16）が出され、一九九四年一一月八日、州民投票によって過半数に支持されて、尊厳死法（the Oregon Death with Dignity Act, Ore. Rev.Stat. §§ 127. 800-. 897（1995）（amended 1999, 2001, 2003））が成立した。

ところが、この尊厳死法が施行される一五日前の一九九四年一一月二三日に、二人の医師、四人の患者、一つの施設および施設の管理者らが、尊厳死法は、合衆国憲法第一四修正の平等保護条項およびデュー・プロセス条項、第一修正の下での信教および集会の自由、および他の連邦法に違反すると主張するクラス・アクションを提起したのである。これに対して、合衆国地方裁判所は、まず尊厳死法の効果を否定する暫定的差止命令を出し（Lee v. Oregon, 869 F. Supp. 1491 (D. Ore. 1994)）、次に、二人の末期患者、二つの施設、これらの施設の所有者あるいは管理者である三人の者、そして一人の医師の原告適格を認めた（891 F. Supp. 1421 (D. Ore. 1995)）。そして地裁は、尊厳死法が能力者に対してだけ薬を処方することを許しているが、この規定では能力のある者だけではなく能力のない者や不当な影響の下にある者、他人によって虐待されている者にまでも薬が処方されてしまう可能性があるので、尊厳死法は平等保護条項に違反すると判断し（891 F. Supp. 1429.）、尊厳死法の合憲性を否定する宣言的判決およびその行使を禁止する終局的差止命令を下した（891 F. Supp. 1439）[3]。

これ対して第九巡回区合衆国控訴裁判所は、次のような根拠により原告には訴えの利益がなくかつ事件が成熟していないという理由で地裁判決を破棄し、裁判権を欠くために原告の訴えを却下するという命令を添えて差戻すという決定をしたのである。つまり、(1)患者である原告については、自分の真の意思に反して自分の生命が奪われるかもしれないという可能性を偶然が連続して起こるという仮説にもとづいて示しただけで、将来彼女に損害が発生するであろう可能性が高いことを示していないので訴えの利益がなく、たとえクラス・アクションであるとしても同じである、(2)患者以外の原告は、患者の診療録を他の医師に移送する等というような形で患者の死を助ける過程に強制的に参加させられてしまうと主張するが、これらに違反しても罰則規定がないことから、現実的で取り立てて言われるような損害はないので、これらの原告にも訴えの利益がなく、また、尊厳死法に従わなかった場合に起こされるであろう民事事件において主張する方がより適切であるから、この主張は成熟していない、(3)施設および施設の管理者などについては、生命を終わらせる薬を処方することを希望する医師を排除することができないと主張するが、そのような医師が存在するとは主張していないので、事実上の損害がなく、訴えの利益がない、というのである（107 F.3d 1382 (9th Cir. 1997)）。

このような裁判が続いている間に、州議会は二度目の州民投票を行うことにした。今度の提案(Measure 51)は尊厳死法の廃止を求めるものであったが、一九九七年一一月四日までの投票では尊厳死法の支持者が前回の投票よりも増え、尊厳死法は生き残った。ところが一〇月一四日に、すでに合衆国最高裁判所は裁量上訴を受理しない決定をしていた（Lee v. Harcleroad, 522 U.S. 927, 118 S. Ct. 328, 139 L. Ed. 2d 254 (1997)）[8]ので、尊厳死法が違憲であるとは認めなかった控訴審判決は確定していたのである。

このようにして成立した尊厳死法によれば、一八歳の成年に達しており、意思決定をしそれを伝達する能力があり、担当医および他の専門医によって不治かつ不可逆でかつ六か月以内に死ぬであろう末期の病気にかかっていると診断されているオレゴン州民が、自発的に死ぬことを希望しているならば、担当医に対して、慈悲深く尊厳のある態様で生命を終わらせるような薬物の処方箋を出してくれるよう要請することができる。これに対して、担当医は、この要請に従ってもよいし、これを拒否することもできる。担当医はこのような患者に対して、診断、予後、処方される薬の危険性、その薬を摂取した場合の可能な結末、および、緩和ケアやホスピスなどの利用可能な代替手段について説明しなければならず、かつ、患者が十分に知らされかつ理解した上での決定をしていることを確保しなければならない。さらに担当医は、近親者に知らせるように患者に勧めなければならず、かつ、薬を摂取するときに誰かと一緒にいることが重要であること、公共の場で薬を摂取しないこと、いつでもいかなる態様においても要請を撤回することができること、を患者に説明しなければならない。また、担当医は医療記録を取らなければならず、さらに、担当医あるいは他の専門医が、患者は判断を損なうような精神的あるいは心理的疾患あるいはうつ状態にあると感じるならば、患者に精神科医あるいは心理療法士のカウンセリングを受けさせ、そのような状態にないと判断されるのでなければ、担当医は薬を処方してはならないのである。また患者は、担当医に対して一度目の口頭による要請をし、その後一五日以上経ってから二度目の口頭による要請および二人以上の証人がいる書面による要請をしなければならならず、さらに、書面による要請の後四八時間以上経たなければ処方箋を受け取ることはできないのである。そして、処方箋を出した医師は報告をしなければならず、その統計的情報は毎年公開されることになっている。[9] そして、医師が直接患者に致死薬を注射すること、および慈悲殺や積極的安楽死を行うことを明示的に禁じているのである。このように、尊厳死法においては、医師は致死薬の処方箋を書くだけであり、実際にその処方箋を持って薬局に行き薬を入手するか否か、そしてその薬を飲むか否かは、患者次第なのである。

2　尊厳死法に対する攻撃

このような尊厳死法に対して連邦議会は、連邦の資金が自殺、自殺幇助、安楽死または慈悲殺に使われることを禁止する法律（Assisted Suicide Funding Restriction, 42 U.S.C.A. §§ 14401-14408（West 2003））を制定し、一九九七年四月三〇日に施行したが、この法律では連邦の資金を使わない自殺幇助までを禁止することはできないのである。

そこで、Henry Hyde 連邦下院議員および Don Nickles 上院議員は、連邦法である薬物規制法（Controlled Substances Act, 21 U.S.C.A. §§ 801-971（West 2003）[10]）を改正して、オレゴン尊厳死法を利用できなくなるような二つの法案を議会に提出した。その一つは、医師が薬物規制法における規制薬物を処方するためには、司法長官に登録をし、薬物取締局（Drug Enforcement Agency）の登録証明を得なければならないのだが、登録者が自殺幇助や安楽死の目的で規制薬物を故意に処方などすれば、その登録を停止するあるいは取消すことを認める法案（Lethal Drug Use Prevention Act, H.R. 4006, 105th Cong.（1998）; S. 2151, 105th Cong.（1998））であり、もう一つは、苦痛緩和の目的であれば、それが死の危険を増加させるかもしれない場合であっても、その薬の使用を合法とするが、自殺幇助や安楽死を認める州法を無効とする権限を司法長官に与える法案（Pain Relief Promotion Act, H.R. 2260, 106th Cong.（1999）; S. 1272, 106th Cong.（1999）; H.R. 5544, 106th Cong.（2000））であったが、後者は一九九九年一〇月二七日に下院を通過したものの、いずれも成立しなかった。

さらに、Hyde 議員は、薬物取締局を通じて司法省が、規制薬物を処方することによって患者の生命を終わらせることを助ける医師に対して不利な処置をとるように薬物規制法を行使することができないのかということを考慮するように求めた。しかし、一九九八年六月五日に当時の司法長官 Janet Reno は、尊厳死法に従うオレゴンの医師に対して不利な処置を連邦政府がとるということは薬物規制法の目的を超えるものである、という意見を表明した。

ところが、二〇〇一年二月一日に George W. Bush 大統領によって司法長官に任命された John Ashcroft

は、同年一一月六日に、前任者の意見を覆す宣言、いわゆるAshcroft宣言を発表し、これを同月九日の連邦行政命令集に掲載した（Dispensing of Controlled Substances to Assist Suicide, 66 Fed. Reg. 56,607 (Nov. 9, 2001)（to be codified at 21 C.F.R. pt. 1306)）。この宣言によれば、自殺幇助は「適正な医療目的」ではなく、自殺幇助のために連邦によって規制されている薬物を処方、調合、あるいは投与することは、薬物規制法に違反するので、規制薬物を処方するために登録している医師がそのような公共の利益と合致しない行為を行った場合には、登録が停止あるいは取消される可能性がある、というのである。[11]この宣言が実行されれば、尊厳死法は実質的に無効となってしまうために、オレゴン州は同月七日に、司法長官、薬物取締局長官Asa Hutchinson、オレゴン州ポートランドの薬物取締局長Kenneth Magee、合衆国、合衆国司法省、および薬物取締局を相手に、この宣言の差止めなどを求めて、合衆国地方裁判所に提訴した。合衆国地裁はまず、翌八日に暫定的差止命令を、そして二〇〇二年四月一七日に次のような理由により終局的差止命令を出した。まず裁判所は、(1)薬物規制法において、医師による自殺幇助が適正な医療目的を構成するか否かを決定する権限を、司法長官あるいは薬物取締局に付与することを示唆する規定は存在しないこと、(2)薬物規制法は、その立法の歴史において、自殺幇助のために州法にもとづき合法的に利用される規制薬物の処方を制限あるいは禁止することを示唆してはいないこと、および、(3)判例法も被告の宣言を支持するものではないこと、を認定した。その上で裁判所は、何が適正な医療行為あるいは目的であるかを決定するのは伝統的に個々の州に任されてきたし、かつ、州法、州医療委員会、そして州の規則が医療行為をコントロールしているので、Ashcroft宣言は無効である、と判断を下したのである（Oregon v. Ashcroft, 192 F. Supp. 2d 1077 (D. Or. 2002)）。[12]この判決に対して司法省は、同年九月二三日に、第九巡回区合衆国控訴裁判所に控訴した。[13]

3　尊厳死法の利用状況

このように争いは続いているものの、オレゴン州において尊厳死法は利用されており、約五年間に一九八人もの患者が医師から致死薬の処方箋を受け取っており、その数は、一九九八年までに二四人、一九九九年には三三人、二〇〇〇年には三九人、二〇〇一年には四四人、二〇〇二年には五八人と、増加の傾向にある。このうち六一人は原疾患によって死亡したものの、一二九人は医師によって処方された薬によって死亡した。そして、二〇〇二年一二月三一日現在八人が生存しているが、このうち六人は二〇〇二年に、二人は二〇〇一年に、医師から処方箋を受け取っており、これらの患者は余命六か月以内の末期状態であると診断されたはずであるのにもかかわらず、少なくとも二人は一年以上生存し続けているのである[14]。

アメリカでは医療保険に加入していない人が大勢いるのにもかかわらず、尊厳死法を利用した患者のほとんどは保険に加入していた。処方された薬によって死亡した一二九人のうちがんにかかっていたのは一〇二人であるが、ほとんどがホスピス・ケアを受けていた。そして、すべての患者が十分な苦痛緩和ケアを受けていたというのである[15]。

実際、オレゴン州全体において、一九九四年以降、医師によってホスピス・プログラムに照会される患者の数が増加しており、医師は苦痛緩和ケアの知識を向上しようと努力してきている[16]。また、オレゴン州における人口当たりのモルヒネ使用量は全米一であり、一九九七年から二〇〇〇年にかけて、オレゴン州でのモルヒネの使用量は五〇%も増加している[17]。

このように、末期状態であるか否かの診断に過ちはあったものの、医師による自殺幇助は尊厳死法に法り実行されているようではあるが、乱用の不安を訴える声もある。

たとえば、尊厳死法を利用したと公表された最初のケースにおいて、患者は、その患者を常に診ていた医師および他の医師に自殺幇助を拒否されている。それは、少なくとも第二の医師は、患者がうつ状態にあると考えたためであった。この患者および家族と電話で話した、医師による自殺幇助を支持する団体、Compassion in Dying[18]の責任者は、患者がうつではないと判断したことから、患者を別の医師に照会した。すると、患者を診た三人の医師は、患者には尊厳死法を利用する資格があると判断したのである。しかも、三人の医師のうちの一人である精神科医は、患者には一度しか会っていなかったのである[19]。

また、最初の二年間に医師に処方された薬によって死亡した四三人中二七人は、複数の医師に薬の処方を要請しているが、処方を拒否した医師のうち二九％だけが、いかなるケースおいてもこのような患者の要請を拒否するというものであり、逆に、患者からの要請のうちの三七％は、患者が法の基準に合致していない、あるいは、当該ケースにおける主観的要素にもとづいて処方箋を渡したくない、という理由から、拒否されたのである[20]。

4　他州における立法化の動き

この尊厳死法のように、医師が患者の死を助けることを合法化しようとしたのはオレゴン州だけではない。オレゴン州に先立ち、二州において州民発案が出された。

まず、一九九一年にワシントン州において、成年に達しており、意識および精神的能力があり、六か月以内に死に至るであろう末期状態の者が死を望むならば、医師に対して書面で、尊厳があり苦痛のない慈悲深い態様で、医師の手によって直接自分の生命を終わらせるような医療サービスを要請することを合法化しようとする州民発案（Initiative 119）が州民投票にかけられたが、否決された。その後、ワシントン州では、医師の手によって死ぬのではなく、医師に処方された薬を自分で摂取することによって死ぬことの合法性を主張する訴訟が提起されたのである。

ワシントン州に続いてカリフォルニア州においても、医師による死の幇助を認める州民発案（Proposition 161）が提案された。この法案は、成年に達していて精神的能力のある者はいつでも、死への幇助を求める文書を作成することができ、もしこの者が六か月以内に死に至るであろう末期状態になりかつ死を望むのであれば、苦痛がなく慈悲深く尊厳のある態様で、自分の生命を終わらせる医療処置が医師によって行われるか、自己摂取のための手段が医師から提供されることを、医師に求めることを認めようとしたのである。さらに、この法案では、患者が死ぬ時と場所は患者自身によって、また患者が死ぬ方法は医師と患者とによって決定できるとされていた。しかし、一九九二年の州民投票によって同様に否決されたのである。

これらの法案はオレゴン尊厳死法と異なり、医師が患者に致死薬を注射するなど、医師が直接患者の死をもたらすことを認めようとしたものであり、いずれも成立しなかった。これに対して、医師が致死薬を処方することだけを合法とするオレゴン尊厳死法が成立した後、他の二州においてもこれと類似の州民発案が提出された。

まず、一九九八年にミシガン州において、精神的能力があり、末期状態にあり、十分に説明を受けた成年のミシガン州民または州民の近親者が、慈悲深く尊厳のある態様で自分の生命を終わらせるために、自己摂取する薬物の処方箋を医師に書いてもらうように、書面による要請あるいはビデオに録画されての口頭による要請を行うことを認める法案（Proposal B）が提出された。

次に、二〇〇〇年にメイン州において、能力があり、末期状態にある成年のメイン州民が、慈悲深く、尊厳のある態様で自分の生命を終わらせるために、薬物の処方箋を医師に書いてもらうように、書面あるいは他の方法によって要請することを認める法案（Question 1）が提出された。これらの法案は、オレゴン尊厳死法のように、医師が致死薬の処方箋を出すことだけを認めようとしたのにもかかわらず、いずれも否定されたのである。

四　ミシガン州における死への介入

1　自殺幇助の実行

ミシガン州には、自殺幇助を犯罪とする立法は、以前は存在していなかった。そこで、元病理医であり、死ぬ権利の支持者として有名なJack Kevorkianは、自殺希望者の行為のみで薬が体内に入っていき、眠っている間に死ぬことができるような装置を開発し[21]、このミシガン州において、一九九〇年頃から、Kevorkianがこの装置をセットすることによって自殺幇助をするようになった。このことから、一九九一年五月七日にミシガン州下院議会に提出されていた、死および死ぬことについて研究する委員会を創設する法案のなかに、一九九二年一一月二四日に自殺幇助を犯罪とする規定を追加し、同年一二月一五日に1992 PA270として成立させた。そしてこの州法は、一九九三年三月三一日に施行される予定であった。ところが、一九九三年一月二六日にこの州法を修正する法案が提出され、同年二月二五日に、この法案に即時の施行などの修正がなされ、同日この法案は下院および上院を通過し、さらに州知事による署名がなされ、1993 PA 3として同日成立し、施行されたのである（Mich. Comp. Laws Ann. §§ 752.1021-.1027（West Supp. 1997)[22]）。この法律によれば、自殺幇助は重罪であり、四年以下の自由刑または二〇〇〇ドル以下の罰金あるいはその両方が科されうるのである（*Id.* §752.1027(1)）。

この州法ができる前にKevorkianが行った二つの自殺幇助について、事実審裁判所は無罪だとしたが、ミシガン州控訴裁判所は殺人罪が成立する可能性があるとして破棄差戻した（People v. Kevorkian, 517 N.W.2d 293 (Mich. App. 1994)）。また、この州法施行後にKevorkianが行った三つの自殺幇助に関する二つの事実審はやはり無罪としたのだが、これらの事件および別の事件を併合した控訴審は、自殺をする憲法上の権利はないと判断した。しかし控訴審は、州法が委員会をつくって研究を行うことおよび自殺幇助を犯罪とすることという二つの目的を持っているので、法が複数の目的を持つことを禁止する州憲法の規定（Mich. Const. art. IV, § 24.）に違反するとした（Hobbins v. Attorney General, 518N.W.2d 487 (Mich. App. 1994)）。

この二つの控訴審判決に対して州最高裁は、州法が州憲法にも合衆国憲法のデュー・プロセス条項にも違反していないと判断した。州憲法に違反していない理由として、委員会が州議会に勧告を出した後六か月経つと自殺幇助罪の規定は失効することから、自殺幇助の禁止は委員会、州議会、そして市民が死および死ぬことに関する研究をする間安定した環境を提供するためのものであるので、州法は複数の目的を持っているわけでもなく、同じ州憲法の条文で禁止されている立法成立過程での立法目的の変更がなされたわけでもないというのである。さらに州最高裁は、州法施行前の自殺幇助については殺人罪ではなく、ミシガン州法（Mich. Comp. Laws Ann. §750.505 (West 1991)）に規定されているコモン・ロー上の犯罪（common-law offense or crime）として考慮されるべきであるとした（People v. Kevorkian, 527 N.W.2d 714 (Mich. 1994)）。その後、本判決の合衆国最高裁への裁量上訴は受理されなかった（Hobbins v. Attorney General of Michigan, 514 U.S. 1083, 115 S. Ct.1795, 131 L.Ed.2d 723 (1995)）。

また、自分の生命を終わらせることを求める者の自殺を助ける行為をKevorkianに対して永久に禁止するという終局的差止命令に対して、Kevorkianが不服を申し立てたが、控訴裁判所は、彼が宣誓下で自殺幇助を続けると証言したことから、差止命令は正当であると判断した（People v. Kevorkian, 534 N.W.2d 172 (Mich. App. 1995)）。本判決の州最高裁への上訴および合衆国最高裁への裁量上訴はともに受け入れられなかった（People v. Kevorkian, 549 N.W.2d 566 (Mich. 1996). Kevorkian v. Michigan, 519 U.S. 928, 117 S.Ct. 296, 136 L.Ed.2d 215 (1996)）。

そして、Kevorkianおよび彼の協力者である患者が、コモン・ロー上の犯罪を認める州法および前述の一九九四年州最高裁判決の違憲性などを主張して、合衆国裁判所に提訴した。合衆国地裁は、コモン・ロー上の犯罪を認める州法は合憲であると判断したが、州最高裁判決については、一九八三年にミシガン州控訴裁判所が自殺幇助は犯罪ではないという判断を下した[23]ことから、自殺幇助を禁止する州法が議会を通過した一九九二年一二月以前の自殺幇助はコモン・ロー上の犯罪ではないとした。その上で合衆国地裁は、助けを借りて自殺するという憲法上保護される自由の利益がないこと、および、自殺幇助を禁止する州法が平等保護条項に違反していないことを判示した（Kevorkian v. Thompson, 947 F. Supp.1152 (E.D. Mich. 1997)）。

このように裁判が続いている間に、州法のうちの自殺幇助を禁止する規定は失効していた。[24]そこで州議会は、今度は自殺幇助を禁止する独立した法律を制定し、一九九八年九月一日に施行した（Mich. Comp. Laws Ann. § 750.329a (West 2003)）。この新しい法律によれば、自殺幇助は重罪であり、五年以下の自由刑または一万ドル以下の罰金あるいはその両方が科されうることになり、旧法よりも最高量刑が引き上げられている。また、裁判所が自殺幇助はコモン・ロー上の犯罪でありうると判断したことから、自殺幇助を行った者は、一つの行為に対して二罪によって有罪となることはないものの、コモン・ロー上の犯罪として起訴されうることが新法に明記されている。それにもかかわらず、Kevorkian は多くの人の自殺を助け、その数は一三〇を超えているといわれている。

2　安楽死の実行

さらに、Kevorkian は、一九九八年九月一六日に、右腕がわずかに使えるだけで彼が開発した自殺装置を利用することのできない筋萎縮性側索硬化症（ALS）[25]患者に対して、Kevorkian 自らが三種類の薬を静脈注射し、最終的には塩化カリウムによって患者を死に至らしめたのである。この模様を収めたビデオテープを一一月にCBSが“60 Minutes”というニュース番組において放送したことから、Kevorkian は殺人罪、自殺幇助罪および薬物規制法違反の罪で起訴された。被告人 Kevorkian は、患者の苦痛除去を意図したということを主張しようとしたが、自殺幇助罪による起訴を取り下げるという検察側の申立てを事実審判事が認めたため、自殺幇助罪のみに関連する患者の病気に関する証拠の提出が制限され、その結果、同情を煽って自殺幇助の禁止を無効にしようとした被告人の計画はかなえられなかった。[26]そして、一九九九年、陪審は Kevorkian に対して第二級謀殺（Mich. Comp. Laws Ann. § 750.317 (West 2003)）および薬物規制法違反（*Id.* §333.7401 (2) (b)）に関して有罪の評決を下し、事実審裁判所は、前者に対して二五年、後者に対して七年の自由刑を言い渡した。

この判決に対する控訴審において、被告人は、合衆国憲法第九修正および第一四修正ならびにこれらと同様のミシガン州憲法の規定を根拠として、耐えられない苦痛から逃れる患者の権利が存在すると主張した。これに対してミシガン州控訴裁判所は、被告人が求めているのは安楽死を合法化することであると判断した上で、第九修正およびこれと同様の州憲法の規定のもとで安楽死に対する権利があるか否かについては、被告人が一つの判例も引用しなかったことから、このような権利の存在を否定した。また、第一四修正およびこれと同様の州憲法の規定によって保護される自由の利益の一部としてプライヴァシー権があり、耐えられない苦痛から逃れる権利もこのプライヴァシー権の一部あるいはこれと類似のものであるという被告人の主張に対して、控訴裁は、(1)安楽死をする権利を含むほどプライヴァシー権を広げることに対する意味のある先例がない、(2)もし社会が耐えられない苦痛から逃れる権利を認めるのであれば、州議会あるいは州民発案を通じて認めるべきである、(3)どれほどの苦痛が耐えられなくなるのかという問題には裁判所は答えられない、という理由から、被告人の主張を退け、事実審判決を支持したのである（People v. Kevorkian, 639 N.W. 2d 291(Mich. Ct. App. 2001)）。この判決に対する州最高裁への上訴ならびに合衆国最高裁への裁量上訴は認められなかった（People v. Kevorkian, 642 N.W.2d 681（Mich. 2002).Kevorkian v. Michigan, 537 U.S. 881, 123 S. Ct. 90, 154 L. Ed. 2d 137（2002））ので、Kevorkian に対する有罪判決は確定したのである。

六　おわりに

以上みてきたように、オレゴン州では、患者が医師に処方してもらった薬によって死ぬという医師による「自殺幇助」が認められている。これに対して、オランダ(27)およびベルギー(28)においては、医師が直接患者に注射をするなどして死なせるという「安楽死」を認めているのである。ところが、アメリカではこの医師による安楽死に対しては、自殺幇助に比べて抵抗感が強いようである。たとえば、前述したように、オレゴン州に先立って行われた二つの州民投票において、医師が直接患者の死を引き起こすことを認める法案は成立しなかった。また、ミシガン州においてKevorkianが行った三人に対する自殺幇助については、ミシガン州最高裁および合衆国地裁が犯罪である可能性を示したのにもかかわらず、事実審では無罪と判断された。そのため、彼はその後も自殺幇助を続け、一三〇人以上もの人の死に関わったといわれている。しかし、彼が患者に直接薬を注射し、患者を死なせた事件では、陪審は第二級謀殺および薬物規制法違反に関して有罪の評決を下し、控訴審裁判所も、彼の行為を安楽死であると定義した上で、有罪判決を支持したのである。

とはいっても、医師による自殺幇助なら合法だとすることを、アメリカの大多数の人が受け入れているわけではない。事実、オレゴン州に続いて自殺幇助を合法化しようとしたミシガン、メインの両州では、州民投票での賛成票が過半数には至らなかったのである。オレゴン州で尊厳死法が過半数に支持されたのは、同州が進歩的で個人主義を尊ぶ気風であるからだとの見方[29]もある。しかし、司法長官や連邦議員だけではなく、オレゴン州民の中にも尊厳死法が存在してほしくないと思う者もいるのである。

あるいは、他州において医師による自殺幇助を合法化していないのは、他の州はオレゴン州の様子を静観しているからだとも考えられる。O'Connor判事は、自殺幇助を犯罪としているワシントン州法を合憲とした、前掲の合衆国最高裁判決において、「自由の利益を保護するための適切な手続きをつくり上げるという挑戦的な作業は、まず最初に州という『実験室』にゆだねられている[30]」と述べた。つまり、オレゴン州という実験室においてだけ、医師による自殺幇助を合法的に行わせておいて、毎年公表される統計的情報などを参考にしながら、尊厳死法の妥当性や問題点などを検討しているのではないだろうか。そして連邦国家であるため、連邦議会は、オレゴン州での実験をやめさせるのではなく、自殺幇助に反対している人も多いことから、連邦の資金を一つの州での実験に使うことだけを禁止しているのではないだろうか[31]。オレゴン尊厳死法に対する裁判も続いており、この問題についての議論はまだ続きそうである。

(1) Washington v. Glucksberg, 521 U.S. 702, 788 (1997) (Souter, J., concurring).

(2) 一九九六年の時点で、四四の州、コロンビア特別区および二つの準州において、自殺幇助が禁止されていた（Compassion in Dying v. Washington, 79 F.3d 790, 847 & nn.10-13(9th Cir. 1996)）。

(3) 以下の判決については、大石和彦「医師による末期患者の自殺幇助禁止の合憲性に関する九七年六月二六日合衆国最高裁判決について」白鷗法学一〇号一五七頁以下（一九九八年）、カール・F・グッドマン（甲斐克則＝竹之下勝司・訳）「アメリカ合衆国における自殺幇助と法の支配」法律時報七一巻四号七八頁以下（一九九九年）、清水隆雄「医師の自殺幇助を禁止する州法は合憲」ジュリスト一一一八号一〇九頁以下（一九九七年）、鈴木義男「自殺幇助処罰規定の合憲性――アメリカ合衆国最高裁の二判決をめぐって」『松尾浩也先生古稀祝賀論文集（上）』五九三頁以下（有斐閣・一九九八年）、中山道子「自己決定と死――自己決定の死？」『岩波講座現代の法一四自己決定権と法』一〇一頁以下（岩波書店・一九九八年）、藤井樹也「自殺幇助を禁止する州法の合憲性」ジュリスト一一五〇号一〇九頁以下（一九九九年）、松本哲治「憲法上の『死ぬ権利』の行方――Glucksberg 判決以降」奈良法学会雑誌一一巻二号三七頁以下（一九九八年）、村山史世「判例評釈――自殺幇助を禁止した州刑法は、合衆国憲法修正一四条のデュープロセス条項にも平等保護条項にも違反しないと判断された事例」比較法学三二巻二号四一五頁以下（一九九九年）、富田清美［一九九七‐二］アメリカ法二二八頁以下、同「米国の自殺幇助法」年報医事法学一三号一五四頁以下（一九九八年）、などに紹介されている。

(4) この団体は、自殺を考えている精神的能力のある成年の末期患者およびその家族に対して、無料で情報・カウンセリング・援助を提供している。地裁がこの団体の主張については言及しなかったため、その後の判決の当事者とはなっていない。

(5) 後述するように、この訴訟が提起される前に、ワシントン州では、医師の手によって末期患者を死なせることを認めようとする州民発案が、州民投票によって否決されている。

(6) 同意意見は、平等保護条項にもデュー・プロセス条項にも違反すると判断した。

(7) オレゴン州のここまでの状況については、甲斐克則「安楽死・尊厳死に関する世界の動き」年報医事法学一一号一九七頁以下（一九九六年）に紹介されている。

（8）この最高裁の決定までの状況については、清水隆雄「オレゴン州『安楽死法』の行方」ジュリスト一一二三号九一頁（一九九七年）に紹介されている。

（9）この情報は、次のように医学雑誌に毎年公表されている。Arthur E. Chin et al., *Legalized Physician-Assisted Suicide in Oregon - The First Year's Experience*, 340 New Eng. J. Med. 577 (1999). Amy D. Sullivan et al., *Legalized Physician-Assisted Suicide in Oregon -The Second Year*, 342 New Eng. J. Med. 598 (2000). Amy D. Sullivan et al., *Legalized Physician-Assisted Suicide in Oregon, 1998-2000*, 344 New Eng. J. Med. 605 (2001). Katrina Hedberg et al., *Legalized Physician-Assisted Suicide in Oregon, 2001*, 346 New Eng. J. Med. 450 (2002). Katrina Hedberg et al., *Five Years of Legal Physician-Assisted Suicide in Oregon*, 348 New Eng. J. Med. 961 (2003).

（10）一九七〇年に制定された薬物規制法は、規制される薬物を五つに分類している。たとえばSchedule Iは、乱用の可能性が高く、アメリカにおいて治療のための使用が現在受け入れられていない薬物であり、Schedule IIは、乱用の可能性が高く、乱用が激しい精神的あるいは肉体的依存に導きうるが、制限付きで現在受け入れられている医療のための使用方法がある薬物で、Schedule Vになると、乱用の可能性も依存度も低い薬物となる（21 U.S.C.A. § 812）。オレゴン州において、尊厳死法施行後に行われた自殺幇助では、Schedule IIの薬が利用された。

また、薬物規制法に違反して規制薬物を扱うと、最高二〇年の自由刑を科され、さらに、その結果死あるいは重大な身体的傷害を引き起こすと、二〇年以上の自由刑および一〇〇万ドル以下の罰金を科される場合もある(21 U.S.C.A. § 841(b))。

（11）Ashcroft宣言は、合衆国最高裁判所が、州法に従ってマリファナを末期患者に渡した場合にも薬物規制法が適用される、と判断した（United States v. Oakland Cannabis Buyers' Coop., 532 U.S. 483, 121 S. Ct. 1711, 149 L. Ed. 2d 722 (2001)）ことをその根拠としている。

（12）この判決については、織田有基子「オレゴン州尊厳死法の効力と連邦制度のあり方」ジュリスト一二二八号二六二頁以下（二〇〇二年）に紹介されている。

（13）*Justice Dept. Seeks End to Assisted-Suicide* Law, L.A. Times, Sept. 24, 2002, at A 14.

（14）*Five Years of Legal Physician-Assisted Suicide in Oregon, supra* note 9.

(15) Kathryn L. Tucker, *Kninock Lecture Series: Advocacy for Social Challenge: Improving Care and Expanding Options at the End of Life*, 19 T.M. Cooley L. Rev. 163, 166 (2002).

(16) Linda Ganzini et al., *Oregon Physicians' Attitudes about and Experiences with End-of-Life Care since Passage of the Oregon Death with Dignity Act*, 285 J.A.M.A. 2363 (2001).

(17) Robert Steinbrook, *Physician - Assisted Suicide in Oregon - An Uncertain Future*, 346 New Eng. J. Med. 460, 461 (2002).

(18) 前掲註(4)参照。一九九七年の合衆国最高裁判決のうちワシントン州における事件の原告であった(Compassion in Dying v. Washington, 850 F. Supp. 1454 (W.D. Wash. 1994))。

(19) Herbert Hendin et al., *Physician-Assisted Suicide: Reflections on Oregon's First Case*, 14 Issues L. & Med. 243, (1998).

(20) *Legalized Physician-Assisted Suicide in Oregon -The Second Year*, *supra* note 9. Linda Ganzini et al., *Physicians' Experiences with the Oregon Death with Dignity Act*, 342 New Eng. J. Med. 557 (2000). Susan R. Martyn & Henry J. Bourguignon, *Now Is the Moment to Reflect: Two Years of Experience with Oregon's Physician-Assisted Suicide Law*, 8 Elder L.J. 1, 13 (2000).

(21) People v. Kevorkian, 527 N.W.2d 714, 733 (Mich. 1994).

(22) Hobbins v. Attorney General, No. 93-306-178CZ, 1993 WL 276833, at 1-2 (Mich.Cir. Ct. May 20, 1993).

(23) People v. Campbell, 335 N.W. 2d 27 (Mich. Ct. App. 1983).

(24) Kevorkian v. Thompson, 947 F. Supp. 1152, 1178 (E.D. Mich. 1997).

(25) 原因不明の運動ニューロン疾患。筋力低下および前角細胞の機能不全による筋萎縮と徴候は、病初期には手に高率にみられ、足ではその頻度が低い。発症部位は一定せず、非対称性に進行する。有痛性けいれんがよく起こり、脱力に先立つことがある。視診可能の筋の単収縮(線維束性収縮)、痙縮、深部腱反射亢進、伸展性足底反射、皮質脊髄路病変の徴候が間もなく続いて起こる。構音障害と嚥下障害は、脳幹部の核とその経路の病変による。感覚系、随意的眼球運動、尿道括約筋は侵されない。まれに、患者は三〇年生存し、五〇%が発症から三年以内に死亡し、二〇%は五年、一〇%は一〇年生存する。『メルクマニュアル日本語版』第一七版(日経BP・一九九九年)一四八八頁。

(26) Anissa C. Werner, *The Michigan Legislature Persists in Prohibiting AssistedSuicide,* 77 U. Det. Mercy L. Rev. 875, 902-03 (2000).

(27) オランダの立法については、大嶋一泰「安楽死をめぐる課題と展望――オランダにおける『嘱託に基づく生命の終焉と自殺援助の審査法』の成立を契機として」現代刑事法三一号六九頁以下（二〇〇一年）、土本武司「オランダ安楽死法」判例時報一八三三号三頁以下（二〇〇三年）、星野一正「『要請に基づく生命の終焉並びに自殺幇助法』――オランダで法律制定」時の法令一六四四号六五頁以下（二〇〇一年）、山下邦也「オランダ安楽死法」年報医事法学一六号三〇九頁以下（二〇〇一年）、同「オランダの安楽死――新法理由書を中心に」国際公共政策研究一〇号一頁以下（二〇〇二年）、ペーター・タック／上田健二・浅田和茂（訳）「オランダ新安楽死法の成立について」同志社法学二八一号一七九頁以下（二〇〇二）、ベルト・ホルディン／川口浩一（訳）「オランダにおける安楽死と医師による自殺幇助の寛容政策から法律的規制への転換」姫路法学三四・三五号二一五頁以下（二〇〇二年）、などに紹介されている。

(28) ベルギーの立法については、星野一正「ベルギーの安楽死容認法」時の法令一六七〇号四四頁以下（二〇〇二年）、富田清美「世界医事法会議」年報医事法学一八号二一七頁以下（二〇〇三年）、に紹介されている。

(29) Melvin I. Urofsky, Lethal Judgments: Assisted Suicide And American Law 103 (2000).

(30) Washington v. Glucksberg, 521 U.S. 702, 737 (1997) (O'Connor, J., concurring) (citing Cruzan v. Director, Mo. Dep't of Health, 497 U.S. 261, 292 (1990) (O'Connor, J., concurring) (citing New State Ice Co. v. Liebmann, 285 U.S. 262, 311 (1932)).

(31) *See* Brian H. Bix, *Physician-Assisted Suicide and Federalism,* 17 N.D. J.L. Ethics & Pub. Pol'y 53, 68-69 (2003).

湯沢雍彦・宇都木伸 編
『人の法と医の倫理』IIa 5
二〇〇四年三月 信山社刊

死に至る経過及び原因を説明する義務
――遺族と医療機関との法的関係序論として――

服部篤美

一　はじめに

患者が死亡しその近親家族が遺族となったとき、病の有無にかかわらず常日頃から患者を見守ってきた場合はとりわけ、遺族は患者の死に至る経過や死の原因を知りたいと思うことがあるであろう。こうした遺族の思いは医療機関に対する権利として主張できるのであろうか。また医療機関は遺族に対し患者の死に至る経緯や死因についての情報を彼らに提供する義務を負うのであろうか。

遺族は医療機関にとっては直接の診療契約の相手方ではなく、患者と医療機関との診療契約それ自体、患者の死亡によって終了するものと解釈されてきた。(1) 仮に患者との診療契約が終了しなかったとしても、患者ではない家族、その死後には遺族と表現される彼らは、通常当該医療契約の外に存在している。これまで医療をめぐる法議論の中では、当事者たる患者自身の権利こそがまず尊重されるべきだとの考えの下、患者の周りにいる近親家族と医療機関の関係を結び付けることはむしろ警戒されてきた。(2) こうした従来の視点に立てば、遺された近親者と患者の診療に携わった医療機関との法的な意味でのつながりは一層乏しいことになる。

が最近になって、患者の死亡後医療機関に、遺族に対し患者の死因に関する情報提供義務を、またそれのみならず具体的事情によっては、死因解明のための病理解剖の提案、さらには遺族がそれを求めた場合には解剖を実施し死因を説明すべき義務を信義則上課す判決が現われるに至った。またこれらの判決を契機に医療機関が遺族に負うべき死因説明義務や死因解明義務を法的に位置づけようとする文献もいくつか現われている。(3)

本稿はこうした流れの中で、患者死亡後の近親遺族と医療機関の関係を考える最初の一歩として、患者の死に至る経緯を近親遺族に説明する医療機関の義務を検討し、この義務を患者と医療機関との間に存在した診療契約上に位置づけようとするものである。本稿があえてこの義務の根拠を患者と医療機関との診療契約に求める趣旨は、第一にこの義務が遺族からの履行請求の対象となるべきことをより一層明らかにし、第二に義務の相手方、履行方法やその程度に明確な枠組みを与える点にある。診療機関が保持する患者の情報は患者自身の名誉やプライバシーに関わるものも多く、情報によっては近親家族や第三者に不必要な葛藤や心理的負担を与える可能性もある。そこで医療情報の提供は一定範囲に限定されるべきであるが、遺族に対する医療機関の説明義務を診療契約に基づかせることは、必ずしもその相手方として相続人を画一的に据えることを意味するものではない。またこの説明義務を診療契約に関連づけることによりその法的性格が明らかとなり、遺族に対する死因解明のための解剖提案以降の義務との関係性を議論する際にも有用となろう。

こうした視点に立ち次章において、本稿の契機となった三つの判決及び若干の学説を紹介、整理し、死に至る経緯過・原因説明義務に関する筆者の問題意識を明らかとし、第三章で、委任者死亡後の報告義務をめぐる事例などから、契約終了後における報告義務やそれ以前に形成された当事者関係の残存可能性を、また患者生存中における説明義務が問題とされたいくつかの判決からその相手方としての家族の存在を指摘する。そしてこれらの結果を踏まえた上で第四章において患者死亡後の遺族に対する死に至る経過及び原因説明義務についてその相手方や履行の程度について一定の枠組みを与える試論を展開したい。

二　判決の整理と提示される問題

1　三つの判決

［事例一］　広島地裁平四・一二・二一・判タ八一四-二〇二

（事案）　訴外B病院で脳出血に対する手術を受けた訴外Aは転院先のC病院で透析中容態を急変させ死亡した。C病院院長YはAの配偶者X_1に対して、流動食注入後の吐血が肺に流入し窒息死し、吐血に対する手当てが遅れた旨の説明をした。これを受けた遺族（X_1およびAの子）らはYの過失がAの死を招来させた、もしくは最善の医療を受ける権利や延命に対する期待権を侵害したとして本件訴えを起した。裁判中、Aの死因が嘔吐物による窒息ではなく、脳出血による脳障害等による心不全であることが判明したことから、XらはYによる誤った事後報告により訴訟に至った精神的苦痛につき一〇〇万円の慰謝料を請求した。裁判所はYの誤った事後説明に基づく主張以外の請求をすべて棄却して以下のように述べた。

（判旨）　一部認容　医師の本来の責務は、患者の生命、健康を保持するための診療行為にある。しかし、①患者の遺族が、患者が死に至った経緯およびその原因を知りたい、知って少しでも心を落ち着けたいと考え、それに対する説明を診療を行った医師に対して求めることも、いわば人としての本性に根差すものといいうること、②生命の重要性、それを前提に高度の専門知識を有し特別な資格に基づいて行う医療の特殊性、③診療契約上の報告義務（民法六四五条）、④死亡の経過および原因は診療に当たった医師にしか容易に説明できず、少なくとも当該医師によって説明されるにふさわしい事項であることなどの事情から、死亡の経緯および原因の説明を診療を行った医師に求める遺族の要求は法的な保護に値し、「患者が死亡するに至った経緯、原因について診療を通じて知り得た事実に基づいて、遺族に対し適切な説明を行うことも医師の遺族に対する法的な義務である」。この義務は、「医師が患者の診療に携わったことを契機とする、あくまでも付随的な義務」で、医師が遺族に対し行う説明の正確性などについては過度の要求をすることは相当でない。基礎的な医学上の知識の欠如など重大な落ち度により患者死亡の経過・原因について誤った説明がなされた場合には不法行為上の過失があったというべきで、Yの医学上の基礎的な認識を欠いた説明は遺族に無念の気持ちを抱かせ本件訴訟を引き起こし、訴訟中も鑑定結果が得られるまでYは死因を誤り続けた。よってYは慰謝料としてX_1に二〇万円、子らに各一〇万円他それぞれに弁護士費用を支払え。

［事例二―1］　東京地裁平成九・二・二五判時一六二七―一一八

（事案）　訴外Aは下腹部及び腰部の不快感と下痢、嘔吐の症状が続くことから妻X_1に付き添われY病院で診察を受けそのまま入院した。Y側は絶食を指示し、抗生物質や痛み止めを投与する一方、諸検査を行った。しかし症状は継続し、入院三日目腹部レントゲン撮影後Aの容態が急速に悪化し死亡した。X_1およびAの子らは、死亡を招来させた腹部大動脈瘤を発見できなかった等診療上の義務違反とともに、Aの死因について心筋梗塞以外の病名が疑われるにもかかわらずXらにそれを説明せず、死因が確定できないにもかかわらず病理解剖を行おうともせず、解剖の意向を遺族に問うこともなかった点で家族に対する診療行為の説明義務違反があり、病因が解明されないまま死亡したこと自体がAに対する過失に当たるとして、Aに生じた損害につき賠償を求めた。裁判所は、医療上の過失に基づく請求を棄却して遺族に対する医療機関の義務について以下のように述べた。

（判旨）　一部認容　　死体解剖保存法のように死因が判明しない場合の解剖について法律が特に定めてい

るのは、できる限り死因を明らかにすることが公衆衛生向上および医学の進歩上必要で、かつ解剖が死因解明のもっとも直接的有用な手段であることが社会的に承認されているためである。このような実定法の定めと病院の機能・役割ならびに死者を悼む遺族の感情を考慮すると、① 入院中の患者が死亡した場合、② 死因が不明あるいは病院側が特定した死因と抵触する症状や検査結果があるなど当該死因を疑うべき相当な事情があり、③ かつ遺族が死因の解明を望んでいるときは、病院は病理解剖の提案またはその他死因解明に必要な措置についての提案をしそれらの措置の実施を求めるかどうかを検討する機会を与える信義則上の義務を負っている。

Xらの死因説明ないし解明の主張は、実質的には右死因解明義務の主張である。Yの説明した死因と異なる死因を疑う所見があり、Xらは説明に疑問を呈しており、病理解剖を実施していれば死因を確定できた可能性が高かったので、本件Yには上記義務がある。これを怠ったYは、本訴費用の内死因解明に向けて必要とされた額とXらの精神的苦痛の程度、Xらの身分関係および相続分の定めを考慮し、その意思に反し遅滞なく死因を解明することができず精神的苦痛を被ったX_1に二〇〇万円、子ら二人に各一〇〇万円の慰謝料を支払え。

〔事例二―2〕　東京高裁平一〇・二・二五判時一六四六―六四上告

（事案）〔二―1〕事件Xらは原判決敗訴部分の取り消しを求め控訴し、Yの死因解明・説明義務違反について以下のように予備的、追加的な請求を申し立てた。

公衆衛生及び社会的要請に応えるべき病院の機能及び社会的責任、患者自身の死者となってからも続く尊厳、病院への信頼、患者家族が寄せる信頼と依頼から、患者及び家族と病院との診療契約上の義務の一貫として、あるいは信義則上の義務の一つとして、死因に疑問がもたれる患者については病院側は病理解剖、その他死因解明に必要な措置についての提案を遺族になし、死因を解明してこれを遺族に十分説明すべき義務を負う。これらの義務は、インフォームド・コンセントの法理からも導き出させる。

（判旨）　一部取消、請求棄却　　死体解剖保存法は死体の解剖などの適性を期すべく一定の行政上の規制を定めた法規で、同法を通覧しても医療機関と遺族との私法上の死因解明・説明義務を導き出す根拠にならない。医療機関は患者との診療契約に基づき患者に対し医療水準に適合した真摯かつ誠実な医療を尽くすべき義務を負うが、この契約内容として遺族への死因解明・説明義務を負担していると解するのは無理がある。医師の説明義務は基本的には患者の自己決定権の尊重の理念に基礎を置くもので、遺族に対する死因解明・説明義務をここから直接導き出すのも困難である。

しかし、① 医療行為が高度に専門技術的性質を持つこと、② 医療機関に寄せる患者・配偶者と子等近親者の期待や信頼、③ 患者に施行した医療行為の内容や患者死亡の経緯を当該医療機関のみがよく知る立場にあること等を考慮すると、医療機関は、死亡した患者の配偶者及び子ら遺族から求めがある場合、信義則上これらの者に対し、患者の死因について適切に説明を行うべき義務を負う。のみならず一般に病理解剖が患者の死因解明に最も有力な手段として承認されていることを考慮すれば、具体的事情によっては、死亡した患者の配偶者および子ら遺族に対し、病理解剖の提案をし、検討機会を与え、求めがあった場合には、医療機関は病理解剖を適宜実施し、その結果に基づいて患者の死因を遺族に説明すべき信義則上の義務を負うべき場合があることを完全に否定できない。Ｙらの死因説明が相応の客観的根拠に基づいていた以上Ｙに懈怠はなく、Ｘらが納得しなかったとしても社会通念に照らし、ＹがＸらに病理解剖の提案をし、求めによっては病理解剖を実施しその結果死因説明をすべき信義則上の義務は認められない。

［事例三］　東京高裁平成一一・九・一六判タ一〇三八・二三八上告

（事案）　結節性動脈周囲炎（PN病）による長期入院患者Aが市立病院の過失によりベッドから転落し、これが原因となって急性副腎不全を来し死亡した。Aの三人の子供のうち二人であるXが病院との間で解剖をする合意が締結されていたことを理由に、あるいは民法六四五条を根拠に、もしくは診療契約上のAの地位の相続により、解剖をし死因に関する説明をする義務を怠った病院開設者であるYに対し、精神的苦痛について賠償を求めた。

（判旨）　Yとの間にXらの主張する解剖の合意は存在せず、AとYとの診療契約（準委任契約）に基づいてAを解剖する義務及び解剖した上で死因に関する説明を遺族にする義務はない。

2　若干の分析と提示される問題点

これら三つの判決は患者の死因をめぐって患者死亡後の遺族に対する診療機関の義務を論じている。もっともこれらは原告の請求の捉え方や視点の置き方において同じというわけではない。そこでここでは、それぞれにおいて課せられた説明義務がどういう法的な根拠の下で議論されているのか、また死因解明のための解剖提案義務およびその実施ならびに結果の説明義務との関係に留意しつつ判決を整理する。

［事例二］は「診療した患者が死亡した場合において、患者が死亡するに至った経緯、原因について診療を通じて知り得た事実に基づいて、遺族に対し適切な説明を行うことも医師の遺族に対する法的な義務である」と判示し、誤った死因説明をしXらを本件訴訟に至らせたYに不法行為法上の責任を認めた。ここでの説明義務とは死に至る経緯及び原因の説明義務である。判決はこの説明義務の根拠に、①遺族のこうした請

求が「人としての本性に根差す」ものとして当然であること、② 医療の特殊性、③ 診療契約において医師が負う民法六四五条に基づく報告義務、④ 診療に携わった医師によって患者の死亡の経緯、原因が説明されるのがふさわしいという四点を挙げた。そしてこの義務を患者の生命、健康を保持する医師の本来の責務とはいえないものの、「医師が患者の診療に携わったことを契機とするあくまでも付随的な義務」として位置づけた。

結果的に問われたのは不法行為法上の責任であって、この責任は患者と医療機関との間に存在していた診療契約を直接の根拠としない。しかし判決はこの義務が「当該被告が患者の診療に携わったことを契機」に生じているといい、その義務の根拠に診療契約上の報告義務民法六四五条や被告が患者の死に至る経緯を説明するに最適な人物であるという当事者関係を指摘する。加えてこの判決は、この義務をあえて「付随的な義務」と呼び、診療契約の本質的な義務と区別してはいるが、後続の判決のように「信義則上の義務」と述べていない。

こうした点に着目すれば、「事例一」における医療機関の遺族に対する説明義務に、患者と医療機関間における診療療契約の存在が影響を与えているように思われる。一般に民法六四五条に基づく委任契約終了後の報告義務は、委任者の求めを必要とせず、その履行の程度は委任状況の経過や顚末を明らかにすれば足りるとされている[4]。本判決が遺族による説明要望の有無に言及することなくこの説明義務を医療機関に課し、その説明内容に死因のみならず患者の死に至る経緯を含ませ、さらに説明の程度は「診療を通じて知り得た事実に基づくものであれば足りる」と判示した点が注目される。

「事例二-1」は、Yの遺族に対する死因説明が不十分で病因が解明されないまま患者が死に至ったこと自体が患者自身に対する過失を構成するとの主張を死因解明義務違反に基づくものと捉え、死に至る経緯や死因を説明する義務には言及せず、解剖提案義務の不履行を認定した。これに対し控訴審［事例二-2］は、原告の追加的予備的請求を受けて、遺族に対する死因説明義務を肯定し、事情によっては解剖提案及び実施ならびにその結果説明義務を負うという立場に立った。また［事例二-2］裁判所は死因説明義務と解剖提案以降の義務が患者と診療機関との医療契約や医師の説明義務から直接導き出され得ないと明示し、双方とも信義則上の義務と位置づけた。こうして［事例二-2］死因説明義務は、［事例一］の場合と比べより一層患者の締結した診療契約と切り離されているように解せられる。しかし判旨は死因説明義務を導き出すに当たって、［事例一］同様、患者・配偶者と子ら近親者の医療機関に寄せる期待や信頼、患者に施行した医療を当該医療機関のみがよく知る立場にあるという点を指摘し、患者の診療を契機としてつくられた当事者関係に言及する。このことは、原審［事例二-1］が死体解剖保存法の趣旨、病院の機能や役割、死者を悼む遺族の感情という、一般的な死因解明の重要性や一般に遺族が持つであろう感情を理由に解剖提案義務を引き出したのに比較すればより顕著に意識される。[5] また［事例二-2］では死因説明義務は必ずしも真実の死因を説明していなくても相応の客観的な根拠に基づいていれば尽くされたとされ、Y側の説明でXらが納得していなかったとしてもその判断に影響を与えない。これらを考察すると、ここでの説明は死因告知そのものにあるのではなく、むしろ求められているのは診療行為の範囲を限度とする患者の死の説明で、［事例一］が遺族に対し課した「患者の死に至る経緯、原因について診療を通じて知り得た事実に基づいて説明する義務」と共通する側面を持っている。もっとも、［事例二-2］判決の死因説明義務は遺族の請求があった場合に認められる点で［事例一］との相違はある。そして［事例二-2］裁判所はこの説明義務に加えて事情によって解剖提案義務を課すのであるから、診療機関は遺族に対し死因の説明義務と解剖提案以降の義務を二段構えで負うものとされている。

〔事例三〕は医療機関は患者との診療契約から患者を解剖する義務を負わないと述べるに留まっている。死因説明義務あるいは患者の死に至る経緯を説明する義務の存否やその関係性について、この判決からは判断し得ない。

〔事例二〕の「死亡の経緯及び原因の説明」と〔事例一―2〕の死因説明がその内容や法的性質において一致するのか疑義はある。けれども、これらの判決は患者の死後診療機関が遺族に対して負うべき義務として①患者の死に至る経緯・原因を説明する義務と②死因解明を目的とした解剖の提案以降の義務を問題にすべきことを示していよう。そこでまず想起される第一の疑問は、両者の義務の関係性である。両義務は遺族が近親者の死因を知ることに寄与するが、それ故これらの義務を遺族の死因告知、解明利益の法益性を認めるものとして一まとめに位置づけるべきであろうか。遺族固有の死因を知る利益あるいは解明利益に要保護性が認められその結果二つの義務は一連のものと理解されるのであれば、なぜこれら二つの義務は医療機関に対し段階的に課せられるのだろう。また①の義務は被告側に過度に要求され得ず、その履行の程度は客観的な証拠に基づいていれば真実の死因と相違していたとしても尽くされたとされるのはなぜであろうか。(6)こうした点を考えると両者の義務は区別して捉えられるべきではないかと思われる。第二に想起される問題は、死に至る経緯・原因説明義務と患者と医療機関にある診療契約との関係性であり、遺族に対する説明義務の根拠に関わる問題である。確かにこの義務を肯定する二つの判決は患者と医療機関との診療契約を直接の根拠としていない。しかし患者の死に至る経緯・原因説明義務を認めた［事例一］や死因説明義務を認める［事例二-2］裁判所の述べるところをみれば、患者と診療機関との診療契約を契機に形成される医療機関、患者、家族の関係性が考慮され、その説明義務の程度を「診療上知り得た事実に基づいて」あるいは遺族の納得とは別にまた真実の死因と相違している場合であっても「客観的根拠に基づいていれば」足りると限定している。

これらの判決以降、学説では評釈を通じて遺族に対する死因説明義務と死因解明義務が論じられている。中村裁判官は(7)、① 特段の意思が表明されない限り患者は自己の死亡時に遺族への死因説明を望んでいるため、患者死亡後には患者との診療契約に基づきあるいは信義則上死因説明を含む顛末報告義務を負う、② 加えて患者に知る権利があるように、患者の死と重大な利害関係をもつ遺族にも原則としてその死亡原因などを知る権利があるとして説明義務が肯定されるとする。その上で死因の解明義務について、［事例二-2］の結論を支持し、一定の要件の下信義則に基づき医療機関はこの義務を負うと述べられ、そこでは診療契約を根拠に挙げておられない。宇都木先生は(8)、死因解明義務は本人死後の「遺族に対する説明義務」とは別個に診療の延長線上に捉えるべきではなかったかと［事例二-2］判決に疑問を呈する。この見解は、死因の解明に努力する義務は「死因究明義務」であり、それは本来患者自身に対する義務であったが、患者の死後はその履行を遺族に対してなさざるを得ず、かくして医師は死因を究明し説明する義務を遺族に対し信義則上負うという。金川先生は(9)、［事例一］を医師の説明義務に関する従来の三類型に加えて第四の新たな類型を認める方向を示唆するものだと評し、後に患者存命中の顛末報告義務を否定しつつも患者の死後には遺族の死因説明を求める権利を認め、死因説明義務を信義則または条理に基づき肯定する。そしてこの説明義務は臨床医学の実践における専門医としての注意義務に服するとされる。その一方で、死因解明のための解剖要請に対し医療機関は応じる法的義務はなく、死因解明のための提案義務も否定する。

これらと異なり岡林先生は、「死因解明義務は顛末報告義務の前提」だという考えの下で、いずれも診療契約に基づくものと考えておられる。[10] すなわち、①高度な専門性と特別な資格に基づいて行われる医療の特殊性② 診療契約上医師に課せられた患者に対する報告義務、③死亡の経過及び原因は診療に当たった医師にしか説明し得ないという特殊な関係性から、医師に顛末報告義務が肯定され、それは診療契約に基づく事後の説明として具体的患者説に従って行われるべきだという。また死因解明義務も説明義務における範囲・程度の議論とパラレルであって、加えて行政上の規定である死体解剖保存法も信義則を通じて約定の義務に取り込むことができ、六四五条の準用と信義則により、死因解明義務を契約上基礎付けることが可能だとする。

また病因［死因］追求［解明］をめぐる近時の下級審判決の存在を視野に入れつつ唄先生は、遺族の医療情報請求権が、本人の権利承継者としてあるいは遺族固有の資格を根拠に認められる可能性を指摘される。先生は前者を根拠とする場合、相続の法理をそこに導入する結果として開示請求権者の範囲が広くなりすぎるが、後者によれば、たとえば民法七一一条の類推適用やケアギバー（実質的に患者のケアーを行っている親族またはそれに準ずる者）という概念を用いて、権利者を一定の範囲にとどめることができるのではないかとされる。[11]

それぞれの論者の説くところは一致していない。が、これらにおいては死因説明義務を一定の限度で認め、死因の究明、解明義務と区別しつつ認めようとするものと「死因解明義務は顚末報告義務の前提」だとして死因説明を解明義務と一体的に捉えようとするものとに大別されようか。またこれらの議論が顚末報告義務や臨床上の医療水準、あるいは患者存命中の当事者関係などに言及している点は興味深い[12]。

確かに遺族は患者と診療機関の診療契約の当事者でもなく、また通常患者の死後はその診療契約自体も終了していると解されるので、遺族と医療機関の間に患者との診療契約を考慮することは適当でないようにも思われる。しかし遺族に対する死に至る経緯・原因説明義務と診療契約との関係を認めることは、漠然とした信義則にその根拠を置くよりも、相手方たる当事者の範囲やその履行のあり方に具体的な指針を与えることができるように思われる。

そこで次章以降において、医療機関の遺族に対する死に至る経緯・原因説明義務をについて、患者存命中の顚末報告義務につきすでに指摘されている考えを率理した上で一般委任契約終了後の顚末報告義務の扱いをふりかえり、ついで患者存命中の家族に対する説明義務を認める判決例を手がかりに診療契約との関係性について考察してみたい。

三　検　討

1　患者存命中の顚末報告義務と委任終了後の説明義務

患者存命中の患者に対する顚末報告義務については、診療が「意外な結果」に終わった場合患者がそれを納得する目的で行われる「弁明義務」として肯定するもの[13]と、医師には診療した以上は結果を報告する義務があるとする「診療中の報告義務」として肯定する考え方がある[14]。これら二つの考え方はいずれもその根拠を民法六四五条に求めている。弁明義務に対しては医師、患者間における立証責任の公平な分配を「弁明義務」を通して図ろうとすることへの疑問[15]や実際の医療現場ではこの義務は履行され消滅してしまっている場合が多くその意味で診療債務に対する付随的義務ないしは倫理的要請に過ぎないという批判[16]、あるいは損害賠償請求訴訟の請求原因となりうるかという疑問[17]等が提示されている。また医療行為後になされる説明は、結局自己決定のための説明や悪しき結果回避のための説明等に取り込まれ、あえて顚末報告義務を持ち出す必要はないとも指摘されている[18]。もっともこれらの顚末報告義務に向けての批判は、必ずしも医師の患者に対する診療結果報告義務を根こそぎ否定しようとするものではない[19]。これらは弁明義務固有に向けられたものであったり、診療後の報告義務の不履行は明確な損害を伴わない場合も多く、損害賠償請求訴訟を念頭に置いた議論の俎上にあがりにくいといった事情を反映している[20]。

すでに金川先生も指摘されているように診療後の結果報告は自己決定のための説明や悪しき結果回避のための説明と形を変えて行われることも多い。通常これらの説明義務は民法六四五条や善管注意義務を根拠に診療契約上の義務と位置づけられている。顚末報告義務について東京高裁昭和六一・八・二八判時一二〇八-八五は、患者からの診療録閲覧請求を棄却する前提として、「医療契約は（中略）一種の準委任契約である。したがって、基本的には民法六四五条の法意により、医師は、少なくとも本人の請求があるときは、その時期に説明・報告をすることが相当でない特段の事情のない限り、本人に対し、診断の結果、治療の方法、その結果などについて説明・報告をしなければならない」とこれを肯定している[21]。

患者存命中の顚末報告義務の議論は診療契約が委任の性質を帯びていることを背景にしている。委任は委任者と受任者の信頼関係を基礎とし、受任者の高い技術や専門性を前提に法律行為や時には事実行為を委託する。こうした特殊な技能を持つ受任者への信頼を基礎とした委託である故に、民法は受任者に広い裁量を与える反面、善管注意義務や報告義務を課している。委任者は、受任者からの報告を受けることで受任者の責任の存否を判断するための情報を収集でき(22)また爾後の事務処理に自身の意向を反映できるようになる(23)。そして委任終了後も顛末報告義務の必要性はなおさらあるとされ、その場合顛末報告義務は委任者の請求を待たずに遅滞なく履行されるものと解されている(24)。

信頼関係を基礎とする委任契約は一般に死亡によって終了するとされるが、事後の報告義務は委任者の死亡後も消滅しないとする東京控訴院判決大六・一一・一七法律新聞一三五五がある。この事件では多額の債務を負っていた先代が親族会の決議を経て家政整理を委任した後死亡し、家督を相続した原告が受任者に対し収支報告と余剰資金の返還等を求めた。裁判所は、当該家政整理委任契約は委任者の死亡により終了したが、「家督相続人である原告が委任者死亡時までの委任事務の報告を求め得べきことは当然の事理」だと判示して、原告の事後報告と余剰金返還についての請求を認めた。注目すべき点は、第一に判決が委任者死亡により委任契約自体は終了するという立場をとりながら、なお顛末報告義務は消滅しないとした点であり、第二に、家督相続人である原告に顛末報告請求権を認めた根拠が「当然の事理」という言葉に留まっている点である。この文言を相続人に請求権を認める趣旨と解することも可能だが、本件委任内容が親族会を経た家政整理であったことや本件請求者が家の代表者である家督相続人であったという事情から「当然」請求が認められたのだと解する余地もあろう。そもそも委任契約は委任者と受任者との信頼関係を基盤とするが故に民法は委任者の死亡により契約が終了するものと規定する(25)。であれば、残存する顛末報告義務が相続法理の下で相続人に当然承継されるべきものか検討する余地がある。とりわけ診療契約は患者の生命や健康に関わる診療行為を内容とし、それは極めて一身専属的であり、診療行為を通じて得られる情報は高度に患者の名誉やプライバシーと関わっている。さらにこうした情報は、場合によっては患者の近親者やその他の第三者に関わる情報をも含み得、診療情報の開示は家族間あるいはその他第三者との間で葛藤や紛争を引き起こしかねない。こうした委任契約のもつ特性やとりわけ診療契約が持つ特殊性を考えると、医療契約が患者死亡により終了するとされることは一応理解できるとしても、委任契約の終了後も残存するという事後の報告義務の相手方が相続法理によって画一的に定められることの妥当性は、診療契約においてはより一層問題になる。かといって委任終了にあたって行われる顛末報告義務が、委任者死亡の場合には委任契約が終了するが故に消滅してしまうのでは、そもそも事後の顛末報告義務の存在意義が問われることになる。

患者死亡後の報告義務について論じる判決としては東京地裁平三・一〇・二九判タ七八九-二〇八がある[26]。この事例では、躁鬱病と診断された入院患者が病棟煙突から飛び降り自殺をし、遺体が失踪約一年半後に煙突最深部から発見された。患者の両親及び姉とその夫は病院Yに対し患者の捜索及びその状況を説明報告する義務違反を主張し、原告らに固有に生じた慰謝料を含め損害賠償を請求した。東京地裁は、患者の父母とY間に診療契約は存在しないが、「医療機関として失踪患者の近親者に対し、医療施設内の相当と考える捜索を誠実に実施し、あるいは近親者に対し捜索の結果について適切に説明、報告するなどしてその捜索に協力する義務はある」、しかしYは条理上必要とされる協力を果たしているとして原告らの請求を棄却した。この事例は、Yの義務が問題になっている時点では原被告双方ともその死を確認しておらず、義務内容も失踪後の調査及びその報告義務であるから、本稿の焦点とする医療機関の遺族に対する患者の死亡経緯や死因説明義務の先例とは言えない。が、医療機関に契約当事者ではない両親への調査報告義務を認め、その相手方を

「近親者」とし、その義務の履行程度を一定の限度に留めている点は注意される。医療事件を離れるが、法律関係解消後残存する報告義務の存否が争われた事例としては富山地裁平一三・九・五判時一七七六-八二、判例地方自治二一八-三三がある。公立中学に在籍した子供がいじめにより自殺した事例で、中学校設置者である市は生徒の死亡後も在学中のいじめの状況について報告義務を親権者に対して負うか否かが問題となった。裁判所は、親権者と市の間には在学契約は存在しないが、①生徒在学中は、市・生徒・親権者との間に一定の法的関係があり市には親権者の求めに対しあるいは学校側から必要に応じて親権者に対して信義則上報告義務があり、②生徒が死亡した場合には在学関係は解消されるが、市と生徒の親権者との法的関係は直ちに解消されず、前記報告義務は一定限度で存続すると述べ、しかし被告の説明義務は尽くされていたとして請求を棄却した。本事件は、裁判所が原告側の民法六四五条に基づく調査・報告義務の主張を退けたように、区別されるべき公立校での在学関係を問題とし、また死亡したのは中学生であったことから本稿の課題とは相当程度問題を異にする。しかし子の死亡によって在学関係が消滅した後においても子の在学を契機に生じた市と親権者との報告関係は残存し、親権者には在学中のいじめの状況について報告請求権があるということの判旨は、患者生存時に形成された遺族と医師との関係が患者の死亡後も尚残存する可能性を示唆するようにも思われる。

これらの考察によると、患者存命中患者に対する診療後の報告義務は、それを顚末報告義務と呼ぶかは別として、判例学説において全く否定されているわけではなく、その基礎たる委任契約における議論では委任者死亡の場合においても顚末報告義務は尚存続すると解されており、その説明の相手方は必ずしも相続法理による必要はなく、むしろ委任契約を中心に形成された当事者関係が死亡後も残存し、報告の相手方が限定されたり、履行の方法や程度に反映されるという考えを導き出せるように思われる。

2　患者存命中の説明義務における家族の位置づけ[27]

遺族に対する説明義務に患者存命中の当事者関係が反映させられるとすると、患者存命中の診療結果説明をめぐり家族がどのように扱われているのかをみておく必要がある。

患者存命中診療後の説明は患者自身の納得のために行われる場合があるが、裁判例をみるとその例は少なく[28]、さらに能力ある患者の存命中患者以外の家族に対して納得のための説明義務を判示した裁判例も見当らないようである。[29] しかし、悪しき結果回避のためのあるいは自己決定のための医療者側の説明の是非を判断する裁判例では診療後の説明の相手方として家族の存在にふれるものは少なくない。

たとえば高知地裁昭和五一・三・三一判時八三一-九二は子宮外妊娠のおそれのある患者への中絶手術後の説明として、患者に不相応な心理的負担や混乱を与えないようにする配慮も医師としての職責であり、「近親者」を立ち会わせ誤解のないよう懇切に説明する工夫も可能だとして医師側の説明の不完全性を指摘する。このように悪しき結果を回避するため、患者本人とともに「近親者」や「家族」への説明を併記するものとして他に、盲のう症発生のおそれがある術式による腸閉塞治療手術事件（札幌地裁昭和五五・四・一七判時九八四-一一四）、虫垂残置事件（福岡地裁昭和五八・三・二九判時一〇九一-一二六）などがある。また腹痛患者の自宅経過観察事件（大阪地裁平三・一・二八判タ七七九-二五三）では、自宅において素人である家族等に経過観察を委ねるのであるから「家族の者らに対し」指示説明をする義務があるとする。また患者が未成年者である場合には最高裁平七・五・三〇判タ八九七-六四が親権者への説明を問題としている。もっともこの種の説明義務を問題とする事例であっても近親者や家族への説明に言及しないものもある。髄膜手術後処方薬副作用による死亡事件（高松高裁平成八・二・二七判タ九〇八-二三二）、腸ポリープ摘出手術事件（大阪地裁平一〇・九・二二判タ一〇二七-二三〇）や陰茎シリコンボール挿入手術事件（東京地裁平一三・七・五判タ一〇八九-二二八）がそうである。これらの場合は診療後の患者の状態が比較的よく、また積極的に家族や近親者への説明を否定するものではない[30]。悪しき結果回避のための説明をめぐるこうした判決例によれば、悪しき結果の回避に資すると思われる場合には説明の相手方として患者本人と併存的に家族あるいは近親者が挙げられているようだ。また心理的な負担などを理由に患者自身への説明が適切でなく、患者による悪しき結果回避機能が十分期待できない場合も、患者とともに近親家族に説明がされている。家族は悪しき結果回避の担い手として機能することが期待され、それを根拠に患者の情報を共有することが許容されているようだ。

悪しき結果の回避でもありまた本人の自己決定の前提となるような説明の事例として、たとえば人間ドックでの結果説明の場合、受診者に対する説明のみ指摘するものもあれば[31]、家族への説明を指摘または示唆するものがある[32]。ガン告知をめぐる近年の下級審裁判例では事例により、告知そのものが問題となっている場合と具体的な治療を前に承諾を得るための告知を含んだ説明が問題になっている場合がある。前者の事例では家族への告知に反対する裁判例がある[33]一方、患者とならべて家族に対する告知を指摘する判決[34]、事情により家族への告知もしくはその検討を義務とする裁判例[35]がある。またガン患者への具体的治療を前提とした説明が問題となった事例ではさらに、説明の対象を家族にも拡大し「患者」が自己決定を行使できるようにする立場の判決と家族に承諾権まで認めるものとがある。前者の例としては、悪しき結果の発生が予測される医療行為を行う場合患者ないし家族に説明し、患者の選択を可能ならしめる義務を肯定する大阪地裁昭和五七・九・二七判時一〇七四-一〇五、重大な結果の発生が予測される場合診療契約上の義務として患者ないしその家族に対し説明義務が生じ患者が決定できるようにする義務を負うとする京都地裁平四・一〇・三〇判時一四七五-一二五などがある。(36) 後者の例としては、東京地裁平元四・一八判時一三四七-六二が侵襲の危険性が小さい、緊急事態で承諾を得る余地がない、説明により患者に悪影響を及ぼすまたは医療上悪影響をもたらす場合、患者本人でなく家族に対する説明承諾で足りる場合があるとするほか、患者への説明が治療上悪影響を及ぼす場合や患者の説明理解力が十分でない場合など、本人でなく家族などの適切な者への説明承諾で足りるとする東京地裁平五・七・三〇判タ八七〇-二三六などがある。(37) これらに対し腫瘍患者をめぐる医療侵襲の事例であっても家族への説明義務にふれていないものもある。特に東京地裁平一二・三・二七判タ一〇五八-二〇四は、乳がん患者への特殊な治療についての事前説明義務について、患者の根本的な自己決定に関わるものであり、患者に対し一定の説明義務を負うとする。他に高松高裁平成八・二・二七判タ九〇八-二三二横浜地裁平一一・八・三一判タ一〇五四-二四六なども説明義務の相手方に患者以外を挙げていない。

自己決定と関連する側面を持つ診療後の説明義務では、家族に対する説明に消極的な態度を示す裁判例も存在し、家族への説明について下級審判決の立場は様々なようである。また家族への説明を肯定するものであっても家族の役割について一様とは言えないようだ。このような中最高裁判所は平成一四年九月二四日患者自身への末期ガン告知を適当でないと判断した医師には、家族に対する告知を検討し、それが適当だと判断される場合には家族に告知すべきだと判示した。(38) 判決は以下のように述べている。

「医師は診療契約上の義務として、患者に対し診断結果、治療方針等の説明義務を負担する。そして、患者が末期的疾患にり患し余命が限られている旨の診断をした医師が患者本人にはその旨を告知すべきではないと判断した場合には、患者本人やその家族にとってのその診断結果の重大性に照らすと、当該医師は、診療契約に付随する義務として、少なくとも、患者の家族等のうち連絡が容易な者に対しては接触し、同人又は同人を介して、更に接触できた家族等に対する告知の適否を検討し、告知が適当であると判断できたときには、その診断結果等を説明すべき義務を負うものといわなければならない。なぜなら、このようにして告知を受けた家族等の側では、医師側の治療方針を理解した上で、物心両面において患者の治療を支え、また患者の余命がより安らかで充実したものとなるように家族等としてできる限りの手厚い配慮をすることができることになり、適時の告知によって行われるであろうこのような家族等の協力と配慮は、患者本人にとって法的保護に価する利益である。」

最高裁は胆嚢ガンを強く疑った医師が真実を患者に告げなかった事件（平成七・四・二五民集四九-四-一一六三）で、このような医師について患者が治療に協力するための配慮としてその家族に対して真実の病名を告げるべきかどうかを検討する必要があると述べ、家族への説明義務が検討されるべき場合があることを示唆していた。最判平成一四・九・二四はその検討すべき場合について具体的に示したことになる。また、告知や自己決定に関わる告知を含む説明義務の相手方として家族の取り扱いが必ずしも一様でなかった下級審に対し、平成一四年最判は、医療機関・患者・その近親家族との関係を示すことにもなった。すなわち最判平一四・九・二四によれば、家族は診療契約上の付随的説明義務の相手方として患者に次ぐ二次的、潜在的対象者であり、患者への告知が適当でない場合に告知対象として検討され、治療方針に理解がありその告知が患者の利益に資する場合には具体的に告知の対象となる。少なくとも本判決では家族は患者の自己決定を代行する役割までは担っておらず、その結果告知された家族は、家族としての役割において患者利益を支え、その目的故に、家族への告知が許容されると考えられている。こうした医療機関とともに患者の利益を支える家族の関係は、患者自身が医療機関に家族への説明を望んだり、又そうした説明を拒まないような場合でも形成されることがあるかもしれない。

家族は診療契約の当事者ではない。しかしそのことは判決例では、診療契約上の付随的義務とされる説明義務の相手方となり得ないということを意味しているのではなさそうである。[39] 悪しき結果回避のための説明義務をめぐる判決では、悪しき結果回避という患者利益を根拠に、家族を患者自身と並んで説明の対象とするものが見られた。ライフスタイルを含め広い意味で自己決定に関わる診療後の説明をめぐる裁判例では、近親家族への説明を課す下級審も多く、ついに最高裁は患者に告知できない場合、説明義務の相手方として家族を検討対象とすることを認めた。むろん、患者の利益に資する場合とはいかなる場合で、家族とは誰で、それを誰が判断しどのような状況で告知するのか吟味すべき点は多い。それが今後の患者の自己決定に関わる場合には一層慎重な判断が必要とも考えられる。また家族が期待される役割に応える義務を負うのか、果たさなかった場合の責任の有無などその関係性には不明瞭な部分がある。が、契約の当事者ではない家族が、診療契約上の説明義務の潜在的相手方として診療機関の前に存在し、具体的な相手方としてふさわしいものか検討の対象となるとする関係それ自体は、裁判例から引き出され得るように思われる。

四　試論——結びにかえて

二章で紹介した三つの判決は、患者が死亡した場合、医療機関が遺族に対して負うべき義務として① 患者の死に至る経緯・原因の説明義務と② 死因解明を目的とした解剖の提案および遺族の求めを前提とする解剖の実施とその結果報告義務を論点として提示した。中でも［事例一］、［事例二-1、二-2］判決はこれらの義務を契約当事者でもない遺族に対して肯定する初めての例として注目され、後の評釈の動向にも影響を与えたといえる。[40] しかしこれらの判決は両義務の根拠を信義則に置くのみで、両義務が段階的に医療機関に課せられる理由や、患者死亡の経緯・原因説明義務が「診療上知り得た事実に基づいて」あるいは「客観的根拠に基づいていれば」真実の死因に至らなくても履行されたとする根拠を十分に説明していない。かえってこれらの特徴は、判決が否定する診療契約との関連性を想起させ、後の評釈等においては、遺族に対する死因説明義務を診療契約上の顚末報告義務と照らし合わせて論じている文献も見られた。

ところで診療契約は通説において準委任契約と解されている。そして患者の家族は診療契約の当事者ではなく、委任契約は委任者の死亡により終了すると解されているので、患者の死亡後家族と診療機関を結び付ける法的根拠はないように思われる。しかし三章でみたように、一般委任の場合、委任者死亡時に委任契約は終了するが受任者の負う報告義務は尚も存続するという古い判決が存在し今もその結論が支持されている。[41] このことや、当該事件の判旨および法の趣旨、そして医療契約が高度に一身専属的であることを考慮すれば、患者死亡後における遺族に対する報告義務は、診療契約上の事後報告義務が尚も存続したものと解され、その報告の相手方として相続人を画一的に考える必要はなく、むしろ、他の報告義務をめぐる裁判例を参考にすれば、患者存命中の診療契約を契機に形成された当事者関係が死後も残存し、その相手方や履行のあり方に一定の枠組みを与えるのではないかとの考えを得た。また、こうした視点に基づき、患者存命中、診療機関が負う診療後の結果説明義務に言及する裁判例のいくつかを、その相手方に留意して分析した結果、家族は契約当事者ではないにもかかわらず、説明義務の相手方として潜在的に存在し、事情によっては具体的に検討され説明を受ける対象になりうる存在であることが見出された。そしてこうした説明を受けた家族は、家族固有の役割を通じて医療機関とともに患者の利益を支えることになり、その限りにおいて患者の診療に関わる情報が共有されているという様子も浮かび上がってきた。

本稿での問題はそうした家族であっても、患者死亡後は診療契約の終了により、医療機関から患者の死亡に至る経緯の報告を受ける権利が全くないとされるべきであろうかという点につながる。むしろこれまでに得られたいくつかの示唆を総合すれば、委任契約の特性として患者死亡時においても医療機関の事後報告義務は残存し、その結果家族はこの報告義務の潜在的相手方であり続け、患者の死後も報告義務の相手方として具体的に検討されるべき対象となるのではないか。その結果報告の相手方として適切だと判断される場合には医療機関はその義務を遅滞なく行わねばならないということになる。この義務は信義則上のみならず、委任契約上位置づけられ、それゆえたとえば少なくとも、患者存命中の内から情報を共有することが許され患者を医療機関とともに支えてきた家族は、患者死亡後遅滞なく患者の死に至る経緯報告を受ける権利があり、またその履行が為されない場合には契約上の債務として履行請求することもできるのではないか。[42] またこれを患者存命中の委任契約に関連づけることにより受任者の職務の事後評価という報告義務の本来的趣旨を反映させ、相手方を患者の利益を事後的に真に評価できる者、患者の死を理解し受け入れる必要性のある者に限定することができる。[43] 報告相手方としてその適否を判断するに当たっては、患者存命中のように家族への告知が患者の自己決定や心理状態に悪影響を与えるおそれを最早考える必要はない。しかし医療情報には患者のプライバシーや近親家族自身あるいは第三者に関わるものも含まれ得るから、履行の方法やその内容に医療機関の一定の裁量が働くことも認めざるを得ず、[44] またこの説明は診療上知り得た事実及び知り得べき事実を基礎とする、いわゆる「一応の説明」に留まることになろう。[45]

ケース［二-2］はその判旨において、「医師の説明義務は基本的に患者の自己決定権の尊重の理念に基礎を置く」と述べ、患者の死後遺族に対する死因説明義務の根拠となり得ないと判示した。また「カルテなど診療情報の活用に関する検討会報告書（平成一〇・六・一八）」では診療情報の提供は医療におけるインフォームドコンセントの一貫として位置づけられ、その結果として遺族は開示の対象から外されている。(46) さらに患者存命中の裁判例が説明義務の相手方として家族を想定するのは患者自身の利益につながるからであり、患者死亡後においてこれを認める必要はないとの反論も考えられる。しかし裁判例は悪しき結果を回避するためや診療結果を納得するといった場面など多様な状況で医師に説明義務を課しており、それが患者の自己決定を可能にする目的に尽きるものとは思われない。また患者死亡後においても患者利益の事後的検証の必要性は失われず、また結果を理解するための説明機能も現実に診療に協力してきた家族において失われないであろう。(47)

この問題を考える契機となった［事例二］及び［事例二-2］は、遺族に対し医療機関に患者の死に至る経緯・原因説明の義務を課し、その履行の程度を一定の程度に限界付ける点で、本稿の試論的結論と結果として一致する。しかし二つの判決は、診療による形成された当事者関係を意識しながらしかしこの義務を信義則に位置づけるために、義務の性格を明らかとし義務内容に一定の枠組みを与えるには至っていない。その結果もう一つの死因究明を目的とした解剖提案以降の義務との関係性もあいまいなままになっている。試論によれば、死に至る経緯・原因説明の義務は死因究明を目的とする解剖提案以降の義務とは法的な根拠を異にする別個の義務のように思われるが、その存否も含め結論を得るためには死因究明義務に焦点を当てた考察をしなければならない。本稿ではその作業には至れなかった。また、患者存命中の説明義務の相手方として家族の存在を潜在的に認めるべきか否かは、今日の裁判例の傾向として指摘することはありうるとしても、患者の自己決定を保障する立場からは慎重な判断を要しなお十分な議論が必要である。[48] それを十分に経ていない本稿は強引かつ恣意的な見解にすぎず、ここにこうして報告するに値しないのではないかと恐れている。日々唄先生の暖かいまなざしに支えられてきた身としては恥じ入るばかりではあるが、遺族と医療機関との法的関係性を考える最初の一歩として、先生に捧げることをお許し願えれば幸いである。そして無論、本稿の背後にはあの『死ひとつ[49]』が存在している。

（1） たとえば、金川琢雄『現代医事法学』（金原出版、一九九三）一〇一頁参照

（2） 富田清美「家族に対する説明の義務 東京地裁平成六年三月三〇日判決」医療過誤判例百選［第二版］唄孝一・宇都木伸・平林勝政編（一九九六）二六頁、最近のものとしては、小西知世「癌患者本人への医師の告知義務(1)から(4)」法学研究論集一三号六九頁（二〇〇〇）、同一四号一一一頁（二〇〇一）、同一五号一三三頁（二〇〇一）、同誌一六号七三頁（二〇〇二）が家族の関わりについて消極的見地から批判する。

（3） これらの判決及び評釈等については二章にて紹介、整理、検討する。

（4） 六四五条解説・明石三郎『新版注釈民法(16)』幾代通・広中俊雄編（有斐閣・一九八九）二三八頁を参照されたい。

（5） 宇都木伸「判決紹介 病理解剖を遺族に提案する義務の存否 東京高判平成一〇・二・二五判決」年報医事法学一四巻（一九九九）一四六頁特に一五〇頁は、一審と二審判決のこうした違いについて既に示唆している。

（6） 宇都木・前掲注(5)一四九頁は、死因説明は適切なものでなければならず、一通りの説明がつけばそれで義務が果たされたとは言えないと批判する。

（7） 中村哲「医師の説明義務とその範囲」太田幸夫編・新・裁判実務大系1（青林書院・二〇〇〇）九二頁以降を参照されたい。

（8） 宇都木・前掲注(5)参照

（9）金川琢雄「死因事後説明過誤事件　広島地裁平成四年一二月二一日判決」医療過誤判例百選〔第二版〕唄孝一・宇都木伸・平林勝政編（有斐閣・一九九六）二四頁、金川「入院中の患者が死亡した場合、その遺族が病院側の死因に関する判断・説明に疑問を呈していても、病院側としては、その遺族に対し、病理解剖など死因解明に必要な措置を提案すべき義務はないとされた事例」（東京高裁平成一〇・二・二五判決評釈）判時一六六一-一八三、金川「医療における説明と承諾の問題状況」『医事法学叢書三巻』日本医事法学会編（日本評論社・一九八六）二二五頁とりわけ同論文「補論」二四六頁。その後の先生の見解を表したものとして、金川「死因不明と医師の説明義務」『現代民事法学の理論下・西原道夫先生古稀記念』佐藤進・齋藤修編（信山社・二〇〇二）三二九頁を参照。

（10）岡林伸幸「入院中の患者が死亡した場合、その遺族が病院側の死因に関する判断・説明に疑問を呈していても、病院側としては、その遺族に対し、病理解剖等死因解明に必要な措置を提案すべき義務はないとされた事例——死因解明義務違反事件」名城法学四九巻四号（二〇〇〇）一四五頁を参照。

（11）唄孝一「診療情報の提供」と「カルテの開示」人間の医学三五巻五号（二〇〇〇）一〇頁、特に一四頁以降を参照。同論文において挙げられている東控平成二年三月二五日判決をみることができなかった。後日補足したい。なお、唄先生は、「診療情報の提供」と「カルテの開示」とは一面で重なりあうものの、同時に「すき間」のある関係だと両者を平面的に扱う事に注意を喚起される。

（12）二章所掲判決の評釈として他に稲垣喬「患者の死因不明の場合における医師の義務違反と因果的帰責（東京地判平四・九・二五判決評釈）」私法判例リマークス一九九八〈下〉六七頁がある。

（13）新堂幸司「訴訟提起前におけるカルテ等の閲覧・謄写について」判タ三八二-一〇及び「討論」『医事法学叢書三巻』日本医事法学会編（日本評論社・一九八六）一二四頁以降の発言を参照。また先生はこの義務から患者側のカルテに対する開示及び謄写請求権を引き出そうとされる。他に、西野喜一「説明義務、転医の勧奨、患者の承諾、自己決定権」判タ六八六号（一九八九）七九頁とりわけ八七頁以降も弁明義務を支持する。

（14）野田寛「医師の説明義務と患者の承諾Ｉ・医師の説明義務と患者の承諾」『医事裁判と医療の実態』大阪府医師会編（成文堂・一九八七）七頁以降を参照

（15）中野貞一郎『過失の推認』（弘文堂・一九七八）一〇八頁以降、とりわけ一一二頁以降を参照。

(16) 畔柳達雄『医療事故訴訟の研究』（日本評論社・一九八七）八頁以下、特に九頁注(1)参照

(17) 金川・前掲注(9)「医療における説明と承諾の問題状況 補論」、東京高裁平成一〇年二月二五日判例評釈を参照。その後先生は前掲注(13)「死因不明と医師の説明義務」三三三頁において、遺族の固有の権利として信義則上医療機関に対し死因説明を求める権利を認められた。

(18) 金川・前掲注(9)「医療における説明と承諾の問題状況」を参照。稲田龍樹「説明義務(1)」『裁判実務大系17』根本久編（青林書院・一九九〇）一九一頁は、この義務違反が損害賠償請求訴訟の請求原因になるか疑問を呈している。

(19) 手嶋豊「医師の顚末報告義務に関する学説・裁判例の最近の動向」民事法情報八五号（一九九三）四一頁では、顚末報告義務に対する批判は多くの場合現実に行われている説明を法的義務にまで高めることへの疑問を呈したものと受け止める。

(20) 診療の最中にあっては、診療後の説明が不履行であったとしても、これを裁判所の力を借りて履行請求している時間的余裕はない場合が多いであろうし、またその方法が現実的とも言えないことが多いであろう。

(21) 他に大阪地裁昭和五七・六・二五判時一〇六四-九二は、術後家族や患者の質問を受けても病状を正確に説明せず、誤った説明を繰り返し患者に過大な期待を抱かせた医師に、不法行為上の過失ではなく、診療契約上の債務不履行を認めた。

(22) こうした機能を指摘する判決として、東京地裁昭和三〇・四・一一下民集六-四-五六が挙げられる。

(23) 注(4)『新版注釈民法』六四五条解説二三八頁を参照。また、このような機能を指摘する判決として東京地裁昭和五四・五・三〇判タ三九四-九三、東京地裁平四・四・二八判タ八一一-一五六がある。

(24) 注(4)所掲『新版注釈民法⒃』六四五条解説二三八頁参照

(25) 注(4)所掲『新版注釈民法⒃』二九三頁によれば民法六五三条は任意規定と解されている。また、近時の判決には委任者の死亡後も委任契約が終了しない旨を判示する最高裁平成四年九月二二日（金法一三五八号五五頁）がある。

(26) 注(19)所掲手嶋によれば、この事件の他に青森地裁昭和六三・四・二六判時一二八〇-一一三判タ六七八-一五六がある。しかし裁判所は原告らの説明義務違反の主張について判断していない。

(27) 医師の説明義務を問題にする判決例は膨大で全件を検証し得なかった。そこで本稿に関わる先行文献、特に前掲注(19)

手嶋および医療過誤判例百選［第二版］唄孝一・宇都木伸・平林勝政編（有斐閣・一九九六）、富田・前掲注(2)を手がかりに最近の判決例を若干加えて概観した。論文が多少猥雑になるが、目を通した判決についてはできるだけ本文または注に記すことにした。

(28) 大阪地裁昭和五七・六・二五判時一〇六四-九二前掲注(21)の他に東京地裁平八・五・一五判タ九四六-二四六がある。この事件では患者の死後遺族によって患者に対する顛末報告義務の不履行が主張されているが、当該説明義務の不履行と患者の死因との相当因果関係が否定されて遺族らの請求がこの点について棄却されている。

(29) 手嶋・前掲注(19)四一頁以下を参照。但し、未熟児網膜症事例大阪高裁昭和五九・四・二六判時一一三六-七二では親に対する子の症状の説明が主張された。裁判所は診療上の過失を認め、顛末報告義務違反に対する判断を下していない。

(30) 学説では金川「医療における説明と承諾の問題状況」、前掲注(9)二三八頁は「療養方法の指導」の相手方として能力ある患者本人に行う事は当然だが、状況により本人でなくても、その趣旨が確実に本人に到達する方法があればそのような手段が認められるとし、他方、稲田・前掲注(18)一九三頁は、結果回避のための説明義務の相手方として、患者にが意思能力がある場合、予見される悪しき結果を回避できる関係性から厳格に考えて決めるべきだとする。

(31) たとえば東京地裁平四・一〇・二六判タ八二六-二五二東京地裁平四・一・三〇判タ七七九-二三五が挙げられる。

(32) 静岡地裁沼津支部平成二・一二・一九判タ七五一-二〇八は、要検査と診断した場合自ら精密検査をするかあるいは患者や患者の家族に適切な専門医療機関に受診するよう説明指導すべき義務があると判示し、大阪地裁昭和六三・八・一九判タ六八六-二三一は精密検査を経ていない段階では家族や本人に告知しなかったとしても説明義務違反は認められないとする。

(33) 秋田地裁平八・三・二二判時一五九五-一二三は、家族が告知を望まない場合や告知をした場合家族が動揺し本人の生活を不良にするおそれがあることを理由に家族への告知の決定は医師の広い裁量の範囲内にあり、当該不告知との判断に裁量権の逸脱はないと判示した。

(34) 名古屋高裁平二・一〇・三一高民集四三巻三号一七八頁、判タ七四四-一八二は「患者あるいは家族に対し……説明するのは診療契約上の義務」と述べる。

(35) 前掲注(33)秋田地裁控訴審である仙台高判平一〇・三・九判タ一〇二四-二五三は、本人への不告知が相当な場合家族への告知の検討を義務づける。

(36) 本文に挙げた他に、本人に説明できないときには、患者が適切な治療を受けることが可能となるような措置を取るべきとして近親者への告知を課す東京地裁平六・三・三〇判時一五二二—一〇四、患者ないし家族に対し患者が治療行為を受けるか否か決定できる程度に説明義務を負うとする大阪地裁平一〇・二・二三判タ九七四-一八六などがある。

(37) 本文に挙げた他、一定の蓋然性で悪しき結果ないし死亡など重大な結果発生が予測される場合患者に対し、また患者が判断するのに困難な事情がある場合には患者の家族に対し説明し、「患者（またはその家族）」が決定する事を可能にする義務を負うとする大阪地裁平一〇・一二・一八判タ一〇二一-二〇一などがある。また横浜地裁平一一・三・三〇判タ一〇五〇-二二八は、医師は診療契約に基づき患者に対し診療債務の内容として説明義務を負うが、本人が承諾能力を欠く場合本人に代わって承諾なしうる者へ説明義務を負うという。

(38) 前掲注(33)及び(35)判決の最終審である（民集未搭載）。最高裁判所ホームページを参照した（最判平成一四年九月二四日第三小法廷 平成一〇年(オ)第一〇四六号損害賠償請求事件）。

(39) 小西・前掲注(2)補論は注（二一四）において、最近の病名告知をめぐる裁判所の傾向として、家族への病名告知をより重視する傾向を認めている。

(40) 従来からある顛末報告義務の議論は、患者生存中の医師の説明義務を中心に論じており、二章でみたように「弁明義務」については厳しい批判もなされてきた。こうした議論の様相から齋藤大巳「入院中の患者が死亡した場合、遺族が病院側の死因に関する判断・説明に疑問を呈していても、病院側としては、遺族に対し、病理解剖の提案をし病理解剖の結果に基づいて改めて死因を説明すべき信義則上の義務はないとされた事例 東京高裁平成一〇年二月二五日第九民事部判決」判タ一〇三六（二〇〇〇・平成一一年度主要民事判例解説）-一一四は、患者死亡後の医師の遺族に対する死因説明義務について学説は消極的に考えてきたと評している。

(41) 『新版注釈民法⒃』前掲注(4)六四五条解説二三九頁を参照。但し、明石先生は同判旨を「相続人はその死亡時までの委任事務処理の報告を求める権利がある」とまとめておられる。当該判決では「当然の事理」という文言が用いられている点については本稿三を参照。

(42) 唄・前掲注(11)は、その焦点をカルテの開示に向けているが、患者のケアを行っている親族と診療医がケアギバー同志という関係にたち、情報の共有や交流が望ましく、また患者の死に対して一種の敗戦共同体の同志でありうるという指摘をする。

(43) 受任者の職務の事後評価はかならずしも具体的な訴訟を念頭として行われるものとは限らないであろう。医師と患者また患者死後の遺族の関係についても唄・前掲注(11)は参考となる。

(44) 本稿の視点からは、六四五条を根拠にあらゆる場合に、医師のカルテそのものへの開示・謄写請求権を遺族に認めるのは難しいように思われる。

(45) 『新版注釈民法⒃』前掲注(4)六四五条解説二三九頁によれば、民法六四五条で求められる説明は委任事務処理の経過・顚末を明らかにすれば足りるとされ、たとえば会計報告義務者による会計報告書の提出で「一応履行された」と判断される。この点について、宇都木・前掲注(5)は［事例二-2］の求める死因説明を「一応の説明」と表現している。無論本稿でいう「一応の説明」とは、誤った説明はもちろん、不誠実な説明、いい加減な説明を許す趣旨にはない。

(46) ジュリスト一一四二-六四頁を参照。また、同誌同号「特集 診療記録の開示と法制化の課題」に寄せられている座談会や論文を参照されたい。なお、厚生労働省通知「診療情報の供等に関する指針」（医政発第〇九一二〇〇一号平一五・九・一二）は、患者が死亡した際には遅滞なく遺族に対し死亡に至るまでの診療経過・死亡原因等についての診療情報を提供しなければならないとする。「国立病院等における診療情報提供に関する指針（平一二・七）は、診療録の開示を限られた場合、必要な限りで委員会に諮った上で遺族に行うことができるとする。「都立病院における診療情報の提供に関する指針」は平成一四年一一月診療情報の提供の対象を遺族にも拡大した。

(47) もっともこうした情報提供の結果、相続権のない近親者が患者の利益侵害を発見した場合における診療機関への責任追及の手段は乏しい。具体的には患者に対し民法七〇九条が成立することを足がかりとして民法七一一条の規定する近親者に匹敵するものとして提訴するか、間接被害者として七〇九条を根拠に提訴せざるを得ない。そこでは患者の利益侵害が近親者利益への侵害と構成される。仙台高裁秋田支判平一〇年三月九日前掲注(35)〔判例評釈〕大塚直判タ一〇一六号六六頁（二〇〇〇）は、判旨は実質的に家族固有の慰謝料請求を認めているといってよく、家族固有の慰謝料を正面から認めるのがむしろ自然であったと述べている。

(48) 但し、本稿においても説明義務の相手方としての地位と契約当事者の地位は区別されるべき地位だと考えている。

(49)　唄孝一『死ひとつ〈改題増補版〉』(信山社・一九九二)

〔付記〕本稿の作成にあたり、飯塚和之先生から貴重な情報をいただきました。

臓器移植法と小児心臓移植

丸山英二

湯沢雍彦・宇都木伸 編
『人の法と医の倫理』IIa 6
二〇〇四年三月 信山社刊

一　はしがき

唄孝一先生が岩志和一郎教授と光石忠敬弁護士とともに主宰される研究会に「代諸勉強会」というのがある。二〇〇一（平成一三）年一一月二四日に第一回会合が開かれ、そのあと、一～二か月ごとに、現在まで会合が続いている。この会では、唄先生の意向で、報告者が、質疑も含めて報告の記録を作成し、その成果を集積することになっている。

筆者はこの代諸勉強会の第八回会合（二〇〇二〔平成一四〕年一一月九日）で、「臓器移植法見直し論議の経緯と動向」と題する報告をした。しかし、その記録を作成する義務については懈怠を続けている。

このたび、唄先生の賀寿をお祝いする論文集が企画され、私も寄稿を願い出た。しかし、こと意のままに運ばず、当初予定した合衆国におけるロングフル・バース／ライフ訴訟の近時の状況をまとめた小稿を、幾度か設定し直された締切りまでに提出できないことが歴然となった。そこで、提出が遅れている代諸勉強会報告の記録作成作業の手始めに、その概要をまとめ、優等会員に一歩近づくとともに、まことに失礼なことではあるが、唄先生賀寿論文集への寄稿とさせて頂こうと思う。唄先生の学恩に報いるにはまことに拙い内容のものであるが、唄先生の賀寿をお祝いする気持ちには他の執筆者に劣らぬものがあるので、それに免じてご寛恕いただければと思う。

なお、報告時から少し時間が経過しているので、その間の動きなど、当初の報告の内容に多少筆を加えている。

二　臓器移植法の制定に至る経緯

臓器の摘出にかかる承諾要件に焦点を絞って、臓器移植法（正式には、「臓器の移植に関する法律」）に至る関係法律を概観する。

1　角膜移植法

一九五八（昭和三三）年四月一七日公布の角膜移植法（正式には、「角膜移植に関する法律」）は、二条二項で「医師は、……死体から眼球を摘出しようとするときは、あらかじめ、その遺族の承諾を受けなければならない。ただし、遺族がないときは、この限りでない」と規定し、同三条で「前項の承諾は、書面をもってするものとする」と定めている。遺族の承諾を要件とする点では、すでに制定されていた死体解剖保存法（一九四九（昭和二四）年制定）七条の「死体の解剖をしようとする者は、その遺族の承諾を受けなければならない」と同様である。

もっとも、角膜移植法施行に際しての厚生事務次官通知「角膜移植に関する法律の施行について」（昭和三三年七月一九日厚生省発医九二号）二2には、「眼球の摘出を行う場合は、遺族の承諾のみならず、あわせて生前における本人の意思をも十分に尊重し、遺族がない場合は、本人が生前に眼球を提供する旨の意思を表明したときの外は眼球の摘出を行わないよう努めなければならないこと」と規定されており、興味深い。

2　角膜腎臓移植法

一九七九（昭和五四）年一二月一八日公布の角膜腎臓移植法（正式には、「角膜及び腎臓の移植に関する法律」）は、一九七〇年前後から腎臓移植の臨床応用が盛んになり、一九七五年頃からは死体腎の利用も増えてきたことを背景に制定されたものである。

同法の三条三項は「医師は、……死体からの眼球又は腎臓の摘出をしようとするときは、あらかじめ、その遺族の書面による承諾を受けなければならない。ただし、死亡した者が生存中にその眼球又は腎臓の摘出について書面による承諾をしており、かつ、医師がその旨を遺族に告知し、遺族がその摘出を拒まないとき、又は遺族がないときは、この限りでない」と規定した。角膜移植法が規定するのと同じ「遺族の書面による承諾」の要件に加えて、死者の生前の書面による承諾があって、その旨を知らされた遺族が臓器の摘出を拒まない、という要件が満たされた場合にも臓器の摘出ができることとされたのである。本人意思尊重の要請の高まりを反映するものと思われる。

他面、遺族に、本人が希望した臓器利用を阻止する権限が認められたことについては、本人の意思にかかわらず遺族の承諾による摘出が可能と読める三条三項本文とともに、批判がなされてきた。とくに三条三項本文については批判が強く、たとえば、金澤文雄教授は、三条三項但書に対する批判に続けて、「さらにいっそう問題なのは、本人が摘出拒否を明示していた場合にも遺族の承諾だけで摘出が許されるという解釈も本法の文言上からは可能であるということである。本人の明示の拒否にもかかわらず摘出を許すなどということは世界のどの国でも認められておらず、これを認めることは本人の生前の自己決定権という人格権を侵害するものであって、憲法第一三条の個人の尊重条項に違反するといわなければならないであろう」とされ、本規定に関しては、本人の明示の拒否がある場合には摘出が許されないものと解釈すべきだと述べておられる。(1)これに対して三条三項但書に関しては、現実に遺族の反対を抑えてまで摘出を強行することに抵抗が強いこと、このような規定が存在しない諸外国でも遺族が反対する場合には摘出がなされていないと伝えられること、などから、本人の自己決定権の尊重の点からは問題があるものの、このような規定は許容されえない、とまで明言する意見は多くはなかった。

なお、三条三項の文言からは、遺族のない場合に関しては、本人の生前の書面による承諾がある場合だけでなく、本人の承諾がない場合にも摘出ができるように読める。しかし、この点に関しては、同法施行に際して出された厚生事務次官通知「角膜及び腎臓の移植に関する法律等の施行について」（昭和五五年三月一八日厚生省発医三八号）第三2なお書きが、「遺族がない場合にあっては、本人が生前に眼球又は腎臓の摘出を承諾する旨の意思を表明したときのほかは、眼球又は腎臓の摘出を行わないものとすること」と規定していた。

また、医歯学教育のための死体解剖に関して、死体解剖保存法の特則を定める献体法（正式には、「医学及び歯学の教育のための献体に関する法律」。この法律では、医歯学教育として行われる、身体の正常な構造を明らかにするための解剖を「正常解剖」と呼んでいる）が一九八三（昭和五八）年に制定されている。同法四条は、「死亡した者が献体の意思を書面により表示しており」、かつ、「一　死亡した者が献体の意思を書面により表示している旨を遺族に告知し、遺族がその解剖を拒まない場合」または「二　死亡した者に遺族がない場合」のいずれかに当る場合には、死体解剖保存法によって求められている遺族の承諾がなくても、解剖を行うことができるとされている。遺族がない場合に関して、角膜腎臓移植法施行通知と同様に、生前の本人の意思表示があった場合に限って解剖を行うことができるとされた。

3　臓器移植法

(1)　各党協議会案　　現行の臓器移植法に至る法案の変化を跡付ける作業の始点としては、脳死臨調[2]の答申が出されて二年あまり経た一九九四（平成六）年四月一二日に、森井忠良議員（脳死及び臓器移植に関する各党協議会座長）をはじめとする国会議員一五人が国会に提出した法案（臓器の移植に関する法律案――以下、「各党協議会案」という）に求めるのがよいと思われる。(3)

この各党協議会案は、六条一項で、次のように定めていた。

「医師は、次の各号のいずれかに該当する場合には、移植術に使用されるための臓器を、死体（脳死体を含む。以下同じ。）から摘出することができる。

一　死亡した者が生存中に当該臓器を移植術に使用されるために提供する意思を書面により表示している場合であって、その旨の告知を受けた遺族が当該臓器の摘出を拒まないとき又は遺族がないとき。

二　死亡した者が生存中に当該臓器を移植術に使用されるために提供する意思を書面により表示している場合及び当該意思がないことを表示している場合以外の場合であって、遺族が当該臓器の摘出について書面により承諾しているとき。」

これは、角膜腎臓移植法が対象臓器を眼球と腎臓に限定し、また心臓死体を念頭において規定されていたところを、対象臓器の限定を外し(4)、また、脳死体からの摘出も含めることを明文化するとともに、承諾要件に関しては、角膜腎臓移植法三条三項の規定のうち、但書の部分を一号に、本文の部分を二号に置き、併せて、遺族がない場合について角膜腎臓移植法施行通知が求めたのと同様の取り扱いを法文中に収め、また、これまで批判が強かった、本人の意思にかかわらず遺族の承諾によって摘出が可能と読める文言を改めたものということができる。

なお、本法案に関連して、脳死体からの摘出を対象とする遺族の承諾については、本法の運用指針において「遺族は、承諾するに当たっては、本人の意思の尊重の観点から、本人の意思を忖度して判断することが

求められる」ことが予定されていた。(5)

(2) 各党協議会案修正案と中山案　各党協議会案に対しては、遺族の承諾による脳死体からの臓器摘出に対する疑問が提起されたことなどがあって、その審議は進まなかった。そこで、早くから臓器移植問題に関する国会での議論にリーダーシップをとってきた中山太郎議員をはじめ一二人の国会議員が、一九九六(平成八)年六月一四日に、それに対する修正案を提出した。同修正案では、六条一項が以下のように改められた。

「医師は、死亡した者が生存中に臓器を移植術に使用されるために提供する意思を書面により表示している場合であって、その旨の告知を受けた遺族が当該臓器の摘出を拒まないとき又は遺族がないときは、移植術に使用されるための臓器を、死体(脳死体を含む。以下同じ。)から摘出することができる。」

併せて、附則四条において、経過措置として次のような規定が設けられた。

「医師は、当分の間、第六条第一項に規定する場合のほか、死亡した者が生存中に眼球又は腎臓を移植術に使用されるために提供する意思を書面により表示している場合及び当該意思がないことを表示している場合以外の場合であって、遺族が当該眼球又は腎臓の摘出について書面により承諾しているときにおいても、移植術に使用されるための眼球又は腎臓を、同条第二項の脳死体以外の死体から摘出することができる。」

要するに、同修正案は、各党協議会案の定める摘出要件のうち、六条一項二号の遺族の承諾を削除し、一号の生前の本人による提供意思表示の要件が満たされる場合に限って、臓器の摘出を認めようとするものであった。これによって、臓器の摘出には、本人による提供意思の表示が不可欠になった。そして、それまでに角膜腎臓移植法の下で遺族の承諾による臓器摘出がかなりの数なされてきた角膜移植と腎臓移植に関して、附則四条に特則を設け、「当分の間」、心臓死体からのものに限って、本則からは削除された遺族の承諾の要件が満たされる場合にも、眼球または腎臓の摘出を認めることとされた。

この修正案によって修正された各党協議会案は、一九九六（平成八）年九月二七日の衆議院解散によって廃案となったが、同年一二月一一日、中山議員はじめ一四名の衆議院議員が、それとほぼ同一の内容の法案（いわゆる中山案）を国会に提出した。この中山案は、翌一九九七（平成九）年四月二四日、衆議院本会議において、賛成三二〇、反対一四八で可決された。

(3) 関根案　衆議院で可決された中山案の参議院における実質審議は、五月一九日に始まった。その後、六月六日頃より、中山案に対する修正案が報道されだし、それが六月一六日に関根則之参議院議員らによって提出され、その修正を受けた中山案が、翌一七日の参議院本会議で、賛成一八一、反対六二で可決された。そのあと、同法案の回付を受けた衆議院でも、同日の本会議で、賛成三二三、反対一四四で可決され、この法律は、七月一六日に、平成九年法律一〇四号として公布され、同年一〇月一六日から施行された。

関根案の修正を受けた中山案が現行法の内容である。現行法の六条一～三項は以下の通りである。

「① 医師は、死亡した者が生存中に臓器を移植術に使用されるために提供する意思を書面により表示している場合であって、その旨の告知を受けた遺族が当該臓器の摘出を拒まないとき又は遺族がないときは、この法律に基づき、移植術に使用されるための臓器を、死体（脳死した者の身体を含む。以下同じ。）から摘出することができる。

② 前項に規定する『脳死した者の身体』とは、その身体から移植術に使用されるための臓器が摘出されることとなる者であって脳幹を含む全脳の機能が不可逆的に停止するに至ったと判定されたものの身体をいう。

③　臓器の摘出に係る前項の判定は、当該者が第一項に規定する意思の表示に併せて前項による判定に従う意思を書面により表示している場合であって、その旨の告知を受けたその者の家族が当該判定を拒まないとき又は家族がないときに限り、行うことができる。」

三　臓器移植法

1　内容・適用範囲

臓器移植法に収められているのは、①臓器移植に関する基本的理念、②臓器移植目的で死体から心臓、肺、肝臓、腎臓、膵臓、小腸、眼球を摘出するための要件（なお、本法の運用指針第一―2は、これ以外の臓器を移植目的で死体から摘出することを禁じている）、③臓器売買の禁止（すべての臓器移植に及ぶ）、④死体から摘出された臓器のあっせんに関わる要件、などである。

他方、本法の適用がないものとして、①生体から摘出される臓器・組織を利用する移植（たとえば、腎移植、肝移植、肺移植、膵臓移植、骨髄移植）、②死体から摘出される組織（たとえば、皮膚、血管、心臓弁、骨、膵島）の移植[6]、③細胞・組織を原材料とする医薬品等の製造のための細胞・組織の採取・利用、④生体・死体から摘出された臓器・組織・細胞の研究利用、を掲げることができる。

2　臓器移植法の承諾要件

臓器移植法は、死体（脳死した者の身体（以下、「脳死体」という）も含む）からの臓器の一般的摘出要件として、六条一項において、①生前の本人の提供意思の書面による表示があることと、②その意思表示があったことを知らされた遺族が摘出を拒まないこと（または遺族がないこと――遺族がない場合については以下では省略する）を定めている。生前の本人の意思を表示する書面として、従前はドナーカードと呼ばれるものが用いられてきたが、本法制定前後から提供拒否の意思も表示できる臓器提供意思表示カードに移行され、これに加えて、一九九九（平成一一）年初めから運転免許証に貼る臓器提供意思表示シールの配付が運転免許［更新］センターなどで始められた。

死体のうち、脳死体から臓器を摘出しようとする場合には、六条三項に定められた脳死の判定を行うための要件を満たす必要がある。その要件は、③生前の本人の脳死判定に従うという意思の書面による表示があることと、④その意思表示があったことを知らされた家族が脳死判定を拒まないことである。なお、意思表示カード・シールは、「私は、脳死の判定に従い、脳死後、移植の為に○で囲んだ臓器を提供します」という文言で、①および③の意思表示をすることとしている。

臓器移植法の運用指針は、生前に提供意思の表示をなしうる者について、「臓器の移植に関する法律……における臓器提供に係る意思表示の有効性について、年齢等により画一的に判断することは難しいと考えるが、民法上の遺言可能年齢等を参考として、法の運用に当たっては、一五歳以上の者の意思表示を有効なものとして取り扱うこと」（第一）と定めた。この結果、臓器を分割・縮小して移植することが不可能な心臓などについては身体の小さい小児の患者への移植ができないことになった。

四　小児心臓移植

1　自民党の動き

現行の臓器移植法のもとで、幼少の小児に対する心臓移植ができないことは、臓器移植法施行後しばしば問題とされてきたが、二〇〇二（平成一四）年七月に、臓器移植法施行後、一八歳未満の四三人が海外での心臓移植を希望し、うち、一二人が渡航前や渡航後の待機中に死亡しているという事態[7]を受けて、自民党の脳死・生命倫理及び臓器移植調査会が、法改正を進める姿勢を示したことで、新たな進展がみられるものと期待された。

自民党の調査会は、同年九月、同四月に生体肝移植を受けた河野洋平議員の体験を、一〇月には、深尾立・日本移植学会理事長、田中英高・大阪医科大学小児科助教授を招いて、専門家の立場からの意見をそれぞれ聴き、また、翌二〇〇三（平成一五）年七月には、全国会議員を対象に脳死臓器移植に関する意識調査をして、改正案作りをする予定であることが伝えられた[7A]。

2　改正に向けてのいくつかの提案

(1)　町野案　平成一一年度厚生科学研究費補助金「免疫・アレルギー等研究事業」（臓器移植部門）「臓器移植の社会的資源整備に向けての研究」（主任研究者・北川定謙）の中の「臓器移植の法的事項に関する研究」（分担研究者・町野朔上智大学教授）研究班は、臓器移植法六条を次のように改める改正案を提案した。

「第六条① 医師は、死亡した者が生存中に臓器を移植術に使用されるために提供する意思を書面により表示している場合であって、その旨の告知を受けた遺族が当該臓器の摘出を拒まないとき、若しくは遺族がないとき、又は死亡した者が当該意思がないことを表示している場合以外の場合であって、遺族が移植術に使用されるための臓器の摘出を書面により承諾したときには、移植術に使用されるための臓器を、死体（脳死体を含む。以下同じ。）から摘出することができる。

② 前項後段の場合において死亡した者が未成年者であるときには、移植術に使用されるための臓器の摘出を

書面により承諾する遺族は、その者の親権者であった者とする。

③ 第一項の場合において、死亡した者の臓器提供の許否に関する意思は、遺族に確認されなければならない。」

この提案に対しては、主に脳死を人の死とすることに慎重な立場から、「家族は本人の一番有利な代弁者になり得るという前提があるのですが、必ずしもそうとは限らない。一つ間違えば、近親者ほど残酷になります(8)」、「[町野案では]脳死を死と認めていなかった三割の人々の運命は、家族にゆだねられることになる。そして家族が承諾した場合、これらの人々は、意に反して脳死による死の判定をされ、臓器を摘出されてしまう(9)」、「脳死臨調の二年間の大論議や臓器移植法の制定までの過程をすべて否定することになるのではないでしょうか(10)」などの批判が浴びせられた。

(2) 世論調査の結果　町野案が社会に受け入れられる可能性があるかを占う材料として、二〇〇二(平成一四)年に内閣府によって実施された「臓器移植に関する世論調査」の結果をみる(11)(( )内はパーセント)。

「Q3　あなたが、脳死での臓器提供の条件とすべきだと思うものはどれですか」

(ア) (五四・〇) 本人の提供する意思表示と家族の承諾が共にあること
(イ) (二七・六) 本人の提供する意思表示があること
(ウ) (二・九) 本人及び家族の拒否の意思表示が共にないこと
(エ) (〇・七) 本人の拒否の意思表示がないこと
(オ) (六・五) 本人の提供する意思表示があるか、または本人の提供若しくは拒否の意思表示が不明の場合には家族の承諾があること

(カ)（一〇・五）その他（　　　　　　　　）

(キ)（　七・八）わからない

「Q15　現在、一五歳未満の者からの脳死での臓器提供については、民法上の遺言可能年齢を参考として、法の運用にあたっては一五歳以上の者の意思表示を有効なものとして取り扱うこととしているため、重い心臓病などの小さいお子さんへの臓器移植ができない状況にあります。あなたは、このことについてどう思いますか」

(ア)（一一・五）臓器移植ができないのはやむを得ない

(イ)（　八・一）どちらかといえば臓器移植ができないのはやむを得ない

(ウ)（三一・五）どちらかといえば臓器移植ができるようにすべきだ

(エ)（二八・一）臓器移植ができるようにすべきだ

(オ)（一一・三）どちらともいえない

(カ)（　九・三）わからない

「Q16　一五歳未満の者の臓器提供の意思について、あなたはどう思いますか」

(ア)（二八・三）一五歳未満の者の判断であっても、本人の意思を尊重すべき

(イ)（三三・四）一五歳未満の者は適正な判断をできないので、他の者（家族を含む）が代わって判断すればいい

(ウ)（二一・八）一五歳未満の者は適正な判断をできないが、だからといって他の者（家族を含む）が代わって判断することは適当ではない

(エ)（一一・三）その他（　　　　）

(オ)（一六・一）わからない

Q3における選択肢のうち、町野案に対応するものは(オ)であるが、それを選択する者は六・五パーセントに過ぎない。半面、Q15に対する回答に示されているように、一五歳未満の者からの臓器移植を可能にすることを支持する意見が六割近くにのぼっている。そして、その方法を尋ねるQ16は、一五歳未満の者を一括りにして、本人意思の尊重か、代諾の許容の可否を問うている。一五歳未満の者を一括りにしたこの設問は、新生児と中学三年生のあいだに存在する判断力の差を無視する点で不適切なものであるが、これへの回答とQ3に対する回答をあわせると、一五歳未満の者からの死体臓器を用いる臓器移植を可能にする方策としては、本人意思の尊重か、一五歳以上の者には適用されない代諾による摘出か、いずれかしかないことが示唆されている。そのことを踏まえた上で、町野案以外の改正提案をみていこうと思う。

(3)　森岡・杉本案[12]　森岡正博大阪府立大学教授と杉本健郎関西医科大学助教授は、一五歳未満の子どもに関して、以下のA案とB案を選択的に提案している。

「A案：一五歳未満一二歳以上の場合は、『本人の意思表示』および『親権者による事前の承諾』がドナーカード等によって確認されている場合であって、親権者が拒まないときに限り、『法的脳死判定』および『脳死状態からの臓器摘出』を可能とする。一二歳未満六歳以上の場合は、上記の条件に加えて、子どもが虐待によって脳死になった形跡がないこと、『本人の意思表示』が強制によってではなく自由意思によってなされたものだと考えられること等を、病院内倫理委員会（あるいは裁判所）が審理するという条件を追加する。六歳未満の場合は、『法的脳死判定』および『臓器摘出』を行なわない。」

「B案：一五歳未満一二歳以上の場合は、『本人の意思表示』および『親権者による事前の承諾』がドナーカード等によって確認されている場合であって、親権者が拒まないときに限り、『法的脳死判定』および『脳死状態からの臓器摘出』を可能とする。一二歳未満の場合は、『法的脳死判定』および『臓器摘出』を行なわない。」

A案、B案、いずれについても本人の意思表示が求められており、自ら意思表示ができない者からの摘出を認めないものといえる。

(4) 日本移植者協議会案(13)　臓器移植を受けたレシピエント、移植の希望者、およびその家族を主要メンバーとする日本移植者協議会は、二〇〇一（平成一三）年、臓器移植法の改正に向けて改正案をまとめ発表した。それは、現在の六条一項の規定のあとに、「死亡した者が一五歳未満のときは遺族（親権者）が臓器を移植術に使用されるために提供する意思を書面で示した場合も移植術に使用されるための臓器を、死体（脳死した者の身体を含む。以下同じ。）から摘出することができる」という規定を追加するとともに、現行法六条三項の規定について、「人の死亡の判定は、医師の専権事項であり、義務である。それを本人または家族に対し判断をゆだねる事はあってはならない」という理由から、削除するという内容であった。

子どもの死体臓器を移植用に摘出することに対する親の同意に関しては、親は、診療行為に対しては子のために代諾を与えることが認められるが、レシピエントという第三者のための移植に用いられる臓器の摘出に同意を与えることができるか、という疑問がつねに提起される。

これに対して、移植者協議会は「幼くして亡くなる者が社会に対してどのように貢献できるかを考えた時、臓器を提供することにより、子が社会に生存し、社会の一員として社会に貢献できたことは、それが子の死後の臓器提供であっても不利益であると言い切ることは出来ないものと考える」と述べ、さらに、「一方、幼くして子供を失う親にとって、その子がこの世に生存した証として、何らかのかたちで社会貢献できることは、心の安らぎとなる。また、個人として生存する事はなくとも、どこかで、分身としていきつづけていることは、親としての心の支えにもなることであり、その心情は汲み取られるべきである」と説いている。(14)

(5) 丸山試案(15)　小児心臓移植の問題に対する筆者の考えを示しておく。法改正のあり方として筆者は、下記のようなものが望ましいと考えている。

(a)　一二歳以上の場合　現行の運用指針が一五歳以上としている提供意思表示可能年齢を一二歳以上にまで引き下げ、移植用臓器の提供に関して理解・判断力を十分に有していると認められれば、一二歳以上の者については、本人に、脳死判定に従い臓器を提供するという意思表示をすることを認める。森岡・杉本案A案が一五歳未満六歳以上の者について、提供意思表示を認める条件として課している「親権者が拒まないとき」という要件は、課さない。なぜなら、その要件は、現行法でも課されている、家族・遺族の脳死判定及び臓器摘出を拒まない態度を求める要件に重なるからである。

(b)　一二歳未満の場合　子に対して行われる脳死判定に従う意思と臓器提供の意思（臓器摘出に対する承諾）を親権者が表示すること、および家族・遺族のそれらについて拒まない態度があれば、脳死判定の実施と臓器の摘出を認める。ただし、生前に本人が、脳死判定に従う意思のないこと、または、臓器の摘出を拒否する意思を表明していた場合には、臓器の摘出はできないこととする。

(c)　問題点　筆者自身でこの案の問題点を指摘しておくと、まず第一に、提供意思表示可能年齢を一二歳にまで引き下げることが妥当か、という問題がある。それには、一二歳という年齢で区別することの適切性と、一二歳以上一五歳未満の者についてその能力があることを個別的に判断することの実施可能性の問題があると思われる。

第二に、一二歳未満の者について、脳死判定と臓器の提供に関して親の代諾を認めることの問題である。これは、前掲の移植者協議会の案とも共通する問題である。以下、この第二の問題点について、不十分ではあるが、筆者が考えているものを書き連ねてみる。

筆者は、現行法制定後ほどない時期に、「一般の医療については、患者の同意能力が否定された場合、未成年者の場合は親権者、知的・精神障害者の場合は近親の家族が、本人に代わって同意を与えることができる。しかし、死体臓器の提供は、本人に対する利益性、必要性の点で一般の医療と同視することはできない。提供者本人の意思の尊重を謳い、遺族による提供を認めていない本法においては、親権者等による臓器提供の意思表示の代行は認められない（脳死判定に従う意思については、それ以上に認められない）と解すべきである」と書いた[16]。

今でもこの考えを否定することには躊躇を覚えるが、他方、右に引用した世論調査の結果も無視できないように思える[17]。前記の試案は、いわば、世論調査の結果をそのまま法律に反映させようとするものである。しかし、世論がそのような取扱いを望むとしても、理論的説明が可能でなければ、この取扱いを組み入れた法律に対して、現行の臓器移植法が受けた非論理性の非難と同じものが浴びせられるであろう。

また、親は、子が関係する日常的事項において、つねに、子の最善の利益のみを考慮して決定を下している訳ではない、という指摘もある[18]。この指摘は筆者にとって、子の医療に対する親の決定権限に関わる通説的見解に再考を迫るものと思われるのであるが、それに基づく立論ができるだけの十分な理論化がなされている訳ではない。

さらに別の側面からこの問題の解消を求める道すじとして、自分の死体からの移植用臓器の提供について、つねに、ドナーに対して利益とはならず、ドナーの提供意思表示がなければ正当化されないもの、と認識するのではなく、ドナーに対する利益性を認めることの可能性を追求することが掲げられよう[19]。しかし、そのためには、移植用臓器提供が社会において受容され一般化することが必要であると思われる。さきの世論調査の結果は、それを支持するものと言うこともできるが、半面、移植を主としてレシピエントの立場からとらえた結果に過ぎないと評価される側面も否定できない。また、移植に対する社会的評価と個別の家族の判断とのバランスのあり方も検討されなければならない。

このようにみてくると、前述の拙案の理論的基礎づけははなはだ不十分なものであることを認めざるを得ない。「現行法は、わが国において、いまだ脳死を人の死とする社会的合意が形成されていないことを踏まえ、自己決定をなし得る者だけが臓器提供を行い得るとする大前提をとっており、この原則は今後も貫かれるべきである。したがって、自己決定をなし得ない小児について、脳死段階での臓器摘出・移植を認めるべきではない。現時点において脳死を人の死と考える国民の割合が劇的に増加したという社会的事実がない以上、自己決定という大前提を崩し脳死段階での臓器移植を広く認めようとすることは、生命、自由及び幸福追求権（憲法一三条）ないしは思想良心の自由（憲法一九条）に反する考えであり、とうてい認められ」ず、「一五歳未満の小児に限り、提供者本人の意思を要求せずに脳死段階での臓器摘出・提供を認めようとすることは許されない」と述べる日本弁護士連合会「臓器移植法の見直しに関する意見書」（二〇〇二年一〇月八日）の整合性ある見解の前に無力さを禁じ得ない。しかし、筆者は日弁連の見解に賛同して小児からの移植用臓器摘出の可能性を閉ざすことをためらう気持ちが強い。

この問題の解決は容易ではないが、引き続き、移植に対する社会的評価を踏まえた上での妥当な解決を求めて、覚束ない足取りではあるが、今後も思索を重ねていきたいと思う。

五　結びにかえて

臓器移植の問題は、唄先生が早くから手がけられたテーマであった。[20] また、現行法について「論理的に整合的な説明をすることが容易でない」[21] といわれ、「非論理立法審査はできないものか」と述べられたことも[22]鮮やかに思いかえされる。いいはばかられるが、筆者も研究生活の最初に臓器移植の問題に取り組み、当初から唄先生に過分の扱いで接していただいた。具体的な問題に関して筆者は唄先生の見解と異なる見解をとることが少なくないが、半面、唄先生のお考えをよく理解できているひとりではないかとも思っている。本稿のなり立ちははしがきに書いたとおりで慚愧に堪えないが、今後も、移植をはじめ医事法をめぐる諸問題について先生のご意見を聴くことができること久しかれと願って本稿を閉じることにしたい。

(1)　金沢文雄『刑法とモラル』一九一―九二頁（一粒社、一九八四）

(2)　臨時脳死及び臓器移植調査会「脳死及び臓器移植に関する重要事項について（答申）」（一九九二年一月二二日）。答申は、脳死を、法的にも人の死とすることを是認するとともに、移植用臓器の摘出要件について、次のように述べた。

「臓器提供の承諾については、本人の意思と、近親者の意思のどちらを優先させるべきかという問題がある。この点に関しては、本調査会としては、本人の意思は近親者の意思に優先すべきものであり、脳死者からの臓器の提供にあたっては、本人の意思が最大限に尊重されなければならないものと考える。

したがって、本人が何らかの形で臓器提供を否定していたときは、たとえ近親者が提供を承諾しても、臓器の摘出は認められるべきではない。また、反対に、臓器提供についての本人の承諾がドナーカード等の文書でなされていたときには、近親者はこれを尊重することが望ましいものと考える。

なお、臓器提供についての本人の承諾がドナーカード等の文書でなされていない場合においても、近親者が諸般の事情から本人の提供の意思を認めているときには臓器提供を認めてよいものと考える。さらに、この点に関しては、本人の臓器提供についての意思が不明な場合であっても、近親者が提供を承諾する場合には、臓器提供を認めるべきであるという意見もあった。……」

(3) それ以前の動きについては、島崎修次・中森喜彦・野本亀久雄・唄孝一・町野朔・丸山英二「臓器移植法をめぐって(座談会)」ジュリ一一二一号四頁、九一一〇頁(丸山発言、一九九七)参照。

(4) もっとも、同法案五条は「この法律において『臓器』とは、人の心臓、肺、肝臓、腎臓その他厚生省令で定める内臓及び眼球をいう」と規定していた。この点は、「厚生省令」が「厚生労働省令」とされたことを除いて、現行法も同様である。

(5) 厚生省保健医療局臓器移植対策室・臓器提供手続に関するワーキング・グループ「脳死体からの場合の臓器摘出の承諾等に係る手続についての指針骨子(案)」(平成六年一月)

(6) 死体から移植用組織を摘出するための承諾要件として、本法の運用指針第一一 6は、「遺族等に対して、摘出する組織の種類やその目的等について十分な説明を行った上で、書面により承諾を得ることが運用上適切である」としている。

(7) 二〇〇三年七月の小児循環器学会における福嶌教偉・大阪大助手の報告によると、本法施行後、一八歳未満の五〇人が海外での心臓移植を希望し、うち、二四人が海外渡航移植を受け、一九人が渡航前や渡航後の待機中に死亡している。

(7A) その後、同年一二月一〇日に、自民党の同調査会が、一五歳未満の脳死での臓器提供を実現するための法改正案を、次期通常国会に提出することを了承した、と報道された(同日付け共同通信)。その報道の中で、同年七月に超党派の国会議員でつくる生命倫理研究議員連盟が全国会議員を対象に意識調査し、回答した一九一人のうち七八%が一五歳未満での脳死臓器提供を「でるようにすべきだ」と答えたことが伝えられている。

(8) 梅原猛・原秀男・光石忠敬・米本昌平「輝ける少数意見――それでも脳死と人の死は違う(座談会)」諸君三一巻七号一七四頁、一八三頁(米本発言、一九九九)

（9）森岡正博「臓器移植法――『本人の意思表示』原則は堅持せよ」世界六八〇号一二九頁、一三四頁（二〇〇〇）

（10）梅原猛ほか、前掲注(8)、一八三頁（梅原発言、一九九九）。これは、脳死臨調の答申が、注(2)前掲に引用したところまでしか踏み込めなかったことと、町野案と同じ内容を規定する各党協議会案（それどころか、中山案ですら）が国会で成立に至らなかったことを踏まえた批判である。

（11）http://www8.cao.go.jp/survey/h14/h14-zouki/index.html.

（12）http://www.lifestudies.org/jp/moriokasugimoto-an.htm.

（13）http://www.jtr.ne.jp/osirase2.html. 現在は、日本移植者協議会ホームページのトップページ（http://www.jtr.ne.jp/）からここへ行くリンクが見あたらないようである。

（14）なお、日本移植者協議会をはじめとする臓器移植患者団体連絡会は二〇〇三年九月、これまで（ここでもみたように）子どもの移植を進めるため、一五歳未満の脳死者についてのみ、親権者の承諾で臓器提供ができるように法改正することを求めてきたが、移植法制定以来約六年において、年間四、五例の提供者しか現れていない状況に照らして、「本人が臓器提供を拒否する意思を示していない限り、年齢を問わず遺族の同意のみで提供できる」ように法改正することを求める方針に変更した（二〇〇三年九月一九日各紙朝刊）。

（15）この試案は、二〇〇〇（平成一二）年三月二四日の第一三回脳死・脳蘇生研究会におけるパネルディスカッション「脳死下臓器提供病院からみた臓器移植法の問題点並びに関連する諸問題――西暦二〇〇〇年の臓器移植法の見直しについて」での拙報告「臓器移植法の諸問題――法的観点からの問題提起」ではじめて提示し（第一三回日本脳死・脳蘇生研究会誌五六―六二頁（二〇〇〇）に収載）、その後、同年一一月三日の日本生命倫理学会第一二回年次大会におけるワークショップ「脳死と臓器移植の三年後の見直し」での拙報告「脳死と臓器移植――脳死移植法の見直しの問題」などで示してきた。

（16）丸山「臓器移植法における臓器の摘出要件」法セ四三巻一号二二頁、二四頁（一九九八）

（17）本文で引用した世論調査の二年前の二〇〇〇（平成一二）年五月に実施された総理府の世論調査でも、同様の設問で、「どちらかといえば移植ができるようにするべきだ」が三六・六パーセント、「移植ができるようにするべきだ」が三一・二パーセントと同様に傾向が見られた。

(18) 筆者は、一九九八(平成一〇)年八―一一月に神戸大学に滞在されたカリフォーニア大学バークレイ校の Stephen D. Sugarman 教授からその指摘を受けた。
(19) この点は、移植者協議会も指摘するところである。しかし、「脳死移植に対する一般の人の信頼感は確立してきたと思う。遺族の同意だけで臓器提供できるようにしてほしい」(大久保通方・日本移植者協議会理事長、二〇〇三年九月一九日朝日新聞夕刊)ということまでいえるかどうか、臓器移植は、ドナーの立場から考えるか、患者＝レシピエントの立場から考えるかで、とらえ方・意見が相当異なる問題であることもあって、躊躇を覚えるところである。
(20) 唄孝一「心臓移植への法的提言」朝日ジャーナル一〇巻三号(一九六八)(唄『脳死を学ぶ』(日本評論社、一九八九)三三頁に収載)
(21) 唄孝一「『婚姻予約』そして『死亡』――法概念とは何か」上智法学論集四三巻一号一三一頁、一五六頁(一九九九)
(22) 二〇〇三(平成一五)年三月二九日に開かれた法と精神医療学会第一八回大会における講演、唄孝一「医事法学への歩み」から

生命維持治療の中止

宮下　毅

湯沢雍彦・宇都木伸 編
『人の法と医の倫理』IIa 7
二〇〇四年三月 信山社刊

一　はじめに
二　カリフォルニア州の状況
三　事実の概要
四　判　旨
　1　関係する法的原則
　2　本事件
五　若干の考察

一　はじめに

アメリカにおける死ぬ権利論[1]は、一九七六年のQuinlanケース[2]で時の話題となり、その後、州最高裁判所レヴェルでいくつかの判例が集積され、一九九〇年の連邦最高裁判所におけるCruzanケース[3]に至った。能力ある成年者が生命維持治療の拒否までを含む医療に関する自己決定権を有することが広く認められるようになった結果、死ぬ権利論は、能力はあるが、治療を拒否することによってではなく、assisted suicide（他人に補助された自殺）を図ることによって自己の死を達成する権利としての「死ぬ権利」論にシフトしていった[4]。

確かに、Cruzanケースまでの判例の流れは、自己決定する能力のある者が自己決定の究極の形としてassisted suicideを認めるか否かの「死ぬ権利」論につながる一つの源流として位置づけることができる。しかし、もう一方で、自己決定する能力のない者のための他者による「自己」決定あるいは自己決定権の他者による行使という別の流れの源流でもあり続けている。本稿は、Cruzanケース以降の生命維持治療に関わる判決のうち、特に、無能力であるが、遷延性植物状態でも末期病でもなく、限定的ではあるが意識のある患者に対する医療の決定について、カリフォルニア州最高裁判所の事例（Conservatorship of Wendland,28 P.3d 151, 110 Cal.Rptr.2d 412 (Cal. 2001)）を紹介し、若干の考察をするものである。

二　カリフォルニア州の状況

1　判例法

カリフォルニア州における生命維持治療の中止に関する先例は、一九八四年のBartlingケース[5]に始まる。

肺虚脱のため人工呼吸器で呼吸を管理されているが、末期ではない能力ある成年患者Bartlingが、自ら裁判所に対し病院および担当医に人工呼吸器の取り外しを命ずる作為的差止命令を求めた。しかし、事実審裁判所は、生命維持治療が回復の望みのない場合に昏睡状態の患者から取り外されることだけが認められる、という理由で、請求を棄却した。これに対し、中間上訴裁判所は、事実審裁判所が昏睡状態ないし遷延性植物状態に限定したことは誤りであり、能力ある成年者は望まない治療を拒否する権利を有していると判示した。(6)

一九八六年のBouviaケース(7)では、脳性麻痺のため重度の身体障害を有する、能力ある二八歳の女性が餓死を試みたが、彼女の飢餓状態が生命を危うくするレヴェルに達したと判断した病院が彼女に栄養補給のための経鼻胃管を挿入した。彼女はこの栄養チューブを取り外す申立てを行ったが、事実審裁判所はこれを棄却した。中間上訴裁判所は、州および合衆国憲法が患者に治療拒否権を与えていると判示し、事実審裁判所に対し申立人の請求を認める新たな命令の発行を指示する終局的説示を行った。

一九八八年のDrabickケース(8)では、遷延性植物状態で昏睡状態にある患者からの栄養チューブの撤去の可否が争われた。ケース本人であるDrabickの男きょうだいが栄養チューブの撤去の許可を裁判所に申し立てた。Drabickの家族や親友は、彼がそのような状態で生きていたくないと表明したと証言した。中間上訴裁判所は、Drabickが遷延性植物状態にあり、診断によるとこれ以上の治療を行っても彼を認識の世界に戻すことはないことが立証されたと認定し、カリフォルニア州遺言検認法二三五五条に基づき申立人が栄養チューブの取り外しを含む医療に関する決定のための権限を有すると判示した。さらに、申立人が裁判所の許可を求める場合、裁判所の役割は、申立人が医学的助言に基づく誠実な決定を行ったかどうかを判断することに限定されるとした。

同じ一九八八年のMorrisonケース(9)においては、一九七九年以来遷延性植物状態にある回復の望みのない九〇歳の女性からの栄養チューブの取り外しの可否が争われた。後見人である子どもが栄養チューブの取り外しを申し立てた。中間上訴裁判所は、後見人が遷延性植物状態にある被後見人から経鼻胃管を取り外す権限を有すると判示した。しかし一方で、医師が生命維持治療の継続あるいは取り止めに参加することを拒否する権利を有し、医師がこの権利を行使する場合、医師は患者のケアを後見人の希望に添う他の資格ある医師に移さなければならないとも判示した。

どのケースも中間上訴裁判所による判断までのケースであり、州最高裁判所による見解は示されていないが、これらの先例に依拠すると、能力ある成年者の場合、遷延性植物状態、昏睡状態、回復の望みがないことあるいは末期病であることを条件とせずに、本人が生命維持治療の中止を含む治療拒否権を有し、それを行使することができる。これに対し、能力のない成年者の場合、遷延性植物状態にあり回復の望みのないことを条件として、カリフォルニア州遺言検認法二三五五条の基づき、後見人が栄養チューブの取り外しを含む生命維持治療の中止を決定する権限を有する、と考えられていた。また、これら本人あるいは後見人の決定に対する裁判所の関与は、前者の場合、能力の有無が争われることを除けば、本来は予定されておらず、後者の場合でも、後見人の決定の可否でなく、その決定が医学的助言に基づく誠実なものであるかどうかの判断に限定される、ということになる。

2　制定法

カリフォルニア州は、他州に先駆けて自然死立法(10)を制定した州であるが、一九九九年に遺言検認法の中に

Health Care Decisions Law[11]を制定するまで、本人以外の者が無能力者の医療に関する決定を行うことを認める制定法をもたなかった。本件で議論の対象とされた遺言検認法二三五五条は、当初一九七六年の制定時には、後見人がフォーマルな事前の指示書に従わなければならないことを規定しているだけで、それ以外の患者の希望に関するインフォーマルな見解には触れていなかった。[12]Drabick判決によって、その後、後見人は患者のベスト・インタレストを判断する際にインフォーマルな見解を利用することができるように解釈されたが、それを要求されるものではなかった。

遺言検認法二三五五条は一九九九年に次のように改正された。

二三五五条 (a) 被後見人が医療(health care)に関する決定を行う能力を欠くと宣告された場合、後見人は、被後見人のために、後見人が誠実に医学的助言に基づき必要と判断する医療に関する決定を行う排他的な権限を有する。後見人は、被後見人のために、もし存在するならば被後見人の個々の医療に関する指示書、およびその知る得る程度でその他の希望に従って、医療に関する決定を行わなければならない。さもなくば、後見人は、被後見人のベスト・インタレストに関する後見人の判断に従って、決定を行わなければならない。被後見人のベスト・インタレストを判断する際に、後見人は、その知り得る程度で被後見人の個人的な価値観を考慮しなければならない。後見人は、被後見人の反対にもかかわらず、被後見人に対し医療を受けることを要求することができる。この場合、後見人の医療に関する決定だけで十分であり、医療が被後見人の同意なしに被後見人に実施されたことを理由として、何人も責任を負うことはない。本節の目的のために、「医療」および「医療に関する決定」は、それぞれ四六一五条および四六一七条に規定する意味を有する。[13]

同条の準用する四六一五条は、医療を「患者の身体的または精神的状態を維持し、分析し、またはその他影響を与えるケア、治療、サーヴィスまたは手続き[14]」と定義している。さらに、四六一七条は、医療に関する決定（health care decision）を次のように定義している。

四六一七条「医療に関する決定」とは、以下の事項を含む、患者の医療に関して、患者または患者の代理人、後見人または代行者（surrogate）によりなされる決定を意味する。

(a) 医療供給者および施設の選定および退院。

(b) 診断のための検査、外科的処置および投薬プログラムの承諾あるいは拒否。

(c) 人工栄養および水分補給ならびに、心肺蘇生術を含む、その他医療のすべての形態を供給し、差し控え、または取り外すための指示。[15]

これらの条文から、後見人[16]は、被後見人の医療に関して、人工栄養および水分補給の差し控えを含む、生命維持治療の中止を指示する排他的な権限を有する、という解釈が考え得るのである。

三　事実の概要

一九九三年九月、当時四二歳の Robert Wendland は酒を飲んだ上でトラックを高速で運転し、単独で事故を起こした。その結果、彼は脳に大きな損傷を負い、精神的にも身体的にも多くの能力を失い、人工栄養および水分補給に依存することになった。一六か月にわたる昏睡状態が続き、この間の必要な治療については、Robert の妻である Rose Wendland が同意を与えた。一九九五年一月、Robert は昏睡状態から醒めた。認識には多くの障害を残し、自分では栄養補給や排泄ができなかったが、ある程度の機能を回復した。例えば、ボールを投げてキャッチし、ジョイスティックで電動車椅子を操作し、ページを捲り、円や「R」を描き、二段階の命令を実行することもできた。一時は、目の瞬きをコミュニケーションの方法として用いることもできたが、一貫したコミュニケーション手段は見出せなかった。その後、漸次悪化し、多くの麻痺や疾患を負うことになった。Roseは、栄養チューブの交換のための手術に三回同意を与えたが、一九九五年七月、四回目の手術への同意を求められたとき、初めて同意を拒否した。彼女は、この決定について娘たちやRobertの男きょうだいとも話し合ったが、生命維持に必要であってもRobertはそのような手術を受けないであろうという意見で一致した。またRoseは、担当のKass医師やその他の医師たち、病院のオンブズマンとも話し合ったが、彼らも彼女の決定を支持した。しかし、Kass医師は、病院の倫理委員会の判断が下されていなかったため、Robertに経鼻胃管を挿入した。結局、倫理委員会は全員一致で彼女の決定を承認したが、その過程でRobertの母Florence Wendlandと女きょうだいRebekah Vinsonには何も知らされていなかった。一九九五年八月、Florenceらは、匿名の電話からKass医師が経鼻胃管を撤去しようとしていることを知り、裁判所に一方的緊急差止命令を申し立て、それが認められた。

これに対応して、一九九五年九月、Roseは、Robertの後見人としての任命を求める訴訟を提起した。その申立ての中で、彼女は、Robertが治療に対するインフォームド・コンセントを与える能力を欠くこと、そして、後見人が、栄養および水分補給の差し控えを含むけれどもそれに限定されることのない、治療ないし生命維持治療の差し控えないし取り外しを行う権限を有することの確認を求めた。(17)

審理の過程で、交通事故の前、RobertがRoseに無能力の状態で他人に全面的に依存しながら生きたくはないなどと話したことが少なくとも二回あったこと、一九九七年四月二九日、Kass医師はRobertと補助器具を用いてコミュニケーションを試みたところ、他の質問には「はい」か「いいえ」で答えたが、「あなたは死にたいですか?」という質問には何も答えなかったことなどが明らかになった。(18)長い審理の後、一九九八年三月、遺言検認裁判所としての上位裁判所は、RoseをRobertの後見人として任命する一方、Robertの栄養チューブを取り外す権限については申立てを却下した。[19] 後見人であるRoseが上訴した。

二〇〇〇年二月、中間上訴裁判所は、(1) 後見人は、治療を取り止める決定の裁判所による承認を得るために、被後見人が能力者であったときに栄養チューブを取り外すことを希望したことを立証する必要がない、(2) 事実審裁判所が被後見人のベスト・インタレストに関する判断を代行したことは不適切である、(3) 生命に対する憲法上の権利は、医療を拒否する個人の権利の行使に代理を認めることによって侵害されない、(4) 明白かつ説得力ある証拠基準は、生命維持治療を差し控える後見人の決定に適用される、(5) 後見人は、生命維持治療を差し控える後見人の決定を支持する立証責任を負担する、と判示した。[20] 結果、原審に破棄差し戻されたが、カリフォルニア州最高裁判所は、この中間上訴裁判所の判断を停止し、審理を開始した。[21]

四 判 旨

カリフォルニア州最高裁判所は、本件の主要な論点を「身上後見人が、末期でも昏睡状態でもなく、また遷延性植物状態でもなく、さらに医療に関する正式な書面を残さず、医療の決定のための代理人ないし代行者も任命していない、意識のある被後見人に人工栄養および水分補給を与えることを差し控えることができるか否か」[21] と位置づける。そして、判決理由の前半〔1 関係する法的原則〕では、総論として、治療拒否権に関する憲法上およびコモン・ロー上の原則とカリフォルニア州遺言検認法二三五五条を検討する。次に、判決理由の後半〔2 本件〕では、各論として、二三五五条の規定する二つの基準について、本件に照らし検討し、結論づける。

1　関係する法的原則

州最高裁判所は、検討の最終目的として、後見人が被後見人の生命を終了させる権限を求める根拠とした遺言検認法二三五五条を掲げる。しかし、制定法は、憲法、コモン・ローおよび制定法上の緒原則のコンテクストの中で語られるものであり、これらの諸原則の与える背景が本質的なものである、という認識から、先ず憲法上およびコモン・ロー上の原則、次に遺言検認法二三五五条の変遷とその内容について、言及する。

(1)　憲法上およびコモン・ロー上の原則

州最高裁判所は、カリフォルニア州での治療拒否権の根拠、性質およびその及ぶ範囲について、特に、本人に能力があったときに行った決定と無能力者の後見人による決定との相違に着目し、以下のように検討を行う。

生命を維持するために必要な治療であっても、能力ある成年者が治療を拒否する権利を有することは、確立された原則である。本件は、我々に能力者の権利の向こうにある無能力である被後見人の権利と後見人の役割を思い描くことを要求するものであるが、この原則が出発点である。

能力者が治療を拒否する権利を有することは、コモン・ロー上および州憲法上も認められている。カリフォルニア州の先例であるBartlingケース、Bouviaケース、Thorケースを検討し[22]、あるいは合衆国最高裁判所でのCruzanケースをも考慮すると、能力ある成年者の治療を拒否する権利は、少なくともカリフォルニア州において確立されているといえる。

同様の権利は、治療を拒否する行為が有効性を持続させることを認める法に基づいて、本人が能力のあるうちに行使するならば、無能力になった後も存在し続けることができる。カリフォルニア州で、そのような試みは自然死法で行われ、非常に限定された状況においてのみ、能力ある成年者が生命維持治療を保留ないし撤去することを医療提供者に命ずることを認めた。また、一九九九年に制定され二〇〇〇年に施行されたHealth Care Decisions Lawでは、能力ある成年者に、無能力となったときの医療の全ての局面において命令することができる非常に広範な権限を与えた。これらの法律はすべて、医療のための書面あるいは医療に関する決定のための代理人ないし代行者の指名という形式において、能力者の決定に効力を与えるものである。

これに対して、後見人によってなされる決定は、異なる根拠——無能力者を保護するための州のパレンス・パトリエ権限——に由来する。能力者によって任意に任命される医療のための代理人ないし代行者の場合と違って、本人が医療の決定を行う能力を欠くと宣告されることを条件とするために、後見人は裁判所によって任命される。Drabickケースにおいて、中間上訴裁判所は、この二つのコンセプトの違い——能力者の任意の行為と州のパレンス・パトリエ権限——を混同し、この疑わしい根拠に基づいて、本人が無能力となった後も治療を拒否する権利が存在し続けるという斬新な結論を導き出した。

我々は、カリフォルニア州憲法に基づき無能力者が自分自身の利益と価値を反映した適切な医療に対する権利を有している、というDrabickケースでの中間上訴裁判所の結論を疑わない。しかし、裁判所が任命した後見人による適切な決定に対する権利は、被後見人の治療拒否権と必ずしも一致するものではなく、生命に対する被後見人の権利あるいは生命を保存することにおける州の利益に明らかに優先するものでもない。Drabick判決は、その裁判所自身が厳格に適用対象を制限したため、遷延性植物状態以外の被後見人のケースには拡張されてない。

(2) 遺言検認法二三五五条

次に、カリフォルニア州最高裁判所は、遺言検認法二三五五条について、一九七六年制定時の内容、次に一九九九年改正に少なからず影響を与えたDrabick ケースの行った法解釈、さらに現在の二三五五条の解釈論へと検討を進める。

一九七九年制定時、後見人の「排他的な権限[23]」は、その文言よれば、医療に関する決定の全範囲を網羅するほど広いものと解釈され得るものであった。しかし、その時に立法者が、この文言が後見人に人工栄養および水分補給の差し控えによって被後見人の生命を終了させる権限まで付与したと理解されるであろうことまで検討した証拠はない。二三五五条にこのような権限を認めたのは、Drabick 判決が最初である。

一九九〇年改正は内容については何も変更されなかったが、一九九九年改正では、Drabick 判決の内容を取り込むとともに、同時に制定された Health Care Decisions Law との整合性も計られ、大きく改正された。Health Care Decisions Law の主な目的は、自分自身で決定することができなくなったときに成年者に代わって行われる医療に関する決定を規律する手続と基準を与え、無能力になる前に医療を指示するための仕組みを与えることにある。新法の中核的規定は、第三者による医療に関する決定を行うために一定の基準を与えることである。

現在の二三五五条は、その変遷が示すように、Drabick 判決でなされた旧法の解釈と一部は一致しているが、全部ではない。つまり、Drabick 判決は、無能力者のインフォーマルに表明された希望を、後見人が被後見人のベスト・インタレストを判断する際に考慮する単なるファクターとしてみていた。しかし、これとは対照的に、現在の二三五五条は、それが知られている場合、被後見人のインフォーマルに表明された希望に決定的な重要性を置く（第一の基準）。ベスト・インタレスト基準は、被後見人の希望が知られていない場合にだけ適用される（第二の基準）。被後見人のベスト・インタレストを判断する際に、後見人は、知り得る程度において被後見人の個人的な価値観を考慮に入れなければならない。

2　本事件

カリフォルニア州最高裁判所は、前述の通り、二三五五条の構造が二重になっていることを明らかにし、この二三五五条を本件に適用する際に要求される証明基準について、それぞれの場合を吟味する。

(1)　第一の基準：被後見人の希望に従った決定

州最高裁判所は、二三五五条の規定する被後見人の希望に従った決定基準を適用する際に、被後見人の希望がどの程度証明される必要があるかについて、具体的には民事事件の原則基準である証拠の優越性基準によるのか、刑事事件で用いられる合理的疑いを超える程度まで求められるのか、その中間に位置すると理解されている明白かつ説得力ある証拠基準によるのか、について検討する。

現在の二三五五条(a)項は、もし知られているならば、被後見人の希望に沿うことを明らかに後見人に要求している。Florence ら後見人の決定に反対する者（以下、反対者）は、もし二三五五条が証拠の優越基準による認定に基づき、後見人に意識のある被後見人の生命を終了させることを許するように解釈されるのであれば、二三五五条が違憲である、と主張する。我々は、二三五五条が文面上違憲であると判示する根拠を見出し得ない。

しかしながら、反対者の主張に長所を認める。それゆえ、我々は、後見人が生命維持治療を差し控えることを正当化するために被後見人によって示された希望に依拠する場合、生命維持治療を拒否する意識のある被後見人の希望の明白かつ説得力ある証拠を要求することによって、二三五五条の違憲適用の可能性を最小限にするように解釈する。この解釈は、制定法の文言からの逸脱を伴うものではなく、証拠の優越基準が適用されるであろうという法律改正委員会の認識の部分的な否定を構成するに過ぎない。つまり、意識のある被後見人の死を熟慮しない後見人によってなされる医療に関する決定の大部分により高い証拠基準を適用する憲法上の理由を考えているわけではない。我々の理由は以下のとおりである。

第一に、Drabick 判決は、被後見人が遷延性植物状態にある状況で、後見人に被後見人の生命維持治療を差し控えることを許可するものとして、自らの判決を限定している。本件後見人は、Drabick 判決が二三五五条の適用可能性を制限したことは制定法の平易な文言を無視するものとして間違いである、と主張する。しかし、Drabick 判決は、このような限定が加えられたことによって、本件で直面している憲法問題——すなわち、無能力であるが、脱水状態や飢餓状態を主観的に認識しうる、意識のある被後見人から人工栄養および水分補給を差し控える決定の妥当性の問題——にまで立ち入っていない。

第二に、本件後見人は一九九九年改正が後見人に人工栄養および水分補給の中止を含む特定の権限を付与したと主張するが、その際に、立法者が本件のような事実状況をどれだけ考慮していたかの証拠がない。その基となった改正委員会の勧告が引用する四つの判決（Bouvia, Bartling, Drabick, Barber）は、本件のような意識のある無能力患者からの生命維持治療の取り止めに焦点を当てていない。また、カリフォルニア州見解も、この点について何も述べていない。

第三に、医療に関するの決定を行うための代理人を任命する能力者は、任命者が最も高い信頼をおくことのできる人を選任するであろう。対照的に、無能力の被後見人のために任命される後見人は、被後見人の代理人ではなく、医療に関する被後見人の希望について特別な知識をもっているものとは推測され得ない。それゆえ、医的ケアを差し控えることによって被後見人の生命を終了させるという後見人の決定の法律上の根拠が、被後見人ならばそのような医療を拒否するであろうということである場合、より高い証明基準を適用することがその決定の信頼性を確保するために役立つであろう。

第四に、民事事件における本来の証明基準は証拠の優越性であるが、重要な権利を保護するために必要な場合、裁判所はこれまでにも明白かつ説得力ある証拠基準を適用してきた。生命維持治療を取り止めるための決定は、明らかにそのような権利の一つである。さらに、治療する決定は取り返しがつくが、治療を取り止める決定はそうではない。つまり、このようなケースにおける高い証明基準の役割は、より危険性の少ない結果に導くように、誤謬の危険を調整することである。

以上のような検討から、州最高裁判所は、第一の基準を適用するためには、後見人は被後見人の希望について明白かつ説得力ある証拠基準を満たさなければならない、と結論する。

(2) 第二の基準：被後見人のベスト・インタレストに従った決定

次に、州最高裁判所は、二三五五条の規定する被後見人のベスト・インタレストに従った決定基準を適用する際に、後見人の決定が被後見人のベスト・インタレストに適うことをどの程度証明しなければならないかについて、検討する。

第一の基準である被後見人の希望に従った決定が行えない場合、第二の基準である被後見人のベストインタレストに従った決定を判断しなければならない。事実審裁判所は、この被後見人のベスト・インタレストに従っているか否かの証明基準について、明白かつ説得力ある証拠基準を採用した。

後見人は、この点について、あまりに高度な証明基準を採用したと主張する。また、Health Care Decisions Law の四六五〇条(c)項についての法律改正委員会の見解を引用し、事実審裁判所は、後見人が「医学的助言に基づいた誠実な」決定を行い、治療が被後見人のベスト・インタレストにおいて必要であろうがなかろうが、「被後見人の個人的価値を考慮した」ことを確認する以外の権限をもたない、と主張する。しかし、このような二三五五条の解釈は正しくない。

意識はあるけれども能力のない被後見人の生命を終了させることを後見人が提案する例外的なケースにおいて、我々は、被後見人の希望の決定に明白かつ説得力ある証拠基準を適用すること正当化するのと同じ要因が、被後見人のベスト・インタレストの決定にその基準を適用することをさらに正当化する、と考える。何故なら、その決定が被後見人のプライヴァシーと生命への基本的権利を脅かすからである。二三五五条は、すべての医療の決定を網羅するために十分な幅をもって規定されたけれども、立法者は裁判所による再検討なしに考えられるあらゆる適用を認めることを意図したはずがない。

その文字どおりの極端な意味に理解すると、二三五五条は、医療に関する決定を行う能力がないと宣告された被後見人の精神的および身体的障害の程度にかかわらず、後見人が誠実に治療が被後見人のベスト・インタレストに適っていないと考えたという証明だけで、被後見人から生命に必要な医療を撤回することを可能にしてしまう。たとえ「誠実に［そして］医学的助言に基づいて」、被後見人が承諾しがたい quality of life を享受しても、結果は、後見人が後見人の主観的な評価に基づいて被後見人の生命を自由に終了させることを可能にすることになる。我々は、立法者がそこまで無制限な権限を与えることを意図していたと信ずる理由も、裁判所の決定においてそのように結論づける根拠も見出し得ない。このような状況の下で、我々は、制定法を適切に解釈し、意識はあるが無能力である被後見人の基本的権利に対する重大な権利侵害を避けるために、明白かつ説得力ある証拠による証明を必要とすることができる。

我々は、本件において、もし明白かつ説得力ある証拠によって証明されるならば、生命維持治療を取り止めることが意識のある被後見人のベスト・インタレストに適うという後見人の決定をなるほどと思わせるような、極端な事実の具体的属性を定義する必要はない。本件で、後見人は、被後見人が満足な quality of life を享受していないという彼女自身の主観的な判断と被後見人が死ぬことを望んでいたということについて、法的には不十分な証拠しか提示していない。本件裁判記録において、事実審裁判所の決定は妥当である。

(3) 結　論

カリフォルニア州最高裁判所は、以上のような検討をふまえて、次のように結論する。

上位裁判所が、後見人に対して、明白かつ説得力ある証拠によって、被後見人が生命維持治療を拒否することを希望したか、そのような治療を差し控えることが被後見人のベスト・インタレストに適うことを証明することを要求したことは、妥当である。そのような証拠がなかったために、上位裁判所が、人工栄養および水分補給を取り止める許可を求める後見人の申立てを却下したことは、妥当である。

しかしながら、明白かつ説得力ある証拠基準は、二三五五条に基づき後見人によって行われる医療に関する決定の大多数に適用されるものではないことを強調する。生命維持治療を取り止める決定だけが、意識のある被後見人の基本的権利への影響を理由として、高い証拠基準を課すことを正当化する。それゆえ、我々の判断は、狭い範囲の者――医療のための正式な指示書を残さず、その後見人が被後見人の死を生じさせるために生命維持治療を差し控えることを提案する、意識のある被後見人――にだけ影響を与える。我々の結論は、昏睡状態や遷延性植物状態にある者を含む、永久的な無意識の患者、医療に関する法的な指示書を残した者、医療のための代理人ないし他の代行者を指名した者、あるいは後見人によって意識のある被後見人の死を引き起こすことを意図するものではない医療の決定をなされた被後見人に影響を与えない。

中間上訴裁判所の決定は破棄される。

五　若干の考察

本件で対象となったのは、法的に無能力であるが、最小限の意識のある状態の患者であり、Drabick のような遷延性植物状態でもないし、末期でもない。カリフォルニア州最高裁判所は、本件を遷延性植物状態の患者の生命維持治療の差し控えの場合と区別し、能力者の治療拒否権の行使や無能力者の事前の指示書の行使の場合とも区別した。

最小限の意識のある患者の特徴は、遷延性植物状態の患者と異なり、苦痛や喜びを感じる可能性があることである。つまり、最小限の意識のある患者は、そのまま延命されている間、意識状態に変化を生ずる可能性があるのと同時に、不自由な身体機能の進行や他者に全面的に依存する存在であるということからの屈辱感を感じる可能性も有しているのである。

1　カリフォルニア州最高裁判所は、第一の基準においても第二の基準においても、明白かつ説得力ある証拠基準を採用した。本件までに、ミシガン州、ミズーリ州、ニュー・ジャージー州およびニュー・ヨーク州の裁判所が、代理者など本人以外の者による治療拒否のための基準として、明白かつ説得力ある証拠基準を採用し、(24)合衆国最高裁判所もCruzan判決において、ミズーリ州がそのような高い証明基準を採用することができると判示している。本件で、カリフォルニア州最高裁判所は、重要な基本的権利が問題となっている場合、より高い証明基準を採用することができることを理由としている。一方、Cruzan判決で、合衆国最高裁判所は、ミズーリ州が生命尊重のポリシーから高い証明基準を課すことができるとしている。カリフォルニア州最高裁判所は、州のポリシーについては一切言及していないが、同じ過ちをするならば、生命を維持する方向で過ちを犯すほうがよいとする点では一致しており、実質的には裁判所が生命尊重のポリシーを認めたのと同様の効果をもつのではないだろうか。

2　カリフォルニア州最高裁判所の設定した高い証拠基準は、第一の基準において、本件のような患者が遷延性植物状態で生命維持治療につながれて生き続けたくないという明確な希望を表明したことがあったのでは足りず、現在の本人の状態を想定して、無能力であるが最小限の意識のある状態で生命維持治療によって生かされ続けたくはないという明確な希望の表明を必要とする。とすると、どれだけの者がそのような特定の状況を念頭に置いて生命維持治療の可否の希望を表明できるのか、という疑問が生ずる。明白かつ説得力ある証拠基準は、無能力であるが最少限の意識のある患者にとって克服しがたい障壁を設けることになる、という批判も当然といえよう。[25] しかし、カリフォルニア州最高裁判所は、先述の理由で、敢えて高い証拠基準を採用した。

3 第二の基準として、後見人が被後見人のベスト・インタレストを判断する場合にも、明白かつ説得力ある証拠基準を採用した点も注目される。当事者が二三五五条の規定するベスト・インタレスト基準の適否自体を争わなかったために、裁判所も最小限の言及に止めている。しかし、そもそもベスト・インタレスト基準を本件のような患者に適用することが間違いである、という主張がある。遷延性植物状態患者と違い、無能力であるが最小限の意識のある患者は、苦痛や喜びあるいは屈辱感や満足感を感じている可能性はあるが、どの程度感じているか不確かであるというのが、現在の医学的な評価である。にもかかわらず、ベスト・インタレスト基準を用いると、ファクターとしてその不確かさに基づいて、生命維持治療が被後見人のベスト・インタレストに適うか否かを判断せざるを得なくなり、判断の枠組みとしては機能しない、というのである。[26]

4 後見人を支持する法廷助言者は、「患者の希望を示す証拠が明白かつ説得力ある証拠基準を満たさない場合に、医師が生命維持治療を取り止める代理者の指示に従わなくてもよい[27]」ことになったら、多くの医師は裁判所の許可なしに生命維持治療を取り止めることを拒否することになる、と主張している。これに対し、州最高裁判所は、医療の決定のための代理人ないし代理者を任命しているか、医療のための正式な指示書を残している患者の場合にも、あるいは、意識のある患者からの生命維持治療の取り止めほど重要でない、医療に関する決定の大多数を占める決定の場合も、このような主張は有効な懸念にはならない、と反駁している。果たしてこの反論は説得力あるものであろうか。生命維持治療の中止を求める者は患者の希望が高い証明基準を満たすレベルで証明されたと主張するであろうが、医師が後知恵による危険を冒してまで生命維持治療の中止に応じるものであろうか、やはり疑問が残るところである。とすれば、Drabick 判決とそれに続く制定法が生命維持治療の中止に関する争いが法廷に持ち込まれることを回避する方向に働いたのとは、カリフォルニア州最高裁判所の思惑は別として、逆の方向に働く可能性がある。

5　本件の身上後見人の権限について、カリフォルニア州最高裁判所は、一定の条件のもとで、被後見人の医療に関する決定を行う際に、二三五五条の規定する「排他的な権限」は制限され得ることを認めた。カリフォルニア州は、Health Care Decisions Law の四六五〇条(a)項において成年者が「生命維持治療を差し控えるかまたは取り止める決定を含む、自分自身の医療に関する決定をコントロールする基本的権利[28]」を有していることを認め、そのことから、同法に基づき、本人以外の代理人、後見人その他代行者は本人の権利を行使することを可能とする構成を取っている。その意味で、同法に基づく代理人などの権限は「自分自身の医療に関する決定をコントロールする基本的権利」に限りなく一致する可能性をもっている。つまり、前者の権限は医療に関する決定を行う「排他的な権限」であるが、一定の条件では生命維持治療を終了させる権限までは含まれず、後者の権限は同法に基づき「医療に関する決定をコントロールする」権限になり得るというのである。カリフォルニア州最高裁判所は、後見人と本人に任命された第三者などとの性質の違いを理由に、この二つの権限の区別を行い、一部の権限が後見人の「排他的な権限」に含まれないと判示した。

本件は成年者の場合であったが、Health Care Decisions Law に基づく医療に関する決定を行うことのできない未成年者の場合、本件判断の述べる枠組みだけでは説明できなくなる。未成年者の場合、能力があったときを前提とすることができなくなるからである。未成年者だけでなく、痴呆などで徐々に無能力となる者、生来無能力であるが最小限の意識のある者に本判決が影響を与えないともいえまい。[29] その意味で、本件判断は、「狭い範囲の者」だけでなく、影響を与える可能性を内包している。

6 最後に、カリフォルニア州最高裁判所は、「明白かつ説得力ある証拠基準」の適用について結論づけた後に、さらに「事実審裁判所の評価に、……、専門家が Robert の質問への回答の一貫性や正確性を議論したけれども、彼の希望に関する様々な質問に対して表面的にはなるほどと思わせる『イエス』か『ノー』の答えている中で、彼が『死にたいですか?』という質問に答えなかったという事実を無視することが困難であることだけを付け加える。[30]」と述べている。このことから、本件を事例判決として位置づけることも可能であろうが、結論は今後の判例の展開を待つことになろう。

(1) アメリカにおける死ぬ権利論の生成過程については、唄孝一『生命維持治療の法理と倫理』(有斐閣、一九九〇年)を参照。
(2) *In re* Quinlan, 486 A.2d 647 (N.J. 1976).
(3) Cruzan v. Missouri Dep't of Health, 497 U.S. 261,110 S. Ct. 2841 (1990).
(4) 本論文集に所収の富田論文参照
(5) Bartling v. Superior Court, 209 Cal.Rptr. 220 (App. 2 Dist. 1984).
(6) 但し、訴訟中に Bartling 本人が死亡したため、争訟性を喪失したとして、再審理のための申立ては却下された。
(7) Bouvia v. Superior Court, 225 Cal.Rptr. 297 (App. 2 Dist. 1986).
(8) Conservatorship of Drabick, 245 Cal.Rptr. 840 (App. 6 Dist. 1988).
(9) Conservatorship of Morrison, 253 Cal.Rptr. 530 (App. 1 Dist. 1988).
(10) カリフォルニア州自然死法の成立過程については、唄孝一「カリフォルニア自然死法の成立過程」東京都立大学法学会雑誌二二巻一号(一九八一年)(前注(1)唄『生命維持治療の法理と倫理』所収)および富田清美「アメリカにおけるいわゆる自然死立法の動向」東京都立大学法学会雑誌二九巻二号二九三頁以下（一九八七年）を参照。

(11) *See* Cal. Prob. Code §§4600-4805 (2000).

(12) カリフォルニア州遺言検認法旧二三五五条は、以下のように規定されていた。「被後見人が治療（medical treatment）のためのインフォームド・コンセントを与える能力を欠くと宣告された場合、後見人は、医学的助言に基づき誠実に必要と判断する、被後見人に実施される治療にインフォームド・コンセントを与える排他的な権限を有し、かつ、被後見人が反対にもかかわらず、後見人は、被後見人に対しそのような治療を受けることを要求することができる。」Cal. Prob. Code §2355 (1976).

(13) Cal. Prob. Code §2355 (2000).

(14) Cal. Prob. Code §4615 (2000).

(15) Cal. Prob. Code §4617 (2000).

(16) 本稿では、特に断らない限り、「後見人」は「身上後見人」を意味する。*See* Cal. Prob. Code §2350 (2000).

(17) Florenceらは、被後見人のための独立検察官（independent counsel）の任命を求める別訴を提起した。この別訴については、上訴裁判所が、被後見人の妻が一時的ではない後見人としての任命を求めかつ生命維持治療を取り止める権限を求めている場合、事実審査裁判所は被後見人のための独立検察官を任命することを要求される、と判示した。Wendland v. Superior Court, 56 Cal.Rptr.2d 595 (App. 3 Dist. 1996). 但し、本判決によって任命された独立検察官は、Roseの立場を支持している。

(18) Kass医師が質問し、それにRobertがyes/no boardを用いて答える形で行われ、以下のような内容であった。「痛みがありますか?」「はい」、「足は痛みますか?」「いいえ」、「お尻は痛みますか?」「いいえ」、「独りにして欲しいですか?」「はい」、「これ以上の治療を望みますか?」「いいえ」、「椅子に座りたいですか?」「はい」、「ベットに戻りたいですか?」「いいえ」、「あなたは死にたいですか?」回答なし、「腹を立てていますか?」「はい」、「誰に?」「いいえ」。See Wendland, 110 Cal.Rptr.2d at 418-419.

(19) Conservatorship of Wendland, 93 Cal.Rptr.2d 550 (App. 3 Dist. 2000).

(20) 口頭弁論の後、被後見人は死亡したが、州最高裁判所は、重要な問題を含み、繰り返し争われる可能性があることから、争訟性を喪失したとして却下することはせずに審理を維持した。Wendland, 110 Cal.Rptr.2d at 415. Rose は旧二三五五条に基づき申立てを行い、事実審裁判所および中間上訴裁判所も旧二三五五条の下で判決を下した。しかし、その後、同条が改正された結果、州最高裁判所では現在の二三五五条の下で判断されることになった。

(21) Wendland, 110 Cal.Rptr.2d at 415.

(22) Thor v. Superior Court, 21 Cal.Rptr.2d 357 (Cal. 1993)

(23) 前掲注(12)参照。

(24) *See In re* Martin, 538 N.W.2d 399 (Mich. 1995); Cruzan v. Harmon, 760 S.W.2d 408 (Mo. 1988), *aff'd sub nom.* Cruzan v. Dir., Mo. Dep't of Health, 497 U.S. 261 (1990); *In re* Conroy, 486 A.2d 1209 (N.J. 1984); *In re* Wetchester County Med. Ctr. ex rel. O'Conner, 531 N.E.2d 607 (N.Y. 1988).

(25) Michelle M. Mello, Note, *Death, Life, and Uncertainty: Allocating the Risk of Error in the Decision to Terminate Life Support,* 109 Yale L.J. 635, 640 (1999)

(26) *Id.* at 639.

(27) Wendland, 110 Cal.Rptr.2d at 437.

(28) Cal. Prob. Code §4650 (2000)

(29) Mary Ann Buckley, Note, In re *Wendland: Contradiction, Confusion, and Constitutionality,* 11 J.L. & Pol'y 255, 288 (2002).

(30) Wendland, 110 Cal.Rptr.2d at 438-439.

人体およびヒト組織等の利用をめぐる生命倫理と刑事規制

甲斐克則

湯沢雍彦・宇都木伸 編
『人の法と医の倫理』IIb 1
二〇〇四年三月 信山社刊

一　序

1　医事法学を開拓された唄孝一教授は、患者の自己決定権を過度に振り回すことなく、生命それ自体あるいは身体それ自体の権利性を強く意識して医事法の理論を展開された。例えば、インフォームド・コンセントの法理に関して、「承諾の必要［性の］中に、自己決定権とともに肉体的完全性への権利という、重大な人権侵害が潜んでいることを理解」すべきであり、この法理の「本来的価値」は、「人間は人間としてのひとかたまりの肉体がここにあるというそのことだけで、その存在を権利として主張できる。しかも、それは精神と全く別のものではなく、精神もそこにくっついているいわば実存につながる」もの、すなわち、自由権とも社会権とも異なる「存在権」とでも言うべきところにある[(1)]、と。この指摘は、生命倫理ないし医事法の問題が多様化した現在でも、いや、そうであるがゆえに、その諸問題を考えるうえで根底に置かれるべき視座であると思われる。とりわけ新規医療をめぐる問題では、なおさら、これと連動する「人間の尊厳」という原点に立ち返った本質的考察が要求されるが、もちろん、「人間の尊厳」や「人格の尊厳」、さらには「生命の尊厳」という言葉を無造作に「濫用」してはならず、繊細な議論が必要である[(2)]。

2　ところで、ゲノム解析完了宣言とポスト・ゲノム時代の到来といわれる時代を迎えた今日、人体・ヒト組織・ヒト由来物質の利用の多様化が進み、これが新たな問題を引き起こしている。人体利用といえば、従来、臓器移植の問題が中心であった。しかし、今日、それを超える諸問題が続々と登場している。
最も極端なものは、アメリカの人体の商品化傾向であろう。ロリー・アンドリュースとドロシー・ネルキンは、『人体市場（BODY BAZAAR）』というショッキングな題目の書物の中で、アメリカにおける様々な生体部品売買や人体犯罪の実態の詳細を報告している。[3] また、宇都木伸教授の研究[4]によれば、イギリスでは、一九八八年から一九九五年までの間、子供病院 Alder Hey（正式名称は Royal Liverpool Children's Hospital NHS Trust）において、死後検査の際には原則として全臓器を採取していたことから、大量に地下室に劣悪な状態で保存されていたという（Alder Hey 事件）。これが公になるや、調査委員会が設置され、勧告が出されている。さらに、ドイツでは、マンハイムの国立技術産業博物館において一九九七年一〇月三〇日から一九九八年三月一日まで、「人体の世界」展覧会が開催され、二〇〇点の人体パーツおよび等身大の人体が展示された。延べ七七万八、〇八七人が訪れたほど盛況であった一方で、それらの展示品は、医師であり解剖学者でもあり、しかも造形芸術家のギュンター・フォン・ハーゲンス氏がプラスティネーションと呼ばれる防腐処理を施して、保存・作成したものであったことから、一部で宗教関係者を中心に反論の声もあったという。[5]

3　他方、医学研究ないし医療との関係においても、難問が出始めている。日本では、後述のように、死体解剖保存法に関わる二つの自治医大病院事件判決（東京地判平成一二・一一・二四判時一七三八号八〇頁、東京地判平成一四・八・三〇判時一七九七号六八頁）が、解剖死体の法的地位と扱いをめぐり重要な問題を提起している。とりわけ従来ルールのなかった病理解剖死体の扱いについては、近年、遺伝子検査に伴う遺伝情報の問題とも関係して、医事法的観点からも看過できない問題が生じている。少なくとも、「人は死ねばゴミになる」[6]というどころではない時代になっている。また、細胞検査やヒト組織の利用（医療目的および研究目的）、ヒト由来物質の利用（医療目的および研究目的）の問題も、とりわけ倫理的規制から法的規制へと議論が及ぶに連れて、医事法との関わりが深くなっている。[7] その中で、刑事規制の役割も重要視されつつある。しかし、「最後の手段（ultima ratio）」としての刑事規制については、その投入に慎重でなければならない。

刑事規制の根拠としては、前述のように、「人間の尊厳」を根底に据えて考えなければならない。「人間の尊厳」は、生命倫理・医事法の領域において、いまや確固たる基盤を有しているといえる。そして、「人間の尊厳」は、人間存在にとり本質的なものでありながら日常生活に内在する具体性を持った実在的なもの（「自分を人間として扱ってくれ」という叫びの源泉）であり、決して抽象的概念ではないし、特定の宗教的概念だけのものではないと思われる。日常生活では、その内容を言語化しにくいだけである。その分だけ、人により理解が異なる場合が見受けられる。したがって、その内実を具現化していくことが、生命倫理ないし医事法学の重要な課題といえる。[8]「人間の尊厳」について一言すれば、アルトゥール・カウフマンが説くように、[9]その実存形式は多様であっても、存在の本質においては同一である。しかも、消極的定義という方法でしかそれを定義できない性質のものでもある。

このことを念頭に置いて、以下、人体およびヒト組織等（ヒト由来物質を含む）の利用をめぐる生命倫理と刑事規制の具体的問題に即して検討してみよう。

（1）唄孝一「インフォームド・コンセントと医事法学」第一回日本医学会特別シンポジウム記録集（一九九四）二一―二二頁

（2）この点については、若干の考察をした。甲斐克則「『人間の尊厳』と生命倫理・医事法――具現化の試み」三島淑臣教授古稀祝賀論集『自由と正義の法理念』（二〇〇三・成文堂）四八九頁以下参照

（3）L・アンドルーズ／D・ネルキン（野田亮／野田洋子訳）『人体市場――商品化される臓器・細胞・DNA』（二〇〇二・岩波書店）三三頁以下、二一三頁以下参照。なお、粟屋剛『人体部品ビジネス――「臓器」商品化時代の現実』（一九九九・講談社）は、日本の研究者によるこの種の問題の先駆的研究である。

（4）宇都木伸「死体検査の際に採取されたヒト由来物質――イギリスの最近の動向に関する覚え書き」東海法学二七号（二〇〇二）一頁以下、同「死体からの臓器・組織の研究利用――イギリスの例から」ジュリスト一二四七号（二〇〇三）六

二頁以下参照

（5） Vgl. Brigitte Tag, Zum Umgang mit der Leich. Rechtliche Aspekte der dauernden Konservierung menschlicher Korper und Korperteile durch die Plastination. MedR 1998, S.387. なお、アンドルーズ／ネルキン・前出注（3）一六七頁以下参照

（6） この言葉は、元検事総長の闘病記である伊藤栄樹『人は死ねばゴミになる——私のがんとの闘い』（一九八八・新潮社）による。

（7）「〈特集〉ヒト組織・細胞の取扱いと法」ジュリスト一一九三号（二〇〇一）掲載の座談会および諸論稿、さらには「〈特集〉医学研究の進歩と法」ジュリスト一二四七号（二〇〇三）掲載の座談会および諸論稿参照

（8） 詳細については、甲斐・前出注（2）参照。本稿と併せて参照されたい。なお、甲斐克則『尊厳死と刑法〔医事刑法研究第2巻〕』（二〇〇四・成文堂）、同「生命倫理および医事法の原点としての被験者保護と『人間の尊厳』」生命倫理一三巻一号（二〇〇三）七〇頁以下参照

（9） Vgl. Arthur Kaufmann, Das Schuldprinzip. Eine strafrechtlich-rechtsphilosophische Untersuchung. 2. Aufl., 1976, S. 90ff.. アルトゥール・カウフマン（甲斐克則訳）『責任原理——刑法的・法哲学的研究』（二〇〇〇・九州大学出版会）一二七頁以下参照

二　身体の法的地位

1　本題を検討する前に、まず、総論的問題として、現行法が人の「身体」をどのように位置づけているかを確認しておこう。身体を法的に考察する場合、いうまでもなく、その保護が中心となるが、同時にその処分権も問題となる。ドイツ憲法と異なり、日本では、憲法上「身体」について必ずしも明確な位置づけを与えていない。先に引用した唄教授の言葉、すなわち、「人間は人間としてのひとかたまりの肉体がここにあるということだけで、その存在を権利として主張できる。しかも、それは精神と全く別のものではなく、

精神もそこにくっついているいわば実存につながる」もの、すなわち、自由権とも社会権とも異なる「存在権」とでもいうべきものの根幹をなすもの[10]と考えられる。実体法的にみると、ある程度これを明確化しているのは、刑法二〇四条の傷害罪の規定(「人の身体を傷害した者は、十年以下の懲役又は三十万円以下の罰金若しくは科料に処する。」)である。しかし、それ以上の内容は、この規定からは読みとれない。また、民法も、身体への不法な攻撃に対して不法行為責任(民法七〇九条)で対応することにより身体の保護を図っているが、それ以上の具現化はみられない。これをさらに掘り下げる必要がある。

2 ここでいう「身体」の内容としては、一般に身体の完全性ないし統一性と生理的機能というものが考えられる。しかし、生命については、人間存在が個であると同時に社会的存在でもあるという特殊性および根源性に鑑み、その処分権が刑法二〇二条の同意殺人罪の規定で制限されているの[11]に対して、身体の処分権については規定もなく、ドイツ刑法二二八条のように公序良俗違反による同意傷害の制限規定もなく、これらは解釈に委ねられている。行為態様や目的の「公序良俗違反」を根拠として制限を設けるか(通説・判例(最決昭和五五年一一月一三日刑集三四巻六号三九六頁))、あるいはパターナリズムを極力排して「生命の危険性」を基準として制限を設けるか[12]については争いがある。前者は、基準の情緒性・流動性からして問題がある。しかし、後者も、「生命の危険性」というだけでは基準としては大雑把である。身体の自己所有性、したがって自己処分権を認めるにしても、憲法上の基本的人権の尊重(とりわけ憲法一三条の個人の尊重・幸福追求権)の趣旨からして、身体は「存在権」とでもいうべき人格権の重要基幹部分として位置づけられるべきであり、そうだとすれば、むしろ「人格の同一性の著しい変更」という点に限界基準を設定すべきものと考える(例えば、大脳の重要部分の切除等)。

3　かくして、いずれにせよ「医療」ないし「医学研究」という場面でも、患者の身体を医療関係者ないし医学研究者が一方的に扱うことはできず、インフォームド・コンセントおよび自己決定権が重要な役割を演じることになるが、それは、自ずと内在的制限に服する部分もある。その意味では、身体と意思を分離する、いわゆる「デカルト的心身二元論」は妥当でなく、むしろ私が立脚する存在論的観点からすれば、身体と意思は分離しえない統一体として捉えるべきである。そのかぎりでは、「人格（権）の尊重」と「人間の尊厳」とは符合するといえる。しかし、自己決定権は万能とはいえず、「医療」ないし「医学研究」という枠の中でも内在的制約に服することがある点にも留意しつつ、適法性の限界を究明する必要がある。

(10)　唄・前出注(1)

(11)　その根拠については、甲斐克則『安楽死と刑法〔医事刑法研究第1巻〕』（二〇〇三・成文堂）二一頁以下参照

(12)　平野龍一『刑法総論II』（一九七五・有斐閣）三五三頁以下。なお、中山研一『口述刑法総論〔第三版〕』（一九九四・成文堂）一七四頁はこれと同旨であったが、同『新版』（二〇〇三）一六三頁では、二〇二条のような特別規定がないかぎり不可罰とする見解に変わっている。しかし、このような考えには疑問がある。

三　身体から切り離された「身体の一部」および死体の法的地位

1　問題となるのは、臓器移植等でみられるように、患者の身体の一部が切り離された場合である。刑法上、生体であれば当然ながら殺人罪による保護を受け、その身体も、前述のような保護を受ける。したがって、例えば、部分生体肝移植のような場合の、ドナーから摘出された肝臓の一部は、それ自体の生存力をまだ維持しており、しかもレシピエントに生着する予定のものなるがゆえに、適用条文について曖昧さを残すものの、直接的に人格権の一部として保護を受けることになる。ここでも、「人格（権）の尊重」と「人間の

尊厳」は符合すると思われる。あるいは、脳死体から摘出された心臓等の臓器も、直接的に人格権を持ち出せるかについては、なお検討を要するものの、基本的に同様に考えることができる。そして、臓器売買禁止の根拠も、一応そこに求めることができる。「一応」というのは、後述のように、臓器よりも小さい身体の（切り離された）一部や細胞等も同様の扱いになるか、という問題があるからである。臓器売買禁止の根拠については、その保護法益を制度的側面に着眼して「移植医療の社会的正義[13]」あるいは「公的な仲介制度の維持を含めた、臓器移植に対する信頼確保[14]」に求める見解があるが、臓器移植が制度として確立していると否とにかかわらず、本質的観点から捉えていない点で不十分である。その意味では、これらの見解が「実際には未だ存在していない〝自由・平等・公正・公平等の『実現』〟あるいは〝一般の信頼と支持の『確保』〟、すなわち「現在的な（因果的に変更可能な）存在としての法益の保護ではなく、将来的な好ましい状態の達成」を目指すものであるという鋭い批判[15]は、正鵠を射ている。これに対して、「臓器売買の禁止は、単に人体の商業化禁止という倫理を守るものではなく、広い意味で『公衆の健康』を保護するものである[16]」という見解は、この批判を克服する方向性を示しているようにも思えるが、この見解に対しても、「謂わば余りに政策論的なものといわざるを得ない[17]」との批判が出されている。この批判を認めたとしても、だからといって、「現時点において先ず必要なのは、潜在的な利用可能な人臓器・組織等々のリソースを社会構成員がともかく自発的に提供するよう促進・鼓舞する社会行為規範の形成であり、そのインセンティヴとして金銭的利益を使うことは合理的であるし、自由・平等・公平・公正等々の阻害の虞は非刑罰システムでも十分除去可能である[18]」とするのも、人体の商品化に途を譲ることになり、妥当とは思われない。個的存在であると同時に類的存在でもある人間存在の本質に遡って考え、自由の意味を再考すると、臓器それ自体の中に間主観性を排除し、人間の生命の根幹をなす臓器を商品化の対象となしえない本質的要素が含まれていると考えざるをえない[19]。唄教授の先の見解も、この脈絡で理解すべきである。

しかし、例えば、臓器移植のために生体から摘出された腎臓を第三者が持ち逃げしたり破損した場合、どのような刑事法的効果を伴うのであろうか。この点は、現行法上、必ずしも明確ではない。民法上は、少なくとも不法行為（民法七〇九条）が成立すると思われるが、刑法上は、臓器が財物でない以上、窃盗罪（刑法二三五条）や器物損壊罪（同二六一条）が成立するというわけにはいかない。もちろん、死体損壊罪（同一九〇条）が成立するわけでもない。刑法上、他に適用条文がないのである。この場合は、新たな立法手当が必要である。臓器それ自体が「生きており」、レシピエントに移植予定であるとすれば、物とは異なる、しかも傷害罪の保護対象とも異なる法的地位を有する「人体構成体」として新たな法的地位および保護を賦与すべきものと考える。

2　ところが、死体になれば、刑法上は死体損壊罪（一九〇条）で保護されるにとどまり、死体の一部の扱いについては明文の禁止規定がない。刑法一九〇条は、「死体、遺骨、遺髪又は棺に納めてある物を損壊し、遺棄し、又は領得した者は、三年以下の懲役に処する」と規定するにすぎない。そもそも死亡直後の死体の一部をなお「身体」と呼ぶのか、必ずしも明確でない。解釈論としては、おそらくそれは困難であろう。また、死体から腎臓を勝手に摘出すれば、「損壊」となるであろうが、その腎臓を他者に売却した場合はどうであろうか。かつて大審院は、他人の墳墓を発掘して（刑法一八九条）、死体を領得し、その死体の肝臓および脾臓を別の人物に売った事案について、贓物故買罪（刑法二五六条二項）の成立を認めた原審判断を破棄し、次のように述べた（大判大正四・六・二四刑録二一輯八八六頁。ただし、漢字は一部現代表記とした。―筆者）。すなわち、「刑法第一九〇条及第一九一条ニ所謂死体トハ死者ノ祭祀若クハ紀念ノ為メ墳墓ニ埋葬シ又ハ埋葬スヘキ死体ヲ云ヒ之ヲ損壊遺棄又ハ領得スルコトハ公ノ秩序及善良ノ風俗ニ害アルヲ以テ法律ハ礼拝所及墳墓ニ関スル罪ト題スル章下ニ右二条ノ規定ヲ設ケ社会共同ノ利益ヲ保護スル為メ之ヲ禁シタルモノニシテ死体ヲ私権ノ目的タル一般ノ物ト同視シ財産上権利ニ関スル一個人ノ利益ヲ保護スル為メ之ヲ禁シタルモノニアラサレハ右二条ノ規定ニ背キ領得シタル死体ハ他人ノ財産権ヲ侵害スル不法行為ニ因テ得タル贓物ナリト云フヲ得ス」、と。もちろん、当時、現在のような問題状況にはなかったが、死体について財物性を否定したこの判断は、現在の解釈論からしても、正当と思われる。[20]

ところが、学説の中には、次のような見解もある。すなわち、「死体の全部または一部に対する使用・収益・処分の可能性についてみると、例えば、火葬後の残留骨片は肥料等の原料となり得るし、頭髪は鬘の材料となり得る。さらに、骨格標本（本物の人骨）は現に商品として売買される例があるし、古代人の骨やミイラ等が考古資料として研究や展示の対象とされることも多い。また、死体解剖実習は死体を教材として使用・収益するものに他ならない。死体からの臓器移植も（生体からも同一であろうが）法的には誰かの所有権の客体として他人に譲渡されるものと評価されざるを得ないであろう。このように、死体も適法に客観的価値を担い得る性質を有しているのであるから、その限りにおいて死体の客観的価値を全面的に否定することは不可能であり、これを以って財産的価値があると認め得るならば、死体は常に財産的価値を有することになり、財物と言える死体とそうでない死体との区別はあり得ないことになる[21]」、と。さらに、「死体については、生者のための使用・収益・処分が可能であっても一般的には予定されていないからこそ、棺の内外を問わず同一の取扱を受けることになるのであって、前述のように死体（の全部または一部）を生者のために使用・収益・

処分するのは、当該死体について例外的に埋葬が放棄され、または留保された場合のみに限定されるのである。よって、葬祭対象とすることが完全に放棄され、もっぱら生者のための使用・収益・処分のみが予定されている死体（標本等）は、当然に一九〇条の客体から排除され、客観的価値のみを以って評価されなければならないが、生者のための使用・収益・処分の後に葬祭を行うことが予定されている死体（解剖実習のための献体等）は、狭義の財産犯罪の客体であると同時に葬祭対象でもあると理解すべきである」[22]、と。しかし、このように死体それ自体を財産罪の客体としてしまうことは、人体の商品化の突破口となりうる懸念があり、賛同しがたい。

3　もっとも、最近起きた死体解剖保存法に関わる二つの自治医大病院事件では、民事事件ながら、この点を再考せしめる重要なものが含まれている。

まず、東京地判平成一二・一一・二四（判時一七三八号八〇頁）では、Xの母親Aが大学病院に入院して後に呼吸不全で死亡したが、XおよびB（Xの父）は主治医から死体解剖保存法に基づくAの遺体の解剖および内臓・脳の保存について承諾を求められ承諾したが、病院は椎体骨二本を採取したり内臓等の組織を切り出しパラフィンの中に埋め込んだパラフィンブロック、プレパラート等を標本にして保存していたため、「手厚く祭るため」に標本等の返還を求めた事案につき、次のように判示した。

①「本件承諾は、保存法に基づく解剖を行うための要件である遺族の承諾（保存法七条）としての性質とともに、原告らが、被告病院の長に対し、解剖後のAの脳及び内臓について、公衆衛生の向上を図り医学の教育又は研究に資するという保存法の目的（保存法一条）に従った保存の権限を与える承諾（保存法一七条）としての性質をも有するものと認められる。もっとも、右承諾は、死体の全部又は一部の保存との関係では、被

告病院の機関である長による保存を保存法や他の公法的規制との関係で正当化するものにすぎず、死体の所有者との関係では、法人格を有する被告と承諾者との間の寄付（贈与）、使用貸借等の私法上の契約に基づいてされるものと解すべきである。」

② 「遺体の解剖・保存に対する遺族の承諾は、公衆衛生の向上、医学教育・研究という解剖・保存の目的の公共性、重要性に鑑み、これを遺体に対する自らの尊崇の念に優先させて、経済的な対価や見返りなくなされるものであるから、右承諾の基礎には、解剖・保存を実施する側と遺族との間に、互いの目的と感情を尊重し合うという高度の信頼関係が存在することが不可欠である。」

③ 「しかし、本件においては、……原告らの意思に反して椎体骨が採取されたという事実があり、しかも、右事実は、被告側の責めに帰すべき事情に起因するものであることは明らかである。〔原文改行〕そうすると、本件においては、本件標本の保存の前提である剖検に際して、遺体の解剖・保存に対する遺族の承諾に不可欠な、原告らと被告の間の高度の信頼関係を失わせる事情が存在したことになる。」

④ 「したがって、本件においては、本件承諾の基礎にある高度の信頼関係が剖検時における被告側の事情により破壊されたものと認められるから、原告は、本件承諾と同時にされた寄付（贈与）又は使用貸借契約を将来に向かって取り消すことができるというべきである。」

つぎに、東京地判平成一四・八・三〇（判時一七九七号六八頁）では、被告大学は、(a)剖検に際し、原告らの承諾を得ることなく、椎体骨と胸骨を無断で採取した、(b)原告に対し、剖検について、保存臓器等の明細書を交付しなかった、(c)原告が、肉眼標本及び顕微鏡標本のすべての返還を求めたのに直ちに返還しなかった、(d)保管中の下垂体のプレパラート一枚を破損し又は紛失して、原告への返還を不能にした、として使用貸借類似の債務不履行または不法行為に基づき、精神的慰藉料等の損害賠償を請求した事案につき、次のように判示した。

①「一般人においては、骨及び骨髄は、内蔵に含まれるとは理解されておらず、また、死体の解剖は、遺体にメスを入れ、この一部を採取して病理組織学的検索を行うという点において、遺族の故人に対する思いや宗教的感情に対し、十分な配慮を行う必要があるという点にかんがみると、剖検の承諾を得る医師においては、遺族に対し、剖検の方法、すなわち、剖検の承諾を得る医師においては、遺族に対し、剖検の方法、すなわち、着衣すれば傷が隠れる部分については、脳を除いてすべての内臓を採取すること、内臓には骨及び骨髄も含まれること、着衣しても傷が隠れない部分や脳を採取する場合には身体の個別の部位について承諾を得ていること、採取した内臓等については固定用ホルマリン溶液の入ったプラスチック容器に保存し、その一部又は全部を切り取って水と脂を抜き、その部分にパラフィンを埋め込んでパラフィンブロックを作成し、パラフィンブロックを薄切り、染色して顕微鏡標本のプレパラートを作成することなどをていねいに説明した上で、剖検についての承諾を求めるべきであったということはできる」。

②「しかし、……病理解剖においては、医師の間では、骨髄は血液を作る重要な臓器として、内臓に含まれると理解されており、被告大学のみならず、一般的に、剖検に際し、骨や骨髄の採取の承諾を特別に求めていなかったこと、Tにおいて、本件剖検が行われた昭和六三年当時はもとより、本件係属中の平成一四年に至るまで、骨は取らないでほしいと言われたことはないことが認められ、これらの実情に併せて、病理解剖という言葉の意味からして、一般人においても死体から内臓等を採取して病理組織学的観察を行い、死因等について考察を行うということはある程度理解が可能であること、遺族に対し、着衣しても隠れない部分

及び脳についてのみ、特別に解剖の承諾を求めるという対応は、我が国における死者の葬式や埋葬の方法を考えた場合、一応の合理性が認められること、さらには、昭和六三年当時、死者の病理解剖についての遺族に対するインフォームドコンセント自体、観念されていなかったと考えられることなどの事情を総合考慮すると、被告病院担当医師において、本件剖検に際し、骨及び骨髄を採取するについて、原告らの個別の承諾を求めずに、内臓に対する承諾のみをもって、当然に内臓に含まれるものと理解されていた骨及び骨髄を採取した行為を、違法であるということはできない。」

③「本件においては、……被告大学は、医学に関する大学であり、被告病院は、その附属病院なのであるから、死体解剖保存法一七条が適用されるものである。〔原文改行〕そして、同法一七条には、同法一八条のように、遺族から引渡しの要求があった場合に死体を標本として保存することができないとの規定がないから、死体解剖保存法上、遺族から引渡しの要求があったとしても、これを返還する義務はないと解される。〔原文改行〕かかる公法である死体解剖保存法一七条の解釈を前提にして、遺族と大学との間の私法上の関係を考えると、遺族において、剖検及び死体の保存について承諾することは、解剖に付され採取された死体の臓器等の所有権について、遺族は大学に対して譲渡するという贈与契約を締結したものと解するのが相当である」。

④「旧厚生省において取りまとめた病理解剖指針においては、病理解剖医の責務として、死体を保存する主体が誰であるかを特に区別することなく、同法一八条ただし書に基づき、標本について遺族から引渡しの要求があったときは、遅滞なく遺族に引き渡さなければならないことが定められていることが認められる。〔原文改行〕上記指針によれば、死体を標本として保存する主体にかかわらず、遺族から引渡しの要求があったときには、遅滞なく死体の標本を遺族に引き渡さなければならないところ、病理解剖について所轄する行政

庁において、病理解剖の円滑な実施を図るために、行政指導としてこのように定めることは、合理性を有するものであり、これに沿って運用することが望ましいといえる。〔原文改行〕しかしながら、……死体解剖保存法が、死体を保存する主体によって、保存を許す要件を異にして定めていることにかんがみれば、前記イ〔前記③――筆者〕のとおり解釈するべきものであって、上記指針に反した取扱いをしたことをもって、損害賠償請求権を生じさせるような違法行為であるということはできない。」

⑤「旧厚生省において、行政指導として定めた病理解剖指針において、遺族からの引渡しの要求があったときに遅滞なく引き渡さなければならないと定めた死体の標本に、採取した臓器等のみならず、パラフィンブロックや顕微鏡標本であるプレパラートも、含まれるかという困難な解釈問題があるといわなければならず、臓器の一部を切り取って、水と脂を抜き、その部分にパラフィンというろうの一種を入れて作成するパラフィンブロックや顕微鏡で観察するために、パラフィンブロックを三ないし四ミクロンの厚さに切ってガラス容器で密封したプレパラートは含まれないとの見解も一概には否定できないところであると考えられる。」

⑥「以上のとおり、原告からのパラフィンブロックやプレパラートの引渡し要求については、死体解剖保存法一七条によれば、医学に関する大学である被告大学としてはこれらを返還する必要がないと解釈されるし、旧厚生省の病理解剖指針に従ったとしても、パラフィンブロックやプレパラートは含まれないとの見解も一概に否定できないのであり、このような場合において、別訴の判決により、原告と被告大学との間の信頼関係が破壊されたために、贈与契約が将来に向かって取り消されたという判断が示されて初めて、被告大学にとって、パラフィンブロックやプレパラートの返還義務が明らかになったといえるのであるから、別訴

の判決までパラフィンブロックやプレパラートを返還しなかった被告の対応をもって、原告に対し損害賠償義務を発生させるほどに違法であるということはできない。〔原文改行〕また、被告大学と原告との間の契約は、贈与契約と解されるが、当裁判所の判断としては、……原告の骨の損壊及び採取についての明確な拒否にもかかわらず、違法に骨及び骨髄を採取したとは認めることができず、原告と被告大学との間の贈与契約を取り消すことができるほどの信頼関係が破壊された事情は認められないから、パラフィンブロックやプレパラートを返還しなかったことをもって、債務不履行であり、同不履行に基づき損害賠償請求権が発生すると解することもできない。」

第一判決は「公衆衛生の向上」を目的とする死体解剖保存法の本来の趣旨を踏まえて立論しているので十分に理解可能であるが、第二判決を読むと、死体解剖保存法を引き合いに出しつつも、あたかも遺体の一部が財産取引と同様な内容を呈しているように感じられる。このようなケースを考えると、遺体ないし死体について民法上は本来的意味での「所有権」でなくとも、「支配権」という理論構成も考えられるが、なお慎重に検討したい(23)。

これに対して、ごく一部の細胞を採取した場合、なお「損壊」となるか、これまた不明確である。しかし、解釈論としては、やはりこの場合も、売買等の商業主義的扱いを禁止するのが一般的である。その根拠は必ずしも明確でないものの、死後といえどもなお人格権の一部が残存するという考えと、死者に対する遺族の敬虔感情の保護という考えがありうる。

4 私自身は、存在論的観点から、単なる敬虔感情を超えて、死者ないし死体にも生者に準じた固有の（社会的レベルでの）「死者の尊厳」ないし「死体の尊厳」があるのではないかと考えている。前述のような伊藤栄樹・元検事総長の「人は死ねばゴミになる」という言葉を文字通り受け取ってはならないであろう。人類は長年、死者ないし死体を物とは異なるものとして扱ってきた。まさにそこには、死者にも生者に準じた固有の（社会的レベルでの）「死者の尊厳」ないし「死体の尊厳」があると思われるのである。[24] しかも、死体には、その人の歴史が刻み込まれているし、何よりも遺伝情報という貴重な代え難いものが同時に存在している。そこから、死者から摘出した臓器の売買の禁止の根拠も導き出せるのではなかろうか。ましてや脳死体の場合、まだ社会的に十分に死体として受け止められていない部分もあり、少なくとも現段階では生体に準じた扱いをすべきであろう。臓器移植法八条が「死体から臓器を摘出するに当たっては、礼意を失わない」ことを要求しているのは、この意味で理解すべきである。少なくとも、摘出臓器を財産と同様に扱うことは、法的に禁止すべきものと考える。また、そのように考えると、臓器提供の意思は、やはり本人のみが原則として表示できると解するほかない（コントラクティング・イン方式の堅持）。したがって、家族に臓器提供を全面的に委ねることには問題がある。ましてや、本人および家族の意思を無視して臓器摘出をすること（コントラクティング・アウト方式）は許されないといわねばならない。そして、臓器以外の身体の一部であっても、容易に修復・再生可能なもの」と「修復・再生困難なもの」とを分け、少なくとも後者については、同様の論理から、売買を禁止すべきものと思われる。

(13) 石原明『医療と法と生命倫理』（一九九七・日本評論社）二一四頁
(14) 佐久間修『最先端法領域の刑事規制――医療・経済・IT社会と刑法』（二〇〇三・現代法律出版）一三五頁。同旨、中山研一・福間誠之編『臓器移植ハンドブック』（一九九八・日本評論社）八三頁〔川口浩一執筆〕
(15) 伊東研祐「生命倫理関連刑罰法規範の正統性と社会的効果――臓器売買罪・同斡旋罪、ヒト・クローニング罪等の法益を手掛に」齊藤誠二先生古稀記念『刑事法学の現実と展開』（二〇〇三・信山社）二一一頁

(16) 前田達明・稲垣喬・手嶋豊編集代表『医事法』(二〇〇〇・有斐閣)一八九頁〔松宮孝明執筆〕

(17) 伊東・前出注(15)五一二頁。「この見解に基づけば、臓器売買罪・同斡旋罪は極度に前置せしめられた抽象的危険犯と捉えられることになる」とも言う。

(18) 伊東・前出注(15)五二四頁

(19) この点については、宗岡嗣郎「自由の法理――共生の現実の中で」三島古稀『自由と正義の法理念』(前出・注(2))四三頁以下、特に四九頁以下参照

(20) この点について、町野朔『犯罪各論の現在』(一九九六・有斐閣)一一五頁参照

(21) 原田保「死体等に対する財産犯罪の成否」福田平・大塚仁博士古稀祝賀『刑事法学の総合的検討(下)』(一九九三・有斐閣)五二〇―五二一頁。なお、佐伯仁志・道垣内弘人『刑法と民法の対話』(二〇〇一・有斐閣)三四五頁以下参照。

(22) 原田・前出注(21)五二三頁

(23) この問題については、粟屋剛「死体解剖保存法と遺族ないし本人の承諾――医事法・生命倫理の観点から」岡山医学会雑誌一一三巻(二〇〇一)一四一頁以下、同『「現代的人体所有権」研究序説』(二〇〇一・徳山大学総合経済研究所)、同「人体資源化・商品化と現代的人体所有権」アソシエ二〇〇二№9、一〇一頁以下、森茂郎・武市尚子・児玉安司「病理解剖・司法解剖後の検体・遺体の取扱い」ジュリスト一二四四号(二〇〇三)二一四頁以下参照。アメリカについては、佐藤雄一郎「死体に対する遺族の権利について――承諾なき臓器摘出をめぐって」東海法学二四号(二〇〇〇)四一頁以下参照。また、イギリスの人体組織法(The Human Tissue Act 1961)でも、死体を財産と同様には扱っていない。See P. D.G.Skegg, Law, Ethics, and Medicine, 1988, pp.231-255. なお、外国の最近の議論については、Tag, a.a.O.(Anm.5)のほか、Bethany Spielman (ed.), Organ and Tissue Donation. Ethical, Legal, and Policy Issues, 1996 および Henk A.M.J. Ten Have/ Jos V.M.Welie(ed.), Ownership of the Humanbody. Philosophical Considerations on the Use of the Human Body and its Parts in Healthcare, 1998 が有益であるが、本稿では十分取り上げることができなかった。他日を期したい。

(24) 甲斐克則「医事法的観点からみた患者の身体」医学哲学・医学倫理一八号(二〇〇〇)一六七頁以下参照

四　ヒト組織・ヒト由来物質の利用と刑事規制

1　臓器以外の各種ヒト組織・細胞についても、基本的に同様に考えるべきだと思われるが、現状は、徐々にその「商品化」が進む懸念を抱かせる兆候がある。前述のように、アメリカでは、人体組織が商品化しているという。[25] 血液のように身体そのものというよりもむしろ身体の成分となるもので再生が容易に可能なものと、血管のように身体の一部を構成するものとでは扱いが異なるのか、あるいは「身体の有効利用」という功利主義が医療とどのように調和するのか、という点も含めて、「商品化」禁止の明確な法的根拠および枠組みを呈示すべき時期にきている。その際、規範的根拠は、いずれも「人間の尊厳」に求めるほかないように思われる。[26] しかし、それは、人の生命それ自体とか生体の一部を構成している身体と同等とはいかない。されば といって、物とも異なる存在である。敢えていえば、「人間の尊厳」が本質的なものとして根底にありながら、それぞれの段階において姿を変えて存在態様として表出しているのではないかと考える。法解釈論的には、生命については、当然に殺人罪（刑法一九九条）の規定が直接「人間の尊厳」を保護すべく存在しているし、身体については、傷害罪（刑法二〇四条）の規定が生命よりもやや縮小した形で（本人の自己処分を一定程度尊重するという意味で）「人間の尊厳」を保護すべく存在しているし、胎児については、堕胎罪（刑法二一二条以下）の規定が「生成中の人」として既生の生命よりやや縮小した形で「人間の尊厳」を保護すべく存在している。また、ヒト受精胚[27]については、日本では直接の保護規定は現在のところなく、関連法として「ヒト・クローン技術等規制法[28]」があるにすぎないものの、その存在は、胎児と同等とはいかないにせよ、やはり「人間の尊厳」と連動する存在としてその保護を要求するものである。ヒト受精胚の保護立法が望まれる。

さらに、死体やヒト由来物質も、人でもないし物でもない存在でありながら、その根底や背後にいつも「人間の尊厳」が控えて存在するものであり、独自の保護を要求するものである。これは、新たな保護体系に位置づけるべきである。

2　さらに、これと関連して、病理解剖で用いた死体の一部（「ヒト由来物質」）の研究利用についても、一定のルールを作るべきである。唄教授らは、この点についてヒト由来物質をいくつかに分類しつつ、すでに問題点を「インフォームド・コンセントの観点」、「情報とプライバシーの観点」、「人間の尊厳性の観点」からまとめて問題提起をしている。[29] いずれも不可欠の視点である。その中で、まず、「医学研究のためのヒト由来資料の売買は認めがたい」と説いておられる点は特に重要である。すなわち、「それは、人（の部分）を手段として用いるという、医学研究に内在する非倫理性を治癒しうる唯一のものが、gift という voluntary な意思、altruism とか人間の連帯というものを目指す意思であるという理由からである。いいかえると、医学研究が倫理的であり得るためにヒト由来資料の売買は禁ぜられるべきなのである。この倫理性に疑惑が生ずれば贈与者は減少し、研究の継続性にとっても致命的であり得ようし、さらには社会倫理一般へのダメージも無視できない[30]」、と。これは、基本的に妥当な方向を目指しているものと思われる。しかし、「医学研究が倫理的であり得るためにヒト由来資料の売買は禁ぜられるべきだ」というのは、刑事規制の根拠とするには、なお弱い。ここでも、前述のように、人体ないし人体構成体自体が有する内在的な不可売買性を根拠とするほかないように思われる。もちろん、再生が容易なものは、除外すべきである。また、唄教授らが自己情報の第三者利用へのコントロールを提唱される点も[31]、研究利用にあっては、とりわけこの点が重要なだけに、支持できるし、濫用について刑事規制の対象にしうると考えられる。インフォームド・コンセントの観点も、これと連動する。遺伝情報は単なるプライバシーを超越した特異な保護法益であることを、私自身、再度強調したい[32]。刑事規制には慎重でなければならないが、この二点については、刑事規制をする方向で考えるべきである。

なお、最近、日本組織培養学会倫理問題検討委員会[33]や日本組織移植学会[34]がこのような視点を考慮して、相次いでヒト組織ないし細胞の利用に関してガイドラインを作成したことは、その点で評価できるが、今後それらを法規範にまで高める検討をすべきである[35]。

3 そのことを前提として、ヒト組織・細胞を用いた研究に際しては、①インフォームド・コンセントの原則的確保、②研究計画から人類の福祉に役立つことが合理的に予測できる範囲のものであること、③他に有効な代替手段がないこと、④重大なリスクを伴わないこと、⑤研究プロトコールの遵守、以上の五原則に基づく場合に限ってこれを許容し、逆に、これに反する場合は、違法行為として扱い、著しい濫用ないし逸脱については、刑事罰で対応すべきであると考える。この点で、オランダの被験者保護システム[36]は、大いに参考になる。より具体的には、再生容易なものと再生困難なものとをさらに細分化するなど、段階を設けて柔軟に対応すべきように思われるが、なお今後の検討課題としたい。

(25) 前出注(3)参照

(26) この点については、甲斐・前出注(2)五〇五頁以下参照

(27) この点の詳細については、甲斐・前出注(2)四九七頁以下および同「ヒト受精胚・ES細胞・ヒト細胞の取扱いと刑法――生命倫理の動向を考慮しつつ」現代刑事法四巻一〇号(二〇〇二)六〇頁以下参照

(28) 同法については、別途分析した(甲斐克則「ヒト・クローン技術等規制法について」現代刑事法三巻四号(二〇〇一)八七頁以下参照)。

(29) 唄孝一・宇都木伸・佐藤雄一郎「ヒト由来物質の医学研究利用に関する問題(上)(下)」ジュリスト一一九三号(二〇〇一)三六頁以下、一一九四号九一頁以下

(30) 唄ほか・前出注(29)ジュリスト一一九四号九七頁

(31) 唄ほか・前出注(29)ジュリスト一一九四号九五―九六頁

(32) この問題については、甲斐克則「遺伝情報の保護と刑法――ゲノム解析および遺伝子検査を中心とした序論的考察」『中山研一先生古稀祝賀論文集 第一巻』(一九九七・成文堂) 四九頁以下参照。憲法的観点からこの問題を考察したものとして、山本龍彦「遺伝子プライヴァシーの考察――『遺伝情報』の分類と憲法的位置づけ」法政論叢三八巻二号 (二〇〇二) 一頁以下は、示唆に富む。なお、特許をめぐる問題については、東海林邦彦ほか「ヒト人体 (資源) 情報の特許化をめぐる倫理的法的問題点――その総論的検討」北大法学五四巻二号 (二〇〇三) 一頁以下参照

(33) 日本組織培養学会倫理問題検討委員会「非医療分野におけるヒト組織・細胞の取り扱いについて」組織培養研究一七巻四号(一九九八)一一七頁以下

(34) 日本組織移植学会「ヒト組織を利用する医療行為に関するガイドライン」(二〇〇二)

(35) この点に関して、法学者以外の問題提起に耳を傾ける必要がある。例えば、河原ノリエ「私たちの体は『資源』なのか?」法学セミナー五七八号 (二〇〇三) 五四頁以下、増井徹「今、医学研究を支える人体由来のモノと情報」同誌五八頁以下、同「ヒト組織・細胞取扱いについての倫理」医学のあゆみ Vol. 197 No. 13(二〇〇一)一〇六一頁以下、同「人のことはヒトでという時代の中で――人体由来資料に依存した医学生物学研究の基盤整備について」臨床評価 Vol. 30 No. 1 (二〇〇二) 七一頁以下等

(36) オランダのシステムについては、甲斐克則「医事刑法への旅 道草編・その1 オランダの被験者保護の法システム――倫理委員会の在り方の模索への旅」現代刑事法五巻六号(二〇〇三)一一一頁以下参照

五 結語

以上、人体・ヒト組織・ヒト由来物質の利用をめぐる生命倫理と刑事規制に関して、若干の考察を加えて

きた。紙数の関係もあり、細部にわたる検討および具体的提言は、別途行わざるをえない。最後に、メディカル・デュープロセスの法理[37]を提唱しておきたい。これは、数年来私が提唱しているものであるが、医療、とりわけ人体実験・臨床試験・治療的実験のようなものについては、社会的観点も加味して、適正手続による保障がなければ、当該医療行為ないし医学的研究は違法である、とする法理である。具体的には、実験段階から個々の被験者・患者に対するインフォームド・コンセントはもとより、その前段階として彼らに熟考期間（カウンセリングを含む）があったか、安全性について倫理委員会（これも独立した機関であることが望ましい）の適正な審査を受けているか、人類に多大な影響を与えうるもの（例えば、先端医療技術の新規なものや遺伝子関係のもの）については、プライバシーを侵害しない範囲で情報公開をし（遺伝子情報はプライバシーを超える）、社会的合意・承認を得ているか等をチェックして、そのいずれかでも欠けていれば、当該医療行為ないし医学的研究は違法であり、そのようにして得られたデータに基づく学術論文の公表を禁止したり、それ以後の公的研究費を凍結する等の行政処分をし、悪質なものについては民事責任、場合によっては刑事責任を負わせようとするものである。これによって、「人間の尊厳」を保障し、また、専門家の責任を社会に対して担保することができるように思われる。科学技術・医療技術の進歩は、「人間の尊厳」に根ざした一定の規範的コントロールとセットになって初めて平和利用、ひいては人類の福祉に役立つものである。この方向が、これまでの学恩を受けた唄教授の医事法学をさらに発展させるものではないかと確信しつつ、擱筆する。

（37）甲斐・前出注（2）五〇八―五〇九頁参照

医の倫理

坂上正道

湯沢雍彦・宇都木伸 編
『人の法と医の倫理』IIb 2
二〇〇四年三月 信山社刊

一　はじめに
二　日本の医療の点描
三　日本の医の倫理の点描
四　医の倫理の歴史的経過
五　医とは
六　まとめ

一　はじめに

医療は医学の社会的適用であるといわれる。また医療は文化であるともいう。文化・文明の定義を論ずるのは、この小論の中では適切ではない。文化はラテン語の cultural colo の翻訳語である。耕作、培養、教養、教育などから由来している。紀元一世紀にはキケロによって魂の耕作（cultura animi）ともいうべき教養ととらえられている。その点からも医療は文化であると考えてよいであろう。

他の国や地域の文化と交流しながら、日本の医療は形成されてきた。人間の安全を保証する営みであるその本質は変らないが、近代になって、技術革新の速度は早く、社会の変化もはげしいので、医療もその影響を受け、倫理的・法的・社会的な面での複雑な対応に迫られている。

二　日本の医療の点描

北里大学病院は私の医療の一つの実践の場であった。昭和四五年の創立であるが、当時の昭和四〇年代はいわゆる大学紛争の盛な時であった。この論争は全世界的な運動であり、或時、或地域では思想や信条にもとづくものであったといえる。しかしやがてこの大学紛争は、大学教育のあり方、学術研究のあり方、知識社会のあり方にも及んだ。従って大学医学部もその嵐の中におかれることとなった。

その中にあって、真の医療を患者中心の医療、地域医療、国際協力などを具体的目標として設置されたのが北里大学病院である。時代が移ってもその理念をもちつづけることは組織として努力の必要なことである。

一例として挙げるならば新医療システム研究会といい、今では法人化されているが、医療システムの現在のあり方、および将来計画を創りつづける機構をもった。この中で具体的な計画が、二〜三考えられてきたが、一つの目立った提案に出会うこととなった。

医療を考える時、その理念形式の源となる哲学と倫理の問題が基礎にあるべきであるというのである。これは〝北里大学病院医の哲学と倫理を考える部会〟医学部にあっては〝医学原論研究部門〟の設置という実を結ぶこととなった。前者の部会は医学界のみならず、人文科学の学者の方、社会での実践家の加わった連続セミナーとしてつみ上げられ、『医の心一〜七』（丸善刊）として出版されている。

これに加わって下さった医の哲学の日本における創造者の澤瀉久教先生は『医の心』第一巻の巻頭に図1の一文を寄せて下さった。[1] 医療は医師・医療従事者・患者の三つ葉のクローバーであるということは、しばしば先生が説かれた比喩であるので、医療に従事するもの凡てに語りかけられた言葉であると思う。

三　日本の医の倫理の点描

日本の医療を歴史的に述べたすぐれた業績の一例を述べる。服部敏良は奈良、平安、鎌倉、室町、江戸の各時代の医学史をまとめた。[2] また富士川遊には『日本医学史』という名著がある。どの時代にあってもひとびとの病苦を医す医療は文化として創造されてきたといえよう。我国では民族的に固有の医しの技術が存在していたが、系統的な医学・医療の導入は佛教伝来にともなっていた。允恭天皇の三年（四一四年）に新羅から金武（こんむ）という医師が韓医方を伝えたといわれ、その後百済の聖明王によって釈迦像や経論が伝来したのは五五二年とも、また五三八年ともいわれる。日本の律令として大宝律令は七〇一年に制定された。多

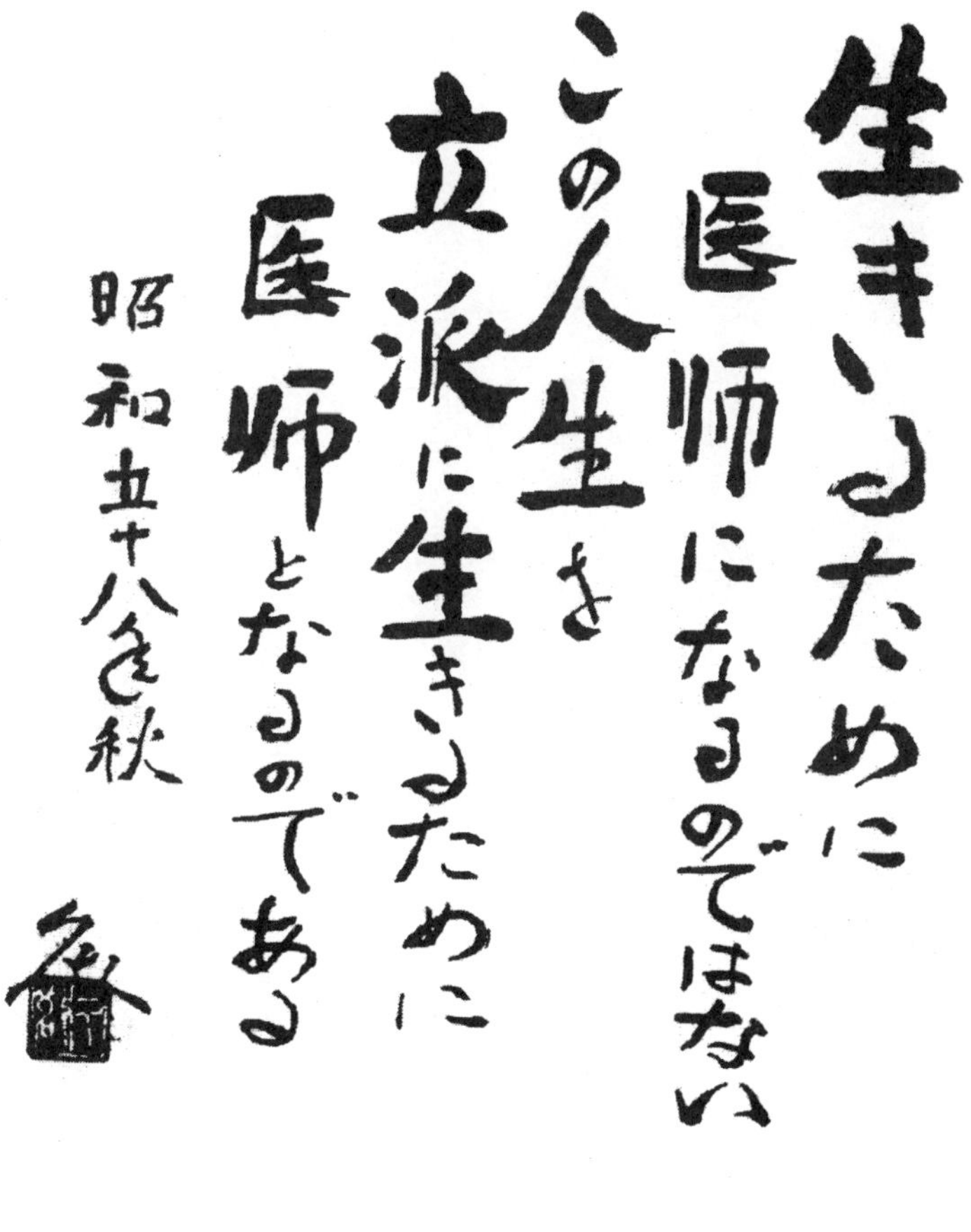
生きるために
医師になるのではない
この人生を
立派に生きるために
医師となるのである
昭和五十八年秋

図1　澤瀉久教先生の自筆

くは散逸しているが、医療令（いわゆる医療法）は残っており、それによると医にたずさわるものに医生、按摩生、呪禁生、薬園生をおくと定め、おのおのが学ぶべきものを定めている。臨床各科の医師の数にまで言及した医療制度が記載されている。この律令の定めたものが、どの程度まで社会に定着していたのかは明らかではないが、医療制度は法の上では確立され、それが佛教とともに普及し、施設としては寺院とともに療病院、敬田院、悲田院、施薬院が設けられ、一般庶民の救済にあたったことが知られている。医は〝貧窮孤独の人〟また〝無依の者〟の救済のために佛教で説く慈悲の心とともに実践されてきたことは明らかである。

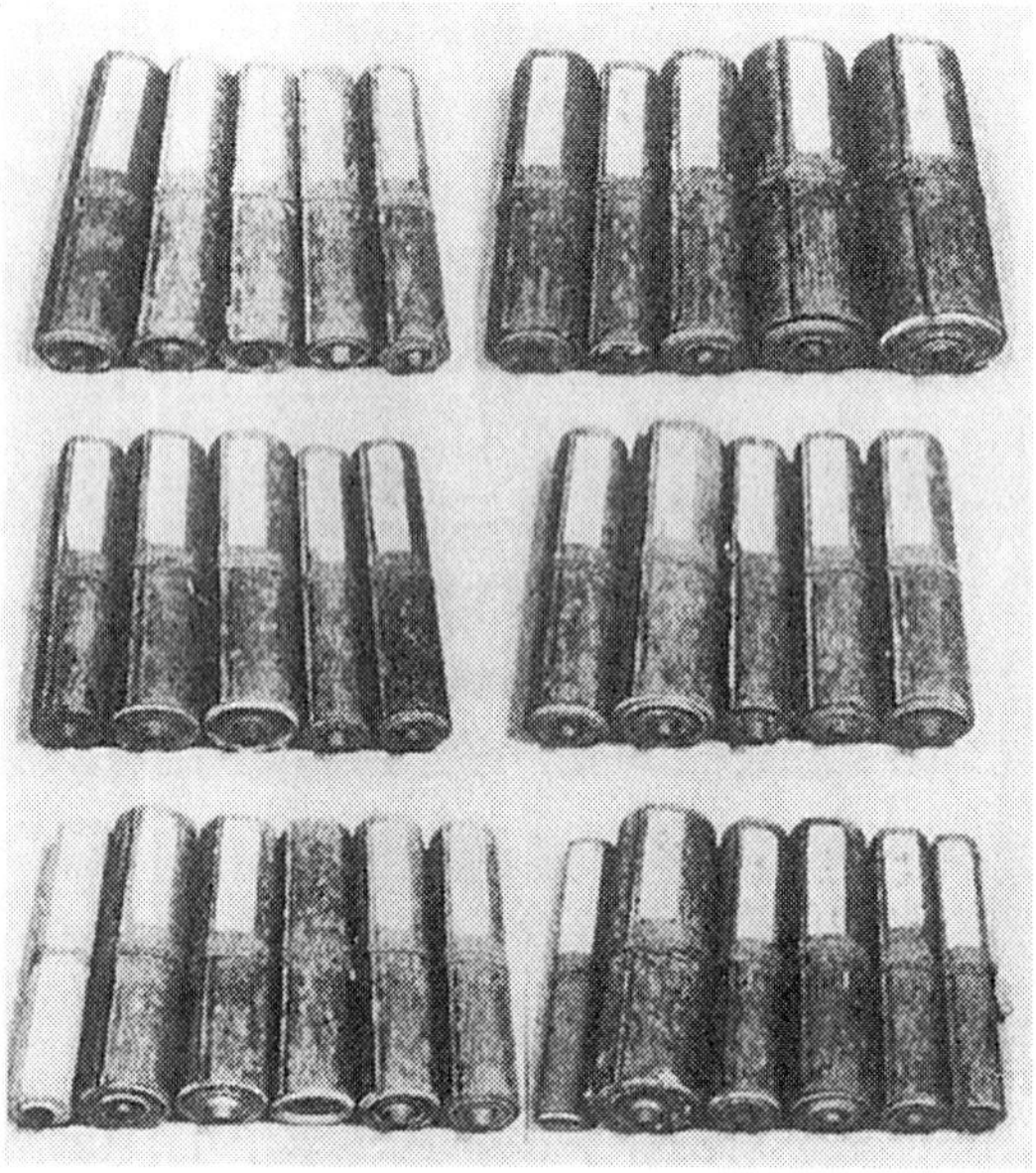

図 2　半井家本『医心方』全巻の外観
（半井家本写真提供：オリエント出版社）

　更に文明の関わりの上で古代インドの医学との関係も、佛教の西から東への伝播の様子とともに考察すべきであろう。その由来は、更に古くまた学問的にも深く、その一部は現代の医学にも匹敵するほど高度であった事実が、佛教教典に記述されており、これらインド医学は日本にも伝承されたであろうと考えられる。

　現在もふれることができるインドの医学の一つは『ススルタ大医典』（Sushruta samita）といわれるもので[3]、その英訳からの日本語訳のものが入手できる。これによれば、この医学の徒に入門する際の儀礼があり、入門生は学問えの欲求、仕事のエネルギー、人格、自制、よい記憶力、英知、勇気、明瞭な理解力、明瞭な洞察力、心の構えは満ち足りており、常に努力に丹誠なものであることが求められている。

以上のように倫理的なあり方が医に求められる例は、平安時代に撰述された図2の如き日本の医の最初の教科書〝医心方〟にもみられる。(4)九八四年に丹波康頼によって編纂されたこの教科書は、今では失われた中国の原典を知るためにも貴重な文献といわれる。

〝人を医すには、まずその心を医す〟ということが書物の標題となったと伝えられている。巻一に左記の如く医師の心得を説き、三〇巻にわたって内科、外科、産科、歯科など分科した分野について詳述している。

「医師は治療にのぞんで精神を統一し、欲徳を捨て、慈悲の誓願をたて、魂あるものすべての病苦を除くことを心がけよ。救いを求める者に対しては、その身分の貴賤や貧富、年齢を問わず、怨敵であろうと親しい者、善人であろうと、また田舎者と都会人、智者と愚者などあらゆる差別を捨て去り、すべての人に親心で臨むべきである。右顧左眄せず、前後を見ず、日や方位、吉凶にとらわれたり、わが身を惜しんではいられない。患者の苦しみをわがことのように想いやり、僻地であろうと、昼夜、寒暑、飢渇、疲労もものともせずただ一心に救いに赴くべきである。患者を往診したときは、どんなすばらしい豪邸でもキョロキョロしてはならない。どんなおいしい御馳走や音楽でもてなしてくれても、楽しむのは恥じずべきである。多語、談笑、けんかをせず、道を説いたり是非を論じたり、名声を望んだり、他の医師をそしったり、自慢してはならない。自分を天下無双と想うのは、医師の膏肓（命取り）である。

槙佐和子訳『医心方の世界』自然社（一九六一年刊）より（傍線は筆者）

このような傾向は儒教の流入の際にもみられる。実践の道学としては陽明学が主流となったと考えられる。その一例として山田方谷が修業を卒えて故郷へ帰る山崎隆叙という一医学生に送った詩がある。(5)

唄孝一先生賀寿

津医冨商に媚び
洛医貴紳に諂う
豈知るや病苦の惨
多く貧と賤とに在るを
君、今その術を学び
業成って家に帰るの日
郷里の人を療さんと欲す
郷里窮乏多し
餓寒常に身を傷め
劇疫その隙に乗る
呻吟四隣につらなる
……
徒らに一身の利を専らにし
駢死この民をいかんせん
それを思い我が心痛む
一言君が爲めに宣ぶ
医術は師授による
心術は宜しく自ら掄（えら）ぶべし
自ら掄（えら）ぶ豈遠きに当らんや
方寸一箇の仁

〝町の医者は富んだ人々におもねり、通俗の医者は、偉い人にへつらっている。病苦の惨なことを知っているのであろうか。それは貧しいことによることが多い。あなたは術を学んで郷里へ帰り、人を医そうと考えている。郷里には貧窮が多く、飢え寒さが人々の体を傷め、そのため病気がひろがり、野垂れ死する人々にいかに対すべきだろうか。医術は先生に教えられたであろう

が、心のあり方は自分で選ばなければならない。自分の心に仁の志をもつべきなのだ〟(私訳)

医を示すよい一文であるので、やや冗長であったが記載した。このような基本は文明開化の時代に入ってオランダ医学が、西洋医学として日本に導入された際にもみることができる。

フーフェランド(C.W.Fufeland)の書いたEnchiridion medicum(『医学への手引き』)(独語)は九一二頁におよぶ大著であり、その末尾二〇頁が医療倫理にあてられている。この書は幕末の蘭学医に多大の感銘を与えたといわれる。杉田成郷が和訳した時、付録としてこの部分を〝医戒〟として示して、医の倫理に関する出版を行った。

〝善人のみ良医になり得る〟という一言がこの医戒の象徴的な言葉である。幕末の時の蘭方医がこの書を通して、医のあり方を学びとろうとした姿勢は、我が国の医療従事者が文化の流入とともに佛教や儒教を学び、人としてのあり方を医の基本としたものと軌を一にするものといえよう。

四　医の倫理の歴史的経過

現在、しばしば人の口にのぼる医の倫理という言葉には、歴史的に長い経過があるので、それを点描する。Corpus Hippocraticum、いわゆる「ヒポクラテス全集」はBC三世紀ごろ、プトレマイオス王朝の時に、官命によって編纂された六〇篇の医学全書である。その中心課題の一つであるこの誓いは、ヒポクラテス自身の筆になるものであるか否かも問題とされてきた。Ludwig Edelstein(一九四三年)はこれがピタゴラス派に属する医師たちの手によってBC四世紀頃に記された一種の入門誓約書とみられるという学説を発表した。その歴史的解析はともかくとして、この職業倫理ともいうべき宣言が医師という職業への忠誠を誓う約束であったことを強調するべきであろう。

その中心的課題は、(1)「私は病者のために（for the benefit of the sick）、自分の最善をつくす（according to my ability and judgement）」ことと、(2)「何はあってもけっして危害や不正を加えない」(prinum non nocere) にあるといえよう。

伝統的に profession の代表的なものは聖職、医師および法律家の三つであった。これらが専門的な訓練の後に、十分な技能をもつと判定されたもののみに許される業務であるという理由による。

医師の集団には、社会が与えた特権的な資格にみあうように、自主的な規律（Professional Code）を社会に向かって告白（profess）して、自らに課していくという習慣が創られ、定着することとなった。その一例がヒポクラテスの誓いであったが、これはやがてキリスト教の教義にもとづく誓いのように潤色され、またいわゆる父権主義（paternalism）の傾向もあり、その表現のままには受け入れられない部分もある。

しかし医師という職業専門集団に加わる時に、その入門の誓いに従うことが要求される例は他の医療集団にも多くみられることで、例えば先述したアーユルヴェーダにもみられることである。

英語で"medical ethics"という言葉が始めて使われたのは Thomas Perciral の書物であった。[6] 一八世紀の末に、Manchester Infirmary というイギリスの病院で、内科医、外科医、薬剤師などの専門職種を異にする勤務者の間の紛争を解決するために、Percival は一八〇三年にこの書を公刊した。この書は医師の職務と責任に関する訓戒を主眼としていたので、後にこの古典の復刻を行った C.D.Leake は、この書物の標題である Medical Ethics は適切ではなく、これは Medical Etiquett（職業上の礼法）を述べているとした方がふさわしいと指摘している。[7] 出版当時、Percival 自身も、この書物を"Medical Jurisprudence"と名附ける予定であったが、外部の事情によって、止むを得ず、現行の標題を採択したという記録を残しているという。

このことが、Medical Etiquett（医の礼法）、Medical Ethics（医の倫理）或いは成文化された Ethical Code（倫理綱領）などの間の理解の差異や、実践上の多少の混乱のもととなった面もある。

医師団体の「倫理の綱領」を作り、これを確実に改訂して今日に至っているのは American Medical Association（AMA）である。一八四七年フィラデルフィアにおける第一回総会以来、一九五七年の根本的改訂を経て、今日に到っている。(8) しかし時には倫理綱領という成文化されたものが、その構成員に強い拘束力をもって臨み、それによって医師の内面性と自律性が脅かされて、かえって倫理の形骸化や偽善の種子をまくおそれのあることは否めない。

一方、ドイツは制裁までふくめた職業倫理に根本をおき、医師職業裁判所という独特の裁判機能をもっている。(9) またイギリスは中央医師評議会が制裁もふくめた判断基準や手続をきめている。

わが国の法律をみると、平成一三年に改正されて、現在に至っている医療法は第一条の二第一項に「医療は生命の尊重と個人の尊厳の保持を旨とし、医師、歯科医師、薬剤師、看護師その他の医療の担い手と医療を受ける者との信頼関係に基づき、及び医療を受ける者の心身の状況に応じて行われるとともに、その内容は、単に治療のみならず、疾病の予防のための措置及びリハビリテーションを含む良質かつ適切なものでなければならない」と述べている。

医療が医師のみによって行われるのではなく、コメディカルとの共同の営みであることを、法律もうたっている。また具体的には各職種に次のような倫理綱領或いは規定がある。

日本医師会は、一九四六年の倫理綱領を経て、二〇〇〇年四月倫理綱領とその注釈を定めた。〔1〕

日本看護協会は一九八八年、倫理規定を定めている。〔2〕
日本薬剤師会は、一九九七年に薬剤師倫理規定を定めた。〔3〕

〔1〕 日本医師会の医の倫理綱領は以下のとおり（綱領前文注釈は省略）。
医学および医療は、病める人の治療はもとより、人びとの健康の維持もしくは増進を図るもので、医師は責任の重大性を認識し、人類愛を基にすべての人に奉仕するものである。
1. 医師は生涯学習の精神を保ち、つねに医学の知識と技術の習得に努めるとともに、その進歩・発展に尽くす。
2. 医師はこの職業の尊厳と責任を自覚し、教養を深め・人格を高めるように心掛ける。
3. 医師は医療を受ける人びとの人格を尊重し、やさしい心で接するとともに、医療内容についてよく説明し、信頼を得るように努める。
4. 医師は互いに尊敬し、医療関係者と協力して医療に尽くす。
5. 医師は医療の公共性を重んじ、医療を通じて社会の発展に尽くすとともに、法規範の遵守および法秩序の形成に努める。
6. 医師は医業にあたって営利を目的としない。

〔2〕 日本看護協会の看護師の倫理規定（一九八八年は以下のとおり）。
人々の看護ニーズは共通で、その基本は不変である。看護師の基本的責任は、人々の健康を増進し疾病を予防し、健康を回複し、苦痛を軽減することである。この責任を遂行するに当たっての看護師の行動の指針を日本看護協会は以下のように提示する。
1. 看護師は、人間の生命を尊皇し、また人間としての尊厳および権利を尊重する。
2. 看護師は、対象の国籍、人種、信条、年齢、性別、社会的身分、経済的状態にこだわることなく対応する。
3. 看護師は、対象のプライバシーの権利を保護するために、個人に関する情報の秘密を守り、これを他者と共有する場合については、適切な判断のもとに対応する。
4. 看護師は、現実の状況下において個人としてあるいは他者と協働して、常に可能な限り高度な看護を提供する。また自己の実施した看護については個人としての責任を持つ。

5. 看護師は、対象のケアが他者によって阻害されているときは、対象を保護するよう適切に行動する。

6. 看護師は、地域における健康問題の解決のために住民と協力すると共に、行政当局の政策決定に積極的に参画する。

7. 看護師は、常に質の高い看護を提供できるよう個人の責任こおいて継続的学習に努める。

8. 看護師は、看護実践の水準を高め、よりよい看護ケアのために研究に努める。

8. 看護師は、人々に常に質の高い看護を提供できるよう看護教育の水準を設定し、実施する。

10. 看護師は、常に看護水準を高めるような制度の確立に参画し、また、看護専門職のレベルの向上のために組織的な活動を行う。

〔3〕 薬剤師倫理規定（平成九年十月二十四日承認）は以下のとおり。

前文　薬剤師は、国民の信託により、憲法及び法令に基づき、医療の担い手の一員として、人権の中で最も基本的な生命・健康の保持増進に寄与する責務を担っている。この責務の根底には生命への畏敬に発する倫理が存在するが、さらに、調剤をはじめ、医薬品の創製から供給、適正な使用に至るまで、確固たる薬の倫理が求められる。

薬剤師が人々の信頼に応え、医療の向上及び公共の福祉の増進に貢献し、薬剤師職能を全うするため、ここに薬剤師倫理規定を制定する。

第1条（任務）　薬剤師は、個人の尊厳の保持と生命の尊重を旨とし、調剤をはじめ、医薬品の供給、その他薬事衛生をつかさどることによって公衆衛生の向上及び増進に寄与し、もって人々の健康な生活の確保に努める。

第2条（良心と自律）　薬剤師は、常に自らを律し、良心と愛情をもって職能の発揮に努める。

第3条（法令等の遵守）　薬剤師は、薬剤師法、薬事法、医療法、健康保険法、その他関連法規に精通し、これら法令等を遵守する。

第4条（生涯研鑽）　薬剤師は、生涯にわたり高い知識と技能の水準を維持するよう積極的に研鑽するとともに、先人の業績を顕彰し、後進の育成に努める。

第5条（最善尽力義務）　薬剤師は、医療の担い手として、常に同僚及び他の医療関係者と協力し、医療及び保健、福祉の向上に努め、患者の利益のため職能の最善を尽くす。

第6条（医薬品の安全性の確保）　薬剤師は、常に医薬品の品質、有効性及び安全性の確保に努める。また、医薬品が適正に使用されるよう、調剤及び医薬品の供給に当たり患者等に十分な説明を行う。

第7条（地域医療への貢献）　薬剤師は、地域医療向上のための施策について、常に率先してその推進に努める。

第8条（職能間の協調）　薬剤師は、広範にわたる薬剤師職能間の相互協調に努めるとともに、他の関係職能をもつ人々と協力して社会に貢献する。

第9条（秘密の保持）　薬剤師は、職務上知り得た患者等の秘密を、正当な理由なく漏らさない。

第10条（品質・信用等の維持）　薬剤師は、その職務遂行にあたって、品位と信用を損なう行為、信義にもとる行為及び医薬品の誤用を招き濫用を助長する行為をしない。


総括していえば、医に携わるものの職業上の規制には(1)国の法律が主となるものと、(2)職業団体が自律のために作ったものとに大別されるといってよいであろう。

五　医とは

医の倫理・哲学の学問体系の我が国における創始者ともいうべき澤瀉久敬先生の一文を先述したが、先生とともに忘れることの出来ない先達に川喜田愛郎先生がおられる。幸いなことに私どもの北里大学病院・医学部の倫理委員会は両先生の薫陶も受け、その規定の前文を創ることができた〔4〕。唄孝一教授はその仕事の指導的な立場と実質的な活動をされた一人である。この前文をここに誌して、私ども大学病院・医学部の今後のあり方に忠実であることを誓いたいと思う。

〔4〕　北里大学医学部・病院倫理委員会規程は以下のとおり（傍線は筆者）。

［前文］　医療は、人びとの人間的出来事としての心身の悩みに対して、それを回復させる専門的な知識と技術をもっていると期待される医療従事者が、その悩みを当事者とともに癒していく営為である。従って医療は、科学的行為であるとと

もに、病者と医療従事者との相互関係を前提とする倫理的行為である。また医療の基盤となる医学研究も優れて倫理的な課題を内包している。

いずれの場合も、そこにいわゆる「医の倫理」は、医を外から拘束するものというよりはむしろ、医そのものに理念として本来的に内在されている課題であるとわれわれは理解するが、それは何よりも生命の畏敬を本旨とし個人の尊厳を支柱とするものでなければならない。

北里大学医学部と病院とは、上述のような問題意識のもとに医学研究・診療の両領域における倫理を確保しそれを貫徹するため、倫理委員会を設置し、その理念を追及するとともに実践への方策を探求しようとするものである。

ところで、上述の課題の遂行の担い手は次のように一義的でない。

第一に、何よりもそれは医療従事者自身により医療そのもののあり方として追及されねばならない。すなわち医にかかわるプロフェッションは、個人としても、集団としても、また治療の現場においても医学の基礎的研究においても、厳正に自己規律し、かつ相互批判を徹底することが要請される。

第二に、医療は病者の悩みに応えるべく社会から信託された責務である。近時の医学・医術の急速な進歩とともに、疾病構造の変化により、医療は多くの人びとのいのちに長く深くかかわり、社会のすみずみまで浸透する一方、それは医療を必要とする人びととの多様な考え方や価値観等と日常的に応接せざるを得なくなった。従って、診療方法の導入に際してもまた医療の各段階の判断と実践においても、医療従事者の専門性のみに閉じこもることなく、人びとの考え方や社会の通念に常に立ち返り、それとフィードバックする必要が拡大している。

われわれの倫理委員会が三つの委員会の複合体であり、また各委員会の構成や運営にも多少の特異性があるとすれば、それは上述の双面性に応え、時としてそこにひそむ矛盾をも力に転化して、めざす目標の達成に一歩でも近づこうとするためである。

文字通り、点描ともいう如き引用を並べたけれども、わが国は固有の文化に、国外から受け入れた文化を同化しつつ、医というものを人間の営みとしてとらえてきた姿がある。これは当然ながら昔も今も変らない。しかし近代には技術革新と個の人権の尊重という大きな変化がある。図3はユネスコが作ったものである

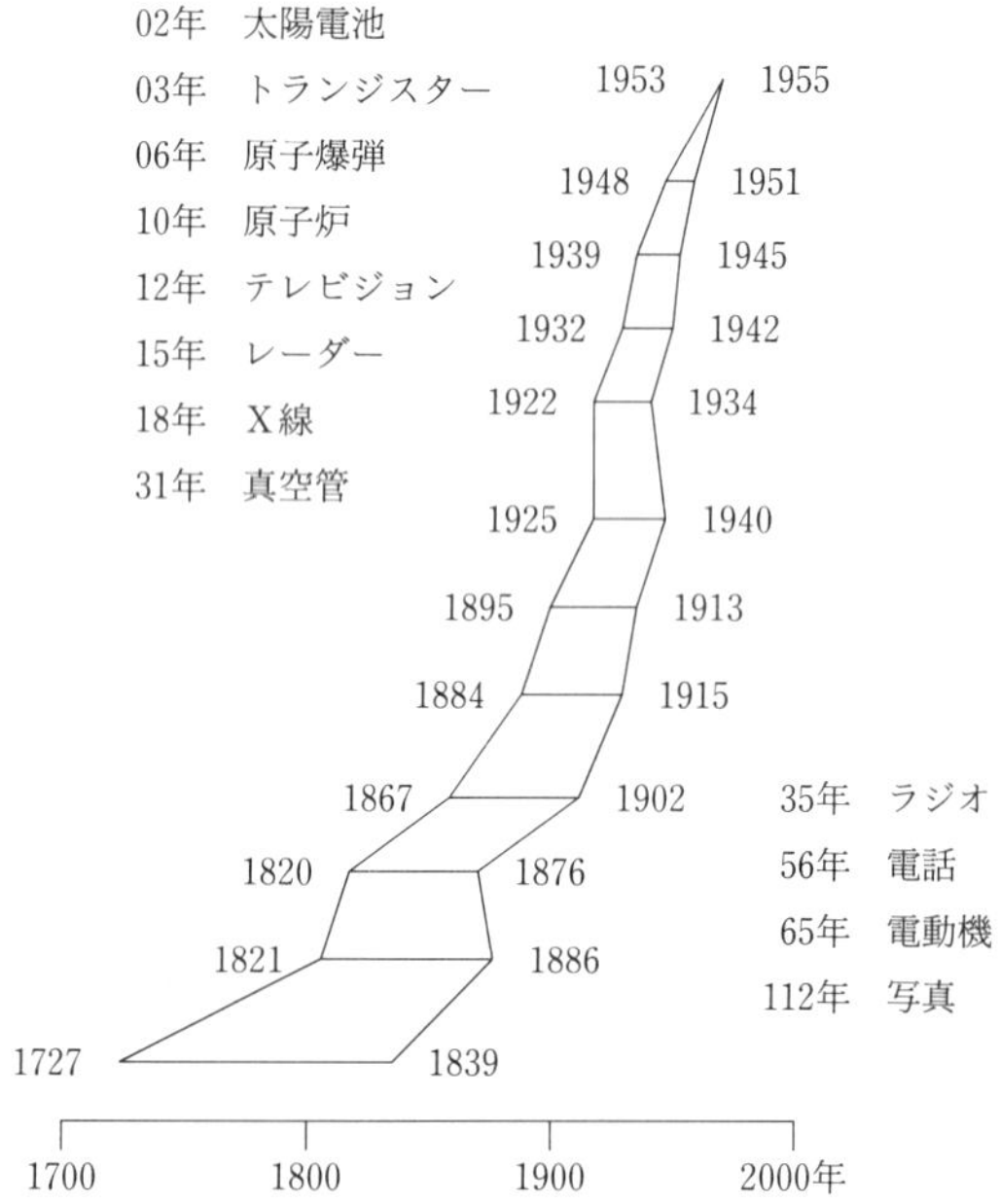

出典：ユネスコ：未来の学習（第一法規、1975年）p.116

図 3　物理学における発見と応用の間の時間差

が、これによると物理学的な原理の発見とその技術への応用の期間は現在に至るほど短くなってきており、その傾向はますます目立ってきた。それ故、その技術が人間の真の利益に結びつくのか否かを検証する学問的な体系が求められるようになった。

その一例が生命倫理(Bioethics)といえる。ギリシャ語の生命（bios）と倫理学(ethike)とが結合した語であり、そこでは道徳、意思決定、政策などに及ぶ体系的な研究が展開する。ジョージタウン大学生命倫理研究所のライク教授によって編纂された『バイオエシックス百科辞典』（一九九五年改版）はこの学問体系が、現時点で、このように結実したことを示している。[10]

この中では、インフォームド・コンセント、生殖技術の問題、脳死と臓器移植、安楽死、遺伝子の問題など、多くのテーマがとり扱われているが、これらは近代の革新的な技術の影響をうけている問題である。

六　まとめ

いうまでもなく病気は生物学的現象であると同時に人間学的出来事でもある。医学・医療は自然科学のみによって支えられているのではなく、当然ながら人文的学問、社会学的学問のみならず、芸術などとの交流によって創られていく綜合的な営みというべきだろう。

医と法の世界にわたって創造的な偉大なふみ跡を残されている唄孝一教授賀寿記念の論文集に寄稿することができたことは光栄なことであり、心からの喜びである。

〔主要文献〕

(1) 澤瀉久敬『医の心一』北里大学病院医の哲学と倫理を考える部会編（丸善、昭五四）
(2) 服部敏良『奈良時代医学史の研究』（吉川弘文館、昭二〇）
『平安時代医学史の研究』（同）
『鎌倉時代医学史の研究』（同）
『室町時代医学史の研究』（同）
『江戸時代医学史の研究』（同）
(3) 『ススルタ大医典』K. L. Bhishagrata 英訳、伊藤彌恵治和訳（日本医史学会、昭四六）
(4) 『医心方』覆刻日本古典全集（現代思潮社、昭五三）
(5) 山田方谷全集第一冊一二四頁（明徳出版社）
(6) Thomas Percival Medical Ethics（1803）.
(7) Leak C. D. Percival is Medical Ethics, New York, 1975.
(8) Code of Medical Ethics AMA Press, 2002～2003.

（9） 宇都木伸『医の倫理』二〇七頁～二五二頁（日本評論社）
（10） Encyclopedia of Bioethics, Simon Schusten Macmillan, New York, 1995.

着床前診断によって惹起された新たな波紋

白井泰子

湯沢雍彦・宇都木伸 編
『人の法と医の倫理』IIb 3
二〇〇四年三月 信山社刊

一　はじめに

本稿に先行する論考の中で[1]〝先端医療技術のクロスオーバーによって、これまでは全く異質なものと見なされていた人間生命の始期における二つの介入の仕方、――出生前診断・選択的人工妊娠中絶と不妊治療・人工生殖――、が同じ円の円周上に背中合わせでおかれた問題となるという事態が引き起こされるに至った〟と述べてから、はや一〇年近くになる。この間における生殖補助医療技術の進歩[2]やヒト胚を用いた医学研究の進展は目を見張るばかりであり、識者の中には両分野のクロスオーバーにより“reprogenetics”(reproductive genetics 生殖遺伝学)という新しい地平が切り拓かれたと評する者も少なくない[3]。ヒト胚を用いる医学研究についての日本の状況は、二〇〇〇年から二〇〇一年にかけて相次いで出された法律や研究指針などから窺い知ることができる[4]。一方、着床前診断については、今秋新たに名古屋市立大学産婦人科の鈴森薫教授から日本産科婦人科学会倫理委員会に対して実施申請が提出されたという(毎日新聞ニュース速報二〇〇三年九月一〇日)。こうした状況は、技術的観点に限ってみれば、すでに私たち自身も〝生殖遺伝学〟へ向かう扉の前に立たされていることを示唆しているといえよう。受精卵(胚)の着床前診断とヒト胚を用いる医学研究とのクロスオーバーによって生み出される〝生殖遺伝学〟は、どのような世界を私たちに繰り広げてみせるのだろうか。新たな先端技術が描き出してみせる世界に対して、私たちは制限ラインを引くことができるだろうか。もしそれが可能だとすれば、限界を定めるべき基準とは何なのだろうか。本稿では、受精卵(胚)の着床前診断とヒト胚研究のクロスオーバーによって引き起こされた新たな倫理問題について検討を加え、人間生命の始期における人為的介入の限界について考える上での問題の所在を示したいと思う。

（1）白井泰子「出生前診断と人工生殖――人間生命の始期における人為的介入とその限界」、唄孝一・石川稔（編）『家族と医療――その法学的考察』（弘文堂、一九九五）、二三七-二五五頁

（2）武谷雄二（総編集）・新女性医学大系一六『生殖補助医療』（中山書店、一九九九）、飯塚理八・中谷瑾子（総編集）「Bioethics-医学の進歩と医の倫理」『産婦人科の世界』（二〇〇〇春季増刊号）などを参照されたい。

（3）例えば、Silver L.M.: Remaking Eden: Cloning and beyond in a brave new world, 1997. 東江一紀・真喜志順子・渡会圭子（訳）「複製されるヒト」（翔泳社、一九九八）；Parens E. & Knowles L.P.: Reprogenetics and public policy: Reflections and recommendations, Hastings Center Report 33(4), 2003, Special Supplement, S1-S24など。

（4）人クローン個体の産出を禁止した「ヒトに関するクローン技術等の規制に関する法律」（二〇〇〇年一一月三〇日成立、同年一二月六日公布）およびこの法律に基づく「特定胚の取扱いに関する指針」（文部科学省　二〇〇一年一二月五日告示）や、「ヒトES細胞の樹立及び使用に関する指針」（文部科学省　二〇〇一年九月二五日告示）などが相次いで出されている。これらは、文部科学省科学技術審議会生命倫理・安全部会のホームページの「生命倫理・安全に対する取組」〈http://www.go.jp/a_menu/shinkou/seimei/main htm〉に掲載されている。また、二〇〇三年五月二七日付の新聞各紙では京都大学再生医科学研究所のヒトの胚性幹細胞（ES細胞）樹立の成功が大きく報じられた。

二　着床前診断に内在する倫理的問題

1　着床前診断をめぐる日本の状況

受精卵（胚）の着床前診断（Pre-implantation Genetic Diagnosis 以下、PGDと略記）は、〝不妊治療〟のために開発された体外受精・胚移植の技法と遺伝子検査の技法を組み合わせることによって可能となった診断方法である。PGDの目的は受精卵（胚）の細胞の一部を生検して当該個体の遺伝子変異を検出・診断し、胚移植のために遺伝子変異をもたない受精卵（胚）を選別することにある。それ故、人工妊娠中絶という行為を経ることなく検査対象となった疾患をもつ児の出産を回避することが可能になるという点で、従来の出生前

診断とは決定的に性格を異にしている。末岡・吉村（一九九九）によれば、技術的にみてＰＧＤが可能な疾患は、Ｘ連鎖性遺伝性疾患と単一遺伝子疾患をあわせると、二〇以上にのぼるという。[1]すでにイギリスでは、一九八九年にHandysideらが八細胞期の胚から一つの細胞を取り出し、胚の性別判定に成功したことを報告している。[2]翌年、彼らはＸ連鎖性遺伝性疾患のひとつであるデュシェンヌ型筋ジストロフィーを対象として女性胚の選別に成功し、世界で初めてＰＧＤによる正常女児を誕生させるに至った。[3]Harperらの調査によれば、一九九七年現在での全世界のＰＧＤ実施状況は一四カ国・三六施設で、ＰＧＤ受診者三七七人、胚移植数四五四、妊娠成立一一六例、出生児数は九六人であるという。[4]

一方、日本では、一九九八年（平成一〇年）一〇月に日本産科婦人科学会から「『着床前診断』に関する見解」という会告が出されている。[5]この会告では、〝重篤な遺伝性疾患の診断に限定した、不妊治療以外の目的での体外受精・胚移植技術の特例的使用〟、〝検査対象者および施術者の要件〟、〝学会による個別的事前審査〟などＰＧＤの実施に際して遵守すべき一定の条件を定めて、当該診断の臨床応用を認めている。しかし日本におけるＰＧＤの臨床応用への動きは、日本産科婦人科学会が会告を提示する五年前からすでに始まっていた。[6]周知のように、鹿児島大学医学部産婦人科の永田博行教授は、一九九三年七月に鹿児島大学医学部倫理委員会に対してデュシェンヌ型筋ジストロフィーの患児をもつ夫婦に対するＰＧＤの実施を申請している。同大学の倫理委員会は、一旦は承認の方向へ傾いたものの、障害者団体等からの批判を浴びて一九九五年一二月現在まで結論を保留すると共に、同年九月に日本産科婦人科学会倫理委員会に対して当該問題に対する見解を求めたのである。しかしこの時点では、学会としての見解や判断は何ら示されることがなかった。幾多の経緯を経て日本産科婦人科学会から「『着床前診断』に関する見解」が出されたのは、鹿児島大学医学部産婦人科の永田教授が医学部倫理委員会にPGDの実施申請を行ってから五年後のことである。結局、永田教授の申請は日本産科婦人科学会の承認を得られず、その後北九州市の民間病院から出されたPGDの実施申請も不承認に終わったため、[7] 現在に至るまで日本産科婦人科学会の承認を得ることができたPGDの実施申請は未だ一件もない。本年九月に名古屋市立大学医学部産婦人科の鈴森薫教授が遺伝性筋ジストロフィーを患う三〇代の男性患者夫婦を対象としたPGD実施の申請を日本産科婦人科学会倫理委員会に提出したことが報道されている(毎日新聞ニュース速報、二〇〇三年九月一〇日)。もしこの申請が承認されれば、国内初のPGD実施となる。しかし今回のケースでは、夫の側に遺伝性筋ジストロフィーに加えて無精子症など性機能についての問題もあるため、夫婦はもともと体外受精によらなければ子をもてないということであり(共同通信ニュース速報二〇〇三年九月八日)、〃重篤な遺伝性疾患を対象とする〃という日本産科婦人科学会が定めたPGDの実施条件に加えて〃不妊治療としての体外受精の必要性〃という要因を含むため、〃生命の質による受精卵(胚)の選別〃や〃障害者の生存権への脅威〃といったこれまでの論点だけでなく、〃生殖補助医療の実施過程における胚の選別〃という滑りやすい坂の観点からも、日本産科婦人科学会倫理委員会の審議の行方が注目される。

2 倫理的問題と日本人の態度

PGDに内在する倫理的問題を大別すると、羊水診断や絨毛診断などのような他の出生前診断と共通する問題点とPGD固有の問題点に分けることができる。前者に属する問題としては、〃生命の質に基づく胚・胎児の選別〃、〃当該技術を使用する際の判断基準〃(対象疾患の範囲)、〃障害者の生存権への脅威〃などを挙げることができる。また、後者に属する問題は、〃女性のリプロダクティブ・ヘルスという観点からみたPGDの評価〟に加えて、生殖細胞に対する遺伝子操作やクローニングなどを組み合せた〝生殖遺伝学〟という新たな分野が登場して問題をさらに複雑にしている。本稿ではこうした問題点のいくつかを取り上げて考えてみたい。

(1) 着床前診断に内在する倫理的問題

㈠ 着床前診断の性格付けに由来する倫理問題　PGDを含めた出生前診断の主要な目的は、重篤な遺伝性疾患をもつ児の出生を回避するために遺伝的変異をもつ受精卵（胚）や胎児を選別することにある。〝生命の質に基づく受精卵（胚）／胎児の選別に基づく選択的出産〟について考える際の論点は出生前診断の目的や対象とする疾患、診断に用いる遺伝学的検査の種類、子宮へ移植するための受精卵（胚）や胎児の選択基準など多々あるが[8]、本稿では出生前診断の一方法としてのPGDの性格付けに由来する問題に的を絞って考えてみたい。

羊水診断や絨毛診断のような従来の出生前診断法と比較した場合、PGDは、体外での受精段階で遺伝的に健康な受精卵（胚）を選別することが可能なため、〝法的、倫理的、心理・社会的にみて問題の多い選択的人工妊娠中絶を回避しつつ、遺伝的に健康な児の出産を可能とする技法〟であるとして、産婦人科医の間にはこれを積極的に評価する傾向が強いように思われる[9]。しかし、挙児を望む夫婦が〝遺伝的に健康な児をもつ〟という願望をあくまでも貫こうとするならば、PGDを経て母胎に移植された胚（そして胎児）に対しても、可能な限り、定期的な事後検査（after test）が必要だと考えるのは当然の帰結といえよう。こうした検査を通じて、PGDでは検出されなかった遺伝子変異や発達過程で生じた何らかの異常が発見される可能性を否定することはできない。その場合、当該カップルはやはり、人工妊娠中絶の問題に直面せざるをえなくなる。永田ら（前掲注4）によれば、一九九七年九月にシカゴで開催されたPGDに関する第二回国際シンポジウムでは妊娠成立後に行われた再検査などにより判明した誤診についても報告されたという（誤診率約二％）。近年の研究では受精卵のモザイクが三〇～六〇％という知見も報告されており[10]、一つの細胞から個体全体の遺伝的異常の有無を診断することの限界が示唆されている。それ故、〃遺伝的に健康な受精卵（胚）を選別し、遺伝的に健康な児を確実に出産する〃という願望を当該カップルが達成するためには、妊娠が成立した後も羊水診断や絨毛診断などを受診することが不可欠となるのである。また、Botkin（前掲注8）も指摘しているように、PGDによって〃健康な児〃に恵まれるカップルがいるとしても、挙児に至るまでに繰り返された体外受精‐胚移植の施術（以下、IFVと略記）や早期流産などによって失われた胚（あるいは胎児）のいのちの倫理的検討、そしてこうしたプロセスが女性達に与えた心理社会的影響の検討や挙児には至らなかった女性達に対するPGDの心理・社会的影響等の吟味は全く手付かずの状態にある。このような状況を考えあわせると、選択的人工妊娠中絶をめぐる倫理問題や選択的中絶という体験が母親に与える精神的・身体的苦痛を回避できるという理由をたててPGDの臨床応用を容認するという主張は、その拠って立つ基盤を失ったといわざるをえない。

㈡　女性のリプロダクティブ・ヘルスという観点からみた着床前診断の評価　　周知のように、生殖補助医療としての体外受精・胚移植法はin vitroで受精卵（胚）を得ることから始まる。それ故、IVFを希望する女性は、第一段階として、卵子の成熟を促し排卵を誘発するための卵巣刺激療法を受けることが必要となる[11]。卵巣刺激療法では生物活性の強いホルモン剤が使用されるため、卵巣過剰刺激症候群という副作用が生じる危険性がある。卵巣過剰刺激症候群は〃排卵誘発剤の投与による多発性の卵砲発育とその後の急速な黄体化が原因となり、卵巣腫大、腹水・胸水の貯留をきたし、血清電解質のバランス異常、循環血液量の減少による血液濃縮、乏尿〟など多彩な病状を呈する症候群で、重症になると〝肝障害、血栓症、腎障害、呼吸不全〟などを起こし、場合によっては多臓器不全の結果、死に至ることもあるという[12]。このように、IVFを行うために卵巣刺激療法を受ける女性には、卵巣過剰刺激症候群という副作用の危険性がついてまわっている。PGDの実施も、不妊治療の場合と同様に in vitro で受精卵（胚）を得ることから始まる。それ故、PGDを希望する夫婦の場合も、妻は、不妊治療のためではなく、PGDに用いる受精卵（胚）を得るための第一歩として卵巣刺激療法を受けることになる。永田らによれば、前述のPGDに関する第二回国際シンポジウムの席上、PGDの全世界での実施状況に関して、七七一症例に対して一、二〇八周期のPGDが行われ、その結果二三一例の妊娠が成立し（妊娠率一九・一％）、すでに一六六人の新生児が誕生していることが報告されたという。PGDの診断精度や卵巣刺激療法の副作用、IVFによる妊娠率や挙児の確率などを考えあわせると、本来不妊という問題とは無縁の女性に対して自らの健康や生命を危険にさらす可能性のある医療技術を提供することに関して、医療ケアの観点および倫理的観点の双方から再検討する必要があると考える。

(2)　着床前診断に対する日本人の態度

PGDの臨床応用についての議論を意味あるものとするためには、従来のような専門家主導型の情報発信から患者・家族や社会の側からも問題を提示してゆく双方向型のコミュニケーション形式に議論の仕方を変えることが必要である。当該問題に対する専門家と一般の人々との考え方の相違や、当事者の立場におかれた女性の考え方を理解するための一助として、これまでに筆者らが行ったPGDの臨床応用に関する調査を紹介する。

㈠　ＰＧＤに対する専門家と市民との見解の相違　一九九四年に日本人類遺伝学会（会員数一、三二一名）および日本先天代謝異常学会（会員数六一五名）の協力を得て専門家調査を行った。[13]この調査は、両学会の学会名簿に基づいて前者から六〇〇名・後者から一〇〇名の会員を無作為に抽出、自己記入式調査用紙を用いた郵送調査である。調査は一九九四年七月に行われ、三五八名から回答を得た（回答率五一・一％）。一方、一九九六年に医療問題に関心をもつ市民を対象とする市民調査を行った。[14]市民調査も、専門家調査と同様に、自己記入式質問紙を用いた郵送調査である。調査は一九九六年一〇月～一一月に実施した。調査用紙の配布に際しては、「先天性四肢障害児父母の会」、静岡・山梨・京都在住のダウン症児の両親、および医療消費者活動を行っている「京都医療ひろば」の協力を得て男女八一〇名に用紙を送付し、三五〇名から回答を得た（回答率四三・二％）。

表1に、専門家調査の回答者（以下〝専門家群〟と略記）の属性を示した。回答者の性別は、男性二九二名（八一・六％）・女性六五名（一八・二％）で無答が一名あった。年齢は二三歳から八七歳に分布しており、平均年齢は四三・二歳（ＳＤ＝一一・七）である。**表2**は、市民調査の回答者（以下〝市民群〟と略記）の属性を示したものである。三五〇名の回答者の性別は、男性一三五名（三八・六％）・女性二一五名（六一・四％）であった。また回答者の年齢分布をみると、男性回答者の年齢は二三歳から六八歳に分布しており、平均年齢は四一・三歳（ＳＤ＝九・〇一）であった。これに対して女性回答者の年齢分布は一九歳から七二歳で、平均年齢は四〇・五歳（ＳＤ＝九・八）となっていた。なおこれ以降の分析では、〝専門家群〟および〝市民群〟の両群共に性別を基準として回答者を二つのグループに分け、ＰＧＤの臨床応用に対する態度に及ぼす性差の影響を検討した。

図1にPGDの臨床応用に対する回答者の態度を示した。専門家群の場合、PGDに対して積極的に賛成した者は男性一八・三%、女性一二・五%であった。これに消極的賛成をあわせると、男性の六五・五%、女性の五一・六%がPGDの臨床応用に賛成している。専門家群におけるPGD反対の割合は、積極的・消極的双方のカテゴリーを併せると、男性一六・九%、女性二三・五%となっている。専門家群の場合、PGDの臨床応用に対する態度は極めて好意的であり、有意な性差の影響もみられなかった。一方、市民群の場合、PGDに積極的に反対した男性回答者は一八・八%で、消極的反対をあわせると三八・三%がこの診断法の臨床応用に反対していた。これに対して女性回答者では、二八・三%がPGDの臨床応用に積極的に反対していた。消極的反対をあわせると女性回答者の五四・二%がPGDの臨床応用に反対していることが明らかにされた。また、P

表1　専門家群の回答者属性

性　　別	男			292	(81.6%)
	女			65	(18.2%)
	無答			1	(0.3%)
年　　齢	〜35			116	(32.4%)
	36〜49			144	(40.2%)
	50〜59			55	(15.4%)
	60〜			41	(11.4%)
	無答			2	(0.6%)
専門分野	医学系			302	(84.4%)
	産婦人科　23	小児科	63		
	内科　11	外科	2		
	精神科　8	分野不明	195		
	自然科学系			49	(13.7%)
	無答			7	(2.0%)

表2　市民群の回答者属性

性　　別	男	135	(38.6%)
	女	215	(61.4%)
年　　齢	〜35	111	(31.7%)
	36〜49	171	(48.9%)
	50〜59	49	(14.0%)
	60〜	19	(5.4%)
職　　業	会社員	81	(23.1%)
	自営業	16	(4.6%)
	公務員	28	(8.0%)
	主婦	128	(36.6%)
	その他	95	(27.1%)
	無答	2	(0.6%)

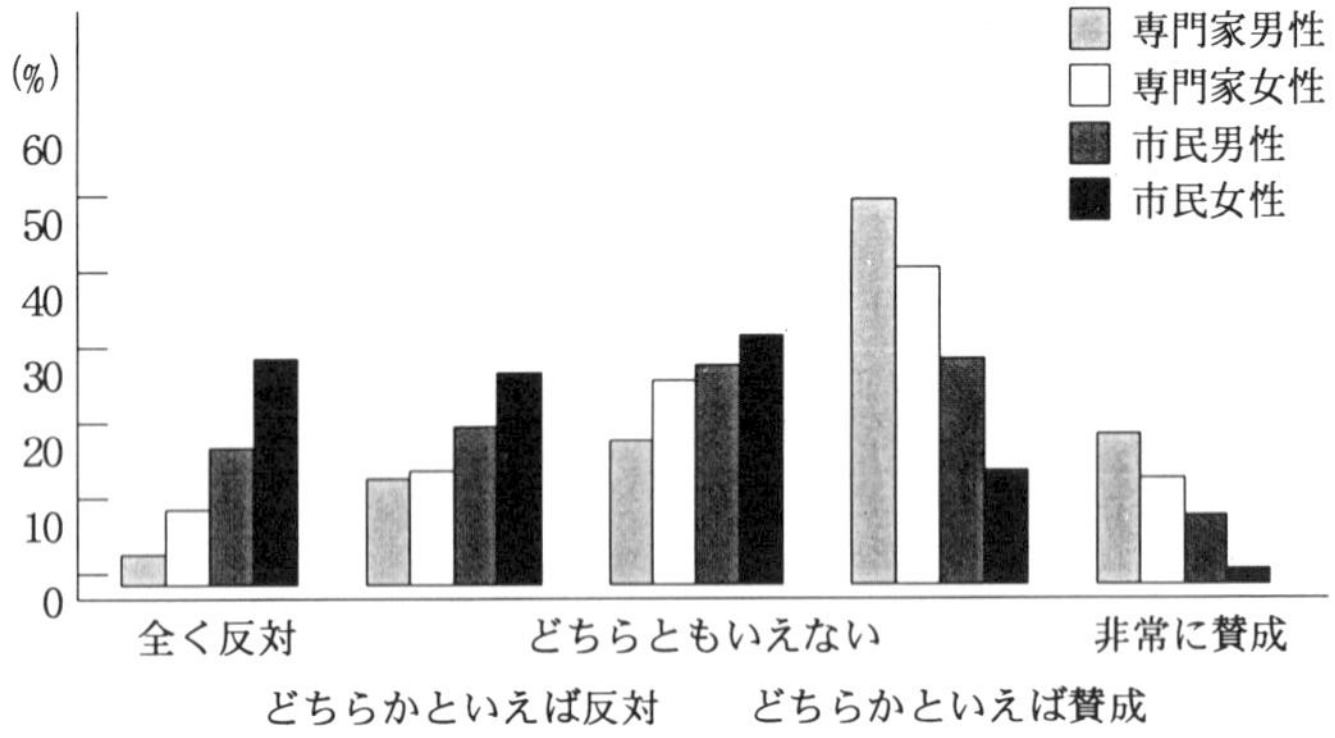

図1　着床前診断に対する態度
―専門家の見方と市民の意見―

GDの臨床応用に賛成した者の割合は、積極的・消極的双方のカテゴリーを併せると、男性三五・二％、女性一五・一％となっていた。市民群の場合、PGDの臨床応用に対する態度には性差の影響が強く示されており（$\chi^2=21.940$　df=4　P<0.001）、女性回答者の半数以上が当該技術の臨床応用に反対していることが明らかにされた。

以上の結果から、(1)専門家群は、一般の人々に比べて、PGDの臨床応用に対して明らかに受容的な態度を有していること[15]、(2)市民群では、PGDに対する男女回答者の態度に有意な違いのあること、(3)PGDの臨床応用に対する反対意見は、市民群の女性回答者に最も強いこと等が明らかにされた。

(二)　PGDに対する女性当事者の態度　片山ら[16]は、一九八七年から一九九九年の過去一三年間に東邦大学医学部付属大森病院産婦人科でデュシェンヌ型筋ジストロフィーの遺伝子診断を受けた女性一四二名を対象として調査を行っている。東邦大学医学部付属大森病院産婦人科でデュシェンヌ型筋ジストロフィーの遺伝子診断を受けた一四二名の女性の中、住所が判明している一三四名に対して意識調査への協力依頼を行い、承諾が得られた八一名に自己記入式の調査用紙を送付して七三名から回答を得ている（回答率五四・三％）。片山らの調査の回答者七三名の平均年齢は三四・二歳で、回答者の八割が出生前胎児診断を受けていた。診断技法別にみると、羊水診断を受けた者が四八%、絨毛診断を受けた者が三五%で、一七%は絨毛採取、羊水穿刺の両方を受けており、保因者診断を受けた者も一六%いた。こうした経験をもつ回答者に対して、PGDに関する二〇〇〇年時点での平均的医学情報を示した後、臨床応用についての意見を求め、賛成七六%、反対一七%、態度保留（どちらとも言えない）七%という結果を得ている。また、PGDの臨床応用が国内で開始された場合、次子を産む時に当該検査を利用したいと思うかという質問に対しては、利用希望が一九%、希望しないが二四%、態度保留が一七%で、残りの四〇%は次子の妊娠は考えていないと回答していた。さらに、当事者にとっては、羊水や絨毛を使用した従来の出生前診断とPGDのどちらの方がよいと思うかという質問に対しては、前者がよいとするものが二八%、後者がよいとするものが二四%、態度保留が四九%であった。この調査の回答者は筋ジストロフィーに罹患した患児を出産する可能性をもつ所謂ハイリスク保因者という立場にあるが、そうした回答者からみたPGDの評価が従来の出生前診断法に対するそれと拮抗状態にあることが示唆されたことは注目に価する。今後、PGDの臨床応用について考えてゆく場合、この調査結果の示唆する意味を十分に検討する必要があるだろう。

（1）末岡・吉村によれば、X連鎖性遺伝性疾患ではデュシェンヌ型筋ジストロフィーや血友病A、Lesch-Nyhan症候群、脆弱X症候群、メチルサラセミアなど一一疾患が、単一遺伝子疾患ではTay-Sachs症候群や嚢胞性繊維症、色素性網膜炎など二一疾患が技術的にみてPGDが可能だという（末岡　浩、吉村泰典：五・胚生検、着床前診断・武谷雄二（総編集）：新女性医学大系一六『生殖補助医療』（中山書店、一九九九）六〇—六一頁）。

（2）Handyside AH, Pattinson JK, Penketh RJA, et al.: Biopsy of human pre-implantation embryos sexed by Y-specific DNA amplification, Lancet 1: 347-349, 1989.

(3) Handyside A.H., Kontogianni E.H., Hardy K. et al.: Pregnancies from biopsied human pre-implantation embryos sexed by Y-specific DNA amplification, Nature 344: 768-770, 1990.

(4) 永田行博・沖利通、池田俊郎「受精卵の着床前診断」周産期医学28(8)一〇〇九-一〇一二、(一九九八)、末岡・吉村・前掲注(1)

(5) 日本産科婦人科学会会告「ヒトの体外受精・胚移植の臨床応用の範囲」についての見解「着床前診断」に関する見解。(平成一〇年(一九九八年)一〇月、日本産科婦人科学会雑誌五〇巻一号)あるいは、日本産科婦人科学会「倫理的に注意すべき事項に関する見解」日本産科婦人科学会雑誌51(1)三八-四三。なお、同会告は平成一一年(一九九九年)七月五日に改定されている(日本産科婦人科学会ホームページ http://www.jsog.or.jp/kaiin/html/H10_10.html)。

(6) 白井泰子「受精卵の着床前診断に内在する倫理的・社会的問題の検討」精神保健研究42:六一-六九、一九九六;Shirai Y: Ethical debate over preimplantation genetic diagnosis in Japan. Eubios J of Asian & International Bioethics 11: 132-136, 2001等。

(7) 鹿児島大学医学部:市民公開シンポジウム「着床前診断を考える」鹿児島大学医学雑誌　第四八巻補冊一-三三頁。なお、鹿児島大学医学部産婦人科の永田教授の申請では、デュシェンヌ型筋ジストロフィーをもつ児の出産を回避するために胚の性別診断を行って女性胚を選別するとしていた。これに対して日本産科婦人科学会学会は、①デュシェンヌ型筋ジストロフィーのようなX連鎖性遺伝性疾患では、男性胚であっても1/2は正常胚であり、こうした正常胚の廃棄が現実に生じること、②X連鎖性遺伝性疾患の場合、軽症ながら女性が発症する可能性もあることなどを理由として、胚の性別診断を行って女性胚を選び出し、当該夫婦の妻の子宮に移植するという永田教授のＰＧＤ実施計画を不承認とした。また、北九州市の民間病院の場合は、流産を繰り返す習慣流産の女性とその夫を対象に体外受精を行ない、受精卵に流産の原因となる染色体異常がないかを調べるためにＰＧＤの実施を申請していた。しかしこの場合も、日本産科婦人科学会の会告に示されているＰＧＤの適応範囲に該当しないとして、申請は承認されなかった(一九九九年五月一五日付け朝日新聞)。

(8) Botkin JR: Ethical issues and practical problems in preimplantation genetic diagnosis. J. Law, Medicine & Ethies, 26:17-28, 1998; 斎藤有紀子「着床前診断の疾患対象:安易な拡大は誰のためにもならない」助産婦雑誌52:828-

829, 1998; Wert DC, Fletcher, JC, & Berg, KB: Guidelines on Ethical Issues in Medical Genetics and the Provision of Genetic Services. WHO Hereditary Diseases Program, 1995などを参照されたい。なお、日本筋ジストロフィー協会は一九九七年二月一九日付けで、日本産科婦人科学会・(同) 倫理委員会に対して「疾患名を特定しないで欲しい」という申し入れを行っている（共同通信一九九七年二月二〇日）。

（9） 例えば、Andrews LB, Fullarton JE, Holtzman NA, & Motulsky G (eds.): Assessing Genetic Risks: Implications for health and social policy. National Academy Press. Washington, D.C., 1994.; 鈴森　薫「着床前診断」臨床婦人科産科学雑誌53(8)：1066-1068、一九九九　斎藤有紀子・白井泰子「受精卵の着床前遺伝子診断に関する倫理的、心理社会的問題の検討(1)：筋ジス三班遺伝子診断実態調査から照らされる問題」平成八―一〇年度厚生省精神・神経疾患委託費「筋ジストロフィーの遺伝相談及び全身的病態の把握と対策に関する研究」班（主任研究者・石原傳幸）報告書、二〇〇〇、一五八―一六一頁。白井泰子・斎藤有紀子「受精卵の着床前遺伝子診断に関する倫理的、心理社会的問題の検討(2)：専門家と市民の見解の相違について」平成八―一〇年度厚生省精神・神経疾患委託費「筋ジストロフィーの遺伝相談及び全身的病態の把握と対策に関する研究」班（主任研究者・石原傳幸）報告書、二〇〇〇年、一六二―一六四頁。Shirai Y 前掲注(6)など。

（10） 斎藤有紀子・白井泰子・前掲注(9)

（11） 久保春海・阿部裕司「現代補助医療のあゆみ：a 採卵法の改良」武谷雄二（総編集）・新女性医学大系一六『生殖補助医療』（中山書店、一九九九)、九-一〇頁。末岡浩・吉村泰典「生殖補助医療の適用と要約-三 体外受精と関連技術」武谷雄二（総編集）・新女性医学大系一六『生殖補助医療』（中山書店、一九九九)、五四―五六頁など。

（12） 苛原稔・青野敏博「卵巣過剰刺激症候群」武谷雄二（総編集）・新女性医学大系一六『生殖補助医療』（中山書店、一九九九)、七三―八二頁。なお、新聞報道によれば、一九九五年一一月初旬に死亡した新潟の女性の例を含めて、排卵誘発剤の副作用による重軽症者は旧厚生省に報告があっただけでも、この一年半で二〇人を超えたという（一九九五年一二月一三日付け朝日新聞)。

（13） 白井泰子・前掲注(6)

（14） 白井泰子・斎藤有紀子・前掲注(9) Shirai, Y. 前掲注(6)

（15） 斎藤・白井の報告前掲注（9）によれば、厚生省精神・神経疾患委託研究「筋ジストロフィーの遺伝相談及び全身的病態の把握と対策に関する研究」班（筋ジス石原班）の班員および班関係者を対象として一九九七年に行った同種の調査では、PGDを筋ジストロフィに適用することに対する六五名の回答者（医師）の態度は、積極的賛成が一六・一％、消極的賛成が三八・七％、どちらとも言えないが三〇・六％、消極的反対が一三・〇％、積極的反対が一・六％であったという。

（16） 片山進・白井泰子・斎藤有紀子ほか・デュシェンヌ型筋ジストロフィーの遺伝子診断を受けたクライエントは着床前診断についてどう考えているか（日本遺伝カウンセリング学会雑誌）

三 生殖補助医療における着床前診断の意味

日本産科婦人科学会の会告（一九九八）からも明らかなように、PGDをめぐるこれまでの議論は主に出生前診断という文脈の中で行われてきた。しかし、in vitro で未受精卵や受精卵（胚）の遺伝子検査・染色体検査を実施できるというPGDの技術的特徴は、生殖補助医療という文脈においてもその威力を失うことはない。一九九九年に北九州市の民間病院が行った習慣性流産の女性に対するPGD実施の申請や生殖遺伝学という新たな領域の出現は、生殖補助医療という文脈におけるPGDの意義について検討することが急務であることを示唆している。本節では、一九九八年に出されたオランダの報告書「IVF関連研究について」[1]を参照しながら、生殖補助医療という文脈におけるPGDの性格付けおよび倫理問題の所在について考えてみる。

(1) オランダの報告書（一九九八）にみる着床前診断の性格付け

オランダの保健評議会IVF委員会（Health Council of the Netherlands: Committee on In vitro fertilization）の手になる報告書「ＩＶＦ関連研究について」（以下、「本報告書」と略記）では、〝ＰＧＤ〟、〝ＩＶＦの改善に関する研究〟、〝ヒト胚を用いる研究〟および〝それらの評価〟という事項が副題として掲げられており、ＰＧＤの問題はＩＶＦ関連研究の筆頭に取り上げられている。本報告書では、ＰＧＤを「未受精卵や胚の単一遺伝子変異や染色体異常の有無を in vitro で検査する技法であり、ＩＶＦ技術を抜きにしては成立不可能である」と定義した上で、ＰＧＤ自体は生殖補助医療の中心的問題ではないにしても、ＩＶＦの精度の向上と深く関連していることを指摘している。

㈠　着床前診断の三つのフォーム　遺伝子診断の検体となる細胞の採取は顕微鏡下でマイクロニピュレータを操作して行われ[2]、極体、割球（一部の胚細胞）、栄養膜などを採取する。ＰＧＤの目的によって検体の採取方法や検査の方法が異なってくる。

①　極体生検（polar body biopsy）　卵子の遺伝情報を得るために未受精卵の第一極体[3]を用いて行う遺伝子検査で、嚢胞性繊維症などのように母親を介して遺伝する疾患が対象となる。極体生検を行うことによって、未受精卵における異数性[4]の検出などが可能となる。

②　割球生検（blastomere biopsy）　割球生検はＸ連鎖性遺伝性疾患の発症予防のために胚の性別診断を行うことから始まった技法で、六－一〇細胞期の体外受精胚から一～二個の細胞を取り出して遺伝検査を行うものである。日本産科婦人科学会の会告（一九九八）が想定しているＰＧＤも、明言こそされてはいないが、この技法による受精卵（胚）の遺伝子検査であると考えられる。生殖補助医療における新たな利用方法としては、ＩＶＦの精度を上げるためのルーチン検査として受精卵（胚）の遺伝子変異や染色体異常を検出するために使用することが示唆されている。

③　栄養膜生検（trophoblast biopsy）　胞胚をおおう外胚葉細胞層を栄養膜[5]という。栄養膜生検のメリットとしては〝胚自体の細胞を採取する必要がない〟、〝診断に必要な数だけ細胞を採取できる〟などが考えられるが、現時点では未だ臨床応用の前段階的研究（preclinical research）だとされている。

㈡　着床前診断の信頼性と有効性

ＰＧＤで使用される検査方法にはＰＣＲ法（polymerase chain reaction）とＦＩＳＨ法（fluorescence in situ hybridization）があるが[6]、いずれの検査法を使用する場合でも受精卵のモザイクや極体における組み換えの発生といった生物学的要因の影響が避けられないため、一〇〇％の精度を期待することはできない。また、ＰＧＤ実施後の胚の着床率や妊娠継続の可能性など健康な児の出生（healthy childbirth）の指標となるデータも不足しているので、通常のＩＶＦと比較した場合のＰＧＤの悪影響に関する懸念を拭い去ることができない。それ故、ＰＧＤをＩＶＦ実施にかかわるルーチン検査として使用することについて、現時点で判断を下すことは困難だとしている。

㈢　着床前診断をめぐるオランダの状況

オランダでＰＧＤの開発研究に携わっている機関は、マーストリヒト大学付属病院ただ一つである。一九八八年にマーストリヒト大学付属病院からＰＧＤ研究の着手予定が公表された。翌年（一九八九年）には、厚生大臣（the Minister of Public Health）によりこの研究計画を検討するための暫定中央倫理審査委員会（the Provisional Central Ethical Review Board、オランダ語による略称ＫＥＭＯ）が同大学に設置された。一九九〇年にマーストリヒト大学の研究グループから割球生検に関する研究申請がＫＥＭＯに提出され、承認された。この時マーストリヒト大学の研究グループが提出した研究計画は、動物実験およびヒトの生殖関連物質・余剰胚を用いた実験的研究に限定されたものだった。一九九四年当時はヒトの生殖関連物質および胚の利用に関する法案が論議されていたこともあって、マーストリヒト大学の研究計画が政治論争の的にされたこともあったが（Office Report, Lower House 93-94, 23016）、ＰＧＤの臨床研究に関するＫＥＭＯからの積極的勧告（positive advice）もあって、一九九五年に同研究グループは割球生検の臨床研究に着手している。この臨床研究では、ＫＥＭＯの提示した基準に基づいて、ＰＧＤの対象疾患を重篤なX連鎖性遺伝性疾患、嚢胞性繊維症、脆弱X症候群に限定していた。なお、マーストリヒト大学の研究グループは、一九九八年時点までに二二組のカップルに対して三三周期の割球生検を実施し、二七周期の胚移植を行っている。その結果、すでに二名の新生児が誕生しており、妊娠中の者も五名いるという。

前述のＰＧＤの三つの技法はいずれも未だ医学研究の段階にあると見なされているため、臨床研究としてのＰＧＤ実施計画も「ヒト被験者を伴う医学研究に関する法律」（Medical Research Involving Human Subjects Act, WMO. 一九九八年二月二六日成立[7]）が適用され、ヒト被験者を伴う研究に関する中央委員会（centrale commissie mensgebonden onderzoek, CCMO）の審査を受けなければならないという。なおＰＧＤに係わる他の法規制としては、「特殊的治療に関する法律」（Special Medical Treatments Act）第二条および第五条に基づく厚生省規則（ministerial regulations）がある。この規則によれば、現時点でＰＧＤの臨床研究が許可されるのはＩＶＦ計画に関する勅令（デクレ）の下で認可を受けた施設のみだという。

(2)　生殖補助医療における着床前診断の評価

単一遺伝子変異や染色体異常をもつ児を産む可能性が高いカップルで、〝人工妊娠中絶には反対〟という意見の持ち主や〝出生前診断受診後に選択的中絶を経験した〟という人達がＰＧＤを希望した場合、オランダでは、WMOの規程に従ってCCMOによる審査を経た後に出生前診断の選択肢の一つとしてPGDが当該カップルに提供されることになる。また、不妊治療を受けているカップルや不妊問題と遺伝的問題の二つを併せもつカップルに対してPGDを提供することに関しても、対象疾患を集団スクリーニング法（the Population Screening Act）の許容範囲に留めるなど適応基準の明示に言及してはいるものの、本報告書では許容的な見解が示されている。

しかし、全世界で不妊に悩むカップルが八、〇〇〇万組いると推定（一九九〇年のWHO統計）されている状況の下で不妊治療の一環としてPGDが提供されるとすれば、〝受精卵（胚）の選別〟や〝選択的出産〟によって惹起される倫理的問題は出生前診断の文脈の中で考えていたものとは全く様相を異にすると思われる。

（1） Health Council of the Netherlands: Committee on In vitro fertilization: IVF-related research Rijswijk; 1998, publication no.1998/08 E. そもそも本報告書は、一九九四年二月にオランダの保健文化大臣が保健評議会に対してIVF計画法の見直しと今後の法改正のために体外受精、卵細胞質内精子注入法（ICSI）、ならびにIVFにおけるPGD併用について科学的裏付けをもつ報告書の提出を求めたことに端を発している。この諮問に応えるために保健評議会ではIVF計画に関する勅令見直し委員会を発足させ、一九九四年五月から一九九八年二月までの間に三つの報告書を作成している（第一報告書（一九九六）は主にICSIについて論考、第二報告書（一九九七）は新IVF計画法の骨子を提示、第三報告書（本報告書、一九九八）はIVF関連研究の新局面について論考している）。

（2） 末岡浩「生殖医療による着床前診断」平成一一—一三年度厚生労働省精神・神経疾患委託研究費「筋ジストロフィーの遺伝相談法及び病態に基づく治療法の開発に関する研究」班（班長・石原傳幸）研究報告書、二〇〇二年、五三五-五三七頁

（3） 成熟時の卵子によって作られる二個の小細胞を極体という（最初の極体（第一極体）は、通常、排卵の直前に放出されるが、第二の極体は卵子が卵巣から排出されるまで放出されない）。哺乳類では、精子が卵子に進入しない限り、第二

の極体は形成されない（Stedman's English-Japanese Medical Dictionary、メジカルビュー社、一九八〇）。

（4）染色体の数が、正常な倍数性より増減すること。染色体数が多い場合を高倍数性、少ない場合を低倍数性とよぶ・本来、二倍性であるはずの体細胞で三本の染色体があることをトリソミー、一本の場合をモノソミーという（新女性医学大系一六『生殖補助医療』Glossary、四〇二頁）。

（5）栄養膜は胞胚をおおう外胚葉細胞層で、子宮粘膜に侵入しここを通して母体から栄養を摂取する。細胞は胚自体の形成にはかかわらないが、胎盤形成に機能する（Stedman's English-Japanese Medical Dictionary、メジカルビュー社、一九八〇）。

（6）FISH（蛍光 in situ ハイブリダイゼーション）は、目的とする遺伝子と相補的なＤＮＡプローブを直接または間接的に蛍光色素で標識し、一本鎖の状態に変性させたＤＮＡとハイブリダイゼーションさせた後、蛍光顕微鏡を用いてシグナルを検出する方法で、染色体の数的異常や構造的異常の検出に用いられる。一方、ＰＣＲ（ポリメラーゼ連鎖反応）の基本的特徴は、〝細胞を用いることなく行えるＤＮＡクローニング〟ということである：不均一なＤＮＡ配列の集合の中から目的とするただ一種あるいは幾種類かのＤＮＡ配列だけを選択的に増幅する in vitro の方法。迅速かつ応用範囲の広い方法であるが、この選択的増幅を行うためには、あらかじめ標的ＤＮＡの塩基配列に関する情報が必要である。詳しくは、村松正實・木南凌（監修）・村松正實・笹月健彦・木南凌（監訳）『ヒトの分子遺伝学（第二版）』メディカル・サイエンス・インターナショナル、一九九七、五五頁、二六八―二六九頁および一二九―一四九頁を参照されたい。

（7）甲斐克則「被験者保護法制と倫理委員会の機能：オランダおよびドイツの経験を通して」厚生労働科学研究（ヒトゲノム・再生医療等研究事業）「遺伝子解析研究・再生医療等の先端医療分野における研究の審査及び監視機関の機能と役割に関する研究」（主任研究者・白井泰子）平成一四年度総括・分担研究報告書、二〇〇三、一九―二三頁。甲斐克則「医事刑法への旅　道草編・その一――オランダの被験者保護の法システム―倫理委員会の在り方の模索への旅」現代刑事法五巻六号（五六号、二〇〇三年）、一一一―一一六頁。

四　生殖遺伝学にみる〝素晴らしい新世界〟

一九九七年六月に米国では、国立小児保健・発達研究所（National Institute of Child Health and Human Development）と生殖に関する国家倫理諮問委員会（National Advisory Board on Ethics in Reproduction, NABER）の共催で「技術革新から実践へ：ＰＧＤおよびＩＣＳＩに関する技術的、倫理的検討」と題する会議が開催された。この会議の目的は、ＰＧＤやＩＣＳＩの技術に関する基礎研究の積み重ねが不十分なまま生殖医療の分野に急速な勢いで臨床応用されている当該技術のあり方を憂慮し、ＰＤＧおよびＩＣＳＩに関連する分子生物学・細胞生物学の研究の現状とその科学的限界に関する知見の整理を行った上で、研究発展の方向性を評価し、倫理的検討を行うことにあったという[1]。McClureらの報告[2]によれば、ＰＧＤを実施している不妊治療施設は米国にも僅かしかないが、ＩＣＳＩは一九九五年時点で少なくとも一八二の施設が不妊治療の一環として実施しているという。この二つの技術は不妊および遺伝治療センター（infertility and genetic treatment center）で急速に利用され始めている。しかし、ヒト胚等を用いる研究は国による研究助成の対象外とされているため、当該技術に関する基礎研究や当該技術を受けた女性や新生児についての短期的影響ならびに長期的影響に関するデータは極めて少ない。しかしこうした事情にもかかわらず、ＰＧＤの極体生検は染色体異常をもつ卵子を選別するための技法として、そしてまたＩＣＳＩはＹ染色体に微少な変異をもつ精子によるＩＶＦを可能にするための技法として、今後の不妊治療の中でルーチン化される兆しが現れているという。Tasca & McClure[3]は、今後こうした事態が継続された場合、生殖細胞の一時的変異（modification）に繋がるのではないかと警鐘を鳴らしている。

Colson[4]は、生命科学技術の急速な発展によって生み出された〝新たな魅惑〟(brave new temptation)を、ある医師の経験というかたちで描いてみせた。

仲の良い友人関係にあるゲイ・カップルとレズビアン・カップルがいた。双方のカップルは共に、自分たちの子どもが欲しいと願っていた。そこで相談の結果、この二組のカップルは、男性二人の混合精子と女性二人の卵子を用いてIVFを行うことにしたのである。その結果、二四の受精卵を得ることができた。レズビアン・カップルの二人の女性に対して各々四つずつ受精卵(胚)を移植すると共に、代理母を雇って彼女にも四つの受精卵(胚)を移植した。代理母を雇ったのは、妊娠二〇週になった時点で人工妊娠中絶を受けてもらい、パーキンソン病を患っているレズビアン・カップルの女性の父親に副腎移植を行うという計画を立てていたからである。四つの受精卵を予備胚として凍結保存した後、残る八つの胚は研究用として提供するためにイギリスに送った。この計画によって三人の子どもが造られた。その中の二人は無事に満期で出生し、残る一人は二〇週で中絶されてパーキンソン病患者に副腎を提供することになった。

こうした一連の過程が終了したところで、ゲイ・カップルの一人がレズビアン・カップルの一人と結婚し、二人の子どもの中の一人と養子縁組をした。しかし、正式な養子手続きが完了した時点でこのカップルは離婚手続きをとったのである。当初の組み合わせに戻ったこの二組のカップルは、それぞれ自分たちの子どもをもつことができた。ただし、ゲイ・カップルの場合、養子ではあったが……。

Colsonが描き出したこのストーリーは、生殖補助医療技術とヒト胚関連研究の進歩がもたらす〝新たな魅惑〟の一端を余すところなく表現しているように思われる。科学技術の進歩が描き出す〝素晴らしい新世界〟("Brave New World")では、ColsonやSilver[5]あるいはNelkin & Lindee[6]が描いているように、分子遺伝学の研究成果を積極的に利用して人間性(humanity)に手を加え、完全無欠な人類を造りだそうとする〝反差別的〟ライフスタイル(politically correct lifestyle)の形成を促す圧力が強まるように思われる。

（1） White GB & McClure ME: Introduction: Introducing innovation into practice: Technological and ethical analyses of PGD and ICSI technologies. J Law, Med. & Ethics, 26 : 5-6, 1998.
（2） White GB & McClure ME 前掲注（1）。Tasca RJ & McClure ME: The emerging technology and application of preimplantation diagnosis. J Law, Med. & Ethics, 26 : 7-16, 1998.
（3） Tasca RJ & McClure ME 前掲注（2）
（4） Colson CW: Contemporary Christian responsibility. In Kilner JF, Pentz RD & Young FE (eds.): Genetic Ethics: Do the ends justify the genes!? Paternoster Press (UK) & Wm. B. Eerdmans Publishing Co. (USA), 1997, pp. 218-229.
（5） Silver, L.M. 前掲注（一（3））
（6） Nelkin D & Lindee S: The DNA Mystique. Freeman and Company, 1995. 工藤政司（訳）『DNA伝説：文化のイコンとしての遺伝子』（紀伊国屋書店、一九九七）

五　おわりに

遺伝子工学の技術は、他の技術と同様に、価値ある目的を達成するための価値-中立的な道具ではなく、むしろ人間の自己理解と社会関係に深く関わる価値-関係的な力をもった道具である。科学技術の発展は、人間の中にある願望の充足という枠を超えて、新たな欲望を掘り起こし続けてきた。しかし今日のような価値多元的社会においては、技術の論理が道徳的抑制に席を譲るということはもはや起こらないだろう。〝もし仮に、遺伝革命が悪夢を生み出すとたら、それは、自分達が誠心誠意よいことをしていると確信している研究者達の仕事からに違いない〟というPearceyの示唆に富む言葉[1]を借りて本稿を閉じることにする。

（1） Pearcey NR: Technology, history, and worldview. In Kilner JF, Pentz RD & Young FE (eds.): Genetic

Ethics: Do the ends justify the genes? Paternoster, Press (UK) & Wm. B. Eerdmans Publishing Co. (USA), 1997, pp.40-48.

在宅医療における医師の責務とその環境整備

西　三　郎

湯沢雍彦・宇都木伸 編
『人の法と医の倫理』IIb 4
二〇〇四年三月　信山社刊

はじめに

在宅医療の範囲が拡大され、入院によらずに、生活する拠点である自分の家で、継続して受療することが可能になってきた人が増えてきている。このことは、療養生活においてのＱＯＬを高めることに貢献していることは事実である。しかしながら、在宅で療養生活を過ごすには、訪問診療、訪問看護等により医療専門職による医行為が提供され、緊急時には、救急車等により医療施設への搬送体制が整備されてはいても、医療施設における入院とは異なり、必要時には、直ちに医師または看護職等の医療にかかわる専門職が対応できる体制が整えられているわけではない。このため、医行為であるか生活行為であるかについての疑義がある行為であっても、生命維持にかかわるために必要な行為であれば、たとえ無資格者であろうとも、行わざるを得ないのが実態である。例えば、常時吸引が必要な人工呼吸器を装着している療養者のための在宅医療が制度化されている現在、医師・看護職が不在の際には、誰かが実施しなければならない。また、最近社会的に話題になった救急救命士の気管挿管において、なぜそのことが必要になったのかについての論議よりも、救急救命士の手技が適正であるか否かに論議が集中している嫌いが見られている。在宅医療、救急救命士の気管挿管ともに、そこでは、医師の役割についての論議がみえてこない。ここでは敢えて、医師の任務が果たせる環境整備のために、論文をまとめた。

論文のはじめに、在宅医療に限定せずに、医業に係わる用語の解説を紹介し、次いで医師以外の人々が医行為に係わることが多くなってきている中で、医行為自体の概念の変化を踏まえて、医行為の区分を論じ、最後に在宅医療制度における課題について論じよう。

一　医業に係わる用語の説明

1　医業とは

医師法第一七条に医師でなければ、医業を行ってはならないと定めている。しかし、医師法では、第一七条から第二四条まで業務について規定しているのみで、医業とはの規定を設けていない。厚生省医務局総務課長木暮保成の著書[(1)]によれば、「医業の定義については、「人の疾病を診察、治療又は予防の目的を以て施術をなし、若しくは治療薬を指示投与することを目的とする業務」、「公衆又は特定多数人に対して反復継続の意思を以て疾病の治療若しくは予防を目的とする行為を行うこと」等種々の説があるが、いずれも十分でなく、しかもその内容は医学の進歩につれて変化するものであるから、定義を明文化することは困難である。しいて大まかな定義を下すとすれば、「医業」とは「医行為を業とすること」であり、「医行為」とは、「当該行為を行うに当たり、医師の医学的判断および技術を持ってするのでなければ人体に危害を及ぼし、又は危害を及ぼす恐れのある一切の行為」であると解される。したがって、必ずしも人の疾病の診察、治療又は予防の目的を持って行われる行為のみに限られないものであるが、具体的な事例については、個々につき、一般の社会通念に照らして判断されるべきものであろう。」と述べている。このように、医業とは医行為を業とすることで、医行為とは、「医師の医学的判断および技術を持ってするのでなければ人体に危害を及ぼし、又は危害を及ぼす恐れのある一切の行為」と解すことができる。しかし、個別具体的な行為が医行為に該当するか否かは、医学医療技術の進歩、社会通年の変化に従って変化するものであるといえよう。

なお、歯科医師による歯科医業およびあん摩マッサージ指圧師、はり師、きゅう師等に関する法律、柔道整復法による医業類似行為を業とすることについては、医業と同様の規定がなされており、ここでは、医業についてのみ述べる。

2　医業を行う場について

医師は、医行為を行うことができる。しかしながら、業として医行為を行う場は、医療法、介護保険法に規定されている医療施設、介護老人保健施設である。このため、医師は、医業を行うには、医療施設、介護老人保健施設の開設者又は勤務者でなければならない。なお、事業体等を含め、おおむね毎週二回以上定期的に反覆継続して診療を行う場合、又はおおむね三日以上継続して診療を行う場合、診療所として届け出が必要とされている。また、保健所は、医療法に規定する診療所である。

健康診断、健康診査、予防接種は、医行為であり、これらの事業を業とする場合には、診療所又は病院の開設が必要になる。ただし、その事業を行うことが稀な場合には、巡回診療として認められ、診療所開設の届けの必要はない。

3　診療契約とは

市民がまず医療施設を訪れ、診療を受けることを申し入れ、医師は、その依頼を受け、診療が開始されるのが一般的な方式である。時には、医師に往診を依頼する場合もあり、救急車等で医療施設に搬送される場合もある。いずれにしても、診療を求める市民個人（以下患者という）とその求めに応じた医師との間で診療契約が成立する。なお、法学では、診療契約にいくつかの説があり、よく用いられている説は、準委任契約といわれている。

診療契約は、患者と医師との合意のもとで締結されるものである。そこには、患者と医師は、人間として対等平等の関係の契約でなければならない。しかしながら、医師には、応召義務があることから、患者とは異なり、理由なくして、診療契約を中断破棄することはできない。

診療契約は、診療を担当する医師が、契約の当事者となる。しかし、法的には、医師の雇用主である開設者と診療契約が締結されたことになる。それは、被雇用者である診療を担当する当事者である医師との契約の効果は、開設者に及ぶことによる。国立病院の医師を受診した場合、診療契約の相手は国となる。

患者と医師とで結ぶ診療契約には、医師が診療に必要があると認めた際には、診療補助者等に指示して診療の補助を行わせることが含まれているのが通常の方式である。なお、患者は、診療補助者等と新たに契約を結ばなくとも、開設者との契約に含まれていると解されている。ときに、医師は、患者の同意を得て、患者の病状等を説明し、他の医師の助言を得ること、又は、他の専門分野の別の医師又は別の診療科をすすめることが行われる。このような場合には、転医先の新しい主治医になる医師と新たな診療契約を締結することになる。その他の方式として、医療施設により、診療の総括責任者としての主治医のもとに、その診療を補佐または協力する医師達によるチームによる診療の形式、内科医と外科医のように専門分野を異にする複数の医師が対等な関係で分担し連携して一人の患者の診療を担当することなどがある。さらには、複数の主治医から診療を受ける際に、それぞれの医師の所属する医療施設が異なる場合には、患者は、複数の医療施設の開設者とそれぞれ診療契約を結ぶことになる。後者は、病病連携とか、病診連携とかいわれている。

二　医行為の区分

医行為は、医療行為、診療行為などといわれている。ここでは、医行為又は診療行為の用語を用いる。

医師法に規定する業務制限の対象となる医行為の範囲は、医学医療技術の進歩により発展拡大されるとともに、医の倫理、社会通念により医療の対象すべてを含むものではなく、限定された範囲に限られている。しかしながら、現実には、医師法に抵触するか否かについては、実態と大きく乖離したままで厚生労働省の通知その他の表明された見解が支持されている。例えば、厚生労働省第一回「新たな看護のあり方に関する検討会」議事録(2)によれば、「九四％の医師が、「看護師・准看護師に静脈注射を現に指示している」、九五％の医師が、「看護職員の静脈注射の実施は、看護師に指示をして、医行為を行わせることができる相対的医行為と受け止めている」ということでした。それから看護師ができる静脈注射の範囲としては、静脈注射八八％、点滴静脈注射九三％、輸血四九％という数字が上がってきています。……九〇％の看護師・准看護師が、「日常業務として静脈注射を実施している」という結果です。それから六〇％の施設では、「静脈注射マニュアルを看護部で作成している」ということ。それから「静脈注射は診療の補助業務の範囲内である」というお答えが五二％の看護管理者です。」「昭和二六年に国立鯖江病院で起きた注射事件、注射薬剤の取違い事件で患者が死亡した事例ですが、当時の厚生省の解釈として、薬剤を静脈の中に注入をするという行為は、医師、歯科医師が自ら行うべき業務で、看護婦の業務範囲を超えるという回答をしています。」「名古屋高裁金沢支部の判決においては、「看護婦が医師の指示により静脈注射をなすことは、当然の業務上の行為」という判決が出され、さらに上告に対して最高裁は上告棄却ということで、静脈注射が看護師の業務であるということを前提として、医師法違反ではなく、刑法二一一条の業務上過失の責任で判決が確定しているという状況にあるわけです。」、第二回「新たな看護のあり方に関する検討会」議事録(3)によれば、「座長（川村佐和子）議事に入る前に、前回の討論についてのまとめと、今後の会議の方向性などについて説明をさせていただきたいと思います。……中略……第二として、静脈注射のあり方については、法解釈と現場との乖離の実態が明らかになり、委員の先生方のご意見から推察いたしますと、おおよそ方向性は一致しているのではないかと考えられます。」とあり、第三回「新たな看護のあり方に関する検討会」（平成一四年七月二四日）の議題は、「看護師による静脈注射の実施について」とあり、平成一四年九月三〇日厚生労働省医政局長通知（医政発第〇九三〇〇〇二号）「看護師等による静脈注射の実施について」(4)により、昭和二六年九月一五日付け厚生省医務局長通知（医収第五一七号）及び昭和二六年一一月五日付け同通知（医収第六一六号）は、廃止され、「一、医師又は歯科医師の指示の下に保健師、助産師、看護師及び准看護師（以下「看護師等」という）が行う静脈注射は、保健師助産師看護師法第五条に規定する診療の補助行為の範疇として取り扱うものとする。二、略」とされた。今後は、行政解釈としての業務制限の対象となる医行為について、広く市民に具体的に理解できるようにするとともに、社会の変化、医療技術の進歩に応じて、適切に改訂しなければならないといえよう。

すでに議事録の一部で触れてあるように、医行為には、絶対的医行為と相対的医行為とがあり、また、診療行為には、診療補助行為という区分があり、それぞれについて、簡単に説明しよう。

1　絶対的医行為と相対的医行為

医行為の中に、医師でなければ行うことが認められていない行為を絶対的医行為といい、医師の指示により法律で資格、業務等が規定されている医療関係職種が行うことができる行為を相対的医行為という。さらに、医師の指示で、無資格者が行う診療の補助行為がある。健康保険制度においては、訪問看護ステーションの制度が設けられるまでは、相対的医行為に対する診療報酬は、医療施設の開設者のみに支払われていた。このため、その行為に従事した医療関係職種に対しては、非常勤を含め雇用主の医療施設等から、報酬が支給される方式になっている。訪問看護ステーションの制度が設けられてからは、同ステーションに直接診療報酬が支払われることになった。なお、健康保険制度においては、医師の指示で、無資格者が行う診療の補助行為に対して、その行為を指示した医師に、診療報酬を認めている場合もある。

以上の区分された医行為は、健康保険制度の適用を受ける場合に、同法に基づく法令の規定により個々の行為ごとに診療報酬の額が定められている。公費負担医療、その他の法令・通知・条例等に規定されている医療を利用する場合には、健康保険制度と同様にそれぞれの規定に基づいた診療行為のみが支給の対象とされることが定められている。なお、ここでは、健康保険制度等における診療報酬には、医行為以外の行為に対しては支給対象から除かれているのが一般的である。

実際に診療を受ける際に、絶対的医行為か、相対的医行為か、医師の指示による素人が行うことができる行為かは、個別具体的に明確に区分されているとは言えない。しかし、診療における個々の現場では、慣例に従って、ほぼ区分されているといえよう。

医師は、健康保険制度等の規定に含まれていない行為であっても、診療に必要ありと判断した場合には、その行為を相対的医行為を含め、無償で行うか、当該患者の診療にかかわる行為をすべてを健康保険診療ではなく、自由診療となる規定により、自由診療として行わなければならない。

2　診療行為と診療補助行為

医学医療技術の進歩に伴い、医師は、診療を行う際に、診療を補助する人が必要になり、その役割を果たすために新たな職種が数多く登場してきている。現行法規に資格・業務等が規定されている医療関係職種は、診療補助行為およびその他の指定された行為を担当している。

歴史的に最も古くから存在していた職種は、助産師であり、以前は産婆といわれていた。助産師に関する法規は、明治三二年「産婆規則」が最初である。現在の保健師助産師看護師法第三条により助産師は、助産又は妊婦、じよく婦若しくは新生児の保健指導を行うことを業とする女子と規定され、その他、業務独占、名称制限、応召（応需）義務、出生証明書、死産証書又は死胎検案書交付義務、異常死産児の届出義務、助産録記載・保持義務、秘密保持義務の規定がある。また、医療行為の禁止、異常妊産婦等の処置禁止の規定があり、医療法第一九条に「助産所の開設者は、嘱託医師を定めて置かなければならない。」と規定され、医師と密接に連携して業務をすすめる必要がある。なお、助産師は、医師とは独立して助産等を業とすることができるとともに、助産にかかわる診療補助行為および看護師の業務を行うことができる。

看護師に関する法規は、大正四年「看護婦規則」が最初で、看護婦資格の規定、医師の指示によらずに診療補助行為を行うことの禁止等の規定および臨時救急の手当はこの限りでない旨の規定がある。保健師に関する法規は、昭和一六年「保健婦規則」が最初である。看護職に関する法律がはじめて制定されたのは、昭和二三年「保健婦助産婦看護婦法」である。

看護職とは別の診療補助行為を行う専門職の診療放射線技師に関する法規は、昭和二六年「診療エックス線技師法」が定められ、その後昭和四三年「診療放射線技師法および診療エックス線技師法」と名称を変更し、新たに診療放射線技師の資格制度を導入し、さらに、昭和五八年「診療放射線技師法」に改正し、診療エックス線技師に関する規定を削除した。看護師の業務には、診療放射線技師の業務を含まず、逆に、診療放射線技師の業務には、看護師の業務を含んでいない。両職種とも、医師の指示に基づいて診療補助行為を担当する職種で、相互に業務が重ならない範囲で、診療補助行為を担当している。その理由として、診療放射線技師の業務は、医師・歯科医師の指示のもとで、人体に被爆による障害の危険がある診療用放射線に係わる業務を行うため、看護師を含め無資格者には、その業務を行うことを禁止している。看護師の業務も業務独占であることから、診療放射線技師を含め無資格者には、その業務を禁止している。なお、看護師においても、看護業務上、各種の医療機器を使用している。しかし、それらの機器は、適正に使用している限り、機器の存在自体から、放射線等の放出のように、人体に障害の危険がある機器は含まれていない。

薬剤師、衛生検査技師、栄養士・管理栄養士、歯科診療に係わる歯科衛生士および歯科技工士以外の、法律で資格・業務等を定めている医療関係職種（理学療法士、作業療法士、視能訓練士、言語聴覚士、臨床工学技師、義肢装具士および救急救命士）の業務を規定する法律に、「保健婦助産婦看護婦法第三一条第一項及び第三二条の規定にかかわらず、診療の補助としてそれぞれの職種の業務を行うことを業とすることができる。」の規定がある。すなわち、看護師の業務独占である看護業務の一部のなかで、それぞれの法律に規定されている事項の業務についてのみ、診療補助行為を業とすることができるという規定になっている。ある面では、これらの七職種の有資格者は、看護師の特定分野を専門に修得した看護専門職ともいえる。実態は別にして、法制度上は、看護師は、それらの職種の看護業務に関する業務をすべて行うことができる建前になっている。

三　医師以外の人々と医行為とのかかわり

1　医行為自体の概念的な区分とその変化

医行為について先に述べた定義「当該行為を行うに当たり、医師の医学的判断および技術を持ってするのでなければ人体に危害を及ぼし、又は危害を及ぼす恐れのある一切の行為」を分解して考察を加えてみよう。

医師の医学的判断および技術を図1のように簡単に分解して、以下の三つに区分してみる。

入力部分：病歴聴取、診察、検査所見、前の治療結果

判断部分：診断、予後

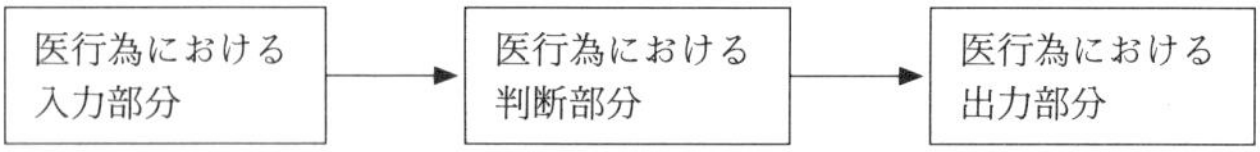

図 1「医師の医学的判断および技術」の分解図

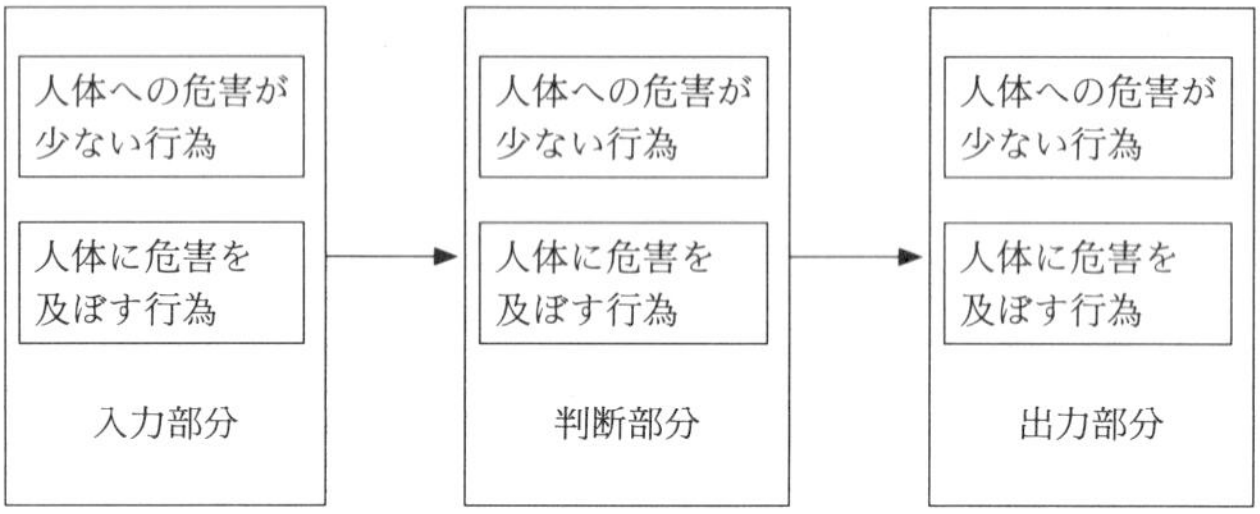

図 2「人体への危害」を加えた図

出力部分：治療

入力部分に関しては、診療の一環として行われる場合には、当然医師が行うか、医師の指示による診療補助行為および無資格者による診療の補助行為による。なお、医行為の入力部分として行われている衛生検査は、医行為としてではなく、医行為とは別の診療に係わらない行為として検査等が実施されることがある。次にその例を述べる。

(1)　薬局において行われる糞便中の回虫卵の検査　戦後まもなくの頃、日本人の回虫卵保有者率は、三〇%から八〇%又はそれ以上と報じられていた。当時は、薬局において、薬剤師による糞便中の回虫卵の検査がしばしば行われていた。検査の結果は、被験者に報告され、回虫卵陽性の場合は、陽性の検査結果が通知される。薬剤師は、この検査を行う資格を有していることから、合法的な行為である。

被験者は、回虫卵が自分の糞便から発見されたという通知を受

け、自分の体内に回虫が寄生しているであろうと推定することができる。そのように推定した場合、その回虫を駆除するため、回虫駆虫薬の服用を希望するのが一般的なことであろう。被験者のこの行為は、何ら法に触れるものではない。

被験者は、回虫駆虫薬を服用するために、薬局を訪れ、薬剤師に駆虫薬の販売を求める。薬剤師は、その人が購入を希望する回虫駆虫薬の販売が、薬学の専門職として正当であると判断できた場合には、その薬剤を、その人の年齢等より、服薬量、服薬方法を定め、その他必要な事項についてよく説明して販売することは、適法な行為である。

被験者は、薬局で検査を希望し、その結果に基づいて駆虫薬を購入し、服薬して回虫を駆除することができる。

すなわち、この一連の経過を見ると、医師の判断行為の部分を欠いている以外、医行為の一連の経過に著しく近似している。しかしながら、医師の判断が含まれていないことから、医行為とは認められずに、合法的なこととして当時は広く行われていた。

次に、「医師の医学的判断および技術」に「人体に危害を及ぼし、又は危害を及ぼす恐れのある一切の行為」を分解して考察を加えてみよう。

図1に、人体への危害に関する事項を加えて、**図2**「人体への危害」を加えた図を示した。この図に示すように、「人体への危害がすくない行為」と、「人体に危害を及ぼす行為」を加えた。

次にその例を述べる。

(2)　体温の測定　　体温計を用いて体温を測定することは、現在では生活行為とされ、医療施設を受診する際に、熱があるときなどは、予め体温を測定しておくことが常識とされている。

しかし、体温計が登場した当時は、体温計が高価で破損しやすいことも多少関連していたかは明らかではないが、体温測定は絶対的医行為とされていた。それは、正確に体温測定するには、体温を測る前に、湿潤した皮膚からの気化熱による影響を少なくするために乾いた布で皮膚を拭き、正しい位置に体温計を置き、正しく必要な時間をかけて測定しなければならなかった。このことを理由に、体温測定は絶対的医行為とされていた。その後、体温計が改善され、相対的医行為となり、看護職が測定するようになり、今では、生活行為にされている。

(3) 血圧測定について　昭和二三年の厚生省通知「血圧、握力、肺活量の測定を業とする者の取締について」がいまだに引用され、ときどき現場に混乱を起こしている。その通知の要旨は、「握力及び肺活量の検査は、その結果の判定のみでは医行為には属しないが、血圧測定は医行為と考えられる。」とある。その理由は、「医学の知識を有していない者が、測定するとその誤差が甚だしく大きくなり、ひいては患者の疾病に重大は影響があるからである。したがって、医師でない者が血圧測定を業とする場合は、医師法第一九条〔医師でない者の医業の禁止〕取り締まりの対象になる。[5]」とされている。現在では、実際に筆者が経験したある健康診断を目的とした公立の医療施設において、医師はもちろん看護職も血圧を測定せず、患者自身が、診察室の前にある記録式自動血圧計で血圧を測定し、その記録紙を持って、診察を受けている。ときに、血圧値が異常の際には、医師が再度測定することもあるとのことである。また、生活習慣病のために、自分で日頃の血圧を測定しておくよう医師から指示されている患者の例も少なくない。

近い将来、自動血圧計が各家庭に普及し、以前の体温計による体温測定が、絶対的医行為から相対的医行為、さらには、生活行為に変化したように、受診前に血圧を測定し、その値を診察の際に医師に提示するのが常識になる可能性もあろう。

これらの例のように、入力部分に関しては、技術進歩に伴い、入力部分の機器開発が進み、相対的医行為、素人でもできる診療の補助行為、さらには、生活行為になる可能性が今後拡大されるものと推定されよう。

出力部分に関して、手術を例にすると、手術中に、手術用の器具を手術者に手渡す役割は、相対的医行為として看護職が担当している。しかし、手術責任のある術者による医行為は、絶対的医行為とされている。人体への危険や、負荷が少ない処置に関しては相対的医行為の分野もみられている。現在では、市民は、救急救命措置を学習しておくことが大切なこととされている。このように、緊急時には、医行為としてではなく、緊急措置として訓練された市民が対応する時代にきている。最近では、救急救命のための医療機器の開発は、著しく、国内では、絶対的医行為または医師の監視下での相対的医行為とされている除細動機の使用が、航空機内では、訓練を受けた乗務員にかぎり使用が認められている。

すなわち、従来から絶対的医行為とか相対的医行為とされている行為であっても入力部分、出力部分ともに再検討が必要になってきている。医学医療技術進歩に伴い、開発され進歩してきた医療機器が数多くあり、絶対的医行為とされていた行為が相対的医行為、それも医師の指示により診療補助者単独で使用することができるようになってきている。さらには、前述の除細動機のように、訓練した無資格者においても使用可能な機器が数多く整備されてきている。また、医療技術を修練するための訓練方法の進歩も著しく、機器の開発進歩に加えて、ますます、絶対的医行為から、相対的医行為、無資格者による診療の補助行為、さらには生活行為へと変化してきている。現在は、まだ研究開発の段階ではあるが、人工知能等の技術および機器を導入することにより、医師の判断部分とされる行為の一部にまで、介入することができる時代がそう遠くないのではなかろうか。すでに、心電図検査等において自動読影装置があるために、医師によっては、その結果を診療記録にそのまま書き写すのみなので、医師が判断したというよりは、器械が判断したに近い場合もある。

すなわち、行政の目、医師の目から見た、それも過去の技術水準に従った絶対的医行為、相対的医行為、生活行為の区分を、基本的に再検討しなければならないといえよう。

2 在宅医療制度における医行為に関しての課題

病態像から、常時医師及び看護職等による観察が必要な状態にある患者に対して、人体への侵襲が大きく、ときに危険を伴う医行為を必要とする場合または／そして特殊な医療機器を用いた医行為が必要な場合には、医療施設に入院させて診療を行うのが常であり、また多くの患者も医師に言われた必要な期間入院している。しかるに、厚生労働省から入院期間の短縮化の方針が打ち出され、患者は、引き続き入院を希望してはいても、医療施設の側から、入院の必要がないことを理由に退院を要請され、退院後の生活に不安を抱いたまま、退院を余儀なくされている実態が見られている。このため、病院生活から在宅生活への急激な環境の変化を緩和するためにいわゆる中間施設として老人保健施設の制度が創設された。現実には、急性期の診療を中心とする医療施設等において、病態像が改善され、当該医療施設の機能に適した病態ではなくなったことを理由に、現在の病態にふさわしい医療施設に転医するよう要請され、転医先の医療施設を探すのに苦慮している例が少なくない。

基本的には、医師の応召義務によれば、転医を要請することは許されるとしても、転医先を具体的に紹介し、診療の継続性の確保に務めなければならないと考える。

古い厚生省通知「入院患者に対する強制退院措置について[6]」に、「患者の入院は、患者と病院当局との間における契約にもとづくものである。院内規則「1　入院患者の症状が入院治療を必要としないと医師が診定した場合病院の管理者は患者の意に反しても退院を命ずることができると規定すること。2　患者の言動が病院の秩序を害すると認めた場合病院の管理者が患者の意に反し退院を命ずることができると規定すること。」の内容は何ら法令及び公序良俗に違反するものでなくこれを内容とする院内規則等を規定しておき、入院に際しこれらを遵守することを条件として入院せしめることは差し支えないと解する。然し乍らその運用に当たっては医業の本質に反することのないよう然るべく御指導願いたい。」とある。

この通知が出された時代は、結核が蔓延しているにもかかわらず、結核病床が著しく不足し、入院が必要な病態にありながら、入院待機のまま、在宅療養している結核患者が少なくなかった。このような時代背景の中で出された通知である。しかしながら、周辺地域の入院施設が整っていない地域で、入院を必要とする患者であるにもかかわらず、この入院規則を遵守する条件を受けいれなかったために、入院を続けることを拒否することが、公序良俗に違反しないとはいえるのであろうか、また、応召義務に違反する可能性もあるのではなかろうか。この通知の最後にある「運用に当たっては医業の本質に反することのないよう然るべく御指導願いたい。」のように、意味が不明確な通知をしていること自体疑義があるといえよう。

基本的に、こと医療に関して入院拒否、強制退院のように、医療には、患者が、本心から同意し難い場合に、周囲の状況から見て同意せざるを得なくなる環境におかれることがしばしば見受けられる。このため、実際に十分な説明と本心からの同意を得る努力をすることを医療施設側に期待するとともに、現実に弱い立場に置かれていることが多い患者の人権を守るために、気軽に専門的な相談、助言指導できる機関を数多く整えていく必要があるといえよう。

3　在宅医療制度の基本から見直しを

在宅医療制度が設けられた背景には、在宅医療に係わる医療技術の進歩、それに伴う在宅用医療専用の医療機器の積極的な開発普及、さらに、地域にある医療施設、社会福祉施設、行政機関、関係団体、市民の有志等による在宅療養を支える地域ケア体制の整備について多くの研究成果があり、さらに、疾病構造の変化、社会における生活水準の向上等もあって、在宅医療制度を導入することができたともいえる。

在宅医療制度のもとで、医療依存度の高い患者が在宅生活を可能になってきている。このこと自体いわゆるＱＯＬを高める観点からは、評価されよう。しかしながら、多くの課題が残されたままで、在宅医療制度が導入された面も否定できない。

在宅医療制度は、入院医療とは基本的に異なる点がある。それは、入院医療においては、看護職および医師が常時見守っている中で、しかも、緊急時には、直ちに医師を含む医療職によるチームが対応できる体制が整備されている。

しかるに、在宅医療においては、医師はおろか、看護職等の医療関係職種がときに訪問するのみで、常時、医療関係職が誰もいない中で療養生活を送っている患者が少なくない。その上、緊急時には、救急車による対応が一般的である。このため、在宅医療においては、計画的に絶対的医行為、相対的医行為が提供されてはいても、絶えず、何らかの処置を行っていなければならない状態の患者に対する処遇が十分には整備されているとはいえない。在宅医療が広く普及している現在、現実に、相対的医行為とされている行為での対応が常時必要な場合がしばしば認められている。このような事例に際して、主治医は、在宅患者の療養生活を常時支えている家族等の特定の人を対象に、当該患者に対する相対的医行為が無資格者でもできるよう厳しく訓練している例が見られている。逆に、このような訓練をせずに、まったく在宅療養生活に関して主治医としての指導を的確に行っているとは言えない医師が見られている。このような事態は、医師の倫理に照らして大きな疑問があるといえよう。

健康保険制度のもとで、在宅医療に対する診療報酬の支給の対象に該当しない行為であっても、医行為を提供しなければならない場合が少なくない。例えば、気管切開して人工呼吸器を装着している場合、常時喀痰の吸引が必要になってくるため、一部の自治体では、その自治体単独事業としてある範囲内でそのための看護職の派遣、その他の費用を負担している例も見られる。しかし、このようなことは、例外的であり、また看護職の派遣等を行っても、看護職不在の時には、誰かが吸引しなければならない。実際に、このように診療報酬には該当していない処置であっても、主治医として、患者の生命の危険に係わる場合には、自らが無償で対応し、また、看護職等に指示して必要な相対的医行為を提供している例すら見られる。

現実に、在宅医療を利用している患者、養護学校に通学している児童生徒、医療施設でない又は医療施設を併設していない社会福祉施設等の入所者において、医師の指示がないために、多くの患者・児童生徒・入所者の関係者が、医行為か生活行為かの区分について、法的に疑義がある中で、医療関係職種職には該当しない無資格者が常時介助することを余儀なくされている。そのため、一部の養護学校では、児童生徒とともに父兄が学校に登校し、必要な処置を行わざるを得ない状況、学校の教師が教育とともに児童生徒の介助を担当している例がよく見られる。在宅患者では、ときどき訪問に来るホームヘルパーに、医行為に係わる行為を頼むことで、しばしば衝突する場合が報じられている。

このような現実の制度の不備に基づく、多くの課題が噴出しているにもかかわらず、これらの現象に対して、国におよび医療提供者である日本医師会をはじめとする医師達の組織等において、これらの課題に対して基本的かつ総合的な検討がなされているとは言い難い。最近、社会的に話題になった救急救命士による気管挿管について、消防庁は、当初は、絶対的医行為であるから「救急業務における法令の遵守について」の通知（平成一三年一二月三日）を出した。

しかし、その後、厚生労働省は、「救急救命士の業務の在り方等に関する検討会」を発足させ、一四年一二月一一日に検討会報告[7]をまとめた。そこには、救急救命士のことが論じられてはいても、救急医療に対応する医師及びそのためのシステムについてのまとめが十分とは言えない。いずれにしても、その結果、救急救命士法施行規則が改正され、平成一五年三月二六日公布され、平成一五年四月一日から施行となった。その主な救急救命士の業務の主な改正の内容は、事前及び事後のメディカルコントロール体制の確立の下で、除細動について、医師の具体的な指示を受けなければ行えない行為の対象から除外し、包括的指示による実施を認めること等である。なお、今回の改正では、気管挿管に関する業務の改正はなかった。基本的に、救急救命士は医師の指示によって行動することから、指示する医師の実態を把握し、医師が適正な指示を行える環境の整備と、救急患者の適正な医療を保障する体制が、どの地域においても確立されていることが重要である。さらに、法令に基づく資格の有無よりも、無資格者であっても、所定の訓練課程を修了し、当該行為を適正に安全に実施できる人に許可する仕組みを用意し、逆に、たとえ有資格者であっても、当該行為に習熟していない有資格者には、当該行為を実施するには条件を付けなければならない時代にきているといえよう。なお、救急救命士法に規定してある救急救命士に指示する医師は、当該患者の診察を行っていない。すなわち、無診察の医師が救急救命士に指示するという規定は、医師法第二〇条の規定に反することになり、そのことについて、法的な面から触れている文書を把握することができなかった。

在宅医療、在宅介護において、社会福祉分野の有資格者およびホームヘルパーに対して、医行為を認めることの要請が各地、各種の団体からだされている。厚生労働省は、これを受けて平成一四年五月三一日に設置された「新たな看護のあり方に関する検討会」の分科会として平成一五年二月三日「看護師等によるALS患者の在宅療養支援に関する分科会」を設置し、平成一五年六月九日報告書をまとめた。厚生労働省は、平成一五年七月一七日に「ALS（筋萎縮性側索硬化症）患者の在宅療養の支援について」（医政発第〇七一七〇〇一号）を都道府県に対して通知した。この内容は、前記の報告書に基づいて、在宅ALS患者の療養環境の向上が実現するまでの「やむをえない当面の措置」として、条件付きでALSに限定して、ホームヘルパーによるたんの吸引を介護行為としてではなく医療行為として、医師の指示に基づき実施するという医師に厳しい内容でもって認めるとした。このことは、医療関係職の資格を取得するための教育・学習内容の実際を軽視し、短時間の医学に係わる学習のみで家庭を訪問する介護職員に、短期間の講習で在宅医療における診療補助行為にまで、その業務を拡大されたことは、最も安易な解決方法であったといえよう。そのような職種が必要であるなら、そのために既存の介護職員に体系だった教育訓練を行い、すくなくとも准看護師の資格を取得させることが王道ではなかろうか。さもなければ、特定の患者ごとに、そのための処置の訓練を主治医が責任を持って実施する必要があるのではなかろうか。形式的な講習等で資格を持たせたとしても、実際に能力の低い人が診療補助行為を担当することが生じて、多くの危険なことが起きる可能性があるといえよう。すでにドイツ等では、華表、[8][9]峯川[10]の報告にあるように、当初は老人介護士として発足し、その後、教育内容に看護に関する科目が大幅に加わり、その結果、看護行為を行うことができる老人看護士として看護協会に所属することになっている。この方式を真剣に検討してしかるべきではなかろうか。日本では、いまだに老人看護士手と翻訳され紹介されている。

さらなる解決方法として、診療補助行為が生活行為として認められるよう、前述の出力部分の研究開発、とくに在宅で広く用いることができる在宅用医療機器の開発普及、素人が実施しても安心して適正に行うことができる技術方法の開発普及に努力してしかるべきではなかろうか。

おわりに

最初の項で述べた医業に係わる用語の説明には、多くの私見が含まれてはいる。なお、ここで述べたことの中に、社会的に認められていること、認めてほしいことを中心に述べた。

医行為の区分は、医師以外の人々と医行為とのかかわりを論じる前提として、医学医療技術の発展、社会通念の変化に対応して医行為を基本からの見直しを期待して論じた。最後の医師以外の人々と医行為とのかかわりについて、多少繰り返しになるが私見を述べよう。

私見として、医師法第一条に規定してある患者の健康な生活を確保する任務がある主治医が、この任務を果たさなければならないことを前提として議論することが医行為を論じる前提になければならないと考える。個々の患者ごとに、具体的に主治医が、その任務が全うできる環境を整備することが急務といえよう。そのためには、医師自身が、主治医として、個々の自分の患者ごとに、適正な医療を安全な状態で提供しているかについての反省が前提になければならない。このため、相対的医行為を担当する看護職を始め多くの医療関係職に的確な指示をなし、指示どおりに確実に実行され、その成果が患者にきちんと及んでいるか否かを検証しなければならない。さらに、医師は、医療関係者とのかかわりのみならず、医行為に係わる無資格者、さらには、社会福祉分野、その他の生活に係わる分野にまで視野を広め、患者の健康な生活が確保されているか否かまで、医師の任務としてよく観察し、必要な保健指導を行わなければならない。

医師は、自分の任務を遂行するために、与えられた社会環境の中で、最善の努力をするのみならず、その社会環境自体をも、健康な生活を確保するために、公衆衛生の視点を含めて取り組むことが医師の任務に含まれているといえよう。

最後に、日本医師会が採択した「医の倫理綱領[11]」の冒頭にある「医学および医療は、病める人の治療はもとより、人びとの健康の維持もしくは増進を図るもので、医師は責任の重大性を認識し、人類愛を基にすべての人に奉仕するものである。」の規定が、医師として無理なく実施できる体制の整備を早急に期待したい。

最後に、本論文は、月刊民病研通巻一四九号、二〇〇二年六月「健康な生活を確保する医師の任務を果たせる環境の整備を」の原稿を加筆してまとめたものである。

（1）　木暮保成著・昭和四六年度医療法・医師法（歯科医師法）解（医学通信社、一九七一年二月）

（2）　厚生労働省第一回新たな看護のあり方に関する検討会議事録（平成一四年五月三一日・厚生労働省ホームページより）

（3）　厚生労働省第二回新たな看護のあり方に関する検討会議事録（平成一四年六月二四日・厚生労働省ホームページより）

（4）　厚生労働省第三回新たな看護のあり方に関する検討会の開催について（平成一四年七月二四日議題：看護師による静脈注射の実施について、厚生労働省ホームページより）

（6）　厚生省通知「入院患者に対する強制退院措置について」医収第四八四号昭和二六年九月六日

（7）厚生労働省「救急救命士の業務のあり方等に関する検討会」報告書（平成一四年一二月一一日・厚生労働省ホームページより）
（8）華表宏有「ドイツ連邦共和国の「老人看護法」制定をめぐる最近の動向」日本公衆衛生雑誌四九巻五号（二〇〇二年五月）
（9）華表宏有「ドイツにおける看護と介護」三三回医事法学会研究大会（二〇〇三年一一月）
（10）峯川浩子「ドイツ連邦共和国 Altenpflegerin の制度的位置づけ」年報医事法学一七（二〇〇二年七月）
（11）社団法人日本医師会採択「医の倫理綱領」および「付録　医の倫理綱領注釈」（平成一二年四月二日採択、日本医師会ホームページより）

医行為をめぐる業務の分担

平林勝政

湯沢雍彦・宇都木伸 編
『人の法と医の倫理』IIb 5
二〇〇四年三月 信山社刊

一　医療スタッフの業務分担に関する現行法の構造
二　看護師等による「静脈注射」
　1　国立鯖江病院事件と医収五一七号
　2　「新たな看護のあり方に関する検討会」中間まとめと行政解釈の変更
三　家族以外の者による「たんの吸引」
　1　日本ＡＬＳ協会の「要望書」
　2　「看護士等によるＡＬＳ患者の在宅療養支援に関する分科会」報告書と行政解釈の変化
四　医行為の分担をめぐる法制度論的検討
　1　看護師による静脈注射
　2　医療と看護における業務分担
　3　家族以外の者による「たんの吸引」
　4　介護職による医行為
　5　医行為をめぐる業務分担を考える視座――結びにかえて

医師法一七条は、「医師でなければ、医業をなしてはならない。」と規定する。ここに「医業」とは、「医行為」(医師が行うのでなければ保健衛生上危害を生ずるおそれのある行為)を「業として行う」(反復継続の意思をもって行う)ことであると解されている。[1] したがって、医行為をなすことは、医師に独占されていることになる。しかし、今日の医学・医術の進歩・発達は、医師ひとりで適切な医療を提供することを不可能ならしめている。さまざまな医療スタッフが「医行為」を分担し、互いに協力しないかぎり、気のきいた医療は提供しえない状況にあるといえよう。医行為をめぐる今日の法体系は、医師による「医業」の独占を原則的に認めながら、なお、一定の教育を受けた有資格者にこれを分担させ、医師の指示・指導・監督のもと、医師以外の医療スタッフが一定範囲の「医行為」を行うことを認めている。

本稿は、**一**において医行為をめぐる医療スタッフの業務分担に関する現行法の構造を一瞥した後、**二**および**三**において、看護師による「静脈注射」と家族以外の者による「たんの吸引」に関する医療現場あるいは行政における新たな動きを概観し、**四**において、これらを素材に「医療と看護」及び「医療と介護」における「医行為をめぐる業務の分担」について、若干の法制度論的考察を加えようとするものである。

一　医療スタッフの業務分担に関する現行法の構造

医行為をめぐる医療スタッフの業務分担に関する現行法の構造は、まず、「医療及び保健指導を掌る」(医師法一条)医師が、第一次的に業務(医業)を包括的に独占する(同一七条)。

その上で、その業務の一部である「販売及び授与目的の調剤」を薬剤師に(薬剤師法一九条)、「人体に対する放射線の照射」を診療放射線技師に(診療放射線技師法二条二項、二四条)独占的に分担させている。また、

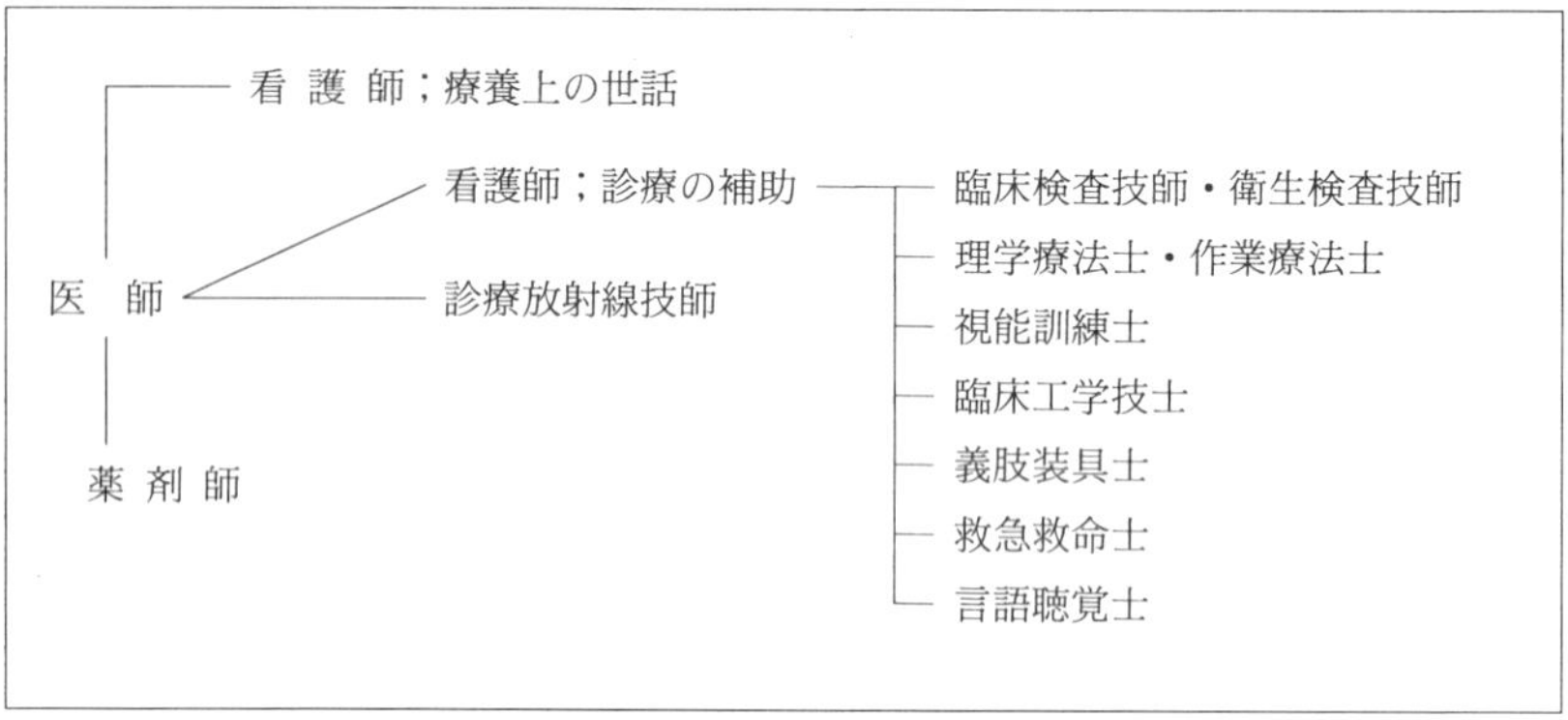

図1　医療スタッフの業務分担に関する現行法の構造

看護師には、「療養上の世話」と「診療の補助」とを業務独占させている（保健師助産師看護師法五条、三一条）。

看護師が概括的に独占する「診療の補助」業務のうち、法律によって個別的に特定された行為が、図1の最右列にある医療スタッフに、その限りにおいて例外的に認められている。すなわち、臨床検査技師は、「採血（医師の具体的な指示を受けて行うものに限る）」及び心電図検査、心音図検査、脳波検査等の「生理学的検査」（施行令一条）を（臨床検査技師、衛生検査技師等に関する法律二〇条の二）、理学療法士と作業療法士は「理学療法と作業療法」を（理学療法士、作業療法士法一五条第一項）、視能訓練士は「両眼視機能の回復のための矯正訓練及びこれに必要な検査並びに眼科検査」を（視能訓練士法一七条第二項）、臨床工学技士は「生命維持管理装置の操作」を（臨床工学技士法三七条）、義肢装具士は「義肢及び装具の装着部位の採型並びに義肢及び装具の身体への適合」を（義肢装具士法三七条）、救急救命士は「救急救命処置」を（救急救命士法四三条）、言語聴覚士は「嚥下訓練及び人工内耳の調整等」を（言語聴覚士法四二条）、それぞれ「医師の指示」あるいは「医師または歯科医師の指示」に基づいて「診療の補助」として行うことが認められている。(2)

二　看護師等による「静脈注射」

厚生労働省は、従来、「静脈注射は、医師又は歯科医師が自ら行うべき業務であって、保健婦助産婦看護婦法第五条に規定する看護婦の業務（診療の補助）の範囲を超えるものである」（昭和二六年九月一五日医収第五一七号）との見解をとってきていた。この通知が発出されるきっかけとなったのは、昭和二六年八月に起きた「国立鯖江病院事件(3)」である。

1　国立鯖江病院事件と医収五一七号

国立鯖江病院事件が起きるや、福井地方検察庁は、薬剤師A、事務員B、看護婦Dを業務上過失致死の疑いで起訴したが、それと前後して、「看護婦が医師の処方箋に基いて患者にブドウ糖の静脈注射をなすこと（医師は現場に居合わさず）」が、保助看法第三七条の「医師の指示による診療機械の使用」と言うことができるかどうかを県知事に照会した。これが県知事によって厚生省に再照会され、厚生省は、昭和二六年九月一五日、医務局長名で福井検察庁に次のとおり回答した（医収五一七号）。

保健婦助産婦看護婦法第三七条の解釈についての照会について

看護婦の業務は、保健婦助産婦看護婦法第五条に規定する通り傷病者若しくはじょく婦に対する療養上の世話と医師または歯科医師の行う診療の補助とである。

法第三七条の規定は、法第五条の規定する看護婦の権能の範囲内においても、特定の行為については、医師または歯科医師の指示がなければこれを行うことが出来ないものであることを規定しているものである。

照会のあった静脈注射は、薬剤の血管注入による身体におよぼす影響の甚大なること、及び技術的に困難であること等の理由により、医師又は歯科医師が自ら行うべきもので、法五条に規定する看護婦の業務の範囲を超えるものであると解する。従って、静脈注射は法三七条の適用の範囲外の事項である。
しかし、従来かかる法の解釈が一般に徹底せず又医師数の不足等の理由により、大部分の病院等においては医師又は歯科医師の指示により看護婦が静脈注射を行っていたのが実情であり、今直ちに全般的に法の解釈通りの実行を期待することは困難な事情もあるので、当局として今後漸次改善するよう指導する方針であるから、貴庁においても事案の処理にあたっては十分これらの事情を斟酌願いたい。

2 「新たな看護のあり方に関する検討会」中間まとめと行政解釈の変更

平成一四年五月三一日、「新たな看護のあり方に関する検討会」（以下、検討会という。）が設置された。検討会は、少子高齢化の進展、医療技術の進歩、国民の意識の変化、在宅医療の普及、看護教育水準の向上などに対応した新たな看護のあり方について検討を行うことを目的とし、具体的には、(1)医師による包括的指示と看護の質の向上による在宅医療の推進　(2)医療技術の進歩に伴う看護業務の見直し　(3)これらを推進するための方策等を検討課題とするものであった。「看護師等による静脈注射の実施」は、第二の検討課題の中の一つである。

検討会は、平成一四年九月六日、「新たな看護のあり方に関する検討会中間まとめ」（以下、中間まとめという。）において、それまでの議論を踏まえて論点の整理を行うとともに、「看護師等による静脈注射の実施」については、「この行政解釈が示されて以来五〇年以上が経過し、その間の看護教育水準の向上や、医療用器材の進歩、医療現場における実態との乖離等の状況も踏まえれば、医師の指示に基づく看護師等による静脈注射の実施は、診療の補助行為の範疇として取り扱われるべきであると考えられる。」と結論するにいたった。[4]

これを受けて厚生労働省は、平成一四年九月三〇日、以下のような厚生労働省医政局長通知（医政発第〇九三〇〇〇二号）[5]を発出し、その行政解釈を変更したのである。

看護師等による静脈注射の実施について

標記については、これまで、厚生省医務局長通知（昭和二六年九月一五日付け医収第五一七号）により、静脈注射は、医師又は歯科医師が自ら行うべき業務であって、保健師助産師看護師法（昭和二三年法律第二〇三号）第五条に規定する看護師の業務の範囲を超えるものであるとしてきたところであるが、今般、平成一四年九月六日に取りまとめられた「新たな看護のあり方に関する検討会」中間まとめの趣旨を踏まえ、下記のとおり取り扱うこととしたので、貴職におかれては、貴管下保健所設置市、特別区、医療機関関係団体等に対して周知方お願いいたしたい。

なお、これに伴い、厚生省医務局長通知（昭和二六年九月一五日付け医収第五一七号）及び同通知（昭和二六年一一月五日付け医収第六一六号）は、廃止する。

記

一　医師又は歯科医師の指示の下に保健師、助産師、看護師及び准看護師（以下「看護師等」という。）が行う静脈注射は、保健師助産師看護師法第五条に規定する診療の補助行為の範疇として取り扱うものとする。

二　ただし、薬剤の血管注入による身体への影響が大きいことに変わりはないため、医師又は歯科医師の指示に基づいて、看護師等が静脈注射を安全に実施できるよう、医療機関及び看護師等学校養成所に対して、次のような対応について周知方お願いいたしたい。

(1)　医療機関においては、看護師等を対象にした研修を実施するとともに、静脈注射の実施等に関して、施設内基準や看護手順の作成・見直しを行い、また個々の看護師等の能力を踏まえた適切な業務分担を行うこと。
(2) 看護師等学校養成所においては、薬理作用、静脈注射に関する知識・技術、感染・安全対策などの教育を見直し、必要に応じて強化すること。

三　家族以外の者による「たんの吸引」

1　日本ALS協会の「要望書」

「たんの吸引」は医行為であり、医行為である以上、医師、看護師等が行うべきであり[6]、いわば例外的に「患者の家族」のみが在宅でこれを行うことが認められるとされていた。

平成一四年一一月一二日、日本ALS協会は、一七万八千人を超える署名とともに、「ALS等の吸引を必要とする患者に医師の指導を受けたヘルパー等介護者が日常生活の場で吸引を行うことを認めてください。」との要望書を厚生労働大臣に提出した。これを受けた厚生労働大臣は、吸引問題についての検討会を厚生労働省内に作り、「少なくとも来年春にさくらの咲きますまでには決着をつけたいと思っております。」と答えた[7]。

2　「看護師等によるALS患者の在宅療養支援に関する分科会」報告書と行政解釈の変化

平成一五年二月、在宅のALS患者に対するたんの吸引行為についての患者・家族の負担の軽減を図るための方策について検討するために、「新たな看護のあり方に関する検討会」の下の分科会として「看護師等によるALS患者の在宅療養支援に関する分科会」(以下、分科会という。)が設置された。そこでの検討課題は、

「在宅ALS患者の療養生活の質の向上を図るための看護師等の役割」と「ALS患者に対するたんの吸引行為の医学的・法律的整理」の二点であった。

分科会は、同年六月、「たんの吸引は、その危険性を考慮すれば、医師又は看護職員が行うことが原則であり、ALS患者に対する家族以外の者（医師及び看護職員を除く。以下「家族以外の者」という。）によるたんの吸引については、医師及び看護職員により十分にサービスが提供されるならば、実施する必要はないと考えられる。しかしながら、たんの吸引は頻繁に行う必要があることから、大部分の在宅ALS患者において、医師や看護職員によるたんの吸引に加えて、家族が行っているのが現状であり、家族の負担軽減が求められている。このような在宅療養の現状にかんがみれば、家族以外の者によるたんの吸引の実施についても、一定の条件の下では、当面の措置として行うこともやむを得ないものと考えられる。」また、今回の措置は、あくまでも「当面やむを得ない措置として実施するものであって、ホームヘルパー業務として位置付けられるものではない。」との結論にいたった。[8]

これを受けて厚生労働省は、平成一五年七月一七日、「一　療養環境の管理、二　在宅患者の適切な医学的管理、三　家族以外の者に対する教育、四　患者との関係、五　医師及び看護職員との連携による適正なたんの吸引の実施、六　緊急時の連絡・支援体制の確保」の条件をみたした「家族以外の者によるたんの吸引の実施」については、「当面のやむを得ない措置として許容されるものと考える」との厚生労働省医政局長通知を発出した（医政発第〇七一七〇〇一号）。[9]

ＡＬＳ（筋萎縮性側索硬化症）患者の在宅療養の支援について

ＡＬＳ患者の在宅療養については、家族が二四時間体制で介護を行っているなど、患者・家族の負担が大きくなっており、その負担の軽減を図ることが求められている。このため、在宅ＡＬＳ患者の療養生活の質の向上を図るための方策や、ＡＬＳ患者に対するたんの吸引の医学的・法律的整理について、「看護師等によるＡＬＳ患者の在宅療養支援に関する分科会」において検討されてきたところであるが、今般、報告書が別添一〈略〉のとおり取りまとめられたところである。

同報告書においては、在宅ＡＬＳ患者が家族の介護のみに依存しなくても、円滑な在宅療養生活を送ることができるよう、①訪問看護サービスの充実と質の向上、②医療サービスと福祉サービスの適切な連携確保、③在宅療養を支援する機器の開発・普及の促進及び④家族の休息（レスパイト）の確保のための施策を総合的に推進するなど、在宅ＡＬＳ患者の療養環境の向上を図るための措置を講ずることが求められ、その上で、在宅ＡＬＳ患者に対する家族以外の者（医師及び看護職員を除く。以下同じ。）によるたんの吸引の実施について、一定の条件の下では、当面の措置として行うこともやむを得ないものと考えられると整理されている。

在宅ＡＬＳ患者の療養環境の向上を図るための措置を講じていくことは重要であり、また、たんの吸引については、その危険性を考慮すれば、医師又は看護職員が行うことが原則であるが、ＡＬＳ患者の在宅療養の現状にかんがみれば、在宅ＡＬＳ患者に対する家族以外の者によるたんの吸引の実施について、下記の条件の下では、当面のやむを得ない措置として許容されるものと考える。

貴職におかれては、同報告書の趣旨を御了知の上、関係部局間の連携を密にし、管内の市町村（特別区を含む。）、関係機関、関係団体等に周知するとともに、ＡＬＳ患者の在宅療養の支援について適切に対処するようお願いいたしたい。

また、同報告書三の（二）のⅳ）の患者の同意に係る同意書の例（別添二〈略〉）を併せて送付するので参考にされたい。

なお、今回の措置の取扱いについては、三年後にその実施状況や在宅ALS患者を取り巻く療養環境の整備状況等について把握した上で確認することを申し添える。

おって、当省関係部局からもALS患者の在宅療養の支援に関する通知を発出することとしているので、御留意願いたい。

記

1 療養環境の管理

(1) 入院先の医師は、患者の病状等を把握し、退院が可能かどうかについて総合的に判断を行う。

(2) 入院先の医師及び看護職員は、患者が入院から在宅に移行する前に、当該患者について、家族や在宅患者のかかりつけ医、看護職員、保健所の保健師等、家族以外の者等患者の在宅療養に関わる者の役割や連携体制などの状況を把握・確認する。

(3) 入院先の医師は、患者や家族に対して、在宅に移行することについて、事前に説明を適切に行い、患者の理解を得る。

(4) 入院先の医師や在宅患者のかかりつけ医及び看護職員は、患者の在宅への移行に備え、医療機器・衛生材料等必要な準備を関係者の連携の下に行う。医療機器・衛生材料等については、患者の状態に合わせ、必要かつ十分に患者に提供されることが必要である。

(5) 家族、入院先の医師、在宅患者のかかりつけ医、看護職員、保健所の保健師等、家族以外の者等患者の在宅療養に関わる者は、患者が在宅に移行した後も、相互に密接な連携を確保する。

2 在宅患者の適切な医学的管理

入院先の医師や在宅患者のかかりつけ医及び訪問看護職員は、当該患者について、定期的な診療や訪問看護を行い、適切な医学的管理を行う。

3　家族以外の者に対する教育

入院先の医師や在宅患者のかかりつけ医及び訪問看護職員は、家族以外の者に対して、ＡＬＳやたんの吸引に関する必要な知識を習得させるとともに、当該患者についてのたんの吸引方法についての指導を行う。

4　患者との関係

患者は、必要な知識及びたんの吸引の方法を習得した家族以外の者に対してたんの吸引について依頼するとともに、当該家族以外の者が自己のたんの吸引を実施することについて、文書により同意する。なお、この際、患者の自由意思に基づいて同意がなされるよう配慮が必要である。

5　医師及び看護職員との連携による適正なたんの吸引の実施

（注、別添一の別紙参照〈略〉）

(1)　適切な医学的管理の下で、当該患者に対して適切な診療や訪問看護体制がとられていることを原則とし、当該家族以外の者は、入院先の医師や在宅患者のかかりつけ医及び訪問看護職員の指導の下で、家族、入院先の医師、在宅患者のかかりつけ医及び訪問看護職員との間において、同行訪問や連絡・相談・報告などを通じて連携を密にして、適正なたんの吸引を実施する。

(2)　この場合において、気管カニューレ下端より肺側の気管内吸引については、迷走神経を刺激することにより、呼吸停止や心停止を引き起こす可能性があるなど、危険性が高いことから、家族以外の者が行うたんの吸引の範囲は、口鼻腔内吸引及び気管カニューレ内部までの気管内吸引を限度とする。特に、人工呼吸器を装着している場合には、気管カニューレ内部までの気管内吸引を行う間、人工呼吸器を外す必要があるため、安全かつ適切な取扱いが必要である。

(3)　入院先の医師や在宅患者のかかりつけ医及び訪問看護職員は、定期的に、当該家族以外の者がたんの吸引を適正に行うことができていることを確認する。

6　緊急時の連絡・支援体制の確保

家族、入院先の医師、在宅患者のかかりつけ医、訪問看護職員、保健所の保健師等及び家族以外の者等の間で、緊急時の連絡・支援体制を確保する。

四　医行為の分担をめぐる法制度論的検討

1　看護師による静脈注射

(1)　看護師の業務

保健師助産師看護師法（以下、保助看法という。）は、看護師の業務が、「傷病者若しくはじよく婦に対する療養上の世話又は診療の補助」にあり（五条）[10]、看護師がこれらの業務を独占していることを明らかにしている（三一条一項）[11]。

また、補助看法三七条は、「保健師、助産師、看護士又は準看護師は、主治の医師又は歯科医師の指示があつた場合を除くほか、診療機械を使用し、医薬品を授与し、医薬品について指示をしその他医師又は歯科医師が行うのでなければ衛生上危害を生ずるおそれのある行為をしてはならない。ただし、臨時応急の手当をし、又は助産師がへその緒を切り、浣腸を施しその他助産師の業務に当然に付随する行為をする場合は、この限りでない。」と規定する。この規定により、保健師、助産師、看護師又は准看護師（以下、看護師等という。）は、原則として、「診療機械の使用、医薬品の授与、又はこれについての指示」に例示される「医師又は歯科医師が行うのでなければ衛生上危害を生ずるおそれのある行為」すなわち「医行為」を行うことが禁止されている。この点は、医師に医業を独占させている医師法一七条と整合的であるが、これには重要な例外があり、「主治の医師又は歯科医師の指示があつた場合」、看護師等は、指示された当該医行為を行うことができるとされている。[12]

(2) 問題の所在

看護師の業務を「傷病者若しくはじよく婦に対する療養上の世話」と医師または歯科医師の行う「診療の補助」とであると規定する保助看法五条と、「主治の医師又は歯科医師の指示があつた場合」、看護師等は、指示された当該医行為を行うことができる旨を規定している保助看法三七条とをあわせ考えると、看護師等が主治医の指示に基づいて行いうる「医行為」を「業務」として行うためには、当該「医行為」が「診療の補助」業務の範疇に入っていなければならないということになる。[13]

保助看法三七条は、看護師等が医師の指示に基づいて行いうる医行為を二、三例示したのみで、医行為の範囲についてそれ以上具体的に規定していない。その範囲は、結局のところ解釈に委ねられざるを得ないのであるが、看護師による静脈注射の問題は、この点についての行政解釈の変更が行われ、看護師の行いうる「医行為」の範囲が拡大された、と位置づけることができる。

(3) なぜ行政解釈は変更されたのか[14]

その理由として、「中間まとめ」は、医収五一七号が発出されてから今日にいたるまでの間の看護教育水準の向上、医療用器材の進歩および医療現場における医収五一七号と実態との乖離の三点をあげている。このうち、医療用器材については、この間、安全性に向けて格段の進歩があるようであり、行政解釈を変更する理由として成り立ちうると思われるが、他の二点については、問題なしとしない。

① 看護教育水準の向上　看護教育の大学化ないしは大学院化が進み、看護が学問として確立されてきたという点において「看護教育水準の向上」があったとはいえ、今、問題となっている静脈注射といった具

体的な行為についてみた場合、果たして、その実践能力を高めるための教育がいままで以上に充実し向上してきているのであろうか。この点については、疑問を呈する向きが少なくない。

静脈注射の安全性を確保するうえでも、実践能力についての教育カリキュラムの整備は必須である。看護教育においては、今回の行政解釈の変更によって、静脈注射等の医行為にかかわる技術教育をどう拡充するかという新たな課題の解決を図らなければならないといえよう。(15)

② 医収五一七号と実態との乖離　九四％の病院の医師が看護師等に静脈注射を指示しており、九〇％の病院の看護師等が日常業務として静脈注射を実施している。また、六〇％の訪問看護ステーションで静脈注射を実施しているという、平成一三年度に実施された看護師等による静脈注射の実態についての厚生労働科学研究(16)の結果を引用した上で、「中間まとめ」は、医療現場において、多くの看護師が静脈注射を実施しているから行政解釈を変更すべきだという。しかしながら、看護師は静脈注射をすべきではないという「当為」が守られていないという「事実」は、その当為を変更するための理由としては不十分であろう。

静脈注射を看護師が行うことについて、どのような「有用性」（あるいは「必要性」）があるか、静脈注射を看護師が行うことについての「安全性」が確保されているか等が、より慎重に検討されるべきであったと思われる。(17)

(4) 業務拡大のために行政解釈の変更は必須の条件であったか

医収五一七号は、福井検察庁からの照会に対する、当時の厚生省医務局長による「回答」が通知として発出されているにすぎない。これが医療・看護の実務において、事実上、強い拘束力を有していたとしても、その法的な拘束力は、理論的には極めて小さいものであったといえよう。(18)通知が有する法的拘束力がその程度のものであるとするなら、医収五一七号が発出されてからかなりの時日が経過し、医療・看護をめぐる状況が、当時と比較して好転してきた時点において、行政解釈の変更を待たずに、看護は自らの責任において、この通知を自覚的に見直し、主治の医師の指示に基づいて行う静脈注射が、保助看法上、いかなる場合に適法であり得るのかということを明らかにすべきであったと思われる。

たしかに、昭和二六年という、いわば終戦後の混乱期において、医収五一七号によって厳格な行政の方針が打ち出されたことは、それなりの意味があったと評価する向きもある。[19] また、「診療補助業務として静注の占めるウェイトがますます大きくなり、他の看護業務におけるしわよせが増加し、良心的な看護はできない」から、静脈注射を看護師の業務とすることに反対であるとする考え方も理解し得ないわけではない。[20]

しかし、医療現場において、多くの看護師が静脈注射を行わなければならない現実があったにもかかわらず、看護基礎教育において「静脈注射」についての教育はなされてこなかった。「この通知がある以上、看護職による静脈注射は違法である。」とリジッドに考えていたのであろうか。他方、最近の看護協会は、リスクマネジメントガイドライン中の「静脈注射・点滴静脈注射取り扱い基準例」において、看護婦が実施する静脈注射および点滴静脈注射を保助看法五条・六条の診療の補助業務に位置づけ、「医師の指示のもとに、患者の安全を保証した上で実施されるべきもの」としている。[21] このような看護教育と実務との矛盾は、結局のところ患者にしわ寄せされてきたのである。

(5) 静脈注射実施に向けたガイドライン作成と制度論的解決の模索

検討会のなかでしばしば議論され、危惧されたのが、行政解釈の変更によって生ずるであろう現場の混乱である。医師が「看護師は静脈注射を実施できる」と考えて今まで以上に指示を出し、これに看護師が適切に対応しきれないという事態の生ずることが予想されたからである。[22] その看護師に実施できるだけの能力がない場合、「できないものはできない」と「ノー」といえるのか。[23] 実施できる場合とできない場合をどのように判断すればよいのか、といった問題が生ずる。

「およそすべての看護師による静脈注射を認めるか否か」を一律に論ずることは適切ではあるまい。注入される薬液の違い（ブドウ糖の静注と抗ガン剤の静注とを同一に論ずることはできない。）、患者の病態の違い、あるいは看護師の能力（あるいは資格）の違い等が考慮されるべきである。

これに対する一つの回答が、看護師による静脈注射実施に向けたガイドライン作成である。その作成は日本看護協会が看護界の代表として責任をもって行うべきであると考えられたところであるが、同協会は「平成一四年度静脈注射の実施に関する検討プロジェクト」を設置し、平成一五年五月に「静脈注射の実施に関する指針」を公表した。[24] 今後、このガイドラインの活用と、その有効性の検証がなされなければならない。静脈注射解禁によって生ずるこのような問題を解決しうるか否か、まさに看護の力量が問われることになる。[25]

また、この問題の制度論的解決策の一つとして、専門看護師制度の導入が考えられてよいのではないか。たとえば、抗ガン剤の静注は、一般の看護師には禁止されるが、特定の教育と訓練を受け、試験に合格した「ターミナルケア専門看護師」には解除される、という考え方である。

どのような看護師が、どのような静脈注射を行うことができるかは、「看護職」が主体的に決定していかなければならない問題であるが、事柄が医師と看護師との「業務分担」の問題にかかわる以上、看護と医との共同作業が必須となろう。いずれにせよ、看護の質を高め、患者の安全を確保するために、このような専門看護師制度が、国家免許のレベルで考えられる必要がある。[26]

2　医療と看護における業務分担

前節においては、看護師による静脈注射を素材に診療の補助として行いうる「医行為」の範囲の拡大をめぐる問題を検討したが、本節においては、視野を拡大し、医療と看護の業務分担そのものについての制度論的考察を加えることとする。

(1)　医療と看護の関係

①　日本看護協会のとらえ方　医行為と看護行為の関係についての代表的な考え方は、左に示したような図で説明される日本看護協会の考え方である。[27]

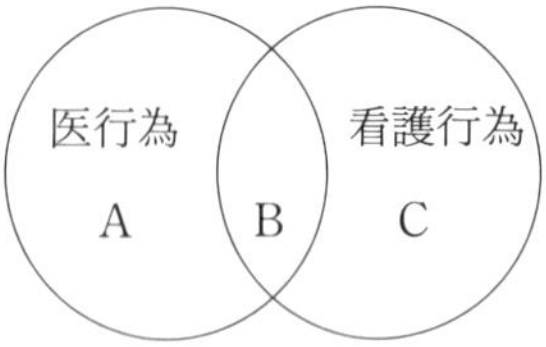

AとB：医師の業務
CとB：看護師の業務

Aの領域は、文字通り医師のみが行いうる医行為であり「絶対的医行為」と呼ばれる。保助看法上の枠組みでいえば、「診療の補助」業務として看護師が行い得ない医行為であり、具体的には、①診断、処方、治療方針の決定などの医学的判断行為、②高度の知識、技術を要する医行為などがあげられている。

Bの領域は、「相対的医行為」と呼ばれ、保助看法上の枠組みでいえば、「診療の補助」業務として、主治の医師の指示があった場合に限り、看護師の知識・技術で行い得る医行為である。

これに対して、Cの領域は、看護本来の業務として行われる行為であり、保助看法上の枠組みでいえば、「療養上の世話」業務として、看護師の知識・技術においてその主体的判断で行うことのできる行為である。

②　日本看護協会の考え方の問題点　日本看護協会の考え方の問題点は、A、B、C三つの領域を互いに重なり合わない独立の領域と理解し、AとBが医師の業務、BとCが看護師の業務と整理する点にある。また、Bの領域を「相対的医行為」とすることによって、これを医行為の側面からしか捉えていない点にも問題がある。[28] 看護師の行う医行為が、医師の指示に基づいて、いわば「医師の代行者」として、しかも機械的に行われる場合を想定して考える場合には、あるいは、この考え方でも支障がないのかもしれないが、次に述べるような、医行為と看護行為のダイナミズムを考えるときには不十分といわざるを得ない。

(2)　医行為と看護行為のダイナミズム

医行為と看護行為の関係は、左の円全体が「医行為A」、右の円全体が「看護行為C」を表すととらえ、Bは、AとCとが重なり合っている部分である（B＝A＋C）ととらえ直すことから出発すべきである。以下、点滴注射の施行、鎮痛剤の投与を例に、医行為と看護行為のダイナミズムについて具体的に考えることとする。

①　点滴注射の施行　Bの領域に属する医行為を主治の医師に指示されて行う場合であっても、看護師は、指示された医行為を施行するというAの領域に属する行為をするだけでなく、Cの領域に属する必要とされる看護行為（あるいは看護的配慮）を行わなければならない。

たとえば、主治医から点滴注射の指示が出された場合、適切な手技・手順で点滴注射を行うことが要求されることはいうまでもないが、これに加えて、医行為による患者の反応を観察し、これに適切に対応することが必要である。たとえば、血管痛を訴える患者に対し、看護の力でいかに痛みを軽減させることができるか、看護の力量が問われる場面である。

また、患者の療養生活上のリズム（ないしパターン）から判断して、いつ点滴注射を施行することが患者にとって最も好ましいものであるかを判断する必要もあろう。たとえば、ウィークデイは午後に点滴を実施していても、日曜日の午後は見舞客が来ることが予想されるので、午前中に点滴を済ますようにするといった配慮も必要になる。

② 鎮痛薬の投与　痛みを訴えている患者に対して看護師は、まず、当該患者の痛みの性質、程度等についての判断をする必要がある。痛みをもたらしている原因が、すぐに鎮痛剤の投与を必要としていると判断した看護師は、主治の医師の処方に基づいて鎮痛剤を投与することになろう。

しかし、即座に鎮痛剤を投与する必要のある痛みではないと判断した場合、痛みを訴えている患者に対して看護師は、治療を有効にうけいれる患者の状態をつくるために、まず第一に、看護行為として何が可能であるかを考えるべきであろう。たとえば、患部を暖めたり冷やしたりして痛みの軽減をはかるかもしれない。あるいは、体位の交換や補助器具の使用が痛みの軽減に有効なこともあろう。そして、これらの看護行為によって患者の痛みがなお軽減されない場合にはじめて、看護師は、次にとるべき手段として、たとえば、鎮痛剤の投与が適切であると判断することになるのではないか。

しかし、鎮痛剤の投与は、「医行為」であると解されている。保助看法上、看護師が鎮痛剤の投与によって痛みの軽減をはかろうとするときには、主治の医師の処方と指示が必要であることは明らかである（保助看法三七条）。したがって、看護師は、独自の判断で鎮痛剤を投与することはできず、患者の状態を主治の医師に連絡し、その連絡を受けた主治医が個別的な処方と指示を出した場合に限って、鎮痛剤を投与することができるわけである。

看護行為に位置づけられた医行為　「鎮痛剤の投与」は、その行為のみに注目すれば「医行為」であり、いわゆる「相対的医行為」に分類されることは間違いない。しかし、「鎮痛剤の投与」が、右に述べたような看護師の判断プロセスを経て行われることに注目すれば、これも一つの「看護行為」の中に位置づけられるのではないか。もちろんこれは本来の看護行為ではないが、このように看護行為に位置づけられた医行為を、看護行為の視点から捉えなおすことが必要となる。[29]

このような「看護行為に位置づけられた医行為」を、個別・具体的な「医師の指示」なくして行うことができるようにするために、医療と看護の業務分担をどのように考えるべきかが、次の問題である。

(3)　医療と看護の関係

この点を論ずるに際して、まず、医療と看護の関係がどのようにとらえられるかを考えてみよう。その関係は、理念的には、おおよそ次の三つに類型化されよう。

①　完全独立型　看護師は、看護行為に必要な医行為を医師の指示なしに自らの責任において独立して行えるとする、最もドラスティックな考え方である。

②　相対的独立型　看護師は、あらかじめ取り決められた「プロトコール[30]」に基づいて、その範囲内で自らの責任において一定の医行為を行うことができるとする考え方である。

③　従属型　看護師は、医師の具体的指示に基づいてのみ医行為が可能であるとする考え方である。保助看法第三七条は、看護師等が「医師又は歯科医師が行うのでなければ衛生上危害を生ずるおそれのある行為」すなわち「医行為」を行うことを原則的に禁止するが、「主治の医師又は歯科医師の指示」を条件として看護師等にこれを解除している。前述の「従属型」である。

これは、立法当時の病院内における看護を前提に、医師の面前で直接的な監督指導を得て看護師が医行為を行う場合や、医師が同室内にいて、事故が発生したときに応急の処置をとりうるか、あるいはより適切な指示を加えることが可能な場合などを想定して規定されたものであるといわれている。(31)

しかし、今日、「訪問看護」に典型的に現れているように、病院の外で、医師の指示を直ちに受けることができない状況において、看護者が場合によっては自らの判断で医行為を実施せざるを得ないことが多くなっている。この傾向は、在宅医療・訪問看護の展開によってさらに増加していくであろう。

前述の「完全独立型」は、このような現状に対する最も抜本的な対応であろう。しかし、これが可能になるためには、医行為の担い手として、医師と並んで看護師が位置づけられなければならない。そうなると、医師法第一七条の改正も必要となってくるであろうし、医行為概念そのものも再定義されなければならないであろう。また、看護師が行うことのできる医行為を画定し、医師との「業務分担」をどのように行うかも問題となる。これらの諸問題の解決には医療関係者をめぐる法構造の抜本的見直しが必要となり、その実現が極めて困難であることを認めざるを得ない。

これに対して、「相対的独立型」は、より実現可能性の高い対応であると思われる。

ここでは、医行為について医師が業務独占するという現行医師法第一七条が前提とされる。したがって、医行為については医師が最終的に責任を持たなければならない。他方、医師が間近にいない「訪問看護」においては、医行為について看護師に一定の「裁量権」（あるいは、「自由な判断権」）が認められる必要がある。ある意味において二律背反するこの二つの要請をみたす方策として、「プロトコール」に着目したい。そこでは、看護師が判断すべきチェックポイントが明示され、それぞれに対応して看護師が行いうる複数の医療処

置の内容があらかじめ取り決められている。(32)

ここにおいて医師は、あらかじめ取り決めた医療処置の適切性に責任を持たなければならない。看護師はこのようなプロトコールを用いることにより、患者の症状に応じた最も適切な医行為を、その責任において選択して実施することができるようになり、「プロトコール」の範囲内という制約はあるものの、一定の裁量権を確保できるのである。そして、この考え方が実現されるためには、看護師の医行為についての能力が担保されなければならない。そのためには、専門看護師(たとえば、訪問看護専門看護師)制度を確立し、教育課程を充実させること等により、一定の範囲の医行為を看護師の裁量に委ねることができるようなシステムを構築する必要があろう。

3　家族以外の者による「たんの吸引」

(1)　問題の所在

家族以外の者による「たんの吸引」に関する分科会報告書およびこれに基づく医政局長通知は、「ALS」という特定の疾患を有する患者に対する「たんの吸引」という特定の医行為を、「口鼻腔内吸引及び気管カニューレ内部までの気管内吸引」というきわめて限定された範囲において、医師、看護師等の医療職を除く「家族以外の者」によって行われることを、個別的患者と個別的医師と個別的「家族以外の者」との関係において、一定の条件が充たされている場合に限り、「違法性阻却」の理論に基づいて認めたものであるといえる。

医行為の分担という観点から分科会報告書および医政局長通知をみると、極めて限定的にではあるが、非医療職が医行為を担うことが認められた、と評価することもできよう。

(2)　「たんの吸引」はなぜ「医行為」とされるのか

①「たんの吸引」の抽象的危険性　吸引（とりわけ、口腔内の吸引）は、「患者の状態がきわめて安定している」ようなときに限っていえば、技術的にそれほど難しくはなく、患者に対する危険性の程度も低いと考えられる。そうであるとすると、これは「医行為」の範疇に入らず、単なる生活援助行為といえるのではないか、という疑問が生じよう。

しかしながら、現在の判例・通説は、「医行為」を「医師が行うのでなければ保健衛生上危害を生ずるおそれのある行為」と定義し、「医師法一七条がその取締りの根拠としている無資格者の行う医業における危険は、抽象的危険で足り、被診療者の生命、健康が現実に危険にさらされることまでは必要としないと解するのが相当」であるとしている（傍線は筆者）[33]。

「たんの吸引」は、個々具体的な患者の、その個別的なケースのレベルにおいては、「保健衛生上危害を生ずるおそれのある行為」ではないということができたとしても、きわめて固い痰《たん》がからみ、その除去に高度の技術を必要とする「吸引」は、個別のケースを離れて、抽象的レベルで考えたときには存在しうるであろう。そうであるとするならば、現在の判例・通説の考え方に従う限り、たとえ口腔内の「吸引」であっても、これは「危害を生ずるおそれのある行為」であるということになり、その結果、いかなる「吸引」もすべて「医行為」ということになる。

②　なぜ、「抽象的危険」と解釈されるのか　医師法一七条は、医師でない者が自らを医師であると広く公衆に公示して医行為をなそうとする者、すなわち、無資格者の行う医業を規制する取締り規定であると解されているからである。

医行為を一般的に禁止し、免許を有する者のみにそれを解除することによって、国民の生命・身体の安全を図ろうとする医師法の趣旨を考えると、個別的ケースにおいては、きわめて厳格な、硬直化した解釈であったとしても、このような解釈にも十分意義があるといえよう。

(3) 家族以外の者の「たんの吸引」はなぜ認められるのか

① 分科会の考え方　分科会は、在宅医療においては、家族という非医療者が行う「たんの吸引」が認められるのだから、「家族以外の非医療者」による「たんの吸引」も同じ理屈によって認められると考える。それでは、なぜ、家族は「たんの吸引」という「医行為」を行っても、医師法違反とならないのか。分科会は、「たんの吸引」は医行為に該当し、したがって、これを反復継続して行えば「医師法違反」となるが、一定の条件が満たされれば、「違法性が阻却される」と考える。[34]

(i) インシュリンの自己注射　この考え方は、昭和五六年五月二一日に発出された「インシュリンの自己注射について」の厚生省医務局医事課長通知（医事三八号）[35]において、すでに厚生省のとる見解となっているというのである。[36]

別紙　一

インシュリンの自己注射について

標記について、別紙一により国立小児病院長から照会があり、これに対し別紙二のとおり回答したので、関係方面への周知徹底について、よろしくお取り計らい願いたい。

（昭和五六年四月二五日　国小児発第一七四号）
（厚生省医務局医事課長あて国立小児病院長照会）

糖尿病患者のうちには、毎日インシュリンの注射をしつづけなければならない者がおり、注射をしていれば、通常の社会生活ができるが、注射を中断すれば生命に係る大きな危険があります。しかし、その為に毎日医療機関に通院しなければならないことは、患者にとって大きな支障となっております。

そこで、インシュリンの自己注射が考え出され、欧米諸国では常識化されており、我が国でも普及しています。しかし、担当する医師の中にはインシュリン自己注射が医師法第十七条違反にならないかどうかに不安をもつ者もあるので、左記について医務局の見解を伺います。

記

医師が継続的なインシュリン注射を必要と判断する糖尿病患者に対し、十分な患者教育および家族教育を行った上で、適切な指導及び管理のもとに患者自身(又は家族)に指示して、インシュリンの自己注射をしても医師法第十七条違反とはならないと考えるがどうか。

別紙　二

（昭和五六年五月二一日　医事第三八号）
（国立小児病院長あて厚生省医務局医事課長回答）

昭和五十六年四月二十五日付け国小児発第一七四号をもって照会のあった標記については、貴見のとおりである。

すなわち、「インシュリンの自己注射」は、医行為に該当し、これを反復継続すれば医師法違反となるが、実質的違法論の考え方[37]に従い、(a)目的の正当性[38]、(b)手段の相当性[39]、(c)法益衡量[40]、(d)法益侵害の相対的軽微性[41]、(e)必要性・緊急性[42]の各要件を満たしているが故に違法性が阻却され、医師法一七条に違反しないというのである。

(ii) 家族が行う「たんの吸引」に関する違法性阻却の考え方　分科会は、家族が行う「たんの吸引」についても、「インシュリンの自己注射」の場合と、全く同じ論理で考える。すなわち、家族が行う「たんの吸引」は、医行為に該当し、これを反復継続すれば医師法違反となるが、実質的違法論の考え方に従い、家族が行うことについて患者が同意していることを前提に、次のような要件が充たされれば、当該行為の違法性が阻却される、というのである。

(a) 目的の正当性　患者の療養目的のために行うものであること。

(b) 手段の相当性　医師・看護師による患者の病状の把握・療養環境の管理がなされ、「たんの吸引」に関する家族への教育が行われ、適正な「たんの吸引」の実施と医師・看護師による確認がなされ、緊急時の連絡・支援体制が確保されているという条件の下で、「たんの吸引」が実施されていること。

(c) 法益衡量　「たんの吸引」が家族により行われた場合の法益侵害と、在宅療養を行うことによる患者の日常生活の質の向上を比較衡量し、前者より後者の方が大きいこと。

(d) 法益侵害の相対的軽微性　侵襲性が比較的低い行為であり、行為者は、患者との間において「家族」という特別な関係（自然的、所与的、原則として解消されない）にある者に限られていて、公衆衛生の向上・増進を目的とする医師法の目的に照らして、法益侵害は相対的に軽微であること。

(e) 必要性・緊急性　早急に「たんの吸引」を行わなければならない状況が不定期に訪れるが、医療資格者がすべてに対応することが困難な現状にあり、「たんの吸引」を家族が行う必要性が認められること。

② 分科会の考え方の検討　(i) 患者の同意　一般に「治療行為」は、何らかのかたちで人の身体に

干渉し、外科手術に典型的にみられるように「医的侵襲」を伴う。その限りにおいて、刑法二〇四条の「傷害罪」の構成要件に該当するが、刑法三五条の「正当業務行為」としてその違法性が阻却される、と解されている。また、「治療行為」に刑法三五条が適用されるためには、それが単に「業務」として行われていたのでは不十分であり、それが「正当」なものでなければならないとされる。

当該「治療行為」が「正当」な業務行為とされるための要件としては、通常、次の三つがあげられる。

(a) 目的の正当性（医学的適応性） 治療目的あるいは患者の生命・健康を維持・回復するために行われること。

(b) 手段の相当性（医術的正当性） 当時の医学的に認められた正当な方法（lege artis）に則って行われること。

(c) 患者の同意（承諾） 同意能力を有する者（被害者）の任意かつ真意の同意（承諾）のあること。

このうち、「被害者の同意」の法理が違法性阻却の実質的根拠である、といわれている。[43]

それでは、「患者の同意」によって家族の医師法違反の罪の違法性が阻却されるであろうか。患者の同意によって、傷害罪の違法性が阻却されるのは、傷害罪の「保護法益」が、「身体の安全」という、被害者である患者自身による処分可能な「個人的法益」であるからである。これに対して、取締法規である医師法に違反する罪の保護法益の中心は「国家的法益・社会的法益」である。これは一個人の同意によって処分しうるような保護法益ではない。したがって、患者の同意を理由に医師法違反の罪の違法性が阻却されるということにはならないのではないか。仮に、無資格者の医行為が当時の医療水準に合致しているものであったとしても、医師法違反の罪の違法性は阻却されないというべきである。[44]

(ii)　法益衡量　「たんの吸引」が家族により行われた場合の医師法違反によって生ずる「国家的・社会的法益」の侵害と、家族による「たんの吸引」が行われることによって受ける患者の日常生活の質の向上という個人的「利益」は、その性質の違いにより、そもそも衡量の対象となり得ないのではないか。

(iii)　法益侵害の相対的軽微性　「たんの吸引」の身体に対する侵襲性が比較的低いことは、「傷害罪」の違法性阻却を考える際には意味を持つとしても、「医師法違反」の違法性阻却にとっては意味がないのではないか。

また、行為者が、患者との間において「家族」という特別な関係（自然的、所与的で原則として解消されない関係）にある者に限られていることによって、「公衆衛生の向上・増進を目的とする医師法の目的に照らすと、法益侵害が相対的に軽微になる。」との指摘は、その限りで妥当であるとしても、これは、家族であるが故に認められる議論であり、家族以外の者の吸引を正当化する議論としては機能しないのではないか。

このように考えてくると、違法性阻却の考え方によっては、家族が行う「たんの吸引」がなぜ医師法に違反しないか、あるいは、家族以外の者の行う「たんの吸引」がなぜ医師法に違反しないかを、十分に説明できないように思われる。

とするならば、次に、患者あるいはその家族が行う医行為がなぜ、医師法に違反しないかが、あらためて問われなければならない。

(4)　患者あるいはその家族が行う医行為がなぜ、医師法に違反しないか

すでに述べたように、医師法第一七条において規制の対象とされているのは、不特定の者又は多数の者に対し反復継続して行われるところの「社会性」をもった「偽医者」の行為である。しかしながら、患者自身

が行う自己医療は、このような社会性を持たない行為である。したがって、自己医療は、そもそも同法の規制の範囲の外にあるものであると解することができる。

また、自然的、所与的で原則として解消されない関係にある家族による当該患者に限定して行われる医療も、社会性を有しないという点において自己医療と共通している。したがって、この限りにおいて家族による医療も自己医療に類推して考えることができ、いわば例外的に、同法の規制の範囲外にあり、医師法違反は問題とならないと解釈することができよう。これらの行為は、国家の干渉の外にある一種の「放任行為」であるといえる。[45]

(5) 在宅医療を安全に行うために必要とされる医師の説明・指導義務

在宅医療のあるべき姿を考えるとき、患者に危害を及ぼす危険のある行為、とりわけ医行為は、その専門家である医師または看護師が行うというシステムが構築されるべきである。分科会報告書の、在宅ＡＬＳ患者が家族の介護のみに依存しなくても円滑な在宅療養生活を送ることができるよう、その療養環境の向上を図るためにさまざまな措置が講ぜられるべきであるとの指摘は妥当である。

しかしながら、医行為を含む危険な作業を患者の家族に委ねなければ在宅医療は成立しない、というのが現実である。とするならば、「患者の安全」を確保するためには、医行為に対して最終的に責任を負う医師が、当該医行為の内容をいかにコントロールすべきかが問われなければならない。分科会報告書が指摘する「療養環境の管理、在宅患者の適切な医学的管理、家族に対する教育、[46]医師及び看護職員との連携による適正なたんの吸引の実施、緊急時の連絡[47]・支援体制の確保」等の違法性阻却のための条件は、患者本人および家族に対する医師法二三条[48]にいう「療養指導義務」の具体的内容として位置づけることができるであろう。[49]

患者の家族による「医行為」のみが、特定のその患者に対する個別的なものとして、「医師の責任とその指導監督の下」に、例外的に是認されうる、と考えるべきである。

4 介護職による医行為

(1) 分科会の考え方の問題点

分科会で採用された「違法性阻却」の議論は、あくまで、構成要件に該当する個々の事案を、その個別的事情に応じて事後的に評価するものである。しがって、仮に、ある特定のホームヘルパーの特定の患者に対する吸引行為の違法性が阻却されたとして、そのことの故に、当該ホームヘルパーの他の患者に対する吸引行為が当然に合法化されることにはならない。また、他のホームヘルパーが行う当該患者または他の患者に対する吸引行為が当然に合法化されることにもならない。

われわれに解決すべき問題として提起されていたのは、ホームヘルパー等の介護職の吸引行為一般が、医療政策上の問題として合法化しうるか否かという「事前の評価」の問題であったはずである。ホームヘルパーのサービスが不特定多数の者に対して開かれており、その意味において本来的に社会性を有する以上、ホームヘルパーの業務として「たんの吸引」が認められるか否かという法制度論的議論をふまえた検討が必要であったのではないか。

(2) 介護職による医行為の実態と考えられるべき対応策

分科会報告書がいうように「ALS患者に対する家族以外の者（医師及び看護職員を除く。以下「家族以外の者」という。）によるたんの吸引については、医師及び看護職員により十分にサービスが提供されるならば、実施する必要はない」といえる。

しかしながら現実の在宅医療（とりわけ医療依存度の高い患者のそれ）の多くは、ホームヘルパーや介護福祉士による「医行為」に頼らなければ維持できないのである。すでに平成七年に行われたある調査によって、「医師や看護婦の管理下で介護職（ホームヘルパー）がしている」看護・医療的処置の実態が明らかにされている。これによれば、褥瘡軽度処置の三六・八％がもっとも高く、次に褥瘡重度処置の二二・九％、摘便の二一・二％、人工肛門の処置の一六・一％、浣腸の一五・一％、吸引の一一・九％と続いている。また、「介護職がしている」看護・医療的処置としては、同じく褥瘡軽度処置の三五・三％がもっとも高く、次いで浣腸の二三・〇％、摘便の一四・八％と続いている。(50)

このような現実があるからといって、非医療職であるヘルパーや介護福祉士等の介護職による医行為を認める方向での解決策をまず第一に考えるべきではあるまい。「医行為」については医療職が責任を持って行うことができるような社会システムが考えられるべきである。すなわち、訪問診療・訪問看護が必要なときに必要なだけ受けられるような在宅医療のシステムをどのように構築するかが、まず考えられなければならない。また、「在宅」か「病院」かといった二者択一的な解決策ではなく、その中間的な「在宅型施設」がもっと積極的に考えられてもよいのではないか。構想されるべき「在宅型施設」は、グループホームともケアハウスとも異なり、病人だけを「収容」する施設であってはならない。「在宅」である以上、そこで「家族」とともには「生活」できることが必要である。家族と共に生活するためには、一定以上の面積が必要である。家族にとってはプライバシーへの配慮が必要である。家族とともに普通の生活をしながら、しかし、必要なときに必要な「医療」（と「介護」）が受けられることを確実ならしめるために、当該施設内に、たとえば、診療所または訪問看護ステーション（将来的には「自由開業看護師制度が考えられてよい）とヘルパーステーション等が設置されなければならない。このような「在宅型施設」構想を、国（行政）が責任を持って推進するということが考えられてよいと思われる。

(3)　介護職による医行為の制度論的検討

前記のような構想を実現することが困難または不可能である場合、あるいはその実現に時間を要するような場合、「次善の策」として、介護職に一定の「医行為」を分担させることが考えられてよいであろう。

①　総務省勧告　この方向での解決策を示唆するものとして、たとえば、平成一一年九月二四日付の「要援護高齢者対策に関する行政監察結果——保健・福祉対策を中心として——」と題する当時の厚生省に対する総務省の勧告[51]がある。これは、「規制緩和政策」の一環として、「ホームヘルパー業務の見直し」について、「ホームヘルパー業務においては、医療行為に該当するものは実施不可（看護師等が実施）」とされているが、「医療行為は、医師の医学的判断、技術によらなければ人体に危害を及ぼすおそれのある行為で、具体的には、社会通念に照らして個別に 判断することとされている」こと、「医療行為の範囲は、不明確であり、身体介護に伴って必要となる行為が医療行為に該当するか否かの判断は事業者により区々」であり、「また、医療行為を行うことができる看護師等を訪問させる老人訪問看護事業については、週二回以下が全体の約八八％（三四事業者、利用者一、五九三人）」であること、「このため、事業者の中には、状況によってはホームヘルパーが行わざるを得ない等として、傷口のガーゼ交換、血圧・体温測定、軟膏の塗布、座薬の注入、浣腸、目薬の点眼等の一部を実施しているものがみられ、また、これらの行為を実施できるようにしてほしい旨の要望あること、「ホームヘルパーが、身体介護に関連する行為をできる限り幅広く行えるようにすることが、利用者等のニーズに沿うとともに、介護家族の負担軽減、看護師等の人材活用の効率化等にも資する」ことなどを

指摘し、「身体介護に伴って必要となる行為をできる限り幅広くホームヘルパーが取り扱えるよう、その業務を見直し、具体的に示すこと」を要求している。

この勧告が、傷口のガーゼ交換以下の行為を「医行為」の範疇から外して介護職に解放すると考えているのか、あるいは、それらの行為は「医行為」ではあるが、なお介護職の業務に加えるべきであると考えているかは不明であるが、すでに述べた「医行為」の定義からするとき、後者の方向での検討が必要であることは明らかであろう。

② 介護職による医行為を合法化するための問題点　仮にいま、「次善の策」として、介護職に一定の「医行為」を分担させるとした場合、そのためには、次の三つの問題が解決されなければならない。

(i) 立法的解決の必要性　その第一は、立法的解決の必要性である。

「たんの吸引」のみならず、経管栄養や傷口のガーゼ交換、あるいは浣腸のように、技術的難易度がそれほど高くなく、患者に対する危険性の程度の低いものについては、「患者の状態がきわめて安定して」いる状況において個々具体的に判断するとき、「医師の医学的判断及び技術をもって」しなくとも「人体に危害を及ぼすおそれ」がない、といえる場合があるのではないか。このように患者の安全性が確認しうるような場合にかぎり、医師、看護師以外の者（たとえば、ヘルパー等の介護職）が行ってもよい、と考えられる場合が実際上はあるのではないか。

しかしながら、「医業における危険」は、「抽象的危険で足り、被診療者の生命、健康が現実に危険にさらされることまでは必要としない」と解釈されている。この解釈によれば、右にあげた行為は、すべて「医行為」とされる。そして、医行為についてのこのような「厳格」な解釈が、医師法の立法趣旨に照らして考えるとき妥当であると考えられる以上、一定の場合に、医師、看護師以外の者（たとえば、ヘルパー等の介護職）に、限定された範囲の「医行為」を行わせることは、医行為概念の解釈によるだけでは不可能である。

これらの行為を「医行為」であると認めた上で、ヘルパー等の介護職がこれらの「医行為」を行うことができるためには、医療スタッフをめぐる業務分担に関する現行法の構造を前提とする限り、図1の再右列の医療スタッフと同じように、「保助看法三一条、三二条の規定にもかかわらず、医師の指示に基づき診療の補助として行うことができる」という趣旨の特別法の制定（立法）が必要とならざるを得ない。

(ii) 看護師による医行為に関する判断　仮に、右のような立法が可能になったとして、吸引、経管栄養、あるいは傷口のガーゼ交換、浣腸等の行為が当該の患者との関係において、医師、看護職等の医療職が行わなければならない危険度の高い「医行為」であるか、あるいは、介護職が行ってもよい危険度の低い「医行為」であるかを具体的に判断することが必要になる。この判断を、誰が責任を持って行うか（あるいは、行うべきか）という点が問題となる。

その「判断」には「医学的」な要素が不可欠であること、「医行為」についての最終的責任は「医師」が負うべきこと、その点は在宅であろうと病院であろうと変わらないこと、などを考えると、現行法上は、その判断の最終責任は、医師が負うと考えるべきである。しかし、時々刻々と変化する患者の生体反応に対応するためには、より頻回の観察が必要であり、そのためには、医師よりもより頻回に訪問する看護師が、あらかじめ取り決められた「プロトコール」に基づいて右の点を判断することが適切であると考えられる。ここにおいて、医療と看護との間の業務分担の確立が、介護に医行為を分担させるための必須の前提条件として位置づけられるのである。

(iii) 介護職のレベルアップ　介護職が責任を持って適切な処置ができるためには、一定の「医学的な知識と技術」が必要になる。また、ことが「医行為」にかかわる以上、医師との関係も整理しておく必要がある。右に述べた二つの問題点がクリアされた場合、介護職の位置づけを「福祉の分野」から「医療の分野」にシフトさせる必要があるのではないか。この点は、ドイツにおける「老人介護士」の法的位置づけが、「老人看護士」に変化している点が参考になるであろう[52]。

また、介護職による医行為が認められるためには、まず、「介護職」(介護福祉士および現実には多くを占めるホームヘルパー)の「身体介護」にかかわる能力を高め、均一化する必要がある。介護福祉士は、現在では「福祉の分野」の専門職として位置づけられており、医行為を行うことは予定されていない[53]。したがって、これを行うことを前提とした教育も受けていないのである[54]。介護職による医行為が可能となるためには、法律の整備(能力アップのみならず、医師・看護師等の医療職との関係を明示することが必要)とそれに対応する教育カリキュラムの整備が必要となる。

五　医行為をめぐる業務分担を考える視座――結びにかえて

以上、看護師による「静脈注射」と家族以外の者による「たんの吸引」に関する医療現場あるいは行政における新たな動きを素材に「医療と看護」及び「医療と介護」における「医行為をめぐる業務の分担」について検討を加えてきた。本稿を閉じるに当たり、この問題を考える際の基本的視座を確認しておきたい。

(1)　有用性ないしは必要性

医療職であろうと介護職であろうと、あるスタッフの業務内容が医行為を行う方向に拡大していくに際して、当該業務拡大の「有用性」(あるいは「必要性」)の有無が慎重に検討されなければならない。

看護師による静脈注射にしろ、介護職によるたんの吸引にしろ、それぞれの実態に則してみるとき、それらの行為を認めることについての有用性・必要性は明らかのように思える。しかし、本来、医師が行うべき「静脈注射」までをも安易に看護師に指示していなかったか。本来、医師・看護師等の医療者が行うべき「たんの吸引」を、医療保険、介護保険において訪問回数が制限されているということを理由に、安易に非医療者たる介護職に委ねようとしているのではないか等が、あらためて問い直されなければならない。

(2) 安全性

ある医行為を関係職種に拡大していくに際しては、その行為を行うに際しての患者に対する「安全性」が確保されているか否かが、まず第一に考えられなければならない。

(i) 医師の指示の適切性　ことが医行為に関する限り、現行法の枠組みにおいては「医師の指示」が必須の要件にならざるを得まい。医療と看護の関係を考えるとき、医師の指示と評価しうるプロトコールが重要な役割を果たす。この両者の関係がスムースにいくか否かは、医と看護の共同作業により、より適切なプロトコールが策定できるか否かにかかっているといっても過言ではあるまい。

(ii) 当該医療関係職種の技術的正確性(個別的能力)　患者に対する安全性が確保されるための、最も直接的な考慮事項は、個々のスタッフの技術的正確性である。本来は、この能力が十分であると認められてから業務の拡大が考慮されるべきであろうが、静脈注射にしてもたんの吸引にしても、その順序は逆転しているように思われる。

(iii) 教育カリキュラムの整備　業務の拡大に必要な知識・技術を身につけさせるための装置として、スタッフ養成段階における基礎教育カリキュラム、免許取得後の卒後教育カリキュラムの充実が図られなければならない。静脈注射に関する医政局長通知は、そのことを明示的に要求している。

(iv) 能力の制度的担保　わが国の免許制度は終身的なものであり、ひとたび免許を取得すれば、それは本人が死亡するまで有効である。しかし、医療知識・技術の進歩のめざましい今日、スタッフの能力を時代の進歩に追いつかせるためには、三ないし五年に一度の研修と試験を義務づける免許更新制度を導入することが必要である。

また、特定の分野の高度の知識と技術の能力を制度的に担保するためには専門分化制度の確立が必要であることは、すでに指摘してきたところであるが、この問題について具体的に検討することができなかった。今後の課題である。

(3) 行為の適切性についての検証可能性

あるスタッフによる医行為が実施された場合、それが適切であったか否かの検証が可能となるよう、何らかの装置が必要となる。

主治の医師の指示により静脈注射を行った看護師は、その結果を必ず報告する義務が課せられよう。医師には、その結果の適否を確認する義務が課せられるべきである。また、たんの吸引を家族以外のものが行う場合、通知の条件が充たされているか否かの判断は、医師の責任で行われることになる。(55) また、事故が発生した場合の報告については、病院等における医療安全管理体制との関連において、検討されなければならない。本稿は、この点についての検討も不十分であり、今後の課題とせざるを得ない。

（1）今日の判例・通説である。コンタクトレンズ処方のための検眼及びコンタクトレンズの着脱が、「医行為」に該当するか否かが問題とされた事例において、最判平成九年九月三〇日刑集五一巻八号六七一頁の原審である東京高判平成六年一一月一五日高裁刑集四七巻三号二九九頁は、「医師法は、医師について厚生大臣の免許制度をとること及び医師国家試験の目的・内容・受験資格等について詳細な規定を置いたうえ、その一七条において「医師でなければ医業をしてはならない」と定めているところからすれば、同法は、医学の専門的知識、技能を習得して国家試験に合格し厚生大臣の免許を得た医師のみが医業を行うことができるとの基本的立場に立っているものと考えられる。そうすると、同条の医業の内容をなす医行為とは、原判決が説示するように「医師が行うのでなければ保健衛生上危害を生ずるおそれのある行為」と理解するのが正当というべきであって、これと異なる見解に立つ所論は、独自の主張であって、採用の限りでない。」と判示する。最判昭和三〇年五月二四日刑集九巻七号一〇九三頁も同旨であると解されている。大谷實「医師法一七条にいう『医業』の意義」『大塚仁・福田平博士古稀祝賀（上）』四四九頁、小松進「医師法」『注解特別刑法五Ⅰ（第二版）』三九頁、飯田喜信「判例解説」法曹時報五一巻一二号二五〇頁（一九九九年一二月）。

これに対して、行政解釈は、医行為を「医師の医学的判断及び技術をもってするのでなければ人体に危害を及ぼし、又は危害を及ぼすおそれのある行為」と解する。（厚生省健康政策局総務課編『医療法・医師法（歯科医師法）解』三八四頁（医学通信社、一九九一年））。

（2）定義規定で認められた業務と「診療の補助」として行うことのできる業務との関係については、医療スタッフによって規定のされ方がそれぞれ異なり、必ずしも一様ではない。これを分類すると、定義規定で認められている業務に他の業務が加えられ、それらを診療の補助として行い得る者（視能訓練士法二条、一七条）、診療の補助として行い得る定義規定で認められている業務そのものを診療の補助として行い得る者（理学療法士、作業療法士法二条、一五条、救急救命士法二条、四三条）、定義規定で認められている業務の一部に他の業務が加えられ、それらを診療の補助として行い得る者（臨床検査技師、衛生検査技師法二条、二〇条の二）、定義規定で認められている業務の一部についてのみ、診療の補助として行い得る者（臨床工学技士法二条、三七条、義肢装具士法二条、三七条）、定義規定で認められている業務とは別に診療の補助として行いうる行為が特定されている者（言語聴覚士法二条、四二条）となる。

（3）事件は、昭和二六年八月、国立鯖江病院で起こった。薬剤師である被告人Aは、劇薬である三％ヌペルカイン溶液を製剤したが、これを封入したコルベン容器に、薬事法に基づく赤枠・赤字で品名と「劇」の字を記した標示紙を貼付せずに、同日に製剤した二〇%ぶどう糖注射液入りの容器と同色、同型の標示紙に青インクで「三%ヌペルカイン」と記入しただけで、ぶどう糖注射液入りコルベン容器数本と同じ滅菌器に入れてそのままにしておいた。翌朝、Aは、薬剤師を補助して各科の看護婦に注射液の引き渡しを担当していた事務員Bに何の注意も与えなかった。

Bは、この「三%ヌペルカイン」溶液をぶどう糖溶液と思いこみ、ぶどう糖注射液の交付を求めて来た同病院内科看護婦Cにぶどう糖注射液として交付し、Cは、これを内科病棟処置室に持帰り処置台に置いた。

その後、病棟の受持患者に対するぶどう糖注射の準備に来室した被告人乙種看護婦Dは、いままで処置台の上にヌペルカインなどの劇薬が放置されたことなどなかったので、ぶどう糖注射液と同様の容器、標示をそなえ、かつ、共に無色透明な同一の外観を有していたヌペルカイン溶液を、その薬品名の記載に注意せずぶどう糖注射液と速断し、これを二〇cc入注射器三本に詰め、事情を知らない他の看護婦Eと共に入院患者二名に注射し、彼らを中毒死させてしまった。

第一審の福井地裁武生支部判決は、「注射液の容器に貼付してある標示紙を十分確認し、医師の指示する葡萄糖液に相違ないかどうかを調べて、薬品相違によつて、生命身体に対する危害の発生を未然に防止しなければならない」という、いわば「充薬に際しての注意義務」違反を理由に業務上過失致死罪の成立を認めた。

これに対し、第二審の名古屋高裁金沢支部判決および最高裁判決における論点は、刑法第二一一条にいわゆる業務というのにはその事務が適法であることを要するが、静脈注射は保助看法第五条に規定する看護婦の業務の範囲を超え、同法第三七条の適用の範囲外である。したがって、看護婦の行う静脈注射は違法な行為であり、被告人Dに業務上の過失責任を問うことはできない、との被告人側弁護士の主張に対応して、「被告人Dが患者M……の主治医Sの処方箋による指示により右患者等に葡萄糖液の静脈注射を行うため注射器に注射液を充塡した上……右患者等の静脈血管に注射器内の液体を注入」するという「一連の行為」が「業務」であるか否かという点に移っていった。

第二審の名古屋高等裁判所金沢支部は、「看護婦は保健婦助産婦看護婦法第五条第六条第三七条の各規定に徴すれば主治の医師の指示する範囲において其の診療の補助者として、傷病者に対し診療機械を使用し、医薬品を授与し、又は医薬品について指示し及びその他の医師の行うことの出来る行為をすることが許されているものと解すべきであるから、看護婦が医師の指示により静脈注射を為すことは当然その業務上の行為であると云わなければならない。故に原判決が被告人Dが患者M外一名の主治医Sの処方箋による指示により右患者等に葡萄糖液の静脈注射を行うため注射器に注射液を充填した上K看護婦と共に各自右患者等の静脈血管に注射器内の液体を注入したことをもつて一連の業務行為と認める趣旨を判示したことは正当であり、原判決には所論のような……違法はない。」と判示して看護婦D側の控訴を棄却した（高裁刑集五巻九号一四三二頁）。

最高裁判所もまた、次のように判示して上告を棄却した。

「原審は被告人等の行為は被告人等がその社会上の地位に基き継続的に従事する事務であつて人の生命身体に対する危険を伴うもので、しかも適法の業務であると判断したものである……から、所論……はいずれも前提を欠くものである。……看護婦が医師の指示に従つて静脈注射をするに際し過失によつて人を死傷に致した場合には刑法二一一条の責を負わなければならない。」（最判昭和二八年一二月二二日刑集七巻一三号二六〇八頁）。

このように第一審と第二審以降とで論点が変化した原因は、被告人側弁護士が、事件発生後一ヶ月半ほどして出された、昭和二六年九月一五日厚生省医務局長通知医収五一七号に基づいて上訴理由を立論したからであるといって間違いないであろう。なお、本件の詳細については、平林勝政ほか「看護の裁判例を読み直す三」（看護管理二〇〇一年六月号四六八頁以下）を参照されたい。

（4） 本「中間まとめ」の全文は、http://www.mhlw.go.jp/shingi/2002/09/s0906-4.html において取得しうる（アクセス日：平成一五年一一月二七日）。

（5） 本通知については、http://wwwhourei.mhlw.go.jp/%7 Ehourei/html/tsuchi/contents.html において取得しうる（アクセス日：平成一五年一〇月二五日）。

（6） たとえば、平成一三年八月九日に渡辺孝男参議院議員が提出した「咽喉部や気管カニューレ、気管内チューブなどの中の痰や分泌物を吸引する行為をヘルパーに特例として認めることに関する質問」に対し、政府は、同年九月一三日付答弁書において、「咽喉部、気管カニューレ、気管内チューブ等にたまった痰等の分泌物を吸引除去する行為（以下「吸引行為」という。）は、患者の身体に及ぼす危険性を勘案すれば、原則として医行為に該当し、医師又は看護婦等が診療又は診療の補助として行うべきものと考えている。医療保険制度及び介護保険制度においても、このような考え方を前提として診療報酬及び介護報酬の上での評価を行っているところである。」と回答している。

もっとも、右答弁書において政府は、「要介護者の状態に急変が生じた場合で医師又は看護婦等による速やかな対応が困難であるとき等において、訪問介護員が緊急やむを得ない措置として吸引行為を行うことは、それが反復継続する意思をもって行われたものでない限り、医師法第十七条に違反するものではない。」としていた。

（7） 日本ＡＬＳ協会会報第五八号四頁以下参照

（8） 本分科会報告書は、http://www.mhlw.go.jp/shingi/2003/06/s0609-4.html において取得しうる（アクセス日：平成一五年一〇月二五日）。

（9） 本通知は、http://wwwhourei.mhlw.go.jp/%7Ehourei/html/tsuchi/contents.html において取得しうる（アクセス日：平成一五年一〇月二五日）。

（10） 保健師助産師看護師法第五条　この法律において「看護師」とは、厚生労働大臣の免許を受けて、傷病者若しくはじよく婦に対する療養上の世話又は診療の補助を行うことを業とする者をいう。

（11） 保健師助産師看護師法第三一条第一項　看護師でない者は、第五条に規定する業をしてはならない。ただし、医師法又は歯科医師法（昭和二三年法律第二〇二号）の規定に基づいて行う場合は、この限りでない。

（12） さらに但書によれば、「臨時応急の手当をな」す場合は、看護師等は主治の医師等の指示なくして医行為を行うことができることになる。

（13） これに対して、小島通代「保健師助産師看護師法における看護業務と医師の指示との関係の検討」看護管理一九九六年六月号一九二頁は、三七条に基づいて看護師等が行う「医行為」を診療の補助とは別個の第三の業務と整理し、これを「医師の代行」業務と称している。その見解の批判的検討は別稿によらざるを得ないが、この問題については、土井英子「『療養上の世話』中心の看護業務概念に関する一試論」Quality Nursing 九巻二号六三頁（二〇〇三年）を参照されたい。

（14） 平林勝政「視点『新たな看護のあり方に関する検討会』での議論を終えて」看護展望二〇〇三年七月号四九頁参照

（15） 「看護基礎教育における技術教育のあり方に関する検討会」報告書、厚生労働省、平成一五年三月一七日（http://www.mhlw.go.jp/shingi/2003/03/s0317-4.html アクセス日：平成一五年一〇月二七日）

（16） 平成一三年度厚生科学特別研究事業報告書「静脈注射実施における教育プログラムの開発」（主任研究員：石本傳江、

日本赤十字広島看護大学教授）参照

(17) これらは、検討会のメンバーの一人であった筆者の自己批判である。

(18) 上級行政機関が下級行政機関に対して発する法令解釈の基準である。行政実務上は重要な役割を果しているとしても、法形式上は国民や裁判所を直接拘束するものではないと解されている（塩野宏『行政法Ⅰ〔第三版〕行政法総論』八九頁（有斐閣、平成一五年）参照）。

(19) 安倍治夫「看護婦による静脈注射は適法か」日本医事新報三一八号一九四頁以下（一九八五年）

(20) これは、昭和三八年当時の厚生省が本通知の改訂を検討した折に表明された、日本看護協会の行政研究会の見解である（花田みき「『静注合法』は看護を退行させるもの」看護学雑誌二七巻一一号一九頁、一九六三年、浅野花子「山形事件は医療行政貧困のあらわれ」看護学雑誌二七巻一一号二一頁、一九六三年）。

(21) 日本看護協会『組織でとりくむ医療事故防止——看護管理者のためのリスクマネジメントガイドライン』六一頁（平成一二年四月）

(22) 今回の行政解釈の変更によって「看護師は、静脈注射をすることができるようになった」わけであるが、その意味するところは、「看護師は、静脈注射をやってもよい（may）」という点にあるにすぎない。「看護師は、静脈注射をやらなければならない(must)」という意味でないことはもちろんのこと、「およそ看護師であれば、いかなる静脈注射をもできる(can)。」という意味でもないことに留意すべきである。

(23) 日本看護協会・協会ニュース Vol. 423 2002•9. 15号参照

(24) 日本看護協会・静脈注射の実施に関する指針、二〇〇三・五・七（http://www.nurse.or.jp/senmon/jyouchuu.pdf）

(25) 日本看護協会・協会ニュース Vol. 424 2002•10•15号参照

(26) これに関連して、その教育課程が十分であるか等を慎重に検討した上で、日本看護協会の「認定看護師制度」を国がオーソライズするという方策が考えられてもよいように思われる。なお、認定看護師制度については、http://www.nurse.or.jp/nintei/index.html（アクセス日：平成一五年一〇月一二日）を参照されたい。

(27) 日本看護協会『看護職の社会経済福祉に関する指針：医療事故編』（日本看護協会出版会・二〇〇〇年四月）七九頁

(28) その結果、看護行為の一部が欠損し、不完全なものになってしまう。この点については、宇都木伸（東海大学法学部）

教授より教示されたが、本文の論述につき、筆者が全責任を負うことはいうまでもない。

(29) このような医行為を、かつて「拡大された看護行為」(あるいは「付随的看護行為」)と呼んだことがあるが(平林勝政「看護と法――保健師助産師看護師法の今日的課題」『看護のための最新医学講座 第三五巻 医療と社会』(中山書店・平成一四年)二六六頁)、このネーミングは、看護行為と医行為とを混同し、両者の違いと関係とを見失わせるおそれがあり適切ではないと考える。

(30) 医行為別の標準的処置をアルゴリズムとして作成し、それぞれの地域や機関の協議内容に基づいて修正を加えたものを「プロトコール」という。この類型においては、「プロトコール」を医師と看護師が共有することになる。

(31) 主治の医師等は、その指示した医行為について最終的責任を負える場合に限って看護師に「指示」を出す、ということになる。なお、若杉長英ほか 厚生省平成元年度厚生科学研究「医療行為及び医療関係職種に関する法医学的研究」報告書六頁参照。

(32) 具体的には、これを基にして個々の患者の状況に応じた修正が加えられることになる。

(33) 前掲最判平成九年九月三〇日判時一六一九号一四八頁(原審：東京高判平成六年一一月一五日判時一五三一号一四三頁)参照

(34) 第六回「分科会」資料。本資料は、http://www.mhlw.go.jp/shingi/other.html#isei において取得しうる(アクセス日：平成一五年一〇月二三日)。

(35) 本通知は、http://wwwhourei.mhlw.go.jp/%7Ehourei/html/tsuchi/contents.html において取得しうる(アクセス日：平成一五年一〇月二五日)。

(36) しかしながら、このように考えることは、渡辺孝男参議院議員の質問に対する平成一三年九月一三日付の政府の答弁書の考え方と明らかに矛盾する。前掲注(6)参照。

(37) 前田雅英『刑法総論』(第三版)一九八頁(東京大学出版会、平成一〇年)

(38) 患者の治療目的のために行うものである。

(39) 医師が、継続的なインシュリン注射を必要と判断する糖尿病患者に対し、十分な患者教育及び家族教育を行った上で、適切な指導及び管理の下に行われるものである。

(40) 相当な手段により行われた法益侵害と、患者が注射のために毎日医療機関に通院しなければならない負担の解消とを比較衡量し、前者より後者の方が大きい。

(41) 侵襲性が比較的低い行為であり、行為者は、患者との間において「家族」という特別な関係（自然的、所与的、原則として解消されない）にある者に限られている（公衆衛生の向上・増進を目的とする医師法の目的に照らして、法益侵害は相対的に軽微である）。

(42) 医師が、インシュリン注射を必要とすることを判断しており、また、患者が注射のために毎日医療機関に通院しなければならない負担を軽減する必要性が認められる。

(43) 町野朔『患者の自己決定権と法』（東京大学出版会、昭和六一年）、なお、前田・前掲注(37)二〇二頁は、これから行われようとする医師の侵襲内容を完全に認識した上での真摯な同意があれば、それだけで被害者の法益の完全な放棄が認められ、傷害罪等の構成要件に該当しないと解している。

(44) 町野・前掲注(43)一五五頁、大谷實『医療行為と法』〔新版〕三三頁（弘文堂、平成二年）参照

(45) 平林勝政「退院をめぐる法的諸問題」年報医事法学三（一九八八年）九一頁

(46) 分科会報告書においては、「家族以外の者に対する教育」となっているが、本文においては、家族に対する教育に引き直して評価した。この点に関連して、医師は、単に家族を教育するだけでは十分ではなく、必要とされる医療技術・知識を修得させる責任を負っていると解すべきである。その際、当該の家族が具体的にどのような行為を行いうるかについて、その医行為の危険性の程度とそのための知識・技量修得の程度とを相関的に判断し、医師の責任において判断しなければならない。いずれにせよ、そこで医療が行われる以上、それが病院内であろうと在宅であろうと、その医療に対しての責任はすべて医師が負わなければならない。

(47) 緊急時の対応策として、経過観察を素人である家族に委ねなければならない医師は、考えられる患者の病態の変化について看護師・家族と十分なコミュニケーションをとり、ただ単に「何か変わったことがあったら連絡してください」というだけでなく、緊急事態を意味し、すぐに医師に連絡しなければならない症状を、具体的に患者及び家族に説明し、互いに理解しておく必要がある。

(48) 医師法二三条　医師は、診療をしたときは、本人又はその保護者に対し、療養の方法その他保健の向上に必要な事項

の指導をしなければならない。

(49) 前掲昭和五六年五月二一日付厚生省医務局医事課長通知「インシュリンの自己注射について」において紹介のあった条件も、このような医師法第二三条における医師の療養指導義務の具体的内容として理解することができる。

(50) 「特集資料：平成七年度介護と看護の連携に関する調査報告書（抜粋）」訪問看護と介護 第二巻第一号三六頁以下、四二頁参照）。また、民間病院問題研究所『介護現場の医療行為――その実態と方策を探る』（日本医療企画、二〇〇〇年）によると、ホームヘルパーが医療行為を行うことは違法であることを知っていた者が全体の九五・〇％を占め、にもかかわらず、これを行ったことのある者が九六・〇％に達することが報告されている。また、医療行為をした理由（複数回答）について、ヘルパーは「やらざるを得ない状況に置かれた」が二一・五％で最も多く、「サービスの一環として組み込まれている」（二一・四％）、「本人の依頼」（一九・六％）との回答も多かった。「自主的に」は五・五％しかなかった。また、施設勤務者も「やらざるを得ない状況に置かれた」が二四・九％と最も多かった。「医師や看護婦の指示」との回答も一七・二％あり、医師や看護師の人手不足や、介護職への理解不足が背景にあることがうかがえる。

(51) 勧告日：平成一一年九月二四日、勧告先：厚生省

(52) この点については、さしあたり、峯川浩子「ドイツ連邦共和国における Altenpflegerin の制度的位置づけ」年報医事法学一七（二〇〇二年）九頁、華表宏有「アルテンプフレガー」（ドイツ）の職務と日本語による表現―老人介護士か老人看護士か」看護教育四一巻二号一二〇頁（二〇〇〇年）等を参照されたい。

(53) この点を考えるのに、昭和六二年五月一八日の参議院社会労働委員会における次のような政府委員の答弁が参考になろう。

「（介護福祉士と看護婦とは）片や福祉の分野、片や医療の分野と、……一応整理ができている……。ただ、現場へ参りますと、……たしかに接点となるような事態がいろいろ発生するかもしれません。……が、要するに、看護婦さんが行う医療行為あるいは看護行為について介護福祉士が介入することは、これはぜひ避けなければならないということでございます。

その点につきましては、……（介護福祉士）養成のカリキュラムに中にそういうものを十分盛り込んで、いやしくも医療行為にわたるようなことのないようにということを十分教育するつもりでおります。」

「(褥瘡を例にすると、) 褥瘡を処置、治療するのはお医者さんなり看護婦さんである、褥瘡をつくらぬようにするのが介護福祉士だ、こういうことでございまして、治療の必要がありながら介護福祉士が余りいつまでも自分でやっているというのは、これはやはりいけないことだと思いますので、そこら辺の連携を十分とるようにする必要があるし、それは……養成課程でも十分教育する、こういうことでございます。」

(54) 介護福祉士の養成カリキュラムの中には、「医学一般（講義）九〇時間」が含まれている。そこでは「人体の構造及び機能並びに公衆衛生の基礎知識並びに医事法規について教授すること」が予定されているが（社会福祉士介護福祉士学校職業訓練校等養成施設指定規則別表第四（第七条関係））、これは、介護福祉士自らが医療行為を行うためのカリキュラムではあるまい（そうであるとするなら、「実習」をともなわない「講義九〇時間」のみでは不十分であろう）。この科目は、実務において「連携」しなければならないであろう医療関係の人々が、どのような考え方と原理で行動するかをあらかじめ学び、よりスムーズな連携を実現しようとするためのものであると解すべきである。なお、介護福祉士養成のカリキュラムは、平成一二年四月より改訂され、総時間数が一、五〇〇時間から一、六五〇時間に増加され、これに伴い、「医学一般（講義）」の授業時間数も六〇時間から九〇時間に増加されている。この改訂の趣旨は、「学生の習得度がもっとも低い科目であるので時間数を増加」したという点にあるようである。平野方紹「社会福祉基礎構造改革における福祉専門職養成の方向」社会福祉研究第七七号二六頁参照。

(55) 通知の条件を厳守しなければならないとすると、医師は、その責任において、家族以外の者の吸引の範囲が「口鼻腔内吸引及び気管カニューレ内部まで」であるかを、常にチェックしなければならないことになる。

脳死をめぐる生命倫理

福間誠之

湯沢雍彦・宇都木伸 編
『人の法と医の倫理』IIb 6
二〇〇四年三月 信山社刊

一　はじめに

一九九七年に日本の臓器移植法が成立して、ようやく移植医療も日常の医療として定着するかのように思われたが、実際に脳死・臓器移植が行なわれたのは法成立後約二年を経過した一九九九年二月二八日であった。脳死・移植の議論がなされる中に、それまで日本の医療界に埋もれていた色々な問題が表面に出てきたのではないかと思う。

密室医療への批判から情報公開の問題、医療への不信感、インフォームド・コンセントの在り方、脳死判定の確実性の問題、医療報道のあり方など交錯して、脳死・移植医療の現場がかなり混乱したことは否定できない。二〇〇三年七月までに脳死患者からの臓器提供は二四例あり、実際に臓器提供が行なわれたのは二三例で、臓器移植でしか助からないと言われて移植ネットワークに登録している患者の数に比べ、提供者は少ない。また、現在の日本の臓器移植法下では一五歳以下の小児への臓器移植は出来ないことになっているために、移植を必要とする小児、或いは早く臓器移植が受けたいと考える患者は外国へ出かけて移植を受けるということが行われている。

外国でも移植の臓器は不足していて、自国内の需要も満たせない所へ外国から移植を受けに来て、先に移植を受けることになると批判もでてくる。このように外国へでかけることの出来る患者は善意に基づく募金で資金が得られた少数のものに限られている。

そのほかに沢山いる、移植でしか助からない患者はどうすればよいのだろうか。

二　脳死患者との出会い（臨床現場）

1　最初の脳死患者

筆者が医科大学を卒業し一年間の臨床研修（インターン）を終えて外科へ入局した一九六〇年の暮れのことであった。新人医師は外科助手に付いて外科研修をしていたが、指導医と一緒に小児脳腫瘍（脳幹部）患者の開頭手術に立ち会った。当時の日本ではまだ脳神経外科は診療科として独立しておらず、外科の中で脳神経外科に関心を持つ医師がドイツ語の手術教科書を片手に手術を行なっていた。診断方法も神経学的所見を基に補助的検査法としての脳血管撮影や脳室造影法がようやく実用化されていたが、まだまだ手探りの状態であった。手術は苦労して頭蓋骨を切除し、硬膜を開いて小脳を分け、第四脳室に達すると第四脳室底が盛り上がっているのを認めた。その部分から組織片を採取するために針で穿刺すると、麻酔を担当している医師から呼吸がおかしくなると言われ、それ以上無理をせずに手術を終えた。しかし、手術を終えてしばらくすると患者の呼吸が弱くなり、手術室から麻酔器を借り病室まで持って来て、麻酔器のバックを押して人工呼吸を行なった。病室で二、三日間麻酔器のバックをもんで人工呼吸を続けたが、患児の呼吸は回復することなく死亡した。詳しい神経学的検査や脳波検査をしていないが、臨床的には脳死状態であったと考える。

その後数年して、米国で脳神経外科を研修して帰国した外科医と共に、中年男性の脳腫瘍（蝶形骨髄膜腫）を手術したときに、腫瘍の中に動脈が巻き込まれていて、当時はまだ手術用顕微鏡も使われておらず、動脈からの出血が大量になり、腫瘍を全摘出できないで手術を終えなければならなくなった。術後しばらくして自発呼吸が弱くなり、病院に一台しかない人工呼吸器（バード）を病室に持ち込んで、患者の気管内チューブにつないで、人工呼吸を始めた。当時は集中治療室もなく、術後の患者も病室で管理し、家族と一緒に患者の世話をすることになった。家族からあと何日間か生き延びれば助かるとのお告げがあったので、頑張って欲しいといわれ、しばらく人工呼吸を継続したが、結局一週間ほどで死亡した。この時患者の家族の気持としては、脳死状態になった患者は外見上では皮膚の色もピンク色をしていて、触れば暖かく、心臓は拍動をして、脈も触れるので、とても死んでいるとは思われず、もしかしたら意識を回復するのではないかと考えるのも無理はないと思った。

2 臨床病院での脳死患者

それからも脳死状態患者に接する機会はあったが、一九六九年に京都第一赤十字病院に移ってから、世間では脳死が話題になり、特に注意をしてみるようになった。あるときは集中治療室で治療している患者が脳死状態になり、家族もこれ以上治療を続けても助からないことを理解し、人工呼吸器をはずすことを申してこられ、人工呼吸器をはずしたことがあるが、その時集中治療室の看護師が泣き出して驚いたことがあった。このような処置をする前にその場にいるスタッフにも十分説明をしておかなければならないことを痛感した。

別の小児の脳死状態になった患者の家族から、役に立つのであれば腎臓を提供したいとの申し出があり、早速腎臓移植を実施している大学の外科へ連絡をとると、すぐに若い移植外科医が病院に来た。心臓が停止する前に手術室へ患者を入れて、動脈内カニュレイションが行なわれ、心停止を確認してから、直ちに腎臓摘出が開始された。摘出を急ぐためかかなり雑な手術のように見えたが、摘出して腎臓を容器に入れて手術室を出るときに、手術室前で待っていた家族が、医師同士で「今日はいい臓器を手に入れることができた」

と言う会話をしているのを聞いて、後に病棟にもどってから看護師に「腎臓を返して欲しい」と話していたそうである。移植によって助かる患者のことを考えての発言であったのかも知れないが、話をする場所をわきまえて欲しかった。また、移植医には臓器を提供した家族の気持ちに対する配慮も必要であると思う。

一九八五年に京都第一赤十字病院での経験をまとめて「一般病院における脳死患者」を発表したが、一九六九年から一九八四年までの一六年間に脳神経外科に入院した患者は二一七〇名で、死亡が二六一名あり、脳死状態になったのは三六例（一三・八％）で、この数は病院全死亡数の〇・六％になった。脳死状態患者の原疾患は脳動脈瘤一四例、脳出血五例、頭部外傷五例、脳腫瘍五例、脳動静脈奇形三例、心停止後脳低酸素症三例、脳梗塞一例であった。年齢は生後三日から七九歳で、平均四一・七歳、自発呼吸が停止して脳死状態になったと考えられる時間から心停止までの時間（脳死持続時間）は三二分から九三時間で、平均二九・五時間であった。当時は全身管理の技術も未熟で、特別な輸液もしていなかった。脳波検査は二六例に行なわれたが、集中治療室内での検査は脳波記録上のノイズを除くのにかなり苦労した。特に脳死判定のためには脳波計の感度を通常の四倍にまで上げて検査することになっているので、わずかなノイズでも脳波のように見えることがあり、脳波計を装着したまま心臓が停止するまで観察し、なお脳波のような波形が見られ、判断に迷ったこともあった。当時、米国からは脳死状態を一一二日間維持したという症例報告もあり、日本でも脳死患者に昇圧薬に抗利尿ホルモン（ＡＤＨ）を併用して、輸液管理を注意して行なえば脳死状態をかなり長期間維持できるという報告がだされ、その維持期間を競うような風潮もみられた。

三　脳死の歴史

1　心臓移植以前

脳死状態の最初の報告は近代脳神経外科の父と呼ばれる米国のH. Cushingが一九〇二年に行なっているが、特に注目されることもなく経過し、一九五九年にはフランスのMollaret P.とGoulon M.が脳死状態の患者二三例についてComa depasse（超昏睡）として報告している。この論文には神経学的所見として「眼球は中間位に固定し、瞳孔は散大し、対光反射はなく、刺激に対し瞬き反射なく、嚥下反射は無く、下顎はたれ、いかなる刺激に対しても運動反応はなく、筋肉の緊張は低下し、腱反射はなく、足底反射は不確かで、延髄の自律性は無く、括約筋失禁状態、人工呼吸器をはずすと自発呼吸はなく、ノルアドレナリンの注射を中止するとただちに心臓血管系は虚脱状態になり、体温調節機構が障害され環境に応じて低体温あるいは高体温になる。脳波検査ではいかなる活動も認められない」ということが記載されている（Wiyjdiks, E. F. M.: Brain Deathより）。

麻酔医たちは脳機能がなくなり生命維持装置につながれている患者を管理していて、生体の死と生体の部分死との区別を実際的な問題として考えなければならなくなり、世界麻酔学会会長がローマ法王に質問状を出し、一九五九年にローマ法王ピオ十二世は「死の決定は、教会の職分ではなく医師の責任である。明確で正確な死の定義と意識不明の患者の死の瞬間をいつ決定するかは医師に残された問題である。また患者の病気が望みなき状態になったとき、死は特別な方法でもってしても阻止することができない、すなわち望みなき症例では蘇生術を中止することができる」と回答している。

2　心臓移植後

一九六七年一二月三日南アフリカで、Barnard,C. が世界で最初の心臓移植手術に成功して、脳死が世間の注目を受けるようになった。動いている心臓を摘出して移植するには、その患者が死んでいなければ殺人になるので、心臓が動いているが、その患者は死んでいる脳死状態でなければならない。

一九六八年米国のハーバード大学の特別委員会は麻酔医の Beecher, H. を座長として、医学部、公衆衛生学部、神学部、大学院、法学部の代表者により構成され、この中には神経科医 Adams, R. と Denny-Brown および脳神経外科医 Sweet が含まれていて、「不可逆的昏睡」の判定基準を発表し、これが新しい死の定義であるとした。この基準は経験を確認したものではなく、委員会のメンバーが集めた事例を基礎にしたと言われている。

同年世界医師会はシドニー宣言で脳死に関する見解を発表し、脳死は人の死であることを認めている。日本では同年一〇月一日に「脳死と脳波に関する委員会」が発足し、一九六九年の中間報告で脳死の概念を明らかにして、一九七三年東京で開催された第五回国際脳神経外科学会で、委員長の植木孝明が日本の脳死判定基準を報告している。一九七四年に「脳の急性一次性粗大病変における『脳死』の判定基準」が公表された（日本医事新報二六三六号）。

一九七六年には英国の脳死判定基準（脳幹死）が発表されているが、一九八〇年一〇月一三日の英国 BBC テレビ番組「パノラマ」で「臓器移植——提供者は真に死んでいるか」の放映があり、その反響は大きく医学界でも議論され、一九八一年英国の脳神経外科医 Jennet は、六〇〇例余りの脳死例を検討して医学的に英国の基準は正しいことを発表している。

一九八一年米国の大統領委員会（医療および生物学的ならびに行動科学的研究における倫理的諸問題研究のための大統領委員会）は「死を定義すること――死の決定における医学的・法的・倫理的諸問題についての報告」を出している。

一九八五年一二月日本の厚生省「脳死に関する研究班」（竹内一夫委員長）は脳死判定基準を発表し、さらに一九九一年に同じ研究班は「脳死判定基準の補遺」を発表している。

一九八五年には評論家中島みち著『見えない死・脳死と臓器移植』が出版され、一般の人から見た脳死・臓器移植についての見解が出された。

一九八六年評論家の立花隆が『脳死』を中央公論社から出版され、脳死そのものについての疑問を医学界に投げかけられたが、残念ながら医学界からそれらの疑問を正面から受け止めた議論はほとんどなかった。その後も立花は脳死臨調に対する批判も出した。

文部省特定研究による「二一世紀へ向けての医学と医療」の中の唄孝一を班長とする第一班「医の倫理」に加えて頂いた時に報告書の出版を担当した日本評論社（小林昭二）の勧めがあり、一九八七年に筆者がそれまで種々の学術誌、一般誌に発表した論文をまとめ、加筆をして『脳死を考える――新しい医療倫理を求めて』を出版した。

一九八八年日本医師会生命倫理懇談会は「脳死および臓器移植についての最終報告」では脳死でもって人の死と認めることを述べている。

一九八九年には唄孝一が「脳死を学ぶ」を日本評論社から出版されている。

一九九二年一月に「臨時脳死及び臓器移植調査会」（脳死臨調）が「脳死は人の死」として脳死臓器移植を

認める最終答申を発表しているが、少数意見として脳死は人の死と認めることはできないが、本人の意思がある場合は臓器摘出を認めるということが併記された。

一九九二年生命倫理研究会・脳死と臓器移植問題研究チームが臓器摘出に関する法律(案)を提案している。同年には「脳死および臓器移植に関する各党協議会」が発足し、一九九四年国会に「脳死を人の死」とする「臓器の移植に関する法律案」が議員立法として出されたが、一九九六年九月衆議院解散のため廃案となった。同年一二月に「臓器移植法案」が再提出された。

3　日本臓器移植法成立後

一九九七年に臓器提供の場合に限り脳死を人の死とする「臓器移植法」が六月に成立して同年一〇月から施行された。同じ一〇月に日本臓器移植ネットワークが発足している。

一九九九年三月一日に臓器移植法が成立して初めての脳死臓器移植が高知赤十字病院で発生した脳死患者から行なわれたが、臓器移植法成立後初めての脳死・移植ということで、マスコミの注目を浴び、報道の加熱ぶりが批判された。この際、患者のプライバシーの保護と情報開示をどこまですべきかが問題となった。その後の発表は厚生省が窓口となって行なうようになり、十分でないという批判もある。

二〇〇〇年には和田心臓移植事件の当事者の和田寿郎は『ふたつの死からひとつの生命を』(径出版)を出版しているが、当時問題となった脳死判定に対する疑問、本当に移植でしか助からなかった症例であったのかということには全く触れられておらず、パイオニアとしての立場を主張している。世間から多くの批判が出されていたので、何が問題であるかは分かっていたと思うが、医学を科学として実践するには正確に答える必要がある。一方的な批判に対してはデータを示して反論し、どちらが正しいかを第三者が客観的に行なえるように資料を公表すべきであると思う。

二〇〇三年一月に日本弁護士連合会の人権擁護委員会は「高知赤十字病院に対する日弁連の勧告」を出している。

四　脳死判定基準

1　ハーバード大学基準（一九六八年）

ハーバード大学基準（1968年）

1．大脳反応の消失（昏睡）
2．誘発あるいは自動運動消失
3．自発呼吸消失
4．脳神経反射および腱反射消失
5．平坦脳波
6．上記の状態が24時間持続

日本脳波学会基準（1974年）

（脳の急性一次性粗大病変における脳死の判定基準）

1．深昏睡
2．両側瞳孔散大、対光反射および角膜反射の消失
3．自発呼吸の停止
4．急激な血圧下降とそれに引き続く低血圧
5．平坦脳波
6．以上1から5の条件がそろった時点より6時間後まで継続的にこれらの条件が満たされる

参考条件としてNon-filling angiogram（脳血管撮影で血管が造影されないこと）。脊髄反射消失は必須条件でない

南アフリカで世界最初の心臓移植が行われた翌年の一九六八年にハーバード大学より発表された脳死判定基準は「不可逆的昏睡の診断基準」というタイトルで公表され、新しい死の判定基準とされていた。この基準を満たした患者に対して、医師は死を宣告して、治療を中止してもよいという見解を示し、新しい死の判定法であるとした。

2　日本脳死判定基準（一九七四年）

日本脳波学会では一九六八年に「脳死と脳波に関する委員会」を発足させ、日本の国内で経験された脳死症例を集めて討議し、一九七四年に脳死判定基準を発表している。

英国王立医学会の基準（1976年）

1．昏睡
2．異常姿勢の消失
　A）除脳硬直姿勢
　B）除皮質姿勢
3．けいれん発作のないこと
4．脳幹反射消失
　A）瞳孔対光反射消失
　B）角膜反射消失
　C）前庭・眼球反射消失
　D）脳神経領域の反射消失
　E）咽頭反射、咳嗽反射消失
5．自発呼吸消失

この時集められた脳死症例は全国の脳神経外科施設から集められたが、厳密な判定をされたものからそうではないものまで含まれ、後に立花隆の批判を受けることになった。最初に判定基準を決めてその基準を満たす事例を集めたのではなく、脳死と臨床的に判定された事例を集めているので、検査項目が必ずしも全て満たしていなかった。そのような事例をまとめて基準が作製されている。

集めた症例の中に小児例が少なかったために、脳死判定基準から一五歳以下の症例を除外することになった。米国脳神経外科医Walkerが一九七七年に脳死の共同研究で集めた症例を日本の判定基準に当てはめてみると一七三例の内一六四例（六〇％）が条件を満たしていたに過ぎないという報告をしている。

3　英国脳死判定基準（一九七六年）

英国の脳死判定は脳幹死でもって脳死としていて、脳死判定基準は次のようになっている。英国の基準は脳波検査や脳血管撮影といった補助検査は判定基準に取り入れておらず、あくまでも臨床的な神経学的検査の所見に基づいて診断しようとしている点が特徴的である。

4　厚生省脳死判定基準（一九八五年）

一九八五年一二月日本では厚生省「脳死に関する研究班」は二年間の研究成果をまとめて「脳死判定基準」を発表した。その内容は一九七四年に日本脳波学会が発表した基準を基にして次のようになっている。

脳死判定基準（竹内研究班）

⑴　前提条件

1）器質的脳障害により深昏睡および無呼吸を来たしている症例

2）原疾患が確実に診断されており、それに対して現在行ないうるすべての適切な治療をもってしても回復の可能性が全くないと判断される症例

⑵　除外例

脳死判定に際しては次のような症例は除外しなければならない

1）　小児（6歳未満）

2）　脳死と類似した状態になりうる症例

(a)　急性薬物中毒

(b)　低体温

(c)　代謝・内分泌障害

⑶　判定基準

1）　深昏睡

2）　自発呼吸の消失

3）　瞳孔：瞳孔は固定し、瞳孔径は左右とも4 mm 以上

4）　脳幹反射の消失

(a)　対光反射の消失

(b)　角膜反射の消失

(c)　毛様体脊髄反射の消失

(d)　眼球頭反射の消失

(e)　前庭反射の消失

(f)　咽頭反射の消失

(g)　咳反射の消失

5）　平坦脳波

6）　時間経過：上記1)～5)の条件が満たされた後、6時間経過をみて変化がないことを確認する。2次性脳障害、6歳以上の小児では、6時間以上の観察期間をおく。

一九九七年に成立した日本臓器移植法の脳死判定基準に採用されている。臓器移法では臓器提供意思表示カード（ドナーカード）を持参している患者で家族が同意している場合にのみ脳死を人の死としていて、臓器移植以外の脳死患者は従来の心臓死まで医療を継続することになっているために、臨床の現場で混乱が見られることもある。

5　臨床的脳死判定

臨床的脳死の判断（診断）は治療中に脳死が疑われる臨床兆候を認めるとき、法的脳死判定に先立ち、①深昏睡、②瞳孔が固定し、瞳孔径が左右とも4㎜以上であること、③脳幹反射の消失、④平坦脳波の四つの判定基準項目に係る検査を一回行ない、

臨床的脳死と判断（診断）して次の手続きに進むとされている。この際無呼吸テストは必ずしも行なう必要はないとされていて、これを実施した場合には危険な検査をしたとしてマスコミから追及される事例もあった。無呼吸テストは提案されている方法をきちんと守って実施すれば血液内酸素濃度の低下もなく、身体への危険性はないと考えられる。

臓器提供のための脳死判定は臨床的脳死判定および法的脳死判定の合計三回判定をしなければならないことになる。特に脳波検査には時間がかかるので、救急患者の対応に忙しい救急医療の現場では大変な労力が必要となると思われる。

脳死の判定基準に脳循環測定や脳幹誘発電位検査、超音波検査などの補助検査を追加すれば判定の確実性を増すかもしれないが、施設により検査ができないところもあり、どのような目的で脳死を判定するかということも考慮にいれなければならない。

しかしこれまで議論されてきた脳死判定基準の確実性の問題に疑惑を残さないため、医療に対する不信感を払拭するためにも努力しなければならないと思う。

五　脳死の概念

1　人間としての死

哲学者のパスカルは「人は考える葦である」と言い、デカルトは「我思う故に、我あり」と述べ、人が考えることができなくなると、哲学的には人ではなくなると思われる。

米国の哲学者 Viech, R. や Engelhardt, T. は意識のない植物状態の患者があらかじめリビングウイルなどで、自分が植物状態になれば死と認めることを表明していれば、その人の死としてもよいとの見解をだし、どのような死を受け入れるかは個人の選択によるとしている。

医学的には、脳に重篤な障害を受けて昏睡状態になった患者は救命処置により救命されて意識が回復するか、全く改善の徴候もなく全脳機能が停止して脳死からやがて心臓死になるか、あるいは意識障害が続き、ある期間（一〜二週間）経過すると、開眼するようになるが、外界との意思の疎通はなく、いわゆる覚醒昏睡（植物状態）となる。この状態が三ヶ月以上継続したのが持続性植物状態（ＰＶＳ）である。持続性植物状態は生命維持中枢とされる脳幹部機能は残っていて、自発呼吸があり、人工呼吸器の助けは必要としないが、自力で動くことも、食事をすることもできず、大小便は失禁状態で、言語による外部とのコミュニケーションはとれない。睡眠・覚醒のリズムは認められ、手を握れなどの簡単な命令には応じているようにみえることもある。大脳死、新皮質死などとも言われ、また、精神死、社会死とも考えられる。この状態の患者はケアを十分すればかなり長期間生存可能であり、最長四七年間生存した例が報告されている。このような植物状態患者の問題に関して後に詳しく検討してみる。

2　臨床現場での脳死患者

脳死状態が注目されるようになった頃は、患者は集中治療室で全身管理がなされてもせいぜい七ないし一〇日間すると心停止になり死亡していたが、脳死状態の病態生理が解明され、患者の全身管理技術が進歩することにより、生存期間が延長されるようになり、一ヶ月、二ヶ月、さらには一年という例も出てきた。

臨床の現場で見られる脳死状態患者は外見上健康なときとほとんど変わらない状態であり、家族はもちろん医療関係者でさえも、脳死状態患者を直ちに死として受け入れることはできない。以前に経験した事例のように家族が納得するまでかなり長期間、積極的治療を継続しなければならない場合もある。

脳機能が障害を受けて回復の可能性がない脳死状態であれば、患者に対してそれ以上積極的な治療を行っても効果が期待できなくなるので、脳死を判定しなければならない状況として次の三つに分けて考えられる。①手術を含めさらなる積極的治療を実施する前、②治療効果が得られなくて治療を打ち切る前、③臓器移植のための臓器摘出を行う前、があるが、それぞれに求められる脳死判定の厳密さが異なってもよいのではないかと考える。手術適応を考える前、例えば重症脳出血患者が救急で搬入されてきて、手術をするか否かを判断するとき、脳幹機能も消失してほとんど脳死状態に近い患者では手術の効果を期待することはできない。そこで臨床の現場では簡単な脳幹反射（毛様体脊髄反射）の有無により手術適応を判断していることを発表している施設もあった。忙しい臨床の現場ではこのような選択も許されると考える。もしこの患者が手術をしなくて脳死状態になり、臓器提供の申し出があれば、厳密な脳死判定基準に基づいて判定する必要がある。重症患者にたいする高度な医療が行われ、時間が経過して回復の見込みがほとんどなくなり、家族が患者の死を受け入れて治療の中止を希望してきたような場合に、移植に関係ないのであれば、脳波検査が行われていなくても、あまり厳密な基準に従う必要はないと思う。人工呼吸器をはずして、自発呼吸の回復を監視しながら、心停止まで待つこともある。もしも自発呼吸がわずかでも認められれば直ちに人工呼吸器を装着して、治療を再開すればよい。

最も厳密な脳死判定が必要なのは臓器移植を前提とする場合で、現在、日本の臓器移植のための脳死判定基準を遵守しなければならない。臨床的脳死判定をした後、法律に従った脳死判定を、時間を置いて二回実施しなければならないので、かなり煩雑であるが、早すぎる死の判定を防止するためにはやむを得ないことである。

3　脳死の定義

神経科医Barnat, J. L.（二〇〇一年）は脳死を検討する際に前提条件として次の五つの項目を挙げている。(1)死という言葉は正しく用いる非技術的用語であり、ここでは人間有機的組織体の死に限定する。(2)死は生物学的現象である。(3)死は不可逆的なものである。(4)死は結果（Event）であり、過程（Process）ではない。(5)死は高度の再現性と精度でもって医師により決定されるべきものである。

日本の脳死判定基準の定義によると「全脳機能の停止」が起こり「回復の可能性が全く無い」ということになる。この際、脳機能全てという場合に、科学の進歩により脳の色々な機能が判明し、本当に全ての機能を検査できるのかという疑問がでてきた。脳機能の一部だけを測定してそれで、全脳機能を代表させているのではないかという疑問が出される。評論家立花隆は脳死は脳組織が壊死になったような器質死であれば、誰がみても納得するが、日本で発表されている「脳死判定基準」は脳機能をチェックする機能死ではないのか。脳への血液循環が停止すればやがて脳細胞の壊死になるので、脳死判定基準に脳循環測定のような補助検査法を追加すべきではないかという疑問を投げかけている。

一般の人の疑問としては脳死であっても夢を見ているのではないか、脳下垂体ホルモンが脳死状態患者からも見られるのは脳の機能が残っているのではないか、妊娠している患者が脳死になっても妊娠を継続して出産したという事例があるのは、どのように説明するか。脳死状態になった妊婦が妊娠二〇週以前であり、体外生存が困難と考えられる事例で体外生存可能な期間まで脳死状態を維持して出産させたという例が報告されたことがある。

また、広島大学のグループは脳死状態患者から脳下垂体ホルモンが分泌されることを報告し、間脳・下垂体系の機能が残っているのではないかという疑問を投げかけた。

心臓死の身体の毛髪や爪は心臓が停止した後も伸びているという事実や身体から取り出した細胞を長期間増殖させることが可能となり、死をどのように捉えるか問題となる。脳死の場合も脳機能の一部だけが残っている状態や体外へ取り出した細胞が長期間生きていることとの関係をどのように考えるか。一部の脳機能が残っていても時間が経過すれば全ての機能が停止し、やがて壊死になって消滅するのであるが、脳死判定はプロセスではなく、ある時点で判定しなければならない。脳死状態患者の臨床的経過を見ていると、ある時点を超えると、どのような治療を続けても絶対に回復しない点、すなわち不帰点（Point of no return）があると考えられる。その時点が何時であるかの判断が大切になる。

4　慢性化した脳死

一九九八年に米国の Shewmon, D.A. の発表した論文「慢性脳死」の中に、一ヶ月以上生存した脳死患者が四四例、二〇例は二ヶ月以上、七例は六ヶ月心臓が動きつづけ、一例は二年七ヶ月、一例は五年一ヶ月、一例は一四年五ヶ月生存している例を報告している。これまでの医学常識では本当に脳死状態になった患者が一年以上も生存し、しかも在宅で生活しているということは考えられないことであるが、神経学の専門医が詳細に検討して報告しているので、あり得ることであるかも知れないが、別の論文ではここに紹介されている事例が全て正確に脳死判定がなされているのか疑問であるとの意見もある。

日本でも一九九九年の第一二回日本脳死・脳蘇生研究会（京都）で一年以上生存した幼児の例が二施設から発表され、死後解剖された事例で脳は溶解して原形をとどめない状態になっていたことが報告された。脳死状態の初期の患者を管理維持するためには血圧上昇薬やＡＤＨなどの薬剤をうまく使用しなければならないが、一～二週間を経過すると患者の全身状態は安定して、特別に昇圧剤を投与しなくても血圧は維持され、ＡＤＨを投与しなくても尿崩症はみられないようになる。積極的治療はせずに一般病棟で六五日間人工呼吸器を維持した脳死の小児例を経験したことがある。

5　脊髄反射

脳死患者の脳機能は停止していても脊髄以下の機能は残存しているので脊髄反射は残っている。臨床的によく見られるのは患者の足の底を触ると足を引っ込めるような動作が見られ、これが逃避反射で脊髄に反射中枢をもつ反射と言われている。家族はこのような反射をみるとあたかも足を触ったために引っ込めたと思う。さらに複雑な反射としてラザロ現象がある。これは患者の身体を触るとイスラム教徒がお祈りをするように両手を前に差し出すような動作が見られるもので、これまでも何例かの事例報告がある。

六　持続性植物状態（大脳死・新皮質死）

1　脳死と植物状態

脳死の議論でよく混同されるものに持続性植物状態がある。臨床の現場で働く医療者でさえこの両者を明確に区別しない議論もみられたので詳しく述べてみたい。

頭部外傷や脳出血など脳への重篤な損傷を受けた患者は昏睡状態に陥り、初期から濃厚な治療が行われても脳機能の回復が認められず、全ての脳機能が停止した状態が脳死状態で、この状態が一定期間以上継続すると、回復の可能性がなくなり脳死となる。

治療により一部の脳機能が回復して患者は刺激により、或いは自発的に開眼するようになるが、外界とのコミュニケーションは取れない状態、すなわち覚醒昏睡（植物状態）となる。この状態が三ヶ月以上継続するとそれ以上の回復の可能性が少なくなるので、これを持続性植物状態とする。これらの経過中に回復するもの、或いは機能停止から脳死になるものもある。回復も完全に回復するものから、高度な障害を残した回復まで種々の段階のものがある。この関係をしめしたのが次頁の図である。

持続性植物状態（Persistent vegetative state: PVS）という名称は一九七二年にJennetとPlumが社会の理解を得るために提唱したものである。

2　植物状態の定義

植物状態患者は日本では交通事故による頭部外傷の後、いつまでも意識が回復しなくて家族の世話が大変になり、社会問題化してきたので、一九七二年に日本脳神経外科学会が次のような定義を公表した。これはあくまでも患者やその家族を救済する目的で提案されたもので、医療の打ち切りは全く考慮されていない。この定義を基に当時自動車賠償保険から植物状態患者を世話する家族に対する手当てが支給されるようになった。

3　米国の基準

米国ではクルーザン事件の判決後植物状態患者に対する延命処置の停止が問題となってきたため、米国神経学会は植物状態の判定基準として次のようなものを発表している

4　カレン・クインラン事件

人工呼吸器の継続が必要であったという点で脳死と植物状態とを混同させた事例でもあるカレン事件が米

脳死と植物状態の関係

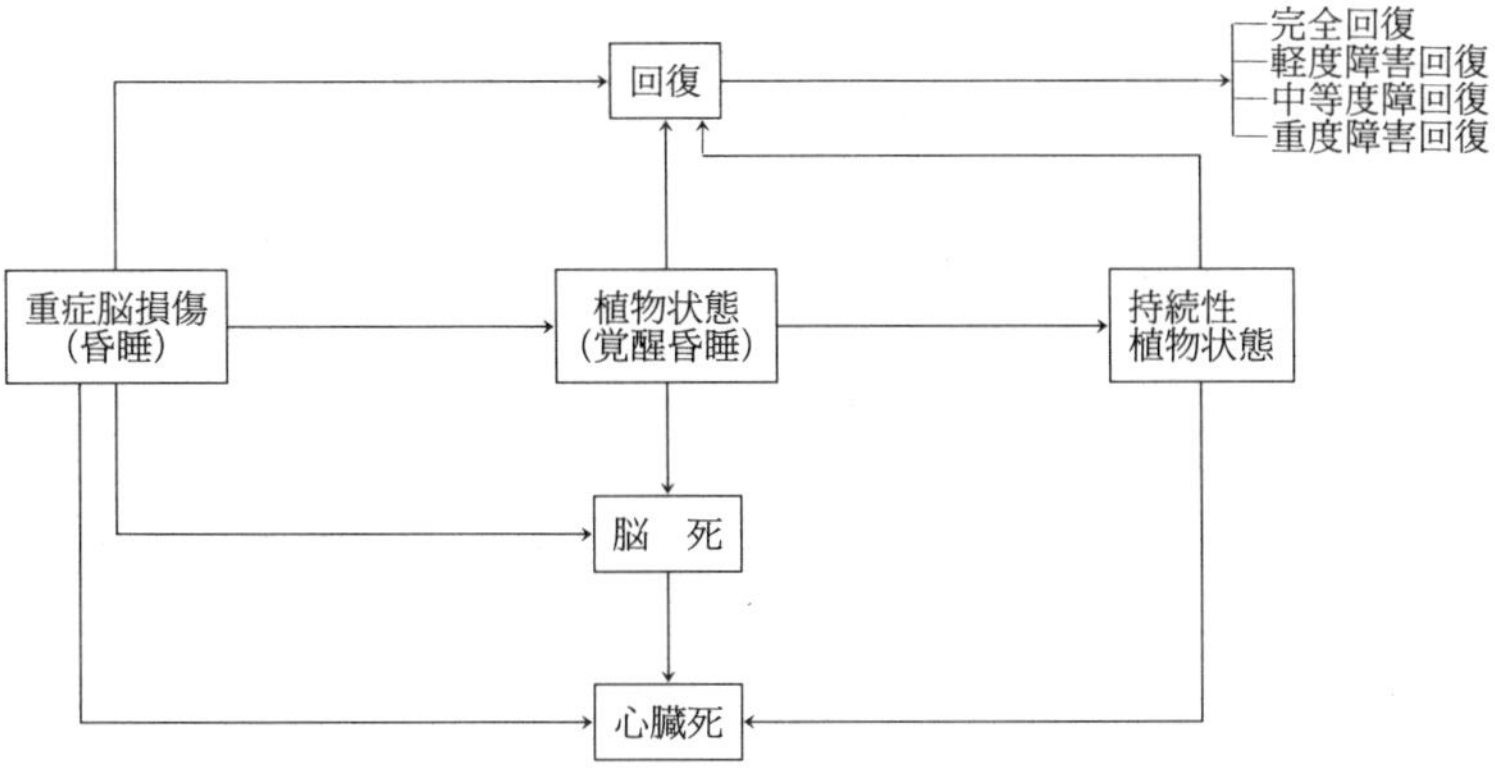

国で注目され、日本でもその議論が紹介され、植物状態患者への医療が問題となった。

一九七五年四月一五日友人宅でパーティをしていて薬物とアルコールを飲用して昏睡状態となり、心肺機能停止の状態で救急病院へ搬入され、救命措置により心臓機能は回復したが、呼吸は弱く、人工呼吸器につながれた。自発呼吸はわずかに認められたようであるが、人工呼吸器をはずすと、すぐに死につながるのではないかと思われていた。このことが一般的にみられる植物状態患者と異なっている。六ヶ月以内に睡眠覚醒のリズムが認められるようになったが、認知機能はなく脳波検査ではα、β、Θ波がみられ、体重も五二kgあったのが三二kgまで減少していた。彼女の養父は機械につながれて生きることを止めて欲しいということを裁判所に訴え、一九七二年にニュージャージー州最高裁判所は養父ジョセフ・クインランの訴えを認める判決を下した。①レスピレーター撤去はカトリック教義に反しない。②プライバシー権は治療拒否権を含み、精神能力喪失者のために後見人がそれを代行しうる。③患者のプライバシー権と生命維持に関する州の利益とは対抗関係にあり、病状により前者が優越することがある。④裁判所は医師の基準・慣行等を尊重

植物状態の定義（日本脳神経外科学会 1972年）

useful lifeを送っていた人が脳損傷を受けた後で以下に述べる6項目を満たすような状態に陥り、ほとんど改善がみられないまま満3ヶ月以上経過したもの

1)自力移動不可能
2)自力摂食不可能
3)屎尿失禁状態にある
4)たとえ声は出しても意味のある発語は不可能
5)〝目を開け〟〝手を握れ〟などの簡単な命令にはかろうじて応ずることもあるがそれ以上の意思の疎通が不可能
6)眼球はかろうじて物を追っても認識はできない

植物状態の判定基準（米国神経学会1994年）

1)自己および周囲の認識がなく、他者との交流能力を認めない
2)刺激に対して明らかな再現性のある目的にかなった随意的な行動反応を認めない
3)言語にたいする理解、表現がない
4)睡眠・覚醒のリズムを認める
5)視床下部・脳幹の自律神経機能は保たれている
6)膀胱・直腸失禁
7)脳幹反射（瞳孔、頭位・眼、角膜、前庭・眼球、咽頭）および脊髄反射は保たれている

するが、独自に決定をなしうる。⑤レスピレーター撤去により死が発生しても、民事・刑事の責任を問わない。⑥レスピレーター撤去の決定は、病院の倫理委員会に委ねられるべきである。

発症から一二ヶ月後にレスピレーターが外されたが、当初の予想に反して自発呼吸で生命が維持され、一四ヶ月後にはナーシングホームへ移されている。そこでのケアを受けて発症から一〇年後の一九八五年六月一一日に死亡した。家族の同意のもとに死後解剖がなされ、一九九四年に医学雑誌N E J.Medに脳の詳しい解剖所見が発表された（1994：330：1468-1475）。その記載によると、両側視床に広範囲な病変が見られている。

5 ナンシー・クルーザン事件

カレン事件の時は人工呼吸器の取り外しが問題となったが、この事件ではより基本的な生命維持の水分・栄養補給の停止が問題となった。

ナンシー・クルーザンは一九八三年一月二五歳のときにミズリー州の田舎道で自動車の運転を誤って車から放

り出され、満水の溝に頭から突っ込んだ。助けがくるまでに酸素欠乏による脳障害を生じ、意識不明となった。胃に穴を開けてチューブが挿入され、そこから水分・栄養が補給されるようになったが、意識の回復が見られず、一九八七年に両親は娘をこのような仕方で生かし続けるべきでないと考え、栄養補給チューブを取り外す許可を求めて訴訟を起こした。ミズリー州最高裁判所は、これを認めなかったので、事件は連邦最高裁判所に持ち込まれた。そして一九九〇年六月二五日に次のような判決が下された。「本事件においては、合衆国憲法の適正手続条項に基づいて、能力者には生命維持に必要な水分・栄養補給を拒否する憲法上保護された権利が認められるものと仮定する。無能力者に対しては同様の権利を認めるためには、何らかの種類の代理人によってその権利が代理行使されることが必要になる。ミズリー州は、その代理行使が、能力のあるときに患者が表明した意思に沿ったものであることを確保するために、無能力者の希望は、明確で説得的な証拠によって証明されることを要求する。それは、人の生命を維持するという州の利益を守るためである。したがって本人の明確な意思が確かでない場合、植物状態患者の尊厳死を州政府は差し止めることができる。そして本件では、正常に生きられないならば死を選ぶとナンシーが語っていたとする両親の主張は、十分には証明されていない」として、尊厳死に一定の歯止めをかける判断を示し、ミズリー州最高裁判所へもどされた。同年一二月には新たな証人が見つかり、ナンシーの生命維持装置を取り外すことを認める判断がくだされ、水分・栄養補給を中止して一二日後の一九九〇年一二月二六日に患者は死亡した。

6　ブランド事件

一九八九年四月一五日英国のヒルズバラサッカー場での大惨事（九五人死亡）に巻き込まれた一七歳の少年アンソニー（トニー）・ブランドは胸部損傷を受け、酸素欠乏による脳障害を生じてから三年七ヶ月経過した頃に主治医、家族（父母、姉妹）も生命維持装置を中止するこが相当であると考えて裁判所へ訴えた。一九九三年二月四日貴族院は「医師が積極的な行為により、患者の死をもたらすことは違法であるが、患者が意識不明で回復の見込みがないために、生命維持治療が無益となり、かつ、責任のある医学的見地に従って行なわれる限り、その生命維持治療の中断は、合法的である。」とした。

7　日本学術会議の見解（尊厳死）

一九九四年五月二六日日本学術会議の「死と医療特別委員会」は尊厳死について以下のような見解を発表している。

「尊厳死は、助かる見込みがない患者に延命医療を実施することを止め、人間としての尊厳を保つために(1)近親者の物心両面にわたる過大負担の軽減、(2)国民全体の医療経済上の効率化、(3)患者本人の意思の尊重」、を根拠としてあげられている。これは患者の願望や希望を無視した「行過ぎた医療」意思に反した延命医療が行なわれていることへの批判を含めたものとされている。そして「延命医療中止の条件としては(1)医学的に患者が回復不能の状態にあり、専門的知識を有する医師を含む複数の医師による一致した診断、(2)意思能力を有している状態において患者が尊厳死を希望する旨の意思を表明している。何時でも撤回できる。患者の意思が不明であるときは延命医療の中止は認めるべきでない。近親者等が本人の意思を代行すると言う考え方を持つべきでない、(3)延命医療の中止は医学的判断に基づく措置として担当医がこれを行なうべきである。植物状態患者では延命医療を拒否する書面による事前の意思表示（リビングウィル）に基づいて患者の治療方針を決める。拒否の対象となる延命医療として、人工呼吸器の装着、人工透析、化学療法、輸血、鼻腔カテーテル・静脈注射による栄養補給」が挙げられている。もしこの見解が認められるならば、植物状態になった患者が事前に書面により意思表示をしていれば、水分・栄養補給を停止して、死なせることができることになる。まだ、日本の社会一般ではここまでは十分議論されていないように思う。

8　移植倫理国際フォーラムの見解

そのような中で一九九七年移植倫理国際フォーラムのメンバーは注目される論文を発表している。すなわち「持続性植物状態患者（ＰＶＳ）の臓器を移植に使うべきか」というタイトルでドナー臓器が不足しているために移植医療が制限されている現状を踏まえて、持続性植物状態患者からの臓器摘出が可能かを検討した。「第一にＰＶＳの定義、診断が不確実で、議論のあるところであるが、経験あるチームが十分な期間観察すれば誤診の心配はほぼないとされている。第二にトニー・ブラント事件で英国上院の裁定で高度の蓋然性を持って機能回復がないとされ、しかも大脳機能回復の兆候が一年以上もないＰＶＳの患者から食物・水分補給を含めて全ての治療を止めることを認められている。

一旦治療中止を認められたＰＶＳ患者から移植のために臓器を摘出することへの問題として、第一に消極的な死を容認することと積極的に死を早めることとの区別がある。前者は合法的であるが後者は違法とされる。しかし一旦治療中止を容認されたのであれば患者の死を早めることは倫理的には許されると考え、英国では合法である。第二に患者の生命を終えることを決めてから実際にどのようにして実行すべきか問題となる。患者が苦痛を感じるのであればそれらを除去するための鎮痛剤や鎮静剤の投与が必要となる。より早く死なせるほうが苦痛を少なくするのかも知れない。現在の英国や米国の法律では治療の中止は許されても、死期を早めることは認められていない。第三にＰＶＳの患者から移植のために法律的に、倫理的にしかも実践的に臓器を摘出することができるかという問題である。患者が法的に生きている限り、どのような目的であっても臓器を摘出することはできない。もしも法的な死の定義に広範な高次脳機能消失が含まれるものに変更されれば臓器摘出は可能となる。別のアプローチとしてはむしろその個人の法的な死を宣告せずに、無脳児に対して考えたように殺人に対する正常の法的禁止から免除するようにする。回復の全くない個人が生存し続けるために無益な資源の使用を免れさせ、移植に適する利用可能な臓器とすることが出来るという人道主義的なステップの一つとなる。もしこのようなステップが法的に許されるのであれば、患者を死なせる決定と臓器を摘出するステップとは分けることが必要不可欠である。すなわちこれ以上治療を続けても無駄であると決定し家族に相談する医療チームと臓器提供を申し出るチームと臓器を摘出するチームをそれぞれ別にすべきである。」

しかし現実には臨床の現場で持続性植物状態患者の診療に携わっているものにとって、その患者への水分・栄養補給を中止して心臓が停止するまで見守っているということは精神的に耐え難い。まして、いくら家族から同意が得られたとしても、人工呼吸器も必要としない植物状態患者から臓器を摘出することはできない。だが移植を担当する医師は脳死患者からの臓器摘出も脳死が人の死と判定されないとできないと躊躇していたが、逆に大脳死で人の死とされると臓器の摘出もなされる可能性はある。

植物状態患者の問題は日本学術会議から尊厳死に関しての見解が公表されているが、さらに本質を踏まえた議論が必要であると思う。日本でも無脳児からの臓器移植は実施されたことがあり、心停止後に臓器摘出が行なわれたとされているが、無脳児は臨床的には植物状態と同じ状態と言えるので、安易な臓器利用はすべきでない。

七　臨床倫理

現代医学の進歩にともないこれまで不可能とさえ考えられていたようなことも日常臨床で実施可能となり、一方社会では価値観が多様化し、医学知識の一般への普及、密室医療への不信感など議論され、ヒポクラテス以来の医の倫理では解決できない問題もあり、一九七〇年代米国を中心に生命倫理学（Bioethics）が発達してきた。一九八二年に倫理学者 Jonsen,A.R と内科医 Siegler M. と法学者 Winslade, W. J. の三人が『臨床倫理――臨床医学における倫理的決定への実践的アプローチ』を出版し、一九九七年に日本語訳も出されている。そこに提案されている方法は次のようなものである。

脳死状態患者に関する倫理的問題としてまず医学的に診断と予後を正確に判定しなければならない。これは臓器移植に関係なく判定しなければならないが、前にも述べたように臨床的な脳死は原疾患が確実に診断されていて、いかなる治療にも効果を示さない患者が①深昏睡で②脳幹反射

臨床倫理の４分割表

医学的適応 （恩恵の原則） 1)診断と予後 2)治療目的の確認 3)医学の効用とリスク 4)無益性	患者の意向 （自己決定の原則） 1)患者の法的判断能力 2)インフォームドコンセント 3)治療の拒否 4)事前の意思表示（Living Will） 5)代理決定
生きることの質（QOL） （幸福追求の原則） 1)QOL の定義と評価 （身体、心理、社会的側面から） 2)だれがどのように決定するのか ・偏見の危険 ・なにが患者にとっての最善か 3)QOL に影響を及ぼす因子	周囲の状況 （公正と効用の原則） 1)家族や利害関係者 2)守秘義務 3)経済的側面、公共の利益 4)施設方針、診療形態、研究教育 5)法律、習慣 6)宗教 7)その他

が消失しておれば、おおよそ判定できる。脳波検査はかなり面倒な検査であるので、誰でも容易にできるものではない。しかし臓器提供意思表示カードを持っている患者の場合は脳死判定マニュアルに従って脳波検査を含めて厳密に判定し、家族に対する臓器移植の説明も必要となるかもしれない。その際に医学の効用とリスクで脳死判定を巡る問題を詳しく説明し、脳死状態を維持することの無益性も話す必要がある。

次に患者の意向としてドナーカードを持っていれば、あとは家族の同意が必要となる。日本のドナーカードでは脳死判定をすることに提供する臓器の名前も記しをつけることになっている。さらに家族も脳死判定に同意し、判定後の臓器摘出にも同意が必要となっている。

脳死状態患者のＱＯＬの判定は難しいが、もし臓器提供がなされるのであれば、そのことにより一人の患者のＱＯＬが改善して有意な生活を送れるようになることをも考慮することも考えられるが、これは患者本人のＱＯＬではないので注意が必要である。

周囲の状況に関しては十分に配慮しなければならない。守秘義務では臓器提供者は分からないようにされていて、宗教にも配慮しなければならない。

〈参考文献〉

（1）福間誠之「脳死・植物状態患者との出会い」（脳神経外科　一九九一・一(一〇)・一二三-一二六）
（2）福間誠之「一般病院における脳死患者」（治療学　一九八五・一四(四)：五四〇-五四三）
（3）福間誠之「脳死の基準と死の宣告」（法律時報一九八三・五五・九〇-九六）
（4）福間誠之『脳死を考える―新しい医療倫理を求めて』（一九八七年・日本評論社）
（5）中谷瑾子「「臓器摘出に関する法律」（試案）（生命倫理研究会・脳死と臓器移植問題研究チーム）について」（ジュリスト一九九二・一〇〇一号・五二-六九）

(6) Shewmon, D.A.; Chronic "brain death". Meta-analysis and conceptual consequences, Neurology 1998 51: 1538-1545.

(7) Hoffenberg,R. M.Lock, N.Tilney, C.Casabona, A.S.Dear, R.D.Guttmann, I.Kennedy, S.Nundy, J.Dadcliffe-Richars, R.A.Sells, for the International Forum for Transplant Ethics.: Should organs from patients in permanent vegetative state be used for transplantation? Lancet 1997, 350:1320-21.

(8) Wijidicks Eelco, F.M.; Brain Death., Lippincott Williams, & Wilkins, 2001, Philadelphia.

(9) 中山研一・石原明編著『資料に見る尊厳死問題』(一九九三年・日本評論社)

(10) ピーター・シンガー著・樫則章訳『生と死の倫理―伝統的倫理の崩壊』(一九九八年・昭和社)

〔謝辞〕 このたびこのような論文を発表させて頂く機会を与えて下さり、また、法律に関して素人の小生に対しても色々ご指導くださいました唄孝一先生に心より感謝いたします。

(二〇〇三年七月三一日)

医療と医学・生物学研究における one of them

増井徹

湯沢雍彦・宇都木伸 編
『人の法と医の倫理』IIb 7
二〇〇四年三月 信山社刊

「私は患者にとっては、自らのone of oneとしての医療を医療側に要求するとともに、いつもone of themたることを自覚し、他の患者との連帯の中で自己の病を考えるべきで、そのことこそ市民社会の中の患者に望まれる心構えだと信じている。」

唄　孝一[1]

一　はじめに

この八年ほどの間、人体由来のモノと情報を医学・生物学研究に利用するために、どのような社会基盤が必要であるかについて考える機会が与えられた。はじめは、自分の研究のために人組織を入手する筋道を社会的に説明できるものにしたいという願望からの出発であった。しかし、考えが進むにつれ問題の大きさとその深さ、そして、科学研究の公共性・公正性を、人（ヒト）という一生物でありながら、特別な配慮を要する種において貫き通すことの重要性と難しさを実感することとなった。

この五年間に「研究倫理指針」群[2]が策定され、それらを切り貼りすることで、人体由来のモノと情報（人資料）を利用した医学・生物学研究が可能となったように思われている。しかし、医学・生物学研究が作り出す多様な問題を支える人間像、また、人間の一部であったモノ、人から発せられた情報の性質という根本的な問題の検討は脇にどけられているように思われる。例えば、種としての人間、利害関係を持つ諸集団――そこには国際社会、民族、国家、地方自治体、地域社会、患者団体、親族、家族、兄弟というように多様な段階があるのだが――と、個人――というように、問題の性質は多岐にわたる。このような解き難いと思われる混沌の中で、患者の治療・診断に役立つという夢のもとに、人に由来する資料の医学・生物学研究利用の開け難い扉は、「指針群と実績」によって開かれたといった状況である。

先ほど言及した科学研究の公共性と公正性を貫徹する、という言葉を考えるときに、「社会の役にたつ研究」という形で社会に受け入れられ易い顔を誇示しながら研究が行なわれることは、大きな問題を含む。それは、研究とは保障のない「やって見なければわからない」ものだという思いを捨てたなら、研究はその名に値しないかもしれないという畏れを、専門家が喪失する可能性を意味すると考えるからである。勿論、研究者は研究費を得るために、現実には虚と実が必要である。しかし、研究者が「虚構を虚偽と取り違え[3]」ることのないようにと思うのである。さらに、現在、私たちが評価できるものは、すでに評価の定まったものであるということを畏れるべきである。今ほどわれわれの経験もなく、対応策の蓄積もない問題に攻め立てられている時も少ないのかもしれない。それだからこそ、科学研究の公共性と公正性にこだわるのである。

本稿は、この間に私の中で堆積した「もの」が出口を見つけようと蠕動している様子のいわばメモである。

二 出発点

三五歳を中心に、半年を越える入院を挟んで四年ほどの間、病気であった。そのとき受けた医療の中で経験した一種の安らかさは忘れることができない。入院・診断・手術・退院と順調であったわけではないし、手術中の小さな事故もあり、予想もつかない悪化を示し再入院、休日の再手術が予定されたこともあったりしたのだが、「ここでだめだったら、どこでもだめだろう」という安息の中で、病人であることができた。知り合いがいる医局に厄介になっているという点では、全く一般化できない体験ではある。

医学・生物学の実験をやってきた人間として、自分がモルモット、もっと極端に言えば「モノ[4]」として俎上に載り、そのデータを元に、膨大に積み上げられたこれまでのデータと突き合わせて、推論していくという診断学の筋道は興味深かった。私の症例が意外性に富んだ展開をみせただけに、自分のことではあるのだが、医療においては傍観者でしかありえない私にとっては格別の興奮があった。医療の科学性を貫徹するための手段として多様な検査が行われた。いくつかの検査はかなりの危険性を伴う。目の前のレントゲン写真にある直径15㎝の影の正体を推測するに十分なデータを得るために、入院して一ヶ月半を要した。そして、手術の結果その病巣を確認し、取り除いた。しかし、病巣の切除が私の健康に直接結びつく保障はない。帰納的な学問である医学において、一〇〇例同じことが起こっても、理論的には一〇一例目が同じとは限らない。しかし、高い確率でいくつかの可能性を推論できる。

入院中の医療の科学性を決定的にしたのは、退院説明での言葉である。教授からは「すべての状況証拠は、我々の診断と治療が妥当なものであったことを示している。しかし、それが正しい結論であったのかは、君が退院後健康を取り戻すかに掛かっている。元気になれよ」と。友人である助教授からは「私たちの治療が病状を改善したとは思えない。あなたの体力が健康を取り戻すために働いたのです」と。

重要的な点は、これらの発言がもつ突き詰めた科学性であり、それに裏付けられた医師としての言葉掛である。これらが私の「安らかさ」の基であったと思っている。それは、医師や医療にとって手の届かない病気への告白も含めて。

しかし、現実の医療の場で、この医療を支える医学の科学性が生の形で「発言」されることはそれほど多くないことを、その後の医師である友人たちとの会話の中から知った。この経験自体は知り合いであり、生物学に関わるものに対する信頼と緊張（正確に説明すればわかってもらえるだろう）の中で、ある種甘やかされた扱いを受けたというに過ぎない。一般化できないケースである。しかし、このような話を此処で述べたのは、これから述べる「one of them」を聞いて真っ先に思い浮かんだのが、この時のことであり、そのときの安らかさであったからである。

この体験は、自分が病人として、多く人から得られたこれまでの蓄積され利用可能な形で整理されたデータに支えられた存在であることを実感させた。さらに、自分の入院加療を支えるものが、家族、友人、医師だけでなく、看護師、理学療法士、レントゲン技師、血液検査や菌の培養に関る者から、病院の事務、用務に関わる方々、さらには日本の医療保険制度などまで多岐、多数、多様に及ぶことを実感した。言い換えるなら医療という場では「社会が自分の中に入って私を支える」(5)と言える。と同時に、医師、家族、そして、ましてや自分すら手の届かない独自の存在である「私の肉体」を考える機会だった。

三　医療に関する議論での違和感――one of themとの出会い

このような自分にとって、医療の場での個人の強調はひどく奇異に感じられる部分がある。生命倫理の原則と呼ばれるものが、患者個人を中心に展開しているように議論されている点にも違和感がある。確かに、患者個人が満足のいく処遇を受けることは当然のことであるにも拘らず、現実の場では程遠い状態であることも理解できる。しかし、医療・医学のもつ集合的性格についての言及が見聞きした「倫理的議論」の中で、正当に取り扱われていないのではないかという思いが募る機会が多いことも事実である。

このようなときに唄博士の発言に接した。

「医療は患者にとっては自己の身体を唯一絶対のものとして、そのケアを要求するものである。患者の念頭にあるのは自身の肉体のみなのである。医師にとっても、医療はひとりひとりの患者の肉体を対象とすることはいうまでもない。しかし患者の場合と異なり、医療は医師にとって集団現象でもある。医師は通常、複数の患者を対象としており、一人の患者だけを相手にしているのでない。医師にとって患者は one of them に過ぎない。私がこういうのは必ずしも非難しているわけでない。それはやむをえない必然性があることである。」[6]（傍点は筆者）

その必然性の要因を唄博士は以下のように論じる。

(1) 医療は職業秩序の上で遂行され、医師は職業として患者一人を相手にしているのではない。

(2) 医療は医学という学問を基礎とする。学問的考察においては、人体を生物或いは機械として等質視し、対象として大量に考察し、それを法則的或いは確率的に研究する。

(3) 医療施設の収容量のような医療資源の配分において、一人の患者は他と比較される対象となる性質を持つ。

これらの近代医療のもつ必然的要因は、これから論じるように、歴史的な、多様な必然性を有する。この one of them を鍵にして、これからの話を進める。

四　one of one と one of them

「人間の場合には『個体としての生命』を至上とし、そこに本質的価値を認め、しかもすべての個体を独立・平等なものと観念するところに、動植物の生命との観念の相違を認める」[7]を持論とするという唄博士にとって「one of them」を書き表すことは、「清水の舞台から飛び降りる」ことであったという。理論的に必然性がありながら、まとまって、深く論じられる機会の少ない主題であり、医療におけるよりも、医学・生物学研究[8]を支えるために重要な認識であると私は考えている。

「ある意味での『社会』なしには、言い換えれば個体に終始しては『人の生物学』もどうやら成立しがたい。そんなことをボンヤリと考えていたときにたまたま見つけた『社会が私を支えている[9]』と言われたあたりに両方から接触する問題が出るてがかりがあるのではないかと一人決めで思い込んでしまったようなわけです[10]。」という川喜田博士の発言へとつながるものであると私は考えている。

そして、医療においては、さらに、「こうして事実として近代医療はさまざまな意味で患者を one of them として扱うことを不可避とするが、にもかかわらず基本的に本質的には医療は one of one でなければならない[11]。」

one of one は生命倫理の議論の中で強調される。そして、one of one と one of them の関係をただ分別していたのでは、問題は解決しないように思われる。本稿ではそこまでたどり着くことができなかったが、one と them との関係を動的な、共時存在的なものとして捉える試みが必要であるように考えている。日本では、全体主義への忌避感から、one of them についての考察がどこかゆがんでいるように思われるところがある。しかし、現実には、私個人の生活は、どうしようもなく them に支えられているのである。

患者、人間のもつ根源での連帯が明らかとなる医療の場のことを考えると、また、自分の病気であったときの安息を支えもした one of them が、one of one の強調の中で医療での居場所を失った寂しさを覚えるのである。

これらの言葉に支えられながら、以下を書き続けてみたい。

五　現代的病因論におけるone of them

病気とは「集団的秩序からの逸脱・否定」と定義できる。[12] その原因とその予防・治療に対する考え方は病因論と呼ばれる。

病原性微生物を病因とする特定病因論は因果関係的説明を重視し、近代医学・公衆衛生の発展に貢献した。すなわち、特定の病原体を撲滅すれば病気が治る。そして、「ワクチンや抗生物質などの『魔法の弾丸』ですべての病気が征服できたかに信じられた。この分析中心の研究室医学への信仰は今日の遺伝医学まで続いている」と表現される。[13] この成功例が天然痘の終結宣言や一九六〇年――七〇年代の結核患者の急速な減少であり、特定病因論の勝利であった。

しかし、現在の医療の主要な課題である成人病・慢性疾患（一般に生活習慣病：癌、心臓血管障害、糖尿病など）は、病因としての複雑な遺伝的素因があることは予想されていても、それが環境要因や生活習慣と複雑に絡まりあい、かなりの時間をかけて発病するという性質を持つ。生活習慣病を考えるためには、確率論的病因論が重要となる。そこでは、「多重病因」を採用し、「論理としての因果関係的説明から、出現可能性としての統計的説明」へという重要な移行が要請された。[14] 後に述べるＥＢＭを要請する或いはそれを可能にした一要因でもあろう。

対象となる病因の推移の中で、病因論の後半に当たる予防や治療に対する考え方も変化する必要があった。しかし、あまりにも成功した特定病因に対する急速な予防・治療成果の記憶と魅力は、確率論的病因論を医療の中で位置づけることを怠るような方向で弊害を残しているように考えられる。先に述べた(1)因果関係的説明を重視する研究室医学への信仰、(2)確率的病因論の研究手法を開発した疫学に対する理解と評価の不足、(3)後述するＪＣＯの大内さんの例で詳しく論じるように、集団で意味をもつ確率を個人の医療にどのように生かすかという問題など、多くの問題が積み残されている。

病気としても、特定病因を持つものと、生活習慣病はまったく異なった性質を持つし、その違いは、病気そのものだけでなく、人の健康というものへの考え方へも反映する。

最初に述べたように、現実に救われることを望む患者は単数の具体的な個人である。この問題に、「均質化して多数的に研究」された確率的病因論がどのように生かされるかについて、研究が必要である。突き詰めたところ、ここでもKey Words は one of one と one of them であるように思われる。

六　際限の無い「医療」のもつ問題点

ここで、医療の場で one of one も one of them も力を失ってしまったと私が考える事例について述べる。問いかけたいのは、one of one or one of them でも one of one and one of them でもない医療と社会と個人の関係についてである。

医学・生物学研究の発展を背景にして、多くの医療技術が創出され、一人の患者に対して加えることのできる治療が際限なく広がったことを背景として「人間一人の命は地球全体より重い」というような医療のあり方が許されなくなってきたという問題がある。この裏には、それでは、何所まで延命治療を受けるのかという深刻な問題も有る。[15]

最近の話の中で医療が威信をかけて、医療資源を尽くして一人の患者に「治療」をやり尽くした例として、一九九九年九月三〇日のＪＣＯ事故で被爆した故大内久氏の記録がある。[16]

東大病院の救急部は総力を挙げ、医療資源を惜しまず、大内氏の肉体に対応した。医療に関わり責任感・善意を持ってことに当たられた方々の献身と尽力には心からの賞賛をお送りしたい。そして、医療を支えた人たちが、治療を目指し全力を挙げた中で受けた苦悶・トラウマについても、記録は克明に追っている。そのお気持ちを考えると、このような不勉強な状態で書くことには躊躇した。自分がその場にいたらどのように振舞ったかと思うとさらに複雑である。しかし、本稿の中では重要な位置を占めるこの問題を、避けることができなかった。そして、そこで行なわれたことを「治療」と呼ぶことに私は個人的には抵抗を覚えることも事実である。

これまでの動物実験や被爆者の観察を含めた過去の事例から研究されてきた放射線生物学に則って推測できる道筋で、大内氏の症状は進行していったという。放射線生物学は実験生物学の中で最も確率的思考の適応が生かされた領域である。複雑な予想外の症状を呈した大内氏の場合であっても、放射線生物学的には、ＤＮＡ損傷で説明できる。致死線量の原則から言えば、致死確率が限りなく一に近い確率の世界で、万が一の奇跡にかけた治療が行なわれた。

失われた皮膚を補うために二日に一回のペースで皮膚移植を行い、本人の意識が失われた後も失われる体液毎日一〇リッターを新鮮凍結血漿で補うなど、現代医療技術の極限が試された症例でもある。

ここで行なわれた「治療行為」の意味は、なんだったのかについて考えることは重要である。医療・医学の発展を背景に、私たちが浴することができる医療の幅は、実験的なものまで含めると際限の無いものとなっている。その中で、より長く、より健康に生きたいという思いを背景として、「最良の医療を求めて」という言葉が空しく響く場合がある。医療が未発達であった時代に人々が望んだ「無病息災」という謙虚な願望と比較した場合に、その凶暴さは際立ったものに見える。

大内氏の場合に、「放射線障害からの回復」が本人、家族の願いである。しかし、この場合にはその純粋さにとどまることのできない問題を含んでいた。原子力行政の面子、電力会社の威信、それに先進国、被爆国日本の医療の威信、などが複雑に絡み合った中で、「放射線障害からの回復」が目指された。結局、国家政策の問題という状況の中で、患者、患者家族、だけでなく、医療資源、医師、看護師など多くの人々の善意・誠意・努力が消費しつくされたように考えている。

少し話は変わるが、同質的な問題を含むと考えられる先進国と発展途上国での医療の格差の問題[17]がある。先進国での医療の追求に掛けられる資源が、果たして地球規模で正当化されうるのかという問題である。グローバリゼーションは、同じポケットに力のあるものと無いものが同時に手を突っ込んで資源、資金を取り合う状況を作りだした。そして、そこで奪い取る力の格差こそが国の豊かさ、一国の政権の繁栄を支えるものとして競われているように思われるときが多い。

これまでの研究から得られた放射線生物学に従った病状の変化を認識したときに、現実には助かる見込みがゼロである、万が一の奇跡にかける「医療」のあり方は、我々が最後まで希望を失わずに病と闘うという意味では重要な要素であるのだが、その裏で、医師の主導性と家族の判断に、医療の打ち切りという問題を突きつける。大内氏の場合には、「私の中に社会が入ってきて私を支える」という患者像ではなく、「社会」の面子のために消費される患者という姿に変貌していると考えている。ここには、one of one も one of them も存在しなかったのではないだろうか。

患者自身の問題としてだけではなく、患者家族のケアも含まれていなかった。この本の元となったNHKの番組の中で、特に病態が悪化してから、割り当てられた部屋で黙々と鶴を折る患者家族の姿が印象深く語られている。医師からの詳しい病状説明はあったにしても、放射線生物学の全体像から説かれる確率的病態進行を、にわかには自分の家族の、自分の問題として、目の前の問題として感じ、考え、判断することは困難なことである。そこでは、一種の思考停止のような時間、希望があるわけでもないわけでもない時間、その中で単調に繰り返される動作は「写経」のように思われる。この患者家族たちにとっても、one of one や one of them はどのように存在したのだろうか。

すべてが消費し尽くされる究極の医療が何をもたらすのか。その破壊力のすさまじさを見せ付けたこの事例では、医師、看護スタッフも例外なく消費し尽くされたと私は考えている。Body Integrity は生命倫理の論点となるが、医療のもつべき Integrity が失われることの恐ろしさを見せつけている。そして、今問われているのは Medical Integrity であり、その中での医学・生物学研究の位置づけ、と表現することができるように思われる。

七　Evidence-based Medicine を支える one of them

Evidence-based Medicine について「個々の患者の治療にあたっての意思決定において、質のよいデザインの下で行なわれた、最新で最良の臨床研究の知見を誠実に思慮深く利用すること」ということができると考えられる。(18) 臨床疫学（Clinical Epidemiology）の発展系として、確率的病因論に基づき推計学的・確率論的に集団に着目した研究を根拠にした医療の選択を目指す。それは、先に述べた病因論の近代的推移とも軌を一にする。また、後で述べるように現在進行中であるゲノム研究の概念とも一致する。ゲノム研究においても、慢性疾患や成人病などでは多因子と確率的説明が重要となる。

ＥＢＭは単純に表現すると、one of one のために of them を利用すると表現することもできる。一人一人の患者の思いや個々の人生を剝ぎ取って、抽象化したデータの集合態とすることが此処では重要である。また、この点に対する批判もなされている(19)。

ＥＢＭを支えるシステムは医療のためにも必要であるのだが、実際には、人の生物学研究のためにこそ重要なのである。すなわち、ＥＢＭの基礎となる標準化された医療、標準化された問診にはじまる一連のデータ採りは、何よりも人間を実験動物に見立てたときに、意味のある科学研究成果を得るために、必須なものとなる。標準的医療が個々患者への医療の質を高めるかどうかについて、疑問が呈されるのは、当然であるように思われる。

一方では、質のよいデザインの元にコントロールされた臨床研究の成果とはいえ、ＥＢＭによる判断はより多くの症例によって、検証されなければならない。その点でＥＢＭにおいては、ＥＢＭを元にして行なわれる個々の医療と臨床研究が表裏一体であり、全体としてより研究的体系（個々の患者を治療することよりも、普遍的な人体理解を得るための努力の体系として）としての努力に力点が置かれるように思われる。此処で重要なのが、ＥＢＭが因果関係に重点を置かず、現象的なデータの集積であると言われる点である。この点において、実験研究における介入の恣意性が欠点を薄めようとしているのかもしれない。

それでは、このＥＢＭ的な治療判断が特別なものであるだろうか。これまででも、医師は程度や出来の良し悪しの差こそあれ、過去の研究成果をもとに治療に当たっている。そもそも質のよいデザインを意識した臨床研究の考え方が、どの程度医療の本質の範囲に入るのかについては、意見が分かれている。プラセボやコントロール研究に対する考え方は世界医師会のヘルシンキ宣言の改訂作業の中で議論の的である。いろいろな批判はあるにしても、ＥＢＭ自体は重要な医療の基礎となりうる。先に述べたようにＥＢＭが全体として研究的側面を持つことは、医療の本質にも属するのかもしれない。ＥＢＭを支える思想を確立していくには、ヒトの生物学としての医学を通じての one of one と one of them が重要である。

八　医療・看護の質を高めるためのモデル

英国に Consumers for Ethics in Research という団体がある。英国では毎年五〇万人の人たちが何らかの人を対象とした医学保健研究に参加している。ＣＥＲＥＳはこのような研究に関する情報を提供するとともに、それに関する市民による広範な議論を促進しようとする団体である。この中心的人物の一人である社会学者と話していて、consumer とはどのようなもので、この組織の名前で、consumer を用いたのはなぜかという質問をした。それに対する答えとして、医療・看護の質の確立と、それに関わる人たちの位置づけについての本を贈ってくれた[20]。この本に書かれている医療看護の質を支えるつぎのようなモデルは興味深く、また、最初に引用した唄博士の one of them とも関係していると思われる。

(1)　「良質」の伝統的達成方法

多くの人が驚嘆し、多くの人がほしいと望み、そして、少数の人たちだけが手にすることのできる。手に入れた人たちに特権を付与する、或いは特権のある人たちだけが得ることのできる「良質」。近代まで続いた、お抱えの医者によってもたらされる医療に通じる。特権、贅沢とつながり、公的医療の目指す平等な医療に反する。

(2)　「良質」の科学的或いは専門家による達成方法

大量生産が始まり、技術が分断化され、反復作業の集積としてものづくりが始まった一九二〇年代から。専門家による標準的尺度に沿った有効性の評価が可能であるという前提に基づいている。しかし、医療における「良質」は患者の要請の多様性、疾患の多様な性質、それに応じた治療と看護のバランスなど、さまざまな様相を持ち、必ずしも専門家の標準的尺度に従った判断では患者の要請が満たされない性質を持つ。また、医療自体が習慣的様相を持ち、科学的評価を受ける機会が少ない。例えば個人的に思い入れのある評価の定まっていない先端医療の導入の場合など、専門家の意見が必ずしも科学的とは言いかねる場合。さらに一般人にはあまり知られていないが、専門家の間における意見の食い違いもあるなど、この方法は有望ではあるが、問題もある。

(3)　「良質」の経営者的或いは「excellence」による達成方法

顧客の満足の達成度によって計られる。この手法は、第一次と第二次大戦の間の時期に米国で提唱されはじめた考え方。トヨタが早い時期から採用したという。英国では、一九八二年に出版された「In search for excellence」がきっかけとなって広まった。商業的活動では顧客満足は商業的成功に通じ、儲けの増大によって評価することができる。製品・サービスに関わるすべての人たちが質の向上のために努力することによる達成。しかし、医療においては、「良質」の多様性を背景に顧客満足度を計る方法がない。「良質」を普遍化することが困難。また、商業活動では利益優先であっても成り立つモデルであるが、医療となると利益優先だけでは成り立たない部分がある。特に公的医療保険制度の下においては。

(4)　「良質」を消費者の活動の充実によって達成する方法

消費者として満足したいという思いによる消費者の活動を充実させ、影響力を強くすることによって達成される良質。例えば、企業の元請けと下請けの関係の中で、独占的な顧客（元請け）の要請によって下請けがよい仕事をするような場合。しかし、消費者としての市民一人の力はあまりにも弱い、組織化された消費者運動が重要となる。また、消費社会のなかでの消費者は、相互に競い合って良質を奪いあうという側面をもち、医療サービスの実現においては問題がある。また、医療の場合には、医療過誤は致死的な場合もあるので、問題がおきた後の対応において消費者への保障の充実とか選択肢があることは意味がない。はじめから質のよい医療を患者が支払うことのできる範囲で得られることが重要である。そのためには、このモデルの考え方にはない、専門家の自律、政府の規制などによる医療水準の維持が必須である。

これら四つの方法的問題について分析を行い、その結果として、最後に民主的方法による良質医療サービスの達成モデルについて考えるべきであると提言している。そこには、かぎとなる言葉が三つ出てくる。目的へ焦点を当て最適化する（Fitness for purpose，科学的方法から導き出される）こと。要請に反応できる体制を維持する（Responsiveness，Excellence 法から導きだされる）、個人の自律が尊重されるために公衆（Public：社会に属する個人の集団的表現）を顧客（customer、個人）として、また市民（citizen、集合的）として、医療政策への影響力を活性化して、多元的に作用しあうことを提唱する。

消費社会モデルでは、消費者（consumer）同士は競争して限られた資源を取り合い、満足するものと、満足を逃す者が生まれ、病む者の間での対立を生む危険性を指摘する。一人の医師が一人の患者にかかりきることによって、他の患者が無視されるとしたときに、限られた医療資源の中での、患者同士の対立が生まれる。そのような点で患者を consumer と定義することには、問題がある。

また、医療サービスにおける効率の追求（金銭的な換算による）が、患者への良質なサービスへ結びつくとは限らない。確かに、商業活動においては、顧客満足と効率の追求が商業的成功に結びつき、収益で評価できるという性質を持つ。そして、医療においても、好ましい対応を可能にする余裕のようなものも含めて、最終的にはお金に換算される側面を持つことも確かである。英国においては、NHS（国民健康サービス）の財政的破綻は深刻な問題であり、医療費の削減はいつも大きな問題である。そして、今のNHSの改革はこの財政破綻の克服を重要課題としている。

一方で、医療・看護サービスにおける「良質」「顧客満足」を標準化したり、計ったり、それを金額に換算することは容易ではない。もちろん、医療専門家の判断が患者の needs に適するとはいえない場合が多く、また、患者の要求を「すべて」「十全に」満たすものがよい医療であるわけでもない。

one of one を目指す医療でありながら、英国や日本のような平等を主眼にする健康保険システムにおいては、医療資源の配分において患者を one of them として考えることが必須となる。他の患者との共存のために、あるいは、健康を支えあう患者と健常者や、子供と納税者、富む者と貧しい者の問題など、全体を捉えて、医療水準の維持を旨とし、相互の調整をしながら進められるべき問題である。また、医療の場では、患者自身は one of them としてそれなりの努力と忍耐をする必要があることも理解できることである。

ところで、日本においては、米国の医療や医学・生物学研究が参考にされる場合が多いが、国民の多くが医療保険を持つことができず、満足な医療を受けることのできない米国は、日本のロールモデルとして適切であるかは検討する必要がある。[21] 最近「究極の贅沢としての健康」という言葉が使われる場合があるが、古典的な顧客モデルとして位置づけることができる。そして、米国の医療制度はこの方向へ動いているように見える。

ここで取り上げた解析の元となったのは英国の医療・看護についての解析であり、患者の医療を受ける機会の平等を重んじる。その中で個の満足の最大化を目指すのではなく、個人の満足を全体のシステムの中で考え、全体としての平等と計画性が重要な主題となる。公共事業としての医療が前提になっている。筆者の力不足で、つまみ食いのようなまとめとなってしまったが、紹介した報告書の著者である社会学者の中でも、この一〇年で論理にかなりの変化が生じているということであった。この論文は九〇年代の初めであり、その後英国は、遺伝子改変作物、牛海綿状脳症、小児臓器の無断保存など社会的スキャンダルを経験し市民の位置づけ、Public の喪失など大きく変化したと言われる。そのような変化を含めた検討も興味深いので、今後の課題とさせていただきたい。

前述したことは、基本的な解析として重要な点をもつ。それは、医学・生物学研究において、税金を払っている市民、研究に参加する市民、研究に反対する市民、研究の害を受ける市民、研究を監視する市民、研究の成果の恩恵を受ける市民など、市民は多くの役割をもち、それらの役割がどのように医学・生物学研究に関わっているのかについての検討かが重要であることをさし示すからである。しかし、これまでのところ、それに類する論考に接する機会が少ない。研究者、政策担当者、企業関係者側からだけではない、市民・患者、消費者、また公衆の医学・生物学研究とのかかわり方について、真剣に考える時期になってきている。その解析とあるべき方向を考える際にも、one of them が重要となる。

九　Consumers と Customers と Citizens と Public

先の論文の customer, consumer と citizen との関係は、唄博士の one と them に相当すると考えることができる。そして、重要な視点として one と them が共同して「働く」場所としての医療という視点が重要であろう。customer は特権的なお金を払える顧客を、consumer は消費社会の個人として限られた資源を平等に分け与えられると同時に、ある場合には奪い合う存在としての個人という意味をそれぞれの言葉はもつという。

customer, consumer, citizen の違いについては、整理しなければいけない。ここにさらに public という厄介な言葉も加わるのである。ただ、明白なことは、個人としての患者が幸福を追求する中で、全体のバランスが崩れる危険性が十分にあり、そのバランスのとり方は、イギリス流というものがあるように思われる。個人の患者の利益を追求することで達することのできない、市民の平等と利益の問題が前提としてあるようだ。

自分の体のことになると人間は随分と利己主義になれるものである。そして、そこに、個人の病の本質がある。ところが、病は、個人に社会性を許さない。にもかかわらず人間の社会性がなければ、病のもたらす個人の悩みの大半が消えてしまうのではないだろうか。たとえば、養うべき家族のいる個人の病は、その家族にとって大きな負担を強いるとともに、病にある個人にとっても、自分だけの問題であったらどれほど安らかな気持ちで臥していられるかと思わせるであろう。また、会社などで責任的位置にいる個人にとっては、家族問題だけでなく、自分に連なる人たちへの配慮に身を焦がすことになる。私たちが病を恐れるのは、もちろん個人の苦痛など肉体的精神的な側面と同時に、その個人が社会性を許されない状態で社会の中にあることによる苦しみでもある。先に述べた「社会が私の中に入って支える」ということと同時に「私の社会性が悩みを深める」。となると、結局病との関係で患者が one of them であることは、市民社会の一員としての個が、その中の利害を共有する集団の一員として、逃れることのできない必然性の中で生活していることに根ざす。では、研究の場ではどうなのであろうか。

一〇　近代医学の発生と one of them

古くは医師（と呼ぶことが現代的意味で適切かは別にして）は、特権階級のお抱え医師であった。それなりの財産がなければ医療の恩恵に浴すことはできなかった。それが、貧窮院――病院へと発展していく中で、多くの一般市民をも対象として医療を供給する場として病院が主要な場となっていった。その規模は医療の細分化、巨大化に伴い大規模化している。このような変化の中で、ベットに並んだ患者は「相互比較可能な症例」として相対化され、個別性をなるべく消し去って、研究対象として扱われる道をたどったと考えられないだろうか。フランス革命前後の人権思想と科学思想の発展の影響も強いだろうが、病院と近代臨床医学の発生は、時間的空間的に軌を一にしてパリで生まれたといわれることは興味深い[22]。このように、近代医学の始まりには、one of them（病院という場における多数の患者の一人への医療）の達成による医療の世俗化、一般化を支えた患者同志を比較することの本質を置く科学研究側面の発展が含まれると考えられる。

医療が患者と医師の閉ざされた空間での信頼を基本とするとしても、現在の医療では、それがよい意味でも悪い意味でも一種の開放空間を目指している。一人の医師ができる医療の幅は、その全体の膨張にしたがい相対的に狭くなり、また、医療の場における医師以外のスタッフの重要性が増し、情報流通・共有の加速の中から、患者相互の「比較検討」が加速している。本質的に、これまでの医学研究——すなわち患者で試された、或いはその実績——を基に今の治療が行われる（ひとつの究極がＥＢＭ）。それゆえに、患者相互の比較研究は、医療とそれを支える医学・生物学研究の質の達成において、不可避な性質をもつ。後に述べるように、この患者相互を比較するときに、ゲノムという物差しで患者の持つ個性を標準化できるという仮説とコンピュータ技術の発達は、「比較研究」を生身の患者ではなく、データとしての比較という次の段階へと押し上げたといえるのだろう。

二　ゲノム研究における one of them

最後に、近年の医学・生物学研究のトピックスであるゲノム研究における one of them について論考を試みる。

ゲノム研究においては、ゲノム情報の性質、ゲノム研究と市民のかかわりあい、それを支えるＩＣという側面について論考を加える。関連する論考に関しては、別に発表しているので、参照していただければ幸いである。[23]

1 ゲノム情報の性質からみた one of them

ゲノム情報の性質として、一生不変であること、個人に特有の情報であると同時に、共有される情報であることは、よく知られている。血縁間での共有という言葉で表され、現在生きている人たちの中での関係として問題にされる。

しかし、時間を追って考えてみるとまた違った様相が見えてくる。人は卵子と精子を作るときに、両親から受け継いだ遺伝情報をシャッフルして、次の世代に引き継ぐ。そのために、一人として同じ遺伝情報の組合わせを持つ子供は生まれない（もちろん一卵性双生児は別である）。しかし、如何に多様に見えようと子のゲノム情報の部材は両親のゲノム情報に、必ず見つけることができる。すなわち、新しい世代の遺伝情報は、必ず父母のそれの中に存在し、その組合わせの精妙さによって、表現系の変化が現れるのである。[24]

また、人類遺伝学は、同じ変異が重なった場合に致死、または重篤な疾患となる遺伝子を、それぞれの個人は数個づつ持っていることを明らかにしている。目に見えないので、普段我々は忘れているのだが。このような状態が我々の生である。そして、近親結婚は、同じ遺伝情報が重複する可能性を増大させ、その結果、変異を持った遺伝子が重なる頻度を格段に上昇させる。

自分の両親、その両親の両親（二組）、そのまた両親（四組）という具合に考えていくと、一〇代祖先まで遡ると、今生きている自分の遺伝情報の受け渡しに直接関った人だけでも、約二、〇〇〇人いる。そして現在生きている人たちだけを考えると血縁者は限られるが、過去まで遡ると、広範な人たちの遺伝情報がシャッフルされ受け継がれる形で現在の自分の遺伝情報に流れ込んでいるのである。そして、ここに一組の両親から生まれた兄弟の存在を考えると、遺伝情報の共有はとてつもなく広く複雑であることが理解できる。自分の構成要素を共有した他者に囲まれた世界、そして、時間を前後にずらせば、その重なり合いはさらにややこしくなるという one of them の世界が広がっている。

ゲノム研究における「連帯や愛他主義」という標語を並べるよりも、生物としての人間の遺伝と遺伝情報の共有について思いをはせた方が、ゲノム研究を支える市民意識としての「one of one と one of them」を育てるのには意味があると考えている。

2　ゲノム研究と市民の関係、参加者個人と広い意味での血縁者

ゲノム研究においては、市民・社会との関係が重要と言われている。どうして、急にそんなことが言われるのであろうか。ひとつのファッションである側面もあるが、以下のような理由があげられている。[25]

公的研究資金に支えられる医学・生物学研究のなかで、現在ゲノム研究には特に膨大な国家予算が支出されている。このために、研究者・政策担当者の社会的責任が大きい。また、現在進行しつつあるゲノム研究では、ゲノム資料だけでなく、個人の体の情報（病歴、健康情報など）、生活習慣、家系情報などが重要な役割を果たす。それらを提供してゲノム研究に参加することは、先に述べたゲノム情報の性質を考えると、参加者個人の問題に留まらないという性質も持つ。

さらに、このようにして集められた参加者のゲノム資料や個人の情報は集団として解析される。そこでは、本質的、因果論的世界ではなく、現象論的、確率論的病因論が重要な役割を果たす。そして、この段階では、「この花は赤いから、赤い」という同語反復として解釈される。それを突き詰めていこうとするのが、現在目

指されているゲノムワイド研究である。ゲノム研究において、「特定病因論的仮定に基づいた候補遺伝子の研究の限界を認め」、先入観を持たずにゲノム全体を解析して、データを貯めて現象論的に解析する現在のゲノム研究の姿勢は、確率論的病因論の究極の姿と言える。

「ある意味での『社会』なしには、言い換えれば個体に終止していては『人の生物学』もどうやら成立し難い。[26]」という川喜田博士が生きていたら、果たしてどのような論考を発展させるのか、聞いてみたいと思う。何れにしても、ゲノム研究は研究参加者の問題、そして、研究成果の社会還元の問題を通じて、one of one と one of them について問いかけているのである。

3　ゲノム研究のインフォームド・コンセントにおける one of them

ゲノム研究の性質とそれに代表される科学研究における人体由来資料という側面から、インフォームド・コンセントについて考えてみる。[27]

ゲノム研究において、ゲノム情報は誰のものであるかという問題は、血縁の間だけの問題として取り扱われる場合が多いように思われる。しかし、九九・九%はヒトという生物種に共通であると考えられている。もちろん、差異〇・一%は一個の細胞あたり六〇〇〇万文字の情報に当たり、国語辞書二冊分という膨大な情報量の差を個々人は有する。より細かくこのあたりを見てみると、ゲノム情報の性質のところで触れたように、卵子や精子が造られる際にシャッフルされる一〇万文字単位のかなり大きなビルディングブロックで作られた建物としてのゲノム情報として考えることができる。そのビルディングブロックを共有する人たちはかなりの数に上る。そこで、個人がその自律性によって研究参加を表明したとしても、遺伝情報を共有する多数の人たちの遺伝情報を読み解いていることになる。となると、個人の自律原則によるインフォームド・

コンセントでは、ゲノム研究への参加を決定できないといえる。これが、家系分析的手法を取り入れると、さらに複雑な問題を喚起する。市民・社会への説明に耐えうる市民の情報を保護・活用する枠組みを考えることが重要である。

解析された遺伝情報が人類全体に共通の性質であれば、それが不利な問題を含むとしても、問題は少ないのだが、特定のグループの特性として識別されることによって、一種の区別がなされ、差別が生まれる可能性がある。そこで、連結不可能匿名化すればいいという考え方が主流となっているが、問題はその方策だけでは解決できない[28]。

さらに厄介なのは、人資料を用いた研究も科学研究である以上は、他の研究者の検証を受けなければならない。しかし現在、インフォームド・コンセントが特定の研究計画に対するものである場合には、「この資料に関しては異なった用い方に対するインフォームド・コンセントが得られていませんから外には出せません、他の研究には使えませんしという言い訳が倫理性の担保のもとにまかり通っている。しかし、それでいいのだろうか。他者による検証を通じた科学性が確保されることで、人資料から得られた知識は、有効に次世代への信頼にたる知識としてつみあげられるのである。そして、それが科学の最低の倫理性であるのだが。

日本において人資料の研究利用が生命倫理の元に検討され始めてから五年が経過して、ゲノム研究、疫学研究、臨床研究などの一通りの指針群が策定された。しかし、この間に確立した原則は、科学の検証性（科学での倫理性）を可能にする人資料の共有を確保する方向からは反対に行ってしまったように思われる。インフォームド・コンセントが重要であることに異論があるわけではないが、なぜ、それが重要であったのかという所期の問題が忘れ去られているように思われる。

二つの例を挙げる。例えば、インフォームド・コンセントが得やすい、立場の弱い患者を対象として、医療の場でインフォームド・コンセントを得るという手法が主力となっている。これでは、健常人の参加を募る必要のあるコントロール実験が、さらに億劫なものとなる。しかし、検証とコントロールは科学研究の基礎である。現在のような安易なインフォームド・コンセントの方向性は、その点への努力のきっかけが失われることになる。もう一例、多くの研究計画で、共有しにくい形での人資料の確保・囲い込みが実施されている。その場合に、「私たちが責任を持って管理いたします。外部とは共有しませんので、倫理的問題はありません」という言葉が殺し文句となっている。しかし、先の共有の原則から考えるとそれでよいのだろうか。

本稿執筆の動機のひとつは、近年の生命倫理、研究倫理と言われる検討が、とんでもない方向へ向かっているという思いである。one of one に集中することは、初期の段階では必要であった。しかし、一応の指針群が策定され、それで満足できないことが明らかとなった今、どの方向へと進むべきかが問われている。そして、医療と医学・生物学研究における one of them に対する唄、内田、川喜田博士の問題提起は、今後の展開のキーとなると考えている。

一二　終わりに

現状では解決できない問題だから脇にどけて現実的対処で済ます、ということではなく、また「あらかじめ解決して次へという安易な形式論理」でもなく、医療や医学・生物学研究の「具体的問題に即し、少しずつ考えを進めていくうちにしだいに本質が自覚されてくる」、という性質の問題として one of one と one of them を考え続ける必要を痛感する。重要なことは、本質的問いを避けず「最初から視野の中心にお」き、それに手の届かない状態に後ろめたい思いを抱きながら、現実と対面することであると考えている。[29]

唄博士の医療におけるone of themから出発した本稿は、結局、人体由来資源を利用した医学・生物学研究におけるone of oneとone of themを論じるところまでいたらなかった。唄博士は、ある会話のなかで、「学問は仮説と資料と怨念」と述べられている。そこで、one of oneとone of themを、今は解けえぬとしても、真ん中にドッカとすえることが重要となる。そして、この姿勢を維持するためには、自分たちの活動により傷つく人たちがいるという「畏れ」を常に失わないことが必須となる。学問的な姿勢によって社会から離れるのではなく、まさに、社会の中に切り込んでいくために、「one of them」を「怨念」として育てて行きたい。

（1）唄孝一「インフォームドコンセントと医事法」第一回日本医学会特別シンポジウム記録集二九頁（一九九四）。one of them と one of one は、唄博士特有の用語である。「みんなの中の私」と「私は私」というように訳すことができるかと現在は考えている。ここで、「私」と訳したのは、この種の問題を外から第三者として論じることによる混濁を避けるためである。本稿では論じないが、前半と後半の one は異なった意味をもつと考えている。また、この問題の類型は多くのところで扱われているので、それらを含めた論考は将来に期したい。

（2）一九九八年一二月のいわゆる黒川委員会答申から始まり、ゲノム・遺伝子解析研究、ES細胞研究、疫学研究、臨床研究という主な領域の研究に関して、指針報告書の類が作られている。黒川答申 http://www1.mhlw.go.jp/shingi/s9812/s1216-2_10.html、指針一般 http://www.mext.go.jp/a_menu/shinkou/seimei/main.htm、臨床研究指針 http://www.mhlw.go.jp/topics/2003/07/tp0730-2.html

（3）ここでの「虚構と虚偽」は須賀敦子氏の用法である。イタリア語由来と思われる。虚構はうそをうそと意識し、それゆえに、そのうそを発展させ、次へと運ぶ構造を持つ。しかし、虚偽は、あることがうそであったことが忘れられ、まことであると思い違えられる偽りを表す、と私は解釈している。そして、その二つの差を厳しく意識することなしに、研究は成り立たない。というのは「私が言っているのだから正しい」という姿勢がまさに、虚偽だからである。

（4） この言葉に抵抗を持たれる方は多いと思う。しかし、私たちの医療を形成する過程で、実験動物・研究素材が果たした役割は大きい。この問題を考えることなしには、現代の「人が一生物種として科学研究の対象として成熟した」という中での人体実験を、人間の活動として位置づけることは困難であると考えている。検査を受けているときの自分が自分の手の届かない「肉体」となったという感覚が何なのかは、本稿を書く動機のひとつではあるのだが、この問題には、本稿では言及するにとどめる。これらの点は今後の課題とさせていただきたい。

（5） 川喜田愛郎・内田義彦・（司会）唄孝一「対談人間・病・医療・科学」内田義彦著作集第九巻二六一頁（一九八九年、大佛賞講演の中での発言として）。この言葉は、私の中では「治療のコスト」を支える社会として深い印象がある。米国留学中に発症したので、はじめ米国内で検査を受けた。標準的医療保健には加入していたのだが、そのときの法外な自己負担には驚いた。検査・診断の継続は経済的に困難であった。帰国して日本の医療保健制度の下で入院した。実質では日本と米国でかかる費用に大きな違いはないのだが、保険制度の違いによって、自己負担には大きな違いが生まれる。日本の保健制度のもとであったから、治療が受けられたことを実感した。この面でも、医療はまさに社会に支えられている。日本の医療については、いろいろと不備はあるのだが、これだけ全体として成功を示している例は、世界的にも珍しいといわれる。英国で医学・生物学研究政策に関するインタビューに歩くと、そんななかで、医療が成功を収めているのはなぜかという質問をされることがある。

（6） 唄孝一「インフォームドコンセントと医事法」第一回日本医学会特別シンポジウム記録集（一九九四）二八頁

（7） 唄孝一「序章『医の倫理』と『バイオエシックス』との間」唄孝一編・医の倫理、講座「二一世紀へ向けての医学と医療 1」（日本評論社、一九八七）

（8） 川喜田愛郎、内田義彦、（司会・唄孝一）「対談人間・病・医療・科学」内田義彦著作集第九巻二六一頁（一九八九年）。川喜田愛郎博士は医療を語る場合に、個人の理想とする、或いは思い込みよる医療から話が始まっている点に、他者との間での議論が成り立たない大きな問題があると指摘されている（川喜田愛郎・病気とは何か、iii頁、筑摩書房、一九七〇）。そこで、病気の科学、人の生物学という話を歴史的に研究されるところからはじめられた。この前後関係から出発する発言として、引用したものは、社会から出発した者とは逆さまの登り方をしての登山の途中での思いと考えている。

(9)　前掲注(5)

(10)　前掲(8)

(11)　唄孝一「インフォームドコンセントと医事法」第一回日本医学会特別シンポジウム記録集、(一九九四)二九頁

(12)　伊藤幸雄「ＥＢＭの科学哲学的考察」医学哲学医療20：97、2002

(13)　佐藤純一「現代医療思想の病因論をめぐる一考察」医学哲学医療倫理13：70-77、1995。「生物医学モデルとその病因論は社会的文化的文脈と無関係である」(七三頁)を背景に主張される病因論の問題点や、社会は何を病因として特定するかという問題へのメモは、海外で展開されようとしている予防医学を目指したゲノム研究で、どのような病因が提唱され、予防モデルが試みられるかを検証する際の注目すべき点である。

(14)　伊藤幸雄「ＥＢＭの科学哲学的考察」医学哲学医療20：97　2002

(15)　唄孝一「序章「医の倫理」と「バイオエシックス」との間」唄孝一編・医の倫理、講座「21世紀へ向けての医学と医療1」(日本評論社、一九八七)一四頁「人の生命は時には病院経営の問題と比較され、時には、家族の財政負担の問題との比較の中で考慮されることを意味する。つまり、生命を他の社会的利益との関係という文脈で相対化すること」でもある。

(16)　ＮＨＫ取材班・被爆治療83日の記録(二〇〇二・岩波書店)。同名のテレビ番組ＮＨＫスペシャル。

(17)　現在「アジアの生命倫理」という言葉で表現される問題がある。西欧流の生命倫理ではなく、アジアのということであろう。アジアのといったときに、最も大きな問題として南北問題、近代化・西欧化の中での世代間格差、ジェンダーの問題が考えられるべきである。しかし、日本で開かれたフォーラムでは、このような問題を意識した日本側の発言が見られなかった。恵まれた日本の状態で、とはいえ、そうではない人たちも存在する状態で、「最良の医療」という言葉のむなしさを考え、このような形で表現してみた。位置づけとしては未熟なものである。

(18)　伊藤幸郎「ＥＢＭの科学哲学的考察、医学哲学医学倫理」二〇号九五-一〇九頁(二〇〇二)、斉尾武郎・栗原千恵子「Evidence-based Medicine の現代科学論的考察」臨床評価二九号一八五-二〇一頁(二〇〇一)

(19)　前掲(18)

(20)　Naomi Pfeffer, Anna Coote, "Is quality good for you!?", Social Policy Paper No.5, Institute for Public

Policy Reseach, 1991.

(21) 前掲注(5)

(22) 川喜田愛郎・医学概論三三頁（一九八二・真興交易医書出版部）

(23) 増井徹「ゲノム研究の時代」世界一一月号一九九-二〇八頁（二〇〇二）

(24) 前掲(23)

(25) 増井徹「英国バイオバンクの意味するもの」ジュリスト一二四七号二九-三六頁（二〇〇三）。増井徹・高田容子「ゲノム研究の倫理的、法的、社会的側面―新しいゲノム研究は病歴など個人情報の利用枠組みなしには成り立たない」薬学雑誌一二三号一〇七-一一九頁（二〇〇三）。増井徹「新しいゲノム研究は個人の病歴を保護し利用できる社会基盤の上に育つ」Medical Tribune 二〇〇三年一月二日号：74。増井徹「今、医学研究を支える人体由来のモノと情報」法学セミナー五七八号五八-六三頁（二〇〇二）。増井徹「人のことはヒトでという時代の中で」臨床評価三〇号七一-八二頁（二〇〇二）

(26) 前掲注(8)

(27) 前掲(25)

(28) 前掲(25)

(29) 川喜田愛郎・内田義彦・(司会)唄孝一「対談人間・病・医療・科学」内田義彦著作集第九巻二六一頁（一九八九年）。「そこから議論を進めてゆくというか、お話を伺ってゆくことにしましょう。と言っても、もちろんその問題は、それをまず、あらかじめ解決してから次にといった安易な形式論理ですむ問題ではありません（傍点筆者）。そんな安直な接近ではなくて、その難問であるゆえん（傍点内田義彦）、端緒である問題の持つふところの深さのほどが、医療という具体的問題に即して、具体的に少しずつ考えを進めていくうちにしだいに自覚されてくるような、そういう端緒への接近法が、最初から（傍点内田義彦）必要だと思うんです。さしあたってぶつかっても答えられない難問だから後にというようなことでは、後になってもとらえられないという意味で、最初から視野の中心におく。」

〔謝辞〕唄博士との出会いは、その刺激的、挑発的言説とともに、この分野にのめりこむ原動力となった。このメモにしか過ぎないつたないものは、今のところ、先人たちの言説の剽窃にしかならなかったが、私自身の進むべき方向を考える大きな機会となったと信じている。この機会を与えていただいたことを感謝する。

臨床研究における対象者の適正選定とインフォームド・コンセント原則

——平等権による再構築——

光石忠敬

湯沢雍彦・宇都木伸 編
『人の法と医の倫理』IIb 8
二〇〇四年三月 信山社刊

一　はじめに

治験、臨床研究、ヒトゲノム・遺伝子解析研究などについて研究審査委員会で科学面・倫理面の審査に携わっていると、多くの研究計画に通底する問題にぶつかる。筆者は、一九七〇年代から中央の第三者審査システムの萌芽とも呼ぶべきコントローラ委員会・臨床評価刊行会などの場で、また、「医薬品の臨床試験の実施に関する基準」GCPで外部審査委員が義務付けられた前後からは病院の研究審査委員会などの場で、医科学の非専門家・市民・法律家の立場から、人についての医科学研究（以下、臨床研究という）の研究対象とされる個人の人権を擁護し臨床研究の公正《インテグリティ》さを保つにはどうしたらいいのかを考え続けてきた。

実際の第三者審査は臨床研究の表層をなでる類のものでしかないことが多いから、その場合、研究対象者のインフォームド・コンセントの権利は虚仮にされるのではないか。社会はなすべき制度整備をせずに個人の同意に背負いきれない役割を課しているのではないか。法と倫理の観点から筆者が懸念し続けてきた基本的な問題の一つがそれである。

施設ごとの第三者審査システムによる審査の実態は、概ね機能不全と言わざるを得ない。その場合、研究対象者の同意は無意味かつ有害になる。なぜなら、科学的・倫理的審査が十分であるとの虚構の上にインフォームド・コンセント原則が置かれるから同意はその土台を失うし、誤解や錯誤によって研究の対象とされるという人権侵害が同意書へのサインによって覆い隠されることになるからである。

本稿では、先ず、臨床研究に伴う対象者の犠牲・負担を概観する。臨床研究が与え得る益の側面が強調されることが多いからである。[1] 次に、第三者審査システムによる審査およびインフォームド・コンセント原則の理念上および実務上の限界を見据える。十分には決して行われ得ない両者の本質および限界を自覚すると、研究対象者の平等権の視点が初めて見えてくる。自己決定権に基づくインフォームド・コンセント原則は平等権に基づき再構築されるべしというのが本稿の結論である。その上で、筆者が橳島次郎・栗原千絵子両氏と共に作成・公表した「研究対象者保護法要綱試案(2)」を一部紹介しつつ、再構築の考え方に沿って幾つかの公共政策的な提言をしてみたい。

二　問題の所在

最初に、どこに問題があるかをもう少し詰めてみなければならない。

医学《メディ》・医療《シン》に対するルールの世界で、研究審査システムによる審査およびインフォームド・コンセント原則の比重が増している。特に、医療行為の限界に位置する臨床研究の分野では、実施を正当化する梃子としての役割が、研究審査システムによる審査およびインフォームド・コンセント原則に割り当てられている。

しかし、第一に、臨床研究それ自体、研究対象者に犠牲・負担を強いる本質を持っている。また、臨床研究には、研究計画の段階・レベルで研究の意義、科学性、倫理性に問題のあるものが少なくない。さらに、その段階・レベルでの問題が解消しても、個々の研究対象者を選定する段階・レベルで参加の意義、予測される直接的益の有無、程度、危険性等について曖昧かつ不明なものが多い。個人の具体的な状況において、個人に直接的益を与える可能性があるか否か、どの程度か、参加に値するか否かは、個人にとって判断の困難な場合が少なくない。例えば女性・子どもなど、あるカテゴリーの患者たちが参加できないのは不平等と主張され臨床研究でしか与えられない利益が過大に強調されることがある。しかし、益と危険性はあくまでも予測の上に立った確率の問題でしかなく、参加が求められる時点における個人の具体的な症状・予後等との総合判断の問題である。故に、医療機関・研究者によってたまたま研究対象の候補者に選定される者を保護する必要性は大きい。

第二に、施設ごとの審査システムによる審査は構造的な欠陥を抱えているし、理念型を前提にしているインフォームド・コンセント原則は理念型に程遠い現実がある。科学的審査は概ね緩やかで、倫理的審査といっても説明文の字間修正位に止まる。説明といっても実際は説得であり、多くは研究を実施し易いように情報操作される。その結果、個人は誤解や錯誤に基づき同意書にサインすることになる。加えて個人の判断は自発的には行われにくく、行き掛かり上サインせざるをえない医学・医療現場の実情がある。故に、医療機関・研究者によってたまたま研究対象の候補に選定される者を保護する必要性は大きい。

第三に、インフォームド・コンセント原則は、本人が同意能力を欠く場合の根本的問題を抱えている。医療現場の慣行として代行決定が行われているが、「自己」決定ではなく他者決定である。同意は代行できるのか、代行決定はその理念型すら模索中であり(3)、同意能力の定義、判定基準、判定方法、判定者、代行決定の根拠、代行が許される限界、代行者の範囲、代行者を選任する者、選任手続き、裁判所の関与の要否等が法原則として未成熟である。代行決定をめぐる現実は医療現場任せでバラバラであり、同意能力の判定は研究者によって行われている。能力が減少ないし疑われる者の場合、疑わしきは能力無し判定となり、代行決定・代行者の同意で本人参加へ導かれる。自発性が減少ないし疑われる者の場合、疑わしきは自発性を判定せず従って自発性有りとなり参加へ導かれる。これらの場合、本人は、容易に他者に搾取されるおそれがあり、そうでない個人に比し著しい劣位に置かれる。故に、他者の同意によってたまたま研究対象とされる者を保護する必要性は大きい。

研究計画審査が機能不全を抱えているにもかかわらず、研究参加に個人の自己決定の形が利用され、自己決定に理念上、実務上の問題が付きまとう以上、自己決定による処理の形には自ずからなる限界が設けられなければならない。その一つの方向が個人の平等権による補正である。すなわち、先ず、たまたま対象者とされる者とされない多くの者の間の平等である。次に、対象者たち相互の間、さらに参加中と参加後の対象者間のそれぞれの平等もある。これらを考えると、参加する個人の自己決定権に基づくインフォームド・コンセント原則は、平等権によって補正されなければならないのである。

三 CIOMS国際指針における倫理原則の問題認識および限界

先ず、この問題は、西欧ではどう認識されているのか、それともいないのであろうか。

1 CIOMS倫理指針の問題認識

国際医科学協議会CIOMSが公表している「人間についての生物医学研究のための国際的倫理指針[4]」は、倫理の一般原則として、人間の尊重（respect for persons）の原則、善行（beneficence）の原則、正義（justice）の原則を定めている。人間の尊重の原則は、「自律の尊重（respect for autonomy）」（a項）、および「自律が損なわれまたは減少した人間の保護」（b項）を定める。b項は自律が損なわれまたは減少して依存関係にあるか脆弱な立場にある弱者に保護が与えられるべきことを要求する。また、正義の原則は、研究参加の負担及び利益を公平に分配することを要求し、この点で脆弱な立場にある弱者（vulnerable persons）を他の人々と区別し特別な対策が講じられることを求める。

確かに、人間の尊重原則b項は同意能力を欠く者、同意の自発性を欠く者など弱者の特別の保護を求める点で、また正義原則は脆弱な立場にある弱者を保護するための特別な対策を講ずべしとする点で妥当な原則である。

しかし、研究対象として選定された一般の患者たちで、一般原則が想定する子ども、精神疾患患者など一定のカテゴリーの弱者でない者は、この原則上は脆弱性（vulnerability）をもつ弱者とはみなされない。そのような、一般の患者たちは、人間の尊重の原則a項の自律の尊重で保護されるべきものとされる。故に、一般の患者たちの脆弱な立場の保護の問題は、人間の尊重の原則b項の関心外のようである。また、施設ごとの研究審査システムによる審査が形ばかりでしかなく、インフォームド・コンセント原則が理念と程遠い現実にある場合の、研究者によって選定された者と選定されない他の多くの患者たちとの間の平等の問題は、正義の原則の関心外のように見える。それでいいのだろうか。

2　CIOMS倫理指針の限界

研究者は背後にある医科学研究共同体の知の総体を背負っている。これに対し、研究対象（候補）者は、説明同意文書に基づく説明が研究計画推進と個人の人権擁護とのディレンマには中立であるとの、幻想に近い前提に依存し、社会関係の不均衡および情報の著しい非対称に立ち向かっていることになる。自律の尊重とは、研究者と文字通り対等な関係にあって、超人的な能力と強さを具えた研究対象者にしかあてはまらない原則と言っても過言ではない。研究者と対象者の、社会的関係や情報における不均衡を少しでも是正しようとして研究審査システムが考案されたものの、多くの現実は説明文書の字間修正ぐらいの、形ばかりの機能しか果たしていない。にもかかわらず、正義原則は臨床研究というセッティングに入って来た「ある種の人々

（例えば生活保護を受ける患者、特定の人種や少数民族、施設に収容された人々、など）が、研究課題と直接に関連した理由からというよりは、利用し易さ、立場の弱さ、扱いやすさなどの理由だけから、系統的に被験者に選定されていることはないか[5]」に関心があり、臨床研究に入らなかった一般の患者との公平の問題は眼中にないように見える。

ミルの「自由論」によると、自由主義の原則では、「①判断能力のある大人なら、②自分の生命、身体、財産に関して、③他人に害を及ぼさない限り、④たとえその決定が当人にとって不利益なことでも、⑤自己決定の権限を持つ」とされ、この、④は愚行権と呼ばれ、ｉ自己関心、ⅱ自己理解が最大、ⅲ誤った干渉の危険、ⅳ個性と自発性の尊重が愚行権の理由として紹介されている[6]。

しかし、いわゆる愚行権は、自己決定権一般についていは妥当するかもしれないにしても、医療行為の限界に位置する臨床研究への参加に対するインフォームド・コンセント原則に限って考えれば、当てはまらないのではなかろうか。なぜなら、自己決定一般では、十分に説明を聞いて考えたり熟慮したりせずに即断する態様も想定されるが、他者によって自らの身体に加えられる侵襲行為に対し体を丸ごと使って参加し（身体リスク）、あるいはセンシティブな個人情報を提供し様々な利用に供する（情報リスク）ことになる臨床研究におけるインフォームド・コンセント原則においては、状況が本質的に異なると思われるからである。

すなわち、医科学技術の発展に伴い新しい治療・診断・予防法等に対するニーズは増大する一方である。研究の動機となる知的好奇心は研究者の本性に属し、本来際限がない。研究活動は人間の尊厳の一側面と主張する法学者もいる。研究の依頼者と研究者の経済的関係は意図的ないし非意図的な偏りの原因となり、様々な利益相反は結果の信頼性を損ねている。研究を実施する側と対象者の情報の非対称、力関係の差は大きい。

対象者が病人の場合は、社会的力関係、情報量の落差は著しく、脆弱な立場に置かれる。臨床研究をめぐるこれらの普遍的な構造は、不公正または不適正な研究の行われる素地を形成する。このような臨床研究をめぐる状況は、自己決定権一般をめぐる状況に比べ、個人を著しく脆弱な立場に置いているのである。

ＣＩＯＭＳ倫理原則は、人間の尊重原則ａ項の、自律の尊重の理念に過度にもたれかかり、臨床研究における施設ごとの審査システムによる審査が機能不全にある現実および研究対象者の置かれる不均衡な状況という現実を捨象して成り立っている。自律の尊重は、第三者審査システムによる審査およびインフォームド・コンセント原則が十分に機能して初めて成り立つ。ＣＩＯＭＳ倫理原則は、その意味で現実から遊離した倫理原則と評するべきであり、研究の実施に好都合という意味ではイデオロギー的と評さなければならない。また、研究者によって選定された対象候補者や対象者は視野に入っているが、選定された者と選定されない多くの患者との平等の問題は視野に入っていないように思える。その意味で、視野狭窄に陥っているものと批判し得る。

四　研究対象者が有するインフォームド・コンセントの権利と平等権の関係

それでは、この問題を日本国憲法における人権論上はどう考えるべきであろうか。

研究対象者のインフォームド・コンセントの権利は、より基礎をなす憲法上の諸権利の土台の上に載っていると考えられる。

一般的に、研究対象者の権利は、次のような複合構造を有している（私見）[7]。

最基層に人間の尊厳がある。学問・研究の自由を含むすべての自由・人権はこれに由来する。その上に、その裏返しの表現として、非人道的な、または品位を傷つける取扱いを受けない権利がある。

その上の、基層をなす諸権利として生命権などと並んで平等権がある。

平等権とは、まず、参加者として他の病人たちに比し不平等な扱いを受けない権利である。参加しなければ受けることになる標準的方法（もし標準的方法がない場合は研究に参加しない場合に受けるケア）を受けることによる対象者の益が研究参加により著しく損ねられてはならない。この、参加者と非参加者との間の平等の問題については、例えばインフォームド・コンセントの説明の順序として、参加候補者に、まず参加しない場合の選択肢から説明を始めるべしとするのは、この問題意識の反映である。次に、緊急状態、意識不明、精神疾患、施設入院中、見込みのない病人などは、ややもすると、自己の病気との関係の薄い臨床研究に巻き込まれ、他の病人たちに比し不平等な扱いを受けるおそれがある。さらに、参加者間の平等の問題がある。対照群の選択、プラシーボ群の許容性にこの問題が現れる。加えて、参加中と参加後の間における平等の問題がある。研究終了後の結果利用可能性はこのための工夫である。

基層をなす諸権利の上に、上層をなすインフォームド・コンセントの権利などの諸権利が載っている。

インフォームド・コンセントの権利とは、何人も、能力を欠くと適正に判断されないかぎり、臨床研究に参加しない場合の選択肢、具体的な臨床研究の意義、目的、方法、効果、予測される危険性・不快、質問する権利、参加しない自由、参加を拒否する自由、健康被害が生じた場合の医療・補償などについて十分に説明を受け、理解したうえで、自発的に同意することなしに臨床研究を受けない権利である。

基層の諸権利は上層の諸権利の土台をなすものと考えられる故、上層の権利は、より基層の権利によって修正され、限界付けられると考えられる。

そうすると、完璧ないし十分な実施がフィクションに過ぎない以上、インフォームド・コンセント原則は平等権によって補正されなければならない。

五　研究対象者の犠牲・負担

さて、個々の対象者にとって臨床研究は、日常診療と異なり、どのような本質を有しているであろうか。診療 practice とは「個々の患者または診療を受ける人の福利を高めるためにのみ考案された介入」であり、研究 research とは「仮説を検証し結論を導き出せるようにし、そこから一般化できる知見（……）を見出す、もしくは見出す契機となるように考案された行為」をいうが[8]、実際にはこの境界は判然としないことがある。

1　臨床研究の本質

具体的な病人の治療が臨床研究であわせて目的とされる場合、研究に応じる病人の犠牲・負担は認識されにくい。研究者・医師は、これを認識したとしても患者としてやむをえないものとみなす傾向がある。なぜなら、治療行為の側面をあわせ持っていると考えられるし、もともと医療技術は過去多くの患者たちの犠牲ないしは貢献の、いわば人柱の上に成立していると考えることもできるからである。

ヒポクラテス以来の伝統的な規範は、医師には眼前の患者に対してベストを尽くす義務があることを教えている。より良い治療法、予防法などを目指して研究することは、少なくとも二義的、副次的と考えられるはずである。「私の患者の健康がまず第一に配慮されるべきことである」、然る後に「人々の健康を守ることが医師の使命である」。いずれもヘルシンキ宣言の言葉だが、前文での叙述の順序はこの逆になっていて、病人・素人には違和感を与える。

もともと有効性や安全性の評価において未知数の治療法等Xが使われる、医療の限界に位置する行為が臨床研究である。最善の医療を提供するとの観点から、Xが日常の診療に有用かどうかわかっていないからこそ臨床研究は行われる。Xが使われ得ることは、結果として具体的患者の益になることがあり得るとしても、研究に応じる個々の病人にとって未知数であることの不安自体も犠牲・負担に他ならない。

また研究者としての義務と医師としての義務には、義務の衝突のおそれが内在する。例えば、Xと対照群となる治療法Cの益と危険のバランスにつき、それまでの文献や経験上何が証明されているかの解釈につき、研究計画書の解釈と異なる研究者・医師の場合がある。XとCにつき、好みや自信に差がある研究者・医師の場合もある。二重目隠し法、観察期間、プラシーボ群をおく研究計画書もある。これらの場合に、義務の衝突を伴うかもしれない。

具体的に研究に応じる対象者を選定するについて、従前の治療に、ある範囲で反応している患者を参加させることができるか、医師として義務の衝突が生じうる。

本来、一人一人の患者の具体的な症候、疾病、診断像、好み、価値観などに注意深く分け入って調べていくならば、具体的な患者一人一人につき、XとCの間に、益とリスクのバランスがとれることが果たして存在するのか疑問がある。(9)

さらに、参加させた後でも、研究計画書遵守か患者個人への忠実かで義務の衝突は生じうる。もちろん、臨床研究でなければ行われない高い頻度の検査もある。

これらの問題点につき、評価項目や症例選定条件の絞り込み、使用量・使用方法の弾力化、手厚いケア、頻繁な担当医師の診察などによって、いくらかの埋め合わせは可能であろう。にもかかわらず、たとえ結果的に身体に悪い結果が発生しない場合でも、上述のような不確実さ、義務の衝突のおそれがあって行われる臨床研究において、研究に応じる対象者に犠牲・負担は生じていると考えるべきである。日常の診療にも不確実さ、実験的要素はつきものであるが、具体的な病人個人に対する実験的治療ですら義務の衝突のおそれが存しない点で、臨床研究の場合とは本質的に異なるのである。

2　対照群の選択・プラシーボ群の許容性

臨床実験においては、いずれの治療法がよいかわからない状態にのみ複数の治療法の比較を行うことが正当化されるが、この「いずれの治療法がよいかわからない状態」について、臨床的平衡 clinical equipoise という概念が提唱されている。[10] 科学的な証拠に基づく理論的均衡は臨床家の好みや意思決定の複雑さにより変動するので、もろく崩れやすい。これに対して、臨床的均衡すなわち臨床的エキスパートの間でいずれの治療法がよいかのコンセンサスが存在しない状態が比較実験を行うことで disturb されると期待できる場合にのみ、比較実験を開始することが許される、という考え方である。均衡概念をプラシーボ対照実験に適用すると、標準治療が存在しないのならば、有効性・安全性が不確かな新しい治療法とプラシーボとの間に均衡が成立し、プラシーボ対照が許容できることになる。しかし、理論的均衡が成り立っても、実験に参加する医師が、薬は効くという思い込みの裏返しであろうか、プラシーボ使用に罪悪感を持たざるを得ない日本の臨床の現場では、臨床的均衡は成立しないのかもしれない。さらには、均衡を成立させるためには、対象者の適格基準を明確にし、いずれかの治療法によって害を受ける可能性のある患者は最初から排除する必要があるが、適切に注意深くデザインされた実験は、内的妥当性は得られても、外的妥当性・一般化可能性、すなわち実験環境外で個々の患者もしくは母集団全般に適用し難い場合もある。

先進国の標準治療が途上国にない場合、途上国でのプラシーボ対照実験は、実施地域内での均衡が成立していると言えるか。この問題は、出資・依頼国たるアメリカですでにＨＩＶ母子感染の標準的予防法が確立した後にサブ・サハラ、タイなどで行われた zidovudine 短期間療法のプラシーボ対照臨床実験で、プラシーボ群をおいたことの倫理的当否をめぐって提起された。[11]

この臨床的均衡の概念、ないしはその成立基盤の危うさを批判して登場した不確実性 uncertainty の概念は、いずれも臨床実験に参加する対象者相互の平等を目指すのみならず、参加する患者と参加しない多数の患者との間の平等を目指すものと評価することができる。

3　具体的な研究計画のレベルにおける臨床研究の意義

日本で開発され承認された新薬のうち、きわめて有意義と考えられるものはわずかであり、残りはあまり意味のないもので、同種同効品がきわめて多いとの批判[12]がある。同種同効品または意義の乏しい医薬品候補物質についての臨床実験への参加は、そのような率直な説明は決してされないから、対象者の錯誤を利用し、対象者の身体を他者の経済的利益追求の客体として利用することである。

臨床実験における対照群の選択において、Ｘ群とＣ群間の差を証明することを目的とする優越性試験のみならず、Ｘ群がＣ群に対して予め決められたマージン以上劣ることはないことを証明しようとする非劣性試験が日本では広く行われている。非劣性試験の統計学上の根拠を理解するのは困難だが、仮にその点を暫く置くとしても、非劣性が公平に説明されないことがほとんどである。その場合、対象者の錯誤は同意の無効すら引き起こすように思われる。

一九九七年のＧＣＰ法制が被験者の文書による同意を義務付けたことから、被験者が減り、「治験の空洞化」

が懸念されてきた。すなわち、日本で合成されたにもかかわらず、海外で治験を実施し良い成績が出た後に日本に持ち込むこととなり、その結果、製薬企業の医薬品開発に支障をきたすし、もっぱら海外の被験者のデータに依存するとの国際的批判を招き、医療技術の進歩に不可欠の臨床研究を阻害するというのである。そのため、被験者募集広告の解禁、被験者への「協力費」の支払い、診療所でも治験ができる仕組みの導入、「医師主導の治験」の導入、大規模治験ネットワークの構築などの対策が講じられてきた。被験者は「創薬ボランティア」ともてはやされるが、裏を返せば「棄薬ボランティア」である。

4　個々の対象者のレベルにおける臨床研究の意義・益・危険性

研究計画の段階・レベルでクラスとしての対象者が適正に選定されたとしても、研究実施段階における選定が適正になされるとは限らない。その一は、研究計画書の選定基準を無視したりデータ・マッサージしたりする科学的非行がある。例えば、愛知県がんセンターで行われた抗がん剤２５４Ｓの臨床実験において、対象者の骨髄機能、肝機能、腎機能等のデータが改ざんされ本来選定できないはずの患者が対象者に選定された[13]。また卵巣がんに対する高用量のＣＡＰ療法とＣＰ療法の無作為化比較実験およびG-ＣＳＦ有用性検討にかかる金沢大学病院事件でも、係争中ではあるが、十分な腎機能を有しない患者が対象者に選定された疑いがある[14]。

その二は、研究計画書の選定条件を適正に満たす場合でも、①研究に応じる参加者一人一人の病歴、診断像、予後など個別化された配慮がなされ、不適当と判断されるときは選定してはならず、また研究継続中に不適当と判断されるに至ったときは中止しなければならない。②既存の方法に反応し効果をあげている病人は原則として選定できない。ただし、ある程度の改善に止まるときになお改善の見込まれる新しい方法であれば、厳格なリスク・ベネフィット評価に基づき、選定の許容範囲であろう。③研究参加の意思に不当な影響が及ぶおそれのある者については同意の自発性が確保される配慮が必要である。④主治医がいるときは、候補者の同意を得た上で主治医と協議するべきである。

しかし、これらの条件は、研究者の問題意識としてすら上がって来ていないし、分析や検討は行われていない。

六　第三者審査システムによる審査の現実

1　対象者に対し研究者が利益相反の原因となりうる事由の審査

何よりも、研究者が研究対象者に対して利益相反の原因となりうる出資・依頼者《スポンサー》との関係の審査が重要である。すなわち、臨床研究における出資・依頼者と研究者との間の経済的関係の透明化の審査が必要と考えられるが、治験においてもその一部しか審査されておらず、利益相反の懸念は払拭されていない。

ヘルシンキ宣言は、倫理審査委員会の審査に供するため、研究者に対し、資金提供、出資・依頼者、関連組織との関わり、その他起こりうる利害衝突についての情報を倫理審査委員会に提供することを義務付けている（13条）。また27条は、刊行において資金源、関連組織との関わり、その他すべての起こりうる利害の衝突を明示することを規定している。ＧＣＰは、治験審査委員会に対し、治験の費用に関する審査を義務付けた（省令ＧＣＰ32条）。これは、治験の実施に関して治験依頼者が支払う金銭のうち、医療機関への委託研究費を透明化しようとしたものである。

出資・依頼者から医療機関及び研究者には委託研究費、ケースカード作成代、論文執筆代、謝礼、奨学寄付金、検査費などさまざまな名目の金銭その他の経済的利益が提供されている。出資・依頼者と医療機関及び研究者個人との間の経済的関係はバイアスの原因となりうることから、医学研究の質を向上させるため、透明性を求めたもので、重要な意義がある。出資・依頼者との知的財産に関する取決めがある場合には、その情報も含まれる。

しかし、製薬企業から医療機関への委託研究費以外の、研究者個人・関係団体等に対する謝礼、原稿料、奨学寄付金等さまざまな名目の金銭の流れ、その他の経済的援助を透明化するには至っていない。日本の医学研究社会における研究費の慢性的不足の実情に鑑み、これらを開示するシステムが必要であろう。

2　臨床研究の科学性・倫理性の審査

研究者から独立した専門的多角的審査が十分行われているとはいえないのが現状である。

ことに、毒性データ、有害事象と副作用の仕分け、臨床研究以外の環境で一般に行われている選択肢ないし標準的治療法等の評価は、一施設の審査委員会には負担が重過ぎるし、実際にも実質的な審査は行われていない。良くて中途半端であり、通常でも説明同意文書の字句修正ぐらいに終わっている。

例えば、一施設の委員会が問題を提起しようにも多施設で実施されるため統一デザインの変更は事実上困難で、施設として計画に参加するか否かの選択肢しかない。このことは、多施設共同研究の計画の審査が施設ごとになされる不合理を示している。

施設ごとの審査システムであるから、必要十分な委員の人材を研究機関ごとに確保することが非常に困難である。非専門家の参加といっても、施設の事務職員の参加など独立審査にはほど遠い。内部委員に審査手当ては通常支給されない。研究の盛んな機関ほど施設ごとの負担が過重になる。審査時間も十分とはいえないのが実情である。

研究の出資・依頼者、研究実施施設、研究実施者からの独立性は確保されない。

七　インフォームド・コンセントの現実

1　理念からの乖離

研究対象者に対して、説明・同意の文書化がＧＣＰで義務づけられた治験においてすら、誤解させるような曖昧な説明文が用いられ、治験に参加しない場合の標準的治療法などの選択肢、治験の意義、評価項目《エンドポイント》、参加した場合の不利益、リスクにつき十分な開示なしに説明され、また、あるいは理解できないか、断れない状況で実施される例が少なくない。

2　少なからぬ説明同意文書に見られる問題点

(1)　治験薬概要書における候補物質のプロファイル、とりわけその危険性が治験実施計画書（プロトコル）に的確に反映されない場合、説明同意文書はプロトコルの水準以下の記述に止まるから、正確な危険性が治験審査委員会で審査されない。

(2)　研究対象者の関心範囲である臨床研究の意義、実験性、危険性につき、説明同意文書の記述がプロトコルとの等価性を有しない場合、専門技術性の故ということで審査において見逃される。

(3)　対象者が当該臨床研究に参加しない場合の医療ないしケアの記述が曖昧であり、従って、研究に参加する意義が曖昧である。研究の意義について言及することなく、いきなり専門技術的な研究の目的から始まる説明は理解困難である。他の治療方法の説明は、それが明確に存在しない場合こそ明確に説明されるが、それ以外の場合は、説明が漠然としていて、存在するのかどうか理解できず、他の治療方法と研究される方法との長所・短所の比較もできない。

(4) 各アームのリスク・副作用の説明はあるが、参加することやしないことのリスク・負担についての説明がない。

(5) 各アームのリスクはデータのみ記載し、その総合的な評価を欠くから、各アームのリスクの比較が素人には困難である。

(6) 理解の程度について確認をしたような記述があるが、確認の方法は不明である。

3 説得と化している現実

説明は説得であってはならない。しかし、説得と化している現実がある。

4 対象者の理解

インフォームド・コンセントの権利は、医学・医療の素人である患者の理解をどう確保するか、理解したことをどうやって確かめるか、という根本的な問題を抱えている。

「患者は、その医療分野で専門家になる決意がなければ、実際のところ自己決定は不可能ではないだろうか。」「経験一〇年の医師がいたとしよう。あなたは、単なる患者だ。医学部卒業に要する六年を加えて、一六年の経験や学んだことを理解するのには、平均しても一六年はかかることになる。……無駄……古い知識や関係ない知識……を除いたとしても、一～二年はかかるだろう。……十分なインフォームド・コンセントのためには医師は一～二年をかけて説明しなければならないことになる⒂……」。

これはやや極端な表現だとしても、インフォームド・コンセント原則に対する根本的な問題提起の一つである。対象者の理解が当該分野の医学研究共同体の知のおおよそのレベルを把握するところにまで達しなければ、虚構の上に立つ同意に他ならないからである。

八　同意能力の欠如または同意の自発性欠如判定の現実

本人の同意能力、同意の自発性に問題がある場合に現場ではどのような処理が行われているであろうか。

1　疑わしきは同意能力無し判定への力学

同意能力は臨床の現場では、有無いずれか判定の困難なケースが少なくない。一方、同意能力の判定基準は無いに等しい。判定手続きは曖昧であり、研究に応じる対象者とは利益の衝突が起こり得る研究者が判定している。能力無しと判定されると、代行者選任手続きが行われる。同意能力が問題になり得るケースでは家族との紛争予防の見地から、また医療機関に依存する家族の立場を利用して、医療現場では概して、疑わしきは同意能力無し判定への力学が働く。代行者選任において、家族内に複数の候補者がいる場合、研究者の方針に賛同する者が代行者とされることもある（そうなれば医師決定に近い）。

本人の益と代行者の益は必ずしも一致しない。家族は医療機関に依存する傾向があるから、代行者・家族は医療機関に迎合的で都合のよい決定をするかもしれない。

本人の益と一致しない場合の代行決定は、代行者・家族という他者の同意決定を通して、研究者および代行者という他者による本人の道具化ないし搾取が行われるという構図になる。

2　疑わしきは同意の自発性判定回避の力学

同意に自発性が無ければ同意は無効である。しかし、同意の自発性の判定は、人間関係やことがらの成り行きによって断り切れない日本の医療現場の実情を抜きに論じることはできない。自発性は有るといえば有り、無いといえば無いという曖昧な現実がある。例えば、研究対象者が研究者の所属する施設の従業員である場合、同意の自発性は、有無いずれか判定の困難なケースが少なくない。また、対象者に何らかの手当が支給される場合、対象者の収入や環境如何により同意の自発性が失われるケースがあるが、一律の線引きは困難である。研究者としては、対象者が自発性のない状態で同意しているとは考えたくないだろう。いきおい、現場では、同意の自発性につき、疑わしきは同意の自発性判定回避の力学が働き、その結果自発性有りとして処理される方向にある。

3　同意能力および同意の自発性の判定

同意能力の判定が先ず行われ、無し判定なら代行判断手続きに入る。同意の自発性の判定は、必要な場合でも無し判定はあまり行われないが、行われるとすると、同意能力の判定の後に行われる。説明の理解なしに同意の自発性を欠く事態は考えにくいからである。その結果、現場ではどのようなことになっているであろうか。

① 同意能力欠如で、かつ同意の自発性有りのケース

代行決定手続きに入る。このケースは、代行決定に共通する問題を抱えている。

② 同意能力が減少または疑問で、かつ同意の自発性有りのケース

これを、同意能力有無の二項対立で処理する場合、研究者は能力無しと判定して代行決定手続きに入る道を選ぶかもしれない。なぜなら、家族は医療機関に依存することが多く、家族・代行者は研究者の方針に添う決定、すなわち研究参加への同意をしてくれることが期待できることが多いからである。しかし、これに

表　問題の②⑤⑥⑦のケース

自発性＼同意能力	＋	△？	－
＋	本人決定	④ 同意有効？	③ 同意無効
△？	② 代行決定？	⑤ 代行決定？	⑥ 代行決定？
－	① 代行決定	⑦ 代行決定？	×

よって、対象者に犠牲・負担を課す臨床研究が実施されるケースは、概して不当ではないか。なぜなら、同意能力の有無は曖昧のまま、代行決定を介して研究が実施されがちだからである。

③　同意能力有りで、同意の自発性欠如のケース

同意は無効となる。このケースは、同意の自発性に共通する問題を抱えている。

④　同意能力有りで、同意の自発性が減少または疑問のケース

前述した理由で研究者は自発性無しと処理することは通常はしない。しかし、これによって、犠牲・負担を課す臨床研究が実施されるケースは概して不当ではないか。なぜなら、自発性の有無は曖昧なまま、実施されがちだからである。

⑤　同意能力が減少または疑問で、かつ同意の自発性が減少または疑問のケース

⑥　同意能力が減少または疑問で、かつ同意の自発性欠如のケース

いずれも、研究者は、前述した理由で先ず同意能力無しと判定し代行決定手続きに入る道を選ぶかもしれない。しかし、これによって、犠牲・負担を課す臨床研究が実施されるケースは概して不当で

はないか。なぜなら、同意の自発性が無なら同意は無効で実施されてはならないが、その点を曖昧にしたまま代行決定を介して実施されがちだからである。

⑦　同意能力無で、同意の自発性が減少または疑問のケース

研究者は先ず同意能力無しと判定し代行決定手続きに入るかもしれない。しかし、⑥と同様の理由で、これによって対象者に犠牲・負担を課す臨床研究が実施されるケースは概して不当ではないか。

4　問題のケース

ケース①は、代行決定自体の問題である。家族が関与するか、裁判所ないしはこれに準ずる公的機関が関与するか、両者を組み合わせるか三つのアプローチがある。

ケース③は同意の自発性自体の問題である。ケース④は、自発性の判断を厳格にすべき類型および判断基準の明確化、研究に関与していない医師による確認手続き等によって対処すべきである。

②⑤⑥⑦については、拒否権の尊重、代行判断の法理の絞り込みによって対処すべきである。

九　代行判断の法理再考[16]

1　代行判断の法理

同意能力を欠く者についての代行判断の法理は、イギリスで、後天的な精神障害者 lunatic の財産の一部を姪に与える事件で創り出された財産法上の法理がインフォームド・コンセント法に借用されたものであり、その安易な類推は、貧乏な人、病人、社会的弱者の搾取につながる。具体的患者に対する益の高度の蓋然性を前提とする通常の診療行為と異なり、臨床研究において代行判断の法理の適用には注意深い留保が必要で

る本人の意思に限りなく近づける努力がなされなければならない。

ある。まず、代行判断の法理の適用場面を制限すること、その適用においては判断能力の十全な時期におけ

2　代行判断法理の適用制限

(1)　臨床研究の客観的類型による制限

(a)　同意能力を欠く者に参加してもらうことがやむをえない類型に適用場面を制限(例外なし)　研究計画書のレベルで、同意能力を欠く者に参加してもらうことがやむをえない場合に限る。省令GCP[17]50条II項は、答申GCP[18]7-2-2-1の「やむをえない」の要件を欠いており、改正されるべきである。

(b)　治療的類型に適用場面を制限(原則)　研究計画書の段階・レベル及び研究に応じる参加者の段階・レベルで、治療的類型に限る(治験につき省令GCP50条Ⅳ項)。治療的とは、具体的患者の健康に対する「現実かつ直接の益(real and direct benefit)」(欧州評議会CE「人権および生物医学条約」17条②)の可能性があることと解するべきである。

(c)　非治療的類型に適用が許される例外　非治療的類型を代行者の同意で同意能力を欠く者に実施しうる理論的根拠は明らかとはいえない。治験につき、答申GCP7-2-3-2は、①本人による同意が可能な被験者による治験では目的が達成されない、②被験者に対する予見しうる危険性が低い、③被験者の福祉に対する悪影響が最小限かつ低い、④治験審査委員会の承認、⑤特に綿密な観察、⑥不当な苦痛があれば中止の要件を満たせば代諾者の同意で実施できると規定する。省令GCP50条Ⅳ項但し書き、7条II項は、この⑤、⑥の要件を欠いている。加えて、治験実施計画書のレベルでの「臨床試験」の決定的重要性(vital importance)をも要件とするよう改正し、最低限の危険(minimal risk)について中央の治験審査委員会による指針が示さ

れるべきである。なお、非治療的類型を、事前指示のある場合に限定する考え方もある。

(d) 緊急状況下における救命的類型に適用が許される例外　治験につき答申GCP7-2-4は、①治験薬が緊急状況下、救命的に使用されるもので、利用可能な治療法が未承認または不十分、②本人または代諾者からの事前の同意を得ることが不可能、③本人に対する直接の利益が予見される、④本人または代諾者へのすみやかな事後的説明、同意、治験審査委員会への報告の要件を満たせば、身元不明者を除き、治験審査委員会の承認で実施できると規定する。省令GCP7条III項はこの厳格な要件を欠いており、改正されるべきである。

(2) 同意能力を欠く者を選定しない原則による制限　治験につき省令GCP44条II項は、同意能力を欠く者はやむをえない場合を除き選定しない原則を規定する。

(a) 同意能力とは、参加による利害得失を判断できる能力をいう。臨床の現場では、有無いずれか判定の困難なケースが少なくない。

(b) 同意能力の判定基準はないに等しい。精神疾患患者の領域で検討されている基準、すなわち、①意思表明の有無基準説、②具体的事項合理的検討能力説、③一般的事項合理的検討能力説、④具体的事項合理的結論説、⑤一般的事項合理的結論説のうち②、③が有力だが、基準として必ずしも成功していない。

(c) 同意能力の水準は、「臨床試験」の意義の大小、実験性の強弱、医学的適応性の高低、直接的益の可能性の強弱、危険性の強弱によって異なると考えられる。

(d) 判定は研究計画書の段階・レベル及び研究に応じる個人の段階・レベルの双方でなされなければならない。しかし判定手続きは曖昧で、研究に応じる参加者と利益の衝突が起こりうる実施者が判定している。

(e)　判定目的も曖昧で、できるだけ代行者を選任して紛争を防止するという医療機関の自己防衛目的もないとはいえない。

この原則は、同意能力の定義、判定基準、判定方法が曖昧で、実施者が判定しているから、研究に応じる者の権利擁護には必ずしも役立っていない。

したがって、定義・判定基準・判定方法・判定者などにつき、中央のＩＲＢが指針を整備し、具体的「臨床試験」ごとに判定基準・判定方法・判定者などにつき研究計画書に定めるべきである。明らかな場合を除くなど一定の範囲内で、臨床研究の関係から独立した医師による確認を得るシステムや、ＩＲＢに対し独立した判定者による判定評価書を提出させるシステムなどを検討すべきであろう。

(3)　代行者の範囲・選任手続きの厳格化による制限

(a)　本人に同意能力が欠けると判定されたとき、代行者の選任が行われる。代行者の役割としては、①代行判断 (substitute judgment) の原則、②最善利益 (best interest) の原則、③利益の一致 (identity of interest) の原則が示されている。①は、その者の、本人に対する個人的主観的な知識のゆえに、本人が選択をなしうるとしたらそうしたであろうような選択を忠実に複製しうる者、②は、本人が合理人として望んだであろう選択、または少なくとも本人の利益に奉仕する選択に近い、客観的に合理的な選択をなしうる者、③は、本人の利益とその者の利益が非常に近似していて、その者の利益の選択が本人の利益を保護することになる者である。①ができるかぎり追求されるべきであろう。答申ＧＣＰ2-18の「代諾者」の定義は、やや②に比重が置かれ過ぎている。

(b)　代行者選任手続きは、事実上、研究実施者の裁量に委ねられている。複数の候補者がいて実施者が自らの方針に賛同する者を代行者と認めるとすれば、パターナリズムを克服すべき自己決定・代行判断の法理が、回り回って事実上研究者・医師決定になり、皮肉にもパターナリズムに近づいてしまう。

そこで、代行判断の原則に近づける手続きが求められる。すなわち、(i)医学的知識の増大や将来の患者たちの幸福に貢献する意思を本人が有している証拠がある、事前指示がある、任意後見契約があるなど、本人の過去の意思が示されているかどうかが可能なかぎり追求されるべきである。しかし、これらが示されていても、一般的な臨床研究のレベルでの参加意思にとどまるから、具体的な研究計画書のレベル、研究に応じる個人のレベルについては追加的な評価が必要になる。(ii)明確な本人意思が不明の場合でも、本人の希望、価値体系を知っている近親者が選任されるべきである。

(c) 先天的に同意能力を欠く場合（幼児、重度の精神遅滞など）は、代行者の役割②、③にのっとり決定的重要性及び最低限の危険の要件その他、非治療的類型を許容する要件と同様に考えるほかない。

(d) 代行決定について実体的、手続的保障（代行意思の定義、代行者の範囲及び選任手続、代行者間で不一致のときの優先順位、欠格事由等）の指針を中央のＩＲＢが整備し、研究計画書に定めることが望ましい。

(4) インフォームド・コンセント原則の厳格化による制限

(a) 代行者への説明前及び代行者同意後の追加的手続き　①代行者に説明する前に、本人に対し、能力を欠く旨の判定を知らせ、②代行者が同意した場合には、本人に対し、その旨知らせるべきである。これらの手続き追加は、同意能力の有無につきグレイ・ゾーンが少なくないことを考慮したものである。

(b) 代行者への説明、同意　治験につき省令ＧＣＰ五〇条二項

(c) 本人が拒まないこと　欧州評議会ＣＥ「人権および生物医学条約」一七条一項五号参照。本人が拒

否した場合、拒否権は尊重されなければならない。ただし、臨床研究の中でなければ利用できない治療法を拒否するなどの場面については、本人の拒否権尊重の例外を認める assent の考え方もある。

(d) 本人決定を覆す代行者の権限　本人の最善の利益に合致しない、または本人の意図に反するとの理由により代行者に本人決定を覆す権限を認める考え方もある。

(5) 独立の審査システムによる審査の厳格化による制限

(a) ＩＲＢ構成員に、①特定カテゴリー疾患専門家及び、②患者の利益代表等（臨時委員）の参加システムが検討されるべきである。

(b) 中央のＩＲＢが指針を定め、ＩＲＢが具体的な臨床研究を審査する審査体制が必要ではないかと考える。

十　研究対象者保護法要綱試案の提案

1　平等権保障の原則化

研究対象者保護法要綱試案(19)は、人についての研究の条件として、次のとおり規定している。

「研究計画においては、対象者と対象者との間、参加する者としない者との間、および研究実施中とその前後との間に、公平性が保たれなければならない。」

これは、憲法・国際人権法の平等権を研究計画・実施において保障すべきことを求めたものである。治療を伴う研究において、参加しないならば標準的方法（標準的方法がない場合は研究に参加しないならば得られる対処方法）を受けることによる対象者の益が、研究参加により著しく損ねられてはならない、という倫理のレベルの理念にも通じる。「標準的方法」については議論があるが、倫理原則ならば「最善と証明された方法」とすべきである。この原則に基づいて、標準的方法がない場合のプラシーボまたは無治療との比較対照研究も公平性の保たれる限り許容しうるものとなる。また、研究に参加する者だけに突出して優れた方法が与えられたり、参加期間中だけ優れた方法が与えられ終了後との落差が著しいものとなる計画を制限する規定でもある。

2　独立した審査システムの構築

研究対象者保護法要綱試案では、個々の施設から独立した公的な審査体制、すなわち、対象者保護地域審査委員会と対象者保護中央委員会の構築を提案している（ここでは立ち入らない）。

3　対象者適正選定の原則の確立

(1)　対象者適正選定の原則　　臨床研究において、研究対象となる候補者は適正に選定されなければならない。選定が不適正であれば、研究結果の信頼性が損なわれるのみならず、インフォームド・コンセント原則は無意味かつ有害になる。候補者の恣意的な選定がされないという保障があって初めて、インフォームド・コンセント原則が成立する。

(2)　研究対象者保護法要綱試案の規定　　試案は、対象者を適正に選定する原則を、研究計画段階における選定と研究実施段階における選定に分けて、次のとおり規定している。

(a)　先ず、特別な保護を要する対象者の研究計画における選定条件を次のとおり規定する。

「**1**　研究主導者等は、同意能力を欠く者、妊婦もしくは懐胎中の胎児または授乳中の母親（以下、「妊婦等」という）、非任意施設入所者、法律による保護下にある者、健康保険未加入者、および参加の意思につき不当な影響を受けるおそれある者を、研究計画において対象者として選定する場合には、個々の対象者およびその者と同じ属性を有する人々の福利を目的とするのでなければ、選定してはならない。

2　前項に規定する者については、同意能力を欠く者の場合は代行者の同意、妊婦または授乳中の母親の場合は配偶者が拒否しないこと、胎児の場合は両親の許可、非任意施設入所者及び法律による保護下にある者の場合は本人を保護すべき法律上の立場にある者の許可がなければ研究の対象とすることができない。

3　妊婦等についての研究のうち、妊婦および懐胎中の胎児についての研究の場合または授乳中の母および乳幼児についての研究の場合、いずれか一方を研究対象とするときの侵襲の他方に及ぼす危険が十分に管理できるものでなければならない。

4　非任意施設入所者、法律による保護下にある者についての研究は、実施施設が地域委員会の認定を受けていなければならない。

5　研究主導者等は、研究参加の意思に不当な影響が及ぶおそれある者についての研究においては、同意の自発性が確保されるよう研究計画において最大限の注意を払わなければならない。」

(b)　次に、本人に直接益のない研究の管理と対象者の選定条件を次のとおり規定する。

「**1**　本人に直接益のない研究は、中央委員会の定める登録管理制度のもとに行い、一個人の年間の参加回数を限定し、かつ一個人が同時に複数の研究に参加することはできないものとする。

2　本人に直接益のない研究は、最小限の危険を著しく上回るものであってはならず、公益性が相当に高いものでなければならない。

3　健康な対象者については研究実施に先立ち健康診断が行われなければならない。

4　同意能力を欠く者等（注　上記(1)1に規定される者）について本人に直接益のない研究は、（注、上記(1)1の）諸規定に加えて、次の各号をすべて満たす場合にのみ行うことができる。

(1)　その者と同じ属性を有する人々でなければ研究目的を達成できないこと

(2)　危険が最小限であり、かつ回復可能であること

(3)　公益性が著しく高いと予測できること」

(c)　さらに、研究実施における対象者の選定条件を次のとおり規定する。

「1　研究主導者等は、ある対象候補者が研究計画書の選定条件を満たす場合でも、研究の意義、目的、危険および対象候補者の診断、症状、既存の方法に対する反応、予後等に照らし不適当と判断されるときは、当該候補者を選定してはならない。

2　研究主導者等は、ある対象候補者が対象者となる場合に影響を及ぼしうる他科の診療を受けている場合、当該研究への参加を求めるにつき、当該対象候補者の同意のもとに当該他科の医師と協議しなければならない。

3　研究主導者等は、研究の継続が対象者の診断、症状、予後等に照らし不適当と判断されるに至ったときは、当該対象者について研究を中止しなければならない。

4　研究主導者等は、同意能力を欠く者等（注、上記(1)1に規定する者）特別な保護を要する対象者について、研究計画においてのみならず研究実施においても特別な配慮を払わなければならない。」

4　インフォームド・コンセントにおける説明の工夫、拒否権の尊重

(1)　説明の順序　　対象者への説明は、その行為が治療を含むとしても研究であるという事実、および参加しない場合に提供される医療についての説明から始めるべきである。参加しない場合の選択肢は、研究の意義等を伝えた後に「代替的方法」として説明されるべきではない。「代替的」の用語は、研究参加が本筋の選択であるとの誤解を生じやすいから、避けるべきである。

(2)　研究対象者保護法要綱試案の規定

(a)　試案は、説明、理解および同意について次のとおり規定する。

「1　人についての研究は、対象者に対し次に掲げる事項について予め十分な説明がなされ、対象者がこれを十分に理解し、判断に必要な時間を経た上で、対象者の自発的な意思による明示的な同意がなければ対象者を参加させ

てはならない。
(1) 研究であること
(2) 研究に参加しない場合の選択肢
(3) 研究の意義、目的、方法、期間、根拠に基づき予測される益と危険
(4) 必然的に伴う不快な状態
(5) プライバシーおよび情報セキュリティの保護とその方法
(6) 健康被害が生じた場合の医療の提供および補償
(7) 終了後の治療法等の入手可能性
(8) 参加拒否および同意撤回の自由
(9) 質問の自由および他者の意見を求める自由
(10) その他、利益相反を含む研究計画の要約

2 対象者への説明および対象者の同意は文書によらなければならない。」

(b) 試案は、拒否権の尊重について次のとおり規定する。

「同意能力を欠く対象者の、研究に対する拒否権は、原則として尊重されなければならない。ただし、対象者の益が相当に大きく、研究に参加する以外に当該益がもたらされないと合理的に予測される場合は、代行者は対象者の拒否権を尊重しないことができる。」

5 むすびにかえて——研究結果の利用

なお、研究実施中とその前後との間の公平性については、ヘルシンキ宣言一九条、三〇条が研究に応じた参加者による研究結果の利用を定めている。

すなわち、研究終了後、研究に参加したすべての患者は、その研究によって最善と証明された予防・診断・治療方法を利用できることが保障されなければならない（三〇条）。

これは、出資・依頼国（CDC・NIH）たるアメリカでHIV母子感染の標準的予防法が確立した後にサブ・サハラ、タイなどで行われたzidovudine AZT短期間療法のプラシーボ対照臨床実験に対する批判に応えた意義深い規定である。二〇〇二年改訂CIOMS指針10は「乏しい資源しか持たない集団または共同体を対象とする研究について、出資・依頼者及び研究者は、研究に着手する前に、開発された治療法等の方法もしくは製品または生成された知識が当該集団または共同体の利益のために合理的に入手できることを確保するようあらゆる努力を払わなければならない」と規定している。

（1）臨床研究のなかには、既承認薬の比較臨床試験のように、対象者の犠牲・負担が低いか無視しうる場合もあり、そのような場合は一応本稿による検討の対象外とした。その評価は第三者審査システムの課題である。事前の評価であるから結果がよかったかどうかで評価されるわけではないし、また、予測される益がリスクを上回るかどうかの評価とも同じではない。

もっとも、それ自身は対象者の犠牲・負担は問題にならない臨床研究のようであっても、全体としてみるとそうとはいえない場合があるので注意を要する。例えば、金沢大学付属病院での卵巣がんに対する既に確立された療法同士であるCAP療法対CP療法の無作為化比較試験では、白血球減少予防治療剤G—CSFの有用性の検討というもう一つの臨床研究を伴っていた。その場合、前者、すなわち高用量のCAP、CP療法によって白血球が減少した患者が、後者の臨床研究に用いられたのではないかが問題提起されている（二〇〇三年二月一七日金沢地裁判決および仲正昌樹・打出喜義・仁木恒夫『「人体実験」と患者の人格権——金沢大学付属病院無断臨床試験訴訟をめぐって』お茶の水書房、二〇〇三年参照）。

（2）光石忠敬・栅島次郎・栗原千絵子「研究対象者保護法要綱試案——生命倫理法制上最も優先されるべき基礎法として」臨床評価三〇（二、三）二〇〇三

光石忠敬・栅島次郎・栗原千絵子「研究対象者保護法試案——生命倫理をめぐる議論の焦点を結ぶ」法学セミナー二〇〇三・九、五八—六一

（3）例えば、一九九七年三月答申GCP（後掲注17）が規定した「代諾者」を出発点に、中央薬事審議会GCP特別部会

で同席した唄孝一、鎌田薫、筆者の三名が部会終了後一九九八年五月より勉強会を始め、二〇〇一年一一月からは、唄孝一、岩志和一郎、筆者が呼びかけた「代諾勉強会」が勉強を続けている。本稿は、これらの勉強会での議論に大きく負っているが、無論同勉強会としての考え方を示したものではない。

（4） International Ethical Guidelines for Biomedical Research Involving Human Subjects prepared by the Council for International Organizations of Medical Sciences(CIOMS) in collaboration with the World Health Organization(WHO). Geneva 2002

（5） ベルモント・レポート「研究における被験者保護のための倫理原則とガイドライン（一九七九年）」津谷喜一郎・光石忠敬・栗原千絵子訳・臨床評価二八巻三号（二〇〇一年）

（6） 加藤尚武「現代倫理学入門」六七頁以下

（7） 光石忠敬「「臨床試験」に対する法と倫理」臨床試験二〇〇三（編集内藤周幸）（薬事日報社、二〇〇三）

（8） 前掲注（5）

（9） Charls Fried（内藤周幸・光石忠敬共訳）Medical Experimentation-Personal Integrity and Social Policy――『医学実験――無作為化臨床試験の論理と倫理』（篠原出版、一九八七）

（10） 栗原千絵子・光石忠敬「プラシーボ効果とプラシーボ対照――その科学性と倫理性をめぐる議論」月刊薬事四四（七）七一―八二（二〇〇二）

（11） Levine, R.J.ほか座談会「医薬品開発のグローバリゼーション時代における臨床試験の倫理」臨床評価、二六（三）、三四一―三八〇中の三七八頁ルバイン発言（一九九九）。

（12） 水島裕「日本の医薬品開発の進む道」炎症一五（二）九九（一九九五）

（13） 名古屋地判平一二・三・二四判例時報一七三三―七一

（14） 前掲注（1）参照

（15） 佐藤孝道『出生前診断』（有斐閣選書、一九九九年）

（16） 光石忠敬「シンポジウム／医療上の意思決定の代行「被験者の権利の擁護」」年報医事法学一五（二〇〇〇）

（17） 一九九六年八月薬事法改正に伴い、中央薬事審議会が一九九七年三月に答申したGCP

（18） 答申GCPと共に、一九九七年に公布された厚生省令によるGCP

臨床研究における対象者の適正選定とインフォームド・コンセント原則〔光石忠敬〕

(19) 前掲注(2)

湯沢雍彦・宇都木伸 編
『人の法と医の倫理』附
二〇〇四年三月 信山社刊

唄さんのこと——一九五四年の家制度復活論にまつわる思い出など

広中俊雄

《前口上》
《本題——唄さんのこと》
《余　話》

《前口上》

本書『人の法と医の倫理』への寄稿を諸兄姉にお願いする書状（二〇〇二年四月三〇日付）には、

「来る二〇〇四年三月一八日に、私たちの敬愛する唄孝一先生が八〇回目の誕生日をお迎えになります。この機会に、先生から研究指導を受けた者ないし先生主宰の研究会で学問的刺激を受けた者が家族と医療をめぐる法と倫理にかかわるテーマの範囲でそれぞれ論文を書いて先生に献呈することができればと思い、発起人相集って企画（別紙「企画の大要」〔二〇〇三年七月末原稿締切り、二〇〇四年三月一八日刊行予定等の記載〕参照）を立てました。幸いにしてご協力を得られますなら、きっと先生に喜んでいただける論文集ができると存じます。

ご多忙かとは存じますが、ぜひご寄稿を賜りますようお願い申し上げます。」

という用件内容の文章に続けて、

唄孝一先生賀寿論文集刊行発起人
石井　美智子／宇都木　伸／佐藤　良雄／平林　勝政／広中　俊雄／湯沢　雍彦

という記載があり、そのあとに私はつぎのような「追伸」を書かせていただきました。

「本状をごらんになって、私が発起人に加わっていることを〔年齢等の点から〕不思議に感じられた向きもあろうかと思い、一言申し上げます。

昭和二〇年代に特研生ないし助手として川島武宜先生の研究指導を受けた数名のうち、私は最年少で、若いころ唄さんに格別なご面倒をおかけした思い出もある学問上の後輩なのですが、ことし一月、唄さんの喜寿〔昨年三月）をお祝いする論文集の計画が諸事情のため進行しないままになっていることを知りました。そこで関係者に、私がお手伝いしてよければ協力しますと申しましたところ、さいわい話が進みはじめまして、このたび上記のような企画がまとまり、私も発起人の一人になった次第です。
原稿締切りまであまり期間がなく、はなはだ恐縮に存じますが、どうかご寄稿くださいますよう、お願い申し上げます。

広中俊雄」

私は、〃唄さんの研究指導を受けた者ないし唄さん主宰の研究会に出ていた者〃ではありませんので、論文を寄稿する資格がありません。しかし、発起人の一人になったのですから、せめて随想ふうの文章を寄稿して祝意をあらわしたいと、いろいろ考えました。前記のように、私には「唄さんに格別なご面倒をおかけした思い出」があり、それは家族法ないし家族問題に関係のある思い出、したがって本書の内容に関係のある思い出でもありますので、その思い出を書かせていただくことにします。

《本題——唄さんのこと》

私は、『法律時報』の一九九三年一月号に書いた「川島先生と私」という題の追想記の一節に、「……先生から当時〔一九五四年〕の家制度復活論について『世界』にまとめる仕事のお話を受けた際、先生のお考えと自分の考えとの間にややずれがあるのを感じた私は、先生のご期待どおりの原稿をうまく書けそうにない気がしてそう申し上げたところ、先生はたいへん気分を害され、話の途中では先生の口から『破門』という言葉まで出るような空気になったが、私は、謝りながらも、うまく書けそうにありませんという言葉を撤回することができなかった」という出来事について書き、それに続けて「しかし、先生と私との関係は悪い方向に展開しなかった。〔以下略〕」と書いている。その出来事はもちろん川島先生と私との間で生じたものであるが、右の文章は、出来事の全経過のうちの重要なひとこま、そこに登場した第三の人のことを書いていない。その人とは、唄さんのことである。

私が川島先生から問題の家制度復活論に関する仕事のお話、具体的には原稿を頼むとのお話を受けたのは、一九五四年一一月二日、関西で開かれた私法学会の学術大会の会場で先生に会った時であり、その時点ではとりあえず二人の間だけのお話だったようで詳しいことは後日とのことであったが、一一月五日に自由党憲法調査会（会長岸信介）の『日本国憲法改正案要綱』が発表され、私は、問題の復活論が『要綱』中の「国民の権利及び義務」の項の「四」に、

「旧来の封建的家族制度の復活は否定するが夫婦親子を中心とする血族的共同体を保護尊重し親の子に対する扶養および教育の義務、子の親に対する孝養の義務を規定すること。農地の相続につき家産制度を取入れる。」

というふうに文章化されていることを確認する。* 私の印象では、自由党憲法調査会の家制度復活案は予想したほどのものでなかったので、私は『世界』のための原稿の執筆をかなり気楽に考えていた。

＊『日本国憲法改正案要綱説明書』での説明はつぎのとおりであった。

「家族制度の問題については、憲法改正と関連して、とくに論議が多い。

占領軍は憲法第二十四条と、民法の改正によつて、わが国の家族制度に根本的変革を加えた。これは日本の弱体化という占領政策の線に副つて実行したものである。然し、わが国の従来の家族制度には、人権尊重の立場から反省すべき点があつた。家長の権限が強大であり、又女子の地位の低かつた点などは、改めるのが正しいから、憲法改正に当つても、これ等の封建的色彩は、復活すべきでない。

然しながら現行の憲法と、之に基く教育方針が極端な個人主義の立場から、家族という観念の抹殺を図つたのは行過ぎである。

夫婦親子を中心とする家族は人間性に由来する血族的共同体であつて、健全な社会構成のため保護尊重すべきである。現行憲法では夫婦関係についてのみ相互協力の義務を規定し、親子関係については親の子に対する教育の義務を規定するのに止まり、相互扶助のことは挙げて民法に譲つているのは妥当を欠く。親の子に対する扶助と教育の義務については問題がないが子が親に対する尊敬と、老後の扶養については、今日学校教育その他に於て著しく軽視され、時としては否認されている。生活力を失つた親は幼子と同じく弱者である。社会保障によつて全部の老人の老後の安泰を期することは、経済力の貧弱なわが国状の許さざる所である。憲法に子の親に対する孝養の義務を規定して、人倫の大義を明かにすべきである。一九四八年合衆国を含む北米、中米、南米二十数ヶ国の共同に成る米州人権宣言中、「親は未成年の子を養う義務がある、子は親を尊敬し、必要に応じ扶養しなければならない」という一条がある。自由主義、個人主義の本拠である米大陸諸国家の人権宣言にこのことあるは注目すべきである。

相続については憲法第二十四条によつて均分相続制を採用することになつたのは原則として是認し得るけれども、今日既に一戸当り耕作反別の極めて低位にある農村に於て、遺産の平等分配によつて、農地が更に零細化されることは農家経済の存立を危機に陥れるものである、一部の人々は、法律上均分相続といつても、事実上は相続権の抛棄によつて弊害の発生を防いでいるから改正の必要なしと主張している。論者もこれ以上の農地の細分は避くべきであるという点では見解が一致しているのである。農地相続紛糾は既に相当甚しくなつているのであつて自発的権利抛棄に期待し得るものには自ら限界がある。

わが国のように農地の細分化されている国は外にはないのであるが、それにも拘らず農地の細分化を防ぐため憲法で家産制度を認めている国は十七ヶ国もある。この外に普通の法律で家産制度を認めている国もあるのである。これ等の国では農地の一定面積以下のものを世襲財産として法律上特別の取扱をしているものが多い。わが国でも憲法で均分相続の例外として農地の家産制度を認めその内容は法律で規定することとすべきである。」

私がやや緊張したのは、一一月一五日付の『世界』編集部M氏の速達往復はがきを読んだ時である。その後の事態の展開（前述の出来事）との関係から私はその往信片をとっておいた記憶があったので、このたび本稿を書くにあたって探したところ、運よく見つかった（前述「川島先生と私」を書くに際して探した時には見つからなかった）。来信の文面をつぎに抄録しよう（〔　〕内は広中の書込み）。

「……『家の復活』というテーマで、〔1〕現在……積極的に押しすゝめられている家族制度再建の政策は、一体何を意図しているのか、〔2〕その政策に対していまどう処すべきであるか、〔3〕家の復活が実現された暁には、日本の社会のしくみはどう変ってくるか等々の問題を、『世界』誌上に於て取扱いたいと考えております。つきましては、左記の方々にお集まり頂き、そのための御相談をお願いしとう存じます……。

日時　一一月一九日午後一時或は二一日午後五時以後

場所　岩波書店

出席者　川島武宜、唄孝一、渡辺洋三、石田雄、広中俊雄、磯野誠一」

私を緊張させたのは「3」であった。私が当時の家制度復活論について現実化の可能性を感じていなかったのと異なり右の「3」に「家の復活が実現された暁」のことへの言及があるのは川島先生のお考えを反映したものであろう、と思われたからである。

会合は一一月二一日、日曜日に如水会館で開かれた。上掲の顔ぶれは渡辺さんが潮見（俊隆）さんにかわっていて、相談ないし討議はその日で終わったが、討議の内容に関しては、私が復活論に対する世論あるいは社会の（とりわけ婦人たちの）強い反対という主観的条件およびすでに確実なものとなってきている家制度の社会的・経済的基盤の崩壊という客観的条件のもと復活は阻まれるだろうと思っているのとちがって川島先生が復活論を非常に重大なものと受け止めておられると感じた以外に、まったく記憶が残っていない。相談としては、討議の結果を踏まえて広中が執筆し川島名義で発表するということにきまり、私は、川島先生との間に感じられるずれを執筆上どのように処理するかという厄介な問題があると感じた。そうして、翌朝、私は先生に会い、既述のように、原稿をうまく書けそうにないという気持ちを話したのである。

その年の手帳を見ると、一一月二三日は祝日、二四日・二五日は勤務先の千葉大学の講義日であった。その間には、川島先生から『世界』編集部に「広中君に書かせたら」とか「共同名義に」とかいう話をなさったようであるが、編集部は首を縦にふらなかったらしい。こうして二六日を迎える。この日、原稿用紙を届けにきたM氏が「川島先生との共同名義」という話を持ち出したが、私は謝絶した。川島名義であれ広中名義であれ、責任の所在が形の上で明瞭であるほうがよいと考えたからだったと思う。そして同じ日の夕暮れどき、私は東大法学部の建物のなかで、さきほど述べた第三の人と出会った。唄さんと出会ったのである。

唄さんが言った。「川島さんは君がことわったと言ったよ。」私は驚いた。原稿をことわったわけではないのにと思いながら、私はすぐに、それは誤解だと言った。彼が尋ねる。オコルダロウ？　彼が言い当てた私の心理状態を隠そうと私は咄嗟に、シバシバダカラと言ってしまった。これは少し言い過ぎだったが、彼はそれを聞き流してまっすぐに言葉を継いだ。その言葉が私にはうれしかった。手帳のメモの最後のくだり――「彼は、何よりも川島さんの誤解をとくことに努力しようと約束してくれる。Danke !」

うれしかったについては、当時の私の個人的事情が背景にあったかもしれない。

私は、この年の春、警察法改正問題で世間が騒がしかったころ『婦人公論』から頼まれて四月号に「警察と警察官」と題するルポルタージュを書いたり『中央公論』から頼まれて五月号に「〝新特高〟とは何か」という論稿を書いたりしながら他方で五月発行予定の『法学協会雑誌』七一巻五号に掲載される助手論文「契約とその法的保護」の第五回分を書き進めるというような生活をしていたが、実は、前年一一月に助手論文の第四回分を掲載した『法学協会雑誌』七一巻三号と私の「ルポルタージュ　家庭裁判所」を掲載した『婦人公論』一二月号が発行されてその二つを眺めている時ふと抱いた自分への疑問、簡単にいえば学術論文を書く学者の卵のようでもあり総合雑誌に執筆する駆出し寄稿家のようでもある自分への疑問が、この年の三、四月ごろ急速に高まってきて、とうとう五月の中ごろ、東北大学法学部に移ることを強く勧める同学部の世良晃志郎さんに、前年その話があった時にはことわった転任を今度は承諾し、同時に私個人の問題として東京のジャーナリズムから遠ざかる決意をした。この決意を私はジャーナリズムとの決別、そして人間的なものとは時に両立しがたい東京という大都会との決別だと考えていたが、ことにジャーナリズムとの決別が惜別の思いを伴っていたことは否定しえない。ジャーナリズムと接触するきっかけとなったのは、一九五〇年四月に川島先生の研究指導を受ける助手として研究室に残ったその秋に、川島先生のご指名で法社会学会の機関誌『法社会学』の創刊号に「時の問題」四編の一つ「巡査の結婚」を書いたことである。他の三編は、創刊号の編集会議に編集委員ふうの資格で出ておられた潮見さん・渡辺さん・唄さんが執筆を引き受けられたように思うが、読売新聞の報じた〝娶妻願〟の事件が「時の問題」のテーマとして浮かび上がった時、編集会議に学会事務担当者として出席していた私は、川島先生から「広中君、書いてみないか」と言われて「読売新聞はとっていないので読んでいませんが」と言ったところ、唄さんから「僕の切抜きを渡すよ」と言われて私が「巡査の結婚」を書くことになったという経緯を、なつかしく思い出す。その創刊号（五一年三月発行）の書評を『日本読書新聞』に執筆なさった鶴見和子さんの「巡査の結婚」に対する評価が機縁となって、一九五二年に私はペンネームで、『中央公論』二月号に「巡査の哲学」を書き、八月に読売新聞文化部から頼まれて「現代警官論」を書き、秋に『中央公論』の〝百万人の法律学〟という連載物のなかで九月号に「破防法の限界」（原題「破防法について」）、一〇月号に「捜査権と人権」を書き、そういう経過のうちに、わずか二五歳で向こう見ずにもジャーナリズムをおもしろそうな世界と感じはじめた。翌五三年の秋には鶴見さんとラジオで対談するという経験をしたほか、前述の「ルポルタージュ　家庭裁判所」を書く目的で東京家庭裁判所のなかを取材のために歩きまわった私は、上席調査官の小峯三千男さんから「（原稿ができあがったら）検閲させてほしい。いつも見ている。見ても、いつも相当な所まで書かせている」と言われた時（おそらく一人前のルポライターのような顔をしながら）自由な執筆を確保したいと言下に拒絶した経験もしており、要するに、ジャーナリズムの世界に足を踏み入れつつあったのである。その世界から去るという決意には、後ろ髪を引かれる思いもなかったわけではないが、他方で私は、助手論文の第六回分（最終回分）に力を注ぎ、それが『法学協会雑誌』七二巻一号に掲載されたあと、助手論文のローマ契約法史の部分（計四回分）を『契約とその法的保護（一～六）』という一冊の形に製本して恩師・先輩・朋友に献呈するなどしながら、翌年からの充実した研究生活を思い描き、そうすることによってジャーナリズムの世界に後ろ髪を引かれる思いを押え込んでいたのであった。そういう時期に川島先生の口から「破門」という言葉まで出るような出来事があり、そのあと唄さんから私が『世界』の原稿の執筆をことわった旨の川島先生の言葉を告げられて（私はその原稿が約三年間のジャーナリズムとのつきあいの最後になるだろうとひそかに考えていた）、私の受けた衝撃は大きく、それだけにいっそう唄さんの「何よりも川島さんの誤解をとくことに努力しよう」という言葉がうれしく感じられたということは、言えるかもしれないと思う。

しかし、私はやはり、純粋に唄さんの言葉がうれしかったのである。それは、マアあまり気にするなとか、時間が解決してくれるよとかいうような、よくある慰めの言葉ではなかった。彼の言葉は、友情にみちたものであり、そしてきっぱりしていた。そこには無私のいたわりとはげましがあった。私はその夜、すっかり唄さんにまかせた気持ちになって、あの出来事のことも川島先生が唄さんに言われたらしい話のことも忘却の渕に沈め、翌朝、自分が原稿を書かないでよいことになった幸せを喜ぶことにした。その後あの件はどうなったかということを唄さんに尋ねることもしないまま私は一九五五年を迎え、一月に仙台まで行って東北大学法学部の教授会に挨拶をし、四月には仙台に引っ越したのである。

私は、二〇〇二年四月二六日、唄さんに献呈する賀寿論文集つまり本書の企画が一応まとまった段階で信山社の袖山貴君とともに、賀寿論文集の刊行を確定的に了承してもらうため唄さんを訪ねた際、私がかつて面倒をおかけしたことについて記憶があるかどうかを尋ねたところ、全然おぼえていないという答えであった。ひとに何かしてあげた者がその件をおぼえていないということは、ままあることで、少しも不思議ではない。しかし、唄さんは川島先生に話す労をとってくださったはずであり、私の想像では、唄さんから「誤解」の件を尋ねられた川島先生が《広中君はうまく書けそうにないと言ったが、あれは執筆を辞退したいという暗黙の意思表示だったと思うので、彼がことわったということにして、僕の責任で万事をおさめることにしたのだ。若い研究者に自分の研究テーマ以外の原稿を無理に書かせることはない》と言われ、唄さんはその説明を了解して《今のお話をわざわざ広中君に伝える必要はないでしょうね。部分的に彼が不快な気持ちになってもかわいそうだし……》と応じられた、というようなことだったのではないかと思う。もちろん、以上はあくまでも私の想像にとどまるが、とにかく川島先生は川島先生として、また唄さんは唄さんとして、私のために周到な対処をしてくださったのだと思われ、ありがたいことであった。

《余　話》

家制度復活論について、川島先生は『ジュリスト』の一九五五年一月一日号（七三号）に「家族制度の復活」と題した論文を書いておられる。そのまえがきのなかに、「改正要綱案のこの部分（家制度の復活を要求する部分――本稿前掲）は、きわめて重大な問題を含むものと認められねばならない」とあり（四一頁）、本稿中さきに注の形で掲げた『改正案要綱説明書』の関係部分の分析（本稿では割愛する）に基づき、つぎのように結論が述べられている（四七・四〇頁）。

「要するに、改正案のねらいは、家族制度を法律上の制度として復活するのにあるのではなく、思想・道徳あるいは習俗としての家族制度に憲法上の公けの承認を与えることによって、日本の教育内容に反革命をもたらすということであるように思われる。教育において家族制度が公認の道徳や思想となることの実際上の結果がいかに大きなものであるかは、ここに述べるまでもなく、明治以後の日本の歴史に徴すれば明らかであり、家族制度がひとたび教育にその突破口を見出した後は、日本の習俗・思想・政治の全面に影響を与えるものとなるであろう。岸信介氏は「『家』の精神にもとづいて国家が形成され、また国際的に進出するもととなるのだ」（八紘一宇）と語ったと伝えられるが（前出（婦人公論一九五四年七月号九五頁））、まことに至言である。自由党憲法改正案の意図が以上の点にあるとすれば、それが反民主主義的なものであることは言うまでもなく、また仮にそのような意図がないとしても、その結果は反民主主義的なものとなることは疑いないと考える。」

右引用中、はじめのほうに「法律上の制度として復活するのにあるのではなく」とあるのは、「……ことにある……」の誤りではなくて、「……ことだけにある……」の誤りであったらしいが（『川島武宜著作集』一〇巻二七三頁参照)、いずれにせよ川島先生は「家族制度復活論」を教育の面において「重大」視しておられたのであった。私は「家族制度復活論」を教育の面で重大視すべきものと考える用意がじゅうぶんでなかったのであり、私が「先生のお考えと自分の考えとの間にややずれがある」と感じていたのは認識不足であったように思われる。私は当時「家族制度復活論」について既述のように現実化の可能性を感じていなかったから、川島先生との間に考え方のずれがあったことは、まちがいない。しかし、このずれが生じていた原因は、先生が「家族制度」イデオロギー(ないし「法律上の制度」としての家制度)を家制度の社会的・経済的基盤からは相対的に独立したものと考える視座に立っておられたのに対し、私は家制度の社会的・経済的基盤の崩壊がすでに確実なものになってきているという当時の客観的条件を決定的な要因と考えて復活論は阻まれるであろうと見ていたことによると思われる。二人の間に「ややずれがある」どころではなかったというべきであろう。一九五四年の「家族制度復活論」が結局は実現しなかったからといって私の見方が正しかったということには、もちろんならない。川島先生は一九八三年一月二七日に刊行された著作集一〇巻の「解題」(四五〇頁)で「どれほど極端なイデオロギーでも、政治権力がこれを強制するならばいや応なしに広汎な人々を説得することができるということは、過去の日本の歴史のみならず外国の歴史を見ても実証されるところである。家族制度イデオロギーはまだ完全に消滅したのではないかもしれない」と書いておられる。「神風特別攻撃隊」員の行為を是認・賞賛する「忠」のイデオロギーやドイツにおけるナチスのイデオロギーを想起すれば、川島先生の「家族制度」イデオロギーに関する見解を分析する仕事は私にとって(のみならず私以外の社会科学者にとっても)宿題であるといわなければなるまい。

一九五四年当時の家制度復活論については、一九五七年二月二五日発行の講座『家族問題と家族法』の第一巻『家族』で唄さんも書いておられる（四〇〇頁以下（唄孝一・竹下史郎「新民法の成立」の附記の形→『唄孝一・家族法著作選集』一巻七四頁以下））。つぎにそれを引用しよう。

「……その後（民法改正＝家制度廃止後）占領軍の権力そのものが反動化するとともに、そして、『独立』（一九五二年）を機に国内の旧勢力の復活がいちじるしくなるとともに、両者は結合し癒着した。そして、かれらは民法の復元をいともやすやすとなしとげる公算のもとに蠢動を開始したのであった。

しかし、民衆は県下の旧阿孟《ママ》ではなかった。戦後数年の間に民衆の自主的な力の進展はいちじるしかった。いな民法の改正自身もたしかにそのような民衆の力を進展させる上になんらかの道を開きもしていたのである。家族制度復活反対連絡協議会の運動を頂点としつつ、それは、全国の労働組合の主要なスローガンの一つとなり、また、主婦や母の運動の最大の目標の一つとさえなっているのである。その点で内外の反動的家族制度論者はその見とおしをあやまった。そして、岸信介氏が、最初にアメリカの法律家たちに向ってのべたような当初の企図は一歩後退して、かれらはとにかく『旧来の封建的家族制度の復活は否定するが……』（自由党憲法調査会……）とか、あるいは『旧家族制度への復元は厳に警戒せねばならぬが……』（改進党憲法調査会……）とか、となえざるをえなくなっているのである。

かくて、新民法成立当時きわめて限られていた進歩勢力が今や復活論とほぼ均衡する勢力にまで育っていることに、戦後一〇年の歴史を感ずる。国内反動勢力の復活政策がどこまで外国勢力の指示と干渉とによるものかはわからない。しかし、少くとも、かれらの再軍備政策の一環と関連のあることはほぼたしかであろう。かつてThrough G.H.Q. によりかろうじてその発言の場を見出していた国内民主勢力は、今や、国際的な反動勢力との対決の中におかれるにいたったのである。

そして以上の諸点を考える上にその背後にある社会的経済的条件を無視することはゆるされないが、この点われわれの研究はつぎのような大筋の見当をつける以外まだ全くなされていない。戦前からの伝来的な家族制度改正論は、わが国における資本主義の発展が次第に封建的な家族形態をうちくずし、旧民法的な『家』制度を単に

『戸籍簿上』の観念的存在たらしめてゆくことに随伴していた。直接には『八・一五革命』による民法改正も、そのような数十年にわたる、とくに大正中期以後の社会経済の矛盾と発展を前提としていた。しかもなおそれは急激な法律変革に対応するだけに十分の変化をとげていたわけではなく、なお農山漁村をはじめ、日本の各地各層には半封建的家族構造が残存していたのである。したがって、それが単なる『法律のみの改革』に堕してしまう可能性は少くなかった。それを法律的改革に終らしめず、十分に経済的社会的構造そのものから変革することこそが、新しい憲法がその後の政府と国民に課した義務であった。しかも、戦後の支配勢力はその任務を十分に遂行することなく、むしろ、それを政治・経済の上に実現することをサボタージュしたのではなかったろうか。そして民法改正を骨ぬきにしながら、やがて『新民法は現状に合わない』という論理をもって、今度は法律改革そのものを放棄して家族制度を復活しようとしたのである。しかもその後の経済変化は新民法を必ずしも砂上の楼閣ではなくしている。新民法が現状にあわない、という側面が否めないのと同時に、他面旧民法的法秩序の、現状からの乖離はさらに増大している。反動勢力の恣意的な復活が容易に進行しないことの要因は、この点にあるのであり、それの解明は戦後の社会構造の変化の社会学的経済学的分析をまたねばならぬのであろう。」

以上に示されている見解は、一九五四年一一月二一日に『世界』編集部が設けた家制度復活論に関する討議の席で私が理解した川島先生の見方ないし前示の川島論文の見解とはかなり異なるもので、あの当時の私の考えとほとんど隔たりのないもののように思われる。一九五四年の家制度復活論は、一九五七年八月に活動を開始した憲法調査会で委員のなかからくりかえされたが、同調査会の一九六四年七月の報告書が出るまでの間に家制度復活論はかなりトーンダウンした。その社会的背景として、五〇年代末ないし六〇年代前半には「家」の消滅がほぼ現実化していたという事情を指摘しえよう（同様の社会的背景を考えうるような事象は他にもある。たとえば広中「我妻民法学と反制定法的解釈」ジュリスト一〇九四号〔一九九六年〕一〇七頁→『民法解釈方法に関する十二講』一三三頁参照）。前掲のように川島先生は一九八〇年代初頭に「家族制度イデオロギーはまだ完全に消滅したのではないかもしれない」と書かれたとはいえ、その消滅への趨勢は否定すべくもない。ただ、かつて家制度を支えた社会的・経済的条件が失われてきているのとは別に、同性質のものを導き且つ支えるような政治的条件がないかどうかは、一つの問題でありうる。二〇〇三年一一月に政権を維持した自由民主党の小泉純一郎総裁は憲法改正案づくりを確言していたが、そのゆくえを国民は注視しなければならないであろう。

＊　＊　＊

以上、《前口上》に書いたような趣旨で家族ないし家族問題にかかわりのある随想ふうの文章を書いたが、私は、実はさきごろ唄さんから医事法学への勧誘を受けたと感じている。唄さんは、二〇〇一年二月、『ジュリスト』に宇都木伸さん・佐藤雄一郎さんとの三人連名で「ヒト由来物質の医学研究利用に関する問題（上・下）」という論文を発表され、そのなかで「いわば『財貨秩序』内において、人体の部分（ヒト由来物質）の採取・保存をいかに位置づけるかについて、一種の論理構成を試みた」あと、それに続けて、

「しかし、ヒト由来物質の場合、『財貨秩序』のみではなく、『人格秩序』においても適切に位置づけられなければならない。すなわち、本人の人格権は部分＝物質にも及び、部分＝物質は人格的利益の一つと考えられる。この関係は被採取者の体内にあるときから潜在していたが、モノ化して分離するに至り、顕在化する。そして、『財貨秩序』において、そのモノが、限定的に流通して他の『所有』に、あるいはcustodianshipに服するに至ったとしても、『人格秩序』における本人とその物質との関係はそのまま続く。前項までで一再ならずこの『モノ』の法的性質の特異性に言及したが、この特異性の大部分は、『人格秩序』が『財貨秩序』と拮抗し、否、『人格秩序』

が『財貨秩序』を制約していることの反映であるとみることもできよう。被採取者＝ドナーの提起するclaimも、custodyの問題を越えて、人格権に基づくと解するほうが肯定しやすいのであろう。」

と書かれ（ジュリスト一一九四号九二頁）、注（同上九八頁注5）で、

「本稿では、『人格秩序』の概念を広中俊雄『民法綱要総論上』（創文社、一九八九）一三頁から借用した。原著者の意に即しているか否か危ぶまれるが、筆者としては、寄るべき大樹を得た思いである。」

と書かれたが、論文の抜刷の上・下二回分を合わせた冊子を送ってくださる際に、つぎのように書いた紙片を同封なさったのである。

「……貴説を援用させていただいたのみならず、それにもたれさせていただきました。ピント外れだけならともかく、御迷惑までかけているとしたらまことに申しわけありません。御叱正いただきたく、とりあえず御高覧に供する次第です。」

私は、鄭重な文言にびっくりして、すぐにお礼状を書き、そのなかに、「拙著の『人格秩序』・『財貨秩序』概念が『寄るべき大樹』とされたことは光栄です。もちろんおっしゃるような『迷惑』など全然ありません。ただ、こまかい点でくいちがう可能性がないかどうかは、よく考えてみたいと思っています。お扱いになったテーマは年来いろいろ考えておりますが、まだ不十分だと自覚しています」云々と書いた。私は「こまかい点で〔上掲誌九二頁以下の見解と〕くいちがう可能性がないかどうかは、よく考えてみたい」と書いたのに、まだ考えぬいてはいないし、いずれ考えをまとめ、なんらかの形で公にするであろうが、見通しは立ってい

ない。したい仕事はたくさん残っている（おそらく唄さんと同じである）のに残されている年月は少ないであろう（年齢計算上は唄さんより二年あまり多いにせよ）ことを嘆きつつ今はこれでペンをおくこととし、最後に、

唄さんのご健康とご長寿を切に祈る。

唄孝一先生略歴

1924年（大正13年）3月18日	大阪府堺市に生れる
1930年（昭和5年）4月1日	大阪府堺市市小学校入学
1936年（昭和11年）3月31日	大阪府堺市市小学校卒業
同　年（同　　年）4月1日	大阪府立堺中学校入学
1940年（昭和15年）3月31日	大阪府立堺中学校卒業
同　年（同　　年）4月1日	第三高等学校入学
1942年（昭和17年）9月30日	第三高等学校卒業
同　年（同　　年）10月1日	東京大学法学部政治学科入学
1947年（昭和22年）3月	東京大学法学部政治学科卒業
1950年（昭和25年）9月	東京大学法学部大学院特別研究生修了
1951年（昭和26年）4月	東京都立大学講師（人文学部）
1952年（昭和27年）4月	東京都立大学助教授（人文学部、32年から法経学部）
1954年（昭和29年）7月	法制審議会民法部会身分法小委員会幹事
1957年（昭和32年）4月	東京都立大学大学院社会科学研究科授業兼担
1960年（昭和35年）6月	東京都立大学教授（法経学部、41年から法学部）
1966年（昭和41年）4月	東京都立大学教養部長（1969年まで）
1967年（昭和42年）4月	東京都立大学評議員
1969年（昭和44年）12月	日本医事法学会創立に参画し、理事・事務局長
1970年（昭和45年）	英・米にて在外研究（1971年まで）
同　年（同　　年）8月	世界医事法学会副会長
1971年（昭和46年）4月	東京都立大学法学部長
1979年（昭和54年）12月	日本医事法学会代表理事
1983年（昭和58年）2月	東京大学より医学博士
1987年（昭和62年）3月	東京都立大学を定年退職
同　年（同　　年）4月	北里大学医学部教授
同　年（同　　年）6月	東京都立大学名誉教授
1989年（平成元年）6月	東京大学より法学博士

1991年（平成３年）３月15日　ベルギー・ゲント大学より‘doctor honoris causa’を授与される。
1992年（平成４年）６月８日　「医事法学の研究」により日本学士院賞受賞
1994年（平成６年）３月　北里大学定年退職
同　年（同　年）11月３日　叙勲（勲二等瑞宝章）
1995年（平成７年）４月　北里大学客員教授（現在まで）
2000年（平成12年）１月　武見記念賞受賞
2003年（平成15年）11月４日　文化功労者として顕彰される。

唄孝一先生著作目録

凡　例

本目録には，何らかの形で印刷に付されたものを掲げる（ただし，内部資料的なものを除く）。唄先生の業績については，その書かれた時期が最も重要であると考えられるので，書籍か論文かというような区別はしないで，年月日順に掲げた（195012は1950年12月を示す。196799は1967年で月不明の意味）。

□ 1949年（昭和24年）

イェーリング著「法における目的（一）」潮見俊隆と共訳，世界古典文庫，194999，日本評論社

□ 1950年（昭和25年）

不法条件――受贈者の帰郷居住を停止条件とする土地家屋の贈与契約（川島武宜と共同）〔判例研究〕，判例研究2号，195012

家庭生活の幸福は何処から，ニューエイジ，毎日新聞社，195099

□ 1951年（昭和26年）

氏の変更につきやむを得ない事由――特殊部落民の氏変更の申立（来栖三郎と共同）〔判例研究〕，判例研究3号，195106

□ 1952年（昭和27年）

氏の変更につきやむを得ない事由――家名相続のための氏変更の申立（川島武宜と共同）〔判例研究〕，判例研究3巻3号，195202

長野県上山田村における相続形態，日本私法学会編『農家相続の実態――農家別調査資料』（農林省農政局），195203

家族法の課題（穂積先生追悼論文集「家族法の諸問題」によせて），法律時報24巻10号，195210

戸籍法上の氏の変更をめぐる諸問題――中間報告にかわる覚書，家庭裁判月報4巻

11号，195211
家庭裁判所の審判に対する即時抗告と代理人（溝呂木商太郎と共同）〔判例研究〕，法学協会雑誌70巻1号，195211
信州りんご村における相続の実態，初出印刷，195299（選集4収録）

□ 1953年（昭和28年）

離婚と氏──「氏の変更」の一つの問題，ケース研究（昭和28年）1号，195301
家族法参考文献目録（家庭裁判資料30），最高裁判所事務総局家庭局，195301
家族制度──民法改正史の一齣，思想348号，195306
第9回法社会学会に思う，法社会学4号，195307
学生の選挙権と住所，中央公論783号，195312

□ 1954年（昭和29年）

家督相続開始前に相続人以外の者に対してなした全財産贈与の効力等(我妻栄と共同)，判例研究4巻1号，195406
農地所有者の内縁の妻と血縁関係にある世帯員は自作農創設特別措置法第4条第1項の「農地の所有者の同居の親族」にふくまれるか〔判例研究〕，判例研究4巻1号，195406
家名汚瀆を離婚原因とする旧法の規定は,昭和22年5月3日以降も適用あるか〔判例研究〕，判例研究4巻1号，195406
家族制度の復活を防ごう──逆コースの民法改正に反対する，渡辺洋三・唄孝一・鍛冶良堅・西原道雄・立石芳枝・久米愛・渡辺美恵・鍛冶千鶴子，青年法律家協会，195407
住所──第十五〔十九の誤り〕国会の一つの表情（渡辺洋三と共同），改造昭和29年8月号，195408
農村の相続形態1，2（渡辺洋三と共同），法律時報26巻9号，法律時報27巻2号，195409，195502

□ 1955年（昭和30年）

母の歴史をみつめて，日本読書新聞 昭和30年2月21日号（785号），195502
判例体系・相続編（我妻栄他編），195506，第一法規出版
民法944条所定の資格のない者の申請に基く親族会の決議は当然無効であるか〔判例研究〕，判例民事法昭和20年，195507

珍氏・奇氏・難氏，戸籍77号，195507

『氏の変更　上・下』法律学体系法学理論篇（30，31回配本），195511，195608，日本評論新社

家庭裁判所あれこれ，法律学体系月報，195511，195608

民法附則11条（注釈），中川善之助編『注釈相続法　下』（有斐閣），195511

戸籍セミナー(1)～(40)〔1957年11月まで〕，座談会（青木義人・柴野辰之助・平賀健太・村上朝一・岩佐節郎・我妻栄と），ジュリスト96～99号，101～127号，133～142号（我妻編『戸籍１～３』に再編），195512～195711

□ 1956年（昭和31年）

有泉亨・加藤一郎編『相続　上・下』，河出法学新書，討論（有泉・加藤・西原道雄・立石芳枝と），195603，195604，河出書房

□ 1957年（昭和32年）

新民法の成立――成立過程における連続性と非連続性（竹下史郎と共同），中川善之助他編『家族問題と家族法Ⅰ「家族」』，195702，酒井書店

氏をどう考えるかということ――わが現行法上の問題として，私法17号，195704

戦後の民法改正過程における「氏」，日本法社会学会編『家族制度の研究　下』，法社会学9号，195704

□ 1958年（昭和33年）

戸籍の改製とその周辺――十年を迎えた新戸籍法（上・中），ジュリスト147，148号，195802，195802

ドイツ養子法における「氏」――わが法との若干の比較，東京都立大学人文学会・人文学報18号，195803

「戸籍の改正〔改製の誤り〕」について，子供のしあわせ　昭和33年5月号，195805

戸籍の改製（上・中・下），座談会（青木義人・岩佐節郎・平賀健太・村上朝一・我妻栄と），ジュリスト154，155，156号，195805～195806

判例体系・親族編（Ⅰ・Ⅱ・Ⅲ），我妻栄他と分担執筆，195808～196104，第一法規出版

勤務評定の実施権の所在――とくに特別区教育委員会について，ジュリスト164号，195810

我妻栄編『戸籍　一・出生』ジュリスト選書，座談会，195811，有斐閣

我妻栄編『戸籍 二・認知』ジュリスト選書，座談会，195811，有斐閣

戸籍セミナー・離縁(1)〜(7)，座談会（青木義人・市川四郎・岩佐節郎・平賀健太・我妻栄と），ジュリスト 165〜168 号，170〜172 号，195811〜195902

□ 1959 年（昭和 34 年）

我妻栄編『戸籍 三・養子縁組』，ジュリスト選書，座談会，195902，有斐閣

「婚姻予約有効判決」の再検討 1・2（佐藤良雄・下谷麗子と共同），法律時報 31 巻 3，4 号，195903，195904

戸籍セミナー・婚姻(1)〜(5)，座談会（青木義人・市川四郎・岩佐節郎・平賀健太・我妻栄と），ジュリスト 177，178，180 号，195905〜195908

「通説」の法社会学的考察――問題の所在，法律時報 31 巻 8 号，195907

離婚届と本人の意思（家族法覚書）〔エッセイ〕，戸籍時報 16 号，195907

親族法の改正，座談会（我妻栄・奥野健一・村上朝一・小沢文雄と），法律時報 31 巻 10 号，195909

内縁解消の正当事由，家族法大系Ⅲ，195910，有斐閣

続・「婚姻予約有効判決」の再検討 1・2（佐藤良雄と共同），法律時報 31 巻 10，11 号，195910，195911

「内縁」余論（家族法覚書）〔エッセイ〕，戸籍時報 19 号，195910

氏と戸籍（家族法覚書）〔エッセイ〕，戸籍時報 20 号，195911

□ 1960 年（昭和 35 年）

ドイツにおける夫婦の氏，『東京都立大学創立十周年記念論文集』，196003

戸籍セミナー・離婚(1)〜(2)，座談会（青木義人・市川四郎・岩佐節郎・平賀健太・我妻栄と），ジュリスト 197，198 号，196003

認知―最判 2 小昭和 32 年 6 月 21 日〔判例研究〕，ジュリスト 200 号記念特集『判例百選』，別冊ジュリスト第 2 版，196004，196503

氏，氏名の変更，復氏，末川博編『民事法学辞典（上・下）』，196006，196012

婚姻予約解消の正当事由，民商法雑誌 42 巻 3 号，196006

「子の氏の変更」について（家族法覚書）〔エッセイ〕，戸籍時報 28 号，196007

いわゆる婚姻予約有効判決の下級審判決，法律時報資料版 12 号，196009

□ 1961 年（昭和 36 年）

孝行者の親不孝，思想の科学 26 号，196102

来栖三郎「共同相続財産について——特に合有論の批判を兼ねて」に関連して，研究会（我妻栄・加藤一郎・立石芳枝と，於・石神井我妻栄宅），ガリ版，196103
マックス・ラインシュタイン「離婚法と婚姻の安定性」（山本寛と共訳），法社会学12号，『比較離婚法の研究』司法研修叢書，家庭裁判月報14巻1号，196108
家庭裁判所と法学〔エッセイ〕，法社会学12号，196108

□ 1962年（昭和37年）
内縁ないし婚姻予約，法学教室〔第Ⅰ期〕3号，196203
認知の訴えと不貞の抗弁——被告以外の男との情交の有無をめぐって，ケース研究70号，196204
母は亡ぶ——扶養問題を解決するのは法ではない〔エッセイ〕，群像 昭和37年5月号，196205
協議離婚についての若干の統計〔エッセイ〕，『比較離婚法の研究』司法研修叢書，196205
事実上の婚姻破綻と法律上の離婚手続きとの関係，『比較離婚法の研究』司法研修叢書，196205
『民法基本判例集』我妻栄編〔石川稔と親族相続を分担〕，196207，一粒社
非嫡出子懐胎当時における他男との情交の有無と認知請求〔判例研究〕，判例評論49号（判例時報303号），196208

□ 1963年（昭和38年）
家事審判法第23条研究序説——素朴なしかし抑えがたい一つの疑問の解明を立法過程にたずねて，民事研修70号，196303
親への仕送りと長男（「ひととき」の投書をめぐって）1〜3〔エッセイ〕，朝日新聞 昭和38年3月22〜24日，196303
闘う者のモラルと論理の未確立，東京都立大学新聞1963年9月10日，196309
嫁姑紛争の心理と法律と社会関係1・2，座談会（川島武宜・宮城音弥・日上泰輔・那須宗一・永井道雄・渡辺定と），ケース研究78，79号，196309，196310
夫婦の財産と内助の功（身のまわりの法律）〔エッセイ〕，婦人之友 昭和38年11月号，196311
セミナーハウスについて，196399

□ 1964年（昭和39年）

救急業務の法制的問題，法律時報36巻2号，196402
認知訴訟における判例法の動向，日本法医学雑誌18巻3号，196405
山主さん，日本法学30巻2号，196409
家庭裁判所——15年の歩みと当面の課題，座談会（我妻栄，内藤頼博，細江秀雄，磯野誠一，河野力と），ジュリスト309号，196411

□ 1965年（昭和40年）

医師の過失，東京大学医学部付属病院——臨床医に必要な法律知識(1)，臨床外科1965年1月15日号，196501
治療行為における患者の承諾と医師の説明，契約法大系Ⅶ 補巻，196502
判例の比較法的研究（問題点），比較法研究26号，196503
臨床医に必要な法律の知識 (1)医師の過失 (2)医師の責任と病院の責任，臨床外科20巻5，6号，196505
家族制度，大阪市立大学経済研究所編『経済学小辞典』，196507，岩波書店
輸血による梅毒感染についての医師の過失責任——職業的供血者に対する医師の問診義務の有無・程度〔判例研究〕，法学協会雑誌81巻5号，196510
婚姻予約有効判決前史における・或る「法的構成」の生成とその機能——判例研究における一つの企図とその失敗，青山道夫教授還暦記念論文集『家族の法社会学』，196511，法律文化社
家庭事件（湯沢雍彦と共同）——『現代の裁判』三ケ月章編・現代法5，196512，岩波書店

□ 1966年（昭和41年）

『相続法』判例コンメンタールⅧ（我妻栄と共著），196604，コンメンタール刊行会
家族法上の妻の地位，座談会（鍛冶千鶴子・塩崎順・高野耕一・立石芳枝・田辺繁子・中川善之助と），ジュリスト344号，196604
共同相続と登記（民法ノートⅠ）（鈴木禄弥と共同執筆），法学セミナー121号，196604
救急業務の整備を——自治体間の協力が必要（私の分析），毎日新聞，196605
救急医療と法体制，東京都医師会雑誌19巻3号，196607
包括遺贈と登記（鈴木禄弥と共同執筆），法学セミナー124号，196607

救急医療問題（ジュリストの目），座談会（鈴木竹雄・宮沢俊義・我妻栄と），ジュリスト354号，196609

にせ婚姻届事件・救急病院（ジュリストの目），座談会（我妻栄・宮沢俊義・鈴木竹雄と），ジュリスト354号，196609

医療における過誤訴訟の位置，科学36巻10号，196610

遺産分割と登記（鈴木禄弥と共同執筆），法学セミナー127号，196610

輸血過誤の研究序説（一・二），社会科学研究18巻2号，5号，196611，196704

□ 1967年（昭和42年）

共同相続財産の性質（鈴木禄弥と共同執筆），法学セミナー130号，196701

輸血過誤の法律問題――第14回輸血学会血液銀行運営部会，日本輸血学会雑誌14巻1，2号，196702

婚姻予約の成否――いわゆる誠心誠意判決〔判例研究〕，別冊ジュリスト『家族法判例百選』，同・新版，196702，197502

医療における過失認定の論理――民法上の損害賠償の問題として，大学病院資料（文部省大学学術局大学病院課）5号，196703

結婚届けのこと，形成外科18巻2号，196705

戦後の民事判例における医師の過失責任（上・下），法律のひろば20巻6号，7号，196706，196707

Oleksiw *v.* Weidener――Malpractice訴訟に於て交互尋問に呼び出された被告（医師）は，専門家証言を必要とする質問に答えなければならないか，アメリカ法1967，196707

Physician's Negligence Liability in Medical Malpractice — Civil Cases in Post-War Japan, 1st World Congress on Medical Law, 196708

衛生検査技師の法的責任（特別講演），日本衛生検査技師会雑誌16巻8号，196708

一般教育への提言，東京都立大学新聞1967年9月25日，196709

『相続』体系民法判例8（石川稔と共著），196710，有斐閣

親を養う義務，形成外科18巻4号，196711

医療制度に関する問題点，有泉亨監修・社会保険辞典，196711

The Application of Res Ipsa Loquitur in Medical Malpractice Cases, 60 NY. U. L. Rev. 852-875(1965)（書評），アメリカ法1967，196799

□ 1968年（昭和43年）

心臓移植への法的提言――特集・臓器移植は人間を救うか・その2，朝日ジャーナル10巻3号，196801
第1回世界医事法会議に出席して，法律時報40巻2号，196802
過去の扶養料の求償においても，その分担額は，家庭裁判所が審判で決すべきであり，通常裁判所が判決手続で判定すべきではない（林順碧と共同執筆）〔判例研究〕，法学協会雑誌85巻2号，196802
戦後の日本における医師の過失責任（講演要旨），同2，日米合同法医学会議，196804，196901
心臓移植をめぐる問題（ジュリストの目），座談会（榊原仟・我妻栄・宮沢俊義・鈴木竹雄と），ジュリスト397号，196805
医療問題に対する法の機能と限界［講演速記録］，東京メディカル医療問題社会懇談会，196806
戦後日本に於ける医師の過失責任，産婦人科の世界20巻7号，196807
医療過誤における医師の過失責任，Medicine 5巻7号，196807
和田移植後に関する談話(地方新聞)，北海タイムス(8.9夕)，秋田さきがけ(8.10)，信濃毎日(8.10)，高知(8.11)，徳島(8.12)，河北新報(8.13)，中国(8.15)その他，196808
心臓移植は許されるか――臓器移植の現状と問題点，座談会（稲生綱政・植松正・木本誠二・水野肇・安田道夫と），法律のひろば21巻8号，196808
医療制度のしくみとその問題点，特集・医療制度，ジュリスト406号，196809
死の認定――「人々」と「医師」と「法律家」と（1，2），朝日新聞 昭和43年10月7日・8日，196810
死の「定義」と死の「認定」――医師と法律家と人々の役割に視点をおいて，順天堂医学16巻1号，196810
臓器移植の法的考察――臓器移植をめぐる個人と家族と社会，法学セミナー152号，196811
家族法における実体規定と手続規定との相関性，座談会（野田愛子・沼辺愛一・岡垣学・新堂幸司と），判例タイムズ226号，196812
医事法制学と山崎先生，「思い出に綴られる山崎佐の生涯」，196899
わが国の救急医療体制，座談会（松尾正男・渡辺茂夫・黒田幸男・玉井義臣と），

事故と災害，196899

□ 1969 年（昭和 44 年）

戦後の日本における医師の過失責任(2)，日米合同法医学会議，196901
医療と法，からだの科学 26 号，196903
救急医療体制部会における討論のまとめ，日本交通科学協議会救急医療体制部会，196903
臨床家のための生死の判定，座談会（上田英雄・榊原仟・笹本浩・沖中重雄と），内科 23 巻 5 号，196905
救急医療と法律問題，昭和 43 年度大阪府救急医療研修会講演集，196906
医療問題に対する法の機能と限界――東京メディカル・センターの医療問題社会懇談会から，社会保険旬報 938 号，196907
戦後日本の民事判決における医師の過失責任，大阪府医師会編・医事紛争に関する講演会記録，196910
医療訴訟について，週刊薬事新報 529 号，196912

□ 1970 年（昭和 45 年）

『医事法学への歩み』，197003，岩波書店
日本医事法学会とは，医学通信 987 号，197004
死の「定義」と死の「認定」――医師と法律家と人々の役割に視点をおいて，順天堂医学会シンポジウム（懸田克躬・植木幸明・松倉豊治と）の記録，順天堂医学雑誌 658 号，16 巻 1 号，197004
Contemporary Problems of Medical Law in Japan（英文），Annals of the Institute of Social Science, No.11, 1970，197006
医学概論＝患者への案内＝講義を始めて――医療現場の問題が教材，北里大学医学部ニューズ 128 巻 1 号，197007
『親族法』判例コンメンタールⅦ（我妻栄・佐藤良雄・稲本洋之助・石川稔・品川孝次・鈴木ハツヨ・阿部徹と共同執筆），197008，コンメンタール刊行会
System of Emergency Medical Services in Japan, Present Aspects and the Point of Issue, 2nd World Congress on Medical Law (1970)，197099

□ 1971 年（昭和 46 年）

医療と医事法学，大阪府医師会編・医療と法，197101，法律文化社

医療紛争，文部省研究報告集録（社会科学編），197103
都市における救急医療業務序説——日本における救急医療概観，総合都市研究 3 号，東京都立大学都市研究委員会，197103
生死の認定と法律学，未来研究（宣協社） 3 巻 7 号，197104
川島先生の還暦祝賀会に留学先から寄せた手紙，法学セミナー 184 号，197105
志摩漁村における親族組織と結婚慣行——安乗の 1944 年・1970 年（湯沢雍彦と共同執筆），川島武宜教授還暦記念論文集『法社会学の現代的課題』，197106，岩波書店
予防接種にもとづく障害の補償——西ドイツの場合，法律時報 43 巻 7 号，197107
「死亡」と「死体」についての覚書(1)(2)，ジュリスト 483，485 号，197107，197108
法学からみた生死の問題——第 9 回日本病院管理学会総会特別講演，病院管理 8 巻 3 号，197107
イギリスにおける臓器移植の法的状況・その 1（現行法の概要 1・2），法律時報 43 巻 10，11 号，197108，197109
医療事故と医事法の精神，医事紛争とその問題点，197109
ME と法と社会，医用電子と生体工学 9 巻 6 号，197112

□ 1972 年（昭和 47 年）

予防接種にもとづく障害の補償・続　西ドイツの改正法（宇都木伸と共同），世界の医事法 4，法律時報 44 巻 1 号，197201
医療における法と倫理，Medicina 9 巻 1 号，197201
イギリスにおける臓器移植の法的状況・その 2 ——法改革への胎動 1 —13，法律時報 44 巻 2，3，4，9，11，13 号，45 巻 2，4，5，6，7 号，197202～197306
生命の尊厳について，生命科学へのアプローチ（日本学術会議），197203
現代私法の思想・2，家族と家族法をめぐって（家族法研究の一視角——民法改正 25 年の時点で），福島正夫先生還暦記念『現代日本の法思想』，197203，日本評論社
不徒然草，国家と法 11 号，197204
法学からみた生死の問題と看護婦，特集・患者の死と看護，看護学雑誌 36 巻 6 号，197206
死の認定と法律学，シンポジュウム「生死の判定をめぐって」，第 18 回日本医学会総会会誌，197207

MEへの医事法学的接近序説，MEと社会と法，医用電子と生体工学10巻4号，197208

臓器移植における「法と医療」，日本移植学会雑誌8巻2号，197208

The Concept of Death in Japanese Law, 3rd World Congress on Medical Law，197208

臓器移植における提供者側の意思――英米における動向，私法34号，197210

『模範六法』（勝本正晃ほかと共編），197210，三省堂

医事法学会が「望みなき(？)患者の治療」を論ずることの意味と方法，（第3回日本医事法学会シンポジュウム司会），法律時報44巻13号，197211

準禁会の友恒，日本経済新聞 昭和47年11月30日，197211

公衆衛生活動と総合的健康診断システム／分担研究及び協力研究報告論文集(2分冊)，西三郎，宇都木伸，下山瑛二，小川政亮，地主重美と，昭和46年度厚生科学研究，197299

臓器移植における〈医療と法〉；同〈法と倫理〉（特別講演），日本移植学会雑誌8巻2号，197299

医薬品の問題点――第1相試験をめぐって（シンポジウム）法学の立場から――臨床試験の法的問題［講演要旨］，ファルマシア9巻3号，197399

19世紀イギリス公衆衛生制度の一断面，公衆衛生活動と総合的健康診断システム1，197299

□ 1973年（昭和48年）

「健康権」についての一試論，公衆衛生37巻1号，197301

死の認定と法律学，現代法ジャーナル2巻9号，197301

臓器移植の法的側面，生活教育17巻4号，197304

学部長めぐり――私の法学入門，法学セミナー209号，197304

腎移植普及の条件，とらんすぷらんと1号，197304

医師がペンをもつとき，毎日新聞 昭和48年5月21日，197305

法律的立場からみた救急業務，救急活動1巻4号，197306

医療過誤紛争をめぐる諸問題2～9，座談会（加藤一郎，鈴木潔等18名と），法曹時報26巻1，2，3，4，5，8，9，10号，197307～197310

代用臓器と法と社会，特別座談会（葛西森夫・司会，岸田純之助，木本誠二，堀原一と），人工臓器2巻4号，197308

医療と法（西三郎との対談），公衆衛生 37 巻 9 号，197309
家族と医療（特別講演），戸籍 322 号，197309
医療過誤に対する最近の考え方：1～5，Medic.，197311～197404
我妻先生，図書 292 号，197312
死――死をめぐる法的問題，1973 年百科年鑑，197312，平凡社

□ 1974 年（昭和 49 年）

医療をいかに裁くか――法律の立場と医療の進歩，ナースステーション 4 巻 1 号，197401
不適合輸血と過失責任，医事法学への歩み（医紛研 9），197404
ライフサイエンスと法，日本公衆衛生雑誌 21 巻 5 号，197405
科学と法と生命と，松尾孝嶺他著「生命科学ノート」，197409，東京大学出版会
現代医療における事故と過誤訴訟，唄孝一・有泉亨編『医療事故・製造物責任』，197411，日本評論社
ライフ・サイエンスと法，日本医師会編『ライフ・サイエンスの進歩（第 1 集）』，197411，春秋社
医療過誤訴訟の問題点，日弁連研修叢書（講座），197499

□ 1975 年（昭和 50 年）

医事法の道しるべ，法学教室（第 II 期版）7 号，197501
医療における法と倫理，玉医ニュース 116 号，197504
略歴・戒能通孝（戒能通孝博士を偲ぶ），法律時報 47 巻 6 号，197505
何故に学問を，法学セミナー 1975 年 5 月号，197505
都立大学と戒能先生，法律時報 47 巻 9 号，197508
「人事法案」の起草過程とその概要（利谷信義と共同執筆），我妻先生追悼論文集『私法学の新たな展開』，197509，有斐閣
『人事法 II』民法新教科書（鈴木禄弥と共著），197510，有斐閣
医療過誤における法と倫理，矯正医学 23 巻 24 号，197511
イギリスにおける臓器移植の近況―ドナーカードと型合せセンター（世界の腎移植 4），とらんすぷらんと 4 号，197599

□ 1976 年（昭和 51 年）

いっておきたいこと，法制審民法部会身分法小委員会（767 条の改正についての意

見書)，197602

予防接種事故補償に対する唄委員の意見（4p)，197602

「医事判例百選」の無理と道理，別冊ジュリスト 50『医事判例百選』(成田頼明と共編)，197603

日本の親子法を考える，座談会（猪瀬愼一郎・島津一郎・田中恒朗・千種秀夫・逸見武光・星野英一と)，ジュリスト 607 号，197603

中川先生における相続と取引秩序（鈴木禄弥と共同執筆)，法学セミナー臨時増刊『中川善之助・人と学問』，197604

中川先生の学問をめぐって，座談会（加藤永一・川島武宜・島津一郎・星野英一・山畠正男と)，法学セミナー臨時増刊『中川善之助・人と学問』，197604

〔安楽死〕と〔尊厳死〕――尊厳死のかげにひそむ問題，Clinician 23 巻 7 号（252 号)，197607

解題・カレン事件――シュピリア・コートの場合，ジュリスト 616 号，197607

‘死ぬ権利’はどう裁かれたか―カレン裁判をめぐる法律と医療のかかわり，対談（熊谷和也と）――特集・カレン裁判―‘尊厳ある死’と看護，看護学雑誌 40 巻 8 号，197608

医療過誤紛争をめぐる諸問題，座談会（加藤一郎，鈴木潔等と)，加藤一郎，鈴木潔監修『医療過誤紛争をめぐる諸問題』，法曹時報，197610

医療における法と倫理，法哲学年報 1975（法と倫理)，197610

続・解題・カレン事件――シュプリーム・コートの場合，ジュリスト 622 号，197610

〈安楽死〉を考える　生きる権利確立こそ――社会が銘記すべき先決課題，読売新聞（夕刊)，197611

医療過誤と不法行為責任，日本弁護士会連合会編（特別研修叢書・昭和 50 年度版)，197699

Recent Amendments to the Vaccination Act in Japan, Jus Medicum 6, ACTA of 4th World Congress on Medical Law, 197699

診療債務の再検討――医者の弁明義務を手がかりとして，東京弁護士会・昭和 50 年度講習会講義録，197699

□ 1977 年（昭和 52 年）

「死ぬ権利」を論ずる前に――いわゆる植物状態患者の医療はいかにあるべきか，座談会（池田節子，稲本晃，金沢文雄，鈴木二郎，宮本忍と)，ジュリスト 630

号，197702

生きる権利・死ぬ権利――今法学が直面する一つの課題として，世界305号，197702

家事調停における司法的機能と人間関係調整機能，座談会（磯野誠一・安倍正三・野田愛子・橘勝治・梶村太市・西方潔・大木光子・中島清・篠田悦和・石山勝己・岩井俊と），ケース研究159号，197703

家族の変質と家族法，座談会（加藤一郎，那須宗一，野田愛子と），ジュリスト増刊総合特集№6：現代の家族，197704

輸血の法律問題――輸血拒否を中心に（特別講演），第25回日本輸血学会総会講演要旨集，日本輸血学会誌，197706

死に対する医事法学的接近――輸血拒否に対する法的評価も含めて，東京地方裁判所民事部公害研究会の講演記録，197709

家事調停　総括にかえて――討論の要約，比較法研究39号，197710

比較郵便学以前〔随想〕，日本加除出版株式会社創立35周年記念，197799

□ 1978年（昭和53年）

アメリカ判例法における輸血拒否――「死ぬ権利」論の検討過程における一つのデッサン，東京都立大学法学会雑誌18巻1＝2号，197801

Images of the Karen Quinlan Case, Real and Unreal, Duke University (The Duke Colloquia on Health Policy), 197802

民法学における擬制と事実，家庭裁判所調査官研修所所報11号，197805

医療問題――「死」に対する医事法学的接近，現代の社会問題と法Ⅲ（現代法学全集51），197806，筑摩書房

移植の旅，現代法学全集51（付録15），197806

試験管の中の人間（ベストセラー時評），森本哲郎・外山滋比古・沢田允茂と，諸君！10巻10号，197810

「安楽死」議論に欠けるもの――家族・医療・法，対談（長倉功と），高齢化社会と老人問題（ジュリスト増刊・総合特集12），197811

医療事故研究会「医療事故を巡って」――手術，松倉豊治・原秀男・松浦鉄也ほかと，日本外科系学会連合会誌4号，197703，197811

民法改正――我妻先生への質問と報告，法律時報臨時増刊『昭和の法と科学』50巻13号，197812

法学からみた人間の生命，西山卯三編『人間の尊厳と科学』，197899，勁草書房

欧米医事法における2，3の問題——カレン事件以前・以後，日本弁護士会連合会編（特別研修叢書・昭和52年度版），197899

生命の人工調節と法のかかわりあい，産科と婦人科46巻1号，197899

□1979年（昭和54年）

体外受精と医事法，対談（人見康子と），Law School 4号，197901

生命の人工調節と法のかかわりあい——特集・生命の伝達への人工介入と妊娠用語，産科と婦人科46巻1号，197901

共同研究・医療と刑法（討論），刑法雑誌22巻3，4号，197902

かいまみたホスピス，人間の医学16巻2号，197903

法学者のみたライフサイエンス，Medical View 14巻4号，197904

法からみた医の倫理，財団法人倶進会セミナー1979年第7回，197904

〈死〉・医療・法，エピステーメ 1979年5月号，197905

三本の指・「私」への介入（磯野秀夫と共同執筆）〔エッセイ〕，家庭裁判所調査官研修所所報12号，197905

Implications of the Karen Quinlan Case—Real and Imaginary, The 5th World Congress of Medical Law，197908

Around the Karen Quinlan Case Interview with Judge R. Muir, The International Journal of Medicine and Law，1巻1号，197908

生命の尊厳と法律—組み替えDNAに関連して［講演速記］，日本学術会議「組み替えDNA研究における学問の自由と倫理性に関するシンポジウム」，197909

法と倫理（矢崎光圀との対談），平井宜雄編『法律学』197909，日本評論社

デンマークの臓器移植法（世界の腎移植7），とらんすぷらんと9号，197910

脳死・安楽死・尊厳死，ライフサイエンス入門（からだの科学臨時増刊），197910

アメリカ判決例にあらわれた臨死医療，日本医師会編『ライフサイエンスと福祉（ライフサイエンスの進歩6）』，197910，春秋社

多数当事者間の扶養関係（鈴木禄弥と共著），現代家族法大系Ⅲ，197912

The Concept of Death in Japanese Law, Jus Medicum 5巻，197999

□1980年（昭和55年）

医事法学をめぐって——現代法思想へのアプローチ，日歯評論447号，198001

死における医療と法，バイオエシックス（ICU一般教育シリーズ4），198001

我妻先生を偲ぶ会，書斎の窓 291 号，198002
医師と患者の関係をめぐって（砂原茂一と対談），病院 39 巻 2 号，198002
カレン事件をめぐって―― ミューア判事に聞く（上･中･下），ジュリスト 712〜714 号，198003〜198004
続・イギリスにおける臓器移植の法的状況(1)――75 年通達による現行法の解釈と脱皮，法律時報 52 巻 3 号，198003
続・イギリスにおける臓器移植の法的状況(2)――77 年の 2 通達における死体検査と組織摘出，法律時報 52 巻 4 号，198004
遺言の実態と課題，座談会（猪瀬慎一郎・加藤一郎・橋本格一・山本博と），ジュリスト 714 号，198004
続･イギリスにおける臓器移植の法的状況(3)――その後の議員立法（1974-6），法律時報 52 巻 5 号，198005
土建請負の工事現場における親分子分関係 1・2，家族史研究第一集，第二集，198005，大月書店
『人事法Ｉ』民法新教科書（鈴木禄弥と共著），198007，有斐閣
Ｆ修道士の「死」（上・下）――ニューヨークにおける延命拒否事件，法律時報 52 巻 7，8 号，198007〜198008
続・イギリスにおける臓器移植の法的状況(4)〜(6)　プロフェッションの意見 1-3，法律時報 52 巻 9，10，11 号，198009〜198011
ホスピスにみる医の心，朝日新聞昭和 55 年 11 月 17 日夕刊，198011
医療における法的コントロールの意味と限界，Life Science 7 巻 10 号，198012
The International Sciene: Consent in Japan, Health Law in Canada 1980, 3 巻 2 号，198099

□ 1981 年（昭和 56 年）

中川善之助先生追悼の会，書斎の窓 302 号，198103
家族法を学ぶための第一則――その日常性と非日常性，法学セミナー 316 号，198106
「脳死」をめぐる社会と法，第 17 回日本移植学会脳死シンポジウム，移植 16 巻（臨時増刊）35-36 号，198107
カリフォルニア自然死法の成立過程，東京都立大学法学会雑誌 22 巻 1 号，198107
バイオエシックスと法の役割――「社会的合意」探求と表裏して（第 8 回日本医師

会特別医学分科会講演)，理想 579 号，198108

終末医療について（第 1 回大阪病院学会シンポジウム）――生と死をみつめて，大阪の病院 8 号，198110

死の判定，『医科学大事典』18 巻，198112

自己決定権と医の倫理（第 8 回日本医師会特別医学分科会講演)，日本医師会編『ライフサイエンスと自由（ライフサイエンスの進歩 8）』，198103，春秋社

脳死のおける二つの問題，慶應義塾大学「医療のための法律を考える会」講演（1981年冬)，198199

□ 1982 年（昭和 57 年）

続･「死」に対する医事法学的接近 1，2（イギリスの場合)，法律時報 54 巻，1，2 号，198201，198202

続･「死」に対する医事法学的接近 3 ～15（アメリカの場合)，法律時報 54 巻 1 ～ 6 号，10 号，55 巻 2 ～ 4 号，56 巻 9 ～10 号，57 巻 4 ～ 5 号，8 号，198201～198507

医事法学と社会――死の淵から，碧海純一他編『科学は人間を幸福にするか』1989 年，勁草書房，「社会と学問」研究会 1982 年 2 月 12 日報告，198202

安楽死――法的な立場からみて，Encyclopedia of Medical Sciences 2 号，198203，講談社

「尊厳死」とともに「生きる権利」の論議を――討論を聞いて，第 4 議題・医療技術と倫理，朝日ジャーナル増刊，198206

Definition of Death-Brain Death in Particular from a Social Standpoint，第 20 回日本人工臓器学会シンポジウム（1982 年 9 月 12 日)，人工臓器 12 巻 2 号，198209

脳死をめぐる医師と市民，朝日新聞 昭和 57 年 10 月 15 日，198210

死――死の判定，Encyclopedia of Medical Sciences 18 号，198211

「脳死と臓器移植」，座談会（遠藤周作・太田和夫・竹内一夫・松村満美子と)，朝日新聞 1982 年 11 月 16 日，198211

□ 1983 年（昭和 58 年）

「脳死論」の当面する諸問題――関弁連「脳死」勉強会 1983 年 1 月 18 日，自由と正義 34 巻 7 号，198301

腎臓摘出の「時」――十分な検討を欠かせぬ提供者の承諾，読売新聞，198303

医療における法的コントロールの意味と限界，『人間の生存をめぐって』，198303，フナイ薬品工業KK
脳死の基準と死の宣告，（第12回日本医事法学会研究大会・司会）討論（大嶋一泰・福間誠之・福増廣幸・中山研一・甲斐克則ほか，司会・唄），法律時報55巻4号，198304
カレン・クィンラン事件と現代アメリカの医療，総合安全研究会（ITS），198305
ターミナルケアと法律――特集・ターミナルケア（末期患者医療），診断と治療71巻5号，198305
日本移植学会編『脳死と心臓死の間で』―死の判定をめぐって，脳死に関するシンポジウム（1983年2月12日）の記録（桑原安治・竹内一夫・岩崎洋治・篠原幸人・錫谷徹・水野肇・宮崎音弥），メヂカル・フレンド社，198306
注射事故――臨床と解剖セミナー47，（赤石英と共同）医学のあゆみ125巻13号，198306
脳死をめぐって，対談（竹内一夫と），Creata 69号，198306
法からみた「医療と死」，東京女子医大雑誌53巻7号，198307
尊厳死の〝虚像〟を憂える――米報告の精密な検討を，朝日新聞 昭和58年7月19日夕刊，198307
「脳死論」の当面する諸問題――特集　生命・医療・法，自由と正義34巻7号198307
臓器移植の法的条件を…（日本証券）奨学財団だより（創立10周年特集号），198307
医療における機器事故とその責任，PLニュース18巻，198308
アメリカにおけるいわゆる「死ぬ権利」（？）判決の動向――医療と裁判との間で；コメント（西，矢崎論文について）唄編『医療と法と倫理』，198309，岩波書店
生命維持治療を受けない条件――大統領委員会報告は「尊厳死」を認めたか(1)～(7)，判例タイムズ500，502，504，510，512，515，517号，198309～198404
死をめぐる医療と法と家族，家族研究年報9巻，198399
脳死について（岩崎洋治・大熊由紀子・植松正・海堀洋平・竹内一夫と），とらんすぷらんと（1983年）13号，198399
脳死とある法学者のかかわり，人間の医学20巻3号，198399

□ 1984年（昭和59年）

死をめぐる「医療と法」，東京女子医大雑誌54巻2号，198402
先生あり言葉あり，学士会会報763号，198402

生命の「質」論の位置づけ，井上英二他編『個体と集団——シンポジウム「個体と集団」より』，198402
砂原茂一著『医者と患者と病院と』(書評)，日経サイエンス 1984 年 4 月号，198404
新状況下での「脳死」論——法律家の苦吟，臨床成人病 14 巻 4 号，198404
医事法学的視点からみた「死」，蘇生 2 号，198405
脳死と「ある法学者」とのかかわり——実地医家は死をどうみとるか——脳死・臓器移植と関連して，人間の医学 20 巻 3 号，198405
法律的にみた臓器移植，からだの科学　臨時増刊「現代の生と死」，198406
日本の医療を問う，対談（松田道雄と），加藤一郎編『医療と人権——医者と患者のよりよい関係を求めて』，198409，有斐閣
養子法の課題（シンポジウム）（司会），私法 46 号，198409
〈社会と法〉からみた脳死——第 68 次日本法医学会シンポジウム（1984 年 5 月 15 日）神田瑞穂・トーマス・ノグチ・竹内一夫・桂田菊嗣，日本法医学会雑誌および別冊「死の判定について」38 巻 5 号，198410
臓器移植の比較法的研究——イギリス，及びその他〈シンポジウム〉，比較法研究 46 号，198410
脳死と臓器移植，大阪弁護士連合会人権委員会講演，198411
エリカ成人す，エリカ混成合唱団第 20 回記念定期演奏会プログラム，198412
「生命の質」論への懸念，死の臨床 7 巻 1 号，198412
老人の能力制限と身上監護，家族〈社会と法〉研究会 速記録，198412
脳死——法律家の立場から，重症患者管理——今日の考え方，Current Concepts in Critical Care 1 巻 3 号，198499
Patients' Autonomy in Japan Viewd in Terms of Consent, Jus Medicum 10 (ACTA of 6th World Congress on Medical Law)，198499

□ 1985 年（昭和 60 年）

脳死と民法(上)——人間存在の根本に触れる諸問題(4)，特集・現代社会と民法学，ジュリスト 828 号，198501
磯野誠一先生を囲んで，神奈川法学 20 巻 1・2・3 合併号，198503
死——死をめぐる法律問題，世界大百科事典，198503，平凡社
脳死の法学，医薬品企業法務研究会 3 月総会特別講演，198503
医療の科学性・倫理性と法の役割——人権としての生命倫理について，日本医師会

雑誌93巻6号，198503
脳死を考える（講演），人権新聞246号，198504
脳死――法学者としての立場から，日本移植学会編『日本移植学会20周年記念誌』（1985年5月），198505
死の時点をどこに置くか，日本移植学会編『続：脳死と心臓死の間で』―臓器移植と死の判定――脳死の勉強会（日本移植学会1984年11月24日）植村研一・竹内一夫・渡辺格・加藤一郎，198506，メヂカル・フレンド社
出産の周辺，座談会（中谷瑾子，我妻尭と），唄編『医療と人権』明日の医療9，198507，中央法規出版
患者からの願い，対談（田村三郎と），唄編『医療と人権』明日の医療9，同上
人間・病・医療・科学，鼎談（内田義彦，川喜田愛郎と），唄編『医療と人権』，198507，中央法規出版
新・人工授精論，判例タイムズ559号，198509
医と法と倫理――一法学徒から医療人への要望，日本病理学会誌74号，198509
脳死問題に対するわが法学者の対応1－3，法学教室61, 62, 63号，198510～198512
聞き書き　動き出したデンマークの脳死，理想631号，198512
法的にみたターミナル・ケア――がん患者に対する終末期医療のあり方に関する研究，昭和59年度対がん戦略研究事業，198599

□ 1986年（昭和61年）

第3回生命と倫理に関する懇談会［記録］，北里大学病院生命と倫理に関する検討準備委員会，198601
新脳死基準と死の容認，討論（高倉公明，竹内一夫，水野肇と），特集・日本人と脳死，医療，2巻2号，198602
新脳死基準と死の容認，座談会（榊原仟・我妻栄・宮沢俊義・鈴木竹雄と）特集・日本人と脳死，医療，2巻2号，198602
救急業務に思うこと，とうきょう広報37巻2号，198602
脳死問題の法と社会1－5，サンケイ新聞朝刊　昭和61年4月16日，17日，18日，21日，22日，198604
第4回生命と倫理に関する懇談会［記録］，北里大学病院生命と倫理に関する検討準備委員会，198605
刊行に当たって（「医事法学叢書」への序言），日本医事法学会編・医事法学叢書1

号，198606

「年報医事法学」創刊にあたって（創刊の辞），日本医事法学会編・年報医事法学 1 号，198606

いわゆる「尊厳死」状況と医事法学（第 15 回日本医事法学会研究大会討論司会），日本医事法学会編・年報医事法学 1 号，198606

医と法の接点で――患者の自己決定権はなぜ必要か，対談（松田道雄と），世界 1986 年 8 月号 491 号，198608

Whose Consent Shall Make Organ Removal from the Dead Body Lawfull?, Sydney '86: An International Conference on Health Law & Ethics, 198608

人生 80 年時代の健康と医療，座談会（小泉明，園田恭一，中野進と），ジュリスト増刊総合特集 44 号・日本の医療――これから，198609

洋の風景――我妻洋一周忌によせて，書斎の窓 359 号，198611

〈社会と法〉からみた脳死――日本学術会議「医療技術と人間の生命特別委員会」（1986 年 3 月 24 日）における報告，日本学術協力財団『脳死をめぐる諸問題』（日学双書 I），198611

新脳死基準と死の容認，討論（高倉公明・竹内一夫・水野肇と），医療 2 巻 2 号，198699

□ 1987 年（昭和 62 年）

『医の倫理』（編著），講座『21 世紀へ向けての医学と医療』 1，198703，日本評論社

「医の倫理」と「バイオエシックス」との間――本書が論じたこと，果たせなかった課題，唄編『医の倫理』（上掲書），198703

アメリカにおける社会的合意の探求と形成――いわゆる大統領委員会の構造と役割，唄編『医の倫理』（上掲書），198703

『時は過ぎる』，198703，有斐閣出版サービス

The Transferability of Systems of Ethics Review［英文，和文］，International Summit Conference on Bioethics，198704

21 世紀への医療　医療倫理　医療過誤を防ぐために，Medical News 293 号，198704

法と医の接点，東京医科歯科大学教養部，198705

In Japan, Consensus Has Limits（白井泰子・石井美智子と共同），The Hastings

Center Report，198706

今，なぜ Quality of Life というのか――特集＝QoL を考える 2，メディカル・ヒューマニティ 7 号，198707

臨床試験における倫理［抄録］，生存科学研究所シンポジウム「医薬品の開発と行政および倫理」抄録集，198707

人為による懐胎・出産と法と倫理，(財)庭野平和財団昭和 61 年度研究・活動助成研究報告書，198708

医事法学の立場からみた臨床治験の倫理，日本医学会総会 22 回会誌 1 号，198711

医療と法律　医師と患者，日本医学会総会 22 回会誌 1 号，198711

医薬品の臨床試験と倫理，特集・医療技術と法と倫理，法律時報 59 巻 12 号，198711

地域における腎疾患管理システム――一般社会と法の立場から，日本腎臓学会誌 29 巻 12 号，198712

あの北尾＝小錦戦，日本加除出版株式会社 45 周年記念〔随想〕，198799

バイオテクノロジーの進歩と医の倫理，『バイオテクノロジーと医療』難病医学研究財団編（東京大学出版会），198799

□ 1988 年（昭和 63 年）

医学原論の方向を模索――医学と人文・社会科学を繋ぎ　北里の個性を探る，北里大学医学部ニューズ 104 号，198802

医学・医療と人文学・社会科学との架橋――McGill 大学における二つのこころみ，法律時報 60 巻 2 号，198802

脳死問題と日本医師会生命倫理懇談会最終報告書〔含 資料〕，対談（加藤一郎と），法律時報 60 巻 3 号，198803

続・続・イギリスにおける臓器移植の法的状況(1)――最近事情を速報する，法律時報 60 巻 5 号，198804

『臓器移植と脳死の法的研究――イギリスの 25 年』，198804，岩波書店

続・続・イギリスにおける臓器移植の法的状況(2)――臓器供給改善のための勧告，法律時報 60 巻 6 号，198805

臨床試験における倫理，診断と治療 76 巻 6 号，198806

続・続・イギリスにおける臓器移植の法的状況(3)――新生児の臓器移植と無脳児の問題，法律時報 60 巻 7 号，198806

インフォームド・コンセントの心と形，病院 47 巻 7 号，198807

「氏」二題，黒木三郎他編『家の名・族の名・人の名――氏』，198809，三省堂
『死ひとつ』（時は過ぎる〈改題増補〉）198809，信山社
脳死論の論理――日医「最終報告書」批判，世界520号，198810
Proposed Japanese Guidelines on Clinical Trials of New Pharmaceutical Products, WHO International Digest of Health Legislation 39(4)，198899
死，死の判定，生命科学と生命倫理，平凡社世界大百科事典，198899

□ 1989年（昭和64年・平成1年）

第12回「死の臨床研究会」所感――二つの「症例報告」を聞いて，北里大学病院ニュース195号，198902
「倫理委員会」考・1――日本の大学医学部・医科大学倫理委員会，法律時報61巻5号，198904
「医事判例百選」から「医療過誤判例百選」へ，別冊ジュリスト102『医療過誤判例百選』（唄・宇都木・平林編），198905
「倫理委員会」考・2――カレン事件と倫理委員会，法律時報61巻6号，198905
『脳死を学ぶ』，198906，日本評論社
臓器移植と法律，新外科学大系12，198906
The Definition of Death: Japanese Attitude and Experience, An International Congress on Ethics, Justice and Commerce, Justice and Commerce in Transplantation, A Global Issue (Ottawa, 1989)，198908
カレン事件以後のアメリカ――特集・生命の尊厳―死をみつめることから，望星（東海教育研究所）20巻9号，198909
日本医事法学会が「精神医療」を論ずることの意味と方法，シンポジウム「精神医療における患者――治療者関係」，日本医事法学会会報43号，198910
病床体験の重さ，内田義彦著作集 月報10号，198911
末期医療の在るべき姿を求めて，鼎談（田中英夫・森岡恭彦と），ジュリスト945号，198911
臓器摘出における承諾のあり方――臓器移植と脳死，Clinical Neuroscience 7巻12号，198912
死をめぐる法理と倫理，死生学第2集（日野原重明・山本俊一編），198999，技術出版
先端医療技術と法と倫理―社会・家族への影響に関する法学的研究（石川稔；三木妙子），昭和63年度二十一世紀文化学術財団「学術奨励金」中間研究報告書，

198999

□ 1990 年（平成 2 年）

臓器移植・脳死の学際的検討：臓器移植・脳死における意思の役割，第 3 回大学医学部・医科大学倫理委員会連絡懇談会［記録］，199002

医の倫理　講座『21 世紀へ向けての医学と医療』11 巻，199005

墓地の基本理念と墓地使用の態様(「家族と法」研究レポート 23)，判例タイムズ 722 号，199005

インフォームド・コンセント（IC）　臓器移植・脳死における意思の役割――特集・インフォームド・コンセント，メディカル・ヒューマニティ 5 巻 2 号，199007

医事法学者と生命倫理・二題，法律時報 62 巻 9 号，199009

日本医事法学会が「精神医療」を論ずることの意味と方法，年報医事法学 5，199007

承諾のあり方，尊厳死・QOL への疑問（インタビュー），日経メディカル，199008

患者の「知る権利」と医師の説明義務，医の統合を語る会編『医の統合Ⅴ 医療と社会』，199010，日本医事新報社

被験者の人権保護，GCP の理解のために（ミクス），199011

『生命維持治療の法理と倫理』，199011，有斐閣

家族と医療(1)，(2)［完］――個の再生産と種の再生産，ケース研究 222，225 号，199099

治療打切りの要請に対しニュー・ヨーク州が事案も法理も結論も異なる 2 つの判決を組み合せて発表した事例――In the Matter of John Storar; Soper v. Storar; Eichner v. Dillpm, 420N.E.2d54（N.Y.1981），アメリカ法 1989(2)，199099

心身の病が重篤で余命も限られている寝たきりのナーシング・ホーム在住患者から鼻腔栄養のためのチューブを取外しうるか――In the Matter of Claire C. Conroy, 486A.2d1209（N.J.1985），アメリカ法 1989(2)，199099

老人の財産に関する法律行為の研究(1)(2)(3)，厚生省，199099

□ 1991 年（平成 3 年）

検体摘出の倫理と予防医学，予防医学の倫理問題に関する研究（研究成果報告書），199103

GCP における被験者の人権保護，月刊カレントテラピー 9 巻 4 号，199104

生命倫理と法，第23回日本医学会総会学術講演要旨，199104
医と法の対話：医と法との出あい，法学教室127号，199104
くすりの開発と人権，毎日ライフ7月号，199106
東大における「医事法講義」事始を中心として——山崎佐先生との‘雅談’など（シンポジウム「医学教育における医事法の位置」／医事法教育経験者報告），年報医事法学6号，199107
湯沢君と温故知新，「家族・婚姻」研究文献選集・戦後編，推薦文，199107
倫理委員会規程原案成る——長い静思と論議は熟したか——公開フォーラムで活発な質疑応答，北里大学医学部ニューズ138号，199107
第6回大学医学部・医科大学倫理委員会連絡懇談会のまとめ——模擬倫理委員会，第2セッションのまとめ，論ぜられたことの整理，第6回大学医学部・医科大学倫理委員会連絡懇談会，199110
医療技術の発展と法，公法研究（日本公法学会）53号，199110
倫理委員会の「あり方」を求めて——第6回大学医学部・医科大学倫理委員会連絡懇談会報告，北里大学医学部ニューズ141号，199111
序論，総括・まとめ2——医事法の側面から（人工生殖の比較法的研究），比較法研究（比較法学会）53号，199112

□1992年（平成4年）

医学と患者の距離をどう克服，朝日新聞　余白を語る，199201
患者に対する説明と同意［抄録］，日本成人病学会会誌18巻，199201
生命倫理と法，日本医学会総会23回会誌2号，199202
インフォームド・コンセント，Neurosurgeons 12巻，199204
患者に対する説明と同意，臨床成人病22巻5号，199205
Characteristics of Ethics Committees of Japanese Medical Schools, Medicine and Law 11巻5月6日号，199205
ニュー・ジャージーのこころみと体験1～6，法律時報64巻8号，67巻11・12号，68巻1～3号，199207～199603
『内縁ないし婚姻予約の判例法研究　唄孝一・家族法著作選集　第3巻』，199207，日本評論社
『氏の変更　唄孝一・家族法著作選集　第2巻』，199209，日本評論社
『戦後改革と家族法ー家・氏・戸籍　唄孝一・家族法著作選集　第1巻』，199211，

日本評論社
インフォームド・コンセントと透析医療，臨床透析 8 巻 11 号，199210
再び「生きる権利・死ぬ権利」について――アメリカの裁判例を通して考える，学士会会報 797 号，199299
倫理委員会の現状と今後の課題，メジカルニュース 326 号，199299
医事法，ブリタニカ百科辞典，199299

□ 1993 年（平成 5 年）

『戦後社会における家族の諸相　唄孝一・家族法著作選集　第 4 巻』，199303，日本評論社
倫理委員会の一年を振り返る，医学部ニューズ 157 号，199306
涙滂沱として，『回想辻清明』辻清明追想集刊行委員会編，199305，中央公論事業出版
法律家からみた問題点――臨床の先生方に考えていただきたいこと，生殖医療技術の進歩と生命倫理，199309
手術・麻酔をめぐる医師患者関係　インフォームド・コンセント，麻酔 42 巻 10 Suppl.，199310
「婦人問題研究会」から「末期医療のあるべき姿」まで，田中英夫追想文集，199310
『我妻栄先生の人と足跡――年齢別業績経歴一覧表』我妻洋と共編，199310，信山社
一所けんめいの生涯，我妻先生の人と足跡，栞，199310
洋の風景――我妻洋一周忌によせて，我妻栄先生の人と足跡，栞（再録），199310
医事法学者は医療のために何ができるか――医事法学から医学原論を，ジュリスト 1033 号，199311
「α期間」の前後――フロアからの発言より〔コメント〕（生と死の法理〈シンポジウム〉）――生と死の問題に接近するための基礎理論，法哲学年報 1993，199399

□ 1994 年（平成 6 年）

インフォームド・コンセントと医事法学，第 1 回日本医学会特別シンポジウム「医と法」，199402
生命維持治療の放棄をめぐる自己決定権と代行，星野一正編『患者中心の医療をめぐる学際的研究』，199403

植物状態と尊厳死，朝日新聞，199403
私のひと言　唄孝一・都立大名誉教授，東京新聞夕刊，199404
あの時代の，あの演習，『川島武宜先生を偲ぶ』，199406
鴻鵠いずくんぞ――雀の志を知らんや，『川島武宜先生を偲ぶ』，199406
尊厳死容認に疑問（等），信濃毎日，沖縄タイムス，河北新報，四国新聞，福井新聞（共同通信），199407
「尊厳死」論議に加えたい視点，生命の科学 3 巻 8 号，199408
若き臨床医へのラブコール，北里大学医学部同窓会会報 12 号，199410
尊厳死を考える　黒柳弥寿雄著（書評），中日新聞，199410

□ 1995 年（平成 7 年）

唄編『家族と医療―その法学的考察』，199502，弘文堂
家族と医療・序説――個の再生産と種の再生産，『家族と医療』，199502，弘文堂
医と法との出会い　三つの場面，日本医師会　生涯教育ビデオシリーズ，199505
いわゆる「東海大学安楽死判決」における「末期医療と法」（横浜地裁平成 7 年 3 月 28 日判決を読んで），法律時報 67 巻 7 号，199506
安楽死―東海大学事件をめぐって，座談会（内藤謙・柳田邦男・山崎章郎と），ジュリスト 1072 号，199507
医の心，法の心，神奈川県国民健康保険団体連合会診療施設部会研究報告平成 7 年度，199511
家庭事件記録と「家事資料研究会」，ジュリスト 1078 号，199511

□ 1996 年（平成 8 年）

家族法研究・到らざりしの記，比較家族史研究 10 号，199603
遺伝子治療の臨床研究等について思う，遺伝子をめぐる諸問題，199604
医療の中の法と倫理―東海大学安楽死事件の判決を踏まえて，日本女医会誌，復刊 146 号，199604
患者自己決定法（合衆国連邦法）の虚と実（序説）「ニュー・ジャージーのこころみと体験」の付録として，法律時報 68 巻 4 号，199604
リビング・ウイル――女性のヘルスケア (18)　高齢者のケアを考える，ラジオたんぱ放送内容集（平成 7 年 2 月～ 4 月放送分），199605
乙羽信子さんの死と「家族」，北里大学倫理委員会ニュース 10 号，199605

再び「家族と医療」について，日本生命倫理学会ニューズレター 11 号，199611
『医療過誤判例百選（第 2 版）』（宇都木伸・平林勝政と），別冊ジュリスト 140，199612

□ 1997 年（平成 9 年）

川島法学――発展と転回の『奇跡』，法社会学への出発，日本法社会学会創立 50 周年記念，199705
脳死論議は決着したか――臓器移植法の成立，法律時報 69 巻 10 号，199709
臓器移植法をめぐって，座談会（島崎修次ほかと），特集・臓器移植法，ジュリスト 1121 号，199710
『フォーラム医事法学』のすすめ，宇都木伸・平林勝政編『フォーラム医事法学』，尚学社，追補版，199799

□ 1998 年（平成 10 年）

選択的夫婦別氏制（１～３）――その前史と周辺，ジュリスト 1127，1128，1129 号，199802～199803
インフォームド・コンセント，看護学部講義『医療倫理』，199804
「臨床研究」に対する医事法学的接近，年報医事法学 13，199807
氏名のあるがん，わたしたちのがん，季刊「養育院」780 号，199899

□ 1999 年（平成 11 年）

治験について医プロフェッショナルに臨む『臨床試験（新ＧＣＰ）をめぐる諸問題』山岡義生・寺野彰編，日本消化器関連学会合同会議 1998 運営委員会監修，199901
「婚姻予約」そして「死亡」――法概念とは何か，上智法学論集 43 巻 1 号，199904
林屋礼二・石井紫郎・青山善充編『図説　判決原本の遺産』書評，ジュリスト 1154 号，199904
移植術前カテーテル挿入問題と倫理委員会（法律時評），法律時報 71 巻 10 号，199909
書斎から見た戸籍法（戦後）外史，現行戸籍制度五〇年の歩みと展望，199910，日本加除出版
不法な事前措置と倫理委員会の出番，北里大倫理委員会ニュース 19 号，199910
不法な術前措置と倫理委員会の立場，北里大倫理委員会ニュース 19 号，199911
ヒト検体の採取と病院病理部業務との関係，HAB 機能研セミナー（第 2 回），

199911

真正のインフォームド・コンセントを求めて，科学と個の尊厳，第2回HAB機能研セミナーProceedings，199903

□2000年（平成12年）

実地医家と医療情報 「診療情報の提供」と「カルテ開示」，人間の医学35巻5号，200001

生殖補助医療の進展の軌跡――人工生殖について思ってきたこと Bioethics：医学の進歩と医の倫理，産婦人科の世界52巻春季増刊，200003

唄編『医療と法と倫理――資料文献目録〈第1分冊・第2分冊〉新版』，北里大学医学部医学原論研究部門，200003

来栖三郎先生を偲ぶ，来栖三郎先生を偲ぶ会（1999年11月14日）の記録，200006，信山社

フジテレビ「20世紀の遺伝子」出演（ビデオ），200008

私の研究――医事法学とその周辺，生存科学A 11，200011

塚本医師の医事法学，『塚本泰司・医療と法：臨床医のみた法規範』，第2版，200099，尚学社

真性のインフォームド・コンセントを求めて（特別寄稿）――第2回HAB機能研セミナーに参加して，科学と個の尊厳（第2回HAB機能研セミナー），200099

人工生殖について思ってきたこと，産婦人科の世界52巻，200099

診療情報の提供とカルテ開示，人間の医学，35巻204号，200099

□2001年（平成13年）

ヒト組織・細胞の取扱いと法・倫理，座談会（宇都木伸・迫田朋子・垣松由紀子・野本亀久雄・増井徹・松村外志張と），ジュリスト1193号，200102

ヒト由来物質の医学研究利用に関する問題（上・下）（宇都木伸・佐藤雄一郎と共同），ジュリスト1193，1194号，200102

巻頭言，年報医事法学16，200107

患者の権利――正しいインフォームド・コンセントとは，人権のひろば（人権擁護協力会）4巻3号（通号21号），200109

Q君への手紙――隣接領域からの期待，『講座社会保障法』（全6巻）推薦文，200110，法律文化社

植物状態患者等の生命をめぐる家族・社会・司法，家族と法研究会，200111
生命維持装置をめぐる倫理と法，慈大新聞 564 号，200111

□ 2002 年（平成 14 年）

21 世紀の家族法――学説・実務の行方，座談会（若林昌子・梶村太市・松原正明・水野紀子・大村敦志・道垣内弘人と），判例タイムズ 53 巻 1 号，200201
インフォームド・コンセント，『生命倫理とは何か』市野川容孝編，200208，平凡社
我妻＝遠藤＝同人会，遠藤浩先生傘寿記念・現代民法学の理論と課題，200209，第一法規
生命維持の打切りをめぐる家族と司法――フォリオ事件判決（アメリカ）の研究ノートから，佐藤進＝齋藤修編集代表・西原道雄先生古稀記念『現代民事法学の理論（下巻）』，200210，信山社
家族制度，大阪市立大学経済研究所編『小辞典経済学』，200211，岩波書店

□ 2003 年（平成 15 年）

我妻栄先生の文集・記念館のことなど，『記念随想集』，200303，日本加除出版
私法学会（生命科学の発展と私法）における発言，私法 65 号，200304，200210
野の花診療所に学ぶ，がん看護 11 号，200311，南江堂

＊本著作目録には不備があると思われるが，唄先生の手元で完全な目録が作られる予定である（平成 16 年 2 月，信山社）。

人の法と医の倫理
――唄孝一先生に賀寿と感謝の気持ちを込めて――
略称＝「人の法と医の倫理／唄賀寿」

2004年3月18日　第1版第1刷発行　3106-0101

編集代表　湯沢雍彦
　　　　　宇都木伸
発行者　今井貴
発行所　株式会社 信山社
〒113-0033 東京都文京区本郷6-2-9-102
Tel 03-3818-1019
Fax 03-3818-0344
henshu@shinzansha.co.jp
Printed in Japan

印刷・製本／東洋印刷・大三製本
ISBN4-7972-3106-8　C3332　分類328.701-A00
3106-0101-012-060-020